José Díaz Herrera e Isabel Durán

LOS SECRETOS DEL PODER

DEL LEGADO FRANQUISTA AL OCASO DEL FELIPISMO: EPISODIOS INCONFESABLES

Ediciones Temas de Hoy

Primera edición: septiembre de 1994
Segunda edición: septiembre de 1994

Colección: Grandes Temas

Paseo de la Castellana, 93. 28046 Madrid
Diseño de cubierta: Nacho Soriano
ISBN: 84-7880-425-0
Depósito legal: M. 29.447-1994
Compuesto en Puntographic, S. L.
Impreso en Grafiris Impresores, S. A.
Printed in Spain - Impreso en España

INDICE

INTRODUCCIÓN 9

CAP. UNO. LA HERENCIA DE GONZÁLEZ 13

CAP. DOS. LAS CONSPIRACIONES DEL REY: ASÍ SE HIZO EL CAMBIO . 49

CAP. TRES. EL GOLPE QUE PARÓ EL REY 75

CAP. CUATRO. LA ESTRATEGIA DE LA TENSIÓN 93

CAP. CINCO. TRAS LAS REDES DEL TERROR 121

CAP. SEIS. 23-F: POLÍTICOS Y MILITARES EN BUSCA DE UN SALVADOR. 155

CAP. SIETE. 23-F: LAS TENTACIONES DEL REY 187

CAP. OCHO. EL «CASO DE MEER»: JAQUE MATE AL GOLPISMO 219

CAP. NUEVE. BANCA: DE LA NACIONALIZACIÓN A LA COHABITACIÓN. 243

CAP. DIEZ. EL PODER DE LA BANCA Y EL SECTOR PÚBLICO 285

CAP. ONCE. ESPAÑA, UN PAÍS EN VENTA 303

CAP. DOCE. ROLDÁN-RUBIO: EL FINAL DE UNA ESTIRPE 329

Cap. trece. Mario Conde: auge y caída de un mito 349

Cap. catorce. De la Rosa: entre moros y cristianos 375

Cap. quince. La gran estafa 399

Cap. dieciséis. Ponga un espía en su vida 417

Cap. diecisiete. Trampa mortal a la cabeza de la serpiente .. 453

Cap. dieciocho. Argel: negociaciones con la muerte 497

Cap. diecinueve. Medios de comunicación: el silencio de los corderos 541

Cap. veinte. Antena 3: el asesinato de una televisión 573

Cap. veintiuno. Jesús Polanco: un imperio a la sombra del régimen 605

Cap. veintidós. La banca al asalto del cuarto poder 631

Indice onomástico 659

INTRODUCCION

En 1992 llegamos a un compromiso con la editorial Temas de Hoy para escribir un libro sobre los grandes secretos de la España reciente.

Se trataba de averiguar, recopilar, seleccionar y zambullirse tanto en las grandes operaciones político-económicas celosamente ocultadas a la opinión pública por la prensa felipista, la banca y el poder como de desvelar la verdad de otros asuntos aparentemente menos apasionantes, como la captura de la cúpula de ETA en Francia o las negociaciones de Argel con los terroristas vascos.

La tarea resultaba demasiado compleja y extensa para ser abordada con la amplitud y el rigor necesarios en un libro de unas setecientas páginas. Así que desde el principio trabajamos en cuatro líneas de investigación fundamentales: terrorismo de Estado, golpismo, las relaciones del Gobierno con los poderes económicos y la banca, y la corrupción del sistema felipista.

El terrorismo de Estado se aborda en los primeros capítulos, en los que, con menor o mayor acierto, se desvelan muchos de los crímenes contra la democracia hasta hoy desconocidos. La espinosa cuestión de la involución militar aparece a continuación, y creemos que muchas de nuestras aportaciones en este terreno desvelarán las incógnitas que pesaban sobre este fenómeno que azotó toda la primera parte de la transición política.

Sin embargo, la mayor parte del libro se dedica a contar los entresijos de la España socialista, las tramas urdidas en torno al poder personalista de Felipe González y sus doce años de Gobierno. Un periodo en el que los españoles han visto crecer el paro, la inseguridad jurídica y laboral y han asistido, entre perplejos y confusos, al principio del fin del Estado del Bienestar, mientras un grupo de industriales, banqueros y empresarios, incluidos los de la prensa, integrados en el sistema y protegidos por el equipo económico del Gobierno, acumulaban sustanciosas fortunas personales.

El PSOE, que ganó las elecciones generales de 1982 bajo la promesa de construir un país moderno, que lanzaba al electorado constantes mensajes sobre la necesidad de moralizar la vida pública y echar a los corruptos de la política, doce años después constituye un reflejo ampliado de todos los males que decía combatir. Son las terribles e irónicas paradojas de la historia.

Instalados en el poder, primero en los ayuntamientos y en las comunidades autónomas y, por último, en el Estado central, los socialistas han asumido todos los vicios y ninguna de las virtudes de la clase política a la que sustituían: la UCD y el franquismo. Convertidos en un grupo de presión cuyo objetivo único —como muy acertadamente ha señalado el periodista Víctor Márquez Reviriego— es mantenerse en el poder al precio que sea, han tratado de controlar la banca y por medio de ella las grandes empresas, han puesto bajo su tutela el sector energético nacional, han vendido medio país al capital extranjero con el pago de sustanciosas comisiones y han utilizado todo tipo de artimañas para someter las conciencias y neutralizar la voluntad de los ciudadanos amordazando a la prensa.

Aunque pueda resultar increíble, seis siglos después del nacimiento de Johannes Gensfleisch Gutenberg, ese genial impresor alemán inventor de la imprenta, en plena era de las computadoras y de los satélites de comunicación, las maniobras del Gobierno para convertir en parte de esa gran mayoría silenciosa a los pocos medios críticos existentes hoy en el país forman parte de la historia más negra del felipismo.

Todos estos hechos y muchos otros (el auge y la caída de la *beautiful people*, el escándalo de la PSV, la venta de Antena 3, el control sobre políticos y empresarios mediante técnicas de espionaje para luego chantajearlos) no podían pasar desapercibidos en un libro que trata de ser un fiel reflejo de la España actual. Un país en el que el virus de la corrupción se ha desarrollado mucho más rápidamente y ha impregnado a más capas de la sociedad en menos tiempo que en la nación considerada por antonomasia el paraíso europeo de las *tangentes*: Italia.

Nuestro trabajo ha durado más de dos años. Durante ese periodo hemos consultado a centenares de personas, desde ex jefes de Gobierno a presidentes de bancos, líderes políticos y sindicales, jueces y fiscales, hombres de empresa y simples ciudadanos. Muchas personas nos han aportado sus sugerencias y numerosos compañeros de profesión, además, han soportado con paciencia y resignación la ingrata labor de tener que leerse el manuscrito, criticarlo y enmendarlo. A todos ellos (nombrarlos uno por uno sería excesivamente prolijo e injusto por los posibles y lamentables olvidos), nuestro reconocimiento y gratitud.

CAPITULO UNO

LA HERENCIA DE GONZALEZ

Cuando, dentro de varios lustros se escriba la historia definitiva de España, el presidente del Gobierno Felipe González aparecerá sin duda en los libros de texto como el personaje más nefasto de las décadas de los ochenta y noventa. En política económica su gestión hizo retroceder al país en quince años y el paro alcanzó cotas nunca vistas; en el ámbito de las libertades el régimen oligárquico montado desde los círculos de La Moncloa impidió el desarrollo de una democracia plena, con igualdad de derechos y libertades para todos. Pero donde el PSOE ha batido todos los récords es en el ámbito de la corrupción. Los historiadores, cuando sin ningún tipo de apasionamientos reflejen este periodo de la vida de España, concluirán en que, directa o indirectamente, bajo el mandato de Felipe González se amparó y fomentó el cobro de comisiones, las malversaciones de fondos, la prevaricación y el cohecho hasta límites nunca vistos en la historia de este país.

Acosado por los *flashes* de los fotógrafos y las cámaras de televisión, Felipe González Márquez, sevillano, licenciado en Derecho, cuarenta y un años, hacía su primera aparición pública en uno de los salones del hotel Palace de Madrid y declaraba: «Ningún ciudadano debe sentirse ajeno a la hermosa tarea de modernización, progreso y solidaridad que hemos de realizar entre todos.»

Eran las cuatro de la madrugada del 29 de octubre de 1982. Minutos antes las agencias informativas avanzaban los últimos y definitivos datos que refrendaban la aplastante victoria socialista en las elecciones generales celebradas horas antes.

Cuarenta días más tarde, el primer Gobierno socialista de la historia de España juraba sus cargos ante la más alta institución del Estado, en el palacio de La Zarzuela. Comprometido en una política encaminada al rearme moral de la sociedad, el PSOE había jurado acabar con la corrupción del sistema y de la clase dirigente anterior, obligar a un millón doscientos mil funcionarios a madrugar cada día, permitir que los millones de españoles que pagaban religiosamente la Seguridad Social pudieran elegir libremente a su médico y acabar con los privilegios de los abogados del Estado, los inspectores de Hacienda, los médicos, los agentes de cambio y bolsa y otros grupos supuestamente acomodados[1].

Junto a estas medidas de carácter social, el Gobierno abría la verja de Gibraltar, anunciaba la salida de España de la OTAN, el desmantelamiento de las bases norteamericanas y la inminente entrada en el Mercado Común. «Si la Comunidad Europea no fija un calendario urgente, el Gobierno socialista retira su candidatura de adhesión», amenaza Manuel Marín el 20 de enero de 1983.

Desde el golpe de Estado del 23 de febrero de 1981, el país echaba de menos un Gobierno que ejerciera con energía la autoridad y velara por las clases más desfavorecidas. A finales de diciembre el ministro de Trabajo y Seguridad Social, Joaquín Almunia, redujo la jornada laboral a cuarenta horas semanales, fijó en treinta el número de días de vacaciones por trabajador, subió las pensiones entre un 3,3 y un 16 por ciento y elevó las cotizaciones a la Seguridad Social y el salario mínimo en un 13,08 por ciento.

La gran cruzada del PSOE era la lucha contra el despilfarro público y las «comisiones». Convertido en azote de la corrupción y en el Torquemada de los corruptos, el vicepresidente Alfonso Guerra pidió a las agrupaciones del partido todos los *dossiers* sobre los españoles que se hubieran llevado una peseta de más para condenarlos a la hoguera y que el fuego purificador le redimiera de sus pecados contra la sociedad. «Recuerdo —comenta el sindicalista Justo Fernández— que muchas federaciones de UGT le enviaron informes completísimos de quiénes eran en este país los corruptos y mangantes.»

Guerra ordenó a la Inspección General del Estado auditar a conciencia Televisión Española, todas las empresas públicas y los principales ministerios. Había que buscar la basura oculta bajo las

[1] Evidentemente, en todos los sectores privados y públicos hay personas que ganan más o menos dinero según sus cualidades, su formación profesional, las horas que dedican al trabajo y a la posformación, etc.

alfombras, los esqueletos que algunos dirigentes de UCD escondían en los armarios. Todo.

A los periodistas que le visitaban en su despacho de «Semillas Selectas» les susurraba al oído: «En esa caja fuerte tengo cincuenta "auditorías de infarto". El día que en el PSOE se decida a tirar de la manta más de un ministro va a acabar en la cárcel.»

Los socialistas parecían empeñados en sacrificarse y sacrificar al país para hacer de España una nación moderna, culta, científicamente avanzada y europea. «A este país —declaraba Guerra— no lo va a conocer ni la madre que lo parió.»

Hacía tiempo que muchos españoles echaban en falta un Gobierno con ese elevado grado de autoridad moral y sensatez, que ilusionara al país, acabara con el caos y la incertidumbre y se hiciera respetar dentro y fuera de nuestras fronteras.

Miguel Boyer, triple ministro de Economía, Hacienda y Comercio, dio muestras de ello cuando el 23 de febrero de 1983, ochenta y dos días después de asumir su cargo, incautó Rumasa en defensa del «interés social» y para garantizar los «derechos patrimoniales de los accionistas». Nadie movió un dedo en defensa de José María Ruiz Mateos. España acababa de descubrir a Robin Hood, que quitaba los bienes a los ricos para garantizar la seguridad y el empleo de los pobres.

Eran otras gentes, otro talante, un nuevo estilo ético, un tipo de personas que parecían ungidas por una virtud casi mágica que habían obtenido gracias a los «cien años de honradez» y que sólo imprimía carácter en unos pocos elegidos[2].

«Los nuevos ministros acceden al Gobierno más por disciplina y deseos de arrimar el hombro que por vanidad», escribía *Cambio 16*. «Unos seguirán, fuera de los actos oficiales, con sus viejos coches, como el cascado R-12 de diez años de Barrionuevo, o el Seat Ritmo de Lluch o el utilitario de Solana. Carlos Romero continuará viviendo en su piso de 68 metros del barrio del Pilar, donde aún le quedan letras por pagar; Julián Campo en el viejo caserón donde nació su mujer, cerca del Museo del Prado. Joaquín Almunia seguirá dedicado a la cría de palomas mensajeras en su pisito de ochenta metros. Enrique Barón permanecerá en el des-

[2] «Cien años de honradez y cuarenta de vacaciones», habían escrito los comunistas en los carteles del PSOE cuando en 1979 celebraba su centenario, haciendo alusión a la desaparición total del PSOE durante los cuarenta años de la dictadura.

tartalado chalet construido en 1920 y comprado hace tres años por seis millones de pesetas. Barón no quiere abandonar esta casa donde ha hecho de albañil, carpintero y decorador.»[3]

Han pasado casi doce años. El país ha sufrido desde entonces cuarenta y dos elecciones, entre generales, europeas y autonómicas, y un referéndum. En mayo de 1994 el PSOE continúa en el poder. Pero la realidad nada tiene que ver con aquella España idílica de 1982. Mientras contaban a los españoles el cuento de la Bella Durmiente o del Bosque Encantado, algunos socialistas —muchos— se dedicaban a robarle la cartera al país.

* * *

Hasta su llegada a la Presidencia del Gobierno, en 1982, Felipe González y su familia, junto con la empleada de hogar conquense Marili y un canario[4], vivían en un modesto piso de poco más de cien metros cuadrados, en la calle Pez Volador de Madrid, y tenía como vecina a la diputada del Partido Popular por Málaga, Celia Villalobos.

En 1994, el matrimonio González, después de doce años de ser «inquilino» en el palacio de La Moncloa, se convierte en «invitado habitual» de la finca «La Corchuela» que la familia Fernández-Ordás posee en la localidad sevillana de Dos Hermanas. La mayoría de los fines de semana que Felipe González y Carmen Romero se desplazan a este municipio andaluz para visitar a la hermana del Presidente, Lola González, y a su marido Francisco Palomino, el helicóptero presidencial aterriza en «La Corchuela» y los González duermen en su cortijo.

El dueño de la finca, el empresario de origen leonés Aniceto Fernández-Ordás, y su familia[5] obtuvieron casi 1.300 millones de pesetas en un solo negocio con el Estado: la venta de un inmueble de siete plantas, situado en la calle Arquitecto Gaudí 2 de Madrid, al Patrimonio del Estado. La compraventa se realizó gracias a un acuerdo del Consejo de Ministros adoptado el 6 de junio de 1986. Según se deduce de los documentos del Registro de la Propiedad número 29 de Madrid, se alteró el número de metros cuadrados totales del edificio para optar al

[3] *Cambio 16*, 6 de diciembre de 1982, páginas 29 y 30.

[4] Víctor Márquez Reviriego, *Felipe González, un estilo ético. Conversaciones con Víctor Márquez Reviriego*, Argos Vergara, Barcelona, 1982.

[5] Sus hijos Luis, Julián, María del Carmen y María Cristina Fernández-Ordás Abarca.

concurso público convocado por la Dirección General del Patrimonio del Estado.

Los datos de una investigación iniciada en 1992 por los autores del presente libro revelan que el 21 de noviembre de 1985 la Dirección General del Patrimonio del Estado convocó un concurso público para la adquisición de un edificio en Madrid con destino al Centro de Proceso de Datos del Ministerio de Economía y Hacienda. Las bases para acceder a la adjudicación aparecen publicadas en el *BOE* del 27 de noviembre. El pliego de condiciones exige que la superficie construida para uso administrativo esté comprendida entre un mínimo de 20.000 y un máximo de 30.000 metros cuadrados. El espacio para aparcamiento y archivos no debe ser inferior a los 3.000 ni superior a los 7.000 metros cuadrados.

Exactamente diez días antes de que el Gobierno saque a la luz pública el concurso, se inscribe en el Registro de la Propiedad de Madrid como obra nueva un edificio con tres sótanos y siete plantas sobre rasante. Los sótanos tienen una superficie de 6.462 metros cuadrados y el resto del edificio 17.014.

El inmueble es propiedad de las sociedades Torimbia y Jonacpar, representadas por su principal accionista, Aniceto Fernández-Ordás. Se valora en escritura pública en 761.562.198 pesetas. El 6 de junio de 1986, a pesar de que el edificio incumple el pliego de condiciones, el Consejo de Ministros que preside Felipe González aprueba un presupuesto de 2.070.142.000 pesetas para su adquisición. El acto se formaliza el 23 de julio ante el notario de Madrid Emilio Garrido Cerdá, quien da fe pública notarial de que Aniceto Fernández-Ordás vende el inmueble al Patrimonio del Estado, representado por Prudencio García López.

El Estado hace efectiva la operación mediante los cheques del Banco de España números 00976617-5 y 00976618-6, emitidos a favor de las empresas del amigo personal de Felipe González. El anfitrión del presidente del Gobierno en Dos Hermanas acaba de obtener 1.300 millones de pesetas sin inmutarse. El mal negocio para el Estado español no sólo está en los billetes que salen de sus arcas. Cuando los funcionarios de Hacienda se hacen cargo del inmueble se dan cuenta que no mide los 17.000 metros cuadrados edificados en altura. «Era imposible. Salvo que los constructores estén en el conocimiento de alguna fórmula especial para modificar las leyes de la física, en un solar con una cabida real de 2.043 metros cuadrados no se pueden construir plantas de 2.469, 2.487 y

2.393 metros sin realizar voladuras o alerones sobre la calle», señaló a los autores del libro un alto cargo del Ministerio.

Nacido el 30 de noviembre de 1916 en San Martín de Falamosa (León), Aniceto Fernández-Ordás es una persona de orígenes humildes. Procede de una familia de agricultores e incluso de joven tuvo que trabajar de cabrero.

Su vinculación posterior a Cosme Sordo Obeso, presidente del Centro Regional Asturiano en Madrid, y sus negocios de chatarra, desguaces navales y compraventa de terrenos e inmuebles le permiten amasar una importante fortuna.

En 1978 posee más de una docena de empresas a su nombre y es el principal accionista del Banco de Levante. La familia Garrigues, que posee Nuevo Banco y quiere expansionarse en el sector, entra entonces en contacto con él para adquirir la entidad crediticia. Durante las negociaciones, que se mantienen hasta el verano de 1979, a José Miguel Garrigues le extraña que este personaje que tiene como consejeros en el Levante a varios militares ultras presuma constantemente de ser amigo del joven líder socialista Felipe González [6].

Tras la llegada de González al poder las vinculaciones con los Fernández-Ordás se incrementan y el patrimonio de éstos también. En la alta aristocracia sevillana, con la que hoy se codean, son conocidas las juergas flamencas que la familia leonesa organiza en honor de Carmen Romero y Felipe González, a los que pasean por su finca en las calesas de su colección, adquirida a familias de rancio abolengo de Jerez.

Otros importantes cargos del Partido Socialista han sido especialmente generosos con los amigos del Presidente. A partir de 1984 el Ayuntamiento de Sevilla, presidido por el socialista Manuel del Valle, vende a Aniceto Fernández-Ordás nueve fincas con un total de 640 hectáreas en Dos Hermanas. Los terrenos habían sido adquiridos años antes por otras corporaciones para «incrementar el Patrimonio Municipal del Suelo». Al alcalde Del Valle, socio de Felipe González en el viejo despacho de abogados de la calle General Vigueras, no parece preocuparle demasiado el desarrollo urbanístico de la capital hispalense. En febrero de 1984 acude al notario Rafael García Hernández y enajena la propiedad municipal.

[6] Uno de estos militares es Carlos Iniesta Cano, ex director general de la Guardia Civil, según consta en el Archivo Histórico del Banco de España.

Dos años más tarde, en febrero de 1986, el Ministerio de la Vivienda cede en favor del amigo de González otras noventa y cuatro hectáreas. Con estos terrenos de procedencia pública y otras parcelas adquiridas a particulares, el 9 de diciembre de 1986 Aniceto Fernández-Ordás y sus hijos crean la sociedad instrumental Corchuela 86, para la tenencia de las acciones de la finca. Con 8.030.000 metros cuadrados de superficie, aparece tasada en 803 millones de pesetas.

El valor real de la propiedad, donde Felipe González se comporta como si fuera el dueño, es en la actualidad muy superior. El 19 de febrero de 1987, un año después de que España ingresara en la CE y se aplicara la directiva comunitaria de no crear nuevas fincas de regadío en el país, la Confederación Hidrográfica del Guadalquivir y la Comunidad de Regantes autorizaron a los propietarios de los terrenos a que convirtieran una parte de la finca, hasta entonces de secano, en zona de cultivos.

La autorización concedida a los Fernández-Ordás (mientras se les niega a los propietarios de otras 17.000 hectáreas de terreno) permite el riego de 650 hectáreas de «La Corchuela» con un caudal máximo de 390 litros por segundo. La finca, situada en las cercanías del Guadalquivir, posee, además, un lago interno dedicado a la cría de patos y aves silvestres, zonas de pastizales dedicadas a la cría de caballos de pura raza y algunas decenas de hectáreas de olivares.

Claro que para mantenerla los Fernández-Ordás obtienen algunos miles de millones de pesetas gracias, de nuevo, a los «hados» de otros cargos del PSOE, esta vez en Madrid. El 15 de diciembre de 1986 aparece inscrita en el Registro Mercantil de la capital la venta de varios solares con una superficie de 7.294 metros cuadrados, situados en el antiguo Parque de Bomberos de la calle Santa Engracia, por un importe de 1.275 millones de pesetas[7].

La sociedad adquirente, Torimbia, pretendía construir allí un conjunto residencial con 133 plazas de aparcamientos, varios locales comerciales, un hotel arrendado a la cadena NH y otros tres edificios, con una capacidad total de 239 pisos o apartamentos.

Los planes de Aniceto Fernández-Ordás y de sus hijos eran inviables de acuerdo con la normativa vigente. En el Plan General de Ordenación Urbana (PGOU), pendiente de aprobación, los

[7] La venta se hizo por subasta, pero según el concejal comunista del Ayuntamiento de Madrid Francisco Herrera sólo una empresa, Torimbia, acudió al concurso.

terrenos figuraban como de uso dotacional. «Veinticuatro horas antes de que se aprobara el Plan el concejal socialista Jesús Espelosín lo solucionó de forma expeditiva. Cogió un lápiz y sobre el PGOU convirtió una parcela dotacional en una superficie edificable», denuncia el concejal de Izquierda Unida Francisco Herrera a los autores de estas páginas.

Posteriormente, en el estudio de detalle, se duplicó la edificabilidad de la zona. Cuando los terrenos se adjudicaron a Torimbia, el grupo municipal de Izquierda Unida presentó recurso contencioso administrativo ante la Sala Tercera de la Audiencia Provincial de Madrid. Como ocurre en estos casos, cuando la Justicia comenzó a actuar las edificaciones están realizadas.

Las empresas de Fernández-Ordás, sin embargo, continúan efectuando jugosos negocios con el Estado. Así, mientras uno de los hijos mayores del empresario leonés acompaña a Felipe González en sus monterías en la finca del Icona «Selladores-Contadero» [8], la empresa estatal Campsa vende a otra de sus sociedades, Inmolevante, un solar en la calle Vallehermoso de Madrid para construir un edificio hotelero.

Por su parte, el Ministerio de Transportes, Turismo y Comunicaciones enajena por menos de 200 millones un solar situado en la calle Príncipe de Vergara en beneficio de Torimbia. El solar es vendido posteriormente a Consultora de Ingeniería 90, una de las empresas del grupo, que pasa a llamarse poco después Herón España S. A., al tiempo que cambia de administradores.

Tras la construcción de un edificio de oficinas, el inmueble pasa a ser propiedad de Herón Internacional —una de las empresas investigadas en 1987 en el Congreso de los Diputados por tráfico de influencias—, que lo enajena en beneficio del banco Natwest España S. A. por 5.513 millones de pesetas para instalar en él su sede central.

En definitiva, todo un patrimonio familiar con un claro tufillo a «pelotazo» en el entorno personal del presidente del Gobierno, una situación que no es nueva.

* * *

---

[8] Varios testigos de las aventuras cinegéticas de González aseguraron a los autores del libro reconocer a Luis Fernández-Ordás en la finca estatal del Icona «Selladores-Contadero», situada en Jaén.

En la villa de Aquisgrán Felipe González se puso aquel día sus mejores galas. Era el martes 20 de mayo de 1993 y el presidente del Gobierno español acudía a la ciudad alemana para recoger el premio Carlomagno «por su destacada contribución a la unidad europea».

Mientras recibe el preciado galardón en un acto al que asisten los cancilleres de Alemania y Austria, Helmut Kohl y Frank Vranitzky, los presidentes de Checoslovaquia y de Holanda, Václav Klaus y Ruud Lubbers, y el presidente de la Comisión Europea, Jacques Delors, un grupo de altos cargos de la Junta de Andalucía tiene que desplazarse urgentemente hacia Basilea (Suiza) para evitar un escándalo.

Los promotores de dos sociedades Doñana Landerschlienssung, con sede en el cantón de Uri (Suiza), y Doñana Land Development Ltd., registrada en Londres, amenazan con hacer pública la verdadera historia de una polémica urbanización, Costa Doñana, que se iba a levantar en Matalascañas, a unos centenares de metros del Coto Doñana, una de las reservas naturales más importantes de Europa. Ambas entidades habían realizado en los meses anteriores una venta masiva de parcelas de la urbanización. El Gobierno autónomo, por presiones de Izquierda Unida y de los grupos ecologistas de Huelva y Cádiz, se había visto obligado a paralizar el proyecto, dejando a dichas sociedades con un grave problema de cara a sus clientes.

Los responsables de Doñana Landerschlienssung y Doñana Land Development exigían que se buscara nuevo emplazamiento para el complejo turístico en Mazagón, a veinte kilómetros de Matalascañas. De lo contrario, darían a conocer las relaciones del cuñado del presidente del Gobierno, Francisco Palomino, con los promotores de Costa Doñana.

El Gobierno autónomo andaluz, presidido por Manuel Chaves, ex ministro de Trabajo y amigo de Felipe González, cedió al chantaje. Y, poco antes de que Felipe González tomara el avión de regreso a Madrid, la agencia oficial EFE publicaba la noticia del posible emplazamiento de la urbanización Costa Doñana en la localidad de Mazagón.

La historia, en realidad, se remonta a 1987. Ese año, el alcalde de Bollullos del Condado (Huelva) y diputado de Izquierda Unida en el Parlamento andaluz Diego Valderas descubre que Francisco Palomino, cuñado de Felipe González, y dos de sus amigos, Francisco Pellón y Jesús Bores, han comprado una parcela en Matalascañas por 70 millones de pesetas. «La idea —le informan— es recalificarla y venderla. Con el dinero que obtengan, unos 700 millones de pesetas, van a participar en Costa Doñana.»

A Valderas ese tipo de especulaciones le sublevan. Con una capacidad para 32.000 nuevas plazas hoteleras, los dueños de Costa Doñana, la Marbella socialista del Atlántico, pretenden urbanizar 6,65 kilómetros de playa en una de las zonas más privilegiadas de la costa de Huelva.

Los terrenos, según le informan al alcalde comunista, le habían sido comprados meses antes bajo presión a un constructor alemán a quien la Junta de Andalucía había negado reiteradamente los permisos para edificar en la zona. Desesperado, el industrial germano había vendido el suelo a un precio simbólico, a 150 pesetas el metro cuadrado.

Izquierda Unida llevó el asunto al Parlamento andaluz, pero Francisco Palomino se adelantó y vendió o simuló una venta de sus acciones en el proyecto inicial. Sin presunto culpable, la estrategia del PCE de montar un gran escándalo a nivel nacional se viene abajo.

El asunto, sin embargo, sigue coleando. En 1988 la revista *Tribuna*, dirigida entonces por Julián Lago, publica unas declaraciones de un promotor inmobiliario del sur en las que se acusa a Palomino, a Pellón y a Bores de proponer a un grupo de personas, en un encuentro con empresarios organizado en la urbanización Las Redes del Puerto de Santa María, que hicieran de testaferros suyos en Costa Doñana. En la reunión, según la revista, estuvo presente un ministro del Gobierno. Probablemente, los administradores de Doñana Landerschlienssung y Doñana Land Development, que irrumpen en escena en 1990 utilizando el nombre del Rey para vender terrenos en Matalascañas, sean los únicos que sepan toda la verdad del asunto.

Sea como fuere, lo cierto es que el fenómeno de la corrupción ha rondado demasiado cerca y en más de una ocasión al presidente del Gobierno, un presidente que dice enterarse por los periódicos de los desmanes y corruptelas que cometen los militantes de su partido.

* * *

El 24 de enero de 1993 los autores del presente libro publicaban en *Diario 16* que un ex alto cargo de Presidencia del Gobierno había sido el intermediario en el cobro de parte de las comisiones del AVE (tren de alta velocidad) pagadas por Siemens presumiblemente con destino al PSOE.

La información procedía de un registro efectuado por el magistrado del Tribunal Supremo, Marino Barbero, en la sede de la multinacional alemana en España. Entre la documentación incautada aparecían documentos según los cuales Florencio Ornia Alvarez había sido el «recaudador» del 2 por ciento de los supuestos sobornos pagados por Siemens a cambio de la adjudicación de las subestaciones eléctricas de la línea ferroviaria de alta velocidad Madrid-Sevilla.

Florencio Ornia había sido hasta el 2 de febrero de 1989 el máximo responsable del Gabinete de Infraestructura para Seguimiento de Situaciones de Crisis, emplazado en el palacio de La Moncloa. Como alto cargo del Gobierno dependía del jefe de Gabinete del presidente del Gobierno, Roberto Dorado.

El 15 de febrero, catorce días después de dejar el cargo, Ornia crea la empresa Atacir y comienza a trabajar como comisionista de Siemens[9]. Pero no parece que vaya por libre. Uno de sus socios, Eugenio García López Brea, figura también en algunas de las empresas del jefe de Gabinete del presidente del Gobierno.

Roberto Dorado niega toda vinculación con el tráfico de influencias. Sin embargo, dejó el Gabinete del Presidente tras las elecciones del 6 de junio de 1993. Así, la sombra de la corrupción, un fantasma que aterroriza a los dirigentes del PSOE cuando ven sus nombres en letra impresa, se alejaba de los entresijos de La Moncloa.

Considerado como la «madre» de todos los escándalos políticos de la democracia, el llamado «caso Filesa» saltó a la luz pública el 28 de mayo de 1991, cuando el contable chileno Carlos van Schouwen reveló al diario *El Mundo* y al *Periódico de Catalunya* [10] la existencia de una trama de empresas dedicada a cobrar comisiones para el PSOE, que venía funcionando desde antes de la campaña electoral de 1989.

La red ilegal de extorsión se había montado en torno a unas cincuenta sociedades, de las que las más importantes eran Filesa,

---

[9] Tanto los responsables de Siemens como Ornia han negado siempre la palabra *comisionista*. Según ambas partes, entre Siemens y Ornia lo que ha existido es un contrato de «prestación de servicios», ajustado al ordenamiento mercantil español.

[10] El rotativo del Grupo Z, dirigido por Antonio Franco, accedió a las informaciones del contable meses antes. No las publicó hasta que se vio forzado por *El Mundo*.

Malesa y Time Export. Supuestamente coordinadas por el secretario de Finanzas del PSOE, el diputado Guillermo Galeote, y dirigidas por los parlamentarios Carlos Navarro y José María Sala, el consorcio operaba como una verdadera mafia.

Recaudaba centenares de millones de pesetas de las principales empresas del país (BBV, Banco Central, Cepsa, ABB Energía, Enasa, Construcciones y Contratas, Pryca y otras) y justificaba legalmente los pagos mediante la venta de una serie de informes que no han existido jamás.

En poco más de tres años de existencia, la red había extendido sus tentáculos a otra serie de sociedades, como Viajes Ceres, Enatcar, GTP Consultores, GMP Consultores, Atacir, Tecnología e Informática 2020, lo que posteriormente derivó en nuevos escándalos.

El punto culminante del asunto se produjo en diciembre de 1992. El instructor de la causa ordenó la entrada en la sede central del PSOE y la incautación de todos los soportes contables del partido. Era la primera vez desde la llegada de la democracia a España en que un juez tomaba una decisión tan drástica contra un partido político, cuyas oficinas se consideraban hasta entonces prácticamente inviolables.

La decisión de Marino Barbero, con este y otros registros, permitió a la sociedad española conocer el grado de penetración y de utilización que algunas empresas del PSOE estaban haciendo de las instituciones del Estado, explotadas como si fueran sus fincas particulares. Un informe incautado en Enlaser, una de las filiales de Filesa, es lo suficientemente ilustrativo.

* * *

Documento número 1

«Informe sobre la situación de la mercantil Enlaser, S. A. a 8 de julio de 1992.

Antecedentes

Enlaser es una pequeña empresa dedicada a la producción en un área llamada «multimedia», un sector del mercado de la tecnología de la imagen y de la informática.

Filesa forma parte de su accionariado y hace poco hemos hecho una ampliación de capital de 10 millones para hacer frente a proyectos más ambiciosos. Los hechos acaecidos desde entonces son los siguientes:

— Filesa trae a Enlaser un proyecto de 2.000 millones de pesetas en temas de formación, relacionados con el Inem para que buscáramos empresas de formación. El negocio propuesto a Enlaser era solicitar a estas empresas un 50 por ciento de comisión por llevar la gestión (el reparto de este 50 por ciento era 45 para Filesa y 5 por ciento para Enlaser).

— Filesa, a través de V. Jiménez, en ese momento trabajador de Filesa, nos presenta un proyecto para la Policía.

— Filesa nos trae la relación con TVE para un tema de transmisión de datos a través de sus canales de emisión. El contacto se establece a través de Alfredo Flores.

— Filesa se ofrece a influir en el Inem y en el Quinto Centenario para conseguir operaciones para Enlaser. Existe un contrato en este sentido que establece un 10 por ciento de comisión para Filesa.

Filesa en la prensa

Aparece Filesa en la prensa. Anotamos los siguientes resultados:

— La policía con quienes estábamos negociando se retira. José María Rodríguez Colorado pide disculpas y afirma que no nos ha encargado ningún proyecto.

— Enlaser aparece tres veces en primera página en la prensa. Se produce una desbandada de clientes y un auténtico pánico en la compañía. Caen muchas operaciones y los comerciales pierden su base de clientes.

— TVE nos pide explicaciones oficialmente y cancela toda relación con nosotros.

— El Inem cancela 20 millones de pesetas en proyectos.

— Telefónica, a la que vendíamos 30 millones al año, nos pide explicaciones oficiales.

— Dragados, 10 millones al año, nos recomienda en una reunión que no aparezcamos por allí en un tiempo.

— Otra consecuencia de las vinculaciones con Filesa fue la cancelación de relaciones con organismos de la Administración incluyendo el Quinto Centenario, donde ya habíamos logrado orientar nuestros productos.

De todas maneras hemos seguido trabajando, aunque la situación de la sociedad es penosa.

— Campsa. Curso de formación por ordenador, 3 millones.
— Ayuntamiento de Madrid. Guía de servicios, 6,8 millones.
— Inem, 8 millones en un disco interactivo para búsqueda de trabajo para la mujer.
— Instituto de la Mujer, 8 millones, 50 por ciento del proyecto anterior.
— Renfe, 5 millones por nuestro curso de inglés.

Nuestra situación es crítica. Sabemos que Filesa trata de desvincularse de Enlaser. Llevamos dos meses tratando de hablar con Guillermo Galeote (jefe de Finanzas del PSOE) sin obtener resultado alguno.

David Granados. Director general de Enlaser.»

El «caso Filesa», el auténtico talón de Aquiles del PSOE, continúa sin esclarecerse pese a la batalla que viene librando desde 1992 el juez Marino Barbero Santos, de la Sala Segunda del Tribunal Supremo, para llegar al fondo de la cuestión. Una propuesta para crear una comisión de investigación realizada el 23 de abril de 1994 en el Congreso de los Diputados recibió el rechazo del Grupo Parlamentario que sustenta al Gobierno. Sólo tras los casos Roldán y Rubio y el aluvión de críticas que cayeron sobre el Ejecutivo, Felipe González aceptó que el Parlamento penetrase en los entresijos de esta trama dedicada a la financiación ilegal del PSOE.

El presidente del Gobierno, sin embargo, permanece aún sin aclarar a la opinión pública su extraña relación con Ocisa, la empresa de las «comisiones» pagadas a los responsables de la Junta de Andalucía.

* * *

Todo empezó en un cuarto de baño. El inspector jefe de la unidad adscrita de Policía Judicial de Sevilla, José Antonio Vidal, había recibido el encargo de investigar una trama de «pago de comisiones» y no se fiaba ni de su sombra.

Vidal, un policía con quince años de experiencia en los juzgados, habló con el decano de los jueces de Sevilla, Alfonso Martínez Escribano.

—¿Puedo «pinchar» los teléfonos desde el cuarto de baño?

Al juez Escribano le sorprendió la petición, pero la autorizó. De esta manera, un recinto de menos de cinco metros cuadrados al que se había colocado por fuera el letrero de «fuera de servicio» se convirtió en la «sala de escuchas» de la Policía Judicial. Allí se le intervinieron los teléfonos a Jorge Ollero Marín, hermano del director general de Carreteras de la Junta de Andalucía, Manuel Ollero; a Pedro Llach, su socio, y a varias constructoras andaluzas.

Así, la Policía pudo averiguar que en Sevilla se había montado, al socaire de la Expo'92, una red organizada dedicada al cobro de comisiones a los empresarios. Nombres como los del secretario de Finanzas del PSOE, Guillermo Galeote; Rafael del Pino, presidente de Ferrovial; Jesús Roa Baltar, presidente de Ocisa, y el director general de Dragados y Construcciones salen a relucir permanentemente en las cintas.

El 14 de julio de 1992 Jorge Ollero tiene que desplazarse a Madrid para recoger un dinero de Ocisa. En el hotel Zurbano se encuentra con su «intermediario», quien le entrega un maletín con dinero.

La Policía, que controla sus pasos, decide dejar que regrese a Sevilla. El plan consiste en seguirle y ver a quién entrega el dinero en la capital hispalense. Sin embargo, ante el temor a perderle, los policías montan un control rutinario a la altura del aeropuerto San Pablo. Cuando el «cherokee» de Ollero se detiene ante la barrera y los agentes uniformados comprueban que no se ha desprendido del maletín, sus compañeros de paisano pasan a la acción.

—¿Es usted Jorge Ollero? —le preguntan.

—El mismo.

—Pues queda usted detenido.

Al «hombre del maletín» se le encontraron 22 millones de pesetas encima. Era el «peaje» que pagaba Ocisa por la adjudicación de un tramo de carreteras en Andalucía. En su primera declaración, Ollero acusó al secretario general del PSOE andaluz, Carlos Sanjuán, de dirigir una red para captar fondos de las constructoras para el PSOE.

El asunto se zanjó, sin embargo, con el cese fulminante de su hermano, Manuel Ollero, director general de Carreteras de la Junta. El consejero de Obras Públicas, Juan José López Martos, y el presidente de la comunidad autónoma, Manuel Chaves, salvaron el cargo por los pelos.

Casi al mismo tiempo, los autores del libro descubrieron que la empresa que había pagado la «comisión» en Andalucía era la constructora del chalet que Felipe González se estaba edificando en la localidad madrileña de Pozuelo de Alarcón.

La situación era evidentemente incómoda para el presidente del Gobierno. Ocisa, la sexta constructora del país, con una facturación global de 160.411 millones de pesetas en 1991, no hacía viviendas privadas individuales. Su especialización, según la memoria, eran las obras públicas. Entre otros proyectos, había levantado la pista de atletismo de la Villa Olímpica de Barcelona, la autovía Las Segadas-Baiña en Asturias, el auditorio de la Expo'92, el viaducto Lanteril-Lobios en Galicia o el nuevo edificio de la Policía de Sevilla.

En ningún momento Ocisa había realizado una casa de unos pocos millones de pesetas. No entraba en su esquema de trabajo, ni mucho menos dentro de la filosofía de la compañía, que pierde dinero con este tipo de contratos.

¿Por qué construyó la casa de Felipe González la empresa de los sobornos de Andalucía? Era una pregunta que millones de españoles debían hacerse en 1992 y que *Diario 16* planteó tímidamente. En cualquier país medianamente democrático, Felipe González se hubiera sentido obligado a comparecer ante la opinión pública para dar explicaciones, como corresponde a cualquier gobernante respetuoso con su electorado cuando surgen dudas razonables sobre su honorabilidad.

Pero en España, poner en duda con argumentos razonables la honorabilidad de González es algo a la que sus adláteres de La Moncloa no están acostumbrados. A Felipe González la «honradez» se le supone, como a los militares el valor. Cuando los periodistas acreditados en La Moncloa le preguntaron tímidamente a la portavoz del Gobierno sobre el asunto, Rosa Conde debió intuir que la mejor defensa era el ataque. «Pónganle a los autores de la información el calificativo que quieran», declaró. Y se quedó tan fresca.

González debería dar explicaciones. Lo mismo que el Gobierno necesita aclarar muchas cuestiones relacionadas con la reprivatización del *holding* Rumasa.

* * *

El expolio más descarado perpetrado por los socialistas, a plena luz del día y sin que ni el fiscal general del Estado ni ningún juez moviera un dedo para impedirlo, fue el «caso Rumasa».

Intervenida por el Gobierno socialista el 23 de febrero de

1983, apenas ochenta y dos días después de llegar al poder, por un problema personal entre José María Ruiz Mateos y el ministro de Economía y Hacienda, Miguel Boyer Salvador [11], Rumasa se convirtió en el botín electoral socialista, donde todo el mundo acudió a llevarse la mejor tajada.

Consumado el acto físico de la incautación, el Gobierno necesitó aprobar en las Cortes, con el apoyo de la oposición, una ley especial para dar visos de legalidad a un hecho que, pasado el tiempo, se comprobaría que obedecía más a razones de piratería que a la pretendida «utilidad pública» y al «interés social», como explicó el portavoz del Gobierno, Eduardo Sotillos, por televisión la noche del 23 de febrero de 1983.

Un año después de la intervención, los administradores socialistas puestos por el Gobierno en Rumasa habían creado un «agujero» de 500.000 millones de pesetas en las setecientas empresas y veintiún bancos incautados al empresario jerezano. El Estado, en apenas doce meses, había perdido más que Ruiz Mateos en los treinta años en que fue el administrador del mayor imperio económico de España.

No fue lo peor. Tal y como se cuenta en otros capítulos de este libro, el Gobierno vendió por adjudicación directa Galerías Preciados a Gustavo Cisneros a un precio de 750 millones. Con ello, el amigo de Felipe González y de Miguel Boyer ganó tres años después 30.600 millones.

Hispano Alemana de Construcciones se vendió a una empresa fantasma —a la que se le dio dinero además para que se quedara con ella— y luego apareció en manos de Fiat-Impresit, la constructora de Giovanni Agnelli, el principal empresario italiano.

Veinte de los veintiún bancos de Rumasa, con 900.000 millones de activos y una inversión crediticia de 500.000 millones, se «regalaron» al resto de la banca tras comprar el Estado sus activos dudosos mediante una emisión de 440.000 millones de deuda pública especial. Extraños empresarios chilenos y mexicanos ami-

---

[11] Evidentemente, había otras razones de tipo económico que hubieran hecho necesaria la toma de medidas contra el *holding* de la abeja antes o después de la intervención. Sin embargo, el motivo que dio lugar a la acción del Gobierno fue el desafío que desde los medios de comunicación lanzó Ruiz Mateos —un señor que entonces se consideraba intocable— a un Gobierno que no había superado aún su complejo de debilidad y necesitaba un acto de fuerza para demostrar quién mandaba en España. «El que me eche un pulso lo pierde», había advertido claramente Felipe González.

gos de los responsables de Filesa, como Patricio Yon Otorola o Juan Fernández Montreal, pasaban de ser auténticos desconocidos en el mundo de las finanzas a convertirse en ricos empresarios gracias a la «justicia distributiva» del Gobierno.

Bodegueros sin solvencia, experiencia ni cualificación, al estilo de Marcos Eguizábal, pasaron a controlar por adjudicación directa del Consejo de Ministros el 30 por ciento de las empresas vinícolas del país, sin ningún tipo de refrendo posterior por los organismos competentes de la Administración [12].

El saqueo continuado de unos bienes de los que el Estado se había apropiado «por interés público», realizado por un grupo de personas en su mayor parte afines al poder, llevó al Partido Popular a plantear la creación de una comisión de investigación cuando el escándalo comenzó a trascender a la opinión pública. Sin embargo, Carlos Solchaga y el Gobierno empeñaron todo su celo y ardor parlamentario para que nadie tirara de la manta.

De esta manera, cuando el entonces portavoz adjunto del Partido Popular en el Congreso de los Diputados Luis Ramallo [13] comenzó a investigar el asunto, el «agujero» estimado de la Rumasa estatal era de 2 billones de pesetas. El rifirrafe de Miguel Boyer y Ruiz Mateos le había costado a cada español 50.000 pesetas.

Una situación insólita que no se hubiera producido si funcionaran los mecanismos de control propios de las democracias parlamentarias. O si los gobernantes socialistas no hubieran desmantelado, hace más de media docena de años, los mecanismos internos de fiscalización de la Administración del Estado.

* * *

En enero de 1992 el ministro de Sanidad tuvo que dimitir de su cargo por un escándalo de corrupción. Julián García Valverde era el segundo miembro del Gobierno (primero lo fue Alfonso Guerra, afectado por el *affaire* de su hermano) que abandonaba el poder sin que le agradecieran, al menos de cara a la opinión pública, los servicios prestados.

Meses antes, cuando ocupaba la presidencia de Renfe, Valverde y sus colaboradores habían destinado 1.800 millones de pesetas

---

[12] Para más datos puede consultarse José Díaz Herrera y Ramón Tijeras, *El dinero del poder*, Cambio 16, Madrid, 1991.

[13] En 1994, cuando se terminó de escribir este libro, Ramallo ocupaba una de las vicepresidencias del Congreso.

de las arcas de la Red de Ferrocarriles Españoles. Con ese dinero adquirieron una serie de terrenos en San Sebastián de los Reyes, por donde iba a pasar una nueva vía férrea. Tras su inminente revalorización ¿pensaban venderlos, embolsarse las plusvalías y repartírselas entre un grupo de amigos?

Ocupadas la Administración del Estado y las empresas públicas en su totalidad por el Partido Socialista, sin resortes que impidan con carácter previo la realización de estos «desmanes», muchos altos cargos provenientes del PSOE han hecho lo mismo que García Valverde: utilizar los bienes públicos como su finca particular.

Antes de 1986 las manipulaciones del «caso Renfe» habrían resultado prácticamente imposibles de realizar. Hasta entonces, todos los actos del Gobierno y de las empresas públicas estaban sometidos por ley al informe preceptivo de la Intervención General de la Administración del Estado. El interventor, con toda seguridad, no habría autorizado al presidente de Renfe a utilizar dinero de la empresa estatal para comprar terrenos que no tenían nada que ver con el negocio ferroviario.

«Era un excelente sistema para combatir la corrupción, ya que los políticos no podían utilizar discrecionalmente el dinero de los contribuyentes ni llevar a cabo actividades que perjudicaran el interés público», asegura el ex ministro de UCD y diputado del PP Manuel Núñez, experto en estas cuestiones.

Cuatro años después de llegar al poder, el PSOE cercenó los controles del Estado sobre los actos de los miembros y altos cargos del Gobierno. Carlos Solchaga, por medio de la Ley General Presupuestaria de 1986, suprime el control previo de los interventores y limita su función a una fiscalización posterior, mediante muestreo aleatorio [14].

Otro tanto ocurre en los ayuntamientos y diputaciones con los secretarios, interventores y tesoreros. Hasta finales de los ochenta eran funcionarios con habilitación nacional. Se nombraban mediante concurso y sus funciones estaban reguladas por la Ley de Bases de Régimen Local de 1985. En su desmedido afán liberalizador, el Gobierno socialista pone fin a este sistema de vigilancia previa, que actúa en beneficio de los administrados. La Ley de Presupuestos Generales del Estado de 1992 modifica la Ley

[14] Los lectores que deseen obtener una mayor información sobre este asunto pueden consultar el artículo 95 de esta ley.

de Bases de Régimen Local y permite desde entonces que los profesionales de estos tres cuerpos puedan ser nombrados por los alcaldes.

La existencia de los controles de la Intervención del Estado habría impedido que el 50 por ciento de las obras públicas en España se realizaran por adjudicación directa, tal y como se ha reconocido en la «comisión Roldán», o que el furor vendedor que le ha entrado en los últimos años a gran parte de la clase dirigente del país arrasara con una buena parte del rico patrimonio del Estado.

Según un reportaje publicado por la periodista Marta Santín en *Diario 16*, nueve empresas públicas (Transatlántica, Elcano, Transmediterránea, Astilleros Españoles, Iberia, Construcciones Aeronáuticas, Mercasa y Argentaria) han vendido sus sedes centrales, emplazadas en lugares estratégicos de Madrid, para alquilar otros edificios situados en peores condiciones.

A estas enajenaciones se suman la realizada por Carmen Mestre, quien, según el Tribunal de Cuentas, permutó la sede central de Cruz Roja, situada en la calle Eduardo Dato de Madrid, por un edificio valorado en un precio dos veces menor; las del ex presidente de Renfe, Julián García Valverde, que vendió numerosos solares de la Red Nacional de Ferrocarriles Españoles, o las del Ministerio de Defensa, que en los últimos siete años ha liquidado ciento cuarenta cuarteles en toda España.

Sin embargo, los grandes escándalos de corrupción, todavía por descubrir, no están en los pequeños chanchullos de la venta de inmuebles, sino en los grandes negocios de Estado.

* * *

El 23 de enero de 1983 el Gobierno de Colombia convocó un concurso público internacional para la construcción de un tren metropolitano de transporte colectivo en Medellín. El contrato era, en relación con la cantidad a invertir, el más importante de la historia del país caribeño.

El Gobierno colombiano de Belisario Betancur estaba dispuesto a gastar hasta 650 millones de dólares (unos 117.000 millones de pesetas de aquella época), una jugosa cifra para las empresas de los países industrializados con capacidad para acometer el proyecto.

Media docena de países se disputan el concurso y envían a Bogotá a sus mejores embajadores. Tres empresas españolas luchan por el proyecto. Dos de ellas, Caf e Inirail, acuden con el respaldo oficial del INI. Una tercera, Ateinsa, se presenta al concurso muy a última hora como integrante de un consorcio del que forman parte Conycon, Siemens y Man. Sarasola, que representa a este consorcio, viaja a Venezuela y, en el avión particular de su amigo Carlos Andrés Pérez, se presenta en Bogotá y Medellín. Manuel Pinedo, ex director general de Bienes de Equipo del INI, afirma que en la operación se repartieron más de 7.000 millones de pesetas en comisiones entre las autoridades nacionales y locales.

Para asegurarse la obra, el Gobierno español, a través de Enrique Sarasola, concedió al país caribeño 4.500 millones de pesetas en créditos FAD (Fondo de Ayuda al Desarrollo). Algunas de estas ayudas, cerca de 300 millones, se facilitaron a Siemens, una empresa extranjera, la cual, según la legislación española, no tiene derecho a la utilización de estos créditos blandos.

Creados para incentivar el desarrollo de la industria española, la apertura de nuevos mercados y la venta de bienes de equipo en el exterior, los FAD han sido empleados como un instrumento de corrupción por el Gobierno [15]. Un informe del Tribunal de Cuentas refleja que de los 266.663 millones de pesetas concedidos por el Estado español hasta 1990, más del 50 por ciento de los créditos han sido utilizados casi exclusivamente por cinco empresas: Focoex, Enasa, Astilleros Españoles, Construcciones Aeronáuticas y Dragados y Construcciones.

La antigua Empresa Nacional de Autocamiones (Enasa), Astilleros Españoles y Construcciones Aeronáuticas han empleado los FAD prácticamente para la venta de armas a Marruecos, Angola, Egipto y otros países. Operaciones, todas ellas, en las que aparece el amigo del presidente del Gobierno Enrique Sarasola con los traficantes Adnan Kashogui y Abdelrraman El Assir [16].

Focoex, por otra parte, era hasta hace poco más de un año el feudo del ministro de Economía y Hacienda, Carlos Solchaga. Como empresa estatal, dedicada al fomento del comercio exterior,

[15] Para más detalles pueden consultarse los reales decretos 16/1976 y 509/1977.

[16] Según un informe del Centro de Investigación para la Paz realizado en 1994, más del 25 por ciento de estos créditos se destinan a la venta de armamento. En la década ochenta-noventa, España vendió armas con créditos FAD a dieciséis naciones: Angola, Bolivia, Cabo Verde, Ecuador, Egipto, Jordania, Leshoto, Marruecos, México, Mozambique, Panamá, Santo Tomé, Somalia, Tailandia, Uganda y Zimbabwe.

la sociedad tenía abiertas oficinas en Panamá, Focoex Internacional S. A. (FISA) [17], desde donde se pagaban comisiones —autorizadas por el Gobierno en algunos casos— a los países que adquirieran tecnología y material español [18].

La directora general de filiales y delegaciones de Fomento de Comercio Exterior (Focoex) y vicepresidente de Focoex Internacional era hasta hace un par de años Gloria Barba, una economista funcionaria del INI, casada con Carlos Solchaga y una de las personas, junto con Sarasola, que han controlado los resortes del comercio exterior y una buena parte de los créditos FAD.

El informe del Tribunal de Cuentas revela también que gran parte de los créditos no se han utilizado para los fines previstos, es decir, para la venta de bienes de equipo españoles en el exterior. Además del desvío de casi 70.000 millones para la venta de armamento, España ha concedido FAD a Cuba para la adquisición de repuestos de automóviles norteamericanos, a Venezuela para la compra de azúcar [19] o a Argelia para la adquisición de leche en polvo, papel de imprenta, bases para perfumes y azúcar.

Otra de las vías utilizadas por el Gobierno para pagar favores políticos a países amigos cuyos gobernantes ayudaron al PSOE cuando no había alcanzado aún el poder o para el cobro de comisiones por parte de intermediarios cercanos al Ejecutivo son los acuerdos económico-financieros suscritos entre España y otros estados.

---

[17] Las oficinas tienen su sede en el edificio Bank of America de la ciudad de Panamá desde el 4 de marzo de 1987. Focoex posee también otras oficinas en las Bahamas. Desde comienzos de 1992 las comisiones en el exterior se pagan desde una nueva oficina situada en el paraíso fiscal de New Barbados (Barbados).

[18] Un informe facilitado por el diputado Rafael Hernando a los autores del presente libro revela que entre 1987 y 1991 las empresas estatales españolas pagaron 4.144 millones de pesetas en comisiones para facilitar las ventas en el exterior. Los «sobornos» se hicieron efectivos en cuentas corrientes de Suiza, Panamá, Francia, Marruecos, Estados Unidos, Inglaterra, Nicaragua, Italia, Senegal, Liberia y Yugoslavia. Los bancos españoles por medio de los cuales se hicieron los pagos son el Vizcaya, Exterior, Citibank, Caja de Madrid, Aresbank, Santander, Manufacturas Hannover, Midland Bank y Central. La empresa estatal que más comisiones pagaba era Bazán (1.076 millones), seguida de Enasa (897), Construcciones Aeronáuticas (837), Aesa (693), Focoex (349), Ence (122), Santa Bárbara (119) e ICuatro (29).

[19] En esta operación interviene de nuevo Enrique Sarasola quien, según la prensa de Venezuela, se lleva 5.000 millones de pesetas en comisiones, que reparte con los hombres de Carlos Andrés Pérez.

En la mayoría de los casos, los proyectos de desarrollo e inversión que se financian por medio de estos acuerdos están adjudicados por medio de protocolos muchos meses antes de que el Rey estampe su firma al pie del texto global. Las empresas beneficiarias son, por lo general, las mismas, y las comisiones incluso, se reparten: las sociedades de Teneo y del INI y alguna que otra empresa privada, como Dragados y Construcciones, Trébol Internacional y poco más.

«A mí suelen invitarme a los viajes como representante de los empresarios españoles, pero cada vez voy menos», señaló a uno de los autores del libro el presidente de la CEOE, José María Cuevas. «Estos convenios internacionales son un camelo, que no constituyen ningún incentivo a la exportación y a la libre competencia. En el momento en que se firman, las empresas públicas se han llevado el 80 por ciento de los créditos disponibles», concluyó.

Entre 1988 y 1991 España ha suscrito diez acuerdos económico-financieros con siete países de América Latina, dos con países del área del Magreb y uno con la antigua Unión Soviética[20].

Los acuerdos suponen la financiación de proyectos de desarrollo, la compra de bienes y servicios y la creación de algunas empresas mixtas. Para el conjunto de los proyectos el Gobierno ha concedido créditos por un importe global de 1,2 billones de pesetas y ha realizado inversiones directas por otros 750.000 millones, lo que representa un desembolso global por parte del Estado de casi dos billones de pesetas[21].

¿Cuánto dinero se ha quedado por el camino? Difícil saberlo. Aunque el grado de corrupción no es el mismo y las comparaciones no son posibles, una encuesta realizada en Italia en 1992 dentro de la operación «Manos Limpias» puso de relieve que el Partido Socialista y la Democracia Cristiana obtenían *tangentes* (comisiones) del orden de los 200.000 millones de pesetas de los

---

[20] Los beneficiarios son: Argentina (1.000 millones de dólares en créditos y 2.000 en inversiones), Ecuador (350 millones de dólares en créditos), México (1.500 millones de dólares en créditos y 2.500 en inversiones), Venezuela (1.200 millones en créditos y 1.800 en inversiones), Chile (800 millones de dólares en créditos y 1.200 en inversiones), Bolivia (125 millones de dólares en créditos), Brasil (3.000 millones de dólares en créditos), Marruecos (1.250 millones de dólares en créditos), Argelia (380 millones de dólares en créditos), URSS (1.500 millones de dólares en créditos).

[21] De estos dos billones de pesetas, casi 310.000 millones han sido contabilizados por el Estado como impagados o atrasos, según los datos facilitados por el Gobierno al diputado del PP José Ignacio Llorens en el Congreso de los Diputados.

contratos internacionales, la compra de gas y petróleo y las comisiones pagadas por las empresas públicas.

Lo más grave es, sin embargo, que algunos países, como Venezuela, que se ponían como paradigmas de la corrupción institucionalizada, no quieren saber nada de los españoles. Han rechazado incluso un Tratado de Amistad y Cooperación, que suponía unas inversiones globales en el país caribeño de 300.000 millones de pesetas.

* * *

El 18 de mayo de 1994, Carlos Andrés Pérez, setenta y dos años, líder de Acción Democrática y presidente de la República de Venezuela, era detenido por la Policía Técnica Judicial (PTJ) de su país y encarcelado en el penal de El Junquito, a dieciocho kilómetros de Caracas.

La Corte Suprema venezolana había tomado esta decisión tras demostrarse fehacientemente que el primer mandatario del país había utilizado una partida de 2.500 millones de bolívares (unos 2.300 millones de pesetas) para ayudar a la presidenta de Nicaragua, Violeta Chamorro, y para su beneficio particular.

En efecto, coincidiendo con los primeros meses de su mandato, a comienzos de 1989, el vicepresidente de la Internacional Socialista había ordenado desviar una partida de dinero del Ministerio del Interior para la ayuda exterior. Parte de los fondos, sin embargo, acabaron en las cuentas corrientes de su amante, Cecilia Matos, en Suiza y Estados Unidos.

Mientras su amante huía a Nueva York y fijaba su residencia en el edificio Sutton Place, en la legendaria Quinta Avenida, donde vive protegida por treinta y dos guardaespaldas de la Disip, la policía política venezolana, Carlos Andrés Pérez tuvo que sufrir un auténtico calvario.

Todas las instituciones políticas del país (comisión de investigación del Parlamento, Tribunal de Cuentas, Congreso de la República, Fiscalía del Estado y Corte Suprema de Justicia) le fueron condenando implacablemente. Hasta que a mediados de mayo, la misma semana en que un tribunal italiano ordenó la busca y captura del presidente de la República Italiana, el socialista Bettino Craxi, los jueces ordenaron su encarcelamiento y su propio partido le expulsó de sus filas.

La semana siguiente a su ingreso en prisión Carlos Andrés Pérez fue visitado extraoficialmente por uno de los autores del presente libro en el penal de El Junquito. El ex presidente venezolano, que ocupaba una *suite* de lujo del establecimiento carcelario, estaba molesto por el rigor con el que la Corte Suprema de Justicia le había juzgado. «Mire usted, lo mismo que he hecho yo con la partida de los 250 millones de bolívares lo hizo Felipe González en España. A su Presidente, allá nadie le pide cuentas», se lamentaba.

El ex presidente de Venezuela tenía razón. El 28 de febrero de 1989, poco después de la llegada del vicepresidente de la Internacional Socialista a la Presidencia de la República, la falta de azúcar, trigo y otros alimentos y productos de primera necesidad provoca un estallido social en Caracas y otras poblaciones del país caribeño. La revuelta, conocida como el «Caracazo», se salda con varios centenares de muertos. El presidente de Venezuela necesita, con urgencia, dar de comer a la población hambrienta de su país para evitar que la situación se repita en las próximas semanas.

Con la arcas del Estado vacías [22] y sin posibilidad de que ninguna entidad financiera internacional avalara las cartas de crédito del Banco Central de Venezuela, Carlos Andrés Pérez recurre a su amigo el presidente del Gobierno español, Felipe González, para que le saque del apuro.

El 16 de marzo de 1989 la Secretaría de Estado de Comercio comunica al Gobierno venezolano que el Consejo de Ministros del Reino de España ha aprobado la concesión del un crédito extraordinario de 500 millones de dólares para la adquisición de productos de consumo [23].

De esa partida 50 millones son créditos FAD, un dinero prestado a un muy bajo interés, con un plazo de amortización largo (a cinco años en este caso), pero con un claro inconveniente: los créditos FAD pueden destinarse, pura y exclusivamente, a la venta de bienes y servicios españoles en el extranjero.

Sin embargo, parte de esa partida —aproximadamente unos 180 millones de dólares— se emplean en la compra de 350.000 toneladas de azúcar a Cuba, país competidor en la producción de

---

[22] Carlos Andrés Pérez confesó a uno de los autores del libro que cuando llegó a la Presidencia de la República las reservas del Banco Central ascendían a 500 millones de bolívares y que las divisas habían desaparecido.

[23] Del «Informe de la subcomisión especial designada por la Comisión de Control para investigar presuntas irregularidades en la compra de 350.000 toneladas de azúcar por parte del Gobierno nacional», Caracas, 16 de mayo de 1993.

este producto con España, que comercializa sus excedentes a través de la multinacional británica Man[24].

El negocio se instrumentaliza por medio de la empresa estatal española Focoex, una sociedad bajo el control del Ministerio de Economía y Hacienda, cuyo titular es en ese momento Carlos Solchaga.

La compañía de Germán Calvillo y Gloria Barba, el amigo y la mujer de Solchaga, delega la operación en Enrique Sarasola, uno de los hombres de confianza del presidente del Gobierno Felipe González. Sarasola, por otra parte, había sido entre 1984 y 1986 el responsable de las finanzas paralelas del PSOE, según confirmó a los autores del presente libro el dirigente y empresario socialista Enrique Ballester.

El 3 de marzo de 1989 Carlos Andrés Pérez nombra comisionado nacional de la República de Venezuela para esta operación al empresario Gonzalo Colimodio, dejando al margen a la empresa estatal Distribuidora Venezolana de Azúcares, según aparece en la *Gaceta Oficial.* El principal mérito del comisionado especial de la República es su parentesco en primer grado con Esther Colimodio (su hermana), dama de compañía de la amante oficial del Presidente, Cecilia Matos, con la que tiene dos hijos reconocidos legalmente.

En 1991, dos años después, estalla el escándalo. Oswaldo Alvarez Paz, diputado venezolano, inicia una investigación y descubre que Venezuela había recurrido tras el «Caracazo» a los habituales proveedores del género: Cubazúcar, Carggil, Consejo Estatal del Azúcar de la República Dominicana, Interbras, Philip Brothers, Amerop, Farrman, Beghin Say, Czarnikow Rionda y Louis Dreyfus Sugar. Todos ellos se negaron a suministrar el producto a Venezuela porque el país carecía de divisas y ningún banco extranjero confirmaba las cartas de crédito del Banco Central de Venezuela. Entonces Carlos Andrés habló con Felipe González. El presidente español aceptó una carta de crédito del Banco Industrial de Venezuela, «sin aval ni garantías concretas, cosa que ningún otro país del mundo estaba dispuesto a consentir»[25].

---

[24] En los años 1988 y 1989 España tuvo excedentes de azúcar, tal y como se hace constar en el *Diario de Sesiones* de las Cortes del 22 de junio de 1994.

[25] «Se trataba de comprar azúcar sin dólares y sin créditos y lo conseguimos», afirmó en la Comisión de Investigación parlamentaria el ministro de Fomento venezolano, Moisés Naim. «Los demás países sólo estaban dispuestos a prestarnos entre 4 y 6 millones de dólares a lo sumo y España nos ofreció una línea de crédito de 500 millones.»

Además, el presidente González, vulnerando la legislación vigente, se ofreció a hacer de banquero de Venezuela empleando el dinero de todos los españoles como si de su cuenta corriente se tratara para prestárselo a su amigo Carlos Andrés Pérez. Por razones de tipo político y sin consultarlo previamente con el Parlamento, Felipe González autorizó el desvío de créditos FAD, destinados única y exclusivamente a fomentar las ventas de bienes de equipo y tecnología de producción nacional en el exterior, para que Venezuela adquiriera alimentos a terceros países.

El informe de Alvarez Paz asegura que hubo que recurrir a la empresa española Focoex, «a pesar de que la compañía estatal carecía de experiencia en el mercado de las *comodities*», por imposición del Gobierno y del Ministerio de Hacienda españoles, debido a la precaria situación de divisas existente en Venezuela.

La comisión de investigación parlamentaria creada posteriormente reconoció en una de sus conclusiones que Venezuela pagó un importante sobreprecio por el edulcorante, de acuerdo con los mercados internacionales. La sobrevaloración oscila entre 60 y 80 dólares, según se tratara de azúcar en crudo o refinada. Ese dinero, unos 20.000 millones de pesetas, fue a parar presuntamente a los bolsillos de los intermediarios, Enrique Sarasola y Gonzalo Colimodio, quien lo repartió con Cecilia Matos, la amante de Pérez, de acuerdo con la información publicada por *Diario 16* [26].

El 22 y 28 de junio de 1994 el Partido Popular solicitó al Congreso de los Diputados la creación de una comisión de investigación para averiguar las implicaciones de González en este escándalo. La Cámara, sin embargo, con los votos del PSOE, CiU y PNV, impidió que el asunto se esclareciera. Y es que los socialistas españoles, probablemente, tienen mucho que ocultar en sus relaciones con algunos mandatarios de América Latina.

* * *

A comienzos de 1982, poco antes de la celebración de las elecciones generales que dieron el triunfo al PSOE en España, Eduardo Ortiz, piloto personal del empresario venezolano Gustavo Cisneros, recibió una noche un mensaje urgente en su casa: «Preséntese mañana a las siete, sin falta, en la sede de la Organización Cisneros.»

[26] Véanse ediciones correspondientes al 26, 28 y 30 de mayo de 1994, así como *El Nacional*, de Caracas, de las mismas fechas.

Ortiz, un individuo de mediana edad[27], cumplió la orden a rajatabla.

Al día siguiente, en la sede central del *holding* de los Cisneros, Gustavo, el responsable del clan, le recibió personalmente, le entregó un maletín con 100.000 dólares y le ordenó:

—Vaya enseguida al aeropuerto de Maiquetía. Allí le espera una persona. Haga todo lo que ella le diga.

Una hora después se encontró en la zona militar del aeropuerto con el general Nelson Delgado Peña, uno de los jefes de la División de Inteligencia y Seguridad de Venezuela (Disip), la policía política del país.

Durante el mandato de Carlos Andrés Pérez, Delgado Peña estaba considerado como uno de los hombres de confianza del presidente de la República. Tenía despacho oficial en el palacio de Miraflores y era el encargado de las relaciones secretas con los países de América Latina y Europa y de administrar los fondos reservados del partido. Inmediatamente le dijo:

—Prepara un plan de vuelo para Panamá. Salimos dentro de una hora, en cuanto esté aquí el Presidente[28].

Poco después llegó al aeropuerto Carlos Andrés Pérez. De acuerdo con lo previsto, el avión de los Cisneros, un *jet* Lear-35, matrícula YV327CP, emprendió vuelo con destino a la república centroamericana con sus dos pasajeros a bordo y con Jesús Díaz como copiloto.

En Panamá, el avión particular de la familia Cisneros fue autorizado a aterrizar en la zona militar del aeropuerto internacional. Allí, las autoridades venezolanas fueron recibidas por el general Manuel Antonio Noriega, presidente de la República tras el fallecimiento de Omar Torrijos un año antes.

Tras media hora de conversaciones entre Carlos Andrés Pérez y el general Noriega, el séquito se dirigió al hotel Intercontinental de Panamá. Allí, en uno de los amplios salones, esperaba el secretario general del PSOE, Felipe González, y su amigo personal, el empresario guipuzcoano Enrique Sarasola.

---

[27] Retirado de la actividad aeronáutica, Ortiz trabaja en 1994 como jefe de seguridad del Banco Metropolitano de Caracas.

[28] El presidente de Venezuela en 1982 era Luis Herrera Campíns, que gobernaba el país desde diciembre de 1978. Carlos Andrés Pérez (CAP), su antecesor y senador vitalicio del país, recibía el tratamiento de «presidente» por su antiguo equipo.

El líder socialista español acudía a América Latina a recabar el apoyo de los gobiernos de aquellos países para sufragar los gastos de la campaña electoral de 1989. Carlos Andrés Pérez, vicepresidente de la Internacional Socialista, había decidido acompañarle en sus desplazamientos, y Gustavo y Ricardo Cisneros —los dos miembros del clan— estuvieron encantados de prestarle su avión particular y correr con los gastos del viaje, estimados en unos 100.000 dólares.

Después de pasar dos días en Panamá, el jefe de la República de Venezuela y el líder del PSOE emprendieron vuelo con destino a Costa Rica, donde fueron recibidos por altos cargos de la Guardia Civil, por el máximo responsable del país, Rodrigo Carazo, y por el líder opositor, Luis Alberto Monge. De Costa Rica viajaron a la República Dominicana para entrevistarse con el octogenario presidente Joaquín Balaguer y con el líder de la oposición, Juan Francisco Peña Gómez. La próxima escala fue Nicaragua, donde Felipe González y Carlos Andrés Pérez mantuvieron diversas reuniones con los dirigentes sandinistas y con el ministro de Exteriores, sacerdote y defensor de la guerrilla Ernesto Cardenal.

La siguiente parada iba a ser Bogotá, en Colombia, pero en mitad del trayecto el piloto Eduardo Ortiz y el copiloto Jesús Díaz recibieron una contraorden: deberían desviarse a Barranquilla. En el aeropuerto de esta ciudad esperaban a Felipe González y a Carlos Andrés Pérez el nuevo presidente de la República, Belisario Betancur, y el saliente, Julio César Turbay Ayala.

En todos estos países, mientras González departía sobre el futuro de la democracia y el socialismo en América Latina y en el mundo, Enrique Sarasola y el general venezolano de la Disip, Nelson Delgado Peña, se dedicaban a asuntos más terrenales: pedir dinero para el PSOE.

El periplo terminó en Venezuela, donde el secretario general del PSOE fue huésped de Gustavo Cisneros. Se alojó en la casa de 2.000 metros, construida sobre una parcela de 30.000 metros cuadrados y rodeada por un seto de miles de palmeras enanas, que el patriarca de las finanzas del país posee en el Country Club, el lugar más selecto de Caracas.

De regreso a España, los fondos «recaudados» durante el viaje por América Latina se hicieron llegar al país por medio de la valija diplomática de la embajada de Venezuela en Madrid, según relataron a los autores de este libro familiares del general Nelson Delgado Peña, el hombre de las finanzas ocultas de Acción Democrática en la etapa de Pérez. También hubo transferencias de dinero a través de las cuentas corrientes que la Organización Cisneros posee en bancos de Estados Unidos, Suiza, Holanda y España. Estas cuentas permitieron posteriormente, de acuerdo con diversas fuentes de la Presidencia de la República, evadir 500 millones de dólares del país al exterior tras la quiebra del Banco Latino, en Venezuela, y la huida a Santo Domingo de Gustavo Cisneros, uno de sus principales accionistas[29].

Las ayudas que el PSOE estuvo recibiendo de diversos partidos políticos latinoamericanos y de empresarios al estilo de los Cisneros iban a tener su justa correspondencia en el futuro, como ocurrió en Venezuela con el *affaire* del azúcar y como iba a suceder, posteriormente, con el Tratado General de Amistad y Cooperación suscrito entre España y el país caribeño.

* * *

Rodeado de una cohorte de ministros y de secretarias, Carlos Andrés Pérez visitó oficialmente España entre el 5 y el 7 de julio de 1990. Año y medio antes había revalidado su segundo mandato como presidente de la República y uno de sus objetivos era sacar al país de la profunda crisis en que estaba sumido.

En su viaje a Madrid fue recibido por el rey Juan Carlos y por el presidente del Gobierno, Felipe González, y se organizó un encuentro entre empresarios españoles y venezolanos en la CEOE[30]. El acto culminante de la visita fue, sin embargo, la firma de un Tratado General de Amistad y Cooperación entre los gobiernos de España y Venezuela.

El acuerdo contemplaba el desarrollo productivo del país caribeño y la creación de empresas mixtas. Para ello, España estaba

[29] En 1994 el Gobierno de Rafael Caldera estudiaba la intervención de todas las cuentas corrientes del clan Cisneros en el exterior, ante la evidencia de que la mayor parte de los fondos se correspondía con salidas de divisas del Banco Latino, el segundo de Venezuela, intervenido en enero de ese año y nacionalizado posteriormente.

[30] Durante este encuentro celebrado en la sede de la patronal, en la calle Diego de León 50 de Madrid, ocurrió uno de los incidentes más insólitos presenciados por los empresarios españoles. En mitad de una entrevista con José María Cuevas y otros directivos de la CEOE se presentó de pronto una «secretaria». Carlos Andrés Pérez se encerró en un despacho con ella y regresó un cuarto de hora después a la reunión. «Perdónenme, es que me dio un apretón», se disculpó ante las incrédulas miradas de los allí presentes. Acto seguido, el encuentro continuó como si nada.

dispuesta a conceder 1.200 millones de dólares en créditos (450 FAD y 750 tipo OCDE) y a llevar a cabo inversiones directas en Venezuela por otros 1.800 millones de dólares.

Para entrar en vigor, el Tratado necesitaba el respaldo de la Cámara de Representantes venezolana. El 13 de mayo de 1992 el ministro de Hacienda del país caribeño, Pedro Rosas Bravo, dirigió un escrito al presidente de la Asamblea urgiéndole la aprobación del crédito.

Sin embargo, ese mismo mes el portavoz de Acción Democrática —el partido de Carlos Andrés Pérez— en la Cámara, Henry Ramos Allup, se ponía de acuerdo con la portavoz del partido de la oposición (Copei), Aydée Castillo, para oponerse a la ratificación del convenio.

Una investigación realizada meses antes por el diputado Ramos Allup demostró que la empresa estatal española Fomento del Comercio Exterior (Focoex) había elegido como socios suyos en Venezuela a personas y cargos públicos que estaban siendo enjuiciadas o se hallaban bajo vigilancia por supuestos escándalos de corrupción.

Una de esas personas era Orlando García, ex jefe de seguridad de Carlos Andrés Pérez. De origen cubano, García y su amante, Gardenia Martínez, habían tenido que huir del país en 1991 al descubrirse una venta ficticia de armas al Ejército y otra a la Policía que cobraron por anticipado.

Otros de los socios de Focoex eran el ministro de Desarrollo Urbano, Luis Penzini Fleury, y el fallecido presidente del Banco Central de Venezuela, Pedro Tinoco. «Penzini Fleury —informó el diputado Ramos Allup a los autores del libro— fue condenado por una comisión de investigación del Parlamento. Los créditos públicos destinados a la construcción de viviendas sociales se los concedía a sus propias empresas.»

El banquero Pedro Tinoco aparecía relacionado con la utilización fraudulenta que el presidente de la República, Carlos Andrés Pérez, hizo de un crédito de 250 millones de bolívares, hecho por el que fue encarcelado en mayo de 1994.

Focoex había firmado además contratos de «asesoramiento» con los ministerios de Asistencia Social, presidido por Pedro Paes Camargo; de Sanidad, controlado por Rafael Orihuela, y de las Reservas Naturales, dirigido por Enrique Colmenares Finol. El diputado Ramos, al enterarse de la firma de los acuerdos, recomendó a los distintos ministerios que no siguieran firmando, puesto que iban a ser declarados nulos por el Parlamento.

Sus pesquisas le llevaron a detectar otras irregularidades. El Tratado de Cooperación contemplaba la venta de una planta de laminado en frío para la Corporación Venezolana de la Guayana, una empresa declarada en quiebra, y un plan de desarrollo agropecuario con destino a las Fuerzas Armadas, como si la misión del Ejército fuera la cría de ganado o la horticultura. Como consecuencia de ello, el diputado de Acción Democrática envió un informe reservado, de quince folios, a Carlos Andrés Pérez por el que solicitaba la congelación *sine die* del Tratado.

«En su trasfondo el Tratado encubre una trama de comisiones y de operaciones destinadas al enriquecimiento de personas situadas en los entornos de Felipe González y Carlos Andrés Pérez», publicaba el diario venezolano *El Nacional*[31].

«Tras el crédito y la presencia de Focoex había una serie de negocios oscuros que era mejor cortar de raíz. Venezuela no hubiera soportado los casos de corrupción generados por 3.000 millones de dólares», señaló Ramos a los autores del libro.

Para Henry Ramos, los socialistas españoles son los verdaderos maestros en este «arte». Tienen hasta una Secretaría dentro del partido, la de Finanzas, con una rama dedicada al cobro de «subvenciones» ilegales.

Una situación que no tiene nada que ver con la España que el PSOE soñaba en 1977, apenas cinco años antes de llegar al poder, y que representaba todo un canto a la esperanza.

* * *

Documento número 2 (Tal como eran)

«Así será la España socialista». Diario *El Socialista*, órgano oficial del PSOE, febrero de 1977.

> «Amanece, ya lame el sol las cúspides y las veletas de los campanarios. Estallan súbitamente los trinos de las avecillas en las arboledas de las avenidas y los jardines que ciñen las ciudades, en las frondas de las montañas y en los bosques espesos que crecen repoblando las estepas de tierra adentro.

[31] 30 de mayo de 1994.

Suenan en los campos las esquilas de los rebaños y en todas las viviendas los despertadores que anticipan la hora del trabajo.

En torno al casco viejo de la ciudad (restaurado) se esparcen armoniosamente las zonas residenciales, con viviendas separadas por grandes espacios ajardinados.

Ya nadie recurre a su coche para acudir al trabajo ni para otro menester que no sea el de llevar a pasear o de excursión a su familia los domingos. Los trabajadores participan de la gestión de las empresas y cada uno recibe la parte correspondiente de los beneficios que se obtienen.

El capital está socializado, es de todos. Los medios de producción pertenecen a la comunidad, Se han saneado los ríos, eliminado completamente el riesgo de contaminación en las instalaciones industriales. Nacionalizada la banca, los bancos no obtienen beneficios, sino que se limitan a cubrir sus gastos de gestión.

Se han terminado aquellas colas prolongadas en los ambulatorios de la Seguridad Social. Los partidos políticos no defienden ideologías, correspondientes a sectores de intereses, sino ideales, y sus respectivas concepciones del modo de vida y de administrar la sociedad socialista y el Estado-instrumento. Los partidos no aspiran a conquistar el poder, sino a colaborar en el perfeccionamiento de la Administración.»

* * *

Documento número 3

Diecisiete años después, aquella España mítica e idílica cantada por *El Socialista* ha dejado paso a este otro país.

— El conjunto de los bancos que operan en España, sin Banesto, obtuvieron en 1993 un beneficio neto de 469.549 millones de pesetas, lo que supone un incremento del 3,4 por ciento frente a los contabilizados un año antes, según el Consejo Superior Bancario (*Diario 16*, 29 de marzo de 1994).

— Chicago rechazó en 1982 la organización de la última Exposición Universal del siglo XX. España acaba de gastarse 2 billones de pesetas en la organización del evento y 0,5 billones en modernizar sus comunicaciones ferroviarias entre Madrid y Andalucía.

«Es inaudito que la fuerte inversión realizada en infraestructuras no haya atraído ni una sola inversión», afirma Michael E. Porter (estudio interno del Ministerio de Industria, julio de 1992).

— En España existen 3.682.330 parados y el desempleo afecta ya al 24 por ciento de la población activa, según la encuesta de población activa de finales de 1993. Por primera vez, en un millón de hogares españoles no trabaja ningún miembro de la familia. Aznar pronostica que llegaremos a 4 millones de parados este año y que «alguien tendría que responder de que tengamos el doble de paro que en la Unión Europea» (*El Mundo*, 19 de febrero de 1994).

— »El ministro de Economía, Pedro Solbes, advierte que las personas que tengan entre cuarenta y cincuenta años pueden quedarse sin pensión ante la quiebra de la Seguridad Social. Volvió a recomendar ayer a los españoles que se vayan planteando el futuro de sus pensiones porque en los próximos diez o quince años no habrá dinero para todos» (RNE, 21 de febrero de 1994).

— Un total de 1.081 empresas suspendieron pagos y 453 quebraron en 1993, lo que supone, aproximadamente, que cada día quebró una empresa y tres suspendieron pagos. Estas cifras no dejan de reflejar el sombrío panorama de la economía española, con la mayor tasa de paro de Europa y una deuda pública por encima de los 40 billones de pesetas (*ABC*, 25 de febrero de 1994).

— El conjunto de las administraciones públicas y las empresas estatales han creado 600.000 puestos de trabajo desde la llegada del PSOE al poder en 1982. Esta cifra coloca a España a la cabeza de Europa en cuanto a incremento de la burocracia, del enchufismo y del despilfarro. De acuerdo con un documento del Ministerio de Administraciones Públicas, el número de funcionarios estatales ha pasado de 1.646.400 en 1982 a 2.269.562 en 1992. Mientras la población española creció un 3 por ciento y en el sector industrial se han perdido 750.000 empleos, la hipertrofia de la Administración es un hecho. Si a ello se unen las 200.000 personas que viven del PER en Andalucía y Extremadura, la situación es bastante alarmante. (*Diario 16*, 21 de enero de 1994).

* * *

En enero de 1994, poco antes de una entrevista radiofónica, el periodista le preguntó a Felipe González fuera de micrófono:

—Presidente, ¿no le preocupa a usted pasar a la historia como el hombre que trajo la corrupción a España?

González quedó pensativo un instante. Contestó:

—Por supuesto. Me preocupa mucho.

Cuando dentro de algunos años se estudie su periodo, probablemente habrá que adjudicarle también otros «récords»: el paro, el déficit público, el despilfarro, la destrucción del tejido industrial, el incremento de la burocracia, la quiebra de la Seguridad Social y la falta de libertades. Así, González pasará a la historia probablemente como el primer presidente constitucional que hizo retroceder a España por lo menos en quince años.

CAPITULO DOS

LAS CONSPIRACIONES DEL REY: ASI SE HIZO EL CAMBIO

Desde 1974 a 1976 Juan Carlos de Borbón, primero como príncipe, luego como rey tuvo que montar una red secreta de enlaces con los líderes de los partidos políticos de la oposición para convencerles de que la reforma política era posible. Mientras oficialmente asumía el papel que le había asignado el franquismo y pronunciaba discursos protocolarios, vacíos de contenido, sus «espías» se encargaban de contactar clandestinamente con Santiago Carrillo, Jordi Pujol, Josep Tarradellas, Fernando Morán, Luis Solana y José Pedro Pérez-Llorca, o con historiadores como Hugh Thomas, para darles a conocer el verdadero pensamiento del Rey. La democracia paralela se utilizó también con Valèry Giscard d'Estaing o el secretario de Estado norteamericano Henry Kissinger, con el que don Juan Carlos mantuvo un diálogo muy fluido en los últimos años del dictador. Al final, las «conspiraciones» del Rey triunfaron y don Juan Carlos pudo convertirse en el Monarca de todos los españoles.

Luis Solana y José María Rodríguez Colorado habían decidido salir aquella noche de junio de 1976 a repartir propaganda contra la política antiaperturista de Carlos Arias Navarro.

Los dos militantes socialistas eligen Majadahonda, un pueblo a las afueras de Madrid, para realizar su actividad política. Llevan media hora colocando la propaganda del partido en los parabrisas de los coches cuando les sorprende la Guardia Civil.

—¿Qué hacen ustedes? ¿No saben que eso está prohibido? —les pregunta el jefe de la patrulla.

—¿Prohibido? ¿Quién ha dicho que expresar libremente las ideas de cada uno sea un delito?

—Eso lo tendrá que decir el juez. ¡Acompáñenos al cuartelillo!

Luis Solana y Rodríguez Colorado, que andando el tiempo sería director general de Policía, fueron conducidos al cuartel de la Guardia Civil del pueblo. Y encerrados directamente en los calabozos.

La mujer de Solana, Cuca, se entera de la detención a través de los militantes del partido. Inmediatamente se moviliza. Llama a Jaime de Carvajal y Urquijo y a Manuel Prado y Colón de Carvajal, ambos amigos personales del Rey.

Un par de horas más tarde, Manuel Prado le devuelve la llamada. El embajador real, impotente y apesadumbrado, le da cuenta de sus gestiones.

—He hablado incluso con Areilza. El ministro de Asuntos Exteriores me ha dicho que eso es cosa de Arias. El no puede hacer nada para que le dejen en libertad.

Aquella noche, en casa de los Solana, en el número 16 de la calle Daniel Zuloaga, suena una vez más el teléfono, que no ha dejado de comunicar.

—¿Eres Cuca? —pregunta una voz desde el otro lado del hilo telefónico.

—Sí, ¿y tú quién eres?

—Soy el Rey.

—¿El Rey? ¡Anda ya, que esta noche no estoy para coñas!

Efectivamente era el Monarca. Juan Carlos de Borbón le llamaba para solidarizarse y darle ánimos. Sin embargo, el Rey de todos los españoles había sido incapaz de que pusieran en libertad a su marido, que pasó tres días encerrado en un calabozo con un grupo de delincuentes comunes por el simple «delito» de repartir unas inofensivas octavillas.

Estaba claro que Carlos Arias Navarro, el primer jefe del Gobierno de la Monarquía, no toleraba la existencia de partidos políticos legales ni permitía la libre concurrencia de todos los españoles en la vida pública.

* * *

Luis Solana se lo comentó así al Rey en la siguiente entrevista que sostuvieron en secreto en el palacio de La Zarzuela.

—Majestad, con Arias Navarro no vamos a ningún lado.

El Monarca asintió. El presidente del Gobierno, atrincherado en la nostalgia, se había convertido en el principal obstáculo al proyecto de reforma política promovido desde La Zarzuela.

Luis Solana trabajaba entonces en Serfiban, una asesora de inversión ligada al Banco Urquijo [1] que tenía sus oficinas en Castellana 8. Un día, mucho antes de su detención de Majadahonda, su amigo Jaime Carvajal le propone ir a visitar al Monarca al palacio de La Zarzuela.

Solana lo consulta con Felipe González. El secretario general del partido no quiere mantener relaciones institucionales con la Corona. Sin embargo, no pone ningún inconveniente a que un simple militante del partido como Solana, sin responsabilidades en la Ejecutiva, sondee a título personal lo que piensa el Rey.

Así, se presenta en La Zarzuela viajando de paquete en la moto de Jaime de Carvajal, quien, momentos antes, le ha entregado un casco de motorista para que pase desapercibido.

—Te lo quitas cuando la Guardia Real te pida que te identifiques, en Somontes. Luego te lo vuelves a colocar y lo llevas puesto hasta el despacho del Rey.

En aquellos momentos, el Rey desconfiaba no sólo del presidente del Gobierno. El jefe de su Secretaría, el general Alfonso Armada, y el jefe de la Casa Real, Nicolás Cotoner y Cotoner, marqués de Mondéjar, no estaban acostumbrados a encontrarse por los pasillos con miembros del PSOE y no se sabía cuáles iban a ser sus reacciones.

En aquel primer encuentro con un socialista, don Juan Carlos le preguntó qué condiciones planteaba el PSOE para que se pudiera llevar una reforma de las instituciones del régimen anterior hacia una sociedad pluralista y democrática sin traumas.

—Legalización de partidos y sindicatos, amnistía para los presos políticos y elecciones libres —respondió el militante socialista sin titubeos [2].

—Ese es el proyecto de la Corona —explicó el Rey—, pero no se puede hacer de la noche a la mañana.

Rodeado de personas que pensaban de distinta manera, de políticos y militares que si le vieran en aquel momento reunido con un «enemigo del régimen» le tacharían de traidor, don Juan Carlos necesitaba meditar mucho los pasos para que la reforma no se volviera en contra de sus protagonistas.

---

[1] De esta sociedad formaban parte también José Pedro Pérez-Llorca (ministro con UCD), José Luis Zabala y Eduardo Aznar. Desde Serfiban se apoyó ampliamente la reforma política y, con frecuencia, algunos de los hombres de confianza de Adolfo Suárez, como Alfonso Osorio, pasaban por sus oficinas a tomar café.

[2] Los autores del libro se entrevistaron con Luis Solana el 8 de abril de 1994.

—Transmítele a Felipe González —le dijo— que confíe en mí. Pero, lo más importante, que tenga mucha paciencia.

Luis Solana, Jaime de Carvajal, José Luis Zabala y otros cien intelectuales habían encargado meses antes un estudio al catedrático Jorge de Esteban sobre cómo hacer evolucionar las Leyes Fundamentales del franquismo hacia una constitución de corte moderno y europeo.

Era una tarea difícil. Las leyes franquistas no constituían un cuerpo único de doctrina. Obedecían más bien al momento político interno y a la coyuntura internacional en que fueron promulgadas que a un deseo del legislador de crear un marco global por el que se rigieran los destinos de la nación.

Así y todo, cuando don Juan Carlos recibió el informe de Jorge de Esteban sabía que había que hacerlo todo de nuevo. Ni las Cortes franquistas ni el Consejo Nacional del Movimiento eran homologables con las instituciones del resto de los países europeos.

Aunque los gobernadores civiles seguían prohibiendo mítines y hasta actos culturales, aunque las centrales sindicales continuaban en la semiclandestinidad y aunque el *bunker*[3] aparecía ante la opinión pública más fortalecido que nunca, Luis Solana salió de aquel primer encuentro con el Monarca convencido de que la transición pacífica era posible.

Una opinión que no compartía en absoluto la Ejecutiva del PSOE, desde el sector más radical, encabezado por Alfonso Guerra, hasta el más moderado, del que formaban parte Felipe González y Enrique Múgica.

El 6 de diciembre de 1976, cuando el PSOE celebró su primer congreso en libertad, con Willy Brandt, François Mitterrand y Olof Palme —la plana mayor del socialismo europeo— presentes en el amplio salón del hotel Meliá Castilla, el mayor aplauso de los tres días de reuniones se produjo en el momento en que entró en el recinto una gran bandera republicana que portaba un militante socialista.

Luis Solana, que ya por entonces acudía a La Zarzuela en su *dos caballos*, fomentando la curiosidad del personal al servicio del Rey, que no comprendía quién era aquel señor que acudía a visitar al Monarca en un vehículo tan estrafalario, se llevó días más tarde una amable reprimenda de don Juan Carlos.

[3] Nombre con el que la prensa democrática había bautizado al sector del régimen más inmovilista.

—¿Cuándo va el PSOE a aceptar la Monarquía?
—En ello estamos, Majestad. Es cuestión de tiempo.
—Pues hay que decidirse. Cuanto antes lo hagáis más le facilitáis las cosas a la Corona.

Con los franquistas sólidamente instalados en todos los estamentos civiles y militares del Estado, el PSOE no tenía prisa por abdicar de una de las señas de identidad del partido durante casi cien años[4].

* * *

Acosado por el *bunker* y puenteado por Carlos Arias, convertido en el abanderado de los sectores más reacios a la reforma del sistema, el Rey había decidido entrar en contacto directo con todos los partidos políticos del país en 1974, mucho antes de asumir la jefatura del Estado.

Una de sus graves preocupaciones era el Partido Comunista de España. Condenado a la clandestinidad más absoluta, nadie conocía con precisión el número de sus militantes, ni cuál era su proyecto para España, ni qué ideas bullían por la cabeza de su secretario general, Santiago Carrillo.

El Rey recuerda entonces que, en 1971, siendo todavía Príncipe, con ocasión de las fiestas conmemorativas del sha de Irán, en Persépolis, había conocido a Nicolae Ceaucescu, el *conducator* de Rumanía. Este le había comentado que mantenía una gran amistad con Carrillo, que pasaba sus vacaciones estivales en el territorio rumano del mar Negro.

En 1975 don Juan Carlos llamó por teléfono a su amigo Manuel Prado y Colón de Carvajal. Cuando le tuvo ante su presencia le dijo:

—Quiero encomendarte una misión muy delicada. Tienes que viajar a Rumanía.
—¿A Rumanía? —preguntó extrañado.

El Príncipe le explicó los motivos del viaje y el embajador Prado tomó de mala gana un avión con destino a París. Allí abordó otro para Zurich, donde enlazó con un vuelo que le dejó directamente en Bucarest.

Manuel Prado viajaba sin visado. Por eso, la carta de presenta-

[4] Una vez aprobada la Ley de la Reforma Política, el PSOE decidió mantener relaciones institucionales con la Corona y encargó de ello a Enrique Múgica, uno de los miembros más conservadores de la Ejecutiva del partido. En estos viajes a La Zarzuela, el guipuzcoano Múgica conocería a Alfonso Armada, con el que aparecería posteriormente relacionado con el golpe del 23 de febrero de 1981.

ción del futuro rey de España ante Nicolae Ceaucescu que portaba no le sirvió para nada. La policía secreta rumana, la Securitate, le metió en un calabozo durante dos días. Fueron las peores cuarenta y ocho horas de su vida. Durante ese tiempo le trataron peor que a un preso común. Le daban una sola comida al día. No le permitían lavarse ni afeitarse ni tampoco moverse de la mazmorra, que sólo tenía un ventanuco enrejado por el que veía pasar botas militares. Era una señal inequívoca de que le tenían encerrado en un establecimiento militar.

—He venido a traer un mensaje personal del futuro rey de España a Ceaucescu —protestaba.

Los guardianes ni se inmutaron hasta que por algún tipo de conductos extraoficiales la Securitate comprobó que no era un impostor. En ese momento le llevaron ante la presencia del *conducator*.

El embajador Prado le expuso el punto de vista del príncipe de España en relación con el Partido Comunista.

—Don Juan Carlos —le explicó— es partidario de su legalización, pero es preciso que Santiago Carrillo actúe con moderación. Si a la muerte de Franco el PCE se echa a las calles, luego todo va a ser mucho más difícil.

Ceaucescu quedó en que transmitiría muy gustoso el mensaje al secretario general del PCE. Y así lo hizo. Pero cuando habló con Carrillo nadie en Bucarest recordaba quién había sido el mensajero real.

—¿Cómo se llama? ¿De quién se trata? —preguntó intrigado Carrillo a Ceaucescu.

—No lo sé. Sólo recuerdo que era un hombre fuerte y que le faltaba un brazo[5].

Meses más tarde, y de la misma manera que Manuel Prado había viajado a Rumanía, un alto cargo del Partido Comunista Rumano entró clandestinamente en España y pidió entrevistarse con Manuel Prado y Colón de Carvajal. El enviado de Ceaucescu era portador de un mensaje claro.

—Carrillo no movilizará al partido para acabar con el franquismo hasta que don Juan Carlos sea nombrado Rey —le contó su misterioso visitante. Y agregó—: El espera impaciente a que el Rey cumpla su promesa de legalización. En caso contrario, tendrá que

[5] Santiago Carrillo contó a los autores del libro que necesitó hacer gestiones con los militantes comunistas del interior para llegar a descubrir que el enviado del Rey era Manuel Prado.

movilizar el partido para conquistar desde la calle el derecho que se le niega desde las alturas.

* * *

La legalización del Partido Comunista de España se había convertido, de hecho, en la piedra angular de la democracia española. Mientras Juan Tomás de Salas, desde la revista *Cambio 16*, y el embajador francés en Madrid, Jean François Deniau, creían fervientemente que era mejor otorgar la libertad a los comunistas antes que dedicar un ejército de policías a perseguirles, los norteamericanos estaban divididos.

Cyrus Vance, nombrado secretario de Estado en 1976, consciente del avance de los partidos comunistas europeos en Portugal Italia y Francia, era un decidido partidario de poner todas las trabas posibles al PCE, por lo menos hasta después de las primeras elecciones generales. Así se lo dijo a varios políticos españoles que se entrevistaron con él al comienzo de su mandato.

Por el contrario, su antecesor, Henry Kissinger, no veía grandes dificultades en que los seguidores de Santiago Carrillo se integraran plenamente a la vida política del país desde el comienzo de la transición.

—No vamos a objetar nada si se empeñan en legalizar el PCE —le dijo al ministro de Asuntos Exteriores español, José María Areilza—. Pero no convoquen ustedes elecciones hasta que el Gobierno tenga un partido propio que le dé seguridad de ganarlas[6].

El interés por lo que ocurriría en España después de la muerte de Franco preocupaba sobremanera no sólo a los gobiernos occidentales. A finales de mayo de 1975 la CIA y las universidades norteamericanas de Georgetown y Carolina del Sur habían organizado en Londres un seminario dedicado al estudio de las salidas para la Península Ibérica.

Preocupado por el futuro del país, el todavía Príncipe decide jugarse la Corona e iniciar nuevos contactos con las fuerzas extramuros del régimen. Elige para esta misión a dos personajes: Jaime Carvajal y Nicolás Franco y Pascual de Pobil, hijo de Nicolás Franco Bahamonde, el ex embajador de España en Lisboa.

El Príncipe sabe que el sobrino del dictador es una de las pocas personas de las que se puede fiar. Durante su infancia, cuando la

---

[6] José María Areilza, *Diario de un ministro de la monarquía*, Editorial Planeta, Barcelona, 1978.

familia real vivía exiliada en Villa Giralda, la casa de Estoril, habían acudido juntos al mismo colegio, iban al mismo picadero a montar a caballo e, incluso, tenían aficiones comunes.

Nicolás Franco habla con José Mario Armero, abogado y periodista, que mantiene relaciones con Teodulfo Lagunero, uno de los amigos y protectores de Santiago Carrillo en el exilio. Por medio de ambos logra entrevistarse un día de agosto con el secretario general del PCE en el restaurante Le Vert Galant, en las cercanías del Palacio de Justicia de París.

Santiago Carrillo no sabe quién es su interlocutor y durante la comida se levanta varias veces a preguntar a un grupo de amigos el nombre de la persona con la que comparte mesa y *filet mignon*. Cuando se entera de que es el sobrino de Franco no le da la más mínima importancia.

—Así se dará cuenta de que los comunistas no tenemos cuernos ni rabo entre las piernas —comenta.

Poco después vuelve a sentarse a la mesa de su anfitrión y le transmite el mensaje de que el PCE va actuar dentro de la legalidad, una vez sea oficialmente reconocido en España. Le explica las diferencias que separan a los comunistas europeos del PCUS desde hace décadas y hace hincapié en la vía «eurocomunista» trazada por el Partido Comunista de España desde los años sesenta.

—¿Tiene usted contactos con militares jóvenes? —pregunta de improviso Carrillo.

—Sí, sí los tengo —titubea Nicolás Franco.

—Pues a mí me gustaría que me pusiera en contacto con ellos —dice el secretario general del PCE.

—¿Con qué fin?

—Usted no sabe lo artificialmente que se ha llegado a deformar mi imagen después de la Guerra Civil. Si dentro del Ejército se conociera la verdad de ciertos hechos, mi vuelta a España sería, sin duda, menos traumática.

El emisario del Rey vuelve satisfecho del encuentro. Desde su punto de vista, era comprensible que el secretario general del PCE quisiera tomarse la revancha a la muerte de Franco. En cambio se encontró con un hombre que renunciaba a hacer la revolución en España y apostaba por la moderación [7].

---

[7] En el viaje de vuelta a Madrid la Policía retuvo a Nicolás Franco para preguntarle por su entrevista con Carrillo. Nicolás Franco se limitó a negar los hechos y quedó en libertad.

Nicolás Franco, apenas dos meses mayor que el Príncipe, convierte en esa época su despacho de la calle Miguel Angel 13 de Madrid en uno de los centros donde se gesta gran parte de la transición democrática. Por encargo del futuro Monarca habla con cerca de cien personalidades del espectro político del momento, desde la extrema derecha a la izquierda radical[8].

Uno de los encuentros tiene lugar en la casa que José Mario Armero[9] tiene en Aravaca, a las afueras de Madrid. Tres líderes políticos se disputan en esos momentos el centro izquierda y se autodefinen como socialdemócratas: Enrique Tierno Galván, Manuel Cantarero del Castillo y Felipe González Márquez.

En la cena en casa de Armero, el sobrino de Franco pregunta a «Isidoro» cuál de los tres grupos va a ocupar ese espacio político.

—La socialdemocracia soy yo —responde el abogado sevillano reafirmando su idea con un fuerte puñetazo en la mesa.

Cuando Nicolás Franco y Pascual de Pobil se lo cuenta al entonces Príncipe, éste se queda pensativo un buen rato. El sobrino del general deduce que, desde entonces, La Zarzuela se encargó de que a Felipe González se le facilitaran las cosas. Don Juan Carlos sabía que la única manera de legitimar la Corona era que la izquierda —una izquierda moderada a ser posible— alcanzase el poder.

Entre tanto, como el Príncipe no puede hacer manifestaciones públicas mientras viva el dictador, su amigo y compañero de correrías infantiles las hace en su lugar: «Estoy contra el *bunker* y contra el fascismo. A favor de la convivencia democrática e igualitaria sin privilegios de ninguna clase», declara Nicolás Franco a *Cambio 16* el 7 de abril de 1975.

Miembro del Consejo Nacional del Movimiento por La Coruña y presidente del Banco del Noroeste, el sobrino del jefe del Estado

---

[8] «La entrevista con Blas Piñar —recuerda Nicolás Franco a los autores del libro— duró menos de un minuto. En cambio, con Dionisio Ridruejo tuve tres encuentros, el primero de los cuales lo dedicó a decirme a mí todas las barbaridades que en cuarenta años no se había atrevido a echarle en cara a mi tío.»

[9] José Mario Armero, director general de la agencia Europa Press y prestigioso abogado, desempeñó un papel trascendental en la transición. Sus recuerdos de aquel periodo no fueron contados de viva voz a los autores de este libro debido a una lamentable enfermedad que le ha hecho perder parte de la memoria y de la que se repone satisfactoriamente. Aunque Mario Armero quiso darnos su opinión sobre algunos encuentros de los que fue protagonista, su médico le prohibió hacer demasiados esfuerzos.

agrega: «No es justo que a todo un pueblo soberano se le impida el ejercicio de algunos de sus derechos fundamentales.»

Acostumbrados a escuchar las declaraciones protocolarias y vacías de contenido del Príncipe en los actos oficiales, muy pocas personas captaron ese año que Nicolás Franco no había hecho otra cosa que interpretar el pensamiento del futuro Rey. Sin embargo, todavía se avecinaban tiempos difíciles.

* * *

Otra de las personas que desempeñaron un papel fundamental en la diplomacia paralela realizada desde La Zarzuela para contactar con la oposición política al sistema fue el hoy embajador de España en Lisboa, José Joaquín Puig de la Bellacasa.

El diplomático tenía cuarenta y tres años cuando, en marzo de 1974, entró a formar parte del *staff* del Príncipe de España. Pocos meses después se había ganado la confianza del futuro Rey, que le encargó la misión de mantenerle informado de lo que pensaba la oposición democrática.

Su trabajo era más arriesgado. Puig de la Bellacasa tenía que llevar hasta La Zarzuela a los principales líderes de los partidos para que conocieran de viva voz los puntos de vista del príncipe Juan Carlos.

Fernando Morán y José Pedro Pérez-Llorca, que sería ministro con UCD, vieron por primera vez al Príncipe en secreto tras pasar los controles situados a un kilómetro del palacio y ocultos en el Simca del hombre de confianza del futuro Rey.

Otra de las personas que recordará toda su vida que su primera entrada en La Zarzuela la hizo, en 1974, camuflado en el coche de José Joaquín Puig de la Bellacasa es el hoy presidente de la Generalitat, Jordi Pujol.

Condenado a pasar año y medio en la cárcel y otros dieciocho meses desterrado en Gerona por cantar el himno a la *senyera* (la bandera catalana) en un acto franquista, el dirigente de Convergència Democrática de Catalunya no era una persona recomendable para entrevistarse con el Príncipe. «Si algún franquista hubiera sorprendido a don Juan Carlos departiendo con Jordi Pujol como dos buenos amigos, tal vez le habría costado la Corona», afirman personas próximas al embajador Puig de la Bellacasa.

José Joaquín Puig de la Bellacasa se ocupaba en La Zarzuela de las relaciones informativas con los medios nacionales y extranjeros. El historiador británico Hugh Thomas, muy influenciado por la oposición al régimen de Franco, mantenía una postura radicalmente crítica hacia el futuro rey de España. Puig de la Bellacasa, que sería más tarde embajador de España en el Reino Unido, le hizo cambiar radicalmente de opinión el día en que le presentó al Príncipe. Thomas, que se perdió y llegó con más de media hora de retraso a La Zarzuela, se deshacía en elogios cuando abandonó el palacio.

—No comprendo cómo los españoles no han captado todavía las virtudes de este hombre —le dijo a Puig de la Bellacasa en el momento de la despedida. Y añadió—: Ya lo verán ustedes. Don Juan Carlos no tiene nada que ver con los Borbones. Será un gobernante excepcional.

Bilbaíno, estudiante de bachillerato en Las Arenas, licenciado en Derecho por la Complutense de Madrid y miembro de la carrera diplomática desde 1962, Puig de la Bellacasa permaneció en La Zarzuela, al servicio de la Corona, hasta marzo de 1976. En esa corta etapa participó en casi todas las «conspiraciones» palaciegas para que aquel Príncipe inseguro, incapaz de improvisar un discurso de diez líneas, fuera conocido tal y como era.

* * *

El 20 de noviembre de 1975, a las 4.20 de la madrugada, moría en la clínica La Paz de Madrid el general Francisco Franco. Tras el entierro en el Valle de los Caídos, el rey don Juan Carlos asumió plenamente las funciones de jefe de Estado. Era el 23 de noviembre y muchas cosas empezaban a cambiar en España.

Días antes de la muerte del dictador, Manuel Prado y Colón de Carvajal, en un viaje relámpago, había visitado a Henry Kissinger en Washington y a Valèry Giscard d'Estaing en París para confirmarles las intenciones claramente democráticas del futuro rey de España. Por eso, el día en que asumió sus poderes como «Rey de todos los españoles», representantes de sesenta países, la mayoría de corte occidental, entre ellos Walter Scheel, Giscard y el duque de Edimburgo, se dieron cita en la recepción del Palacio Real.

El único que parecía anclado en el pasado y ajeno a los nuevos vientos que corrían era el presidente del Gobierno. El 13 de diciembre, tras ser confirmado en el cargo, Carlos Arias Navarro se dirigía a las Cortes anunciando la reforma «para continuar la gigantesca obra de Franco». Mes y medio más tarde, en otra intervención ante los procuradores, les indicaba que debían actualizar las instituciones «como Franco lo hubiera deseado». Utilizando la peor retórica del régimen llegó a elogiar en algunas de sus intervenciones hasta ocho veces la figura de Franco, inspirador de los «principios del 18 de julio». Así, mientras la reforma naufragaba en el seno de una comisión mixta del Gobierno y del Consejo Nacional del Movimiento, la oposición irrumpía en la escena política española.

El 30 de julio de 1974 se había constituido en París la Junta Democrática, con el Partido Comunista de España, el Partido Socialista Popular, los partidarios de Hugo de Borbón y algunas personalidades de la vida política, como Rafael Calvo Serer o Antonio García Trevijano. Poco después, el PSOE puso en marcha la Plataforma de Convergencia, de la que formaban parte Izquierda Democrática, los socialdemócratas de Dionisio Ridruejo y otros grupos.

La parálisis política de Arias Navarro y la actuación desmesurada de la Policía y la extrema derecha en Vitoria el 3 de marzo de 1976 y en Montejurra (Navarra) en mayo, con varias decenas de muertos y heridos, ponían en peligro la credibilidad de la llamada «reforma Arias».

La forma dura y tajante de reprimir cualquier acto público por parte del ministro de la Gobernación, Manuel Fraga Iribarne, no se correspondía con la decisión del Monarca de «ser Rey de todos los españoles». Frente a esta actitud de hostigamiento permanente, los partidos políticos, aún ilegales, reaccionaron, y el 26 de marzo de 1976 la Junta Democrática y la Plataforma de Convergencia llegaron a un acuerdo de fusión en Coordinación Democrática, conocida popularmente como la «Platajunta». De esta manera, comunistas, socialistas, socialdemócratas, democristianos y sindicalistas formaban por primera vez un frente común contra la ineficacia del Gobierno.

Manuel Fraga conoce la noticia por las agencias informativas internacionales y, la misma semana en que autoriza un congreso de la Unión Sindical de Trabajadores, ordena tajantemente que se persiga a la Platajunta. El mismo día en que se presenta de manera oficial, en rueda de prensa, en el despacho de Antonio García Trevijano en Madrid, son detenidos por la Policía e ingresados en Carabanchel Marcelino Camacho, Javier Alvarez Dorronsoro, Javier Solana, Raúl Morodo y el propio García Trevijano.

Era una situación esperpéntica. Las mismas personas con las que el Rey se entrevistaba clandestinamente, las mismas a las que recomendaba paciencia y tranquilidad eran zarandeadas o encarceladas por el ministro de la Gobernación, un hombre que iba por libre en el Gobierno de Carlos Arias Navarro y a quien nadie se atrevía a llevar la contraria.

Las cosas, evidentemente, no podían seguir así. Los muertos de Vitoria y Montejurra o las detenciones de los líderes de la oposición por el simple hecho de reunirse no eran los objetivos de la Corona.

Convertido en «motor del cambio» el Rey comienza a temer que la desesperación de los partidos pueda acabar en enfrentamientos que hagan inviable la homologación del país con Europa y decide prescindir de Arias Navarro. El 1 de julio, al finalizar una recepción oficial, le llama a consultas y le pide la dimisión.

Al día siguiente, a media tarde, suena el teléfono en el número 53 de la calle San Martín de Porres, en Puerta de Hierro. Adolfo Suárez, ministro secretario general del Movimiento, que se encuentra en esos momentos solo en su casa, descuelga el aparato y se lo lleva al oído.

—¿Qué haces hoy? —le pregunta el Rey.

—Nada en especial, Majestad. Estaba ordenando unos papeles.

—Entonces, ¿puedes pasarte por La Zarzuela?

Su mujer, Amparo Illana, se hallaba en Ibiza pasando unas cortas vacaciones en compañía de sus hijos. Suárez cogió su pequeño Seat 127 y salió disparado hacia la residencia del Monarca. Nada más llegar le hicieron pasar a su despacho.

—Adolfo, me gustaría que me hicieras un favor —le dijo don Juan Carlos.

—¿Algún favor en especial, señor?

—Quisiera que fueras presidente del Gobierno.

Hábil para entusiasmar al país, inteligente, con grandes dotes de persuasión personal, Adolfo Suárez se había ganado meses atrás la admiración del Rey por el ardor demostrado en la defensa de la reforma política posteriormente abortada desde los sectores más recalcitrantes del régimen, que se resistía a desaparecer.

Durante su etapa al frente de Televisión Española había evitado la divulgación de algunos reportajes encaminados a exaltar la figura de Alfonso de Borbón (casado con Carmen Franco, nieta del anterior jefe del Estado), a quien su yerno el marqués de Villaverde hubiera querido ver en el lugar de don Juan Carlos. Sin embargo, lo que de verdad había impulsado al Rey a elegirle para pilotar el cambio era su ímpetu, su convencimiento profundo de que el franquismo había muerto con su creador y que había que sentar las bases de un nuevo sistema, más acorde con los nuevos tiempos.

No hacía mucho tiempo, el Rey se lo había insinuado. Adolfo Suárez estaba ese día sentado en el estadio Bernabéu, al lado del Monarca, presenciando un encuentro entre el Real Madrid y el Zaragoza. El equipo maño, presidido por un hombre joven y dinámico, ganaba por goleada al conjunto madridista, dirigido por el octogenario Santiago Bernabéu.

—Fíjate, Adolfo, lo que puede hacer un presidente joven con un buen equipo —comentó el Rey[10].

Suárez no dio entonces importancia a la anécdota, pero ahora cobraba su auténtico sentido. El Monarca llevaba varios meses observándole en silencio, tanteándole, llamándole por teléfono a las sesiones del Consejo Nacional del Movimiento para animarle y estudiar su temple, su fortaleza. Ahora, aquellas palabras pronunciadas sin aparente sentido encajaban perfectamente.

Para Suárez comenzaba una de las etapas más duras y apasionantes de la transición política. Mientras la Platajunta propugnaba la ruptura, él tenía que hacer una reforma sin traumas, un experimento político que no se había realizado hasta entonces en la España contemporánea.

Su misión era persuadir al Consejo Nacional del Movimiento, a las Cortes Generales y a los sindicatos verticales, organismos integrados en su mayoría por los vencedores de la Guerra Civil, de que renunciaran a sus privilegios y se autodisolvieran para permitir que las instituciones del país fueran ocupadas por los representantes del pueblo, libremente elegidos. Era un enorme sacrificio en el que muy pocos españoles, incluidos el propio Adolfo Suárez y el Rey, creían. En cambio, sí existían ejemplos de países donde la clase dominante había sido desalojada del poder por la vía de las armas o mediante la insurrección popular, lo que la izquierda española llamaba huelga general política.

—¿Confías en que las Cortes están dispuestas a autodisolverse para permitir la convocatoria de unas nuevas elecciones generales? —le preguntó el Rey a Torcuato Fernández Miranda.

Presidente de las últimas Cortes franquistas, Fernández Miranda era uno de los pocos españoles que podían adivinar en aquellos momentos el pensamiento del Rey. Preceptor y asesor del Monarca, ambos se compenetraban perfectamente, y don Juan Carlos

[10] *Cambio 16*, 27 de enero de 1977.

sabía que era uno de los pocos políticos con visión de futuro, alguien en quien se podía confiar.

—No lo sé, Majestad. Habrá que hacer algunos sondeos.

Fernández Miranda habló con algunos democristianos. Se mostraban de acuerdo con el proyecto del Rey. Sondeó a los representantes del Tercio Familiar y no encontró resistencias notables. En cambio, los falangistas y los designados en representación del Tercio Sindical eran más reacios a los cambios.

—Creo, Majestad, que todos ellos harán lo que les ordene José Antonio Girón de Velasco.

Falangista de primera hora con José Antonio Primo de Rivera, ministro de Trabajo con Franco y delegado nacional de los ex combatientes de la Guerra Civil, Girón de Velasco era uno de los pesos pesados del franquismo. En abril del 74 había protagonizado una contrarreforma política, el «Gironazo», al criticar en *Arriba* los tímidos cambios iniciados por Carlos Arias Navarro.

El Rey decide coger el toro por los cuernos. Cita en La Zarzuela a Nicolás Franco y Pascual de Pobil y le pregunta si puede organizarle una entrevista con el representante del franquismo puro y duro.

* * *

Nicolás Franco conocía a José Antonio Girón de Velasco, el «león de Fuengirola», desde mediados de 1969, cuando le visitó por primera vez con un encargo similar del Príncipe.

En aquella época, Franco había decidido nombrar al Príncipe su sucesor en la jefatura del Estado, a título de Rey, y el acuerdo debía ser refrendado por las Cortes. Don Juan Carlos sabía que contaba con los votos de gran parte de los procuradores, pero no estaba muy seguro de lo que iban a hacer los falangistas.

Para esclarecer la incógnita, don Juan Carlos decidió hablar personalmente con el «león de Fuengirola», y su amigo Nicolás Franco se prestó gustoso a hacer de intermediario. Cuando acudió a la calle Almagro 26, un edificio perteneciente a un grupo de viviendas de los sindicatos, Girón de Velasco estaba convaleciente de una enfermedad. Le recibió en pijama.

El sobrino de Franco empezó a hablar globalmente del futuro de España. El ex ministro de Trabajo le cortó en seco.

—No te andes por las ramas. Dime, ¿qué quieres?

—Me gustaría que hables con el Príncipe, que le conozcas.

Sin el más leve titubeo, Girón de Velasco respondió:

—No tengo ningún inconveniente en ver a ese muchachote. Dime día y hora y allí estaré.

El sobrino del general Franco llamó a La Zarzuela desde un bar que había enfrente de la casa de Girón para resumirle al Príncipe el resultado de su gestión. Se concretó un almuerzo en el restaurante Mayte Comodore. El Príncipe y Nicolás Franco llegaron a las dos de la tarde y al rato lo hizo Girón de Velasco.

Durante el almuerzo, el «león de Fuengirola» no paró de hablar ni un minuto. Don Juan Carlos tuvo que soportar ese día un largo discurso sobre el concepto del Estado, de la patria y del futuro de España. El Príncipe se mostró flexible y atento. Halagó algunas de las opiniones de su interlocutor y se limitó a escuchar.

A las cinco de la tarde, cuando los camareros habían servido las copas y los puros, Nicolás Franco pidió disculpas para ir al cuarto de baño.

—Lo siento, pero yo no soy como mi tío —dijo [11].

Se trataba de un mutis convenido previamente con el Rey para que éste pudiera hablar tranquilamente con el presidente de la Hermandad de Ex Combatientes y ex ministro de Trabajo.

Cuando regresó, Nicolás Franco se dio cuenta de que el Príncipe había convencido a Girón de Velasco para que los falangistas refrendaran en las Cortes la decisión de Franco de nombrarle su sucesor a título de Rey.

Girón hizo un elogio del Príncipe. Le parecía un joven simpático, abierto y con una buena formación para sustituir a Franco en la jefatura del Estado.

—Si tengo que votar en las Cortes —le dice a Nicolás Franco en un aparte—, lo haré por Juan Carlos.

No había más que decir. Girón no reveló a nadie su secreto y en las Cortes Generales muchos de los procuradores no sabían qué decisión tomar. Cuando se presentó el momento de la votación, todos los falangistas estaban pendientes de los gestos de el «león de Fuengirola».

---

[11] El anterior jefe del Estado soportaba consejos de ministros de cinco y seis horas de duración sin levantarse del sillón. Para no ser menos, en aquellas largas sesiones, los ministros se veían obligados a remedar la actitud del Generalísimo sin rechistar.

Cuando le tocó el turno para votar afirmó rotundamente:

—¡Sí!

Otros falangistas ya habían dado su voto afirmativo. Votaron en contra, Torcuato Luca de Tena, procurador y miembro del Consejo Privado de don Juan y otros monárquicos.

Sin embargo, en 1976 las cosas habían cambiado. Girón de Velasco, convertido en abanderado del régimen anterior, acaudillaba a un grupo de nostálgicos para los que la evolución del régimen significaba su propia muerte política.

Cuando Nicolás Franco le visitó por segunda vez con una misión de Estado, el «león de Fuengirola» había decidido votar en contra de la Ley de Reforma Política.

—Pero no te preocupes —le dijo—. Si el Rey desea el cambio, yo no voy a hacer campaña en contra.

La gran incógnita de la transición política estaba aún por despejarse. El asunto preocupaba sobremanera al Rey, que desde la elección de Adolfo Suárez no paraba de darle vueltas. ¿Estarían las Cortes y el Consejo Nacional del Movimiento en disposición de autodisolverse para formar unas Cortes Constituyentes?

Torcuato Fernández Miranda había elaborado el proyecto de Ley de la Reforma Política. Sin embargo, era necesario que la presentación del texto ante las Cortes fuera hecha por una persona con gran autoridad política y moral sobre los procuradores franquistas.

¿Quién mejor que Miguel Primo de Rivera y Urquijo, sobrino del fundador de la Falange y hombre de confianza de Franco, para hacerlo?

* * *

Las relaciones entre Miguel Primo de Rivera y Urquijo, Francisco Franco y don Juan Carlos habían sido muy fluidas en los últimos años de la dictadura. A comienzos del verano de 1969, el general Franco llamó un día a Miguel Primo de Rivera.

—Voy a confiarte un secreto. Tengo pensado elegir al Príncipe como mi sucesor a título de Rey.

—¿Y cuándo va a llevar a cabo esa decisión?

—Dentro de unos meses.

Media hora después, Miguel Primo de Rivera estaba en La

Zarzuela contándoselo al Príncipe. Aquel día lo festejaron por todo lo alto e incluso se tiraron a la piscina con ropa y todo [12].

Tres años mayor que el Príncipe, Miguel Primo de Rivera, licenciado en Derecho y doctor en Caminos, Canales y Puertos, conocía a don Juan Carlos desde la infancia y le había acompañado en sus viajes a Galicia, Zaragoza y París. Era, además, de los pocos procuradores que visitaban El Pardo sin pedir audiencia y le decían las cosas claras al general Franco.

A comienzos de la década de los setenta, cuando el anterior jefe del Estado se negó a sancionar la primera Ley de Asociaciones Políticas votada por las Cortes, Primo de Rivera había acudido a El Pardo a elevar su protesta ante Franco.

—Mira, Miguel —le dijo el general—, tú vienes a pedirme que sea un traidor con los cuarenta años de historia. Yo no puedo sancionar las asociaciones políticas. Eso lo tenéis que hacer los jóvenes.

Recordando aquellas palabras, Miguel Primo de Rivera y Urquijo decidió convertirse en el ponente de la Ley para la Reforma Política y asumir el proyecto como propio.

El 18 de noviembre de 1976, con las Cortes engalanadas para las grandes solemnidades y 497 de los 531 procuradores ocupando sus escaños, subió con paso resuelto a la tribuna de oradores. «La situación antes de morir Franco y la de hoy son distintas —dijo— y, congruentemente con ello, exigen tratamientos diferentes. Entre las tres posturas posibles, inmovilismo, evolución o ruptura, la solución correcta es la intermedia. La autoridad política irrepetible de Franco hay que sustituirla por otra autoridad política.»

Mientras los procuradores adictos a Alianza Popular (más de cien) hacían corrillos en los pasillos tratando de negociar con el Gobierno sus enmiendas al proyecto de ley, Primo de Rivera agregaba desde la tribuna: «Somos conscientes de que tenemos que pasar de un régimen personal a un régimen de participación, sin rupturas y sin violencias, pero con esa nueva y clara legitimidad política que el soberano pueblo español proclame con su libre expresión. La voluntad soberana del pueblo se basa en la supremacía de la ley.»

Veinte minutos después había leído sus trece folios a la Cámara, que se limitó a escuchar silenciosamente la oferta como si se

[12] Con Miguel Primo de Rivera y Urquijo los autores mantuvieron una entrevista el 14 de abril de 1994, en su casa de Somosaguas.

tratara de la de un visitante de otro planeta. «Desde el emocionado recuerdo a Franco, y por vuestra lealtad al Rey, os pido vuestro voto favorable», concluyó.

Después de cuarenta y ocho horas de discusiones, propuestas y votaciones de enmiendas, el jueves 18 de noviembre a las nueve y veintiocho minutos Torcuato Fernández Miranda anunció desde la presidencia de la Cámara: «Queda aprobada la Ley para la Reforma Política.»

Habían votado a favor 425 procuradores, 59 en contra y 13 se habían abstenido. Las Cortes franquistas habían decidido autoeliminarse y dejarse suceder por un Parlamento elegido mediante sufragio universal.

Se había cumplido menos de un año desde la muerte de Francisco Franco en la clínica La Paz de Madrid. En ese corto periodo, su régimen personal, sus Leyes Fundamentales inviolables y sus Principios Nacionales del Movimiento, elaborados para que se mantuvieran inalterables a lo largo de los siglos, saltaban por los aires hechos añicos gracias, entre otras cosas, a la habilidad del rey de España.

A don Juan Carlos seguía preocupándole, no obstante, el germen republicano existente en el PSOE y en Cataluña, una región donde la bandera tricolor había arraigado profundamente tras la proclamación de la II República, a comienzos de los años treinta.

* * *

Para saber lo que pensaba exactamente Felipe González al respecto, poco antes de la aprobación de la Ley para la Reforma Política, dos agentes del Servicio Central de Documentación de Presidencia del Gobierno (Seced), el servicio secreto creado en 1969 por el almirante Luis Carrero Blanco, se entrevistaron un día con el secretario general del PSOE.

Los socialistas no sólo habían decidido boicotear abiertamente el referéndum convocado por Suárez para el 15 de diciembre, sino que, además, amenazaban «denunciar la farsa reformista de Suárez», ante la opinión pública internacional, el «cambiar de fachada al régimen para que todo siguiera igual».

Los agentes eran Andrés Casinello Pérez, desde finales de los ochenta en la reserva, y José Faura Martín, que en 1994 sería jefe del Estado Mayor del Ejército; debían convencer a Felipe González de las convicciones profundamente democráticas de Suárez y pedirle que no hiciera campaña internacional en contra de la reforma. A cambio, el PSOE dejaría de ser hostigado [13].

El Seced, intuyendo el papel democratizador que esperaba a la Corona en los primeros años de la transición, había comenzado a trabajar en la misma línea desde comienzos de los años setenta. Dos de sus hombres, Manuel de la Pascua, «Paso» [14], y Luis García Mauriños, «Navas», habían entrado clandestinamente en contacto con Nicolás Redondo, responsable de UGT en La Naval de Bilbao, y con Enrique Múgica, en San Sebastián.

«Acompañado del policía Emiliano Sánchez iba algunas tardes a tomar copas con Redondo. El Servicio le hacía algún favor, de vez en cuando, a cambio de que condenara a ETA, pero él siempre se negaba. ETA era entonces para el PSOE el aliado estratégico», cuenta De la Pascua a los autores del libro.

En Sevilla, el comandante Juan Callejón, «Sánchez», controlaba los movimientos de Felipe González, «Isidoro», a través de su red de confidentes situados en la Universidad y en las empresas en conflicto. Callejón, jefe del Seced en Andalucía, recibía todas las semanas del jefe superior de Policía, Morato, las transcripciones de las conversaciones telefónicas mantenidas desde el despacho de abogados laboralistas de la calle Capitán Vigueras, donde trabajaba González. Así, el Seced estaba al corriente de los planes de los hombres más relevantes del PSOE en el interior mucho antes de la celebración del Congreso de Suresnes (Francia), del 11 al 13 de octubre de 1974.

Ante la imposibilidad de impedir la llegada de la transición democrática, el objetivo del Servicio Central de Documentación de Presidencia del Gobierno consistió en forzar una renovación de los cuadros dirigentes de los partidos políticos tradicionales, cuyos órganos de gobierno, en muchos casos, seguían residiendo en el

[13] En esa época los socialistas tenían todas sus sedes en la clandestinidad. Luis Solana recuerda que las oficinas centrales, en la calle Santa Engracia 165, estuvieron un tiempo a su nombre, lo mismo que los veintisiete números de teléfono. El dinero que traía en un maletín de Alemania lo guardaban en metálico en una caja fuerte de Banesto, ya que no se fiaban de las cuentas corrientes, por si eran intervenidas por la Policía.

[14] De la Pascua fue el último militar español que abandonó el territorio de Sidi Ifni durante la guerra con los musulmanes apoyados por Marruecos. La contienda le cogió, en noviembre de 1957, yendo a visitar un puesto avanzado, donde debía incorporarse como jefe de la unidad una semana después. Los guerrilleros rodearon el puesto al día siguiente y lo mantuvieron cercado, sin alimentos ni bebidas y casi sin municiones, hasta el final del conflicto.

extranjero, viviendo en la clandestinidad, sin conocer la realidad política, social y económica de España[15].

«Cuando se planteó lo del Congreso de Suresnes el Servicio se encargó de facilitar el viaje a Francia de Nicolás Redondo y Enrique Múgica. Los dos tenían asuntos pendientes en el TOP y no se les permitía la salida del país», afirma Luis García Mauriños.

García Mauriños, comandante de Caballería, era entonces el responsable de la rama operativa del Seced en el País Vasco. Retirado de la milicia, como el resto de sus compañeros, recuerda que tuvo que hablar con su superior en Madrid, el comandante Juan Valverde Díaz, para que el ministro de Justicia autorizara la salida. Manuel Fraga, ministro de la Gobernación, era reacio a facilitar las cosas.

Concluido el «congreso de la renovación», que supuso la derrota de Rodolfo Llopis y el triunfo de «Isidoro» en el seno del PSOE, la descoordinación entre las distintas fuerzas policiales era aún patente. A su vuelta a España, Felipe González fue detenido por la Brigada Político-Social al descender del avión, en el aeropuerto San Pablo de Sevilla.

«Aquella noche se recibió una llamada de Willy Brandt y el Seced dio instrucciones a la Policía para que se le tratara con corrección. Se le mantuvo retenido una noche, sentado en una silla en el despacho del jefe superior de Policía, se le invitó a café y al día siguiente se le puso en libertad», relata Callejón.

Cuando, en julio del 75, se crea en París la Junta Democrática, bajo la influencia de Santiago Carrillo y Antonio García Trevijano, los hombres del Seced desempeñan un papel importante al conseguir que los socialistas no se integren en esta plataforma política que recordaba el Frente Popular y tenía reminiscencias de la Guerra Civil. Por el contrario, meses más tarde el PSOE colaboró en una operación de los servicios secretos franquistas para combatir a la Junta y desprestigiar a algunos de sus líderes, especialmente a García Trevijano.

La colaboración entre los agentes de Carrero y el PSOE se mantuvo hasta finales de los setenta. Angel Ugarte, «Urbieta»,

---

[15] El objetivo se logró con la masonería y muchos de los partidos políticos. Los dirigentes del interior, hombres y mujeres que no habían participado en la Guerra Civil, se hicieron con el poder en los años previos a la transición. No ocurrió así con el PCE, donde Dolores Ibárruri, «Pasionaria», y Santiago Carrillo continuaron ostentando el poder.

máximo responsable de los servicios secretos militares en el País Vasco hasta 1979, tenía como principales interlocutores del partido al senador Enrique Casas (asesinado por ETA el 23 de febrero de 1984) y al secretario general de los socialistas vascos, José María Benegas.

«No se fiaban de que la transición pudiera acabar bien. Nuestros esfuerzos para convencerles de que colaboraran eran tales que en una ocasión le dije a Txiqui Benegas que estaba dispuesto a ponerle un avión en Sondika para que pudiera salir del país si se producía un golpe militar», recuerda Ugarte, quien, tras ascender a general y retirarse, vive en la actualidad en las afueras de Madrid y continúa trabajando porque la pensión no le alcanza para vivir él y su mujer.

Tras su pase a la reserva con el grado de coronel, Juan Callejón también ha tenido que buscarse un empleo en la vida civil para completar su pensión de militar. Sin embargo, su protagonismo en la implantación del PSOE en Andalucía durante la década de los setenta es muy poco conocido.

A finales de la década de los setenta el inspector de Policía Angel Fernández Suárez puso en manos del Seced un *dossier* según el cual el Partido Socialista Andaluz (PSA) de Alejandro Rojas Marcos, Luis Uruñuela, Miguel Angel Arredonda y Antonio Burgos acababa de integrarse en la Federación de Partidos Socialistas Ibéricos y del Mediterráneo, que recibía apoyo y dinero del coronel libio Muammar el Gaddafi.

El informe, sin mucho fundamento probablemente, relataba que el PSA, tras su vinculación a la Federación de Partidos Socialistas Ibéricos, había decidido reivindicar la figura de Blas Infante, convertirse en el abanderado del nacionalismo y crear la comunidad autónoma de Al Andalus.

Por temor al nacimiento de algún grupo terrorista, Callejón entró en contacto entonces con los responsables del PSOE andaluz. Les propuso que lideraran y moderaran el movimiento autonomista y los socialistas supieron recoger el mensaje y emplearlo en beneficio propio. Convertidos de la noche a la mañana en los más entusiastas defensores de la autonomía, los dirigentes del PSOE organizaron en Casares de la Sierra un multitudinario homenaje a Blas Infante; el presidente de la Junta de Andalucía, Rafael Escuredo, se reveló en el acto como un gran orador y defensor de la causa andaluza, posición que mantuvo hasta que fue devorado por sus compañeros de partido.

Nadie ha revelado hasta ahora que, tras el lanzamiento al liderazgo de Escuredo, uno de los delfines de Felipe González, y tras su cese a comienzos de 1984 se hallaba la mano del Seced, de los hombres que junto con el Rey facilitaron la transición política.

* * *

Mucha mayor trascendencia tuvo para la Corona el retorno del presidente de la Generalitat, Josep Tarradellas, que vivía humildemente pero con gran dignidad en el exilio en Saint-Martin-le-Beau, una aldea de la Turena francesa.

A principios de 1976, cuando el Gobierno aún no tenía claro cómo encauzar la cuestión autonómica en las dos nacionalidades históricas, País Vasco y Cataluña, un banquero catalán, antiguo director del Instituto de Moneda Extranjera, Manuel Ortíñez, hizo llegar al Rey el mensaje de que era conveniente traer a Cataluña a Josep Tarradellas como presidente de la Generalitat.

—De esta manera, Cataluña, terriblemente republicana hasta el año 39, reconocería la Monarquía y la Monarquía reconocería la Generalitat. Así se cerraba la reconciliación histórica de castellanos y catalanes, bajo el manto protector del Soberano común —expuso Ortíñez.

La idea fue bien acogida en La Zarzuela. El Gobierno, por indicaciones del Rey, mandó a Andrés Casinello a Saint-Martin-le-Beau para sondear al anciano político catalán, que llevaba treinta y ocho años sin pisar suelo español, acerca de la posibilidad de asumir de nuevo la presidencia de la Generalitat.

Tarradellas, que al final de la Guerra Civil era el jefe del gobierno autónomo, había sido detenido en Francia junto con Lluís Companys, presidente de la Generalitat, durante la II Guerra Mundial. El Gobierno de Vichy entregó al presidente de la Generalitat al general Franco, quien le mandó fusilar pocos días después en los fosos del castillo de Montjuic. Tarradellas no corrió la misma suerte debido a la intervención del obispo de Niza, monseñor Remond, ante el mariscal Philippe Pétain. Gracias a ello había podido escapar a México, donde en 1954 fue elegido presidente de la Generalitat por los pocos diputados autonómicos que quedaban con vida. Pese a esta dramática experiencia de su vida, Tarradellas aceptó el reto propuesto por don Juan Carlos, pero puso una condición:

—Yo no piso Cataluña hasta que el Gobierno restaure previamente la Generalitat.

—Hombre, mejor sería hacerlo a la inversa, ¿no?

—De eso nada. Yo me fui de Cataluña como jefe del gobierno de la Generalitat. Volveré, si hace falta, cuando el Gobierno haya restaurado nuestros derechos históricos legítimos. Si no, ¿qué sentido tiene mi viaje?

En la conversación con Andrés Casinello, el presidente Tarradellas estaba de acuerdo en una cosa: viajaría a Madrid, si hiciera falta, para discutir los términos de la reposición de la Generalitat con Adolfo Suárez y con el Rey, siempre que existieran garantías jurídicas hacia su persona.

Andrés Casinello volvió a Madrid con ambas propuestas: restitución previa de la Generalitat y viaje a Madrid de Josep Tarradellas para negociar las condiciones.

El rey Juan Carlos y el Gobierno no se entendieron muy bien en este asunto. Aunque Adolfo Suárez continuó los contactos a través del embajador francés y de amigos españoles comunes, el Gobierno no se decidió a abordar el tema de las autonomías hasta advertir que en Cataluña, en las elecciones generales del 15 de junio de 1977, Convergència, el Partido Comunista de España y el Partido Socialista Obrero Español se habían acercado en votos más que en ninguna otra región.

Esta pérdida de influencia en Cataluña que ofrecían los sondeos hizo que el 27 de junio de ese año el periodista de UCD Carlos Sentís y el banquero Manuel Ortíñez decidieran ir a buscar a Tarradellas a París en el avión particular del empresario vasco Luis Olarra[16].

Mientras sobrevolaban los Pirineos, Tarradellas no pudo dejar de expresar un ligero temor a lo que le esperaba al llegar a España.

—¿No me irán a detener como a Carrillo? —preguntó, y, ante la sonrisa de sus acompañantes, agregó—: Bueno, bueno, a mi predecesor lo fusilaron por ser presidente de la Generalitat.

Esa misma tarde, el presidente del Gobierno español le daba la bienvenida a España en la escalinata del palacio de La Moncloa ante la presencia de decenas de fotógrafos y cámaras de televisión. Adolfo Suárez y Tarradellas departieron cerca de dos horas, durante las cuales el presidente del Gobierno no hizo más que poner trabas a la restauración de la Generalitat y al reconocimiento de su legitimidad y contenido histórico.

---

[16] Carlos Sentís, «Cómo llegó Tarradellas a La Moncloa», *La Vanguardia*, 17 de noviembre de 1985.

En la conversación, Suárez utilizó al Ejército como excusa para justificar la dificultad de acceder a sus peticiones de una forma inmediata.

Más eficaz fue la entrevista sostenida dos días más tarde con el Rey. Recibido con todos los honores en el palacio de La Zarzuela, don Juan Carlos le dio todo tipo de garantías de que sus aspiraciones eran legítimas y de que él se encargaría personalmente de que se cumplieran.

Tarradellas regresó satisfecho a Saint-Martin-le-Beau, donde permaneció hasta el 23 de octubre de 1977, día en que, tras el reconocimiento de la Generalitat y de la autonomía provisional de Cataluña, tomó posesión del Palau de la plaza de Sant Jaume, uno de los edificios más bellos del barrio gótico barcelonés.

«*Ja soc aquí*», declaró ante la multitud que le aclamaba, desde el balcón del palacio, para decir luego: «La autonomía será como la hagamos nosotros mismos, y la Monarquía es la única oportunidad para Cataluña. Tanto que si el Rey tuviera una desgracia yo regresaría a Saint-Martin-le-Beau.»

El 27 de diciembre de 1978, el Rey, «motor del cambio», protagonizaba su última operación para transformar un Estado autoritario en una Monarquía constitucional que garantizara la convivencia democrática y consolidara un Estado de Derecho donde el imperio de la ley se asentara en la voluntad popular. Ese día, en una sesión solemne de las dos cámaras, se sancionó la Constitución española, que en sus artículos 61 al 65 reduce el poder del Monarca al de simple moderador entre las distintas instituciones.

Las «conspiraciones del Rey» contra sus propios gobiernos y sus ministros para traer la democracia a España y dotar a sus ciudadanos de una carta de derechos y libertades habían pasado a la historia.

CAPITULO TRES

EL GOLPE QUE PARO EL REY

En los albores de la democracia, cuando los partidos políticos y los sindicatos comenzaban a ser tolerados, un grupo de policías y militares contrarios a la Ley para la Reforma Política organizaron el primer golpe de Estado contra Adolfo Suárez. Aprovechando el detonante producido por el secuestro del presidente del Consejo de Estado, Antonio María de Oriol y Urquijo, los involucionistas trataron de asaltar en plena noche el edificio de Presidencia para obligar a dimitir al jefe del Gobierno y anular el referéndum que iba a celebrarse cuatro días después. El Rey, que estuvo pendiente de los acontecimientos toda la noche, pidió que se amonestara a los conspiradores. Para evitar la repetición de amenazas de este tipo, Suárez trasladó la sede de Presidencia del Gobierno a La Moncloa.

Antonio María de Oriol y Urquijo, sesenta y tres años, presidente del Consejo de Estado y miembro de una de las familias más poderosas del franquismo [1], hizo el sábado 11 de diciembre de 1976 una excepción en sus costumbres. En lugar de quedarse descansando en su finca de «El Plantío», al norte de Madrid, decidió

[1] En 1976, los Oriol se sentaban en los consejos de administración de sesenta y un empresas, la mayoría de ellas relacionadas con el sector eléctrico, la banca, el sector químico, la minería, los ferrocarriles y la metalurgia. Con casi un siglo de tradición en el mundo de los negocios, los Oriol habían realizado durante el reinado de Alfonso XIII el tendido eléctrico del norte de Marruecos. Durante la Guerra Civil gran parte de sus miembros participaron en la contienda al lado de Franco, al que entregaron su dinero para comprar armas. En recompensa, en los últimos cuarenta años habían alumbrado un gran imperio industrial.

acudir a su despacho de la Fundación Oriol, en una antigua casa situada en la esquina de las calles Alfonso XII con Montalbán, frente al Parque de El Retiro.

Durante el trayecto, en su coche Dodge Dart 3700 blindado conducido por el chófer, y acompañado por un guardaespaldas, releyó las noticias del día anterior. Casi todos los periódicos abrían con la misma portada. Los partidos políticos semilegalizados se oponían al referéndum para la Reforma Política convocado por el presidente Adolfo Suárez para cuatro días después.

Media hora más tarde, Antonio María de Oriol, ex ministro de Justicia franquista y la cuarta jerarquía política del país, después del Rey, del presidente del Gobierno y del de las Cortes, llegaba a su despacho oficial.

Una de sus primeras gestiones fue telefonear al vicepresidente del Gobierno, Manuel Gutiérrez Mellado, para comentar la rueda de prensa de Carrillo en Madrid. El presidente del Consejo de Estado y miembro del Consejo del Reino había sido una de las personas que había sacrificado sus cargos de consejero nacional del Movimiento y procurador en Cortes para dar paso a la «reforma política». Pero Oriol no estaba seguro de que las cosas no estuviesen transcurriendo demasiado deprisa.

En ese momento un coche Seat 1430 de color blanco, con tres personas a bordo, aparcaba en la calle Alfonso XII frente al garaje del edificio de la Fundación Oriol. El portero, Fernando Aguado, les pidió que se quitaran de allí, ya que molestaban a los inquilinos de la casa que pretendían guardar sus automóviles dentro del garaje. No consiguió siquiera que sus ocupantes se inmutaran. Dos de ellos, altos y fuertes, bajaron del vehículo, le preguntaron dónde estaba la Fundación Oriol y, acto seguido, se dirigieron al ascensor. Ya en el despacho del presidente del Consejo de Estado se presentaron a su secretario.

—Somos dos amigos del cura de Las Rozas y queremos ver a don Antonio María.

Intimo amigo de la familia Franco y persona de una acendrada religiosidad, Antonio María de Oriol y Urquijo mantenía unas excelentes relaciones con el sacerdote de Las Rozas, municipio al que pertenecía su finca de «El Plantío» y a cuya iglesia acudía casi todos los días a oír misa.

El político franquista no sospechó nada y, tras una breve espera, les hizo pasar a su despacho. En ese momento los dos extraños personajes sacaron sus pistolas, encañonaron a su víctima en la cabeza y le ordenaron:

—¡Esto es un secuestro! ¡No se resista o le matamos aquí mismo!

Acto seguido, le cogieron por ambos brazos y trataron de sacarlo del despacho. Su hijo Antonio, que trabajaba en el despacho contiguo, al oír las voces y el ruido de una silla al caer al suelo salió inmediatamente al pasillo.

—¿Qué pasa? ¿Qué hacen ustedes? —preguntó atónito a los terroristas.

—¡Estése quieto! Nos llevamos a su padre. No haga nada o lo matamos aquí mismo —gritó uno de los secuestradores.

En el rellano de la escalera el conserje Fernando Aguado estaba hablando con el padre Fernando Martín Lucas, rector de la Fundación Oriol y Urquijo.

—Fíjese qué gente más terca, que bloquea la puerta del garaje y no hay quien les eche —le decía al cura cuando vieron a los del Seat 1430 salir del ascensor llevando al presidente del Consejo de Estado cogido por los dos brazos, casi en volandas.

El padre Martín Lucas se fijó en el rostro de Oriol, lívido y falto de expresión, como si estuviera drogado.

—¿Qué le pasa? ¿Se encuentra enfermo? —le preguntó inquieto, mientras le cogía un instante del brazo.

Ninguno de los tres le contestó. Le metieron apresuradamente en el Seat 1430 y arrancaron velozmente hacia la estación de Atocha. Mediada la mañana del sábado, mientras el edificio se llenaba de policías, una patrulla encontró el vehículo abandonado en el barrio de La Elipa de Madrid.

Cuatro días antes de que se votara el referéndum para la Reforma Política uno de los hombres más significativos del país era secuestrado en pleno Madrid, a la vista de todo el mundo. Era la primera vez en la historia de España que una alta magistratura de la nación era sacada en volandas de su despacho por dos desconocidos ante la pasividad del personal de la oficina y sin que el policía de escolta tuviera tiempo de reaccionar.

En su despacho de Castellana 3, el presidente del Gobierno, Adolfo Suárez, dio un puñetazo sobre la mesa.

—Alguien —le dijo al vicepresidente del Gobierno, Manuel Gutiérrez Mellado— trata de dinamitar la reforma política.

Ya no sólo era la oposición, que seguía sin creerle, quien pedía la abstención en el referéndum. Ahora, a escasas noventa y seis horas de que se abrieran las urnas para que el pueblo pudiera decidir por primera vez en cuarenta años sobre su futuro, el GRAPO secuestraba a Oriol.

* * *

Aurelio Delgado, secretario de la Presidencia del Gobierno y cuñado de Adolfo Suárez, se encontraba ese día en la finca de su padre en Veneroslaro, al lado del pantano del Burguillo, a unos treinta kilómetros de Avila[2].

A las cinco de la tarde se presentó de improviso en la finca el chófer de la familia y le entregó una tarjeta. Delgado leyó el texto. «Han secuestrado al presidente...», había escrito alguien con un tipo de letra muy nerviosa. Al secretario del presidente del Gobierno casi le da un infarto. Dio la vuelta al papel y siguió leyendo: «... del Consejo de Estado.»

Mientras se recuperaba del susto cogió el coche y se encaminó rápidamente hacia Madrid. Hora y media después estaba sentado en su despacho, al lado del presidente del Gobierno, Adolfo Suárez.

Cuando pudo hablar tranquilamente con su cuñado se enteró de que las noticias eran más alarmantes de lo que en un principio le habían comunicado.

—No sólo han secuestrado a Oriol, sino que un grupo de policías y militares amenazan con dar un golpe de Estado esta noche si el presidente del Consejo de Estado no aparece —le dijo.

El presidente Suárez, un hombre dinámico y entusiasta, que contagiaba a todo el mundo su optimismo y su fuerza de voluntad para llevar adelante la reforma, estaba aquella tarde más hundido que nunca.

—¿Los informes son buenos? —preguntó Delgado.

—Proceden del Seced[3]. El jefe superior de Policía de Madrid y los jefes de la Guardia Civil lo han confirmado.

El ministro de la Gobernación, Rodolfo Martín Villa, estaba ese día ocupado con otros asuntos. Así que el presidente del

[2] Los autores del libro mantuvieron dos entrevistas con Aurelio Delgado para la elaboración de este capítulo. Delgado facilitó, además, la lista de personas que conocían los hechos, muchas de las cuales aceptaron rememorar aquellos acontecimientos.

[3] Servicio Central de Documentación de Presidencia del Gobierno, el servicio secreto creado por el almirante Luis Carrero Blanco para vigilar a estudiantes, curas, sindicalistas y políticos y evitar que en España se reprodujera el Mayo del 68.

Gobierno había montado en Castellana 3, sede de la Presidencia, un mini-gabinete con los vicepresidentes para Asuntos Políticos y para Asuntos de la Defensa, Alfonso Osorio y Manuel Gutiérrez Mellado.

Suárez había puesto inmediatamente al corriente del asunto al Rey, quien desde media mañana estaba en contacto permanente con Castellana 3 para seguir de cerca los acontecimientos a raíz del secuestro de Antonio María de Oriol.

El Rey, lo mismo que el presidente del Gobierno, no podía disimular su disgusto. En vísperas del referéndum para la Reforma Política, un secuestro y un intento de golpe de Estado en menos de veinticuatro horas eran dos trallazos muy difíciles de digerir.

Cada media hora sonaba el teléfono rojo en el despacho de Suárez. Al otro lado del aparato se escuchaba la voz de don Juan Carlos, quien marcaba personalmente el número de tres cifras de Presidencia del Gobierno. El Monarca quería estar permanentemente al tanto de la situación.

—¿Qué tal va la cosa, Adolfo?

—Ninguna novedad, señor.

Lo cierto es que no había muchas noticias fiables en aquellos momentos. Con los servicios de información recién desmantelados, Suárez se encontraba, por primera vez en aquellos cinco frenéticos meses de trabajo, abrumado y desbordado ante la situación política y, además, sin la información necesaria para tomar decisiones.

Durante aquella tarde de nervios y tensiones, el presidente del Gobierno había alertado también al gobernador civil de Madrid, Juan José Rosón, que mantenía un contacto fluido y permanente con los máximos responsables de la Policía.

* * *

Aquél había sido uno de los días más agitados en la vida de España. A menos de trescientos metros de la calle Montalbán, mientras secuestraban al presidente del Consejo de Estado, el secretario general del PCE, Santiago Carrillo, ofrecía su primera rueda de prensa después de abandonar los calabozos de la Puerta del Sol. Tras cuarenta años de clandestinidad, el líder de los comunistas españoles anunció las intenciones de su partido de participar en la vida pública del país como un grupo político más.

—No nos presentaremos a las elecciones bajo ningún camuflaje. Acudiremos con nuestra bandera y si el Gobierno nos coloca en situación extraparlamentaria actuaremos en consecuencia.

El ministro del Interior, Rodolfo Martín Villa, que tenía previsto un viaje a Galicia, decide quedarse en Madrid. Había un cierto y no infundado temor a que los ultras asaltaran la sede clandestina del PCE y organizaran alguna algarada para impedir que las palabras del secretario general del PCE fueran reproducidas al día siguiente por toda la prensa nacional y europea.

—No dependemos en absoluto de Moscú —agregó— y si hay un Gobierno que acepta las presiones de otros países para ilegalizarnos, ese Gobierno es indigno de España.

Vestido con traje gris, camisa a rayas, corbata y gemelos relucientes, el hombre que había desafiado durante casi un año a la Policía y al Gobierno viviendo ilegalmente en un chalet de la calle Leizarán de Madrid protagonizaba así su segundo golpe de efecto presentándose ante los corresponsales extranjeros rodeado de todos los hombres de confianza de su partido para demostrar a la opinión pública que no pensaban continuar haciendo política desde las alcantarillas por más tiempo.

Con el resto de los partidos políticos reorganizándose casi en libertad, Carrillo no estaba dispuesto a que sus adversarios políticos le ganaran terreno. En un golpe de efecto sin precedentes, el secretario general del PCE había decidido desafiar al Gobierno, que le había aconsejado prudencia en sus primeras apariciones públicas, y salir de las catacumbas con un acto organizado por todo lo alto.

Al día siguiente, al leer los titulares de los periódicos, se llevó una gran desilusión. La presentación aparecía relegada en las páginas interiores de casi todos los diarios nacionales y extranjeros. «El secuestro de Oriol, un hecho imprevisible, me disputó la portada de todos los periódicos», escribía años más tarde rememorando aquella etapa de su vida[4].

Lo que no sabía es que, de haber salido a la luz pública el golpe que se coció la tarde anterior, su intervención hubiera quedado todavía más apagada.

* * *

El Servicio Central de Documentación de Presidencia del Gobierno (Seced) tenía su cuartel general en Castellana 5, a

[4] Santiago Carrillo, *El año de la peluca*, Ediciones Primera Plana, 1979.

menos de doscientos metros de la Presidencia del Gobierno. Aquella tarde-noche, tras conocerse las primeras informaciones sobre un complot contra el Gobierno, el trasiego de agentes operativos de uno a otro edificio fue incesante.

Según las informaciones que los agentes operativos iban recogiendo en la calle y hacían llegar a la Presidencia del Gobierno, entre los implicados se encontraban varios jefes de la Policía pertenecientes a la antigua Brigada Político-Social, entre ellos el comisario Roberto Conesa y varios altos jefes militares.

El más significativo era el ex director general de la Guardia Civil, Carlos Iniesta Cano, un militar de talante impulsivo puesto en cuarentena por el Gobierno al haber ordenado a la Benemérita actuar contra los elementos subversivos o alteradores del orden «sin restringir ni en lo más mínimo el empleo de sus armas» el día en que ETA asesinó a Carrero Blanco[5].

Los informes del Seced añadían que los sediciosos se encontraban en el despacho de Oriol, en la calle Montalbán de Madrid. Durante la mañana, los congregados, entre unas veinte y treinta personas, habían tratado infructuosamente de tener noticias sobre el paradero de Antonio María de Oriol y Urquijo. Al no localizarle, a medida que iba avanzando la tarde se fueron concentrando en la sede de la Fundación Oriol, frente al parque de El Retiro. En un ambiente caldeado por las últimas medidas del Gobierno destinadas a desmilitarizar y profesionalizar la Policía, habían planeado asaltar aquella noche la Presidencia del Gobierno.

—Su objetivo —le informaron a Aurelio Delgado— era obligar a dimitir a Suárez para, acto seguido, desconvocar el referéndum que iba a celebrarse cuatro días después.

Los agentes del Servicio Central de Presidencia del Gobierno habían llegado incluso a elaborar una lista de los implicados en el

[5] El texto completo es el siguiente: «Circular. Director General de la Guardia Civil a Jefes Zonas, Tercios, Comandancias Móviles y Coronel Agrupación Tráfico. —Texto: De forma concreta, rotunda, personal y asumiendo toda la responsabilidad que me corresponde, ordeno a todas las fuerzas a mi mando que, desde este momento y mientras no reciban orden en contrario, extremen al máximo la vigilancia en los puntos que a su criterio sean susceptibles de conflicto, aunque éstos se hallen situados en núcleos urbanos en los que colaboran estrechamente con las restantes fuerzas de orden público. Punto. Caso de existir choque o tener que realizar acción contra cualquier elemento subversivo o alterador del orden deberá actuarse enérgicamente sin restringir ni en lo más mínimo el empleo de sus armas. Urgentemente y por esta vía acúseme recibo. —El Teniente General, Director General, Carlos Iniesta. Madrid, 20 de diciembre de 1973.»

complot[6] que habían puesto sobre la mesa del Presidente del Gobierno y que éste había leído por teléfono al Rey.

Un año antes, una rebelión de esas características hubiera sido de todo punto inimaginable.

* * *

El de 1976 fue un año pródigo en acontecimientos. Cuando el 5 de julio el rey Juan Carlos enviaba a su casa a Carlos Arias Navarro, al que había concedido el Toisón de Oro, y nombraba presidente del Gobierno a Adolfo Suárez, éste era un perfecto desconocido en las cancillerías europeas.

Del nuevo Presidente la prensa europea no sabía casi nada, salvo que fue hasta entonces ministro secretario general del Movimiento con Arias Navarro y que a sus cuarenta y tres años era el jefe de Gobierno más joven de Europa.

Pese a su pasado «azul» y a su escasa experiencia de Gobierno, Suárez logró en seis meses la reforma política que su antecesor no había conseguido en dos años y medio en Castellana 3.

Había disuelto el Consejo Nacional del Movimiento, los sindicatos verticales y las Cortes franquistas, permitió que los partidos políticos y sindicatos salieran de sus catacumbas, devolvió a centenares de españoles sus pasaportes para que pudieran regresar del exilio, vació las cárceles de presos políticos y autorizó que en algunos ayuntamientos donde no existía alcalde se crearan «comisiones gestoras» con participación de todos los partidos políticos.

El segundo Gobierno de la Monarquía, bautizado por la prensa como un gabinete de *penenes* (profesores no numerarios), por su juventud y falta de experiencia, se había revelado como un equipo con coraje para enfrentarse al *bunker.*

Acogido por los representantes de los partidos políticos y por los líderes europeos con bastante rechazo, Suárez había demostrado en poco tiempo que era la persona adecuada para realizar sin traumas el cambio político que el Rey había pronosticado en su primer discurso de la Corona, tras la muerte del general Franco, en noviembre de 1975.

Sin embargo, dos de sus decisiones políticas habían levantado

[6] En la lista aparecía también el ultra Juan García Carrés, implicado posteriormente en el golpe del 23-F. Varios de los comisarios de Policía implicados se adaptaron posteriormente al sistema democrático y algunos de ellos han ocupado incluso destacados cargos con el Gobierno socialista.

ampollas en el Ejército y en la Policía, dos sectores especialmente «sensibles» a los cambios: los ceses de los generales Fernando de Santiago y Díaz de Mendívil y de Carlos Iniesta Cano y la desarticulación de la Brigada Político-Social, la policía política del régimen franquista.

En una medida sin precedentes desde la instauración de la Monarquía, Díaz de Mendívil, con sesenta y seis años, había pasado de ser el representante máximo del Ejército español a figurar en la reserva en octubre de 1976. Nueve días más tarde, Carlos Iniesta Cano, sesenta y ocho años, ex director general de la Guardia Civil, seguía el mismo camino.

El mes anterior, el general De Santiago, contraviniendo las normas castrenses, había enviado una carta a todos los capitanes generales justificando su cese como vicepresidente primero del segundo Gobierno de la Monarquía. «El Gobierno —decía la nota— prepara una disposición, a la que me he opuesto infructuosamente, que autoriza la legalización de las centrales sindicales UGT, FAI y CNT, responsables de los desmanes cometidos en zona roja.»

Iniesta Cano se había adherido a la decisión de su compañero mediante una carta publicada el 7 de septiembre en el diario ultraderechista *El Alcázar* en la que calificaba el gesto de De Santiago como «patriótico» y motivado por «un alto y firme concepto del deber».

El viernes 31 de septiembre el Consejo de Ministros había actuado de forma enérgica y mediante dos reales decretos enviaba a los dos generales a la reserva. Un mes después, el viernes 29 de octubre, el ministro de la Gobernación, Rodolfo Martín Villa, y su subsecretario, José Miguel Ortí Bordás, daban en Madrid los retoques finales a un proyecto para reestructurar la Policía.

En realidad, el proyecto se reducía esencialmente a la eliminación de la Brigada Político-Social, un cuerpo especialmente afecto al régimen y que había torturado en los últimos años a miles de estudiantes y obreros por el simple hecho de tener un panfleto en su casa, participar en una asamblea o llevar una pegatina en la solapa.

La Revolución de los Claveles de 1974 en Portugal había dado lugar a la depuración y a la persecución física de muchos de los esbirros de la dictadura salazarista, que tuvieron que abandonar a sus familias y huir del país con la ropa que llevaban puesta. La idea de una purga similar se había trasladado a España y en 1974 varias facultades de la Universidad Complutense de Madrid aparecieron plagadas de carteles: «Social, acuérdate de Portugal», advertían los autores de los pasquines.

El Gobierno de Suárez, en varios encuentros informales con los altos cargos de la Brigada Político-Social, se había comprometido a impedir que se adoptaran represalias contra los más de tres mil agentes dedicados en cuerpo y alma a espiar cualquier cosa que se moviera. Sin embargo, las presiones de la oposición, que había sentido en sus carnes las porras de los agentes franquistas, pesaron más que la fuerza de los agentes franquistas. El 8 de noviembre de 1976 la revista *Cambio 16* publicaba una sugerente portada dedicada al asunto. «La policía política se DESP.I.D.E.», se informaba en alusión a los agentes de Marcelo Caetano y Antonio de Oliveira y Salazar, en Portugal (la tenebrosa PIDE), varias decenas de los cuales habían sido apaleados por la muchedumbre antes de ser encarcelados en las mismas prisiones donde horas antes encerraban a los opositores del régimen[7].

Los miembros más significativos de la Brigada Político-Social, que habían sido destinados por el ministro Martín Villa a comisarías de provincias para apartarlos de Madrid, interpretaron las órdenes del titular de la Gobernación como una represalia por haber trabajado para Franco. Y la noche del 11 de diciembre de 1976 estaban dispuestos a tomarse el desquite.

* * *

En la planta primera de Castellana 3, un palacete de principios de siglo perteneciente con anterioridad al marqués de Villamejor, redecorado con cuadros y ricos tapices y alfombras procedentes del Patrimonio Nacional, Adolfo Suárez no sabía a qué carta quedarse.

Lo más lógico hubiera sido ordenar aquella noche la detención de los conspiradores, pero eso, a la larga, hubiera trascendido a la prensa e incrementado el malestar entre los grupos ultras de la Policía y el Ejército, que no cesaban de boicotear el proceso de cambio.

Además, en medio de aquel torbellino de cambios acelerados

[7] Este artículo, publicado en el número 257 de la revista *Cambio 16*, «provocó una fuerte reacción en el Cuerpo Superior de Policía que tuve que contener», cuenta Rodolfo Martín Villa en *Al servicio del Estado*, Editorial Planeta, colección Espejo de España, Barcelona, 1984.

era muy difícil discernir si una orden de ese calibre iba a ser cumplida a rajatabla, máxime cuando entre los congregados se encontraba algún general y otros oficiales y jefes de menor rango. Los galones, en aquella época, imponían, y los militares gozaban en España de un fuero especial según el cual sólo podían ser arrestados por otro militar de rango superior.

¿Qué general iba a atreverse a arrestar a Carlos Iniesta Cano y a conducirle escoltado por un vehículo de la Policía Militar a un acuartelamiento? Probablemente ninguno.

La falta de información minuto a minuto de lo que ocurría en la calle Montalbán tenía a los vicepresidentes del Gobierno, a Adolfo Suárez y a Aurelio Delgado en vilo permanente.

Las medidas de seguridad en Castellana 3 eran en aquellos momentos prácticamente nulas. Sin cámaras de televisión en las esquinas era imposible observar los movimientos que se producían en la calle.

Un retén de la Guardia Civil se encargaba de vigilar la puerta de entrada desde el paseo de la Castellana y el pequeño patio interior. El edificio se encuentra aislado de la calle mediante una plancha metálica antibalas colocada en el recinto exterior por orden del anterior presidente del Gobierno, Carlos Arias Navarro, tras el atentado sufrido por el almirante Luis Carrero Blanco.

Sin embargo, el guardia civil responsable de la seguridad del edificio podía ser desarmado en cualquier momento por sus compañeros golpistas. Frente a esta situación había que tomar decisiones rápidas pero el mini-gabinete no sabe qué medidas son las más adecuadas.

—¿Y si los golpistas se han puesto en contacto con los guardias de seguridad de Presidencia? —pregunta Aurelio Delgado.

Ante tal eventualidad, el teniente coronel Andrés Casinello, responsable del Servicio Central de Documentación de Presidencia del Gobierno, sugirió cambiarlos por guardias civiles de confianza y así se hizo[8].

Una hora después, unos fornidos individuos, vestidos de paisano, casi todos ellos con zamarra y alguno con tupida barba, se

[8] Casinello habló con uno de los autores del libro en marzo de 1994, pero se negó a comentar este golpe de Estado, que calificó de «chapuza de unos cuantos borrachos que después de desahogarse con el Gobierno se fueron, de madrugada, a buscar a Oriol a un pueblo de Guadalajara». Uno de los protagonistas de la historia, Carlos Iniesta Cano, da una versión muy distinta, como se verá más adelante.

colocaron las metralletas en bandolera y relevaron a sus compañeros en los puestos de vigilancia.

Aurelio Delgado llegó a pensar que debían pertenecer a los servicios especiales, que posteriormente integrarían la Agrupación Operativa de Misiones Especiales (AOME). Sin embargo, en aquellas circunstancias, al secretario del presidente le parecían más bien bandoleros.

—Yo me voy —bromeó Delgado—, que estos tíos sí que nos secuestran.

Casinello le miró enfadado.

—¿Cómo que te vas? —preguntó.

—¿Estás seguro de que éstos son guardias civiles? ¿No crees que de un momento a otro pueden volver las metralletas hacia nosotros, encañonarnos y hacernos prisioneros?

El máximo responsable del Seced estaba rojo de ira.

—Pero, ¿cómo puedes tomarte esto a broma?

—Hombre, cuando más tensión existe es cuando hay que descargar adrenalina.

Adolfo Suárez cenó esa noche su habitual tortilla francesa, seca como la suela de un zapato y servida por uno de los ordenanzas. Su cuñado preguntó si podían conseguirle una botella de vino para acompañar la comida.

Uno de los asistentes bajó a los sótanos y regresó con una botella de Vega Sicilia del 65. El secretario general de Presidencia lo miró asombrado. Por nada del mundo se hubiera imaginado encontrar un caldo así en aquel antiguo edificio.

—¿De dónde ha sacado usted este vino?

—De la bodega. Fueron compradas por el almirante Carrero Blanco y, como nadie lo toma, debe de haber unos cuantos centenares de botellas.

¡Era inaudito! En la Presidencia del Gobierno existían apenas una docena de máquinas de escribir, algunas vetustas e inservibles, que no se habían renovado por falta de presupuesto, y en los sótanos había toda una fortuna en vinos de Valladolid.

Por las informaciones que se tenían, la hora en que los golpistas debían asaltar la Presidencia del Gobierno ya había pasado y no había ocurrido nada. Sin embargo, Adolfo Suárez permaneció en su despacho oficial hasta casi las cuatro de la madrugada en contacto permanente con las fuerzas de seguridad, el gobernador civil de Madrid y La Zarzuela.

A esa hora, mediante una serie de «pinchazos telefónicos» se comprobó que los golpistas, a la vista de las medidas de seguridad excepcionales adoptadas en Castellana 3, desistían de su actitud. Un grupo se había marchado a dormir y los restantes se fueron a localizar el *zulo* donde se suponía estaba secuestrado el presidente del Consejo de Estado y consejero del Reino.

«Los momentos vividos aquella noche —recuerda Aurelio Delgado a los autores del libro— fueron para mí mucho peores que los del 23-F.»

Cuando se tuvo la seguridad de que la trama había sido desactivada, Alfonso Osorio, Manuel Gutiérrez Mellado y Adolfo Suárez se fueron a sus casas.

Aurelio Delgado, sin embargo, decidió quedarse un rato más. Entonces sonó el teléfono rojo en el despacho del presidente Suárez. El secretario de Presidencia no sabe quién puede llamar a aquellas horas —las cinco de la madrugada— y descuelga el aparato.

Su sorpresa fue mayúscula. Al otro lado del hilo telefónico escuchó la voz del Rey. Era el único que seguía despierto, pendiente de los acontecimientos.

—¿Quién es? —preguntó Delgado.

—Soy Juan Carlos, y tú eres Aurelio Delgado, ¿no? —inquirió el Monarca.

—El mismo, señor.

—Tú, ¿qué coño haces ahí?

—Pues apagar las luces y cerrar las puertas. En este mismo momento me iba a casa a dormir.

—Y los otros, ¿se han ido ya?

—Sí, señor. Me imagino que a estas horas ya están en la cama. La situación está controlada.

Tras un día agotador, don Juan Carlos parecía preocupado y quería saber más cosas antes de retirarse a descansar.

—Entonces, ¿estaban todos tranquilos cuando se marcharon?

—Sí, señor.

—Hala, pues vete tú también a casa.

El golpe pasó desapercibido para la mayoría de los ministros y de la clase política del país —salvo Martín Villa— hasta el día siguiente, en que Adolfo Suárez y Alfonso Osorio se lo contaron al resto del Gabinete. Sin embargo, iba a tener consecuencias inmediatas. Siguiendo instrucciones de La Zarzuela, desde el Gobierno se llamó uno a uno a los conspiradores y se les amonestó advirtiéndoles que si persistían en su actitud acabarían ante un

Consejo de Guerra, en unos casos, y ante los tribunales civiles, en otros.

La reconvención, sin embargo, no consiguió en todos los casos el efecto deseado.

* * *

Días más tarde, el teniente general Carlos Iniesta Cano y el ultraderechista Juan García Carrés deciden ir a cenar al restaurante Corinto, de Madrid, situado en la zona de Preciados.

—Me han dicho que tienen unas ostras estupendas y me apetece zamparme una docena de ellas —sugiere García Carrés[9].

A las nueve de la noche, Iniesta Cano y García Carrés quedan en el domicilio del segundo, en el número 11 de la calle Mártires Concepcionistas de Madrid, para acudir al restaurante. Cuando viajan en el Dodge Dart 3700 del ex director general de la Guardia Civil, Pedro, el conductor del vehículo, se da cuenta de que desde hace un rato les sigue un Seat 1430.

—Eso son alucinaciones tuyas —le dice Iniesta— Pisa el acelerador y verás cómo desaparece.

El conductor aprieta la marcha saltándose algún semáforo y el Seat color hueso se salta también las luces rojas y continúa pegado a sus talones.

Carlos Iniesta Cano comienza a tomarse la cosa en serio y ordena entonces a su chófer que se dirija a la calle General Mola, en dirección a Burgos, y se detenga en el Parque de Automovilismo de la Guardia Civil. Juan García Carrés ha anotado la matrícula del vehículo y ambos tienen interés en saber quiénes son las tres personas que llevan casi tres cuartos de hora vigilando sus movimientos, a los que suponen vinculados a ETA.

Cuando entran en el Parque de Tráfico de la Benemérita, el Seat 1430 color hueso frena bruscamente y se detiene 300 metros más adelante. Pero en lugar de estacionar, se queda en doble fila con el motor en marcha, dispuesto para iniciar de nuevo la persecución en cuanto sea necesario.

Iniesta Cano, ciego de ira, saca su revólver, lo amartilla, se dirige hacia el vehículo y le pone el arma al conductor en el cristal de la ventanilla, a la altura de la cabeza.

---

[9] En realidad, García Carrés e Iniesta Cano habían quedado a cenar aquella noche en compañía de José Antonio Girón de Velasco, pero éste, al final, excusó su asistencia.

—Al que se mueva le descerrajo un tiro —advierte.

Los ocupantes del Seat 1430 reaccionan como si la amenaza no fuera con ellos. Hasta que Iniesta Cano, cada vez más fuera de sí, golpea el cristal con el arma y les obliga a bajar la ventanilla.

—Salgan ahora mismo con las manos en alto o me los cargo uno a uno.

Los perseguidores abandonan lentamente el automóvil seguidos por el cañón del arma del ex director general de la Guardia Civil. Cuando están todos en tierra el conductor saca una placa y se la pone ante las narices al teniente general.

—Somos policías y cumplimos órdenes —le dicen.

—¡Ordenes! ¿De quién? ¿Quién les ha mandado seguirme? —brama el militar.

—Eso no lo sabemos. Llame usted a este teléfono y pregunte por el comisario Gómez Margarida.

A la mañana siguiente, Iniesta Cano se pone en contacto con la Dirección General de Seguridad. El comisario Gómez Margarida le atiende amablemente y le dice que, efectivamente, hay instrucciones de controlar sus movimientos, siguiendo una orden de la superioridad.

—Pero no es para vigilarle sino para prevenir un atentado de ETA contra usted.

Sin embargo, poco después Carlos Iniesta Cano y Juan García Carrés descubren la verdad. El Ministerio de la Gobernación había ordenado al jefe superior de Policía de Madrid que le siguieran durante unos días de manera descarada para que los policías fueran descubiertos por sus «víctimas».

Se trataba, de esta manera, de dar a entender al militar y al sindicalista que todos sus movimientos estaban controlados para que recapacitaran y cambiaran de actitud. Así, el Gobierno evitaba un posible incidente desagradable en el caso de que se vieran involucrados en actividades involucionistas y la Policía tuviera que detenerles y encarcelarles.

«El Gobierno pensaba —escribe Iniesta Cano— que mi intención, la de García Carrés y un grupo de personas era asaltar la Presidencia del Gobierno.» [10]

La Policía, que había «pinchado» los teléfonos de Juan García

[10] Carlos Iniesta Cano, *Memorias y recuerdos. Los años que he vivido en el proceso histórico de España*, Editorial Planeta, Barcelona, 1984.

Carrés en su casa de la calle Mártires Concepcionistas desde el 11 de diciembre de 1976, no tomaba aquella decisión por capricho ni para divertirse.

Tampoco era mera coincidencia que a partir de aquel 11 de noviembre de 1976 los responsables de la seguridad del presidente decidieran reforzar su protección y presionaran a Adolfo Suárez para que trasladara la Presidencia del Gobierno de Castellana 3 a un lugar más seguro.

* * *

El comandante Juan Castresana, jefe de seguridad de Suárez, se lo había comentado en varias ocasiones.

—Presidente, en este edificio no podemos darle la protección adecuada.

Adolfo Suárez parecía tomárselo a broma.

—¿Y quién va a atentar contra mí?

La idea de Castresana era trasladar la Presidencia del Gobierno a un edificio de las afueras de Madrid que cumpliera dos premisas: que no estuviera rodeado de edificios cercanos y que, a su vez, contara con espacio suficiente para que el jefe del Gobierno pudiera instalar allí su vivienda permanente, con lo que se evitaban los peligrosos desplazamientos por el centro de Madrid.

Pero Suárez se sentía muy a gusto en su actual situación y no quería cambiar. Desde sus tiempos de director general de Televisión Española vivía en un segundo piso de la calle San Martín de Porres, en la Ciudad Puerta de Hierro de Madrid. En el inmueble, con cinco plantas y veintidós viviendas, residían también el subsecretario de la Presidencia, José Luis Graullera, el antiguo director de Televisión, Luis Angel de la Viuda, y el dirigente del PSP Raúl Morodo. El presidente había echado allí sus raíces, y como el edificio estaba situado en una zona tranquila, donde se sentía cómodo con sus vecinos, era muy difícil obligarle a alterar su forma de vida.

Aunque la casa permanecía protegida las veinticuatro horas del día por la Guardia Civil, lo mismo que su despacho de Castellana 3, tras el intento de golpe de Estado del 11 de noviembre de 1976 Castresana decidió explicárselo de forma más didáctica.

En los días posteriores se las arregló para que dos organizaciones policiales enviaran informes confidenciales, a través de

Interpol, en los que se indicaba que se preparaban acciones tipo comando contra el presidente del Gobierno español[11].

A continuación, durante un par de semanas apostó varios policías-fotógrafos, provistos de teleobjetivos, a lo largo del recorrido de la caravana presidencial entre San Martín de Porres y el Paseo de la Castellana y una semana después hizo entrega de una colección de fotografías. En todas se distinguía perfectamente la cabeza de Adolfo Suárez reposando en el sillón trasero del Dodge Dart negro asignado por el Parque Móvil Ministerial para su transporte. Cualquier persona que hubiera llevado un fusil con mira telescópica en lugar de una cámara de fotos y se hubiera apostado en los mismos puntos que los policías habría alcanzado de lleno al presidente en la cabeza.

Las imágenes impresionaron al presidente, que inmediatamente ordenó que se comprara un Mercedes 450 blindado y dio instrucciones para que el Palacio de La Moncloa, situado en el kilómetro 2 de N-VI de Madrid a La Coruña, fuese habilitado como sede de la Presidencia del Gobierno y residencia particular para su familia.

Las precauciones fueron insuficientes. En noviembre de 1978 un comandante del Ejército destinado en la Policía Nacional, Ricardo Sáenz de Ynestrillas, y un teniente coronel de la Guardia Civil, Antonio Tejero Molina, proyectaron asaltar La Moncloa siguiendo un plan fraguado durante varios meses en la cafetería Galaxia, situada a dos kilómetros del palacio presidencial.

Pero eso ya es materia de otro capítulo.

---

[11] Este tipo de amenazas, según el ex director de la Seguridad del Estado, Rafael Vera, son habituales entre los servicios secretos y las policías de todo el mundo. Cada vez que viene un jefe de Gobierno a España se suelen recibir una o dos advertencias de que se va a cometer un atentado. Las amenazas son falsas pero consiguen el efecto deseado. Que las Fuerzas de Seguridad del Estado incrementen los controles de fronteras, se vigile a los sospechosos de pertenecer a grupos terroristas y se pongan en marcha con exquisita escrupulosidad los planes de seguridad encaminados a la protección de personalidades.

CAPITULO CUATRO

LA ESTRATEGIA DE LA TENSION

Un sector de los servicios secretos militares vinculado al franquismo intentó por todos los medios desestabilizar la democracia española. Bajo el pretexto de impedir el asentamiento de unos partidos de izquierda fuertes y arraigados en la sociedad española se organizaron atentados contra Santiago Carrillo y Enrique Tierno Galván y auténticas carnicerías humanas como la masacre producida por la bomba del Scala de Barcelona. El rey don Juan Carlos y Felipe González, cuando era líder de la oposición, no escaparon a esta «estrategia de la tensión» y fueron objeto de atentados simulados. Se trataba de fomentar en ellos un estado de ánimo positivo hacia los cuerpos policiales, «denigrados» diariamente en la prensa, y crear una opinión favorable hacia las Fuerzas de Seguridad del Estado como garantía de seguridad.

El 18 de mayo de 1976 la calle Almansa de Madrid fue una fiesta. En dos restaurantes, el Biarritz y El Bosque, situados el uno frente al otro, se celebraban dos homenajes a sendos políticos e intelectuales españoles.

En el Biarritz se habían reunido los republicanos españoles en torno a la figura de don Claudio Sánchez Albornoz, recién llegado del exilio de México. Al otro lado de la calle se celebraba un homenaje a Enrique Tierno Galván, profesor de Filosofía de la Universidad de Salamanca, represaliado y encarcelado durante los últimos años del franquismo.

El hecho de que dos lugares destinados tradicionalmente a la celebración de banquetes de bodas y bautizos se convirtieran de pronto en improvisados escaños políticos y que en lugar del habitual «¡Vivan los novios!» se escucharan las estrofas de *La Interna-*

cional y gritos de «¡Unidad!» y «¡Amnistía!» indicaba que algo estaba cambiando en España.

Los dos homenajes prometían la más variada gama de discursos. Aquel 18 de mayo, sin ir más lejos, con sólo cruzar la calle se podía ir de la República al socialismo, al liberalismo o a la democracia cristiana [1].

En El Bosque se reunían alrededor de mil personas. En realidad, el agasajo a Enrique Tierno Galván era una excusa para hablar de política y presentar el Partido Socialista Popular (PSP) en un periodo en que la aparición en público de los grupos políticos no estaba todavía bien vista en los círculos del Gobierno.

Pese a ello, el «todo Madrid político-intelectual-democrático» desafió aquella tarde las instrucciones de la Policía para escuchar al «viejo profesor». Entre los invitados se encontraban el delfín de Tierno, Raúl Morodo, los comunistas Ramón Tamames y Julián Ariza, el democristiano Joaquín Ruiz Giménez, el presidente del Partido Demócrata Popular, José María Gil Robles, y numerosas personalidades españolas y extranjeras.

El acto, que duró hasta las dos de la madrugada, fue el primer mitin multitudinario celebrado en España tras cuarenta años de represión y falta de libertades.

«Soy socialista, marxista y de izquierdas —se definió Tierno Galván—, y hoy estoy aquí después de haber sufrido la represión, de haber sido víctima de un régimen que odia las ideas.»

Vestido con su habitual traje azul marino cruzado, el «viejo profesor» condenó la muerte y las torturas del franquismo y pidió a sus compañeros redoblar sus esfuerzos para derrotar al *bunker*, «que no es sino un tigre de papel».

«Cuando veo a tanta gente aquí reunida —agregó— ni veo historia ni veo nada. Sólo percibo el futuro. La democracia es hasta ahora el único camino para atravesar el bosque espeso de la convivencia nacional.»

Cuando concluyó el acto, sin ningún tipo de incidente, los congregados regresaron tranquilamente a sus casas cruzando como si nada por delante de dos *jeeps* de la Policía aparcados discretamente en una de las esquinas. Los agentes se limitaron a observar-

---

[1] A las ocho de la tarde la Policía suspendió el homenaje a Claudio Sánchez Albornoz debido a una amenaza anónima de un autodenominado comando de la FET y de las JONS, que aseguró «tomaría represalias contra los asistentes, dueños y empleados del restaurante».

les como bichos raros, pero no les pidieron la documentación. Por fin, algo comenzaba a cambiar en España.

Lo que ninguno de los mil asistentes al homenaje a Enrique Tierno Galván supo es que el futuro en libertad que se vislumbraba desde la muerte de Franco, el 20 de noviembre de 1975, pudo muy bien haberse transformado aquella noche en una verdadera tragedia de llevarse a la práctica el espeluznante plan urdido por algunas retorcidas y enfermizas mentes policiales.

* * *

Ese día, horas antes de que se celebrara el acto de El Bosque, dos inspectores de Policía habían sido citados por sus jefes en la Dirección General de Seguridad. Roberto Balladé López y Emilio Egea Tineo tenían una misión que cumplir.

—Dejáis la bolsa en el suelo, junto a los de los demás fotógrafos, y salís pitando —les ordenaron.

—¿Cómo sabremos en qué momento debemos abandonar el local?

—Cuando aparezca en escena Tierno Galván y salude a los invitados vosotros hacéis como que tomáis un par de fotos más y luego os largáis.

La bolsa, similar a las empleadas por los fotógrafos de prensa para guardar sus cámaras, contenía varios kilos de explosivo de alto poder destructor. Era, en realidad, una potente bomba con la que los sectores más reaccionarios del franquismo trataban de desestabilizar el naciente proceso democrático.

—¿Y si nos descubren? ¿Si alguien detecta el explosivo? —preguntó uno de los agentes.

—No os preocupéis. Con tanto jaleo nadie se fija en nada. Nadie va a reparar que os habéis dejado algo «olvidado».

—Pero, lo que nos está ordenando es un acto monstruoso. Con el pánico van a morir muchas personas.

—¿Y a vosotros qué más os da? ¡A esos comunistas de mierda hay que darles duro!

Roberto Balladé, de treinta y dos años, y Emilio Egea, de veintiséis, ambos inspectores de Policía, no eran dos agentes cualquiera. Procedían de la Brigada de Orden Público, pero, a finales de 1975, fueron reclutados para formar parte del grupo de agentes especiales, de absoluta confianza del Gobierno, a los que se les asignaban las misiones más delicadas.

Tenían bajo su responsabilidad los dispositivos de seguridad del general Francisco Franco y del príncipe Juan Carlos, la elaboración de *dossiers* e informes de todo tipo sobre la oposición política y la toma de fotografías de manifestaciones y actos no autorizados.

«Fuimos los primeros policías que filmábamos los itinerarios de Franco desde un helicóptero o que nos hacíamos a pie el recorrido existente entre El Pardo y las Cortes Generales estudiando todas las tapas de alcantarilla y bocas de riego para elaborar los dispositivos de seguridad y evitar atentados», recuerda hoy Balladé [2].

Como todos los agentes del «servicio especial», en un principio dependían directamente del jefe superior de Policía de Madrid, Federico Quintero Morente, un militar como fama de hombre duro y experto en materia de terrorismo, y de su segundo, Joaquín Díaz Moreno.

¿De quién fue la idea de la masacre de El Bosque? Dieciocho años después de aquella fallida operación, Balladé y Egea no dan muchas explicaciones. Aseguran que fueron seleccionados para la operación por Quintero al tratarse de agentes no «fichados» por los asistentes al acto de desagravio a Tierno Galván, tras las ofensas recibidas durante el franquismo.

—Tenéis que ser vosotros —les habían dicho sus jefes—. A los de la Brigada Político-Social los conoce todo el mundo.

El plan llevaba el nombre de «operación Bienvenida» y tenía como meta provocar el terror entre la izquierda española. Como Ballabé y Egea se negaban a cargar sobre sus conciencias con un atentado a una concentración de personas, sus jefes trataban de darles ánimos.

—Estad tranquilos. Todos esos tíos acaban de regresar de Moscú, y muchos de ellos son terroristas. Nuestro trabajo es prepararles un buen recibimiento.

El empleo de estos métodos para desestabilizar la situación política, frenar la creciente influencia social de los partidos marxistas en España e impedir la llegada de la democracia formal al país, en contra de lo que había preconizado el rey Juan Carlos en su primer discurso a la nación, no era un invento español [3].

---

[2] Los autores del libro se entrevistaron con este inspector de Policía en noviembre de 1992 para la elaboración de este capítulo.

[3] En ese discurso don Juan Carlos se definió como el Rey de todos los españoles, frente a las intervenciones del general Franco en las que aparecían constantemente las reminiscencias de la Guerra Civil, que fomentaban el odio entre vencedores y vencidos.

En Italia, los servicios secretos militares, con apoyo de organizaciones vinculadas a la OTAN [4], utilizando la mano de obra barata de la extrema derecha, los servicios del príncipe fascista Valerio Borghese y el apoyo desinteresado de las Brigadas Rojas, habían sembrado poco antes el país de cadáveres y atentados para apoyar al democristiano Aldo Moro e impedir la llegada al poder del fuertemente estructurado Partido Comunista. Es lo que eufemísticamente se llamó la «estrategia de la tensión».

En Argentina, al otro lado del Atlántico, la Triple A dirigida por el Ejército y el sector más radical del Movimiento Peronista, por un lado, y los Montoneros, por otro, hicieron añicos el Gobierno de Isabelita Perón mediante el mismo procedimiento, llevando al país al caos mediante las masacres con bombas, las matanzas indiscriminadas de civiles y los asesinatos de personas inocentes [5].

Según un reportaje publicado por la revista *Interviú* [6], de la «operación Bienvenida» estaban enterados los estamentos del primer Gobierno de la Monarquía contrarios al cambio, incluidos algunos ministros y altos cargos del Ministerio de la Gobernación.

La parte ejecutiva había sido diseñada por un experto en técnicas antisubversivas entrenado en las mejores escuelas de Estados Unidos: un coronel del Ejército, viudo, que sólo vivía para su trabajo y que, paradójicamente, resultaría ser la persona que frustró años después el golpe de Estado conocido como «operación Galaxia» [7].

---

4 Durante la Guerra Fría funcionó en el cuartel general de la OTAN, en Italia, una organización secreta conocida como la Red Gladio. Esta «empresa», con sucursales en todos los servicios secretos europeos, apoyó con dinero y armas a todos los grupos ultraderechistas italianos, especialmente a Ordine Nuovo. Activistas como Pier Luigi Concutelli, Salvatore Francia o Stefano della Chiaie, implicados en la matanza de la Piazza Fontana o el asesinato del juez Occorsio, recibieron el apoyo de Gladio, que les buscó refugio en España cuando estaban «quemados».

5 Las matanzas y ajustes de cuentas entre peronistas y montoneros fue la excusa utilizada por el Ejército argentino para dar un golpe de Estado y colocar al frente del Gobierno a una junta militar presidida por el general Jorge Videla. Para «restablecer la legalidad y el orden» los militares fueron más crueles y respondieron con un terrorismo infinitamente mayor. Asesinaron e hicieron desaparecer a millares de personas con el pretexto de limpiar el país de izquierdistas y comunistas. Para más información véase Ernesto Sábato, *Nunca más. Informe de la Comisión Nacional sobre la desaparición de personas*, Editorial Seix Barral-Eudeba, Barcelona, enero de 1985.

6 En el número 85, «La Policía se denuncia a sí misma», página 32 y siguientes.

7 Para más detalles véanse capítulos cinco y seis.

Como uno de los máximos responsables de la Policía, el militar era uno de los hombres con más poder en la España de la época, ya que tenía en sus manos la Brigada Político-Social, el verdadero sostén del régimen anterior.

El plan se había diseñado para que no tuviera fallos. La Dirección General de Seguridad (DGS) había conseguido de la Dirección General de Prensa, dependiente del Ministerio de Información y Turismo, dos falsos carnets de periodistas para los policías. Uno de ellos acreditaba al agente Egea Tineo como enviado especial del periódico de Honduras *El Día*. El otro identificaba a Ballabé como fotógrafo del diario *El País*, de la República de Panamá.

Los inspectores de Policía habían recibido una somera explicación sobre el funcionamiento del artefacto explosivo, que se activaba automáticamente mediante un simple mecanismo de relojería.

—Por las repercusiones políticas no os preocupéis. En el momento en que se produzca el atentado buscaremos un chivo expiatorio y le echaremos la culpa a alguno de los reunidos.

—Pero eso es un disparate. ¡Nadie se lo va a creer!

—¿Por qué no? Si los partidos marxistas apoyan al terrorismo, qué tiene de extraño que uno de ellos hubiera acudido a la cena con una maleta de explosivos.

La operación era similar a la que luego se llevó a cabo en Honduras, con la colaboración de la CIA, contra el líder nicaragüense Edén Pastora, «Comandante Cero». Sin embargo, escasas horas antes de que el «viejo profesor» pidiera la amnistía para los presos políticos en el restaurante El Bosque, el plan fue suspendido. Roberto Balladé y Emilio Egea no querían cargar sobre sus conciencias, para el resto de sus días, con el asesinato a sangre fría de un numeroso grupo de personas.

Nueve meses más tarde, sus jefes volvieron a desempolvar aquel proyecto criminal. En esas fechas, el recién creado Partido Socialista Popular celebraba su primer congreso en la legalidad en el hotel Eurobuilding de Madrid.

La carrera para vencer obstáculos, ganar adeptos y colocarse en primera línea de salida de cara a unas elecciones generales había comenzado. Los partidos de la izquierda luchaban a brazo partido por conquistar el liderazgo.

Balladé y Egea fueron llamados de nuevo a la Dirección General de Seguridad, en la Puerta del Sol.

—Ahora es el momento. Esta vez no podéis negaros —les dijeron.

El siniestro maletín y los falsos carnets de periodistas que les permitirían penetrar en el Eurobuilding sin levantar sospechas se encontraban preparados en una de las dependencias de la DGS.

Balladé y Egea habían tomado una drástica decisión. No estaban dispuestos a convertirse en los sicarios del Gobierno. Lo que se les proponía estaba fuera del código deontológico de la Policía. Además, en el caso improbable de que la bomba no causara muertos sabían que si se prestaban a un «servicio» de ese calibre se verían involucrados en una espiral de violencia. Luego, irremediablemente, vendrían otros «trabajos» más peligrosos todavía, y ya no podrían parar.

Provistos de un magnetófono oculto en el bolsillo de la chaqueta, escucharon la oferta que se les planteaba y se negaron tajantemente a secundar los planes asesinos de un grupo de policías desquiciados.

—Esto es un acto criminal.

—¿Cómo que un acto criminal? ¿Y los asesinatos de policías y guardias civiles no son actos criminales?

—También lo son. Pero como policías tenemos la obligación de negarnos a realizar este tipo de servicios —dijeron.

Sus superiores les amenazaron severamente. Se les abriría un expediente y serían expulsados del Cuerpo por no cumplir diligentemente las órdenes recibidas.

—Me van a dejar ustedes muy mal delante de gente muy alta, incluso del propio ministro —les dijo[8].

—Pues dígale usted que mande a otras personas. Nosotros no somos asesinos.

—No ven que ya no hay tiempo material para buscar sustitutos. El ministro está pendiente de esto.

Los policías acabaron saliéndose con la suya. Sus superiores también. Balladé y Egea fueron automáticamente relevados de su trabajo por «conveniencias del servicio». A pesar de que en ocasiones anteriores habían sido propuestos para condecoraciones por el coronel Federico Quintero Morente, sus superiores comenzaron a tomar todo tipo de represalias contra ellos. Al final acabaron desterrados en Eibar (Vizcaya) y en Vich (Barcelona).

Los dos policías protestaron y se les incoó un expediente

---

[8] La expresión no implica necesariamente que el ministro de la Gobernación ordenara la masacre. El nombre del miembro del Gobierno pudo haber sido empleado perfectamente como «medio de persuasión» frente a los policías.

disciplinario[9]. Quienes les habían ordenado poner una bomba en un acto de Tierno Galván habían urdido contra ellos un burdo montaje. Les acusaban de proteger el juego, entonces ilegal, en la Casa de Palencia, a cambio de no pagar las consumiciones.

El 20 de enero de 1977 los agentes encomendaron su defensa al abogado José María Mohedano Fuertes, al que mostraron los carnets de periodistas falsos y otra documentación ilegal que tenían en su poder.

—Todos esos papeles —les recomienda Mohedano— debéis guardarlos en una caja fuerte. Es vuestro seguro de vida[10].

Balladé y Egea hacen fotocopias de los documentos y las depositan en un sobre cerrado en el despacho de un notario. Como las presiones continúan no tienen más remedio que contraatacar y filtrar alguna información a la prensa[11].

Pero no acabarían ahí sus problemas. La decisión de los agentes de poner su asunto en manos de José María Mohedano fue interpretada por sus jefes como una dura ofensa y un golpe bajo a su autoridad. Al día siguiente les llamaron a la DGS.

—¿Por qué han ido ustedes a ver a un abogado comunista?

José María Mohedano pertenecía entonces al Partido Comunista de España. Su despacho de la calle Conde de Xiquena 13 era uno de los lugares habituales de reunión de los seguidores de Santiago Carrillo en la etapa de la clandestinidad.

—¿Y por qué no? ¿Quién mejor que Mohedano para defender nuestros intereses?

—Pero, ¡están ustedes locos! ¿Es que no hay más abogados en Madrid? ¿Por qué no han acudido ustedes a Roberto Reyes, por ejemplo?

—¡A Roberto Reyes! ¡Pero si ése es de extrema derecha!

—¡De extrema derecha! Lo que pasa es que ustedes son unos rojos infiltrados.

---

[9] El expediente fue incoado por el Juzgado Instructor número 2 de la Dirección General de Seguridad. Su instructor fue el policía Manuel López y Alonso de Ojeda, y el secretario de la causa, Apolo Simón Salvat. El expediente aparece registrado en la asesoría jurídica de la DGS con el número 1.694 y en el registro de salida del Servicio Jurídico de la DGS con el número 321 del 20 de octubre de 1977.

[10] Los autores del libro mantuvieron una entrevista con José María Mohedano en enero de 1993 para la redacción de este capítulo.

[11] Los propios Balladé y Egea tuvieron que inventar un sindicato, la Unión Nacional de Policías, que era el que enviaba sus comunicados a la prensa. De esta manera impidieron que sus jefes continuaran con sus campañas de desprestigio.

A partir de ese momento, comenzaron a recibir amenazas de todo tipo. Un día les enviaron una carta anónima, con membrete de la Dirección General de Seguridad. Su contenido no podía ser más expresivo:

> «Te avisamos, hijo de puta. Como hables, te vas a despedir de la vida y de tus hijos.»

Ante el temor de que les pasara algo, los agentes hablaron con Mohedano y depositaron en su despacho los falsos carnets oficiales de periodista concedidos por la FNAPE (Federación Nacional de Asociaciones de la Prensa de España), con sus fotos, su número de inscripción en el Registro Oficial de Periodistas de la Dirección General de Prensa franquista y la supuesta firma del presidente de la FNAPE. También le entregaron las cintas magnetofónicas que le habían grabado clandestinamente al jefe superior de Policía de Madrid. Balladé y Egea amenazaron con presentar una querella criminal contra sus superiores, especialmente contra el coronel Quintero Morente, jefe superior de Policía de Madrid, y contra Joaquín Díaz Moreno, secretario general de la Dirección General de Seguridad. Las represalias no se hicieron esperar.

—¡Os vamos a matar, rojos de mierda! Como salga alguna otra información en los periódicos os despellejaremos vivos.

Los dos inspectores tuvieron entonces que abandonar sus destinos y esconderse. Egea se ocultó en Rascafría, donde sus suegros tenían un bar. Balladé puso tierra por medio y huyó a Venezuela. Allí pasó dos años exiliado.

Entre tanto, la Policía les abrió un segundo expediente y el asunto acabó en la Audiencia Nacional, cuya Sección Primera falló, con todos los pronunciamientos favorables, a favor de los agentes el 14 de febrero de 1984[12]. Con el Partido Socialista Obrero Español en el poder, se les readmitió en el Cuerpo de forma automática. Roberto Balladé fue destinado a la comisaría de Usera. Emilio Egea, a la de Los Cármenes, ambas situadas en Madrid.

La «operación Bienvenida» es hoy para ellos un mal recuerdo que quieren borrar de su memoria de una vez para siempre. Algo parecido les ocurre a otros «agentes especiales» que tuvieron

---

[12] La Sala estaba presidida por el magistrado José Gabaldón López.

durante unos meses como principal objetivo el asesinato de Santiago Carrillo.

* * *

Al sargento de la Guardia Civil José Morata, ex secretario general del sindicato clandestino del Cuerpo, no le extraña nada que las «tramas negras» de la Policía intentaran asesinar a Enrique Tierno Galván.

Poco después de ser reclutado, en 1975, por el Servicio Central de Documentación de Presidencia del Gobierno (Seced), a él y a su grupo les ordenaron una acción semejante: localizar el piso de Madrid donde residía clandestinamente el secretario general del Partido Comunista de España, Santiago Carrillo, y matarle.

Morata trabajaba entonces con otros cuarenta guardias civiles en un chalet camuflado que el Seced tenía en la confluencia de las calles López de Hoyos y Arturo Soria. Su labor consistía en vigilar las actividades de la oposición democrática en España, controlar todos sus movimientos e informar de sus actividades a sus superiores.

Las misiones que se le encomendaban eran al principio meramente rutinarias. Tenía que montar guardia frente a la sede del PCE, situada en la calle Peligros, entre Gran Vía y Alcalá, a menos de cuatrocientos metros de la sede de la Policía, en la Puerta del Sol, e informar de las personas que entraban y salían. Debía apuntar sus nombres, su forma de vestir y sus rasgos. Si podía debía tomarles fotografías. Por las noches tenía que recoger la basura del portal y trasladarla a la base de López de Hoyos. Allí un grupo de expertos seleccionaba los trocitos de papel, los pegaban y obtenían a veces alguna información.

Poco después empezó a realizar tareas más peligrosas. Tras recibir un cursillo de tres meses, formó parte de un equipo de seis personas especialmente entrenadas para llevar a cabo «penetraciones» nocturnas en las oficinas de los partidos de izquierda, todavía clandestinos, fotografiar sus archivos y colocar sistemas de escucha ilegales en los teléfonos y las salas de reunión [13].

«Un día —dice a los autores del libro— nos mandaron entrar y fotografiar todos los papeles que Ramón Tamames tenía en un

---

[13] Los autores del libro se entrevistaron con Morata en Castellón a finales de 1992, coincidiendo con un periodo en que el agente estaba suspendido de servicio por su presunta vinculación con el sindicato clandestino de la Guardia Civil.

despacho situado en la calle Doctor Fleming 7, junto al Estadio Santiago Bernabéu. En otra ocasión tuvimos que llenar de micrófonos varios salones del hotel Eurobuilding, donde se iba a celebrar una reunión de la Platajunta.»

El equipo de Morata estaba integrado por un experto en cerraduras y cajas fuertes, un especialista en fotografía, un técnico en la colocación de sistemas de escuchas, un *manitas* en sistemas de evasión, un mecánico y un genio en *make up* (sistemas de camuflaje).

Para pasar desapercibidos, los agentes debían esforzarse en adoptar una apariencia «normal». No podían usar barba ni gafas, tenían que vestir ropas informales, en tonos poco llamativos. Estaban obligados a llevar en el maletero del coche un traje por si tenían que entrar en un hotel elegante. Unas gafas de sol y un bigote postizo les permitían camuflarse en caso de que tuvieran que entrar clandestinamente en un piso.

«Permanentemente teníamos vigiladas las casas de Simón Sánchez Montero, Jaime Ballesteros, Pilar Brabo, Ramón Tamames, Antonio García Trevijano, y las oficinas del empresario Enrique Sarasola en la calle Goya, donde se reunía la Ejecutiva del PSOE.»

La llegada de Santiago Carrillo a España, desafiando la prohibición que tenía de entrar en el país, fue una cuestión endiabladamente espinosa para las Fuerzas de Seguridad del Estado. Sus movimientos clandestinos por Madrid, sus apariciones en la televisión francesa circulando en un coche por el centro de la capital de España y sus entrevistas con la oposición democrática, de las que días después tenía conocimiento el ministro de la Gobernación, Rodolfo Martín Villa, dejaban en ridículo a los miles de policías que tenían como misión impedir que el llamado «asesino de Paracuellos» [14] pisara suelo español.

La Policía, que dirigía el general Emilio Rodríguez Román, y el Seced, al frente del cual se encontraba el teniente comandante Andrés Casinello Pérez, recibieron la orden tajante del presidente del Gobierno, Adolfo Suárez, de localizar a Carrillo y detenerle.

---

[14] A comienzos de la Guerra Civil miles de presos políticos afines a los sublevados del general Franco fueron sacados de varias *chekas* (prisiones de la II República) y fusilados cerca de Paracuellos del Jarama, en las afueras de la capital de España. La extrema derecha ha atribuido siempre a Santiago Carrillo un papel preponderante en esta negra historia, que el líder comunista ha desmentido reiteradamente y en la que probablemente no participó, entre otras cosas porque no tenía edad ni mando suficiente para tomar una decisión de esa envergadura.

La Policía, sin embargo, no pensaba que Santiago Carrillo era una persona tan osada como para trasladar su domicilio a Madrid y meterse en la boca del lobo.

—Yo no creo que esté en España. Sería un suicidio para él, con la cantidad de personas que están dispuestas a pegarle un par de tiros —le informó al ministro del Interior, Rodolfo Martín Villa, el director general de Seguridad, Emilio Rodríguez Román.

—¿Y cómo explicas lo de la película de la televisión francesa? —inquirió Martín Villa.

—La hemos estudiado a fondo. Y por las obras de los edificios de las calles en las que se realizó la filmación, ésta se llevó a cabo hace algunos meses. Pero, además, no creo que Carrillo se haya quedado aquí.

—¿Cómo estás tan seguro de ello?

—No lo sé, pero lo intuyo. No es sensato que ni Carrillo ni Pasionaria vivan tranquilamente en Madrid mientras no desaparezcan los odios aún latentes en la sociedad española.

Martín Villa sabía, por algunas personas de la oposición que mantenían contactos con él, que el secretario general del PCE llevaba algunos meses residiendo clandestinamente en Madrid.

—¿Puedes demostrarlo? —preguntó.

—No, pero no sería lo más prudente para él. ¡Tú no sabes el odio que inspira todavía a mucha gente!

Martín Villa no queda convencido. Mientras Adolfo Suárez y el ministro de Asuntos Exteriores, Marcelino Oreja, hacen gestiones en Francia para extraditarle en un Mystère de la Subsecretaría de Aviación Civil al país vecino en caso de que aparezca, Martín Villa ordena vigilar a los miembros del Comité Ejecutivo del PCE. Con buena lógica sospecha que, de residir en España, Carrillo necesariamente está en contacto con alguno de ellos [15].

—Lo que más me preocupa —le dice Martín Villa a Rodríguez Román— es que la Policía española quede de nuevo en ridículo.

No todo el mundo pensaba, sin embargo, como Adolfo Suárez, Rodolfo Martín Villa o Andrés Casinello. En el chalet de López de Hoyos del Seced uno de los militares responsables de la base había movilizado a todos los efectivos con una misión concreta: matar al secretario general del PCE.

---

[15] Véase Rodolfo Martín Villa, *Al servicio del Estado*, Colección Espejo de España, Editorial Planeta, Barcelona, 1984.

Los guardias civiles operativos del Seced, que tenían tajantemente prohibido llevar armas de fuego o documentos que les relacionaran con las Fuerzas de Seguridad del Estado durante sus servicios, recibieron instrucciones concretas de portar, desde ese día en adelante, la pistola reglamentaria.

—Ya sabéis lo de Santiago Carrillo —les informó uno de sus superiores—. El Gobierno ha dado instrucciones de capturarle. Pero, según las informaciones que tenemos, va fuertemente armado, y creemos que no se va a dejar coger vivo.

Su jefe, un militar de la vieja guardia, que tras la muerte del almirante Luis Carrero Blanco formaba parte de una fantasmagórica Asociación Contrasubversiva Nacional cuyos miembros se habían juramentado para defender los ideales del franquismo, se mostraba ese día más serio y convincente que nunca [16].

—Como sabéis, ésa es la forma de actuar del Partido Comunista —agregó—. Sus dirigentes tienen la consigna de no dejarse capturar por la Policía. Y Carrillo, que sabe que si le cogemos vivo va a caer con él toda la estructura del PCE, no va a permitir que le capturemos.

El responsable de uno de los grupos operativos del Servicio Central de Documentación de Presidencia del Gobierno parecía convencido de todo lo que decía.

—Sabemos además por nuestros informadores que va acompañado de una fuerte escolta, y que sus miembros están dispuestos a dar la vida por él —dijo. Y concluyó—: Así que no hay más remedio que matarlo. Intentar detenerlo sería un derroche de vidas humanas por parte del Servicio.

Eran los primeros días de noviembre de 1976. Los «especialistas» del Seced, con la «artillería» en la cintura, se dividieron en equipos de seis personas y se dirigieron a vigilar a los dirigentes conocidos del PCE.

Todos ellos sabían, como en otras muchas ocasiones, que era cuestión de paciencia. Tarde o temprano alguno de ellos les llevaría al *zulo* donde se hallaba oculto el misterioso y temible secretario general del Partido Comunista de España.

«En aquellos momentos —recuerda hoy el ex agente del Seced José Morata— treinta y nueve de los cuarenta que integrábamos la

[16] Varios militares, entre ellos Luis García Mauriños, han relatado a los autores del libro detalles sobre la existencia de esta organización nucleada en torno a los hombres del coronel José Ignacio San Martín.

base de López de Hoyos hubiéramos matado a Carrillo sin ningún remordimiento de conciencia.»

Afortunadamente para el secretario general del PCE, el 22 de diciembre de 1976 la Policía detecta una reunión de comunistas que se celebra en un piso situado a menos de trescientos metros de la calle Leizarán, en la colonia de El Viso.

Los inspectores rodean el edificio y a la salida piden a todo el mundo que se identifique. «Incluso a una monja o a un cura, pedirle el carnet a cualquier individuo que abandone el portal», había advertido el comisario Francisco de Asís Pastor a sus policías. Cuando Carrillo abandona el lugar, los agentes se le echan encima y le detienen.

Trasladado a la Jefatura Superior de Policía de Madrid, en la Puerta del Sol, el comisario-jefe, Francisco de Asís Pastor, le sienta en su despacho y le trata correctamente. En un momento de la conversación, siguiendo las instrucciones del presidente Suárez, le pregunta:

—¿Qué prefiere usted, que el Gobierno le extrañe a Francia o ponerse a disposición del Tribunal de Orden Público?

Carrillo responde sin titubear:

—Que me pongan a disposición del TOP.

De Asís Pastor, hoy fallecido, se da cuenta de la importancia de aquella respuesta.

—En estos momentos acaba usted de legalizar su situación en España —le comenta.

Con la pesadilla de aquellos días aparentemente resuelta, Francisco de Asís Pastor, el primer jefe superior de Policía de confianza del Gobierno, se marcha esa noche a dormir tranquilamente a su casa. No podía imaginar que tras dejar a Santiago Carrillo cómodamente instalado en su despacho, con varios paquetes de cigarrillos a su alcance, a la espera de ponerlo setenta y dos horas después a disposición de la Justicia, iba a producirse uno de los momentos de mayor peligro en la vida del secretario general del Partido Comunista de España.

Un grupo de policías ultras, visiblemente provocadores, se concentra delante del despacho de De Asís Pastor.

—¿Qué hace el asesino de Paracuellos del Jarama fumando tranquilamente en el despacho del jefe superior de Policía? —pregunta una persona detrás de la puerta.

—¡Asesino de niños! ¡Matarife de Paracuellos!

Las voces y los gritos son cada vez más fuertes. Los policías ultras, jaleándose unos a otros, abren la puerta. Cada vez más violentos, sacan al detenido a empujones del despacho, le esposan y le trasladan a los sótanos del edificio de la Puerta del Sol. Allí nada les detiene y empiezan a humillarle y a ofenderle.

—¡Desnúdese! —le gritan.

A Carrillo no le queda más remedio que obedecer y empieza a quitarse la ropa. En ese momento se teme lo peor. Si aquella horda no es contenida a tiempo, después de reírse un rato con él acabarán torturándole y, quizás, matándole.

Pero, en esos momentos, el teléfono de Eduardo Navarro, ex vicesecretario general del Movimiento con Adolfo Suárez y subsecretario del Interior con Rodolfo Martín Villa, suena un par de veces. Desde la DGS alguien le pone en guardia de lo que está ocurriendo con Carrillo.

Navarro toma sin dilaciones las riendas del asunto. Llama personalmente al director general de Seguridad, Mariano Nicolás, y a Francisco de Asís Pastor, que no están al corriente de la situación. Les ordena que se suspendan los malos tratos al detenido.

De Asís Pastor regresa precipitadamente a la Puerta del Sol. Y Carrillo, sentado de nuevo en el despacho del jefe superior de Policía de Madrid, se da cuenta por primera vez de lo cerca que ha estado de la muerte esa noche.

El dirigente comunista no sabía que la suerte había llamado a su puerta dos veces aquel día. Si en lugar de haberle detenido la Policía hubiera caído en manos de algunos de los hombres del Seced, un certero disparo habría truncado su vida en un instante.

Pero no sólo Santiago Carrillo y el «domesticado» Partido Comunista de España eran un «peligro» para la naciente democracia española. Los círculos anarquistas, con fuerte implantación en la Ciudad Condal, donde desempeñaron un papel preponderante durante la Guerra Civil, estaban en el punto de mira de los «salvadores de la patria».

* * *

El 15 de diciembre de 1978 fue un día templado en Barcelona. La pertinaz sequía había hecho su aparición en la península y durante esa jornada casi veraniega Joaquín Gambín Hernández andaba inquieto de un lado para otro con la camisa pegada al cuerpo por el sudor que le originaban los nervios.

Entre tanto, en el vetusto edificio de la Dirección General de

Seguridad, en la madrileña Puerta del Sol, un teléfono negro con el número 222 09 08 escrito a bolígrafo en el rectángulo blanco del dial no dejó de sonar en toda la tarde.

Al otro lado del hilo telefónico, desde una cabina pública de la Ciudad Condal, Gambín Hernández, un individuo de edad madura, mediana estatura y complexión vigorosa, se esforzaba por localizar al comisario de Policía José María Escudero Tejada.

—El comisario no ha llegado todavía. Incluso no sé si vendrá hoy —le respondía la voz del funcionario de guardia desde la DGS.

—Pues dígale que le ha llamado César.

—Insisto en que no sé si se va a pasar por su despacho.

—¿No tiene usted su número de teléfono particular? —protestaba indignado Gambín Hernández.

—No, no lo tenemos.

—Pues localice enseguida a alguien que se lo dé. ¡Llámele inmediatamente y dígale que es muy urgente que hable con él esta misma tarde!

Pero José María Escudero Tejada, jefe del «grupo antianarquista» de la Brigada Central de Información de la Policía, no aparecía por ninguna parte. Era domingo, y en las dependencias policiales sólo permanecía un pequeño retén de guardia.

A medida que transcurrían las horas, Joaquín Gambín, alias «César», alias «El Grillo», se sentía más angustiado y nervioso. Delincuente de poca monta, hábil ratero y embaucador, el primer *fuguista* de las prisiones españolas había sido carne de presidio durante el franquismo. Con la llegada de la democracia y de la amnistía de 1977, Gambín acababa de salir de la cárcel cuando los hombres del comisario Escudero le localizaron y le presionaron hasta el límite para infiltrarle en los grupos anarquistas catalanes.

—¡O trabajas para nosotros o vuelves a la cárcel! —le amenazaban una y otra vez.

—Yo no entiendo de política. Buscad a otro —respondía temeroso.

—¿Y tú crees que muchos políticos entienden algo? O colaboras con nosotros y te infiltras en la CNT o no te dejamos en paz —replicaban los policías sin darle ninguna posibilidad de elección.

—Pero, ¿tú crees que yo, que no he matado ni una mosca, tengo madera de anarquista? —inquiría.

—¡Pues claro, hombre! Tú has sido siempre un anarquista en potencia. Y, además, no sabes lo que se liga en los grupos libertarios. No sabes lo que te envidiamos. ¡Con todo lo feo que eres y cómo te vas a poner las botas!

El Gobierno de Adolfo Suárez, influenciado por los servicios de información, tenía una cierta prevención contra el movimiento anarquista que había resurgido con fuerza en Cataluña, principalmente contra los miembros de la Federación Anarquista Ibérica. A raíz de la muerte del preso libertario Agustín Rueda, apaleado por los funcionarios de prisiones, algunos grupos comenzaban a radicalizarse y a formar células de choque, a través de los Comandos de Acción Directa, la vanguardia del movimiento libertario.

Parte de sus miembros tenía conexiones con la organización terrorista Acción Directa francesa y con las Brigadas Rojas italianas, organización que, pasados los años, iba a secuestrar y a asesinar al presidente de la Democracia Cristiana, Aldo Moro. Se temía, sin ningún fundamento, que alguno de estos grupos extranjeros pudiera proveer de armas y facilitar entrenamiento a grupos independentistas catalanes, lo que hubiera dado lugar al nacimiento de un nuevo germen revolucionario violento en Cataluña.

Joaquín Gambín, que con cuarenta y cinco años de edad se había pasado veinticinco en la cárcel, sucumbió al chantaje de los funcionarios de la Brigada Central de Información de la Policía. Con 20.000 pesetas que le dio el comisario Escudero Tejada, jefe del «grupo antianarquista» de la Brigada, creó un fantasmagórico grupo terrorista con supuestas raíces anarquistas.

Durante meses lanzó octavillas, participó en decenas de mítines organizados por la CNT, pegó carteles, rompió escaparates de bancos, «expropió» algún dinero con destino a los trabajadores y encabezó manifestaciones por las Ramblas de Barcelona que casi siempre acababan con enfrentamientos con la Policía.

«En todos esos casos demostró ser el más combativo, el más lanzado de todos», cuenta a los autores del libro el periodista Rafael Cid, que le descubrió y publicó toda una serie de artículos sobre su figura —no desmentidos ni en una sola línea— en el semanario *Cambio 16* [17].

Una huelga de hambre de ocho días que había hecho meses antes en la Cárcel Modelo de Barcelona en solidaridad con los presos de la CNT le facilitó mucho las cosas. De esta manera, en

[17] Véase semanario *Cambio 16*, número 628 (y siguientes), de fecha 12 de diciembre de 1983, páginas 60 a 65.

poco tiempo había conseguido ser admirado y respetado por uno de los grupos de la Confederación Nacional de Trabajadores, que le aceptó como un miembro más.

El 14 de febrero de 1978 Gambín se había reunido con José Cuevas Casado, un obrero en paro afiliado al sindicato de Industrias Químicas de la CNT al que había conocido en la Modelo. A pesar de su juventud, veintisiete años, Cuevas era un veterano anarquista siempre dispuesto para la acción.

Cuevas acudió a su casa, donde se encontró con otros militantes libertarios «puros y duros». Por entonces, Gobierno y sindicatos acababan de reunirse en La Moncloa para firmar unos pactos que permitieran al país salir de la crisis del petróleo y remontar levemente la catastrófica situación económica. La central anarcosindicalista consideraba el acuerdo de un sector de los representantes de los trabajadores con el Ejecutivo como un acto de entreguismo político y estaba dispuesto a boicotearlo.

Al día siguiente, domingo, estaba convocada una manifestación por las calles de la Ciudad Condal para protestar contra los acuerdos bajo el lema «¡No a los Pactos de La Moncloa! ¡Abajo el nuevo verticalismo!» [18]

En un momento dado, cuando varios de los reunidos en casa de Gambín han trasegado unas cuantas botellas de vino peleón, uno de los reunidos propone:

—Mañana deberíamos meter un poco de ruido.

—¿De qué ruido hablas? —pregunta otro.

—Sí. Lanzar unos cuantos «cócteles Molotov». ¡Que se enteren de que vamos en serio!

—Bien, de acuerdo. ¿Quién va a por la gasolina?

Poco después, las mismas botellas del vino estaban llenas de combustible y preparadas para ser lanzadas como «cócteles Molotov». Uno de ellos se encargó de guardarlas en una mochila y ponerlas a buen recaudo.

—¡La que vamos a armar! —dijo el propio Gambín sonriendo, poco antes de abandonar la casa para disipar cualquier sospecha de sus compañeros.

La regla de oro de todo infiltrado es no tomar parte en ningún acto terrorista en el que pueda haber muertes y avisar a su «controlador» con la suficiente antelación para que la Policía pueda intervenir a tiempo y desarticular a los grupos violentos. Gambín,

[18] En clara alusión a los sindicatos verticales del franquismo.

terrorista a la fuerza, cumplió la regla a la perfección: todos los días llamaba a la Dirección General de Seguridad y le daba el «parte» a su jefe, José María Escudero.

Aquel 14 de febrero tenía una noticia muy importante que facilitarle. Pero ese día, sábado, no había nadie que pudiera localizar al jefe del «grupo antianarquista» de la Policía. Y la tragedia se hizo inevitable.

* * *

—¡Muerte al fascismo! ¡Abajo los Pactos de La Moncloa!

A las once de la mañana diez mil personas se manifiestan pacíficamente por las calles de Barcelona. La vigilancia policial es escasa, pero los manifestantes, que llevan en su mayoría el pañuelo rojo y negro de la CNT al cuello, tampoco parecen ser demasiado violentos.

Entre el grupo de activistas que acuden a la convocatoria, Joaquín Gambín, José Cuevas Casado y sus correligionarios ocupan un lugar a la cabeza de la marcha. Habían llegado al acto muy temprano. Para no tener que llevar todos los coches, utilizan el vehículo de «El Grillo», el más grande de todos, en el que caben perfectamente los cinco.

Hora y media después acaba la convocatoria en las inmediaciones del cruce de Marqués del Duero con la avenida Mistral. La mayoría de los manifestantes se marcha entonces a sus casas y sólo un reducido grupo de gente joven intenta movilizar al personal.

—¡A la Modelo, vamos a la Modelo! —grita uno.

—¡Presos a la calle, comunes también! [19] —corean casi todos al unísono.

La convocatoria, sin embargo, no tiene el suficiente eco. Los más exaltados deciden entonces actuar por su cuenta y manifestarse por las calles de los alrededores rompiendo unos cuantos escaparates y las lunas de varios bancos.

Cuando llegan al Paseo de San Juan, un comando del que forman parte Joaquín Gambín y José Cuevas, los viejos camaradas de la Modelo, repara en el reluciente cabaret Scala, propiedad de los hermanos Riba.

Uno de los miembros del comando abre la mochila y lanza dos

[19] Se trataba de una consigna muy en boga en la época. Tras la amnistía a los presos políticos, los comunes pretendieron engancharse al carro de la reinserción, movilizados fundamentalmente por la CNT.

artefactos explosivos contra la fachada. La gasolina derramada hace que las llamas prendan rápidamente y la sala de espectáculos es devorada, en pocos minutos, por un fuego pavoroso sin que los bomberos, que tardan un buen rato en llegar, puedan hacer nada por impedir la propagación de la tragedia.

El comando de la CNT pasa un par de minutos contemplando su obra entre los transeúntes arremolinados. Luego, cuando llega la Policía y forma un cordón en torno al edificio, se dirigen tranquilamente hacia el coche y regresan a la casa de uno de ellos.

A las tres de la tarde conectan la televisión para seguir las noticias y es entonces cuando se dan cuenta de la tragedia que han causado. El locutor anuncia que, como consecuencia del fuego, se han producido tres muertos y un desaparecido.

—¡Hostias! Tres muertos. ¿Y ahora qué hacemos? —pregunta uno de ellos.

—Pues nada. Que cada uno se vaya a su casa y a esconderse unos cuantos días.

La euforia de la manifestación ha desaparecido de golpe y todos están preocupados. Gambín ese día no puede probar bocado y rápidamente se va a llamar por teléfono a la Policía desde una cabina pública.

—¡¿Quiénes han sido?!

La voz de José María Escudero Tejada brama desde el otro lado del hilo telefónico. El comisario de Policía *missing* aparece de pronto, cuando ya no hay remedio, cuando cuatro personas han perdido la vida en la pira funeraria del Scala.

—No lo sé —titubea Gambín.

—¿Cómo que no lo sabes? —grita Escudero cada vez más furioso—. ¡Dime enseguida los nombres o te meto a ti en la cárcel!

—Pues te digo que no lo sé. Eramos un grupo de quince o veinte y yo no sé quién fue el que lanzó los «cócteles Molotov».

—¡El ministro está que muerde y yo necesito cabezas ahora mismo! Así que dame los nombres de todos, que mando enseguida que les detengan. Esta noche tienen que estar todos entre rejas.

Gambín le dio los nombres y las direcciones de algunos de los que conocía. De esta manera, en menos de veinticuatro horas, la Policía demostró su «gran eficacia» y detuvo a los autores materiales del atentado.

Gambín, que aquella noche se fue a dormir a Tarragona siguiendo instrucciones del jefe del «grupo antianarquista» de la

Policía, no consiguió pegar ojo pensando que todo aquello se podía haber evitado.

Quince días después, la Brigada Central de Información le agradecía los «servicios prestados». La Policía le enviaba como salario 30.000 pesetas mensuales a un número de la lista de Correos de Valencia. Al ir a cobrar el dinero, se dio cuenta de que se habían «perdido» algunos billetes por el camino.

Llamó a la DGS para reclamar lo que consideraba suyo.

—No te preocupes —le dijeron—. Tú en esta casa estás ya en nómina y un día de estos te mandamos el resto.

En lugar de enviarle el dinero, pocos días después le reclamaban en Madrid. En aquella ocasión iban a encargarle una nueva y más importante misión.

* * *

—Gambín —le dijo Escudero nada más verle llegar—, después de lo del Scala el prestigio de la Policía está por los suelos.

—¿Cómo por los suelos? Si en veinticuatro horas habías detenido a todo el mundo —pregunta el confidente.

—Sí, pero ha habido cuatro muertos. El ministro quiere que estas cosas no vuelvan a repetirse. Hay que hacer algo.

—¿Qué sugieres?

—Hombre, tenemos que crear un grupo anarquista que podamos desarticular en poco tiempo. Así por lo menos podemos demostrar nuestra eficacia.

—Pero eso es un montaje, ¿no te parece?

—¡Pues claro que es un montaje! Pero así evitaremos que ruede mi cabeza y de una vez por todas le metemos el miedo en el cuerpo a la CNT.

Estudiados los detalles, «El Grillo» puso manos a la obra y creó el Ejército Revolucionario de Ayuda a los Trabajadores (ERAT). Días más tarde, en la pensión Córdoba de Madrid el comisario Escudero volvía a entrevistarse con su confidente para ultimar detalles. Allí mismo le dio 20.000 pesetas «para los primeros gastos», le pidió dos fotografías de carnet y le tomó las huellas dactilares. Pocas horas después uno de sus hombres le traía un flamante DNI a nombre de Joaquín Fernández Sanz.

El plan consistía en «fabricar» de la noche a la mañana un grupo terrorista ficticio para luego desarticularlo haciendo creer a la opinión pública y al Gobierno que se trataba de una peligrosa organización armada capaz de cometer las mayores barbaridades.

«Así los jefes policiales podían borrar sus culpas y ponerse medallas», pensaba el confidente.

—¿Y cómo entro yo en contacto ahora con la gente de la CNT? —preguntó.

—Nada. Te vas a Tarrasa, a esta dirección que te doy, y hablas con Juan «El Barbas» y con Gabriel Botifoll.

El contacto funcionó. Gambín creó con ellos el ERAT y días después hacían su presentación en sociedad con un atraco al supermercado Catalsa. La operación les reportó dos millones de pesetas de botín.

«El Grillo», sin embargo, no se mostraba muy dispuesto a organizar atracos. Cabía la posibilidad de que alguien le reconociera y se metiera en líos.

—Tú ponte guantes, no hables, tápate la cara para que nadie te reconozca, y adelante —le instruía el policía Escudero.

Por entonces, en círculos de la CNT comenzaba a correrse la voz de que Joaquín Gambín, alias Joaquín Fernández Sanz, era un infiltrado de la Policía para desacreditar a la central anarquista y crearle problemas a sus activistas más válidos. Gambín, por miedo a que le descubrieran y le liquidaran, comenzó a desatender sus «obligaciones». Hasta que un día el propio Escudero se plantó en Barcelona y le indicó que llevara pistola por si le «cazaban».

—Tú no digas que yo lo sé, pero conviene que vayas armado por si acaso —le recomendó.

Y ahí empezó la «espectacular» carrera terrorista de Gambín. En pocos meses atracó varios establecimientos comerciales y diversas empresas. Sin embargo, desde Madrid un buen día llegó la orden de que había que «desarticular» a la banda armada.

—Tenemos que procurar que los jueces no dejen en libertad por falta de pruebas a los miembros del comando, principalmente a Gabriel Botifoll —le dijo.

—Pero si es un padre de familia con cinco hijos y le falta un ojo —protestó «El Grillo».

—Tú obedece mis órdenes y te irá bien en el futuro. Ponle esta pistola debajo de la cama y un poco de dinero. Nosotros nos encargamos de lo demás.

—¿Y de dónde saco yo el dinero?

—Hombre, algo te habrá sobrado de los atracos, ¿no?

La fulgurante «desarticulación» de los grupos que habían incendiado el Scala y del Ejército Revolucionario de Ayuda a los

Trabajadores acabó por confirmar las sospechas de que «El Grillo» era un *topo* de la Policía.

La CNT, que se sintió manipulada, puso inmediatamente precio a su cabeza. Como en el viejo Oeste americano, todos los locales de la organización en media España se llenaron de pasquines con su fotografía y un texto en el que se denunciaba:

> «Se busca: Joaquín Gambín, agente provocador y confidente de la Policía.»

Perseguido por los anarquistas, acorralado por los jueces que le buscan para hacerle unas cuantas preguntas sobre el caso Scala y considerado un agente «quemado» por los policías que le han protegido hasta entonces, Joaquín Gambín no sabe qué hacer ni dónde esconderse.

—Vete a Benicasim, que los hermanos Perret[20] te darán trabajo en su *patisserie* —le sugiere un día el comisario de Policía Manuel Gómez de Sandoval, jefe de Escudero.

«El Grillo» se establece una temporada en Benicasim. Allí le «recomiendan» alistarse en un comando anti-ETA y él se niega[21]. Acaba mal con los Perret y éstos le indemnizan para que se vaya. Incluso le pagan generosamente. Pero, cuando va a cambiar uno de los billetes para tomarse una cerveza, se da cuenta de que es dinero falsificado. Una vez más, se ha dejado engañar por un par de bribones peores que él. Los acontecimientos le obligan a volver a la clandestinidad. Pero, como no se resigna a vivir escondido, organiza la mayor operación de su vida, su propia desaparición y muerte.

* * *

El 5 de marzo de 1979 *La Hoja del Lunes* de Murcia publica una esquela con el siguiente texto:

> «Rogad a Dios por el alma de Joaquín Gambín Hernández, de cincuenta y cuatro años de edad, fallecido en el Rincón de la Seca (Murcia).»

---

[20] Gilbert y Clement Perret, dos personas de origen corso vinculadas al Batallón Vasco Español y protegidas por la Policía, que les había permitido explotar un bingo y varios negocios hosteleros en Castellón. El mayor de ellos, Gilbert, murió a manos de ETA a comienzos de la década de los ochenta.

[21] «Soy un delincuente por hambre, pero jamás seré un asesino a sueldo», declaró a *Cambio 16* en 1983.

Los grupos ácratas de la comarca leen el texto y no se lo pueden creer. Para asegurarse, acuden a la localidad murciana y contemplan la salida de un féretro del número 19 de la calle Caserío de los Dulces, propiedad de los padres de «El Grillo».

Tras el coche fúnebre, rodeado de parroquianos, camina lentamente, de forma bien visible, la madre de Joaquín Gambín. Viste riguroso luto y lleva un pañuelo en la mano con el que se seca las lágrimas.

El grupo de anarquistas que ha presenciado la escena regresa a Murcia convencido de que la pesadilla ha finalizado. Hablan con sus compañeros de Madrid, Barcelona y Valencia.

—Gambín ha muerto —dicen.

—Pobre diablo. ¡Descanse en paz! —comentan entre ellos.

Sin embargo, mientras la comitiva se dirige al cementerio local, desde una colina próxima «El Grillo» contempla su propio entierro. En realidad, quien acaba de morir era un tío suyo, Joaquín Gambín González, pero el confidente de la Policía se las arregla para amañar la esquela y que todo el mundo en Murcia piense que el muerto es él.

No contento con su «hazaña», ese mismo día decide rematar la faena. Acude a la Caja de Ahorros, saca todo el dinero que le queda y se hace la cirugía estética. Tras dos horas de bisturí sale del quirófano con una nariz más aguileña y algunos rasgos faciales completamente cambiados. Con su nuevo rostro y un DNI falso, que le ha facilitado la Policía a nombre de Manuel García Gómez, trata de iniciar una nueva vida.

Por primera vez en muchos meses deja de sentirse acosado. Hasta que Rafael Cid, de *Cambio 16*, descubre que en la tumba 429 del cementerio de El Espinardo se encuentra, en realidad, el cadáver de su tío y no el suyo[22]. Entre tanto, Gambín, que se encuentra sin dinero, vuelve a las andadas. Atraca varios bancos y es capturado cuando intenta cometer un desfalco en el Banco Exterior de Elche. Sobre él pesan en esos momentos cuatro delitos, uno de ellos con una petición de trece años de cárcel por el «caso Scala».

Pero entra en la cárcel por una puerta y sale por la otra pocos días después. ¿Cómo se ha obrado el milagro? Dos telegramas enviados a sus antiguos jefes de la Policía, José María Escudero,

[22] Véase *Cambio 16*, números 472, 525, 628 y 629, correspondientes a los años 1981 y 1983.

destinado entonces en la Brigada de Delitos Monetarios, y Manuel Gómez de Sandoval, que continuaba en la Brigada Central de Información, son más eficaces que la mejor de las limas.

Nada más pisar la calle, por temor a que algún juez le eche el guante, pone pies en polvorosa y huye a Francia. Desde allí se las ingenia de nuevo para «desaparecer». Un día la agencia EFE de Cataluña publica una noticia en la que afirma que un comando libertario le ha ejecutado en Burdeos. «Le matamos —dice el comunicado del comando— por provocador y confidente policial, y por implicar a organizaciones obreras y revolucionarias en montajes policiales, como el "caso Scala".»

La información la publica hasta el diario *Egin*, cercano a ETA. Fue el último intento por esfumarse. El 3 de diciembre de 1982 se encuentra en la estación de ferrocarril de Valencia preparando otro atraco. Un policía le reconoce y, tras un intenso tiroteo, es herido y detenido. Una bala le ha atravesado una pierna y otra la espina dorsal.

La patrulla que intervino en su captura tuvo mejor suerte. De no haberse andado con cuidado, alguno de ellos podía haberlo lamentado eternamente. En el momento de la captura, Gambín llevaba encima tres pistolas al cinto y una cuarta en la pierna derecha. Todo un arsenal que no le sirvió de nada.

Su tragedia personal forma parte de historia tenebrosa de algunos grupos policiales del franquismo que se ganaban el sueldo como autores teatrales preparando sus propias farsas y que contaminaron con sus métodos los albores de la democracia.

* * *

A comienzos de 1979, la escolta del secretario general del PSOE recibe un informe de uno de los jefes de Grupo de la Comisaría General de Información.

—Hemos detectado que hay en marcha un atentado contra Felipe González.

—¿Un atentado? ¿Por parte de quién?

—Del MPAIAC, el movimiento independentista canario.

—¿Tú estás de broma? —pregunta sonriente uno de los responsables de seguridad del partido.

—¿Crees que es una broma? Tenemos detectado en Madrid un comando que quiere poner una bomba en un oleoducto de Tarragona y matar a Felipe.

El comando existía. Estaba dirigido por Sergio Castellano Ramos, un «peligroso terrorista» que no había visto una pistola en su vida hasta que se la entregó la Policía y que vivía en un piso de la localidad madrileña de Getafe que se pagaba con cargo a los fondos reservados del Ministerio del Interior.

La desarticulación del «plan terrorista» años antes de que Felipe González llegara a La Moncloa logró el objetivo deseado. El secretario general del PSOE, que veía a la Policía como su enemigo natural, cambió radicalmente de actitud.

Aquellos siniestros personajes que le retiraban el pasaporte cuando les apetecía, que le habían conducido esposado como un delincuente a las comisarías, le tomaban las huellas y le amenazaban con encerrarle en los calabozos con prostitutas y maleantes, ya no eran ni tan siniestros ni tan malvados.

El futuro presidente del Gobierno, reacio a llevar escolta debido a un ancestral temor a ser espiado, aceptaba ahora la presencia de policías, medía sus palabras a la hora de condenar sus «errores» en las Cortes e incluso bromeaba con sus escoltas.

Los mismos montajes policiales los sufrió el rey Juan Carlos al comienzo de la democracia. En 1977, el comisario Roberto Conesa, el hombre que había liberado a Antonio María de Oriol y Urquijo y al teniente general Emilio Villaescusa Quilis de las manos del GRAPO, habla con su confidente José Luis Espinosa Pardo, según relató éste.

—Mañana quiero que vayas a Barcelona y le pongas un petardo al barco del Rey.

—Nada menos que al yate del Rey. ¡Estás loco! [23]

El «terrorista» al servicio de la Dirección General de Seguridad cumplió a rajatabla la misión. Se desplazó a Palma de Mallorca en pleno estío y colocó dos petardos junto al *Fortuna*, el barco de Su Majestad.

Los artefactos, de escasa potencia, explotaron lógicamente cuando don Juan Carlos se hallaba en la otra punta de la isla. Pero consiguieron los fines propuestos por los fabricantes de falsos magnicidios. El Consejo de Ministros, en su siguiente reunión, aprobó una partida especial para incrementar los efectivos de la Policía de Investigación, algunos de cuyos miembros fueron enviados a Palma de Mallorca en misiones de información.

---

[23] La noticia de la colocación de la falsa bomba apareció en un suelto de la prensa nacional con escaso relieve tipográfico. Espinosa confirmó a los autores del libro su autoría.

Al mismo tiempo, en el *staff* del Rey se creó un estado de opinión favorable a incrementar las medidas de seguridad en el palacio de Marivent. Se controlaron las entradas y salidas de barcos y aviones de la isla hasta convertir Mallorca en un *bunker* inexpugnable.

La historia negra de la transición, construida a base de ficciones que parecían verdad y verdades que parecían ficciones, iba a deparar muchos más contratiempos. El involucionismo, un fermento habitual en la historia de España, comenzaba a anidar en los cuarteles y contagiaba a las sedes de algunos partidos políticos. Los hombres que más habían luchado por la democracia se aliaban con los espadones y las bayonetas para derrocar a Adolfo Suárez. Todo parecido con la realidad no es mera coincidencia.

CAPITULO CINCO

TRAS LAS REDES DEL TERROR

Varios responsables de la Policía española crearon, financiaron y armaron a diversos grupos terroristas durante la transición para desmontarlos luego a fin de justificar la existencia de los servicios de información de la dictadura franquista y evitar la «purga» tímidamente iniciada por los ministros de Interior de la Unión de Centro Democrático. De la misma manera que se simularon atentados contra el rey don Juan Carlos y el entonces secretario general del PSOE, Felipe González, para fomentar en ellos la «necesidad de la seguridad» muchas bombas y atentados se planificaron y prepararon en las antiguas dependencias policiales de la Puerta del Sol, en Madrid. Instalada tras las «redes del terror», la Policía preparó el asesinato de otros líderes políticos, como el del responsable del MPAIAC[1]*, Antonio Cubillo, que estuvo a punto de perder la vida en Argel, apuñalado por dos falsos revolucionarios.*

Un hombre de 1,80 de estatura, delgado, con la mirada fría y una sonrisa escéptica en los labios entra en las austeras dependencias de la Audiencia Nacional.

Su andar es pausado, torpe y renqueante. Su respiración, asmática. Las muletas que necesita para mantenerse en pie chocan en un instante con el arco detector de metales de uno de los edificios más vigilados de España.

—No se preocupe —le dice al guardia que acude en su ayuda, tras dedicarle una breve mirada—. Estoy acostumbrado. Gracias.

[1] Movimiento para la Autodeterminación e Independencia del Archipiélago Canario.

A pesar de su «torpeza», Antonio León Cubillo Ferreira no cree que sea un mal presagio. Se siente contento. Está convencido de que, por fin, se va a hacer justicia.

Es el 14 de julio de 1990. En el comienzo de la canícula, la sección segunda de la Sala de lo Penal del alto tribunal va a hacer pública una sentencia largamente esperada.

—Las gravísimas lesiones sufridas por Antonio Cubillo constituyen un delito de asesinato en el imperfecto grado de frustración con los agravantes de premeditación y alevosía.

El presidente de la Sala, el magistrado Javier Gómez de Liaño Botella, continúa la lectura de los veinticinco folios del fallo. El tribunal está condenando al espía José Luis Espinosa Pardo a la pena de veinte años de reclusión por el intento de homicidio contra aquel hombre, casi inválido, que escucha sin pestañear. La voz, grave y solemne del magistrado, retumba implacable en la sala de audiencias.

—Pero Espinosa no actuó solo. Fue pieza fundamental en la organización del plan delictivo de dar muerte al líder independentista canario. Resulta acreditada la intervención de otros «hombres de atrás» pertenecientes al aparato policial español quienes actuaron, sin duda, desde las mesas de sus despachos.

Por vez primera, la Policía española es condenada globalmente como institución por planificar, dirigir y realizar un atentado terrorista.

—Hubo una especie de «central» con tareas dirigentes de primer relieve. Así se desprende de datos tan importantes como el tratamiento de «tú» que el acusado y el comisario Roberto Conesa mantuvieron en la diligencia de careo celebrada ante el juez instructor, la familiaridad con que éste entraba en las dependencias policiales de la Puerta del Sol de Madrid o en el testimonio del comisario Emilio Sánchez.

Al final, Antonio Cubillo, cuya respiración entrecortada se hacía oír como un murmullo durante el acto, está satisfecho a medias. Trece años después de que un grupo de desconocidos casi le arrancaran la vida, el principal instigador de su muerte acababa de ser condenado y estaba entre rejas.

Sin embargo, el cerebro de la operación, el «superpolicía» español que había «contratado» a los mercenarios dispuestos a liquidarle, se encontraba tranquilamente a miles de kilómetros de distancia disfrutando del mar y del sol.

—Roberto Conesa —le dice su abogado al oído— está huido

en Venezuela o Puerto Rico. Se encuentra al frente de la seguridad de una gran cadena hotelera española[2].

* * *

El 13 de mayo de 1977, a las diez de la noche, mientras la rutina volvía a adueñarse del barrio de Arapiles de Madrid, el verano entraba de golpe. Dos horas antes, los comercios y los grandes almacenes habían cerrado sus puertas al público. Algún transeúnte despistado, sin embargo, paseaba todavía en mangas de camisa, mirando los escaparates apagados de Galerías Preciados.

Hace tan sólo media hora que los últimos empleados del establecimiento se han marchado. Unicamente un vigilante jurado, con traje marrón y una pistola a la cintura, se pasea de cuando en cuando detrás de los cristales de la tienda.

Pero no está sólo. Media docena de policías de la Comisaría General de Información, que manda el «superagente» Roberto Conesa, han montado un discreto operativo de observación en torno a los grandes almacenes.

Los últimos rayos del sol han empezado a desvanecerse y la calle está semidesierta. Los empleados de la limpieza no han comenzado todavía su trabajo y la población, en el barrio de Chamberí, se encuentra a aquellas horas en bata y zapatillas frente a la pantalla de los televisores.

Un hombre de unos cincuenta años, fibroso, de piel curtida, vigila también la zona. Su carnet de identidad figura a nombre de Alfredo González López, natural de Alicante, pero su verdadero nombre es José Luis Espinosa Pardo, y su profesión más habitual la de «espía» del Gobierno de Adolfo Suárez, a las órdenes de la Dirección General de Seguridad.

De pronto, una persona con una bolsa en la mano se aproxima al lugar. El individuo, de unos treinta años, moreno como Espinosa y con un tatuaje marinero grabado en uno de los brazos, camina despacio, titubeante. Sus ojos saltones brillan en la semioscuridad y se mueven inquietos en sus cuencas observando atentamente lo que ocurre a su alrededor.

Al llegar a la altura de Galerías Preciados, el sujeto se detiene delante de uno de los escaparates. Se entretiene un instante con-

---

[2] Roberto Conesa en realidad residió en Santo Domingo, donde trabajó como jefe de seguridad de una cadena hotelera hasta su fallecimiento, a comienzos de 1994.

templando los trajes de baño para señoras que hay en las vitrinas sin darle mucha importancia al género. En realidad, la moda veraniega que ya inunda todas las boutiques de Madrid le tiene sin cuidado.

Momentos después, como si le agobiara el peso de la bolsa de mano que lleva encima, la deposita en la acera. La empuja con los pies hacia los cristales y echa a andar calle abajo, con el mismo paso lento y cansino de antes.

En la Glorieta de Quevedo aprieta la marcha y es engullido por la boca de la estación del metro perdiéndose por el subsuelo de Madrid. Tres minutos después, la bolsa que ha quedado abandonada en la calle hace explosión con un ruido ensordecedor. El escaparate estalla en añicos y el sistema de alarma del establecimiento comercial convierte la apacible noche en un infierno de sirenas.

El vigilante jurado, que acababa de hacer la ronda, se lleva un susto de muerte. La vibración, el ruido de la explosión, los pitidos chirriantes de las sirenas le han sacado de su letargo y, por unos segundos, se muestra desconcertado. No sabe a dónde acudir primero, si a desconectar la alarma o a ver qué ha pasado en el exterior.

Cuando logra reaccionar y acude a la salida de la calle Arapiles se da cuenta de que aquello ha sido producto de una bomba. La onda expansiva ha convertido en polvo multitud de cristales. Hay llamas provenientes del sótano. Pero el incendio es pequeño y, con la ayuda de los extintores, consigue mitigarlo hasta que llegan los bomberos.

Afortunadamente, no han ocurrido desgracias personales. Todo se ha quedado en un par de millones de pesetas en daños materiales y en un profundo sofocón para el vigilante jurado y para algunos vecinos próximos a los grandes almacenes.

—¿Qué tal ha ido todo? —le pregunta media hora más tarde el comisario Roberto Conesa a José Luis Espinosa Pardo en su despacho oficial de la Comisaría General de Información de la Policía, en la Puerta del Sol de Madrid.

—Muy bien. El marino se ha portado como un hombre, ha colocado la bomba y se ha largado como si nada.

—Entonces, ¿no ha habido ningún tipo de problemas?

—En absoluto. Los hombres lo tenían todo bien estudiado. No han existido problemas ni testigos.

Conesa, un hombre entrado en años, que formó parte de la

Policía franquista y que, después de la Guerra Civil, se infiltró en las Juventudes Socialistas Unificadas (JSU) para entregar a sus afiliados y simpatizantes a sus perseguidores, se sentía satisfecho. Espinosa Pardo también.

—¡Esta vez ha sido un buen petardazo! —exclamó—. Antonio Cubillo no se va a quejar.

* * *

Esa noche del 13 de mayo, en *La Voz de Canarias Libre*, un programa que se emitía a través de Radio Argel entre las veintiuna y las veintidós horas, las palabras de Antonio Cubillo sonaron recias y amenazadoras: «En el día de hoy, "Awañak", uno de nuestros comandos, ha llevado la lucha armada hasta la metrópoli y ha colocado una bomba en los grandes almacenes Galerías Preciados. Nuestros colonizadores, y entre ellos Galerías Preciados, deben saber que no pueden seguir chupando la sangre al pueblo canario. Tienen que ir acostumbrándose a la idea de que, tarde o temprano, tendrán que abandonar las islas o nuestros combatientes les expulsarán.»

El abogado laboralista nacido en la isla de Tenerife, huido a Argel, fundador del Movimiento para la Autodeterminación e Independencia del Archipiélago Canario con apoyo del Frente Nacional de Liberación (FLN) argelino, continuó su parlamento: «Los próximos días, nuestros valerosos combatientes enviados a la capital de la metrópoli, Madrid, seguirán golpeando al poder colonialista hasta que los españoles se marchen de las islas y permitan el autogobierno del pueblo guanche de Canarias.»

A aquellas horas, su estilo pseudorrevolucionario y su voz mitinera continuaron escuchándose en miles de receptores de radio en el archipiélago, a pesar de los esfuerzos del Gobierno para interferir la señal.

«Las islas Canarias son parte de Africa y no constituyen una parte integrante de España. Los godos[3] tienen que largarse porque el pueblo de las islas Canarias tiene derecho a la autodeterminación, como todos los territorios sometidos aún al colonialismo.»

El líder socialista, republicano e independentista guanche acabó su incendiaria soflama, encaminada a enaltecer los sentimien-

---

[3] Apelativo de carácter peyorativo con el que se conoce en Canarias a los habitantes de la península.

tos nacionalistas de los isleños con las siguientes palabras: «Nuestra patria es Canarias y no España. España, su Gobierno, sus instituciones, sus ejércitos, sus funcionarios y sus esbirros son nuestros enemigos declarados y jurados. La verdadera independencia política y económica sólo se alcanza a través de una lucha armada revolucionaria de liberación nacional.

"¡Viva Canarias libre!"»

* * *

Hacía seis meses que José Luis Espinosa Pardo y Roberto Conesa trabajaban juntos de nuevo. Era la octava ocasión en que lo hacían desde que en 1964 se encontraron, por primera vez, en los despachos de la Dirección General de Seguridad en la Puerta del Sol de Madrid.

Hijo de un comisario de Policía de San Pedro del Pinatar (Murcia) huido a Argelia tras la Guerra Civil española, a Espinosa le gustaba la manera de trabajar del «superagente» Conesa.

—Los alemanes —le había comentado Conesa una vez— dicen que saben quiénes son los terroristas de la banda Baader-Meinhof, pero que no les detienen porque aún no han cometido delitos de sangre. Nosotros les ayudamos a que coloquen las bombas y luego les metemos en chirona.

Era lo que estaban haciendo. Desde hacía más de cinco años, Antonio Cubillo Ferreira, el revolucionario, el visionario canario, ajeno por completo a la realidad, había iniciado su guerra particular para «independizar» las islas del archipiélago canario. Al principio su fanatismo no representaba ningún peligro. Cubillo parecía un chiflado más. Un predicador sin doctrina ni apoyo popular, más parecido a los tradicionales oradores de la Speaker's Corner de Hyde Park londinense que a un seguidor del Che Guevara. Sus eslóganes políticos pseudorrevolucionarios desataban muchas veces la hilaridad del público. «Canaria, si estás casada con un godo, ponle los cuernos. Así ayudarás a tu patria», incitaba por la radio.

Sus planteamientos políticos sólo habían tenido algún eco en la Organización para la Unidad Africana (OUA), máximo foro de la descolonización de los países del continente con respecto a las potencias occidentales europeas. En octubre de 1964, el presidente de Guinea Sékou Touré se había pronunciado a favor de la independencia canaria en la Conferencia de Países No Alineados celebrada en El Cairo. Dos años más tarde, Cubillo acudía a la

Conferencia de Países Afroasiáticos por Vietnam, celebrada en Pekín, y obtenía el reconocimiento oficial de su movimiento separatista.

Es, sin embargo, en junio de 1968 cuando le llegará la primera gran gloria internacional. El Comité por la Liberación Africana de la OUA reunido en Argel reconoce el derecho a la autodeterminación de las islas Canarias e insta a la ONU a promover un expediente descolonizador.

Pero en Madrid nadie toma en serio las pretensiones de Cubillo, ni tampoco las de la organización africana. Hasta que el 21 de octubre de 1975, en plena agonía del general Franco, el rey de Marruecos, Hassan II, organiza la célebre Marcha Verde sobre el Sáhara.

España se ve obligada a descolonizar el territorio y entrega las poblaciones de El Aaiún y Villa Cisneros a Marruecos y Mauritania, respectivamente. Las reivindicaciones argelinas sobre el desierto saharaui son ignoradas.

El presidente de Argelia, Huari Boumedienne, que había mantenido hasta entonces una política de neutralidad y respeto mutuo hacia España, pasa a la ofensiva. No puede soportar la humillación de su país en los foros internacionales.

En los meses siguientes, sesenta terroristas vascos reciben entrenamiento militar por parte de las autoridades argelinas, en la escuela de Policía de Souma. A Antonio Cubillo el Frente de Liberación Nacional, el partido único argelino, que llevaba años negándole el uso de la emisora Radio Argel, le regala una hora de programación diaria para que hable a su pueblo oprimido de Canarias.

Y con el espacio *La Voz de Canarias Libre* llegaron las primeras bombas. Son simples petardos de feria, pero alarman al turismo, principal fuente de riqueza de las islas. El ambiente pacífico del subtrópico se volvió turbio e inestable.

* * *

Los servicios secretos españoles tienen cumplida información de los planes de Huari Boumedienne para desestabilizar España, un país que, como un recién nacido, comenzaba sus primeros gateos en el difícil proceso hacia la democracia.

Manuel de la Pascua, coronel de Artillería, adscrito al Alto Estado Mayor como responsable de la Oficina de Asuntos Arabes, recibe semanalmente un informe de los servicios secretos de la

República Federal de Alemania y del Mossad [4] sobre los planes de las autoridades argelinas.

Sin embargo, la fuente principal de obtención de datos es la propia embajada de Argel en Madrid. Un par de años antes, el Mossad y el Alto Estado Mayor español, en una exitosa operación conjunta, habían colocado varios micrófonos en el despacho del embajador, en la calle Zurbano 100, de Madrid.

Una noche, un grupo de agentes de ambos servicios secretos se había llevado de juerga al personal de guardia de la embajada. Mientras les tenían entretenidos con unas atractivas y alegres mujeres, otros hombres de inteligencia entraban con toda facilidad en la delegación diplomática. Su misión era fotografiar al milímetro la sala de visitas y el despacho del embajador. Las paredes, el techo, los muebles y hasta la marca de algún objeto en la moqueta quedaron recogidos en los microfilmes de los operativos del Mossad y del Alto Estado Mayor.

Tres meses después volvieron a repetir la misma jugada. Pero en esta ocasión los agentes salieron de la embajada con un trozo de la moldura del techo. Dentro, el despacho del representante del Gobierno argelino ya no era el mismo. Parte del techo había sido sustituido por otro exactamente igual sembrado de imperceptibles pero potentes micrófonos.

El asunto del Movimiento para la Autodeterminación e Independencia del Archipiélago Canario era, sin embargo, algo estrictamente policial.

Así que un día, Roberto Conesa, que ocupa el cargo de jefe Superior de Policía en Valencia, recibe del Ministerio del Interior el encargo de acabar con el MPAIAC. El «superagente» franquista es nombrado comisario general de Información y traslada todos sus bártulos a Madrid. Para salir airoso del encargo sabe que tiene que reactivar a su agente dormido: José Luis Espinosa Pardo.

Un día, por la mañana temprano, le pone un telegrama a una dirección convenida. Veinticuatro horas después lo tiene sentado frente a él en su despacho en Madrid.

—Tienes que volver a Argel —le dice.

—¿De qué se trata esta vez? —pregunta intrigado el espía—. ¿Qué se nos ha perdido allí?

[4] El servicio secreto israelí, Mossad, tenía entonces su base principal en un chalet de la colonia de El Viso de Madrid. El enlace con De la Pascua era un coronel del Mossad que se hacía llamar «Roberto».

—Quiero saber hasta dónde se está pringando el Gobierno argelino con el loco de Cubillo.

El líder independentista se había convertido en un quebradero de cabeza para el ministro del Interior, Rodolfo Martín Villa, y para el presidente del Gobierno, Adolfo Suárez.

—Hay que ver la manera de acabar con el MPAIAC como sea —concluyó el policía de Valencia.

* * *

José Luis Espinosa Pardo conocía la capital argelina como si fuera nativo. Argel había sido para él su segunda patria desde que su familia huyera allí tras la Guerra Civil.

Sin estudios ni ningún tipo de formación cultural, a los dieciocho años empezó a ganarse la vida trabajando como carpintero para los franceses. Cuando estalló la revolución de Argelia, en 1954, el clandestino FLN contactó con él una noche.

—Queremos que nos pases información de los cuarteles donde trabajas —le dijeron.

—Información... ¿Qué tipo de información?

—Toda. Situación de los polvorines, de los puestos de guardia... el número de soldados que hay en cada unidad, el tipo de armamento que utilizan.

En su calidad de ciudadano europeo, Espinosa tenía acceso como trabajador a los establecimientos militares de la Legión francesa en la Argelia ocupada. No levantaba los habituales recelos de los árabes. Así, sin pretenderlo, forzado por las circunstancias, se inició en una nueva profesión: la de espía.

En esa época empezó a utilizar los nombres en clave de «Gustavo» y «Ahmed», por los que era conocido en las filas del Frente de Liberación Nacional.

En 1963, un año después de acabar la revolución argelina, una veintena de militares republicanos españoles, la mayoría de ellos ya entrados en años, se establecieron en Argel. Poco antes habían roto en México con el «gobierno» en el exilio de la II República y proclamaron la III República.

Desde el país del norte de Africa, los generales Juan Perea Capulino y Alvaro Navarro del Barrio, presidente y vicepresidente de la III República, respectivamente, soñaban con reorganizar un movimiento de resistencia antifranquista y derrocar al régimen.

Por orden del servicio secreto argelino, Espinosa se infiltró en las filas de la III República y acompañó a sus líderes como guardaespaldas a la Conferencia de Países No Alineados, celebrada en 1964 en El Cairo. Al término de ésta, «vendió» a sus jefes al Alto Estado Mayor del general Franco.

En 1970, cuando la CNT organizó los GARI (Grupos de Acción Revolucionaria Ibéricos) y preparó los secuestros del embajador de España ante la UNESCO, Emilio Garrigues, y en Bruselas, de Alberto Ullastres, a Espinosa, apoyado en su currículum de revolucionario argelino, no le cuesta nada infiltrarse en los círculos libertarios españoles y provocar sus caídas.

El 6 de enero de 1974, cuando el FRAP (Frente Revolucionario Antifascista y Patriótico) celebra su primera conferencia en el teatro Alhambra de París, Espinosa Pardo se encuentra entre los luchadores más exaltados. Luego viaja a Burdeos y a Ginebra, donde vivían los míticos Elena Odena y Raúl Marco, los dirigentes del grupo terrorista, y le pasa toda la información a su jefe, el comisario Roberto Conesa.

Al morir el general Franco, en 1975, y tras el Gobierno de Arias Navarro, comienza la andadura hacia la democracia en España. A Espinosa muchos le auguran que se quedará sin trabajo. Pero él, que ha usado ya numerosos nombres falsos, y cuya identidad camaleónica se va reflejando en distintos DNI y pasaportes facilitados por la Policía, sabe ingeniárselas para no tener que recurrir otra vez a su viejo oficio de carpintero.

—El Gobierno —le había dicho un día Conesa— no se fía de la UGT ni del PSOE. Hay mucho miedo a que se cree un sindicato revolucionario, al estilo del sector liderado por Largo Caballero en la Guerra Civil.

El «hombre de las mil caras» viaja a Murcia, habla con sus antiguos vecinos de San Javier y San Pedro del Pinatar y vuelve a Madrid con una propuesta concreta.

—Si tú quieres —le dice al cerebro especialista en montajes policiacos— puedo infiltrarme en la UGT.

—¡Adelante! —le autoriza Conesa—. Pero tenme informado permanentemente de quiénes son los principales dirigentes, de dónde reciben el dinero y de cualquier tipo de huelga que preparen.

Es un hombre increíblemente hábil y no hace falta decirle más. De regreso a Murcia entra a formar parte de la UGT y se convierte en un ferviente sindicalista. Se enfrenta a las tendencias organizadas que quieren crear los militantes trotskistas y de la HOAC afiliados al sindicato, les expulsa y se hace con el control del aparato. En el primer congreso provincial celebrado bajo las bendiciones de Nicolás Redondo sale elegido secretario general.

De la Unión General de Trabajadores pasa al PSOE. En el partido prepara las campañas electorales de los diputados Ciriaco de Vicente y José Plana Plana, que logran gracias a su ayuda sus respectivos escaños en el Congreso de los Diputados. El infiltrado de la Policía española también obtiene sus beneficios: los planes y estrategias electorales del partido fundado casi cien años antes por Pablo Iglesias, que él entrega a la Policía y ésta al ministro del Interior de la Unión de Centro Democrático.

Hasta que su protector, Roberto Conesa, le ordena que abandone la vida placentera y cómoda de la política en Murcia y se infiltre en el MPAIAC canario.

* * *

La capital argelina era, a comienzos de 1977, una antigua ciudad polvorienta, sucia, pobre, bulliciosa y de inevitable aire afrancesado. Fiel reflejo de otras muchas urbes supervivientes en el continente africano que antes fueron dirigidas desde París. Quince años después de hacer una revolución y expulsar a las tropas del general Charles De Gaulle del país musulmán, la ciudad había vuelto a estar atestada de coches, alimentos y bienes de consumo de todo tipo fabricados en la vieja metrópoli. Muchos colegios y universidades retomaron la enseñanza en francés y, pese a la fuerte presencia policial que se advertía en hoteles, edificios oficiales, puertos y aeropuertos, los otrora representantes de la libertad, la igualdad y la fraternidad —ahora sin el uniforme cuartelario— controlan de nuevo la economía de la república africana. Incluso eran bien recibidos en casi todas partes.

Cuando José Luis Espinosa Pardo desembarca en el aeropuerto Huari Boumedienne y se dirige al centro de la ciudad observa que los edificios coloniales, los cafés, las calles, no han cambiado nada. El bullicio de gentes, el caos de los coches que pitan a los transeúntes en las estrechas y retorcidas vías sigue como antes. Todo le es familiar.

—*Monsieur, monsieur!* Compre. Mire qué calidad —le imploran los vendedores ambulantes.

«Una revolución, y total, para nada», pensó con nostalgia. Pero casi inmediatamente se dio cuenta de que él estaba allí para otra cosa. Su misión es ahora radicalmente distinta a los viejos recuerdos y a sus pensamientos.

Su primera tarea le lleva a la plaza del Emir Abdelkader, donde se halla la sede del FLN, el partido oficialista argelino. Allí pide hablar con el representante de apoyo a los movimientos de liberación africanos, el mítico coronel Sliman Hoffman.

Cuando el guardián le pregunta desconfiado a quién debe anunciar, Espinosa, altivo, responde:

—Dígale que ha venido a verle el español Ahmed.

Hoffman, un argelino que había sido capitán del ejército colonial francés y que en su juventud estuvo destinado en la Alemania de la posguerra, es uno de los hombres más poderosos del país. Desde que en 1957 desertara del Ejército francés junto con otros once oficiales, se desplazara a Túnez y se uniera a la Resistencia contra los colonizadores se había convertido en una persona idolatrada por su pueblo y temida por sus enemigos.

Su heroicidad en la guerra de Argelia le había sido recompensada con creces. Ahora pertenecía al Comité Central del FLN, mandaba los servicios secretos y era el secretario de Relaciones Exteriores del Gobierno de Boumedienne. José Luis Espinosa Pardo se encontraba entre sus amigos y no tuvo que esperar mucho para ser recibido.

—La izquierda española quisiera saber —se presentó Espinosa— si Argelia está dispuesta a apoyar al MPAIAC o todo son faroles de Cubillo.

—Mi país —respondió el coronel Hoffman— dará a Cubillo todo el apoyo que esté en sus manos.

—Pero si no está haciendo nada. Apenas tiene apoyo en las islas —le reprochó el infiltrado de la Policía española.

—Es cierto. A pesar de nuestra colaboración no vemos resultados. Cubillo dice que está llevando muchas acciones pero es mentira.

—¿Quieres que me ocupe yo personalmente del asunto? —preguntó «Ahmed».

—¿Estarías dispuesto a hacerlo?

—Por supuesto.

—Pues no sabes cuánto te lo agradeceríamos. ¿Y tú qué opinas del GRAPO?

—Creo que es un movimiento de liberación nacional serio, pero, al contrario de lo que le ocurre a Cubillo, le sobra gente con agallas y le falta alguien que coordine.

—Entonces, no te importará que te presente a una persona del GRAPO, a un auténtico revolucionario que ha venido a vernos.

Poco después se encontró frente a un individuo delgado, de unos treinta y nueve años de edad, que le hablaba sin mirarle a los ojos y con un acento ligeramente vasco.

—Este es «Alberto». El máximo responsable del GRAPO en el exterior —dijo el coronel Sliman Hoffman a título de introducción.

José Luis Espinosa, acostumbrado a estudiar las fotografías policiales, le reconoció enseguida como Francisco Javier Martín Eizaguirre, un delineante industrial nacido en el seno de una familia de obreros metalúrgicos vascos y formado en Suiza, donde estuvo varios años trabajando.

—El GRAPO —le dijo— está buscando ayuda para organizar su infraestructura y realizar sus acciones armadas contra el fascismo.

—Para lo que queráis, contad conmigo —se brindó Espinosa.

Antonio Cubillo Ferreira tenía su domicilio en el número 14 de la avenida de Pekín en Argel, un barrio de altos edificios donde vivía gran parte de los funcionarios del Gobierno y algunos ministros. Tras la entrevista con el coronel Hoffman, José Luis Espinosa toma un taxi y se dirige a la vivienda del líder de los independentistas canarios.

—Gustavo —le dice Cubillo nada más verle—, tú eres casi un argelino y tienes que ayudarme.

—Pídeme lo que quieras, sabes que estoy contigo.

—El MPAIAC quiere llevar la lucha armada a la metrópoli. Es la única forma de expulsar a los «españoles» de Canarias.

—¿Qué puedo hacer yo? —inquiere Espinosa, alias «Gustavo».

—Todo lo que esté en tus manos. Nadie mejor que tú para organizar los comandos en Madrid. ¿Quién va a sospechar de una persona nacida en Murcia?

* * *

De regreso a Madrid, José Luis Espinosa Pardo, alias «Gustavo», alias «Ahmed», alias «Alfredo», informa de sus gestiones al comisario Roberto Conesa. Le explica detalladamente la situación:

—Prepárate porque Cubillo quiere hacer su «revolución» siguiendo el modelo del FLN en la guerra de Argel.

—¿Qué quieres decir?

—Que va a poner bombas en Madrid, como hicieron algunos comandos argelinos, del FLN, en 1960 y 1961, en París, la capital de la metrópoli enemiga.

—¿Y tú qué sugieres? —pregunta el policía.

—La única posibilidad de controlar a fondo el MPAIAC y saber con antelación los planes de Cubillo es que creemos nosotros un comando propio en Madrid. Así sus hombres estarán controlados en todo momento. Tú decides.

—¿De qué manera vamos a crearle un comando? ¡Tú estás loco!

—¿Loco...? No. El MPAIAC nos mandaría tres o cuatro personas de Canarias y el GRAPO nos daría los explosivos. ¿Sabes que he conocido a Martín Eizaguirre en Argel y me ha pedido también colaboración?

La Policía tenía ya por aquellas fechas alguna información de los viajes de varios dirigentes de los Grupos Revolucionarios Antifascistas Primero de Octubre a la capital argelina vía París. A Roberto Conesa, la posibilidad de tener a una misma persona como «espía» en ambos grupos terroristas le pareció una idea fantástica.

El ideal de todo buen policía es siempre tener «fuentes propias» dentro de los grupos marginales. A partir de ahora él iba a disponer de información privilegiada en dos organizaciones de las más radicales del país sin ningún esfuerzo.

—¿Te ha pedido algo más Cubillo? —preguntó.

—Sí. Quiere que «expropiemos» unos cuantos bancos y le mandemos cuanto antes el dinero a Argel. No nos queda más remedio que preparar algún atraco sonado.

Roberto Conesa sabía a lo que se exponía creando comandos terroristas para luego desarticularlos. Esta táctica antiterrorista, sin embargo, le había dado siempre buenos resultados durante el franquismo y había coadyuvado a crearle el prestigio que tenía dentro del Cuerpo. Así que accedió a todas las sugerencias del mejor de sus colaboradores.

España era un hervidero. Franco había muerto apenas un año antes y el cordón umbilical que unía al país con las bases democráticas era tan débil que podía romperse en cualquier momento. Desde que, el 3 de julio de 1976, el rey Juan Carlos nombrara presidente del Gobierno a Adolfo Suárez, ante la sorpresa de todas las fuerzas políticas, el Estado español tenía problemas más acuciantes que resolver: nada menos que todo el proceso de la reforma política. El año 1977 acababa de empezar.

Por esos meses, un barco de la Transmediterránea zarpa del puerto de Las Palmas de Gran Canaria con varios centenares de personas. Entre ellos se encuentran tres singulares pasajeros. Son

Miguel Zapata Martínez, alias «Germán», un sargento especialista de Marina, prófugo de la Justicia; María Fernanda Doñate Morales, y el perito mercantil Sergio Castellano Ramos. Los tres, junto con José Luis Espinosa Pardo, se dirigen a la capital de España para constituir el Comando Madrid del Movimiento para la Autodeterminación e Independencia del Archipiélago Canario.

Espinosa, de acuerdo con las instrucciones del comisario de Policía Roberto Conesa, les ha alquilado un piso en el madrileño municipio de Fuenlabrada con dinero de la Policía. Sería, en el futuro, la «base operativa» del MPAIAC. En este «piso franco», inundado de micrófonos y con el teléfono intervenido permanentemente desde la Comisaría General de Información, los «terroristas» de Cubillo desarrollan todos sus planes para comenzar su campaña de atentados. A mediados de 1977 todo está listo para pasar a la acción.

El 14 de junio, diez días antes del primer encuentro del Rey con Santiago Carrillo en la celebración de la onomástica del Monarca, el comando pasa su prueba de fuego. Y tras ella comienza la escalada de atentados. Primero incendia tres camiones de la empresa pesquera Pescanova aparcados en un descampado de Madrid. El 30 de julio coloca una bomba en el Museo del Ejército. El 2 de agosto vuela una oficina de viajes de El Corte Inglés. El 15 de septiembre hace estallar un «petardo» en el monumento a Cervantes en plena plaza de España y el 30 de diciembre culmina su activismo al colocar un potente explosivo en las consignas automáticas de la madrileña estación de trenes de Atocha.

La dinamita, procedente de un robo efectuado el 18 de mayo de 1976 en el polvorín de La Reigosa (León), se la suministraba a José Luis Espinosa Pardo el jefe del Grupo Técnico[5] del GRAPO Francisco Brotons Beneyto, un administrativo alicantino de treinta y dos años que había cambiado su cómodo puesto de oficinista por las pistolas y la goma-2.

Las bombas, sin embargo, resultaban ser siempre poco más fuertes que los simples fuegos de artificio. Organizaban mucho ruido, despertaban a los vecinos, pero sólo rompían media docena de cristales y causaban daños menores en los edificios.

---

[5] Eufemismo con el que los *grapos* se referían a su organización armada, integrada por un Comando Central, un aparato de información y otro de logística. El Comando Central estaba llamado a convertirse en el embrión del ejército popular que los terroristas querían crear.

—Ya sabes que no quiero víctimas —le había advertido meses antes el comisario Conesa a su agente.

—¿Cómo podremos evitar las muertes? —preguntó Espinosa.

—Tú entrégale las bombas que te dé el GRAPO a mis hombres. Ellos saben cómo hacerlo.

Un reducido grupo de policías al servicio de Roberto Conesa se encargaba desde entonces de vaciar los cartuchos de dinamita que les entregaba el infiltrado del Comando Madrid del MPAIAC. Dejaba una mínima parte de la carga explosiva y rellenaba el resto con arcilla y plastelina.

Sin embargo, a centenares de kilómetros del lugar de las bombas se encontraba una persona a la que no le hacía ni pizca de gracia que los explosivos de dos y tres kilos preparadas por el GRAPO causaran sólo pequeños destrozos materiales. Cada noche, después de los atentados, Antonio Cubillo llamaba a Espinosa enfurecido.

—Nuestras bombas parecen de juguete, ¿qué coño pasa? —le recriminaba.

El confidente de la Policía trataba de justificarse.

—¿Con que no ha sido nada? ¡Pero si se ha oído la explosión desde el otro lado de Madrid!

—Eso es mentira. Eizaguirre, que como sabes está aquí en Argel, me ha llamado y me ha dicho que, según Brotons, sólo habéis destrozado algunas vitrinas.

—¿Y qué quieres que haga? —replicó Espinosa—. La culpa la tienen los hombres que me mandaste. «Germán», que dice que puso unas cuantas bombas en la Marina, no acierta ni una.

—Pues procura no fallar la próxima vez. Porque el GRAPO me ha dicho que si volvéis a cometer errores no nos da un gramo más de goma-2.

—No te preocupes. ¡En la próxima ocasión voy a colocar el explosivo yo mismo!

—Muy bien. Pero, ¿cuándo vais a hacer lo de Tarragona? —se interesó el líder del MPAIAC.

—Pierde cuidado. Ya lo tenemos todo estudiado. Sólo nos falta que Francisco Brotons nos dé el material.

Desde hacía casi un año, el líder el MPAIAC estaba obsesionado con la voladura de las instalaciones petroquímicas de Tarragona. Antonio Cubillo sabía, por sus lecturas sobre la guerra de Argel, que sólo bastaba una pequeña carga explosiva para que el complejo entero, donde se manejaba mucho material inflamable, saltara por los aires. Aquello se convertiría en una hoguera durante algunos días.

Siguiendo sus instrucciones, Sergio Castellano Ramos y María Fernanda Doñate, seguidos de cerca por varios funcionarios de la Comisaría General de Información que no les perdían de vista en ningún momento, habían viajado a Tarragona e inspeccionado de cerca las instalaciones.

También habían alquilado, con documentación falsa, un piso en las cercanías para preparar la acción, en la que iban a emplear más de cincuenta kilos de dinamita. Sólo esperaban el explosivo y la orden de Cubillo, a través de «Gustavo», para actuar.

—¡Un día de estos el Gobierno español se rendirá a nuestros pies! —comentó el líder del MPAIAC a un grupo de periodistas que pasaron a visitarle por su despacho.

El gran golpe del independentista canario estaba planeado y listo para ejecución. Pero el «superagente» Conesa y su espía Espinosa tenían planes muy distintos.

* * *

—Espinosa, tienes que ingeniártelas para que Cubillo salga al extranjero y podamos secuestrarlo —le dijo un día Conesa a su infiltrado.

—Eso es imposible. Está en la emisora con *La Voz de Canarias Libre* como un niño con un juguete. ¡No hay quien le saque de Argel! —respondió su interlocutor.

—Pues hay que intentarlo. No se pierde nada.

—Yo te digo que con eso estamos perdiendo el tiempo.

El Gobierno español estaba cada día más preocupado con el ambiente de intranquilidad y desasosiego que el «terrorista» canario estaba sembrando en las islas y en los países europeos. Los alemanes, que tenían muchas inversiones en el archipiélago, eran los que estaban más alarmados. Las autoridades federales habían hablado con el presidente Adolfo Suárez y el servicio secreto de la RFA se había puesto en contacto con el Cesid, de reciente creación, para ofrecerle su colaboración.

El comisario Roberto Conesa y el espía José Luis Espinosa tenían que actuar rápido. Su plan era organizar un comando armado, secuestrar a Antonio Cubillo en un país neutral y trasladarlo a España con el archivo del MPAIAC incluido.

La operación era demasiado compleja. Presentaba un alto riesgo y las probabilidades de que saliera bien eran escasas. Por eso se había ido posponiendo. Las cosas cambiaron cuando el líder independentista canario le comunicó en una ocasión al infiltrado de la Policía española sus preocupaciones.

El MPAIAC crecía, día a día, como la espuma. Cubillo necesitaba fondos para mantener su cada vez más costosa organización. Los cinco millones de pesetas que mensualmente le asignaba el FLN apenas le daban para pagar el teléfono y los billetes de avión y de barco que necesitaban los miembros de sus comandos que tenían que desplazarse. Había otros problemas añadidos. A medida que se incrementaba su número de militantes, el MPAIAC se hacía más vulnerable. Las caídas de los comandos fueron más frecuentes. Luego, estaba la cuestión de introducir armas clandestinamente en las islas. Varios países africanos habían ofrecido morteros, bazookas y fusiles de asalto Kalashnikov a Cubillo, pero no tenía medios para transportarlos clandestinamente hasta Tenerife o Las Palmas de Gran Canaria.

—Si quieres resolver todos tus problemas —le sugirió Espinosa—, ¿por qué no compras un barco?

—Sería una buena medida —asintió Cubillo—. Uno de mis amigos en el buró político del FLN me ha sugerido lo mismo. Incluso me ha asegurado que está dispuesto a darme un permiso para pescar gambas en las costas argelinas.

—Pues es la solución perfecta. Obtienes unos ingresos saneados vendiendo el marisco en España y dispones de un medio seguro de transporte.

Cuando Espinosa trasladó la idea al ya responsable de la Comisaría General de Información, Roberto Conesa, a éste se le iluminó el rostro. Pero por otras razones.

—No sabes lo que estás diciendo. Acabas de darme la solución ideal para retirar a Cubillo de la circulación.

Conesa se había quedado absorto, envuelto en sus pensamientos. Espinosa, con los nervios siempre a flor de piel, no aguantaba más sin saber los planes del jefe. Le preguntó:

—¿Quieres explicarte?

—¿Cuánto tarda un barco desde Santa Pola a Argel? —le inquirió sin soltar prenda.

—Unas ocho horas, aproximadamente.

—Escucha atentamente. Persuade a Cubillo de que tú puedes conseguirle un barco. Que él se encargue de que las autoridades argelinas le permitan entrar y salir a puerto sin demasiados requisitos aduaneros.

El hombre a sueldo de los «fondos de reptiles» del Ministerio del Interior, ocupado en aquellos momentos por el leonés Rodolfo Martín Villa, agregó:

—Si no me equivoco, lo que tú quieres es que metamos un comando entre la tripulación y, cuando más confiado esté Cubillo, le atraigamos al barco con alguna excusa...

—Muy bien. Y ya sabes el resto. Lo traéis secuestrado directamente a Santa Pola.

Días después Cubillo aceptó el ofrecimiento de su «amigo». En Madrid, Roberto Conesa, al conocer la noticia, se puso inmediatamente en acción.

Llamó a un antiguo colaborador suyo, un policía destinado como secretario en el Gobierno Civil de Alicante, y le pidió que se trasladara urgentemente a Santa Pola y entrara en contacto con los armadores. Tenía que ver la posibilidad de adquirir un pequeño pesquero.

El entonces máximo responsable de la lucha antiterrorista sabía que en una operación de ese calado no podía haber el menor fallo.

—Procura que el barco tenga un motor auxiliar —le recomendó a su amigo—. No quiero que pueda quedarse averiado en alta mar.

Su enlace en Alicante hizo las gestiones oportunas. Encontró un barco en venta de poco más de veinte metros de eslora cuyo coste era de unos 30 millones de pesetas. Conesa estaba contento. Todo iba como la seda.

—Está todo listo —le informó a Espinosa—. Habla con Cubillo y dile que en unas semanas tendrá lo que pidió.

—¿Y de dónde digo yo ahora que he sacado todos esos millones? —preguntó agobiado Espinosa.

—No te preocupes. Para eso tenemos el Comando Madrid del MPAIAC. ¿No dice Cubillo que por qué no hacéis algunos atracos?

—Vale. No me digas más.

A comienzos de marzo, el comando del MPAIAC que manda el sargento de Marina «Germán» [6] asalta una sucursal del Banco

---

[6] Miguel Zapata Martínez, alias «Germán», resultó luego ser un infiltrado de los servicios secretos militares en el grupo terrorista canario. La persona encargada de reclutarle fue el capitán de navío Juan Manuel Rivera Urruti, alias «Pedro el Marino», uno de los hombres de los «servicios especiales» de la Inteligencia Naval, destinado por entonces en Las Palmas de Gran Canaria. En 1984, la revista *Cambio 16* publicó su foto junto con las de varios miembros del Batallón Vasco Español (entre ellos Jean Pierre Cherid) descendiendo por las escalinatas del aeropuerto

Central en Madrid de donde se llevan 3 millones de pesetas. Días más tarde, repiten la acción en la sucursal de la calle Carlos Maurrás de la Caja de Ahorros. Obtienen un botín de 2 millones de pesetas de los que sólo llega a Argel medio millón.

—El resto del dinero —dice a los autores del libro uno de los policías de la brigada de Conesa— se repartió entre los agentes asignados al caso y el infiltrado Espinosa.

Los dos atracos se realizaron con el apoyo de dos grupos de la Comisaria General de Información, dirigidos por los inspectores de Policía Antonio González Pacheco, «Billy el Niño», y por José María Escudero Tejada, «Escubi».

Era muy sencillo. Desde horas antes, sus agentes controlaban la zona para evitar que cualquier transeúnte o el propio cajero de la entidad alertara a los grupos antiatracos de la Jefatura Superior de Policía y una rápida intervención de éstos le estropeara el «servicio».

—El barco está al caer. Sólo falta firmar algunos papeles —le informan a Cubillo a mediados de marzo de 1977.

Los acontecimientos, sin embargo, iban a precipitar los planes de la Policía española.

* * *

El 27 de marzo de 1977 quedaría marcado en la historia de la aviación civil como uno de los días más trágicos. Ese día dos aviones, un Boeing 747 de la compañía norteamericana Pan Am y otro de las aerolíneas holandesas KLM colisionaron en el aeropuerto de Los Rodeos, en Tenerife, cuando realizaban maniobras en la pista. El balance de víctimas es estremecedor: un total de 582 personas perdieron la vida.

La causa del accidente de Los Rodeos se atribuyó a la espesa niebla que reinaba en aquellos momentos en el peligroso aeropuerto situado al norte de la isla de Tenerife. Sin embargo, el motivo del desvío de los dos aviones del aeropuerto de Gando, en Gran Canaria, a Tenerife, que provocó un enorme caos aéreo

de Alicante. Nacido en el País Vasco en mayo de 1930, «Pedro el Marino» formó parte del Servicio Central de Documentación de Presidencia del Gobierno y era experto en asuntos de terrorismo. El 9 de abril de 1990 aparece destinado en Canarias al mando del *Villa de Bilbao*. Sin embargo, sus compañeros de armas aseguran que nunca pisó ese buque. Estaba viajando permanentemente de Gran Canaria a Madrid y, aseguran, «le preocupaban mucho más los problemas del MPAIAC, el GRAPO y la ETA».

en unas condiciones meteorológicas infernales, había sido muy distinto.

Horas antes del mortal choque de los dos Jumbos, una agente cubana casada con un canario-venezolano colocaba una bomba, reivindicada más tarde por el MPAIAC, en el aeropuerto de Las Palmas de Gran Canaria. El aeropuerto tuvo que ser cerrado y los vuelos, a partir de ese momento, fueron desviados hacia Los Rodeos.

La catástrofe provocó una enorme conmoción en la prensa nacional. Todos los periódicos culpaban del accidente al loco líder independentista Antonio Cubillo.

«La causa de la causa es causa del mal causado», escribía el *ABC* al tiempo que solicitaba del Gobierno urgentes medidas para terminar con el MPAIAC.

Las cosas se agravarían más todavía a finales de aquel mismo mes. Un artefacto explosivo destruyó una parte de la Comisaría de Policía de Las Palmas. El paquete bomba, compuesto por cuatro kilos y medio de goma-2 y dos kilos y medio de tornillos, no produjo ninguna víctima mortal por pura casualidad. Los policías que en aquellos momentos tenían que encontrarse de servicio habían abandonado las dependencias del inmueble para presenciar un partido de fútbol que estaba siendo televisado.

Cinco días más tarde, otro artefacto colocado en Santa Cruz de Tenerife en los bajos de un Land Rover de la Policía Nacional destrozó completamente el automóvil y reventó el depósito de gasoil. «Si se hubiera tratado de un vehículo de gasolina —dice el gobernador civil en unas declaraciones— sus cinco ocupantes, todos ellos policías, habrían muerto en el acto.»

Antonio Cubillo y su movimiento terrorista, que años antes era tomado a risa por la mayoría de los canarios, empieza a convertirse en un problema de Estado. El presidente del Gobierno, Adolfo Suárez, y el ministro del Interior, Martín Villa, se reúnen en varias ocasiones para buscarle una solución.

Suárez se entrevista entonces con el jefe de la oposición, Felipe González. Le pide que interceda ante sus amigos argelinos para que le impidan a Cubillo la emisión de *La Voz de Canarias Libre* y le retiren todo tipo de ayuda.

—He encontrado un eco poco favorable —explica González en La Moncloa tras su viaje a Argel—. El Gobierno de Boumedienne no acepta ningún compromiso político, a menos que España adopte una postura más favorable a las tesis argelinas en el asunto del Sahara y apoye la iniciativa de un referéndum.

Las presiones internacionales, principalmente de la República Federal de Alemania, para que se ponga fin cuanto antes al «caso Cubillo» son cada vez más fuertes. Cogido entre la espada y la pared, a finales de 1977 el Gobierno habla con Conesa y el director general de Seguridad, Mariano Nicolás. Se pone en marcha la llamada «operación Mallorca».

José Luis Espinosa Pardo, el *topo* de Conesa en el MPAIAC, recibe un encargo envenenado.

—Busca a un asesino y liquida a Cubillo.

—¿Y dónde encuentro yo una persona dispuesta a jugársela en un país tomado las veinticuatro horas por el Ejército y la Policía como es Argelia?

—No te puedo ayudar en eso. Tú sabes mejor que nadie cómo hacerlo.

El «superagente», un individuo frío y calculador, lo tenía todo estudiado milimétricamente.

—Debe ser un tipo sin escrúpulos, que sepa manejar bien el cuchillo. De esta manera podemos hacer que parezca un ajuste de cuentas de algún árabe y desviar las investigaciones de la Policía argelina hacia los musulmanes. ¡Ya sabes que en Argelia nadie tiene armas de fuego! Si las usamos, se sabrá enseguida que el autor del crimen ha sido un occidental.

Conesa, un ávido lector de todo tipo de libros sobre marxismo-leninismo y de las biografías de sus principales dirigentes, conocía en detalle el brutal asesinato de Liev Davídovich Bronstein, Trotski, en México [7], a manos de un comunista español. Quería repetir la historia. Y le dio a su interlocutor una consigna más:

—Procura que la persona a la que le hagas el encargo sea de la extrema izquierda. Así, si le cogen, siempre podremos decir que se trata de un ajuste de cuentas entre grupos extremistas españoles.

* * *

Sin embargo, en 1978 Argel era una ciudad tomada militarmente. Nadie que no tuviera un motivo justificado podía cruzar el

---

[7] Trotski, de origen judío, estudió Derecho en Odessa y, en su juventud, formó parte del círculo populista Shvigovsky. En 1897 organizó la Unión de Obreros del Sur de Rusia y dirige el periódico *Nashe Dielo* (*Nuestra Causa*). Colaboró con Lenin en Londres y, más tarde, organizó el soviet de San Petersburgo. Tras el triunfo de la revolución en 1917 y la muerte de Lenin en 1924, al oponerse a Stalin fue empujado al exilio en 1929; llega a México en 1937. Fue asesinado en Coyoacán (México) por un agente de Stalin, Ramón Mercader, en 1940.

férreo control policial y aduanero del aeropuerto Huari Boumedienne. Además, los hoteles, los apartamentos y hasta las casas particulares estaban constantemente vigilados por la Policía.

Cualquier persona que llegara a la ciudad era sospechosa por el simple hecho de ser extranjera. Sus movimientos estaban controlados de cerca por la Policía política, y los conserjes de los hoteles, los taxistas y hasta los dueños de los establecimientos comerciales se veían obligados a comunicar cualquier detalle por insignificante que pareciera sobre los no musulmanes.

Un atentado a Cubillo planteaba, además, complicaciones adicionales. El mesiánico líder independentista canario vivía a menos de doscientos metros de la casa del presidente de la república, el todopoderoso Huari Boumedienne.

Emplear un arma de fuego alertaría de inmediato a los servicios de seguridad presidenciales y supondría un suicidio seguro para el asesino. Por otra parte, tampoco era fácil introducir un arma por el aeropuerto de Argel. Espinosa sabía que algunas personas cogidas con una pistola en la maleta habían tenido que purgar duras condenas en las infernales y tercermundistas cárceles del país, sin haber cometido ningún otro delito aparente.

«¿Dónde encontrar a una persona con las agallas suficientes y la imprescindible dosis de locura para llevar a cabo un asesinato en un estado policiaco como Argelia?», se preguntó Espinosa.

Hizo memoria. Repasó sus ficheros y no tardó demasiado en encontrar la solución. La única persona que conocía con el arrojo suficiente para llevar a cabo una operación de aquellas características era José Luis González, un limpiacristales salmantino de treinta y dos años.

El «espía» de Conesa tiene la esperanza de saber todavía cómo dar con él. Dispone todo para salir de inmediato de viaje. Toma el tren hasta Burdeos y se instala en el hotel Goya, situado en el 244 Cours de la Marne. Al día siguiente entra en contacto con los círculos de exiliados españoles situados en el casco viejo de la ciudad, a la izquierda del Garona[8].

No tarda en encontrarle. Le invita a tomar unas copas. Simpatizante del FRAP, González había hecho el servicio militar en la

[8] El viaje se produce durante los días 17 y 18 de marzo de 1978, según las declaraciones de testigos y acusados en el sumario 76/88 seguido en la Audiencia Nacional.

Brigada Paracaidista y era un experto manejando el cuchillo. Un verdadero as.

En el bar El Canetón, un local regentado por españoles de origen malagueño, situado en la plaza Saint Michelle, rememoran enmohecidos recuerdos. Allí, Espinosa le cuenta una truculenta historia.

—He sido el encargado de reconstituir el FRAP —le dice—, y uno de los primeros objetivos que nos hemos trazado es matar a Antonio Cubillo.

—¿Y por qué a Cubillo? —pregunta González.

—Es un agente imperialista. Tiene engañados a los argelinos y está desprestigiando al movimiento revolucionario internacional.

—¿Un imperialista?

—Sí, un imperialista. Es un jodido agente infiltrado. Si el FLN estuviera al tanto de que trabaja para la CIA ya le habrían liquidado.

A José Luis González se le calientan los cascos y quiere ser él mismo quien acabe con aquel agente provocador. Esa misma noche se compromete a viajar a Argel para realizar la operación. Está de acuerdo en todo lo que le plantea su viejo camarada, pero tiene miedo a actuar solo en un país extraño.

—Si no fuera tan conocido en Argelia —le comenta Espinosa— yo mismo me encargaría de él. Pero no te preocupes. Tengo un amigo que nos puede echar una mano.

El hombre a sueldo del comisario general de Información le entrega en el acto 50.000 pesetas para los primeros gastos y le presenta a José Luis Cortés, la persona que le va a acompañar a Argel. Al día siguiente, se trasladan al país norteafricano en un vuelo de las líneas Air Algerie.

Las jornadas siguientes las dedica Espinosa a entrenar al futuro asesino para que se desenvuelva como pez en el agua por la ciudad. Le enseña las principales calles y dónde se encuentran las paradas de los autobuses. Les instruye sobre cómo tomar un taxi y la manera más rápida de escapar de las oficinas de Antonio Cubillo, en la calle Shaui Shuider, al lado mismo de la sede del FLN y del lujoso barrio donde vive el líder independentista canario.

Después, comienza el seguimiento de Cubillo. Sus horas de entrada y salida en el domicilio, la visita diaria a Radio Argel, la matrícula de su coche, un viejo Volkswagen granate, propiedad del FLN, que años antes había estado asignado al dirigente de ETA José Luis Alvarez. Todos sus movimientos están controlados.

Cuando José Luis González se ha aprendido la lección regresa con Espinosa a Alicante para hacer los últimos preparativos. Esa semana la violencia terrorista había vuelto a sacudir con contundencia a España y los ánimos estaban revueltos. En Madrid los GRAPO dispararon a bocajarro al director general de Instituciones Penitenciarias, Jesús Haddad, y en Vizcaya ETA Militar había hecho estallar goma-2 en el departamento de contención número 1 de la central nuclear de Lemóniz, donde prestaban sus servicios ciento treinta personas.

La noche del 30 de marzo, agitados por razones bien distintas, los dos hombres duermen en el hotel alicantino La Balseta. Espinosa, que se inscribe con el nombre de Alfredo González, ocupa la habitación 438 y paga 744 pesetas. Sólo faltan los últimos retoques.

Al día siguiente viajan a Mallorca. Allí, en una tienda de la plaza Mayor, González compra un cuchillo de monte de hoja dentada. Es el clásico puñal empleado en la pesca submarina. Al mediodía se les une José Luis Cortés y toman el vuelo AH2233, de Air Algerie, con destino a Argel.

José Luis González y José Luis Cortés viajan con pasaportes falsos que les ha entregado «Gustavo», con los nombres de Luis Muñoz Rodríguez[9] y Juan Antonio Sandoval. El espía de la Policía les facilita además dos cartas de trabajo de una empresa española que tiene obras en Argelia, igualmente falsas. Aparentemente, son dos pacíficos trabajadores españoles que se dirigen a Tinduf, en el sur del país, para participar en la construcción de una central eléctrica.

—Una vez realizada la acción no os olvidéis que tenéis que salir de Argel de inmediato —les dice «Gustavo» al dejarles solos en el hotel antes de regresar a España.

—Hombre, si algo sale mal siempre podemos refugiarnos en la embajada de España —replica Cortés.

—No, eso nunca. Tenéis que huir por la frontera con Marruecos. ¿No os dais cuenta de que la embajada y la cancillería son los primeros lugares que va a vigilar la Policía?

—Bueno, bueno —replica José Luis González—. Nos veremos en la frontera.

---

[9] Este documento falso fue expedido el 15 de septiembre de 1977 en las dependencias policiales de la Puerta del Sol y fue recogido personalmente por José Luis Espinosa Pardo.

—Allí estaré. Pero, por favor, no me falléis. ¡Tenemos que acabar con los provocadores imperialistas!

* * *

González y Cortés iban a cumplir su palabra. El 5 de abril de 1978, al caer la tarde, esperan la llegada de Antonio Cubillo en las cercanías de su casa. Cuando le ven aparcar su viejo Volkswagen en las inmediaciones del número 14 de la calle Pekín, se meten en el portal.

Esperan a que el líder independentista, empapado por la lluvia incesante que cae desde horas antes, atraviese el recinto de la portería. Al abrirse las puertas del ascensor entran los tres, uno detrás de otro. José Luis se levanta entonces el bajo del pantalón, saca el puñal que lleva oculto en la caña de una de las botas y lo blande amenazador sobre su víctima.

Antonio Cubillo, cogido por sorpresa, no puede evitar la agresión. Completamente indefenso, se queda petrificado. Con el cuerpo retorcido de dolor, observa con horror cómo la fina y reluciente hoja de acero se le clava por dos veces consecutivas en el vientre y en el tórax y le alcanza la columna vertebral.

—¡Socorro! ¡Socorro! ¡Que me matan! —logra balbucear, entre estertores.

Sus gritos son escuchados por una vecina que acude inmediatamente en su auxilio. La mujer le encuentra tendido en el suelo, bañado en un enorme charco de sangre. No puede hablar, está a punto de perder el conocimiento. Avisa a una ambulancia y le trasladan rápidamente al hospital Mustafá, situado a veinte minutos de su domicilio.

Cuando llega al centro clínico ha perdido cuatro litros de sangre y apenas tiene pulso. Pero, dentro de la tragedia, ha tenido suerte. De no haber coincidido la agresión con un gran partido de fútbol entre las selecciones de Argelia y Hungría que había convertido a la ciudad en una urbe fantasma, Cubillo no lo hubiera contado. El caos circulatorio casi permanente de Argel habría impedido que la ambulancia llegara a tiempo al centro sanitario.

De todos modos, los médicos, instados por el presidente argelino, han de hacer lo imposible por salvarle la vida. Su sangre, del tipo A negativo, es prácticamente imposible de encontrar. Gran parte de la población del país árabe, de mayoría berebere, pertenece al grupo sanguíneo O negativo. En el hospital recurren a un sacerdote suizo, de religión protestante, el padre Blond, quien se presta a las transfusiones de inmediato. Cubillo, sin embargo, paga cara su oposición al primer Gobierno elegido democráticamente por los españoles desde hacía más de cuarenta años: queda hemipléjico para el resto de sus días.

Sus verdugos tampoco salen bien parados. Ocho horas después del atentado son detenidos por la Policía argelina en el hotel donde se encuentran alojados. El impresionante cerco policial montado por el Gobierno de Huari Boumedienne cinco minutos después de producirse el apuñalamiento del líder del MPAIAC les había obligado a abandonar sus planes de fuga.

Un mes después, el 7 de mayo de 1978, en Medea, a ochenta kilómetros escasos de Argel, el Consejo de Seguridad del Estado de Argelia celebra un juicio sumarísimo para condenar a los agresores. El tribunal lo forman cinco militares de alta graduación. Piden para ellos severas condenas de prisión y de muerte. En el banquillo de los acusados hay un sitio libre: el de José Luis Espinosa Pardo, alias «Ahmed», alias «Gustavo», alias «Alfredo» [10].

—Aquí ha quedado probado que se reunió en Burdeos con los procesados y que es el auténtico inductor, el «cerebro» asesino de tan execrable crimen —dijo el fiscal al final de la vista.

Revestido por la solemnidad del acto, rodeado de militares y de algún militante del MPAIAC, la acusación pública elevó el tono de voz por unos instantes:

—Por lo tanto, mi conciencia me obliga a pedir para él la pena capital.

En aquellos momentos, mientras el tribunal musulmán le condenaba a muerte en rebeldía, José Luis Espinosa Pardo se encontraba descansando a miles de kilómetros de Medea. Con un millón y medio en una cuenta bancaria, recibido en metálico como pago a sus servicios, disfrutaba de la reconfortante primavera que comenzaba a florecer en un lugar donde jamás sería buscado por la Justicia argelina: Yugoslavia.

Por primera vez en su vida se ha dejado crecer la barba. En su pasaporte figuran las siguientes reseñas: «Nombre: Alberto Torremocha Ramírez. Profesión: mecánico. Lugar y fecha de nacimien-

[10] Los dos autores materiales del atentado, José Luis González y José Luis Cortés, fueron condenados a las penas de muerte y 20 años de cárcel por sentencia del 7 de mayo de 1978. Después de pasar aproximadamente siete años presos, fueron puestos en libertad.

to: Cáceres, el 5 de marzo de 1926. Domicilio: Avenida de José Antonio, 16.»

De todos los datos sólo uno es cierto: había nacido en 1926, pero no en Cáceres sino en San Javier, Murcia. Las «vacaciones», sin embargo, iban a durarle muy poco. Después de «vender» a la Policía a sus amigos del MPAIAC, ahora les tocaba el turno a los del oscuro y misterioso GRAPO.

* * *

Los Grupos Revolucionarios Antifascistas Primero de Octubre llevaban algún tiempo queriendo celebrar el IV Congreso estatal, del PCE (r) pero unas veces las caídas a manos de la Policía y otras la falta de tiempo y del lugar apropiado habían venido dilatando la fecha. Además, Francisco Brotons Beneyto, un administrativo nacido en un pueblo de Alicante, el máximo responsable de la organización en el interior, no se fiaba de nadie. Ni siquiera de algunos de los miembros de los comandos de acción, muchos de los cuales podían estar bajo control policial.

Desde que el agente de Conesa, Antonio González Pacheco, «Billy el Niño», se infiltrara en la organización conviviendo con Encarnación Alvarez, la compañera de Enrique Collazo Araujo, uno de los míticos dirigentes de la organización, que había participado en los secuestros de Oriol y de Villaescusa, los *grapos* no se fiaban ni de sus madres.

El jefe de los GRAPO tenía, sin embargo, una persona que le merecía todos sus respetos: José Luis Espinosa. Desde que el coronel argelino Sliman Hoffman se lo había presentado a su compañero Martín Eizaguirre, en Argel, como un «verdadero revolucionario», Espinosa había sido uno de los «hombres clave» de los GRAPO y nunca había puesto en peligro a la organización.

«Gustavo» se había convertido en el enlace entre él y Martín Eizaguirre y siempre había cumplido sus órdenes a rajatabla. Como correo había trasladado sin problemas explosivos, armas y propaganda desde Francia. Respetaba escrupulosamente las reglas de la clandestinidad y ningún militante había tenido nunca reproche alguno sobre él.

Francisco Brotons ignoraba que cuando le conoció por primera vez en la plaza de Callao de Madrid todas las cámaras fotográficas de la Policía, provistas de teleobjetivos, habían estado disparando sin cesar. Tampoco sabía que quienes le pasaban las armas y los explosivos por la frontera de Irún eran sus perseguidores: los más duros agentes de la Comisaría General de Información.

Así que, a finales de septiembre de 1978, le da una cita clandestina en el templo egipcio de Debod, cerca de la plaza de España de Madrid, y le dice:

—José Luis, el Partido Comunista Reconstituido va a celebrar su congreso. Quiero que te encargues de la logística.

—La logística... ¿Y eso qué es? —pregunta Espinosa.

—Necesitamos un piso de seguridad para reunirnos. Tú eres una persona mayor, tienes pinta de obrero y puedes alquilarlo sin problemas.

—Muy bien. ¿Dónde queréis el piso?

—En algún lugar turístico. Donde haya mucho movimiento de gente y podamos pasar desapercibidos.

Espinosa Pardo se lo cuenta en seguida al «número uno» de Información de la Policía, Roberto Conesa. El «superagente» no cabe ese día en la camisa. ¡Por fin va a atrapar a todos los *grapos* y, además, juntos!

El 1 de octubre de 1978, «Gustavo» y el comisario de Policía Emilio Sánchez, responsable directo de la operación, viajan por separado hasta Benidorm. Allí, tras ojear los anuncios breves de los periódicos y tras muchos y largos regateos, Espinosa alquila por 25.000 pesetas un piso en las cercanías de la plaza Doctor Lozano.

A continuación, Emilio Sánchez [11] y sus hombres entran en el inmueble y colocan media docena de micrófonos bajo la moqueta y detrás del papel pintado de la pared. En previsión de un asalto, fotografían todas las habitaciones, levantan un plano de la casa, engrasan las bisagras de las puertas para que no suenen y, por último, obtienen copias de todas las llaves. «En todo asalto —comenta el policía—, el factor sorpresa es vital.»

Al día siguiente, Encarnación Martínez de Santiago, la mujer del dirigente de la organización Enrique Cerdán Calixto, encarce-

[11] Tras la desarticulación del Comité Central de los GRAPO, Emilio Sánchez viajó a Canarias para desmontar el MPAIAC. Sin embargo, en lugar de proceder a la captura de los activistas conocidos, entregó diversas pistolas a los miembros de esta banda a través de varios confidentes. Así, al detenerlos, podía justificar un éxito mayor. Pero, tras varias caídas de los grupos independentistas, las armas no aparecieron y Sánchez tuvo que regresar a Madrid dejando varias pistolas en manos de un grupo terrorista. Fueron localizadas finalmente en otra operación, en 1980, por el capitán Morales, del Servicio de Información de la Guardia Civil.

lado en aquellos momentos, y el *grapo* Luis Alonso Riveiro acuden a hacerse cargo del piso. Para no despertar sospechas viajan como si fueran matrimonio y llevan con ellos a la hija de tres años de Encarnación.

La Policía, que ha alquilado dos apartamentos situados a menos de veinte metros de distancia, conecta los sistemas de escucha aquella misma tarde. Dos de los micrófonos se han estropeado. Sin embargo, a través de los restantes pueden percibir con plena nitidez la voz de la mujer.

—No se preocupe, jefe —dice uno de los policías—, no es grave. Se oye hasta cuando mean.

Al oír que está contando a la niña cuentos de Heidi y Marco, dos personajes de una serie televisiva infantil, sonríen con sarcasmo.

Poco a poco, en un goteo incesante, todo el Comité Central del GRAPO va llegando esos días a Benidorm. Los últimos en hacerlo se presentan en la localidad veraniega el 8 de octubre. Sin embargo, los primeros en llegar están cansados de permanecer encerrados y rompen las reglas de la clandestinidad. Deciden asomar las narices a la calle. Compran cañas de pescar y anzuelos y se van a un islote cercano a pasar el día. Los policías alquilan una pequeña barca y se internan también en la isla con sus aparejos de pesca al hombro. Terroristas y policías charlan esa mañana del tiempo y de otros tópicos.

—¿Qué tal se da aquí la pesca? —pregunta el comisario Sánchez a su compañero de caña, a modo de introducción.

—Bastante mal. En dos horas no ha picado ni uno —contesta el *grapo* Alonso Riveiro.

—Se ve que con tanto turista y tanto barco de recreo está todo muy esquilmado —agrega el hombre de Conesa.

—¡Y para las tres pesetas que dejan los turistas! —critica el *grapo.*

La conversación se prolonga durante una hora. Policías y terroristas hicieron buenas migas. Luis Alonso Riveiro y sus acompañantes no reparan en que las cañas y aparejos de sus fortuitos vecinos están tan nuevas y relucientes como las suyas y que las «presas» que les interesan en esos momentos llevan una semana picando el anzuelo.

El 8 de octubre el Comité Central del GRAPO en pleno está en Benidorm. La Policía ha contado hasta dieciséis personas y esa noche quiere poner en marcha la «operación Turismo».

Sin embargo, Roberto Conesa, furibundo anticomunista, no está decididamente por la labor.

—Ministro —le dice a Rodolfo Martín Villa—, yo les dejaría que se marchara cada uno a su región y les seguiría. Creo que, tarde o temprano, alguno de ellos se pondrá en contacto con «El Tanque» y ése sería el momento de actuar.

«El Tanque» era, nada menos, Francisco Romero Marín, setenta y ocho años, oficial del Ejército republicano y miembro del Comité Central del Partido Comunista de España. Romero Marín, un hombre que pasó gran parte de su vida en la Unión Soviética, es, según especulaba Conesa, el «enlace» entre los grupos terroristas españoles y el KGB soviético. Uno de los peces gordos que movían los hilos del terrorismo internacional para desestabilizar los países occidentales.

Unas fotos obtenidas en la plaza Léon Blum de París mostraban a aquel hombre fornido, de pelo canoso, pómulos sobresalientes y frente amplia junto al dirigente del GRAPO Martín Eizaguirre, lo cual constituía la prueba irrefutable para los hombres de Conesa. Martín Villa, sin embargo, no pensaba igual.

—Estás loco, Roberto. ¿Cómo vamos a desperdiciar una oportunidad de oro como ésta?

—¿Y qué más da? No te das cuenta, ministro, de que los *grapos* son simples peones y que los podemos coger cuando nos dé la gana.

—Eso crees tú. ¿Quién me garantiza a mí que vais a ser capaces de capturarlos?

Roberto Conesa se dio cuenta de que Martín Villa prefería *grapo* en mano que Romero Marín volando. Y aquella misma noche autorizó a sus hombres a que asaltasen el piso de «vacaciones» de la sanguinaria y oscura organización terrorista.

La operación se produjo a las tres de la madrugada. Las calles estaban vacías y los miembros del Comité Central llevaban cerca de dos horas durmiendo. Media hora después, los dieciséis terroristas más peligrosos del país se encontraban esposados en varios furgones de la Policía camino de Madrid.

Durante el asalto, en el que se usaron bombas lacrimógenas, uno de los dirigentes del GRAPO, Francisco Javier Martín Eizaguirre, logró alcanzar el balcón de la casa de enfrente y, desde ahí, se arrojó a la calle.

Su intento de huida le sirvió de muy poco. Al caer al suelo se fracturó la tibia derecha por tres partes y no pudo andar. Instantes después, la Policía le echó el guante y le trasladó al hospital penitenciario de Carabanchel. Allí pasó varios meses ingresado hasta que huyó a París.

Considerado por el Ministerio del Interior como uno de los principales líderes del GRAPO, esta segunda fuga iba a significar, de hecho, su sentencia de muerte.

* * *

El jueves 27 de junio de 1979 Francisco Javier Martín Eizaguirre, cuarenta y dos años, casado y con dos hijos, le dijo a Nöel, su mujer:

—Hoy no me esperes a comer. Tengo una cita con dos amigos.

Y salió de la casa renqueando, sin poder disimular la cojera que le habían producido las tres fracturas de Benidorm y de las que no se había podido reponer del todo a pesar de las once operaciones a las que fue sometido en Madrid y París.

Desde su huida de España, ocho meses antes, Eizaguirre seguía dedicándose en la capital francesa al activismo político. Formaba parte de los comités de apoyo al pueblo vietnamita y mantenía relaciones con el GRAPO a través de Argel.

El 27 de junio, de acuerdo con su costumbre, acudió a comer a un restaurante vietnamita situado en el distrito 11 de la capital parisina. Ese día, sus hábitos le perdieron.

Un comando del Batallón Vasco Español, dirigido por el pistolero francés Jean Pierre Cherid, le aguardaba a las puertas del establecimiento. Cuando Martín Eizaguirre se sentó a la mesa, de espaldas a la salida, un individuo delgado, alto, de bigote fino y pelo rubio [12], sacó una pistola y le descerrajó cinco tiros en la cabeza y el abdomen.

Martín Eizaguirre, que había comenzado a trabajar apenas quince días antes en una constructora como delineante proyectista, falleció en el acto.

La pistola, una Astra de 9 milímetros Parabellum, apareció poco después en una alcantarilla y, a partir de entonces, los Grupos Revolucionarios Antifascistas Primero de Octubre se quedaron sin «enlace» con el Gobierno de Huari Boumedienne.

Los hombres de Conesa, sin embargo, estaban convencidos de

[12] La descripción del pistolero corresponde con la de Cherid, según el diario *Deia* del 30 de junio de 1979. El periódico *Egin* de la misma fecha, en cambio, da otra versión.

que el asesinato del responsable del aparato internacional del GRAPO era una de las operaciones más importantes concebida desde las «cloacas de la democracia». Los policías españoles sospechaban —aunque no tenían pruebas de ello— que Martín Eizaguirre era uno de los hombres del KGB, el servicio secreto soviético, ligado al terrorismo internacional.

Por la «caída de Benidorm», el mayor servicio policial que realiza la Comisaría General de Información en la etapa de Roberto Conesa, el «espía» José Luis Espinosa Pardo cobró 300.000 pesetas. A cambio, la Policía franquista, que se temía una purga al estilo de la «revolución de los claveles» del 25 de abril de 1974 en Portugal, volvió a hacerse imprescindible para el Gobierno de Adolfo Suárez. «Aunque haya servido al régimen anterior y, en algunas ocasiones se haya extralimitado en sus funciones, que yo no lo sé, Roberto Conesa es un hombre policialmente válido para la democracia», declaró el ministro del Interior, Rodolfo Martín Villa.

Pasada una década, tras la sentencia de la Audiencia Nacional sobre el «caso Cubillo», Roberto Conesa fue hasta su muerte, ocurrida a comienzos de 1994, un prófugo de la Justicia. El 19 de julio de 1990, cuatro días después de condenar a José Luis Espinosa a veinte años de cárcel, la Sala de lo Penal del alto tribunal decidía abrir diligencias separadas para encausar al principal policía promotor del asesinato frustrado.

«La Justicia —decía la Sala— debe procurar que no existan zonas de penumbra ni posibles responsables anónimos.»

CAPITULO SEIS

23-F: POLITICOS Y MILITARES EN BUSCA DE UN SALVADOR

En los meses anteriores al golpe de Estado del 23 de febrero de 1981, numerosos políticos del PSOE, PP y UCD se dedicaron a las «conspiraciones de salón» como única vía para forzar la dimisión del presidente del Gobierno, Adolfo Suárez, y acelerar la convocatoria de elecciones generales anticipadas. La sensación de desastre artificialmente alimentada sobre todo por el PSOE —que presentó una moción de censura al Gobierno a escasos catorce meses de su constitución— fue asumida inmediatamente por un sector del Ejército, de fuerte tradición golpista. Todos los generales que tomaron parte en la intentona involucionista actuaron en su mayor parte movidos más por «venganzas personales» hacia el presidente del Gobierno, a cuya autoridad civil no estaban dispuestos a someterse, que por motivos patrióticos o por «salvar a la Corona». El Rey, durante las tensas horas de la toma del Congreso, consideró la «solución Armada» sólo para impedir una matanza de los parlamentarios. De ahí la tardanza de su mensaje al pueblo español.

El Partido Socialista Obrero Español había acudido a las elecciones generales de 1979 con una tremenda moral de victoria. A medida que se acercaba la fecha de los comicios, las encuestas electorales le daban cada vez más posibilidades de conquistar el poder.

La UCD, la formación de Adolfo Suárez, presentaba además sus primeros síntomas de resquebrajamiento interno, lo cual, durante la dura campaña electoral en la que Felipe González recorrió toda España a lo largo de más de un mes a bordo de una avioneta particular, hacía presagiar a los socialistas que en poco tiempo estarían instalados en La Moncloa. Sin embargo, el contraataque lanzado en los últimos días de campaña por los líderes centristas inclinó la balanza del lado del Gobierno. Aunque por un escaso margen de votos, el 1 de marzo UCD volvía a ganar la batalla de las urnas con poco más de 6 millones de votos, frente a los 5,2 millones del PSOE. Adolfo Suárez, en minoría, se garantizaba otros cuatro años de permanencia en el Gobierno de la nación.

Los socialistas, que creían tener el triunfo al alcance de la mano, habían manifestado una euforia desmedida. No sólo se veían en La Moncloa sino que algún periódico había incluso anticipado la lista de los futuros ministros del PSOE, el partido de la «renovacion» y el «cambio». El castigo de las urnas, los apenas 800.000 votos que le separaban del Gobierno, fue una derrota demasiado difícil de digerir.

La noche electoral, a medida que se iba conociendo el fracaso socialista y se evidenciaba la menguada victoria de UCD, el cuartel general electoral del PSOE, en la calle García Morato de Madrid, fue convirtiéndose en un cementerio.

Felipe González, que había convocado una rueda de prensa para hacer una valoración del veredicto de las urnas, desapareció misteriosamente. El resto de los miembros de la Ejecutiva le secundó, y lo que se vaticinaba como un día de fiesta y jolgorio por la victoria acabó convertido en una jornada de pesadumbre y duelo interno.

Durante toda la noche la sede del PSOE permaneció tomada por los periodistas. Cerca de las cinco de la mañana, cuando los resultados eran ya casi definitivos, Felipe González y Alfonso Guerra, que en aquellos años se mostraban tan solícitos a los contactos con los medios de comunicación, continuaban ausentes, como si se los hubiera tragado la tierra.

En esos momentos, Luis Rubio, periodista gráfico de *Cambio 16*, uno más de las docenas de reporteros que se habían dedicado a recorrer planta a planta el edificio para averiguar dónde se encontraba Felipe González, se topó con un ascensor interno.

Entró en él casi por inercia y le condujo directamente a una sala de reuniones secreta del partido. Allí, en torno a una mesa, se encontraba reunida, en silencio y con la luz casi apagada, la Comisión Ejecutiva del PSOE en pleno.

Luis Rubio pudo distinguir entre los presentes a Alfonso Guerra, a Luis Yáñez, a Pedro Bofill y a Javier Solana. Todos ellos estaban sentados en torno a Felipe González. El secretario general del PSOE permanecía con los codos clavados en la mesa y la cabeza apoyada entre las manos, mirando al suelo en actitud de derrota.

El fotógrafo de *Cambio 16* preparó la única cámara que llevaba encima, cargada con película en blanco y negro, y decidió inmortalizar la escena, más típica de un funeral que de una reunión de un partido político. En ese momento, Felipe González levantó la cabeza. Tenía los pómulos hinchados y los ojos rojos, enmarcados por unas amplias ojeras. El secretario general del PSOE parecía un zombi.

Luis Rubio se percató entonces de una cosa. Felipe González había estado llorando. Probablemente, de rabia e indignación. Un personaje dotado de una elevada dosis de autoestima, calificado por sus íntimos de prepotente, soberbio y engreído, era incapaz de asumir deportivamente el amargo sabor de la derrota.

Los acontecimientos futuros lo iban a demostrar sobradamente.

* * *

El 21 de mayo de 1980, a las 5.45 de la tarde, Gregorio Peces-Barba, José Federico de Carvajal, Pedro Bofill y Luis Gómez Llorente presentaron ante la Secretaría del Congreso de los Diputados una moción de censura contra el Gobierno de Adolfo Suárez. Habían transcurrido apenas catorce meses desde la convocatoria de las últimas elecciones generales y el PSOE no estaba dispuesto a perder el tiempo, de manera que intentaría echar a Adolfo Suárez mediante el único procedimiento constitucional: la reprobación de su gestión ante la Cámara Baja.

Los socialistas no se resignaban a su suerte de eternos perdedores. Se consideraban democrática y legítimamente más capacitados para ostentar el Gobierno del país y no asumían el resultado de las urnas, que les había condenado a permanecer otros cuatro años de brazos cruzados en los escaños de la oposición.

Sin concederle siquiera los habituales cien días de gracia al nuevo Gobierno, Felipe González y Alfonso Guerra se habían lanzado a una furibunda campaña de acoso y desgaste sistemático de sus adversarios, contra los que agotaron el diccionario de los improperios y las descalificaciones en poco tiempo. Titulares fuertes y llamativos ocupaban entre tres y cuatro páginas diarias en los principales periódicos nacionales, fundamentalmente *El País* y *Diario 16* [1]. Desde el otro lado del espectro ideológico, *El Imparcial*, financiado por Domingo López, a quien UCD había intervenido

[1] Para más detalles pueden consultarse las hemerotecas de mayo, junio y julio de 1979.

su banco[2], y *El Alcázar*, controlado por la Hermandad Nacional de Ex Combatientes de la Guerra Civil y reducto de la extrema derecha y de los nostálgicos del franquismo, tampoco reparaban en medios para frenar el avance hacia la democracia e impedir el desarrollo pleno del Estado de las Autonomías.

La UCD, que necesitaba articular día a día una estrategia de defensa, estaba con las manos atadas, casi sin capacidad para gobernar. Adolfo Suárez, acostumbrado a ilusionar al país con sus continuos golpes de efecto, se había quedado sin conejos en la chistera. El hombre que había hecho la transición pacífica del franquismo a la democracia, y de quien todos esperaban siempre algún milagro, se encontraba prisionero de su propio partido, que empezaba a desintegrarse por las peleas internas entre sus principales dirigentes.

La tremenda operación de descrédito montada desde las filas socialistas había erosionado fuertemente la imagen del presidente. Poca gente confiaba ya en sus soluciones «sobrenaturales», y Suárez, que no contaba con un «cinturón de hierro», como Felipe González, que le protegiera de sus enemigos y fomentara la adoración al líder y el culto a su personalidad, sabía que, hiciera lo que hiciera, estaría todos los días en primera página de los periódicos como el responsable de todos los males del país. Su desilusión se había hecho patente.

En Madrid se contaba un chiste muy ilustrativo al respecto. Se decía que Suárez, ante la pérdida de apoyo en la opinión pública, había acudido al Papa para ver si hacía un milagro que le salvara.

—Vete a la playa de Torremolinos y camina sobre las aguas, que el Espíritu Santo te va a ayudar —le había recomendado el Pontífice.

El presidente del Gobierno sigue al pie de la letra la consigna. Acude a Torremolinos y comienza a andar sobre las aguas. Entonces, la gente, en lugar de abrir la boca alucinada por la maravilla, comenta:

—¿Quién es ese tonto al que se le ha olvidado nadar?[3]

La conclusión era obvia: sin conejos en la chistera, ni siquiera andando sobre las aguas lograba Suárez concitar la atención de los españoles.

[2] El Banco de Valladolid fue intervenido por el Gobierno a finales de la década de los setenta, dentro de la gran crisis del sistema financiero.

[3] El chiste lo recuerda un alto cargo de La Zarzuela.

En este contexto, cuando el 21 de mayo de 1980 el PSOE presenta su moción de censura contra Adolfo Suárez, el panorama que se dibuja de la situación político-económico-social del país es catastrófico.

Gregorio Peces-Barba y José Federico de Carvajal, autores del texto de la moción, acusaban al Gobierno de «infringir los compromisos electorales contraídos con los ciudadanos», de «hacer gala de desprecio hacia las reglas de juego democráticas», del «deterioro y desprestigio de las instituciones», de la «inseguridad ciudadana», de la «falta de libertad de expresión», de la carencia de «voluntad para enfrentarse al paro y a la corrupción en Televisión Española», del fracaso de la política económica y de otros muchos males similares a los de la España socialista de 1993 y 1994 pero, evidentemente, mucho menos acentuados[4].

En la moción de censura el PSOE propuso a Felipe González como candidato para sustituir a Suárez en La Moncloa y los líderes socialistas llevaron a cabo contactos secretos con los nacionalistas vascos y catalanes y con algunos dirigentes de Alianza Popular para derrocar a Adolfo Suárez. Con 121 escaños en el Parlamento, frente a los 167 de UCD, los socialistas necesitaban contar con el apoyo de estos grupos para obtener el número de votos suficientes.

Felipe González, finalmente, no alcanzó la mayoría suficiente y el PSOE cosechó en poco más de un año su segunda derrota pública. La gran mayoría estable que el secretario general del PSOE buscaba para formar un Gobierno de concentración de amplia base se vio así frustrada.

El error del partido de la calle Santa Engracia de Madrid había sido presentar a su líder como candidato para acabar con la hegemonía política de Adolfo Suárez.

—Si hubierais presentado a un candidato independiente, Alianza Popular y Convergència i Unió os habrían votado —le dijo una semana más tarde un miembro de AP a Felipe González.

Manuel Fraga, que se consideraba el legítimo propietario de un partido de centro al haber sido él el primero en acuñar esa idea, pensaba que Adolfo Suárez era un político mediocre y adve-

[4] Los lectores que quieran refocilarse con esta interesante «pieza literaria» y comprobar cómo los ciclos históricos lamentablemente se repiten, pueden acudir al *Diario de Sesiones* del Congreso de los Diputados de 26 de mayo de 1980. También puede consultarse en las hemerotecas la edición del día 22 de *Diario 16* que reproduce el texto completo.

nedizo y estaba dispuesto a hacer cualquier cosa para borrarlo del mapa político.

—Incluso —le dijo el mismo interlocutor a Felipe González— estamos dispuestos a apoyar una moción de censura presentada por el PSOE. Pero de ahí a votar a Felipe González para presidente del Gobierno media un abismo. Nuestro electorado no nos lo perdonaría nunca.

Felipe González tomó nota. En una improvisada rueda de prensa posterior a la moción de censura anunció que su partido endurecería la oposición en la Cámara. Pero, además, el líder socialista empezó a acariciar la idea de una segunda moción de censura con un independiente a la cabeza. Acabarían con Adolfo Suárez aunque no fuera él quien le sustituyera a corto plazo, según les dijo a sus más directos colaboradores.

* * *

El domingo 2 de junio los reyes de España, don Juan Carlos y doña Sofía, el presidente del Gobierno, Adolfo Suárez, y todo el Gabinete de desplazan a Valencia. En la capital del Turia se celebra el Día de la Bandera, dentro de la Semana de las Fuerzas Armadas, y está prevista una parada militar en la que han de desfilar ante las autoridades de la nación los mismos tanques de la División Motorizada Maestrazgo que meses después iban a tener una resonancia internacional por el golpe del 23-F.

La Semana de las Fuerzas Armadas había sido instituida a comienzos de la transición política por el Gobierno, a propuesta del ministro de Defensa, Manuel Gutiérrez Mellado, para sustituir el desfile franquista del Día de la Victoria y como una manera de contentar al sector militar más radical, que se sentía molesto por el ultraje a los símbolos de la nación y las reformas en el seno del Ejército.

Los actos de 1980 iban a tener, sin embargo, una especial significación entre las conmemoraciones castrenses. Por rotación, aquel año le tocaba a la Capitanía General de Valencia organizar la Semana de las Fuerzas Armadas. Y el capitán general de la región levantina no era otro que Jaime Milans del Bosch, uno de los militares con más prestigio dentro del Ejército y contrario a la reforma política.

En 1977, apenas iniciado el tránsito de la dictadura a la democracia, se lo había dado a entender al propio rey don Juan Carlos. En una visita del Monarca a los acuartelamientos de El Goloso

(Madrid), sede de la División Acorazada Brunete 1, mandada entonces por Milans del Bosch, éste había respondido a una pregunta del Rey sobre el alcance de los cañones autopropulsados de la unidad:

—Majestad, con este cañón soy capaz de llegar hasta la Puerta del Sol.

En 1980, durante el desfile del Día de la Bandera, Jaime Milans del Bosch no hizo ningún esfuerzo por disimular su contrariedad y su rechazo hacia el Gobierno. En el cóctel habitual servido en honor de las autoridades, Leopoldo Calvo Sotelo, entonces vicepresidente para Asuntos Económicos, tuvo ocasión de comprobarlo. En un momento dado del acto, Calvo Sotelo, cuya familia es originaria de Ribadeo, se acercó a Milans para interesarse por unos primos suyos, también militares, a quienes había conocido durante su infancia en Galicia.

—¿Qué tal Joaquín?, ¿sabes algo de él?

—No sé nada —le respondió Milans en tono hosco—. Me tengo que ir.

Y se dio la vuelta y se largó a otro corrillo integrado exclusivamente por militares[5]. Poco después, Calvo Sotelo se lo comentaba a Suárez:

—He ido a saludar a Milans. Le encuentro un poco raro.

El enfrentamiento más grave de toda la jornada iba a tener lugar a primeras horas de la tarde. Acabado el almuerzo con la cúpula militar, el presidente del Gobierno, el vicepresidente, Manuel Gutiérrez Mellado, el ministro de Defensa, Agustín Rodríguez Sahagún, y el secretario particular de Adolfo Suárez, su cuñado Aurelio Delgado[6], se reúnen en una sala aparte para jugar una partida de mus.

En un momento dado, uno de los ayudantes del capitán general de Valencia se acerca a Delgado y le susurra al oído:

—¿A qué hora tiene previsto irse el Presidente?

[5] Para la elaboración de este capítulo y otros los autores del libro mantuvieron tres entrevistas con Leopoldo Calvo Sotelo, la primera de ellas el 13 de octubre de 1993.

[6] Aurelio Delgado, un hombre de una infinita paciencia, dedicó, a lo largo de cuatro entrevistas, más de diez horas a los autores del libro, y su ayuda resultó fundamental para reconstruir estos hechos. Las dos primeras entrevistas se celebraron en su domicilio, donde «Lito» Delgado se encontraba convaleciente de una rotura múltiple en una cadera a consecuencia de una caída cuando montaba a caballo.

—Mañana por la mañana —contesta Delgado.

—Pues me ordena el teniente general Milans que le diga que se dé por despedido.

Suárez, que está pendiente de la conversación, no tolera la más mínima indisciplina en el Ejército ni la falta de sometimiento de un sector del generalato al poder civil, el único legalmente constituido y que representa la voluntad popular. Toma cartas en el asunto y dice:

—Dígale al general Milans que salgo a las nueve de la mañana. Comuníquele también que le ordeno que esté a las ocho y media en el aeropuerto, con las tropas formadas, para rendir honores al Gobierno.

Zanjado el incidente, continuó la partida de cartas como si nada hubiera pasado. Al día siguiente, al ir a tomar el avión para volver a Madrid, Adolfo Suárez y sus acompañantes llegaron con cuarenta minutos de retraso al aeropuerto.

Jaime Milans del Bosch, que se había levantado a las siete de la mañana y que llevaba dos horas esperando, con la tropa formada, ante la presencia del jefe del Gobierno se cuadra, saluda marcialmente y dice con voz de trueno:

—¡A sus órdenes, señor Presidente!

—¿Hay alguna novedad? —pregunta Suárez.

—No, ninguna.

—Bien. Puede retirarse.

En el vuelo de regreso a Madrid, el séquito del Presidente comenta el tono agrio y de evidente mal humor que traslucía el saludo del capitán general de Valencia. Por su parte, Milans del Bosch, un hombre que por la tradición monárquica de su familia se atrevía a hablarle de tú a tú al Rey y no acataba órdenes de nadie, aseguró a sus íntimos amigos que aquella había sido una de las mayores humillaciones de su vida.

* * *

Había otro personaje a quien, por razones distintas, le preocupaba por esas fechas lo que ocurría en España. Josep Tarradellas, presidente de la Generalitat, pensaba que desde las últimas elecciones generales las cosas en el país no marchaban demasiado bien.

Amigo del capitán general de Cataluña, Francisco Coloma Gallegos, Josep Tarradellas llevaba casi dos años al frente de la comunidad autónoma catalana después de regresar del exilio.

Buen observador de la realidad del país y con una inteligencia privilegiada, se consideraba a sí mismo «un catalanista y un españolista».

—Cuando las cosas van bien en España marchan bien en Cataluña —no dejaba de repetir a sus interlocutores.

En 1979, a la vista del empeoramiento de la situación política del país, pensó que debía hacer algo. Tras consultarlo con su amigo Coloma Gallegos, pidió audiencia al rey Juan Carlos y se pasó tres horas en La Zarzuela.

Como persona con mayor experiencia política, no tuvo reparos en explicarle a la más alta institución del Estado cómo veía la situación del país. En primer lugar, le preocupaban las autonomías. En su opinión, el asunto se había desbordado en los últimos meses y era preciso poner orden en aquel caos. Ello obligaba necesariamente a modificar el título VIII de la Constitución.

El presidente de la Generalitat era partidario de que existieran sólo dos comunidades autónomas con pleno reconocimiento de sus derechos históricos: la catalana y la vasca. Además, creía que debían transferirse al completo sus competencias. Tarradellas tenía una pésima opinión de su delfín, Jordi Pujol, y temía que, cuando se produjera el relevo en Convergència i Unió, su fanatismo creara serios problemas a la Corona[7].

En el plano institucional, le preocupaba también la debilidad del último Gobierno de Adolfo Suárez, al que consideraba incapaz de corregir los «excesos internos». Esa falta de autoridad se traduciría necesariamente, más tarde o más temprano, en una «situación de desgobierno» a la que había que anticiparse tomando medidas.

El encuentro con el Monarca y la favorable acogida que habían tenido sus planteamientos en La Zarzuela le impulsaron a hacerlos públicos. La ocasión se le presentó en vísperas de la fiesta del Corpus de 1979.

Tarradellas había acudido a Morella, un pequeño pueblo situado en la confluencia de Aragón, Cataluña y el País Valenciano, a dar un mitin público. Allí, ante medio millar de personas, se expresó con claridad. «España —manifestó— necesita un golpe de timón para resolver los graves problemas que un país como el nuestro tiene planteados.»

[7] Varios destacados políticos de la época manifestaron a los autores del libro los recelos de Tarradellas hacia el que, pocos meses después, iba a ser su sucesor.

El presidente de la Generalitat, un hombre que había sufrido la Guerra Civil y que había conocido el exilio durante casi cuarenta años en Saint-Martin-le-Beau, un pueblecito francés, no podía olvidar las secuelas de la contienda. «Si no ponemos todos los medios para construir la paz entre todos —pronosticó— la repetición de la catástrofe [por la Guerra Civil] es una idea no descartable.»

El presidente de la Generalitat no hizo más alusiones a la necesidad de reconducir el proceso de cambio político por derroteros más serenos y menos crispados. Sus palabras tampoco habían sido pronunciadas de una manera enfática o especial, pero, en el siglo de las comunicaciones, al día siguiente eran «primera plana» en muchos rotativos y comentarios periodísticos.

También servirían de alimento de tertulias y darían mucho de qué hablar en los próximos meses.

* * *

Desde el verano de 1980, Felipe González, ansioso por llegar al poder cuanto antes, daba vueltas en su cabeza a la idea de formar un Gobierno de coalición con otras fuerzas políticas de centro y de derecha. El secretario general del PSOE sabía que, llegado el caso, el llamado sector crítico de UCD, nucleado en torno a Landelino Lavilla, y los socialdemócratas de Francisco Fernández Ordóñez le apoyarían.

Por eso, el 18 de octubre, cuando se reúne a puerta cerrada el Comité Federal del PSOE en el viejo edificio de la calle Santa Engracia de Madrid, González plantea ya abiertamente a sus compañeros de partido su estrategia.

—Aquí se necesita un Gobierno de concentración. Si el PSOE no puede presidirlo pondremos un independiente a la cabeza.

La Comisión Electoral del partido, que coordinaba el vicesecretario general del PSOE, Alfonso Guerra, era partidaria, hasta esos momentos, de tensionar la vida política del país todo lo posible para obligar a dimitir a Adolfo Suárez y forzar la convocatoria de unas elecciones anticipadas. Tras la reunión de aquel Comité Federal, los dos sectores del partido, que temían quedarse descolgados en unas futuras elecciones ante una posible fusión de AP y UCD, se sumaron a las tesis de Felipe González.

La única posibilidad constitucional de forzar la caída de Suárez y la creación de un Gobierno de concentración era la presentación de una segunda moción de censura en las Cortes.

—Hay que estar preparados por si tenemos que actuar rápidamente, y debemos tener las ideas claras de quién debe presidir un futuro «Gobierno de gestión» —concluyó Felipe González.

Lo cierto era, sin embargo, que tras la moción de censura de mayo un importante sector del partido, en su alocada carrera por llegar cuanto antes a La Moncloa, no guardaba el más mínimo recato y llegaba incluso a proponer la necesidad de llevar a un militar al poder, si fuera preciso, para deshacerse de Adolfo Suárez, el verdadero «tapón» que cortacircuitaba desde 1987 sus ansias de gobierno.

En su batalla contra UCD, el PSOE no quería quedarse solo, y algunos de sus máximos dirigentes iniciaron una serie de contactos con políticos y militares para arrastrar a las fuerzas parlamentarias a su «operación» y poner en contra de Adolfo Suárez a un sector importante del Ejército.

En esa peligrosa jugada[8], una de las claves esenciales del golpe de Estado del 23-F, uno de los papeles más destacados lo juega el diputado guipuzcoano, y encargado de relaciones políticas de la Ejecutiva Federal del PSOE, Enrique Múgica.

Como responsable de la Comisión de Defensa del Congreso, Múgica visita en el segundo semestre de 1980 casi todas las regiones militares y se entrevista en casi todas ellas con el jefe de Estado Mayor de la Capitanía, el responsable de «tomar el pulso» al Ejército y conocer el «estado de ánimo» de sus miembros.

Así, el 22 de octubre, cuatro días después de la reunión del Comité Federal del PSOE en la que Felipe González da «luz verde» para preparar una nueva moción de censura al segundo Gobierno constitucional de Adolfo Suárez, el diputado guipuzcoano se desplaza a Lérida, una localidad sin especial interés militar, para entrevistarse con el general Alfonso Armada.

Antiguo preceptor del Rey, Armada era entonces el gobernador militar de la plaza y jefe de la Brigada de Montaña Urgel, con base en los Pirineos. El encuentro, al que también asistió el dirigente socialista catalán, Joan Reventós, concluyó en un almuerzo celebrado en el domicilio del alcalde de Lérida, el socialista Antoni Ciurana.

¿Para qué hizo Enrique Múgica un viaje tan largo? ¿De qué se habló en aquella comida?

---

[8] El PSOE parecía ajeno a la existencia de un importante sector involucionista dentro del Ejército, a pesar de que meses antes Antonio Tejero Molina y Ricardo Sáenz de Ynestrillas habían sido juzgados por la llamada «operación Galaxia».

—¡De mulos! —respondió indignado el diputado socialista cuando fue interrogado en Campamento durante el consejo de guerra por el golpe del 23-F.

La verdad es, evidentemente, otra, como se revelará más adelante. Lo cierto es que, pocos días después, Múgica viaja a Sevilla y organiza una reunión en la casa del alcalde socialista Manuel del Valle, en las cercanías de la estación de Santa Justa, a la que invita al responsable del Cesid en Andalucía, el coronel Juan Callejón, que vive en el mismo edificio.

Tras esa entrevista, el alcalde Del Valle cuenta a un grupo de amigos que no volverá a entrevistarse con Múgica.

—Ha dado tal cantidad de nombres y ha hablado de tantas conspiraciones de salón que si una de ellas resultara ser cierta temo verme involucrado sin estarlo.

En su estrategia para tantear a las distintas fuerzas políticas, a principios de noviembre Enrique Múgica almorzó con el recién designado presidente de la Generalitat de Cataluña, Jordi Pujol, y con el portavoz de los nacionalistas catalanes en el Congreso, Miquel Roca, en la Casa dels Canonges, el antiguo palacio de la Generalitat.

Múgica dedicó gran parte de la comida a hablar de la desastrosa situación del país y de la crisis interna de UCD, que tenía a Suárez atado de pies y manos para gobernar. Sugirió la posibilidad de un Gobierno de concentración y mencionó por primera vez ante un grupo de políticos el nombre del general Alfonso Armada para presidir el Gobierno de salvación [9].

Otro de los miembros de la Ejecutiva del PSOE, Gregorio Peces-Barba, había mantenido contactos con el presidente de Alianza Popular, Manuel Fraga Iribarne.

«El PSOE entretanto continuaba jugando las cartas que me había apuntado Peces-Barba: mantener la crisis abierta, presionar donde pudieran (incluso en La Zarzuela) sobre la idea de un «Gobierno de gestión», con UCD pero sin Suárez, al que pensaban seguir acorralando con acciones parlamentarias y extraparlamentarias.» [10]

Manuel Fraga, un testigo de excepción de la transición política, agrega en su libro de memorias: «Nadie podía prever entonces

---

[9] José Luis Barbería y Joaquín Prieto, *El enigma del Elefante*, Editorial El País-Aguilar, Madrid, 1991.

[10] Manuel Fraga Iribarne, *En busca del tiempo servido*, Editorial Planeta, Barcelona, 1987.

las increíbles derivaciones que podía tener [aquel juego]; y que no fueron ajenas a las famosas cenas de Lérida y, en último extremo, al juego de despropósitos que culminaría el 23 de febrero.»

Los dirigentes del PSOE habían sondeado también a los socialdemócratas que lideraba Francisco Fernández Ordóñez en el seno de la UCD y al sector crítico de Landelino Lavilla Alsina y Miguel Herrero y Rodríguez de Miñón. En ambos casos las gestiones las habían llevado, muy discretamente, el propio Alfonso Guerra en el Congreso de los Diputados y Enrique Múgica, que contactó con el diputado de UCD por Vizcaya Julen Guimón.

Los socialistas tantearon también al PNV sobre la posibilidad de formar un Gobierno presidido por un general durante un corto periodo hasta que se convocaran elecciones generales. Las personas encargadas de realizar la gestión fueron el vicesecretario general del PSOE, Alfonso Guerra, y el portavoz del Grupo Socialista en el Congreso, Gregorio Peces-Barba.

Por parte de los nacionalistas vascos acudió a la cita el diputado Marcos Vizcaya. Durante el encuentro, los representantes del PSOE le expusieron un negro panorama sobre la situación política y económica del país. Acto seguido, le sugirieron la necesidad de crear un «Gobierno de salvación nacional» con un independiente a la cabeza.

—¿Qué te parecería —le preguntaron— si esa persona fuera un militar?

El parlamentario del PNV se mostró reticente. Para él no era legítimo sustituir al presidente del Gobierno sin una convocatoria electoral, aunque constitucionalmente fuera posible.

—A decir verdad —concluyó—, yo no creo que exista un militar independiente.

El golpe de Estado del 23 de febrero le iba a dar la razón.

* * *

No era sólo en el PSOE donde se hablaba por aquellos días de la necesidad de un «Gabinete de salvación nacional». Alfonso Osorio, que fue vicepresidente del Gobierno para Asuntos Políticos con Adolfo Suárez hasta que se retiró por sus desacuerdos con el Presidente, también apoyaba la teoría de un «Gobierno de gestión» o de un «golpe a la turca» [11].

«Osorio —señaló a los autores del libro el ex presidente del

---

[11] En alusión al golpe de Estado ocurrido en Turquía en ese mismo año de 1980.

Gobierno Leopoldo Calvo Sotelo— está convencido de que la izquierda no aceptará un Gobierno presidido por un general, y se postula a sí mismo.»

El 2 de diciembre de 1980 Osorio acude a una de esas extrañas reuniones que se organizan en casa de Mona Jiménez y que muchos militantes del PSOE —que se negaban a asistir— consideran que están organizadas por la CIA.

En el almuerzo se hallan presentes el presidente del Senado, Cecilio Valverde, que hace de moderador; el diputado de UCD por Granada Arturo Moya; Antonio Jiménez Blanco, Miguel Bravo de Laguna, Antonio Garrigues Walker, José María Mohedano y el abogado y hombre relacionado con la embajada norteamericana Antonio García López.

Durante la comida sale a colación la necesidad de un «Gobierno de gestión», o de un «golpe a la turca». Osorio toma la palabra y dice:

—Un Gobierno de gestión puede ser auténticamente parlamentario si se genera por la vía de la moción de censura y se presenta como una oferta constructiva al país.

En ese momento toma la palabra García López y agrega:

—Ese Gobierno de gestión, con Osorio o con un militar al frente, lleva varios meses consensuándose. Y va a votarse en el Parlamento con el apoyo de todos los partidos [12].

Otro de los contertulios, José María Mohedano, confirma las palabras de Antonio García López:

—Yo sé que ha habido una entrevista con los comunistas, aunque sin llegar a ningún tipo de compromisos, claro [13].

Lo cierto es que desde el mes de octubre el dirigente de Coalición Democrática había mantenido entrevistas con los principales líderes de UCD, PSOE y PCE y con hombres de su propia formación. Había hablado con Javier Solana y Enrique Múgica, del PSOE; con Jaime Ballesteros [14], del PCE. Osorio llega incluso a tantear a los líderes de Izquierda Socialista Pablo Castellano y Luis Gómez Llorente sobre su oferta de Gobierno.

---

[12] Pilar Urbano en *ABC*, 3 de diciembre de 1980.

[13] Mohedano relató a los autores del libro que no recordaba estas palabras. Sin embargo, no las desmintió.

[14] Ballesteros había sido designado por Santiago Carrillo como su hombre de confianza para negociar con el Gobierno la legalización del PCE. Desde entonces, se había convertido en la persona encargada de pactar los acuerdos secretos entre las formaciones políticas antes de llevarlas al Parlamento.

«Yo recuerdo que un día quedó a comer con Luis y conmigo en el Vips del Paseo de la Habana para hablar de política —relató Pablo Castellano a los autores del libro—. En mitad de la comida nos dijo que la solución a la crisis de UCD era un "Gobierno de acción nacional".» [15]

La reacción de los dos políticos de izquierda fue tan contraria a un Gobierno de concentración que Alfonso Osorio cambió de tema y no volvió a hacer ninguna otra alusión al asunto.

Por las mismas fechas, otro destacado militante del PSOE, Ignacio Sotelo, en una cena organizada en casa del notario Félix Pastor Ridruejo, vicepresidente de Alianza Popular, a la que asistían otros políticos, preguntó al comandante del Cesid José Luis Cortina Prieto:

—¿Qué le parece a usted la posibilidad de un Gobierno de gestión presidido por un independiente?

—No es una solución disparatada si se lleva a cabo dentro de la Constitución. En definitiva, el Parlamento puede votar libremente como presidente del Gobierno a cualquier español [16].

Incluso el todavía miembro destacado del PCE Ramón Tamames había llegado a sugerir, en dos ocasiones, la idea de un «Gobierno gestor», de amplio espectro, presidido incluso por «un militar democrático».

Santiago Carrillo, consciente del peligro que una solución de esa índole podía acarrear para el país, salió inmediatamente a la palestra para descalificar a su delfín. «¡Ramón desvaría!», declaró el líder comunista.

Carrillo, a quien le habían llegado rumores de golpes palaciegos, «gobiernos de gestión» y «operaciones a la turca», era con Adolfo Suárez uno de los pocos políticos conscientes de lo que significaba meter a los militares en política. «¡Como si no hubiéramos tenido bastante con los cuarenta años de Franco!», comentó a los autores del libro.

Las conspiraciones de la clase política, principalmente del Partido Socialista, para relevar del poder a Adolfo Suárez habían llegado a oídos del propio presidente del Gobierno.

Meses antes, en julio de 1980, Suárez hace un viaje oficial a

---

[15] Los autores del libro mantuvieron una entrevista con Castellano el 11 de junio de 1992 en el Congreso de los Diputados y, posteriormente, otra en el aeropuerto de Barajas.

[16] Según Cortina, durante el juicio por el golpe del 23-F Ignacio Sotelo se ofreció, a través de intermediarios, a declarar a su favor.

Perú y, poco antes de que el DC-8 aterrice en Lima, mantiene un encuentro informal con los periodistas.

—Conozco la iniciativa del PSOE de colocar en la Presidencia del Gobierno a un militar —señala el Presidente. Y con un ligero acento recriminatorio agrega—: ¡Me parece descabellada! Sin embargo, en una España azotada por el terrorismo, con las autonomías sin consolidar y un Ejército franquista reacio a asumir su papel dentro de la Constitución, sólo faltaba que la propia clase política pidiera la llegada de un «salvador» para que la idea fuera rápidamente asimilada por los sectores «ultras» de las Fuerzas Armadas y llevada a la práctica.

* * *

En 1980 el invierno llegó con rudeza y las cumbres de toda España se cubrieron muy pronto de nieve. A comienzos de noviembre las pistas de esquí de Baqueira Beret estaban operativas. Los reyes de España, como de costumbre, se trasladaron al Pirineo leridano para practicar el deporte blanco.

Siguiendo una obligación protocolaria, el primer día de estancia de la familia real, el jefe de la principal unidad militar del Pirineo, la Brigada de Montaña, acudió a recibir al Rey y a darle las novedades.

En este caso, el militar no era un desconocido para el Monarca. Durante parte de los años de su infancia y juventud el general Alfonso Armada había sido su preceptor y, más tarde, el secretario general de la Casa del Rey. Su larga permanencia en estos cargos hacía que Armada se sintiera como un padre para don Juan Carlos. Persona dotada de una gran inteligencia, creía poseer además un cierto ascendiente, una suficiente capacidad de influencia sobre el Rey.

Aquel día de noviembre, mientras el Monarca se prueba las botas, que le hacen un poco de daño, llega Armada y se presenta.

—Hombre, Alfonso, ¿qué tal estás? —le saluda don Juan Carlos.

El jefe de la Brigada de Montaña de Lérida, un personaje que se consideraba a sí mismo llamado a desempeñar más altos destinos en la nación y que se encuentra «confinado» en Lérida desde hace un par de años por discrepancias con el presidente Suárez, va ese día dispuesto a cantarle las cuarenta al Rey.

—Majestad, el Ejército está muy mal. ETA asesina a los generales, Suárez es incapaz de resolver la situación económica del país y el vacío de poder es cada vez más grave.

El Rey trata de tranquilizarle. En los últimos meses, desde La Zarzuela se ha establecido contacto con todos los partidos políticos. A sus líderes se les ha pedido un esfuerzo para superar la crisis y se están redoblado las medidas contra el terrorismo.

—Señor, si pasara algo contaría conmigo para reconducir la situación.

—Pero, hombre, Alfonso, con lo que yo te quiero.

Alfonso Armada abandona Baqueira Beret pletórico de satisfacción. Su carácter ambicioso le lleva a pensar que cuenta con el apoyo del Rey para formar un «Gobierno de salvación nacional», e incluso, si se torcieran las cosas y hubiera un plante del Ejército o algo parecido, con las manos libres para reconducir la situación en cualquier momento.

A partir de entonces Armada empieza a mantener contactos informales con toda la clase política. Según la periodista Pilar Urbano se entrevista con Josep Tarradellas, Jordi Pujol y Jordi Solé Tura en Cataluña, y también con Leopoldo Calvo Sotelo, Enrique Sánchez Terán, Pío Cabanillas, Alfonso Osorio, Laureano López Rodó, José Luis Alvarez y Rodolfo Martín Villa [17].

El primero de los encuentros fue, naturalmente, el del 22 de octubre, con Enrique Múgica, Joan Reventós y el alcalde de Lérida, Antoni Ciurana, en la casa de éste, situada en el número 44 de la calle Vallat. ¿Hablaron Enrique Múgica y Alfonso Armada de «mulos», tal y como declaró el presidente de la Comisión de Defensa en el Congreso de los Diputados?

En 1982, dos semanas después de dejar La Moncloa, Leopoldo Calvo Sotelo celebra su primera comida ajeno ya a los compromisos del poder. Su invitado es Enrique Múgica. Los dos políticos se reúnen a almorzar en Casa Ciriaco, una vieja tasca situada en el Madrid antiguo.

Múgica, después de rechazar tres botellas de vino «porque estaba demasiado ácido», le refiere la famosa comida de Lérida, donde todos ellos estuvieron acompañados de sus respectivas mujeres [18].

En el almuerzo de Lérida habían hablado de la preocupación de la clase política por las exigencias de las autonomías, del terro-

[17] Pilar Urbano, *Con la venia... yo indagué el 23-F*, Editorial Argos Vergara, Barcelona, 1982.

[18] Como ninguno de los dos contertulios llevaba dinero, Leopoldo Calvo Sotelo tuvo que volver al día siguiente a Casa Ciriaco a pagar la comida. El dueño de la tasca les invitó al vino.

rismo, del desempleo y de la crisis de inversión. Llegado a ese punto, Armada planteó la necesidad de formar un «Gobierno de salvación» sin Adolfo Suárez. Los contertulios trataron de sopesar entonces si el candidato debía ser un militar o un civil.

—Y es entonces —le revela Múgica a Calvo Sotelo— cuando el gilipollas de Joan Reventós interrumpe la conversación y le dice a Armada: "¿Qué civil? Lo que necesita el país es un militar. ¡Y, además, esa persona tienes que ser tú!"

* * *

Otro militar de talante ultraconservador, con alto predicamento en las Fuerzas Armadas, que aprovecha el mes de noviembre para entrevistarse «en secreto» con Su Majestad el Rey en el Parador de Turismo de Albacete es el capitán general de Valencia, Jaime Milans del Bosch.

Milans, que aspiraba a concluir su carrera militar como jefe del Estado Mayor del Ejército, se sentía incómodo con el Gobierno. Especialmente desde que el ministro de Defensa había decidido que ése era un cargo de confianza del Gobierno y nombró para cubrir la vacante a José Gabeiras Montero. El teniente general Gabeiras se encontraba varios puestos más abajo en el escalafón militar y Milans del Bosch desde entonces se sentía discriminado por el Gobierno.

El capitán general de Valencia se consideraba una especie de portavoz oficioso del Ejército por su participación en la Guerra Civil y en la Segunda Guerra Mundial formando parte de la División Azul y por su ascendencia sobre parte de sus compañeros de armas. Era, en su opinión, el depositario de una serie de agravios cometidos por Adolfo Suárez contra el Ejército. Hacía más de un año que le había pedido una audiencia al Rey.

En la Casa Real, conocedores de su estado de ánimo y muy al tanto de sus contactos con otros jefes y oficiales disgustados con la reforma política, le habían ido dando largas. Sabino Fernández en persona se encargaba de mandarle mensajes tranquilizadores y, al mismo tiempo, de bloquearle toda relación con el Monarca.

Milans, incómodo, se quejaba constantemente:

—Hay generales con menos antigüedad que yo y ya han ido dos veces a La Zarzuela.

Sin embargo, poco tiempo antes del golpe del 23-F, cuando en el mes de noviembre don Juan Carlos, acompañado del ministro de Defensa, Agustín Rodríguez Sahagún, acude a Cartagena a presenciar la botadura de la fragata *Infanta Cristina*, Milans insiste nuevamente en entrevistarse a solas con el Monarca. Primero se lo dice al jefe del Cuarto Militar del Rey, teniente general Joaquín Valenzuela. Como Valenzuela le responde negativamente, es el propio Milans quien aborda personalmente al Rey.

—Majestad, que me saltan el turno y no me recibe.

—Habla con Sabino y que te haga un hueco en la agenda —le responde el Monarca.

Jaime Milans del Bosch está ese día más nervioso e impaciente que nunca. De regreso a Madrid por carretera, suena el radioteléfono del coche del Monarca.

Al otro lado del hilo telefónico, Jaime Milans del Bosch pide una audiencia con el Rey. Sabino Fernández Campo le indica que es imposible, puesto que ya están camino de regreso a Madrid.

Milans redobla su interés:

—Hace un rato, aquí en Valencia, he pedido ver al Rey y se me ha negado. Mi responsabilidad como capitán general de Valencia me obliga a insistir de nuevo.

La comitiva se detiene a comer en el Parador Nacional de Albacete y el Monarca le indica al secretario de la Casa Real:

—Llama a Milans y dile que, si quiere, que se acerque por aquí a tomar café.

Inmediatamente, Fernández Campo se pone en contacto con la Segunda Sección de la Capitanía General de Valencia y le indica al oficial de guardia que el Rey accede a recibir a Milans.

La entrevista fue a los postres. El séquito de La Zarzuela estaba preocupado por el encuentro. Se temía que Milans fuera a utilizar un lenguaje muy duro para dirigirse al máximo representante de la nación. Por el contrario, el Monarca aparentaba estar muy tranquilo e incluso se había permitido hacer algún chiste durante el almuerzo.

Mientras duró el encuentro, la mayoría de los presentes se imaginó, cada uno a su manera, la situación catastrófica del país que Milans le estaría dibujando a don Juan Carlos: la desintegración de la patria, el terrorismo, las agresiones continuas al Ejército, la falta de sentido de responsabilidad de la oposición y el supuesto vacío de poder existente y la necesidad de una intervención del Ejército para poner coto a tanto desmán. Frente a esta visión apocalíptica de la realidad española era fácil imaginar a un Monarca obligado por razones de su cargo a aguantar el chaparrón.

Cuando acabó la entrevista, Sabino Fernández Campo, preocupado por el desenlace de la situación, se acercó inmediatamente al Rey, que, sonriente, acababa de despedirse de su interlocutor.

—¿Qué tal ha ido todo, Majestad?

—Muy bien. Se ha ido muy contento.

—¿Y cómo es eso, señor?

—No le he dejado hablar. He tomado yo la iniciativa y le he dicho todo lo que él quería oír.

¿Qué conclusiones sacó Milans de su conversación? ¿Por qué se dedicó, a partir de entonces, en cuerpo y alma a preparar un *putsch*?

* * *

A finales de noviembre de 1980 el Rey se hace eco de los deseos de un gran sector de la clase política del país. El Monarca cree que ha llegado el momento de tomar cartas en el asunto como poder moderador, tal y como está establecido en la Constitución.

En una entrevista privada con Adolfo Suárez le sugiere que dimita, que se sacrifique por el país. Tiene que dar paso a un Gobierno de amplia base, en el que estén integrados todos los partidos políticos. Este Gabinete de transición debe estar presidido, según un informe interno del Cesid [19], por una personalidad independiente.

Adolfo Suárez, que conoce el papel jugado por el Rey en la dimisión de su antecesor en la Presidencia del Gobierno, Carlos Arias Navarro, en 1976, tras el fracaso del proceso de reforma iniciado en 1974 y conocido como el «espíritu del 12 de febrero», está en contra de que sea el Monarca quien decida en política.

—Yo no soy Arias. He ganado en unas elecciones democráticas de forma limpia y sólo el pueblo o mi partido me pueden echar o refrendar en el Gobierno —le dice poco después a uno de sus hombres de confianza.

El presidente del Gobierno sospecha en esos momentos, además, que existe una maniobra de movimientos políticos desde el interior de la propia UCD que han influenciado sobre La Zarzuela para forzar su defenestración.

Pocos años antes, en sus conversaciones con el secretario de la

[19] Algunas personas, como es el caso de José Luis Cortina Prieto, han tenido acceso a ese informe.

Casa Real, Sabino Fernández Campo, Suárez se pavoneaba de sus buenas relaciones con el Monarca.

—Tengo al Rey metido en el bolsillo —le decía.

—No te fíes. No te tomes confianzas con él. Al final, como con todos los políticos cuando les llega su hora, se distanciará —le replicó Fernández Campo.

En aquellos momentos las relaciones entre el jefe del Estado y el presidente del Gobierno eran, en efecto, «exageradamente buenas». Pero desde las elecciones generales de 1979 se habían ido enfriando cada vez más hasta llegar a aquel día, a mediados de noviembre de 1980.

El Rey ya no sólo no le daba palmadas en la espalda al comienzo y al final de las audiencias, como antes, sino que le insinuaba su dimisión por el «bien del país».

Situado contra las cuerdas casi desde el principio de aquella legislatura, Suárez se siente incapaz de resistir el acoso del PSOE, las presiones y las maniobras de su propio partido y el descontento y las amenazas del Ejército. Todo a la vez. Está decidido a abandonar la vida política. Pero quiere hacerlo por la puerta grande y por propia voluntad.

Así, tras abandonar La Zarzuela, toma dos decisiones inmediatas. Acelera la celebración del congreso de UCD de Palma de Mallorca y nombra un nuevo responsable del partido para que se presente a las elecciones generales en su lugar. Y acude al Congreso de los Diputados.

Adolfo Suárez quiere entrevistarse con el líder de la oposición, Felipe González. Está dispuesto a pedirle su apoyo en el supuesto de que el Monarca siga presionándole para que dimita de la Presidencia del Gobierno.

La entrevista con Felipe González no tuvo testigos. Un informe del Cesid afirma que fue fría y distante. El líder de la oposición se mostró receloso, como si pretendiera adivinar en todo momento qué ocultas intenciones se escondían tras las palabras de su oponente.

Al final, tras una breve exposición, Suárez concluyó:

—No es bueno que el Rey decida. No puede ocurrir lo de Carlos Arias. Los presidentes del Gobierno deben ser nombrados y revocados por el Parlamento.

Felipe González, tras escucharle, se mostró poco receptivo, casi desinteresado, ajeno a la propuesta.

Aquella madrugada, mientras el Presidente intentaba descansar unas horas, sonó el teléfono en La Moncloa y un hombre de su confianza le pidió una entrevista inmediata.

En un encuentro personal con su interlocutor telefónico de aquella noche, Adolfo Suárez supo que el PSOE preparaba una segunda moción de censura con la intención de culminarla con un Gobierno de coalición —sin Suárez— presidido por un militar. Este hombre era nada menos que el general Alfonso Armada[20].

* * *

Entre tanto, los movimientos involucionistas dentro del Ejército, que hasta entonces se habían reducido casi exclusivamente a reuniones conspiratorias en casa de algunos banqueros y militares del antiguo régimen retirados, empiezan a tener otro signo.

A finales de noviembre, el teniente general Carlos Iniesta Cano, ex director general de la Guardia Civil, se reúne con el general Jaime Milans del Bosch y le presenta al teniente coronel Antonio Tejero Molina.

En esa reunión, Milans del Bosch y Tejero sintonizan rápidamente. Ambos están convencidos de que existe una necesidad imperativa de cambiar el sesgo de la vida nacional y estudian las inquietudes y deseos intervencionistas de diversos colectivos militares más o menos radicales y violentos. El capitán general de Valencia le explica que en aquellos momentos hay tres golpes en marcha, el de los coroneles, el de los generales en la reserva y el golpe constitucional, apadrinado por el preceptor del Rey, Alfonso Armada.

—Para que cualquiera de estos golpes triunfe es preciso que exista un detonante de gran magnitud, que sería aprovechado por el Ejército para sacar sus unidades a la calle. Tal y como está la situación, basta con que una capitanía tome la iniciativa para que se produzca el «efecto dominó» y las demás le secunden.

—¿Y cuál sería ese detonante de gran magnitud? —pregunta Tejero.

—Un atentado de ETA contra las Fuerzas Armadas, que se verían obligadas a intervenir y decir «¡Basta!»; la toma de alguna instalación civil o militar por bandas terroristas...

Antonio Tejero Molina, que ha estudiado detenidamente el asalto al Parlamento de Nicaragua protagonizado por Edén Pasto-

---

[20] José Luis Gutiérrez y Amando de Miguel, *La ambición del César*, Ediciones Temas de Hoy, Madrid, 1989.

ra, el «Comandante Cero», operación que trató de emular sin éxito meses antes en el palacio de La Moncloa con la «operación Galaxia», cree que la mejor alternativa es un asalto al Congreso de los Diputados durante una sesión a la que asista el Gobierno en pleno[21].

Al capitán general de Valencia la operación le parece difícil, pero no del todo descabellada. Le sugiere que madure un poco más la idea.

En ese contexto, Milans saca a relucir sus conversaciones con el general Alfonso Armada, que continúa aún destinado en Lérida, a la espera de ser trasladado a Madrid.

—Armada me ha contado sus recientes conversaciones con el Rey, que está harto de Suárez —le explica, y añade—: Ambos han repasado los posibles sustitutos civiles y no encuentran a ninguno idóneo. El Rey no puede tomar la iniciativa, pero vería con buenos ojos que se diera un «golpe de timón».

El capitán general de Valencia le expone entonces las medidas a adoptar de forma inmediata.

—La Constitución se reformará, fundamentalmente el título VIII, que nos lleva al separatismo; el Partido Comunista será «congelado» y se tomarán fuertes medidas en contra del terrorismo en las Vascongadas.

A Tejero el plan le parece poco ambicioso, demasiado ridículo si es necesario sacar los tanques a la calle.

—¿Para qué mantener la Constitución y los partidos políticos si son la ruina de España? ¿Por qué «congelar» el marxismo si podemos erradicarlo de una puñetera vez? —pregunta.

Tejero sale confundido de la reunión. No ha podido conocer cuáles son las verdaderas intenciones de Milans del Bosch. Pero, por si acaso, se pone a trabajar febrilmente. Su auténtica obsesión es la toma del Congreso de los Diputados.

Para ello necesita contar con una tropa, con uniformes y con autobuses para desplazar a sus fuerzas al edificio de la Carrera de San Jerónimo. Lo primero que hace es acudir al Rastro madrileño y hacerse con una partida de capotes militares. A continuación

---

[21] El Gobierno disponía, desde mucho antes del golpe, de un informe detallado sobre la operación del «Comandante Cero» y sobre los escenarios posibles en que se podía desarrollar en España. El trabajo había sido realizado por el comandante José Luis Cortina Prieto, del Cesid, pero no sirvió para nada. No se tomaron las medidas de seguridad adecuadas.

se desplaza a Bilbao y adquiere seis autobuses al empresario Martín Berrocal que pone a nombre de su mujer, Carmen Pereira. La transacción se paga con un talón de Banesto y el 30 de diciembre de 1980 los autocares se encuentran aparcados en la nave 417 del Polígono Industrial de Fuenlabrada, en espera de que llegue el día «D».

* * *

Otro militar que no ha perdido el tiempo en infructuosas charlas de café en los últimos meses es el antiguo preceptor del Rey. Alfonso Armada, que conoce el ascendiente que el ex presidente de la Generalitat, Josep Tarradellas, tiene sobre el Rey[22], decide entrevistarse con él y exponerle sus proyectos.

Al final del encuentro, Tarradellas llega a la conclusión de que Armada está dispuesto no sólo a imponer a la clase política la creación de un «Gobierno de salvación nacional» forzando la Constitución, sino incluso a llegar bastante más lejos, a un «golpe a la turca»[23].

—Este hombre está lanzado —le dice a un dirigente catalán—. No sé, pero habría que hacer algo para pararle los pies.

En esas fechas, Armada se había entrevistado también, en dos ocasiones, con el capitán general de Valencia en el reservado de un restaurante de Las Casas de Alcanar, un pueblo situado en la carretera de Valencia a Barcelona[24], para ultimar los preparativos de cara al golpe.

---

[22] Tarradellas visitó La Zarzuela en 1980 más de media docena de veces, algunas de ellas acompañado por el teniente general Coloma Gallegos.

[23] Turquía y España presentaban en 1980 paralelismos en algunos asuntos, como la crisis económica, el terrorismo y las dificultades del Gobierno para hacer frente a la situación. El 12 de septiembre, el general Kenan Evren dio un golpe de Estado asumiendo todos los poderes de la nación. El coronel español Federico Quintero Morente, agregado militar en Turquía, envió un informe militar sobre el «cuartelazo» que fue utilizado por los sectores «ultras» del Ejército como ejemplo de lo que había que hacer en España.

[24] Este restaurante fue descubierto por casualidad por el ex presidente del Gobierno Leopoldo Calvo Sotelo poco después de abandonar el Gobierno, en un viaje en coche a Valencia. De regreso a Madrid, él y su mujer, Pilar, decidieron parar en un restaurante de carretera para comer pescado. Allí, en un reservado, se encontraron con las fotos de Tejero y Franco. Calvo Sotelo se levantó de la mesa y cubrió la foto de Tejero con la de Franco. Entonces apareció el dueño y le preguntó:

—¿Le molestan a usted estos retratos?

—Hombre, el de Franco no, pero el de Tejero sí.

Desde la primera reunión, Milans cree tener la certeza de que, si pasa algo en España, el Monarca llamará a Armada para que reconduzca la situación. Entonces, uno de sus ayudantes sugiere:

—¿Y para qué tenemos que esperar a que ocurra algo? ¿No está Tejero dispuesto a tomar el Congreso de los Diputados? Pues hagámoslo nosotros.

Para el general Armada aquélla era la oportunidad que llevaba tantos años buscando para deshacerse de Adolfo Suárez y vengar todas las afrentas y humillaciones que había sufrido en los últimos años de su carrera militar.

Los incidentes habían comenzado a finales de 1976, cuando Suárez puso en marcha la reforma política de acuerdo con el Rey. A Armada le parecía que los cambios eran muy acelerados y que lo que había comenzado en reforma iba a acabar en ruptura, con la vuelta de la República a España, ya que los partidos de izquierda tenían como símbolo la bandera tricolor y no aceptaban la Monarquía.

Como pensaba que el presidente y el vicepresidente del Gobierno, Adolfo Suárez y Manuel Gutiérrez Mellado, eran los responsables de aquella «locura», Armada trató de poner al Monarca en su contra. E hizo algo peor todavía. Remitió el proyecto de Ley sobre la Reforma Política a varios generales «ultras» para que fuera leído en el Consejo Superior del Ejército, con la intención de que los capitanes generales presionaran al Rey y lograran así la retirada del texto.

La maniobra pudo ser neutralizada a tiempo. Sin embargo, la situación empeoró cuando Suárez decidió legalizar al PCE. Armada, que pensaba que Suárez y el Gobierno eran sus súbditos y que debían estar bajo sus órdenes, cogió un día al entonces ministro de Comercio, Leopoldo Calvo Sotelo, y le recriminó con dureza su actitud como gobernante, contraria a la opinión supuestamente mayoritaria de las Fuerzas Armadas.

—¡Sois unos irresponsables! —le dijo—. Se puede hacer cualquier cosa con las bayonetas menos sentarse encima. El Gobierno será el único culpable de lo que suceda.

Calvo Sotelo aguantó estoicamente el chaparrón. Hasta que

El propietario le llevó entonces a una casa aneja, que hacía a la vez de comedor familiar y de reservado del restaurante.

—Le voy a enseñar un lugar histórico —le dijo—. Aquí se reunían Milans y Armada para preparar el golpe del 23-F, y no en la capitanía general, como se ha dicho.

Armada acusó personalmente al presidente del Gobierno de la legalización del PCE y le hizo responsable de «lo que pasara» en España en el futuro.

—General —le reconvino entonces Calvo Sotelo—, no puedo consentir ni el contenido ni el tono de lo que dices. No olvides que estás ante un superior.

Armada, que estaba visiblemente irritado, se quedó cortado. Instintivamente se cuadró, dio un taconazo y respondió:

—A tus órdenes, ministro. Retiro cualquier palabra que pudiera resultar ofensiva para el Gobierno y el Presidente.

Las cosas, sin embargo, habían llegado a su límite. Ese mismo día, Adolfo Suárez habló con el Rey.

—Majestad, o quita a Armada como secretario de La Zarzuela o me voy yo.

—¿Qué tienes tú contra Armada?

—Que se dedica permanentemente a enfrentar al Ejército contra el Gobierno. ¡Es un golpista, señor!

Ante la disyuntiva, el Rey optó por Suárez. Alfonso Armada fue el encargado de buscar a su sucesor. Llamó al general Sabino Fernández Campo y le dio esta versión de los hechos:

—Suárez le ha planteado al Rey que me quite de La Zarzuela o se va él. Su Majestad le ha contestado que se vaya si quiere, pero que a mí no me aparta de su lado.

Fernández Campo le miró sin responder.

—Yo creo que debo sacrificarme por el bien de España y me voy a ir. Sólo le he puesto una condición al Rey: que seas tú quien me sustituyas.

Tras producirse el relevo en La Zarzuela, Suárez tomó la medida más dura posible contra el hombre que se había convertido en uno de los obstáculos para la transición democrática: le destinó al Pirineo leridano a mandar la Brigada de Montaña.

El preceptor del Rey siguió manteniendo contactos fluidos con el sector más ultraconservador del anterior régimen y con los núcleos duros del Ejército. Así, en noviembre de 1979, un informe confidencial del jefe del Estado Mayor del Ejército daba a conocer al presidente del Gobierno que Armada había entregado al teniente general Jaime Milans del Bosch un informe sobre la supuesta inconstitucionalidad de los estatutos de autonomía catalán y vasco para que lo leyera en el Consejo Superior del Ejército.

Pese a las presiones del JEME, José Gabeiras Montero, el capitán general de Valencia había dado lectura al documento, que redobló el malestar existente entre un sector de la cúpula militar con mando de tropas.

Estos nuevos hechos habían llevado a Suárez al convencimiento de que había obrado bien enviando a Armada a Lérida. Sin embargo, el antiguo preceptor del Príncipe y secretario de la Casa Real había generado un odio visceral hacia la figura de Adolfo Suárez.

La venganza es un plato que se toma frío. Armada había soportado con una increíble paciencia los duros inviernos del Pirineo leridano durante tres largos años. La hora del desquite estaba a punto de presentarse.

* * *

El presidente Suárez pasa las Navidades de 1980 en su nueva casa de Avila. Allí se deja fotografiar, relajado y sonriente, paseando por la ciudad acompañado de su fiel amigo Fernando Abril Martorell. Celebra una reunión del partido en el hotel Valderrábanos y hace algunas escapadas a Cebreros, su pueblo natal, y a algunos otros pueblos de la provincia, acompañado de su cuñado y secretario particular, Aurelio Delgado.

Recién estrenado el año viaja a Canarias a petición del presidente de la República de Venezuela, Luis Herrera Campíns, que se halla de viaje por las islas y quiere solucionar con el mandatario español un problema que había en el país caribeño con la empresa Astilleros Españoles.

En el viaje al archipiélago le acompañan el ministro de Hacienda, Juan Antonio García Díez; el agregado comercial de España en Venezuela, José Ramón Bustelo y García del Real, y Aurelio Delgado.

Tras el encuentro con el mandatario de la República de Venezuela, el presidente del Gobierno español se entrevista en secreto con el capitán general de Canarias, Jesús González del Yerro.

El año anterior, el terrorismo de ETA había dejado un terrible saldo de sangre y muerte en el País Vasco: ciento veintisiete muertos, uno cada tres días; las reivindicaciones de los partidos nacionalistas son cada vez más amplias, y en las calles se vende todo tipo de revistas pornográficas, hecho irrelevante desde el punto de vista político pero que irrita a un sector de las Fuerzas Armadas y de la extrema derecha.

González del Yerro, un hombre cercano al Opus Dei, considerado entonces uno de los generales con más prestigio intelectual entre sus compañeros, le plantea a Suárez con toda crudeza los problemas que con más fuerza hieren la sensibilidad de los militares: terrorismo, separatismo y pornografía. Le indica que las Fuerzas Armadas, por el conducto reglamentario, han hecho llegar este malestar a Su Majestad el Rey, quien está de acuerdo en la necesidad de buscar una solución a estos problemas.

El capitán general de Canarias, de forma clara y contundente, le da un ultimátum:

—Si los políticos son incapaces de arreglar este estado de cosas, el Ejército, en un momento u otro, tendrá que intervenir.

Al regreso de la entrevista, Adolfo Suárez está pálido. En el hotel Mencey, donde se hospedan, se enfrenta a sus acompañantes de viaje.

—¿Dónde habéis estado? ¿Por qué me habéis dejado solo?

En Tenerife hace esos días un tiempo excelente y sus acompañantes han preferido dar un paseo antes que acompañarle a Capitanía.

—Hemos pensado que no te hacíamos falta y nos hemos ido a dar una vuelta —le responde García Díez.

—Estáis locos. ¡Sois unos insensatos! —les responde Suárez, sin soltar palabra del contenido de la conversación que acaba de mantener.

El presidente del Gobierno regresa preocupado a Madrid. El 10 de enero viaja a Baqueira Beret para entrevistarse con Su Majestad. Allí el Rey le revela que Alfonso Armada le ha escrito hace unas semanas una carta al jefe de su Casa, Nicolás Cotoner, solicitando un nuevo destino en Madrid al cumplirse el periodo de mando en la Brigada de Montaña. Don Juan Carlos sugiere la posibilidad de nombrarle segundo jefe del Estado Mayor del Ejército, bajo las órdenes del teniente general José Gabeiras Montero, que ostenta el mando supremo de las unidades terrestres. Suárez se niega terminantemente.

—¡Armada es un golpista!

Desde hace años el Presidente ha hecho una cuestión de Gabinete mantener a Armada lo más alejado de Madrid y no va a ceder ahora, en los peores momentos de su carrera política.

El nombramiento de Armada queda aplazado. Pero al presidente del Gobierno se le acumulan los problemas. Poco antes del Congreso de Palma de Mallorca, donde piensa elegir a su sucesor al frente del partido, le indican que Miguel Herrero de Miñón, el portavoz Parlamentario de UCD en el Congreso, viene reuniéndose clandestinamente con Manuel Fraga Iribarne, presidente de Alianza Popular.

Desde hace algún tiempo Suárez sabe que está solo. Tiene al partido y al Grupo Parlamentario, que ha elegido por abrumadora mayoría a Herrero de Miñón como portavoz frente al candidato de La Moncloa, en su contra. Por si fuera poco, está más o menos al tanto de los ruidos de sables, de reuniones de militares decididos a imponer su voluntad, por la vía de las armas, al Gobierno democrático de la nación.

Todos esos problemas juntos, unidos a la invitación de La Zarzuela para que abandone el poder, no le quitan el sueño. Pero en el fin de semana del 24 al 26 de enero, un nuevo elemento es añadido a la anterior situación para dar un vuelco a su carrera política.

En esos días le llama el ministro del Interior, Juan José Rosón, preocupado. Tiene que darle una mala noticia.

—Nuestro propio Grupo Parlamentario —le dice— está preparando una moción de censura contra nosotros.

Suárez palidece de incredulidad. Le pide a Rosón detalles. Quiere conocer el origen de la información, su fundamento, el alcance de aquella loca aventura.

El ministro del Interior le da todo tipo de explicaciones. El asunto se lleva dentro del máximo secreto, pero la moción de censura está muy avanzada. En los últimos días se han recogido incluso firmas entre los diputados del sector «crítico» de UCD para formalizar el trámite ante la Cámara. Landelino Lavilla Alsina y Miguel Herrero de Miñón no son del todo ajenos a la operación que se trama.

¿Cómo lo sabe Juan José Rosón? De la forma más sencilla del mundo. Mediante la intervención telefónica a algunos de los más destacados dirigentes del sector «crítico», que aparecen como firmantes del escrito.

Todavía sin reponerse de la emoción, Adolfo Suárez recuerda la votación para el nombramiento de Herrero de Miñón como portavoz del Grupo Parlamentario de UCD. En aquella ocasión, el actual portavoz parlamentario había obtenido ciento tres votos frente a los cuarenta y cinco de su candidato.

Suárez reflexiona. En la historia de las democracias occidentales no recuerda ningún caso en que el jefe del Gabinete haya sido echado del Gobierno por su propio partido. Se da cuenta de la trascendencia política que tiene aquel acto y decide que no le van a retirar de la política de esa forma tan caricaturesca y bananera. ¡El no va a pasar a la historia como el primer presidente de un Gobierno democrático español al que derrocaron sus propios compañeros de partido!

Durante ese fin de semana empieza a madurar su decisión. Está dispuesto a dimitir. Esa será su última jugada, la última baza del hombre que hizo la transición política del país y al que ahora todo el mundo, incluidos sus más fieles colaboradores, ha decidido pagarle sus servicios con la traición [25].

* * *

El lunes 26 de enero Adolfo Suárez inicia su jornada de trabajo en La Moncloa a las ocho de la mañana como si nada hubiera pasado. Desayuna frugalmente, como es habitual en él, se toma media docena de cafés antes de las doce y enciende cigarrillo tras cigarrillo. Hasta mediodía nada hace presagiar las ideas que llevan casi cuarenta y ocho horas bulliendo en su cabeza.

A las cinco de la tarde convoca en La Moncloa a sus hombres de confianza: Pío Cabanillas, Leopoldo Calvo Sotelo, Francisco Fernández Ordóñez, Rodolfo Martín Villa, José Pedro Pérez-Llorca, Rafael Calvo Ortega y Rafael Arias Salgado.

El presidente del Gobierno dedica la primera hora a analizar los problemas del país y del partido, con Landelino Lavilla y Miguel Herrero de Miñón, presidente y portavoz en el Congreso de los Diputados, colocados en una posición de franca hostilidad e intentando, cada uno de ellos, destruir la UCD para acaudillar una nueva formación política que ha de salir de sus cenizas. Habla también de los desmedidos ataques de la oposición, centrados casi pura y exclusivamente en su persona. Hace alguna referencia de pasada a las presiones de los vascos y catalanes, pero evita toda alusión a las maniobras existentes dentro de su partido para sustituirle mediante una moción de censura en el Parlamento.

—Todos estos problemas —concluye— sólo tienen una solución: mi dimisión.

---

[25] En marzo de 1980 una encuesta del CIS sobre la autoubicación política de los españoles indicaba que un 41,3 por ciento se declaraba de izquierda frente a un 33,7 por ciento que decía ser de centro. Los malos resultados de las encuestas fueron otro de los motivos de la dimisión de Adolfo Suárez, según explica en su libro *Al servicio del Estado* (Editorial Planeta, Barcelona, 1984) el ex ministro Rodolfo Martín Villa.

Calvo Sotelo, Arias Salgado y Calvo Ortega le piden que no se precipite, que medite sus palabras. Pero el presidente del Gobierno está decidido [26].

—Voy a dimitir. Además, de forma irrevocable.

El 27 de enero, mientras la noticia no ha trascendido todavía a la opinión pública, Suárez acude a La Zarzuela a despachar con el Rey y a hacerle saber su decisión.

Antes de dirigirse al despacho de don Juan Carlos pasa por el de Sabino Fernández Campo y le anuncia su decisión de dimitir. El Presidente pretende con ello tener un testigo de confianza de que es él quien ha tomado esa decisión con todas las consecuencias y de que no han existido sugerencias del Rey.

El viernes 29, tras el anuncio formal al Consejo de Ministros, Adolfo Suárez comparece ante las cámaras de televisión y anuncia a todo el país que se va: «Yo no quiero que el sistema democrático de convivencia sea, una vez más —declara el Presidente en su alocución a la nación—, un paréntesis en la Historia de España. Dimito porque creo que este comportamiento es el que mi patria me exige en este momento. Algo muy importante tiene que cambiar en nuestras actitudes y comportamientos. Yo quiero contribuir con mi renuncia a que ese cambio sea posible e inmediato.»

Sabino Fernández Campo, que sigue el mensaje desde un pequeño televisor en su despacho de La Zarzuela, advierte que la expresión «no quiero que el sistema democrático de convivencia sea, una vez más, un paréntesis en la Historia de España» no figuraba en el texto original que él le había ayudado a preparar en La Moncloa el miércoles y jueves anteriores.

Adolfo Suárez, asomado a las televisiones de todo el país, continúa desgranando su mensaje a todos los españoles: «No me voy por cansancio ni por temor al futuro. Me voy sin que nadie me lo haya pedido...»

En Lérida, Alfonso Armada, que ha empezado a hacer las maletas en espera de que le destinen a Madrid, escucha la noticia y se queda atónito. A Milans del Bosch le ocurre lo mismo en la Capitanía General de Valencia. Los dos militares que más rencor guardan hacia el presidente del Gobierno se sienten en esos momentos inseguros y confundidos.

---

[26] Para una información más detallada puede consultarse el libro *Memoria viva de la transición*, de Leopoldo Calvo Sotelo. Editorial Plaza y Janés-Cambio 16, julio de 1990.

Tras la dimisión de Suárez, la «bestia negra» de los militares involucionistas y de un sector del Ejército franquista que no había asimilado la supremacía del poder civil, era posible todavía algún tipo de rebelión castrense.

Los acontecimientos de días sucesivos lo dejarían relativamente claro.

CAPITULO SIETE

23-F: LAS TENTACIONES DEL REY

En septiembre de 1977, poco después de las primeras elecciones generales, el líder comunista y supuesto agente del KGB Francisco Romero Marín detectó la primera reunión de militares involucionistas en Játiva. Desde entonces el Ejército se convirtió en el principal enemigo de la democracia hasta desembocar en el golpe del 23 de febrero de 1981. La «noche de los tricornios», mientras el Ejército estaba sublevado, el jefe de la JUJEM, teniente general Ignacio Alfaro Arregui, se pasó un buen rato durmiendo. El Rey, por presiones de varios capitanes generales, pospuso su discurso a la nación. En ese periodo no se prohibió que Armada pudiera acudir al Congreso y proponer su «Gobierno de salvación» al Parlamento. El Rey, tras su discurso a la nación, llamó a Milans, que insistía en el nombramiento del segundo JEME como Presidente, y le conminó a deponer su actitud. «Después del paso que he dado, ya no puedo echarme atrás.»

En 1976, meses antes de la legalización del Partido Comunista de España, Adolfo Suárez está indeciso acerca de la posibilidad de convocar una reunión con los altos mandos militares, especialmente los capitanes generales y los jefes de Estado Mayor. Se lo consulta a Sabino Fernández Campo.

—¿Qué te parece si hiciera esa reunión?

Fernández Campo, que ocupa entonces la Subsecretaría de Información y Turismo, le anima a realizarla.

—He hablado algunas veces con el teniente general Coloma Gallegos —le comenta— y tengo la sensación de que muchos militares están expectantes con la reforma política.

Cuando se produce la reunión, la mayor parte de la cúpula

militar mantiene una cierta prevención en contra del Gobierno. Suárez les habla. Se muestra rotundo. Les promete solemnemente que no reconocerá al PCE mientras siga dependiendo de una potencia extranjera y no acate la bandera y la Monarquía.

—¡Viva la madre que te parió! —exclama Mateo Prada Canillas, capitán general de Valladolid y uno de los tenientes generales de signo más conservador.

Los máximos representantes del Ejército, que constituían la columna vertebral del régimen anterior, salen del acto eufóricos, convencidos de que el Partido Comunista, al que consideran su enemigo natural, continuará proscrito por las leyes.

El propio Coloma Gallegos, capitán general de Cataluña, hace un aparte con Sabino Fernández Campo.

—A este chico tenemos que ayudarle —comenta.

Al día siguiente, los tres ministros militares, Félix Alvarez Arenas, Gabriel Pita da Veiga y Carlos Franco Iribarnegaray redactaron sendas circulares internas. Después de dárselas a leer a Sabino Fernández Campo, las enviaron a través de sus cuarteles generales a todas las unidades, dando cuenta a sus subordinados de los asuntos tratados con el presidente del Gobierno.

«En estas notas —relata Fernández Campo— los ministros militares se comprometían con la reforma y pedían la colaboración de sus subordinados.»

Semanas después, el presidente del Gobierno cambia de opinión. Estima que la consolidación de la democracia sólo es posible con un PCE legalizado. Una reciente encuesta realizada por Alejandro Muñoz Alonso para el Centro de Investigaciones Sociológicas le da la razón. Cuando a los españoles se les pregunta por su autoubicación política son muy pocos los que dicen votar al PCE [1].

El sondeo demuestra que en aquella época los comunistas tenían una gran influencia social, a través de CCOO y de los movimientos vecinales y estudiantiles, pero muy poca gente estaba dispuesta a votarles.

[1] En abril de 1976 la revista *Cambio 16* había publicado un editorial a favor de la legalización del PCE. «A ver cómo vamos a hacer una democracia sin comunistas. Cuanto más tarden en salir de sus inviernos, cuanto más tarden las elecciones en clarificar el panorama político español, mayores van a ser los disgustos para los promotores de la reforma. Mantenerles en la clandestinidad es darles un premio. Más vale enemigo conocido, con el 10 por ciento de los votos, que enemigo clandestino», decía el semanario.

El 28 de febrero, con estos datos bajo la manga, el presidente del Gobierno se entrevista en secreto con Santiago Carrillo. La cita se produce en «Villa Ana», el chalet que el abogado y periodista José Mario Armero tiene en Pozuelo de Alarcón.

—Si el PCE acepta la Corona y la bandera y hace constar en sus estatutos que rechaza cualquier dependencia de una potencia extranjera, hay muchas posibilidades de una pronta legalización [2].

—¡Eso está hecho! —responde Carrillo.

El 8 de abril, Viernes Santo, el ministro de Información y Turismo, Andrés Reguera Guajardo, se encuentra de vacaciones en Miraflores de la Sierra, un pueblo situado a cincuenta kilómetros de Madrid. Llama a Sabino Fernández Campo.

—Suárez me ha convocado mañana a una reunión en Presidencia. Estoy un poco cansado. ¿Por qué no vas tú?

El subsecretario de Información y Turismo acude. Se encuentra con el ministro del Interior, Rodolfo Martín Villa. Le informa de la decisión del Presidente de legalizar ese mismo día al Partido Comunista de España.

—Tienes que organizar desde el Ministerio una campaña para dar a conocer los hechos a la opinión pública —le dice.

Fernández Campo reelabora una nota de prensa que alguien había escrito. Antes de enviarla a las agencias, le pregunta a Martín Villa:

—¿Habéis hablado de esto con el Ejército?

—No lo sé —responde el ministro del Interior—. ¿Y por qué crees tú que hay que hablar con el Ejército?

—Porque hace unas semanas mandaron una nota interna a todas las unidades asegurando que el PCE no sería legalizado. Cuando se enteren por la prensa de que se ha tomado la decisión contraria se van a quedar con el culo al aire, y eso puede acarrear problemas.

Martín Villa se queda preocupado un instante.

—Espera un poco. Voy a averiguarlo.

Entra en la habitación contigua y habla con el vicepresidente del Gobierno, Manuel Gutiérrez Mellado. Cinco minutos después regresa y le hace un simple comentario a su interlocutor:

---

[2] El presidente norteamericano Jimmy Carter y su secretario de Estado, Cyrus Vance, habían recomendado al Rey retrasar la legalización del PCE hasta después de las primeras elecciones generales.

—Está todo arreglado. No pasa nada.

Suárez, en esos momentos, está seguro de que si vuelve a convocar a la cúpula militar y les explica sus motivos terminará por convencerles de nuevo. Perdido el mito de la clandestinidad, el PCE se disolverá como un azucarillo en un vaso de agua.

Sin embargo, el presidente del Gobierno no quería sentar el precedente de tener que consultar todas y cada una de las decisiones importantes con las Fuerzas Armadas. Eso era tanto como aceptar la existencia de un poder militar autónomo y una sumisión del poder civil a un grupo fáctico, fuera cual fuese. Y había que dejar bien sentada, desde el principio, la supremacía del Gobierno de la nación sobre cualquier otra institución [3].

La falta de tacto con el Ejército provoca la primera gran crisis en el Gobierno de Suárez. El ministro de la Marina, Pita da Veiga, que se siente engañado por Suárez, dimite al día siguiente. Franco Iribarnegaray, titular de la cartera del Aire, anuncia que también quiere irse. Y el ministro del Ejército, Félix Alvarez Arenas, pide el relevo.

Azuzada por algunos generales golpistas como Alfonso Armada, la cúpula militar en pleno está contrariada con la decisión del Gobierno, especialmente, por las circunstancias en que se produce la legalización del PCE, en plenas vacaciones y sin una consulta previa a todo el Gobierno. Lo más grave es que a partir de ese momento se produce un divorcio entre las Fuerzas Armadas, por un lado, y Adolfo Suárez y Manuel Gutiérrez Mellado, por otro. El capitán general de Barcelona, Coloma Gallegos, llama a Fernández Campo y se lo dice:

—Suárez me ha desilusionado.

Mientras tanto, otro grupo de militares no se conforma con manifestar su malestar y en una reunión del Consejo Superior del Ejército expresa su preocupación. El acto se convierte en un golpe palaciego sin mayores consecuencias.

Los tenientes generales reunidos quisieron pedir al Rey la desautorización de Adolfo Suárez y de Gutiérrez Mellado, según relata Alfonso Osorio [4]. La intervención del vicepresidente para Asuntos de la Defensa logró evitar que las duras palabras que se

[3] Diversos colectivos de militares, entre los que se encontraba José Vega Rodríguez, habían lanzado la teoría de la autonomía militar.

[4] *Trayectoria política de un ministro de la Corona*, Editorial Planeta, 1980, Barcelona.

pronunciaron en aquella reunión aparecieran reflejadas en la nota oficial hecha pública[5].

A partir de entonces, las Fuerzas Armadas, la institución más reacia a aceptar el cambio, enseña su verdadero rostro: demuestra querer tutelar el proceso democrático en cada ocasión que se le presenta y un sector de sus miembros se convierte en el principal quebradero de cabeza para el Gobierno.

* * *

A mediados de septiembre de 1977, cuando apenas han pasado tres meses de la celebración de las primeras elecciones generales y aún no se han dado los primeros pasos para la elaboración de la Constitución, Francisco Romero Marín, «El Tanque», miembro del Comité Central del Partido Comunista de España y, en aquella época, una de las personas mejor informadas de la izquierda, recibe una llamada muy especial en su despacho del partido.

Desde Játiva (Valencia) una destacada personalidad de la vida castrense le informa de que en una urbanización de la localidad se encuentran reunidos varios militares de alta graduación.

—Son casi todos ellos tenientes generales y van vestidos de paisano —le dicen.

Romero Marín, coronel del Ejército de la República y profesor de la Academia Militar Frunce (antigua URSS) y de la Academia Superior de Militares de Infantería de Moscú durante la II Guerra Mundial, es el hombre encargado de recopilar y analizar la información confidencial dentro del PCE. Pregunta a su interlocutor si ha podido reconocer a alguno de los asistentes.

—Sí, he podido identificar a los generales Fernando De Santiago, Félix Alvarez Arenas, Francisco Coloma Gallegos, Jaime Milans del Bosch, Mateo Prada Canillas y al almirante Gabriel Pita da Veiga.

El miembro del Comité Central del PCE, al que los servicios secretos españoles vinculan al KGB, el servicio de espionaje de la extinta URSS, pide a su informante que le dé todos los datos que posea sobre los asuntos tratados en la reunión.

—Se habló de la situación política, del malestar en el Ejército

[5] La legalización del PCE dio lugar también a otra reunión de militares mucho más duros con el Gobierno, presidida por el teniente general González del Yerro. En ella, uno de los presentes llegó a plantear matar a Gutiérrez Mellado como la única solución para dejar a Suárez sin apoyos en el Gobierno. «O reaccionamos ahora o no lo haremos nunca», se dijo.

por los cambios introducidos por el vicepresidente del Gobierno, Manuel Gutiérrez Mellado, y se acordó proponer al Rey la formación de un «Gobierno de salvación nacional», apoyado por las Fuerzas Armadas y presidido por un teniente general de prestigio —le indica su «espía»[6].

Los militares congregados acusaban al tercer Gobierno de la Monarquía de «debilidad para con los comunistas y separatistas» y estaban dispuestos también a proponer la destitución de Adolfo Suárez y la disolución del Parlamento democrático.

—Los reunidos —le aseguró el comunicante a «El Tanque»— van a pedir la destitución de Suárez e incluso han confeccionado la lista del nuevo Gobierno, donde los militares se reservan las principales carteras.

Romero Marín convocó inmediatamente una reunión en la sede del PCE, situada en la calle Castelló de Madrid. Tras valorar la importancia y la gravedad de los hechos, los dirigentes comunistas decidieron ponerlos en conocimiento del presidente del Gobierno. Una hora después su secretaria había redactado un completo informe. Santiago Carrillo se desplazó inmediatamente a La Moncloa y se lo entregó en mano al presidente del Gobierno.

«Luego supimos —relató Romero Marín a los autores del libro— que Adolfo Suárez envió a una persona de confianza a Játiva y confirmó punto por punto nuestra información.»[7]

La «reunión de Játiva» no fue la primera ni sería la última operación de los sectores involucionistas del Ejército, el *bunker*, para impedir la reforma política. En septiembre de 1976, cuando Suárez presenta a la cúpula militar su plan de reforma de las instituciones, que prevé la existencia de partidos y sindicatos de clase, el vicepresidente del Gobierno y teniente general Fernando de Santiago y Díaz de Mendívil muestra públicamente su oposición

---

[6] En la entrevista que los autores mantuvieron con Romero Marín, éste se negó a identificar «por razones de seguridad» a su informante, aunque dejó entrever que se trataba de un militar.

[7] Desde los tiempos de la clandestinidad el PCE venía manteniendo contactos secretos con la cúpula del Ejército. El día en que mataron al almirante Luis Carrero Blanco, ocho dirigentes que se hallaban reunidos en un piso de la calle doctor Fleming, en Madrid, tuvieron una entrevista con el jefe del Alto Estado Mayor del Ejército, Manuel Díez Alegría, quien les dio seguridades de que no les iba a pasar nada. «Pero no se manifiesten ustedes», le dijo a Romero Marín. En 1976, al día siguiente de la detención de Santiago Carrillo, Carmen Díez de Rivera recibió en secreto por orden de Suárez a Armando López Salinas, a Luis Lucio Lobato, a Ramón Tamames y a Romero Marín.

a que se legalice «a los que venció una vez el Ejército Nacional». Adolfo Suárez reacciona. Le cesa fulminantemente y le sustituye por Manuel Gutiérrez Mellado.

Antes de finalizar el año, el Gobierno, dispuesto a limpiar de inmovilistas los puestos clave de los servicios secretos y las Fuerzas de Orden Público, releva al teniente coronel Federico Quintero Morente, del Seced, y coloca a su frente al comandante Andrés Casinello. El Ejército no reacciona. Pero, al sustituir en la Dirección General de la Guardia Civil al teniente general Angel Campano López por el general Antonio Ibáñez Freire, varios de sus compañeros protestan airadamente por el nombramiento. Jaime Milans del Bosch, constituyéndose en cabeza visible de los «sublevados», amenaza con dimitir.

La contraofensiva militar se refuerza en 1977. El 29 de enero, con motivo de los funerales por tres policías asesinados en Madrid, el capitán de navío Camilo Menéndez Vives, subdirector de la Escuela de Guerra Naval, llama a Gutiérrez Mellado «traidor». El vicepresidente del Gobierno se encara con él y le ordena disciplina.

—¡Por encima de la disciplina está el honor! —le contesta el capitán de navío.

Tras los secuestros del teniente general Emilio Villaescusa Quilis y del presidente del Consejo de Estado, José María Oriol (que sirvieron de excusa a los grupos involucionistas para preparar el primer golpe de Estado serio[8] contra la democracia), el intento de detener el proceso democrático por la legalización del PCE y la reunión de Játiva, el Rey se vio obligado a intervenir. «El inmovilismo sería absurdo y suicida —manifestó en su tradicional discurso de la Pascua Militar de 1978—. Hay que seguir el curso de la historia.»

Ese año pasan a la reserva un grupo de tenientes generales de marcado cuño franquista: Carlos Iniesta Cano, Pérez de Lema, Emilio Villaescusa Quilis, Juan Herrero, Mateo Prada Canillas, Manuel Cabezas Calahorra y Federico Gómez de Salazar.

El 17 de mayo es el teniente general José Vega Rodríguez quien presenta su dimisión como máximo responsable del Ejército de Tierra. El general Vega no está de acuerdo con los nombramientos de Ibáñez Freire como capitán general de Cataluña y con el de Antonio Pascual Galmes como jefe de la División Acorazada Bru-

[8] Véase el capítulo tres de este libro, «El golpe que paró el Rey».

nete. En ambos casos el Gobierno había actuado aplicando criterios de profesionalidad sin tener en cuenta el sistema tradicional de promover los ascensos de acuerdo con la antigüedad en el escalafón.

A Vega Rodríguez le sustituye Tomás Liniers Pidal, quien, apenas un mes después, se desplaza a Argentina y condecora al general Jorge Videla, bajo cuyo mandato se llevó a cabo una masacre de más de veinte mil argentinos fomentada desde la Casa Rosada, instaurando en el país una dictadura de terror.

«Bien tranquila puede estar Argentina de la legitimidad de su empresa —señaló en el acto de imposición de la medalla—. Argentina y España sufren hoy los ataques del materialismo ateo y cuando ante esta situación hemos tenido que emplear la fuerza se nos critica sin tener en cuenta que la legitimidad del uso de la violencia sólo la historia puede juzgarla.»

Los españoles no ganan para sustos. El 2 de noviembre Gutiérrez Mellado declara que «en España no habrá un golpe de Estado ni ahora ni en el futuro». Quince días más tarde son detenidos Ricardo Sáenz de Ynestrillas y Antonio Tejero Molina por organizar la «operación Galaxia»[9], en la que se pretendía tomar el palacio de La Moncloa aprovechando la celebración de un Consejo de Ministros y un viaje del Rey a México. Poco después es arrestado el general Juan Atarés Peña por llamar «cerdo y masón» al vicepresidente Gutiérrez Mellado en Valencia.

Las vistas orales contra Sáenz de Ynestrillas, Tejero y Atarés, encausados y juzgados por sus propios compañeros, se convierten en una farsa. La «operación Galaxia» queda reducida a una simple «charla de café». Las leves penas impuestas envalentonan a los grupos nostálgicos de las Fuerzas Armadas.

El 2 de enero de 1979 ETA asesina en San Sebastián al comandante José Herrera Hernández y el día 4 cae abatido por las balas

[9] Tejero se encontraba en esos momentos en situación de disponible forzoso. Según relató a los autores del libro Francisco Romero Marín, la destitución se había producido a raíz del intento de disolver con fuerzas de la Guardia Civil, no preparadas con medios antidisturbios, una manifestación en Málaga. «A las tres de la madrugada me llamó el diputado Tomás García —señaló el miembro del Comité Central del PCE—, me levantó de la cama y me dijo alarmado: "Puede haber mucha sangre. Tejero dice que va a reprimir la manifestación como sea".» Romero Marín se pone inmediatamente en contacto con el ministro del Interior, Rodolfo Martín Villa. A las cinco de la mañana el ministro le devuelve la llamada para indicarle:

—Dile a tu gente que esté tranquila. He cesado a Tejero.

el gobernador militar de Madrid, Constantino Ortín Gil. En el entierro de Ortín Gil los ultras gritan: «¡Ejército al poder!»

Pasan los días y aparentemente la situación se calma. Pero el 15 del mismo mes el diario norteamericano *The Washington Post* publica una escueta noticia: «Una junta de altos mandos militares había decidido acudir al Rey, de continuar la escalada terrorista, para pedirle que pospusiera las elecciones generales y nombrara un Gobierno de derecha, que dejara las manos libres al Ejército para acabar con ETA.»

Según los periodistas José Luis Morales y Juan Celada [10], ese mismo año se produce una nueva conspiración, que se oculta celosamente a la opinión pública: la «operación Cervantes», en la que están implicados el general Medrano y dos coroneles, uno de ellos Carlos de Meer Ribera.

Los años 79 y 80 la escalada terrorista se cobra más de dos centenares de víctimas, muchos de ellos generales de alta graduación. El Gobierno se siente impotente para acabar con esa lacra y varios tenientes generales aprovechan los escasos resultados de los servicios antiterroristas para pedir un retorno al pasado. El Rey, como jefe de las Fuerzas Armadas, tiene que hacer varios llamamientos a la disciplina.

A finales de 1979 el general Luis Torres Rojas, jefe de la División Acorazada Brunete, se entera de que dos de sus coroneles están en las listas de ETA. Ese día regresa al cuartel general de la unidad, en El Pardo, reúne a todos los mandos y les obliga a jurar ante un crucifijo y la bandera de España que si uno de ellos es asesinado sus compañeros se encargarán de vengar su muerte.

Poco después, el núcleo duro de la División toma contacto con la Brigada Paracaidista de Alcalá de Henares y con la base de helicópteros de la FAMET (Fuerzas Aero Móviles del Ejército de Tierra) de Colmenar Viejo para dar un golpe de Estado. La operación es detectada a tiempo por el Estado Mayor de la Brigada Paracaidista. El 22 de enero de 1980 el ministro de Defensa, Agustín Rodríguez Sahagún, toma cartas en el asunto y cesa fulminantemente al general Torres Rojas, que se halla de vacaciones en Canarias [11]. El jefe involucionista es «desterrado» al Gobierno Militar de La Coruña.

---

[10] *La alternativa militar*, Editorial Revolución, Madrid, 1981.

[11] La publicación de la noticia le cuesta el cargo también al entonces director de *Diario 16*, Miguel Angel Aguilar, por presiones de Adolfo Suárez y Rodríguez Sahagún sobre el editor.

Con Alfonso Armada en Lérida, Jaime Milans del Bosch en Valencia, Jesús González del Yerro en Canarias y Luis Torres Rojas en La Coruña, y con una serie de generales leales como José Gabeiras Montero, Guillermo Quintana Lacaci y José Juste Fernández en el Cuartel General del Ejército, la Capitanía General de Madrid y en la División Acorazada Brunete, el Gobierno creía, a comienzos de 1981, tener controlada la situación. Los hechos demostrarían en poco tiempo lo lejos que estaba de la realidad. La tradición intervencionista del Ejército español[12], alimentada por el protagonismo que dio Franco a sus generales[13], iba a salir de nuevo a la luz para acabar con el régimen de libertades.

* * *

La noche del 6 de febrero de 1981 la reina Federica de Grecia, madre de doña Sofía, falleció en la clínica La Paloma de Madrid, donde había sido internada poco antes para eliminarle unas excrecencias en los párpados debido a un exceso de colesterol.

La operación era poco importante, y los Reyes de España habían decidido ir a esquiar ese fin de semana a Baqueira Beret. El doctor Zurita, cuñado de los Monarcas, se encargaría de velar por el estado de la paciente tras la intervención. Sin embargo, una complicación con la anestesia general provocó un infarto de miocardio y el fatal desenlace.

Cuando se conoce la noticia en Baqueira Beret es noche cerrada. Doña Sofía quiere regresar de inmediato a Madrid en helicóptero para velar el cadáver de su madre y Sabino Fernández Campo le envía un aparato desde Madrid.

Como la Reina va a viajar sola, Alfonso Armada se ofrece a acompañarla desde Lérida. Sabino Fernández Campo, que está en contacto permanente con los Monarcas, le persuade de que no lo haga. Pocos días después, el matrimonio Armada se presenta en Madrid para acudir en palacio a uno de los ritos que se celebran por el alma de la difunta. Algunas personas le gastan bromas a su mujer.

—Adelgaza, Paquita, que tienes que estar en forma cuando nombren a tu marido presidente del Gobierno.

---

[12] De 1814 a 1936 hubo en España nada menos que cincuenta y cuatro intentos de golpe militar, según relata la periodista Françoise Laot en su libro *Juan Carlos y Sofía*, Espasa Calpe, Madrid, 1987.

[13] Cuarenta de los ciento catorce ministros de Franco fueron militares.

Este hecho, pese a su irrelevancia, pone de relieve lo arraigada que estaba entre la clase política la «solución Armada». Aprovechando su estancia en La Zarzuela, el antiguo preceptor del Rey le pide una audiencia a Su Majestad. Y don Juan Carlos se la concede para el día 15.

Era la décima vez que Armada, con distintas excusas, acudía en los últimos meses a visitar al Monarca ya fuera durante sus visitas a Baqueira Beret para esquiar o directamente en el palacio de La Zarzuela.

¿De qué hablaron el Rey y el segundo jefe del Estado Mayor del Ejército durante ese tiempo? Lo lógico es pensar que el asunto esencial era la necesidad de dar un cambio de rumbo a la situación política, lo cual no quiere decir que don Juan Carlos apoyara un golpe de Estado al estilo de Tejero.

«Una humillación tan tremenda como aquella no se lo hubiera perdonado nunca la clase política al Rey. Hubiera sido el fin de la Monarquía», opina Sabino Fernández Campo.

Lo cierto es que, por muy absurdo que parezca, semanas antes del golpe del 23-F, mientras Alfonso Armada, al margen de los planes de Tejero, se preparaba para asumir un Gobierno de concentración nacional, los servicios secretos vinculados a la «operación Armada» entablaron contactos con ETA. Su objetivo era sentar las bases para una negociación con los terroristas y pedirles que decretasen una tregua de tres meses. El primer problema que pensaba afrontar el segundo jefe del Estado Mayor del Ejército cuando llegara al poder era la cuestión vasca. Armada pensaba que con un militar al frente del Gobierno era más fácil acabar con ETA, ya que sus activistas se consideraban militares y sólo entregarían las armas a otro ejército.

La misión se le encomienda a un intermediario del Partido Nacionalista Vasco, «sector Ormaza», J. B. Este se desplaza a Bayona y contacta con el máximo responsable de la organización, Domingo Iturbe Abasolo. Le ofrece el reconocimiento de los derechos históricos del pueblo vasco y una amplia autonomía si prospera la «remodelación de Gobierno» que se prepara en Madrid. A cambio, ETA deberá abandonar la lucha armada y entregar las metralletas. «Txomin» se muestra de acuerdo en llevar a cabo un «alto el fuego» temporal.

—Pero sólo para militares. La Guardia Civil no entra en el pacto —matiza.

El miembro del PNV e Iturbe Abasolo hablan de la formación

de una unidad de élite dentro de la Guardia Real, integrada por vascos, que tuviera el privilegio de entrar en combate la primera en caso de guerra [14].

Sin embargo, la dimisión de Adolfo Suárez de la Presidencia del Gobierno, apenas semana y media antes, ha dejado a los golpistas sin su principal justificación para intervenir militarmente en la vida política del país. Los planes de Armada, que se encuentra involucrado hasta entonces en una operación exclusivamente política, también quedan congelados.

Desde La Zarzuela, que tiene una información bastante fidedigna de las preocupaciones existentes en diversos sectores de las Fuerzas Armadas a través del comandante José Luis Cortina Prieto, jefe de la Agrupación Operativa de Misiones Especiales del Cesid y compañero de promoción del rey Juan Carlos en la Academia General Militar de Zaragoza [15], se envían mensajes tranquilizadores a Milans del Bosch y a otros capitanes generales.

Los pretextos involucionistas iban a surgir enseguida. El 4 de febrero un grupo de parlamentarios de Herri Batasuna había interrumpido en la Casa de Juntas de Gernika un discurso del Rey cantando el *Eusko Gudariak*, el himno del soldado vasco. Poco después ETA asesinaba a José María Ryan, director de la central nuclear de Lemóniz, la cual había sufrido más de doscientos atentados en los últimos años. Y casi sin solución de continuidad, toda la cúpula de la Policía, encabezada por su director, José Manuel Blanco, el comisario general de información, Manuel Ballesteros, y su secretario general, José Luis Fernández Dopico, presentaban su dimisión ante las duras críticas parlamentarias sufridas por el colectivo tras la muerte, en extrañas circunstancias, del etarra José María Arregui, detenido tres días antes en Madrid.

Todos estos acontecimientos encadenados en menos de quince días pusieron de nuevo en marcha los movimientos conspiratorios en el seno de las Fuerzas Armadas. Como, tras su dimisión, la posibilidad de sustituir a Suárez por la vía parlamentaria para

---

[14] Los autores del libro son conscientes de que esta información puede causar estupor en el lector por insólita. La han mantenido tras verificar su autenticidad en diversas fuentes.

[15] Cortina Prieto se entrevistó con los autores del libro en seis ocasiones. Negó cualquier participación en la intentona, pero reconoció haber estado durante el mes de febrero once veces en La Zarzuela, información que habíamos obtenido por medio de sus acompañantes.

poner a un general al frente del Gobierno resultaba inviable, el núcleo duro del Ejército comenzó a organizar de forma precipitada una solución más radical: un golpe de Estado.

En enero del 81, de forma imprevista, el ministro de Defensa, Agustín Rodríguez Sahagún[16], y el jefe del Estado Mayor del Ejército, José Gabeiras Montero, nombran a Alfonso Armada segundo jefe del Estado Mayor, lo que supone colocar a uno de los golpistas en el centro neurálgico desde el que se controlan las capitanías militares y las unidades de más peso dentro del Ejército.

El nombramiento provoca un fuerte enfrentamiento entre Adolfo Suárez, que continúa de presidente del Gobierno, y su ministro de Defensa. Rodríguez Sahagún justifica su decisión por las «presiones» recibidas esos días, pero no da más explicaciones.

—Pues acabas de poner en el punto justo a un golpista. Antes o después habrá un golpe militar —le recrimina Suárez.

El presidente del Gobierno acaba enterándose de que la sugerencia del nombramiento de Armada ha procedido directamente de La Zarzuela. Un día, delante de Rodríguez Sahagún, se lo comenta al Rey[17].

—Majestad, ha nombrado usted a un traidor[18].

Es el primer paso hacia un pronunciamiento militar. El segundo lo protagoniza el propio Milans del Bosch. Tras los incidentes de Gernika, el capitán general de Valencia llama personalmente al capitán general de Zaragoza, Antonio Elicegui; al capitán general de Sevilla, Pedro Merry Gordon; al capitán general de Baleares, Manuel de la Torre Pascual; al capitán general de Valladolid, Angel Campano López, y al jefe del Estado Mayor de la Capitanía General de Madrid, José Sáenz de Tejada.

Adolfo Suárez acababa de hacer pública la candidatura de Leopoldo Calvo Sotelo para sustituirle al frente del Gobierno

---

[16] Esta decisión de Rodríguez Sahagún, que adoptó no por voluntad propia sino recibiendo instrucciones, hizo que el responsable del área del Interior del Cesid, Santiago Bastos Noreña, tachara al ministro de Defensa de «posible golpista» en un informe interno del espionaje español.

[17] José Luis de Vilallonga, en su libro *El Rey* (Plaza y Janés, Barcelona, 1993), elaborado a partir de ocho entrevistas de cuatro horas cada una con el Monarca, repite en dos ocasiones esta significativa frase acerca del nombramiento de Alfonso Armada: «Gabeiras, tal vez para complacer al Rey, nombró a Armada como segundo jefe suyo.»

[18] Aurelio Delgado recuerda perfectamente haber oído repetir esta conversación a su cuñado y al fallecido Rodríguez Sahagún, entonces ministro de Defensa.

de la nación, previa investidura por el Congreso de los Diputados. Milans del Bosch, que está al tanto de los acontecimientos, hace a sus compañeros de mando la misma pregunta:

—¿Creéis que el nombramiento de Calvo Sotelo va a suponer un cambio en la política del país?

La mayoría de los capitanes generales no tiene ninguna confianza en un Gobierno de UCD. Milans del Bosch sugiere entonces a los más lanzados que hay que «hacer algo» para impedir el nombramiento de Calvo Sotelo, pero no confía a ninguno de ellos sus verdaderas intenciones. Sus interlocutores están desconcertados. Saben que hay varios golpes en marcha pero no creen que el capitán general de Valencia esté dispuesto a encabezar una sublevación militar en tan poco tiempo.

—Lo que sí os pido —comunica Milans a algunos de sus compañeros de armas— es que si yo decido tomar la iniciativa y dar ese paso adelante no me dejéis solo.

Otro personaje que esos días comienza a desarrollar una intensa actividad para detectar el alcance del golpe y las unidades militares que pueden estar comprometidas es el comandante del Cesid Cortina Prieto. El coronel de Caballería Luis García Mauriños[19], que entonces se encontraba en el hospital Gómez Ulla reponiéndose de una enfermedad, recibe un día la visita de su compañero de armas Manuel Monzón Altolaguirre.

—Mauriños —le dijo—, vengo a verte en nombre de Cortina. ¿Puedes darme una lista de jefes y oficiales de confianza?

—Conmigo no cuentes. No se puede dar un golpe con gente del Cesid dentro sin que se entere el Gobierno. ¡Estáis todos locos!

Entre tanto, ajenos a lo que se cocía en los cuarteles, los compromisarios de UCD se reunían el segundo fin de semana de febrero en Palma de Mallorca para celebrar el II Congreso del partido, una experiencia que no iba a resultar un camino de rosas.

Adolfo Suárez, tras su dimisión, había querido dejarlo todo «atado y bien atado» en el Gobierno y en el partido. Como candidato a la Presidencia del Gobierno había propuesto a Leopoldo

[19] Los autores del libro se entrevistaron con Luis García Mauriños el 22 de junio de 1992, en Sevilla. Allí relató que otras personas con las que se entrevistó fueron el coronel José Ignacio San Martín, Ricardo Pardo Zancada y un teniente coronel «amigo de Armada», al que no quiso identificar. Todos ellos, según su versión, quisieron implicarle en el golpe.

Calvo Sotelo[20]. Para sucederle en UCD propuso a uno de sus hombres de confianza, el ministro de Defensa, Agustín Rodríguez Sahagún. El sector «crítico» del partido tenía su propio candidato, Landelino Lavilla Alsina.

Agustín Rodríguez Sahagún ganó el Congreso, pero las tensiones surgidas durante las tres jornadas precedentes pusieron de relieve la división interna de la formación política centrista. Lo más grave era que la confrontación entre algunos de los allí presentes había llegado en ciertos momentos a la altura de una pelea callejera, donde la mayoría de las intervenciones respondían más a la lucha por el poder y a las ambiciones personales que a razones de tipo político o doctrinal.

Adolfo Suárez regresó de Palma de Mallorca muy pesimista por el futuro de su formación política. En el alma llevaba clavada, como un puñal, la moción de censura que apenas semanas antes habían estado preparando en secreto los «críticos» del partido. Por eso, al llegar al aeropuerto de Barajas, y poco antes de tomar el helicóptero para desplazarse a La Moncloa, tuvo un duro enfrentamiento con Landelino Lavilla, en presencia del director de la Seguridad del Estado y del gobernador civil de Madrid, Mariano Nicolás García.

—Me habéis engañado, me habéis traicionado y os vais a cargar UCD —le dijo en voz alta Suárez.

Paco Laína y Mariano Nicolás, que esperaban al Presidente para acompañarle en helicóptero hasta La Moncloa, oyeron cómo le decía al presidente de las Cortes.

—¡Eres un hijo de puta!

La división de UCD en Palma, un hecho calificado como un desastre por gran parte de la prensa de la época, permitió a los golpistas reafirmarse en sus convicciones de que estaban en la vía correcta, que para España no había más solución que una dictadura militar. En el fondo de sus conciencias, Milans, Armada y Tejero abrigaban un sentimiento común de odio y de desprecio hacia Adolfo Suárez y su obra. Ninguno de ellos estaba dispuesto a perdonarle las humillaciones a las que les había sometido.

* * *

[20] Calvo Sotelo obtuvo veintitrés votos del Comité Ejecutivo de UCD. Se ausentaron de la votación Oscar Alzaga, Antonio Fontán, Ignacio Camuñas, Fernando Alvarez de Miranda, Luis Grandes, Miguel Herrero y Alonso Castrillo, todos ellos del sector «crítico». Landelino Lavilla se abstuvo.

La conspiración militar había llegado incluso hasta los periódicos no involucionistas, utilizados como plataforma para promover un estado de opinión favorable. Se trataba de crear un «estado de necesidad» y las «condiciones objetivas» que justificaran el pronunciamiento militar.

El 31 de enero de 1981, poco después de la dimisión de Suárez, Emilio Romero, uno de los periodistas más informados de lo que ocurría en los cenáculos en los que políticos y militares se reunían para conspirar, escribía:

> «Están pasando cosas que obligan a una remodelación sustancial. Si para hacer esto UCD no proveyera, entonces existiría la vía de "un hombre ajeno y políticamente bendecido". Ahora o pasado mañana. Un tranquilizador neutral [...] el general Alfonso Armada. Hay una realidad que me consta, y es que lo que pasa es tan importante, tan grave, que no es aceptable ningún continuismo. Un golpe de timón, en la versión Tarradellas, es un golpe de timón.»

Pocos días más tarde, el 12 de febrero, veinticuatro horas después de clausurarse el Congreso de Palma de Mallorca, el director de *El Alcázar* [21], Antonio Izquierdo, aportaba nuevos datos:

> «He oído campanas [...] y gobernará un general, por supuesto. Apoyado en su origen profesional y en la base parlamentaria que obtendría de inmediato. ¿Un general? Sí, sí. Pero no precisamente aquel a quien señaló Emilio Romero en un reciente artículo de *ABC*.»

La confrontación de ambos textos pone de relieve que los golpistas no estaban de acuerdo en quién iba a asumir el poder en los siguientes días. Ello indica que existían por lo menos dos tendencias entre los militares que tomaron el Congreso de los Diputados el 23-F. Una a favor del antiguo preceptor del Rey, y la otra, la de *El Alcázar*, en la línea de un general más duro.

Entre tanto, mientras el golpe estaba en la calle, el Gobierno tenía muy poca o casi ninguna información concreta de los planes

[21] *El Alcázar*, órgano de expresión de los ex combatientes de la Guerra Civil, no había dejado en ningún momento de censurar las reformas promovidas por el Gobierno. En los últimos meses, desde sus páginas el colectivo «Almendros» y el general De Santiago y Díaz de Mendívil, con su artículo «Situación límite», se habían puesto descaradamente a favor de una intervención militar.

que se estaban fraguando aceleradamente en el seno de las Fuerzas Armadas. En esas circunstancias, el presidente del Congreso de los Diputados, Landelino Lavilla Alsina, convoca una reunión de la Cámara el 20 de febrero para proceder a la sesión de investidura de Leopoldo Calvo Sotelo.

Es la primera vez desde la cuestión de confianza a la que se sometió el Presidente en septiembre de 1980 en que la Cámara estará al completo, con el Gobierno y los parlamentarios reunidos, para debatir el nombramiento del sucesor de Adolfo Suárez.

El teniente coronel Antonio Tejero Molina está al tanto de todo ello y ese día, a primeras horas de la mañana, acude al cuartel de los Grupos Antiterroristas Rurales (GAR) de la Guardia Civil, una de las unidades mejor adiestradas de la Benemérita, en El Escorial. Allí, entre aquellos hombres con los que ha vivido sus experiencias más amargas en el País Vasco y entre los que se encuentran muchos de los que han sufrido en los últimos años la amenaza del terrorismo, espera reclutar la fuerza suficiente para tomar por asalto el Congreso de los Diputados[22].

El jefe de la Guardia Civil sublevado sabe que la toma del hemiciclo por una unidad armada es el «detonante de gran magnitud» que espera ansioso el capitán general de Valencia, con el que se ha entrevistado hace pocos días, para sacar los tanques a la calle y «restablecer» el orden público.

Pero Tejero fracasa en su intento. Los jefes de la unidad con los que se entrevista no están dispuestos a jugarse sus galones por seguir al ex comandante de la Guardia Civil de San Sebastián, con el que están plenamente identificados en su rechazo hacia el Gobierno en algunos asuntos, pero no hasta el punto de embarcarse en una aventura de imprevisibles consecuencias[23].

El fracaso no le hace echarse para atrás. A última hora de la tarde Tejero oye por la radio que el debate se ha suspendido y que

[22] Este primer intento de golpe de Estado de Tejero se ha mantenido oculto a la opinión pública y fue revelado a los autores del libro por varios de los protagonistas del 23-F.

[23] Curiosamente, mientras Tejero estaba a punto de asaltar el Congreso de los Diputados, ninguno de los grupos políticos que debatían la moción de investidura de Leopoldo Calvo Sotelo hizo la más leve referencia a la situación de las Fuerzas Armadas, según consta en el *Diario de Sesiones* de las Cortes. La «falta de interés», cuando el ruido de sables estaba a la orden del día en tertulias y periódicos y muchos de los parlamentarios se hallaban implicados en operaciones para derrocar a Suárez, refleja la falta de realismo de la clase política de la época.

volverá a reanudarse el próximo lunes, fecha en que se procederá a la votación final. Ese día, 23 de febrero, va a tener su última oportunidad.

Durante el fin de semana, sin embargo, se produce una serie de contactos y llamadas telefónicas para intentar detener el golpe. El Rey, que ha estado el día 19 reunido con el ex presidente de la Generalitat Josep Tarradellas, a quien aguardaba como de costumbre en un hotel de Madrid el ex capitán general de Cataluña Francisco Coloma Gallegos, envía un mensaje tranquilizador al capitán general de Valencia. El nuevo Presidente, Calvo Sotelo, tiene el compromiso firme de frenar los radicalismos, combatir de raíz el terrorismo y mejorar la situación económica de España. En ese contexto, Milans llama por teléfono a Tejero.

—Habíamos quedado en que no pasa nada, que no se hace nada —le dice el capitán general de Valencia.

—Es cierto. Pero ya he dado las órdenes —replica Tejero.

—Pues anúlalas —ordena Milans.

—No puedo, mi teniente general. Tengo ya la fuerza comprometida —miente Tejero.

El teniente coronel de la Guardia Civil está cansado de tanto titubeo. Así se lo dice a Juan García Carrés, el ex miembro de los sindicatos verticales del franquismo que le ha puesto en contacto con el diario *El Alcázar* y con los sectores ultraderechistas del país [24].

—Estos militares monárquicos son unos calzonazos. ¡No se puede contar para nada con ellos!

A la vista de los acontecimientos, Milans empieza a dudar de nuevo. Llama a algunos compañeros de armas para sondearles y les indica que ha llegado el momento de «hacer algo» para detener «este estado de cosas».

—Bueno, si el lunes, a la vista de los acontecimientos, tomo alguna decisión, no os quedaréis sentados, ¿eh? —le comenta a alguno de ellos sin descubrirle abiertamente su implicación en el complot.

Cuando llega el día señalado, Tejero Molina, que ha mantenido diversos contactos con sus compañeros de armas en las últimas cuarenta y ocho horas, no sabe todavía de qué manera va a interrumpir la sesión de investidura del Congreso. Nadie está dispues-

[24] El viernes 19, sectores de la ultraderecha cercanos al ex ministro de Franco José Antonio Girón de Velasco, temerosos de que el golpe fracasara y se encontraran involucrados en él, habían filtrado la información a la Policía. Pero el Gobierno, que no consideraba al informador una fuente digna de crédito, no tomó medidas al respecto.

to a seguirle. Entonces decide utilizar su último cartucho. Sabe que lo único que puede movilizar a los oficiales de la Benemérita es citar el nombre de generales próximos al Rey.

* * *

A las 4.30 de la tarde del 23 de febrero de 1981, en el Congreso de los Diputados comienza la segunda sesión de investidura de Leopoldo Calvo Sotelo.

Antonio Tejero Molina lleva ya varias horas intentando convencer al jefe de la Agrupación de Tráfico de Madrid, coronel Antonio Manchado, para que le permita disponer de una fuerza de choque para tomar el Congreso de los Diputados.

Cuando lo consigue, es el propio Tejero quien recorre las distintas dependencias del acuartelamiento para completar su unidad. Sobre la marcha improvisa un contingente de tropa con los mecánicos, los electricistas y hasta con los cocineros del cuartel, cinco de los cuales dejan de fregar los platos para empuñar el Cetme.

Entre tanto, en el acuartelamiento del Wad Ras, una de las unidades de tanques de la División Acorazada Brunete, los carros de combate están municionados y con el depósito de combustible a rebosar. Según los planes de los golpistas, el regimiento Wad Ras debería situar sus blindados en un cinturón de medio kilómetro en las inmediaciones del Congreso de los Diputados, cortando todas las entradas y salidas, en una primera fase. Acto seguido, el teniente coronel Tejero debía tomar por asalto el Parlamento. Sin embargo, cuando los tanques se encuentran formados y con los motores en marcha, esperando la llegada del coronel Centeno, se presenta en el cuartel el jefe de Estado Mayor de la unidad, el teniente coronel Angel Santos Bobo, que estaba de vacaciones.

—¿A dónde vais? —le pregunta a su suplente.

—¡A salvar a la patria!

Santos Bobo habla con el coronel Centeno y logra detener la salida de los acorazados.

El teniente coronel Antonio Tejero Molina, que lleva algún tiempo en las inmediaciones del Congreso esperando la llegada de los tanques para intervenir, se encuentra en esos momentos muy nervioso.

La consigna que tiene es entrar en el hemiciclo en el momento en que el presidente de la Cámara anuncie el comienzo de las votaciones, que es cuando el Gobierno y los parlamentarios se encuentran sentados en sus escaños y el efecto sorpresa es mayor.

La votación ha empezado hace unos minutos y los observadores que tiene destacados en las afueras de Madrid [25] no han detectado la llegada de ninguna unidad militar. Dentro de poco la votación habrá acabado, el Gobierno y los diputados abandonarán el hemiciclo y todo habrá concluido.

Tejero, que sigue la evolución de lo que ocurre en el Parlamento a través de un transistor, toma una decisión. Llama a los tenientes y capitanes que le acompañan y les informa de la situación.

—Si la Acorazada se retrasa tendremos que hacerlo nosotros solos. ¡Para tomar un edificio y desarmar a unos cuantos policías nos bastamos y nos sobramos!

Sus subordinados están de acuerdo.

—¡Pues adelante, y que nuestra patrona, la Virgen del Pilar, nos ayude!

Cuando los guardias invaden el Congreso y se interrumpe la votación en el momento en que se lee el nombre del diputado socialista Manuel Núñez Encabo, el rey Juan Carlos está jugando una partida de *squash* con su amigo «Nachi» Caro [26]. Sin tiempo para quitarse el chándal, los dos corren a los teléfonos para averiguar qué está pasando.

Doña Sofía recibe la noticia con la misma estupefacción. La Reina no puede olvidar, en aquellos momentos, la tragedia de su hermano Constantino, quien el 21 de abril de 1967 se sumó al golpe de Estado del general Patakos, pero perdió la Corona en diciembre de ese mismo año cuando quiso echar a los generales rebeldes e imponer su autoridad.

La reina Sofía no estaba dispuesta a que en España se repitiera la situación de Grecia catorce años después y pidió encarecidamente a todo el personal de servicio en La Zarzuela, especialmente a los generales Sabino Fernández Campo y Joaquín Valenzuela, que ayudaran al Rey a sofocar la rebelión militar.

—¡Ese ha sido el cabrón de Armada! [27] —le oyeron decir nada más conocerse las primeras noticias del asalto al Congreso. Una

[25] Se trata de guardias civiles adscritos a la agrupación operativa de Misiones Especiales del Cesid, provistos de transmisores de la escuela del espionaje español para no levantar sospechas, ya que éstos sólo son utilizados para la enseñanza y no son captados por otros servicios.

[26] Ignacio Caro, uno de los íntimos amigos del Monarca.

[27] Esta ha sido la única vez que las personas más próximas a la Reina han escuchado de sus labios una frase semejante.

frase premonitoria que a lo largo de la jornada iba a convertirse en dolorosa realidad.

* * *

A las 6.22 de la tarde, cuando se produjo el asalto al Congreso de los Diputados, el secretario particular de Suárez, Aurelio Delgado, se encontraba trabajando en su despacho oficial de La Moncloa. El relato del asalto al Congreso, retransmitido en directo a través de la cadena SER, le dejó conmocionado por lo menos durante diez minutos.

Cuando al fin reacciona, decide hacer varias llamadas telefónicas. Se encuentra con que las comunicaciones del palacio están bloqueadas. Sólo funciona la «malla cero», la red interna del Gobierno. Cuando se conocen los primeros datos del levantamiento de Milans en Valencia, se dispone a llamar al gobernador civil. Este ha salido, pero descuelga el aparato su mujer. Aurelio Delgado le pide que le cuente qué está pasando en la capital del Turia. La esposa del gobernador civil se echa a llorar.

Las noticias son bastante confusas todavía. Cuando Tejero decide sacar de la Cámara al presidente del Gobierno y a los principales responsables de los partidos políticos, Delgado piensa que las cosas pueden empeorar en pocas horas. Se plantea entonces la posibilidad de que la mujer de Suárez, Amparo Illana, y sus hijos tengan que huir al extranjero. Abre la caja de los fondos reservados y cuenta el dinero que hay: unos seis millones de pesetas.

Su idea es escapar hacia Portugal por medio de una avioneta desde Avila. Llama a su hermano:

—Perico, reúne todo el dinero que puedas y tenlo preparado.

En el Ministerio del Interior, Francisco Laína García[28] trata de averiguar lo que acaba de ocurrir en el Congreso cuando le llaman por teléfono. Descuelga el aparato y oye la voz del Rey:

—¿Cómo están las cosas, Paco? ¿Qué es lo que sabes?

—Señor, todo parece indicar que es Tejero con un grupo de guardias civiles.

—Pues haz todo lo que esté en tus manos dentro del respeto a la Constitución.

Laína quiere saber de primera mano lo que está ocurriendo en

[28] Con Laína los autores del libro mantuvieron dos entrevistas. La primera de ellas fue el 9 de junio de 1992.

las capitanías generales de toda España. Llama inmediatamente al gobernador civil de Sevilla.

—¿Qué sabes de Merry Gordon? —le pregunta.

—Pues está vestido de tanquista, pero está ciego de vino[29].

—Entonces no hay problema.

A continuación llama a Valladolid y comprueba que el capitán general de aquella región, Angel Campano, no ha movido un dedo para sacar la Brigada Ligera de Caballería a la calle. Al capitán general de Zaragoza, Antonio Elicegui Prieto, le conoce de la etapa en que estuvo de gobernador civil en Las Palmas y este último era el gobernador militar. Habla personalmente con él y le convence para que se mantenga a las órdenes del Rey.

Tras pulsar la situación de las capitanías, Laína se da cuenta de que los golpistas sólo cuentan con el respaldo de Milans del Bosch, aunque están intentando movilizar la División Acorazada Brunete de Madrid, cuyo general jefe, José Juste Fernández, ha tenido que regresar urgentemente a Madrid desde Zaragoza, donde una de las brigadas de la unidad participaba en unas maniobras.

Algunos de los policías a su servicio detectan, en esos momentos, llamadas desde el Congreso a los acuartelamientos de la Brunete. El responsable de la seguridad del Estado ordena el «pinchazo» de los teléfonos. Sin embargo, el fiscal general del Estado, José María Gil Albert, que se encuentra en la dirección de la Seguridad del Estado, se niega a que se lleven a cabo las escuchas sin autorización judicial y se enfrenta a Laína.

Al despacho de Laína han ido llegando a lo largo de la tarde-noche la mayoría de los subsecretarios del Gobierno. Para que no exista un vacío de poder civil, el director de la seguridad del Estado, de acuerdo con el Rey, decide improvisar un Gobierno accidental de subsecretarios.

Entre tanto, cuando se conoce ya que el golpe no ha triunfado al no unirse a él los capitanes generales de Sevilla y Valladolid (considerados los más ultras dentro del Ejército) en La Moncloa, Aurelio Delgado trata de ingeniárselas para que el Presidente esté al tanto de la situación.

Uno de los ayudantes del Presidente, el capitán de fragata Cristóbal López Cortijo, se presta a hacer de mensajero. Esa noche

[29] El capitán general de la II Región (Sevilla) iba a acudir aquella noche a un acto de la Legión en Ceuta. En realidad llevaba el uniforme de legionario.

se desplaza al Congreso, se presenta ante uno de los sublevados y le dice.

—Soy el capitán de fragata López Cortijo. Vengo a unirme a vosotros.

Le dejan pasar y, una vez dentro, se entrevista con Suárez, le cuenta cómo está la situación en el país y le pide instrucciones.

—Seguid resistiendo, que el golpe no va a triunfar —le responde el presidente del Gobierno, que se encuentra aislado del resto de los parlamentarios y estrechamente vigilado por dos guardias civiles.

Media hora después, López Cortijo se «da de baja» del golpe e informa en La Moncloa de la situación del Parlamento y las medidas que deben tomarse para liberar a los parlamentarios de sus prisioneros.

Informado de primera mano, Aurelio Delgado se pone en contacto en ese mismo momento con Francisco Laína y le transmite el mensaje de Suárez. Los dos son de Burgondo (Avila) y ese día, a ambos, el destino les ha designado para dirigir el país.

* * *

En las horas anteriores al golpe de Estado la situación había estado mucho menos clara en la División Acorazada Brunete, el «cinturón de blindados» que rodea Madrid. Cuando el jefe de la unidad, José Juste Fernández, que había viajado a Zaragoza para asistir a unas maniobras, regresa precipitadamente a Madrid alertado por su jefe de Estado Mayor, José Ignacio San Martín, se encuentra con todos los jefes y oficiales reunidos. Se entera de que el anterior responsable de la unidad, el general Luis Torres Rojas, había llegado esa mañana repentinamente de La Coruña y había estado comiendo con ellos.

A Juste Fernández le informan muy superficialmente de que «por órdenes del Rey» se ha procedido a acuartelar las unidades, municionarlas y prepararlas para salir.

—De un momento a otro —le explica Torres Rojas— va a producirse un «hecho sonado» en Madrid y entonces habrá llegado la hora. Ese será el detonante.

Juste pide más explicaciones y el comandante Ricardo Pardo Zancada toma la palabra para anunciar que ha pasado el fin de semana en Valencia con Milans del Bosch y que éste intervendrá para garantizar el orden y salvar a la patria ante un hecho del que «nos enteraremos por la radio». También menciona al general

Armada, de quien dice se encontrará en el palacio de La Zarzuela, desde las seis de la tarde, a las «órdenes del Rey».

El jefe de la Acorazada ordena en esos momentos que se prepare la «operación Diana» por si es preciso intervenir. Cuando se produce el asalto al Congreso, Juste, que no sabe si sus subordinados le están utilizando, antes de dar las órdenes para sacar las unidades a la calle quiere cerciorarse por sí mismo de que el Rey está detrás de la intentona. Llama a Sabino Fernández Campo y le pregunta por el antiguo preceptor del Rey.

—No, aquí no está Armada.

—¿Seguro? —titubeó Juste.

—No. Ni está ni se le espera.

Tras aquella respuesta Juste ordena a las unidades que no abandonen los acuartelamientos hasta no hablar con el capitán general de Madrid. Pero ya en aquellos momentos parte del Regimiento de Caballería Villaviciosa 14 ha salido para Televisión Española. En Colmenar Viejo y en el Wad Ras, en el sur de Madrid, los carros y los vehículos mecanizados están municionados y aprovisionados, con los motores en marcha, dispuestos para salir. José Juste y el capitán general de Madrid, Guillermo Quintana Lacaci, se encargan de hacerlos regresar a sus acuartelamientos. Algunos militares, como el coronel de Caballería Joaquín Valencia Remón, obedecen a regañadientes.

—¡Qué ocasión, mi general! ¡Qué ocasión estamos perdiendo! —le dice Valencia Remón al jefe de la Casa Real, Nicolás Cotoner y Cotoner, también del arma de Caballería, cuando le llama por enésima vez para ordenarle, de parte del Rey, que retire las tropas destacadas a Televisión Española.

En La Zarzuela, el Rey, a través de Sabino Fernández Campo, había prohibido tajantemente la visita de Armada cuando éste anunció, a las siete de la tarde, su deseo de ir a visitar a don Juan Carlos «para explicarle lo que estaba ocurriendo en el Congreso». Entre las nueve y las diez de la noche el segundo jefe del Estado Mayor del Ejército volvió a ponerse en contacto telefónico con el Rey. Armada se ofrecía a acudir al Parlamento a resolver la situación creada por Tejero.

—Yo puedo ir en nombre del Rey —le dijo a Fernández Campo—. Me ofrezco de presidente del Gobierno, los diputados me votan y el asunto se ha resuelto.

Según Armada, su gesto de «sacrificarse por la patria» contaba con el apoyo de varias capitanías generales y de numerosos mandos del Cuartel General del Ejército. Y, en efecto, así era. Poco antes, el capitán general de Valencia acababa de llamar al Rey y a Sabino Fernández Campo. A este último le dijo:

—Recuérdale a Su Majestad que no hay más salida a lo del Congreso que la «solución Armada».

—¿Una *solución armada*? —pregunta Sabino Fernández Campo, haciéndose el tonto.

—No, no, la de Alfonso Armada.

En Cataluña, el capitán general Antonio Pascual Galmes llama aquella noche al presidente de la Generalitat:

—¿Qué te parece un Gobierno presidido por Armada?

Jordi Pujol no está de acuerdo. Sin embargo, fracasado el golpe de Estado de Tejero, la mayoría de los capitanes generales presionan en La Zarzuela para que se autorice a Alfonso Armada a hablar al Congreso de los Diputados y a proponer a los parlamentarios la formación de un Gobierno de coalición sin Adolfo Suárez. La decisión tarda en tomarse y en el Cuartel General del Ejército hasta las mujeres de la limpieza, que llevan varias horas esperando que se vacíen los despachos para realizar su trabajo, se impacientan:

—A ver si se deciden ustedes con el golpe ese —se enfrenta una de las limpiadoras con un general—, pero decídanse ya, que nosotras tenemos que trabajar.

Entre tanto, el general Sabino Fernández Campo se opone tajantemente a que el general Armada utilice el nombre del Rey para pedir una votación en el Congreso bajo la presión de las armas.

—Prométeme solemnemente que no vas a usar el nombre del Rey —le exige el secretario general de la Casa Real. Cuando obtiene el compromiso de Armada, le dice—: Y ahora un consejo de amigo. ¡No vayas! Aunque salgas elegido Presidente sabes perfectamente que la solución es inconstitucional.

Sin embargo, el segundo jefe del Estado Mayor del Ejército acaba desplazándose al Congreso de los Diputados para ofrecer al Parlamento un Gobierno de concentración presidido por él. ¿Quién autorizó su gestión? Todos los generales del Cuartel General del Ejército cuando fueron interrogados durante el juicio del 23-F ofrecieron la misma respuesta:

—La oferta de Armada contaba con todas las bendiciones[30].

[30] Incluso su jefe inmediato, el teniente general José Gabeiras Montero, que en una institución tan jerarquizada como el Ejército tenía que haberle prohibido tajantemente que adoptara una medida inconstitucional, no se opuso a ello. Eso sí, le «autorizó» a acudir al Congreso «bajo su responsabilidad».

Cuando el segundo jefe del Estado Mayor del Ejército llega a la Carrera de San Jerónimo es algo menos de medianoche. El director general de la Guardia Civil, José Aramburu Topete, y el inspector de la Policía Nacional, José Sáenz de Santamaría, que tienen su cuartel general en el hotel Palace, salen a recibirle y le acompañan hasta la verja del Congreso.

Allí, Armada y Tejero se encierran en un despacho de cristal y el segundo jefe del Estado Mayor del Ejército le pide a Tejero que le permita hablar a los diputados, a los que va a proponer un Gobierno presidido por él.

El teniente coronel de la Guardia Civil no se fía. Pide ver la lista del futuro Gabinete. Cuando Armada le cuenta sus planes estalla de ira:

—Yo no he organizado todo este cisco para formar un Gobierno con socialistas y comunistas —protesta.

Armada trata de persuadirle. Le dice que todo está perdido y le pide que reflexione.

—Yo sólo obedezco órdenes de Milans del Bosch. Y no me voy de aquí sin la dimisión del Gobierno, la disolución de las Cortes y la formación de una junta militar.

Poco después Armada abandona el Congreso.

—He fracasado —dice a sus interlocutores—. Este hombre está loco. Va a hacer del Parlamento un nuevo santuario de Santa María de la Cabeza.

Poco después, sobre la una y veinte de la madrugada, Televisión Española emitía un mensaje del Rey a todo el país[31]:

«La Corona —decía un Monarca vestido con el uniforme de capitán general y el semblante serio— no puede tolerar acciones o actitudes de personas que pretendan interrumpir por la fuerza el proceso democrático que la Constitución votada por el pueblo español determinó en su día a través de referéndum.»

Poco después, el Rey mantiene una tensa conversación con Milans del Bosch, que se niega a retirar las tropas de la calle y a anular un bando militar dictado a las siete de la tarde por el que

---

[31] Algunos golpistas han sugerido a los autores del libro que se grabaron dos mensajes, uno de ellos en apoyo de la «solución Armada» y un segundo, que fue el que definitivamente se emitió. La versión no es exacta. Sólo hubo un vídeo, pero se emitió exactamente quince minutos después del fracaso del general Alfonso Armada en el Congreso. Entre tanto, dio tiempo a que la cinta fuera visionada por los responsables de TVE en aquellos momentos, cuando lo lógico hubiera sido ponerlo en antena lo antes posible.

se declaraba el estado de guerra en la región militar bajo su mando. El capitán general de Valencia insiste en que se permita a Armada volver al Congreso a hablar de nuevo con Tejero.

—Después de lo que he hecho no puedo echarme atrás —le responde el Rey.

Milans insiste. El también ha dado un paso adelante demasiado arriesgado para volverse atrás sin ningún resultado. Es preciso que el Monarca permita al Ejército reconducir la situación del Parlamento. Don Juan Carlos, al que prácticamente se le pide que renuncie a su papel constitucional, es tajante:

—Ni abdico ni me voy —le dijo—. Tendréis que fusilarme.

Diez minutos más tarde los carros de combate que patrullaban las calles de la ciudad del Turia recibían la orden de regresar a sus cuarteles. El golpe había fracasado.

* * *

Al director de la Seguridad del Estado le quedaba todavía una dura papeleta por resolver. Tenía que sacar al teniente coronel Tejero Molina del Palacio de las Cortes sin que se produjera derramamiento de sangre.

Francisco Laína pensó en un asalto al Congreso de los Diputados por la fuerza. Lo consultó con el general Aramburu Topete.

—¿Si tengo que asaltar el Congreso puedo contar con la Guardia Civil?

—No, en absoluto.

El director de la Seguridad del Estado se dio cuenta entonces de que el máximo responsable de la Benemérita no controlaba a sus miembros. Habló con el jefe del GEO (Grupo Especial de Operaciones de la Policía Nacional).

—Incluso neutralizando a Tejero, estimo que el número de muertos no bajará de las setenta u ochenta personas —le dice Holgado.

Además, para acercarse al Congreso e iniciar el asalto, el GEO necesita el apoyo de tanquetas. Laína se desplaza entonces a la Junta de Jefes de Estado Mayor para hablar con su máximo responsable, el teniente general Ignacio Alfaro Arregui.

Son casi las dos de la madrugada. Como no le ve, pregunta por él a uno de sus ayudantes.

—El general Alfaro se ha retirado a echar una cabezadita —le responden.

El director de la Seguridad del Estado no se lo puede creer. El país a punto de estallar, el Ejército sublevado o a punto de hacerlo y el responsable de la Jujem durmiendo tranquilamente. Al final, consigue las tanquetas. El jefe del Estado Mayor de la Armada, después de hacer un par de gestiones, pone a su disposición varias unidades que se encuentran disponibles en un acuartelamiento de Madrid.

Pero las cosas se complican. Varios subsecretarios se niegan a que se asalte el Congreso. También lo hace el secretario particular de Suárez, Aurelio Delgado.

—¿Y si un guardia se vuelve loco, dispara la metralleta y mata a diez o quince diputados? —pregunta.

—Tranquilo, que no va a pasar nada —dice Laína—. Holgado es un profesional.

—Será muy profesional. Pero, ¿quién nos garantiza que no se le va a escapar un tiro a alguien?

Además existía otro peligro adicional. El hotel Palace, donde tenían su puesto de mando las autoridades policiales, se había convertido en un nido de golpistas que entraban y salían del Congreso. Cualquiera de ellos podía haber alertado a Tejero y a sus hombres de los planes del «Gobierno provisional».

A medida que transcurre la noche, el máximo responsable de la Seguridad del Estado va descartando la idea del asalto. Fundamentalmente porque, pasada la medianoche, una columna motorizada de la División Acorazada, mandada por el comandante Ricardo Pardo Zancada, se ha unido a los golpistas.

Pero los problemas no terminan ahí. Los líderes de CCOO y UGT se presentan en su despacho para comunicarle que están dispuestos a sacar a la gente a la calle. En Sevilla, Amparo Rubiales habla con el alcalde de la ciudad, Manuel del Valle, con el mismo propósito. Laína tiene que recurrir a Enrique Curiel, del PCE, para persuadirle del peligro que entraña una medida así.

—Es el momento que están esperando algunos generales —le comunica—. En el instante en que se produzca cualquier altercado sacan los tanques para poner orden y esto se acaba.

A las tres de la madrugada, uno de los policías le pone sobre la mesa las transcripciones de algunas de las cintas de los «pinchazos» realizados aquella noche. Francisco Laína, que acababa de tener un altercado con Armada cuando éste se presentó en su despacho y comenzó a insultar al Rey por no ponerse en manos del Ejército, les echa un rápido vistazo. Advierte que el antiguo preceptor del Monarca está metido de lleno en el golpe. Se lo comunica a Sabino Fernández Campo[32]:

—Tengo las pruebas. ¡Armada es el jefe de los golpistas!

El secretario del Rey, que había sido el primero en darse cuenta la tarde anterior, lo pone inmediatamente en conocimiento de Sus Majestades.

La Reina Sofía, pendiente de la evolución de los acontecimientos, no se ha podido quitar de la cabeza durante toda la noche la imagen del segundo jefe del Estado Mayor del Ejército.

—¡Armada! ¡Armada!

Cuando, pasadas las once de la mañana del 24 de febrero, Tejero y sus guardias civiles firman el «pacto del capó»[33] y se rinden, la familia real vive uno de los peores momentos de su vida: el disgusto de comprobar cómo Armada, uno de los hombres de la confianza absoluta de los Monarcas, ha empleado el nombre del Rey para organizar y dirigir el mayor acto criminal contra la democracia y la Corona.

* * *

Tras la rendición del teniente coronel Antonio Tejero Molina y del comandante Ricardo Pardo Zancada y la liberación del Gobierno y de los parlamentarios se celebra un Consejo de Ministros extraordinario. La reunión la preside el Rey. Suárez y Gutiérrez Mellado, lo mismo que la mayoría de los miembros del Gabinete, no han tenido tiempo siquiera de ducharse y afeitarse ni de cambiarse de ropa, pero están ansiosos por conocer todo lo que ocurrió en el país durante las dieciocho horas que duró la toma del Congreso de los Diputados.

Antes de iniciar el Consejo, Suárez toma la palabra y se dirige a don Juan Carlos:

—Señor, tengo que disculparme y rectificar mi opinión sobre Armada. Sé que se ha ofrecido voluntariamente para negociar la rendición de los sublevados. Me equivoqué.

—No, no te has equivocado. Armada estaba en el golpe —le responde el Rey.

---

[32] Paco Laína había estado a punto de detenerle horas antes, cuando comenzó a injuriar al Rey señalando que se había equivocado apareciendo por televisión y no dejando que militares como él hubieran resuelto aquella situación.

[33] Este episodio se cuenta ampliamente en el libro *El pacto del capó*, escrito por el coronel Eduardo Fuentes Gómez de Salazar (Ediciones Temas de Hoy, Madrid, 1994).

En aquel Consejo de Ministros se dijeron cosas muy duras. Se analizó el alcance de la sublevación militar y se puso sobre la mesa una larga lista de generales y coroneles implicados en la intentona.

El Rey, en una reunión posterior con los líderes políticos, volvió a pedir prudencia:

—Hay que tener cuidado con las medidas que se tomen. No se puede dar la imagen de que se trata de una venganza por la afrenta sufrida en el Parlamento. Además hay que actuar sólo contra los verdaderamente responsables, no sea que por hacer justicia creemos un problema mayor.

Poco después se celebra otra reunión, esta vez con la Junta de Jefes de Estado Mayor en pleno. Preside el acto el rey Juan Carlos, acompañado del vicepresidente del Gobierno para Asuntos de Defensa, Manuel Gutiérrez Mellado; los ministros de Defensa e Interior, Agustín Rodríguez Sahagún y Juan José Rosón Pérez, y el secretario de Estado para la Seguridad, Francisco Laína García.

Laína García, por indicaciones de su superior, había llevado a la reunión un magnetófono y varias de las cintas grabadas la noche anterior a través de los «pinchazos» telefónicos realizados a las líneas del Congreso de los Diputados.

En un momento dado, Rosón dice:

—Que el director ponga la cinta.

Laína pone en marcha el magnetófono y se oye una conversación entre Armada y Tejero. Es la prueba más irrefutable de que el antiguo preceptor del Rey está implicado en el golpe hasta las orejas.

A don Juan Carlos, que no ha oído hasta entonces la cinta, comienzan a humedecérsele los ojos. Agacha la cabeza un instante y cuando se incorpora de nuevo Francisco Laína advierte cómo alguna lágrima furtiva resbala por sus mejillas. Al concluir el acto se dirige al director de la Seguridad del Estado y responsable del Gobierno provisional de subsecretarios. Le da un fuerte abrazo.

—Paco, no sé cómo agradecerte lo que has hecho por la Monarquía.

Desde 1983, Francisco Laína García se lamenta de ser uno de los pocos altos cargos del segundo Gobierno de la transición que no ha sido invitado a los actos y recepciones oficiales de La Zarzuela, adonde acude la flor y nata de España y donde, con frecuencia, suelen verse personajes que han desempeñado un papel mucho menos destacado en la vida del país.

* * *

Celebrada por fin la sesión de investidura de su sucesor, Adolfo Suárez se va de vacaciones al extranjero. Cuando se instala en La Moncloa, Calvo Sotelo repasa la prensa. Ese mismo día, el diario monárquico *ABC* publica un llamativo titular que ocupa toda la portada: «Armada no tuvo nada que ver con el golpe.»

El nuevo Presidente encuentra sobre su mesa una pila de telegramas de personas presurosas en darle la enhorabuena. Cuando repasa la lista que le presentan sus ayudantes de las personas que le han llamado por teléfono se encuentra con el nombre de Alfonso Osorio.

Calvo Sotelo está seguro de que su antiguo compañero de Gabinete ha tratado de ponerse en contacto con él para felicitarle. Le devuelve la llamada y recibe un jarro de agua fría.

—Me llegan noticias de que habéis arrestado en su casa al general Armada —le increpa Osorio.

Era cierto. El militar golpista llevaba veinticuatro horas bajo arresto y a disposición de la autoridad militar.

—Exacto, Alfonso. Pero no le ha arrestado el Gobierno, sino el instructor militar, José María García Escudero.

—Pues es una auténtica barbaridad. ¡Armada es un caballero! —protesta Osorio.

—Bueno, bueno. No te preocupes. Esta situación no creo que vaya a durar mucho...

—Hombre, menos mal —respira tranquilo el dirigente de Alianza Popular.

—... No va a durar mucho porque creo que el instructor militar lo va a meter en la cárcel —concluye Calvo Sotelo.

El Presidente colgó el teléfono dejando a su interlocutor como una hiena. La llamada de Osorio y la portada de *ABC* ponían de relieve que los cabecillas de la rebelión militar contaban con apoyos civiles. No todos eran precisamente miembros de la extrema derecha.

CAPITULO OCHO

EL «CASO DE MEER»: JAQUE MATE AL GOLPISMO

Semanas antes de que en abril de 1986 el presidente norteamericano Ronald Reagan ordenara el bombardeo de Trípoli y Bengazi, un alto cargo del Ejército español viajó a la capital libia para entrevistarse con el coronel Muammar el Gaddafi. El encuentro entre Carlos de Meer Ribera y el líder del país árabe tenía por objeto la financiación de un partido de ultraderecha de corte golpista. De Meer fue víctima de una maquinación de la Policía española, que había organizado el encuentro para relacionarle con el terrorismo internacional. Sin embargo, de esta manera, el Gobierno ponía fin a la pesadilla del golpismo, una amenaza constante durante toda la transición democrática. José Barrionuevo, ministro del Interior, y Rafael Vera, secretario de Estado para la Seguridad, que hasta entonces eran despertados tres o cuatro veces cada noche para recibir informaciones sobre el terrorismo o el involucionismo, comenzaron a dormir más tranquilos. De Meer, utilizado como cabeza de turco, no fue juzgado por falta de pruebas, pero las reformas del Ministerio de Defensa (Ley de Reserva Activa, «plan Meta», reducción de las capitanías) situaron a las Fuerzas Armadas donde debían estar: en los cuarteles.

El ultraderechista José Antonio Assiego Verdugo se presenta un día en la Brigada de Información Interior del Cuerpo Nacional de Policía y pide ver a solas al comisario jefe, Alberto Elías.

—Carlos de Meer Ribera está conspirando —le dice.

—¿Cómo? —pregunta Elías.

—Sí. Lleva varias semanas reuniéndose en Madrid con grupos de militares en secreto.

Era el 12 de agosto de 1985. El fenómeno golpista seguía

preocupando seriamente al Gobierno. En los últimos meses había circulado por los cuarteles una serie de documentos que incitaban a la rebelión militar de los mandos. Estaban suscritos con el pseudónimo de «El Director». Los panfletos, que imitaban en su forma y contenido a los manifiestos del general Emilio Mola antes de la Guerra Civil, formaban parte de una amplia estrategia encaminada a desestabilizar el sistema democrático.

Desde hace varios meses, además, el Gabinete que preside Felipe González tiene conocimiento de que grupos militares de pensamiento «ultra» quieren impedir por todos los medios que el PSOE gane de nuevo las elecciones y sus dirigentes se perpetúen otros cuatro años en el poder[1].

La información de que De Meer Ribera está tras algunos de los movimientos involucionistas de los últimos meses le viene al Gobierno como anillo al dedo.

—¿Dónde se reúnen? —pregunta Alberto Elías a su confidente.

—En El Corte Inglés.

—No me lo puedo creer. ¿En uno de los sitios públicos más concurridos de España y a la vista de todo el mundo?

—Efectivamente. Puedes comprobarlo cuando quieras.

Coronel de Caballería, cincuenta y siete años, De Meer Ribera, uno de los militares sometidos a vigilancia por la Policía desde hacía años, estaba considerado como un militar «desactivado» por el Gabinete González. Había sido defensor del capitán Francisco Dusmets durante el juicio a los golpistas del 23-F, y el ministro de Defensa le había destinado a Ceuta donde mandaba el Regimiento de Caballería número 3. Alejado de Madrid, el Gobierno creía tenerlo «neutralizado». El peso que pudiera ejercer sobre los mandos de la plaza suponía una escasa influencia en el conjunto de las Fuerzas Armadas.

Alberto Elías no acaba de creerse del todo la información. Pero, por si acaso, decide realizar unas comprobaciones mínimas. Ordena el «pinchazo» de los teléfonos de Carlos de Meer en Ceuta y Madrid y monta un discreto seguimiento del militar, que viaja con relativa frecuencia a la capital de España. Sin embargo, ni el ministro del Interior, José Barrionuevo, ni el titular de Defensa,

[1] Esa era la misión de una autoproclamada Coordinadora de Fuerzas Nacionales. Algunos de sus miembros creían que, de continuar la política de reformas de las Fuerzas Armadas llevada a cabo por el ministro de Defensa Narcís Serra, el Ejército sería destruido. Perdería así su capacidad de intervención en los asuntos internos del país.

Narcís Serra, creen que pueda estar organizando algún tipo de complot.

Persona extrovertida, de pensamiento ultramontano, a De Meer —que inició su carrera militar como teniente en el Regimiento de la Guardia de Franco y fue director general de Cultura con Alfredo Sánchez Bella y miembro activo de los servicios de Carrero Blanco, donde organizó varios «grupos antisubversivos»— se le iba con frecuencia la fuerza por la boca, tal y como demostraba un amplio y voluminoso *dossier* sobre su persona en posesión del Gobierno.

* * *

En 1975, tras los cinco últimos fusilamientos del régimen franquista, las numerosas manifestaciones de protesta internacionales y la retirada de algunos embajadores de Madrid, De Meer Ribera se erigió en defensor del general Franco, que había sufrido su segunda enfermedad grave.

«Que se metan el Mercado Común por donde les quepa —dijo en un acto público—, porque, ¿qué les pasaría a los europeos si nosotros cerráramos nuestras playas a los extranjeros? Tendrían que ir a veranear al Báltico.»

Carlos de Meer Ribera, conocido como «Charly» por la prensa local, era entonces gobernador civil de Baleares. Tratando de aliviar los efectos del bloqueo que estaba sufriendo el franquismo en sus últimos meses, organizó una «cruzada» de actos de homenaje y «desagravio» a Franco en Mahón, Ibiza y Palma.

En Mahón arremetía contra el *premier* sueco Olof Palme, uno de los gobernantes más activos en condenar las barbaries del franquismo. «Somos más jóvenes que las putrefactas democracias de Europa —proclamaba—. Los españoles podemos tolerar cosas, pero ninguna de Suecia, cuyo primer ministro es, además, homosexual.»

Durante los dos años que estuvo al frente del Gobierno Civil no ocultó su ideología conservadora. Recibió vestido de falangista a Blas Piñar, fundador del partido Fuerza Nueva, e invitó a todo el mundo a cantar el *Cara al Sol*, «que ha dejado de ser un himno de partido y se ha convertido en el himno de la Patria».

Celoso defensor de la «obra de Franco», que comenzaba a amenazar ruina, pronunció un furibundo mitin en defensa de los principios del Movimiento y las Leyes Fundamentales del anterior régimen, que consideraba intocables. «Tenemos la esperanza de que aún, como el Cid Campeador, el Caudillo gane su última batalla después de muerto —dijo—. Si los principios del Movimiento fuesen tocados por sus sucesores ello equivaldría a un golpe de Estado.»

En 1976 ordenó a la Policía cargar contra veinticuatro parados que se habían encerrado en la iglesia de San Miguel y desalojarlos del recinto religioso, en contra de la voluntad del obispo, Teodoro Ubeda. Cuando la prensa le preguntó por su actitud respondió con una cita evangélica: «Mi casa —dijo— es casa de oración y vosotros la estáis convirtiendo en cueva de ladrones.»

Vallisoletano, licenciado en Ciencias Políticas, diplomado en Estadística Matemática y profesor de Sociología de la Universidad de Madrid, además de militar, sus actitudes le estaban convirtiendo en un personaje folclórico ante la opinión pública.

Tras prohibir el tradicional concierto con obras de Ludwig van Beethoven que se celebraba desde hacía muchos años en la iglesia de San Francisco y exhortar sin éxito al clero local para que acabara con la «ola de nudismo» en las playas, decidió convertirse en guardián de la moralidad y las buenas costumbres.

—La limpieza moral también atrae a los turistas —les dijo a los alcaldes de Ibiza.

En vista de que los sermones no surtían efecto decidió emplear el látigo y ordenó multar a todos aquellos turistas a quienes les faltaran unos cuantos centímetros en su traje de baño.

Su obra de misericordia de vestir al desnudo y sus prohibiciones de todo tipo de actos culturales, políticos y sociales llevaron en enero de 1976 al ministro de la Gobernación, Manuel Fraga Iribarne, a proponer al presidente Carlos Arias Navarro, quien le veía como un peligroso ultra, que le destituyera. Antes de que abandonara el Gobierno Civil, Fuerza Nueva decidió organizarle un homenaje público de despedida. Carlos de Meer Ribera, haciendo buena la máxima de que el ejemplo empieza por uno mismo, prohibió incluso su propio homenaje.

* * *

«Fue un payaso hasta el final», pensaba el comisario Alberto Elías. El jefe de la Brigada de Información Interior de la Policía, la unidad más importante de las Fuerzas de Seguridad del Estado, era en 1976 el responsable del Grupo Antidrogas en Ibiza y había vivido de cerca las excentricidades del coronel De Meer. Por eso, diez años después, a comienzos de 1986, pensaba que aquel hombre no podía tener ningún predicamento en el seno de las Fuerzas Armadas.

Sin embargo, las escuchas telefónicas establecidas en Madrid y Ceuta le persuadieron de lo contrario. Las cintas que los grupos operativos ponían todos los días sobre la mesa del jefe de la Brigada, situada en la calle Leganitos de Madrid, indicaban que el ex gobernador civil de Palma de Mallorca con Franco se pasaba todo el día colgado al teléfono en contacto permanente con sus compañeros de armas, a los que incitaba a la rebelión militar.

Las escuchas revelaron que muchos militares estaban descontentos, tanto con la Ley de Reserva Activa, puesta en marcha en el Ejército para «jubilar» anticipadamente a un grupo de militares y reducir a sus dimensiones lógicas los escalafones de las Fuerzas Armadas[2], como ante el «plan Meta», encaminado a sacar los acuartelamientos militares de las grandes ciudades. Sin embargo, no todos los interlocutores de Carlos de Meer Ribera estaban dispuestos a patrocinar un nuevo golpe.

Este presunto golpe se llevaría a cabo mediante una supuesta Junta Política Coordinadora de Fuerzas Nacionales de las que formaban parte la Fundación Nacional Francisco Franco, la Confederación de Ex Combatientes, la Asociación Nacional Afirmación Española, el Movimiento Católico, Fuerza Nacional del Trabajo, el Partido de Acción Nacional y el Centro de Estudios Sociales, Políticos y Económicos, entre otros.

—Las cosas no pueden seguir así. ¡Tenemos que hacer algo!

—¿Y qué podemos hacer nosotros, que ya pasamos todos de los cincuenta?[3]

—Somos personas de honor, ¿no? —pregunta De Meer.

—A mí déjame tranquilo.

—Hombre, yo pensaba que tú eras de los nuestros...

—Era y sigo siéndolo. Pero muchos de nosotros confiábamos ciegamente en ti durante el 23 de febrero.

—¿Es que ahora no soy de fiar?

—Sí. Pero entonces estabas en el Regimiento Pavía, en Aranjuez. Esa noche pudiste sacar los tanques a la calle y el Gobierno y el Rey se hubieran cagado. ¿Por qué no actuaste aquella noche, que es cuando hubiera hecho falta?

---

[2] En 1980 había en el Ejército español tantos generales en activo como para mandar todas las brigadas, divisiones y cuerpos de Ejército de toda Europa, lo cual constituía una desproporción frente a los menguados efectivos de las FAS.

[3] Los extractos de las conversaciones han sido sacadas de la investigación realizada por el Gobierno, a la que han tenido acceso completo los autores del libro.

—Ya sabes que yo no era el jefe de la unidad. Las decisiones que debían tomarse no dependían de mí[4].

—Es cierto. Pero eras tú quien debía tomar la iniciativa y te achantaste.

El equipo de seguimiento de la Brigada de Interior comprueba asimismo que Carlos de Meer se ausenta con frecuencia de su destino para viajar a Madrid. Hombre de vida austera, casi monacal, sufre de pronto una incontenible ansia por irse de compras.

En un mismo día recorre los cuatro almacenes de El Corte Inglés de Madrid, situados en las calles Princesa, Goya, Raimundo Fernández Villaverde y Puerta del Sol. Se detiene con frecuencia en las secciones de libros y en la planta segunda, destinada a ropa de caballeros.

Allí recorre los departamentos de camisería, corbatas, trajes y ropa de *sport*, preguntando de vez en cuando los precios de algunos de los artículos. Su apariencia es la de un hombre de edad madura, que viste de paisano, que se aburre en su casa y se pasa el día incordiando a los dependientes.

Sin embargo, media hora después se le unen otras personas de su misma edad con las que sigue dando vueltas por el establecimiento, mientras observa atentamente si en la misma planta hay otras personas como él, que fingen comprar. Cuando están seguros de que no les siguen, las dos o tres personas que se han reunido a plena luz del día para conspirar se encaminan hacia la cafetería y empiezan a hacer planes.

En otras ocasiones se reúnen en un piso de la calle General Perón 4, de Madrid, propiedad de María Jesús Fonticiella. En esas ocasiones, las vigilancias de los inspectores son muy difíciles. De Meer Ribera simula en tres o cuatro ocasiones entrar a un bar a pedir un café. Mientras el camarero se lo sirve, se escapa por la otra puerta. Lo mismo hace en las estaciones de Metro. Sube al tren y cuando observa que el andén se ha quedado vacío vuelve a bajarse, impidiendo que los policías puedan seguirle.

---

[4] La unidad estaba al mando del coronel Balbino Teijeiro. De Meer Ribera, que se mantenía en contacto con el capitán general de Valencia, Jaime Milans, recibió instrucciones de sacar los carros y tomar Madrid, situada a cuarenta y cinco kilómetros de Aranjuez. Teijeiro se negó rotundamente a secundar otros planes que no fueran los del capitán general de Madrid, y el ex gobernador civil de Mallorca, que era el contacto con los golpistas, no contó con los apoyos suficientes para arrestar al jefe de la unidad o pegarle un tiro, las dos únicas maneras que le hubieran permitido hacerse con el control de la unidad.

El objetivo de Carlos de Meer Ribera era unificar a todos los grupos de extrema derecha en una especie de coordinadora de «grupos patrióticos» (con mayoría de miembros del Ejército) como primer paso para, posteriormente, tratar de movilizar a su gente contra el Gobierno.

Una de las obsesiones permanentes de Carlos de Meer Ribera es crear un órgano de expresión que les sirva de aglutinante, que les permita mantener vivas sus ideas y sus esperanzas. Cerrado meses antes por falta de medios *El Alcázar*, los golpistas saben que sin un periódico que les apoye y difunda su voz por los cuarteles no tienen nada que hacer en el futuro.

—¿Cuánto puede costar un periódico? —le pregunta Assiego en una de las entrevistas a las que asiste.

—Unos mil millones de pesetas —responde De Meer.

Jefe del sindicato ultraderechista Fuerza Nacional del Trabajo, José Antonio Assiego Verdugo es uno de los hombres de confianza de Carlos de Meer. José Antonio Girón de Velasco, ex ministro de Trabajo con Franco y presidente de la Hermandad de Ex Combatientes, la empresa editora de *El Alcázar*, le había asegurado meses antes bajo palabra de honor que «era uno de los nuestros, de los pocos de los que nos podemos fiar».

Malagueño, de cuarenta y tres años, de carácter impulsivo y temperamental, Assiego llevaba varios años trabajando para la Policía como infiltrado en la extrema derecha. Era el pago a algunos favores que había prestado desde la Comisaría General de Información y que le habían evitado la cárcel por sus actividades al frente de Fuerza Nueva y el sindicato ultra[5].

[5] Uno de esos favores fue el «caso *Galgomar*». Años antes el Frente Polisario había secuestrado a los seis tripulantes del pesquero canario *Galgomar* y los había trasladado como prisioneros a sus campamentos de Tinduf, donde pasaron varios meses secuestrados. Como el Gobierno se mostraba insensible frente al problema y trataba de solucionarlo por la vía diplomática, Assiego y un grupo de activistas de Fuerza Nacional del Trabajo decidieron crear un grupo de acción para ir a rescatarlos. El servicio secreto marroquí, con el que contactaron, se brindó a prestarles ayuda militar, guiarles por el desierto y permitirles atacar Tinduf desde sus posiciones. Tras una serie de entrenamientos con fusiles de asalto en el desierto de Almería, el comando se disponía a tomar un barco para Marruecos cuando la Policía intervino oportunamente e impidió que se llevara a cabo aquella locura, que podría haber sido tomada por Argelia como un acto de agresión militar de España a su territorio. Assiego relató hace años a uno de los autores del libro que su objetivo era «liberar a un grupo de españoles para dar una rueda de prensa y dejar en ridículo al Gobierno, ya que un grupo de patriotas habían conseguido lo que todo el poder se mostraba incapaz de lograr». Las informaciones de la

—Pues no te preocupes. Yo tengo unos amigos que pueden prestarnos el dinero.

—¿Amigos? ¿Quiénes son esas personas? —preguntó De Meer, interesado.

Por los datos que tenía el militar, Assiego sobrevivía con apuros gracias a una empresa de compraventa de coches de segunda mano que había montado en Villaviciosa de Odón, un pueblo situado al oeste de Madrid.

—No te preocupes. Déjame que haga una gestión. Ya te tendré al tanto.

Mientras De Meer soñaba con la posibilidad de resucitar el periódico que sintetizaba las esencias del franquismo, Assiego y su jefe Elías estaban a punto de poner en práctica un plan de largo alcance para desacreditar a los golpistas y acabar con aquella sensación de «democracia vigilada» con la que vivían los líderes socialistas cuatro años después de llegar al poder.

* * *

Tras la desarticulación del golpe del 23-F, el «síndrome del golpe de Estado» continuaba siendo una constante en la vida de España.

Leopoldo Calvo Sotelo, el sucesor de Suárez, tuvo la posibilidad de disolver las Cortes al día siguiente de asumir la Presidencia y convocar elecciones generales. Desde un Gobierno fuerte, hubiera contado con la suficiente fuerza moral y política para acabar con el golpismo. Sin embargo, desde altas instancias del país se le pidió que se sacrificara. El juicio a los golpistas del 23-F, convertido en una «cuestión de Estado», era prioritario a su lógico deseo de gobernar con un amplio refrendo popular.

Fue un error por parte de quienes le aconsejaron. Con un Gobierno débil, las tramas involucionistas se multiplicaron. A comienzos de junio, el comisario de Policía Pedro Iglesias había acudido al despacho del ministro del Interior, Juan José Rosón, con una alarmante información. Según su versión, entregada por escrito al ministro, el 24 de junio, fecha de la onomástica del Rey, un grupo de militares pensaba tomar el Palacio Real y convertir en

Policía eran, sin embargo, que el Ejército marroquí pretendía utilizar la presencia del «comando español» en territorio de Argelia para realizar con fuerzas propias una masacre en los campamentos del Polisario y desencadenar un incidente internacional de incalculables consecuencias. Era lógico que tanto Argelia como el Polisario consideraran responsables de las muertes al Ejecutivo y al Ejército español.

rehenes a los ochocientos invitados allí concentrados, entre los que se encontraban los miembros del Gobierno, de las Cortes y del cuerpo diplomático acreditado[6]. Al mismo tiempo pretendían dinamitar el Nou Camp de Barcelona, donde estaba prevista una concentración de cincuenta mil personas «en defensa de la lengua, la cultura y la nación catalana» y en la que actuarían los cantantes y grupos nacionalistas Lluís Llach, La Trinca y Al Tall.

Entre los supuestos implicados se encontraban los coroneles Luis Sicre Canut, Ricardo Garchitorena[7], el teniente coronel Ricardo Sáenz de Ynestrillas y otros. Los supuestos miembros de la trama venían reuniéndose en el restaurante El Faro de la localidad de El Pardo y en un club privado de Getafe. Los presuntos golpistas, que nunca fueron juzgados, tenían además la intención de tomar el sistema de comunicaciones de La Moncloa, donde el coronel Sicre Canut, experto en transmisiones, disponía de un grupo de personas de su confianza.

Un año más tarde, el 1 de octubre de 1982, el capitán de Infantería Emilio Jambrina García, veintiocho años, adscrito al área de Involución del Cesid, se halla en misión rutinaria en las cercanías de la Academia de Artillería de Fuencarral, donde se encuentra encarcelado el general Jaime Milans del Bosch por su implicación en el 23-F.

[6] Véase *Cambio 16*, 20 de julio de 1981.

[7] Ricardo Garchitorena Zalba, coronel de Artillería, sesenta y un años, contó a uno de los autores del libro en 1987 que trece años antes, en 1974, había sido seleccionado por el Alto Estado Mayor para tomar parte en un estrafalario plan de invasión de Portugal organizado con apoyo norteamericano. El plan, del que Garchitorena guardaba una copia en aquella época, consistía en una penetración de la División Acorazada Brunete 1 hasta situarse a treinta y cinco kilómetros al sur de Lisboa para dividir el país en dos e impedir que un levantamiento del proletariado del Alentejo tomara la capital del país. Al mismo tiempo, el Regimiento de Plasencia, mandado entonces por Garchitorena, debía desplazarse hacia la cercana localidad de Castilblanco para ayudar a la creación del Ejército de Liberación Portugués que preparaba Spínola desde su exilio en España. El objetivo era, obviamente, derrocar al Gobierno comunista de Portugal y echar del país a Alvaro Cunhal, Vasco Gonçalves, Costa Gómes y hasta al propio Mario Soares. Todo fracasó cuando Spínola, en uno de sus viajes a Alemania para comprar armas, aceptó como guardaespaldas e intérprete a un nazi que resultó ser el periodista de *Stern* Günter Walraff. Las implicaciones del Ejército español, sin embargo, nunca han sido contadas. Ricardo Garchitorena, además de los planes del Alto Estado Mayor español, tenía en su casa un equipo de transmisiones militar, facilitado por los norteamericanos, con el que durante meses se dedicó a espiar al Ejército portugués para conocer sus posiciones y la situación exacta de sus unidades el día de la invasión que nunca llegó a producirse.

Milans recibe ese día la visita del antiguo director de la Academia de Artillería de Segovia, Luis Muñoz Gutiérrez. Cuando abandona el acuartelamiento, Jambrina decide seguirle. Observa que se reúne con los hermanos José Enrique y Jesús Crespo Cuspinera, ambos también militares, y acude con ellos a una cena organizada por Blas Piñar en un restaurante de Madrid con motivo del aniversario de la exaltación de Francisco Franco a la Jefatura del Estado.

Jambrina, uno de los hombres de confianza del responsable del área de Involución del Cesid, Santiago Bastos Noreña, y del general Emilio Alonso Manglano, decide durante la ausencia registrar el coche siguiendo el manual de operaciones diseñado años antes por el comandante José Luis Cortina.

Encuentra un pequeño maletín escondido en el maletero del automóvil, bajo la rueda de repuesto. Cuando lo abre su sorpresa es enorme. En su interior descubre un detallado plan golpista elaborado por Muñoz Gutiérrez, considerado entre sus compañeros como uno de los mejores jefes de operaciones del Ejército.

Falta menos de un mes para las elecciones generales del 28 de octubre de 1982. Calvo Sotelo se ve obligado a desarticular la tercera trama golpista en el plazo de dos años y a detener a una serie de civiles, entre ellos Juan de Dios Rubio Llorente, supuestamente implicados en la intentona[8].

Posteriormente, con los socialistas ya en el poder, a comienzos de 1985, el Cesid detecta cómo un grupo de militares de extrema

---

[8] Rubio Llorente, vinculado a la extrema derecha, trató de ser utilizado posteriormente por el comisario Alberto Elías para infiltrarlo en los comandos terroristas de Irán en Europa, en la etapa en que el país pérsico estaba convulsionado por el integrismo religioso del *ayatollah* Jomeini, cuando la embajada norteamericana de Teherán había sido asaltada y sus diplomáticos convertidos en rehenes. Para introducirse entre los comandos jomeinistas, Juan de Dios Rubio recibió de la Brigada de Interior un supuesto documento secreto de la embajada estadounidense en Madrid según el cual por la base de Torrejón habían pasado dos bombas atómicas de 20 kilotones para ser utilizadas en Irán en caso de guerra. El documento debía entregarlo al embajador de Irán en España y pedirle que le pusiera en contacto con los comandos de acción iraníes en Europa. La Policía pretendía que el grupo terrorista estuviera en activo en las fechas en que Ronald Reagan visitara España para entonces preparar una gran operación y desarticular las bases chiitas en Europa. Juan de Dios Rubio Llorente, que fue amenazado con la cárcel si no se prestaba al juego, tuvo suerte cuando el embajador de Irán en Madrid aceptó el documento y le regaló una lata de caviar a cambio de la información, pero se negó a dejarle viajar a su país.

derecha adquiere un local en La Coruña (Galicia), en el Paseo de la Marina.

Ese año está previsto que el Día de las Fuerzas Armadas se celebre en esa ciudad gallega. El 2 de junio tendrán que desfilar ante el Rey y el Gobierno en pleno 6.300 hombres, 580 vehículos y 132 aeronaves. La ocasión es propicia para preparar un atentado inspirado en el que acabó con la vida del presidente del Gobierno español Luis Carrero Blanco y en el que sufrió el de Egipto, Anwar al-Sadat, asesinado por un grupo de integristas musulmanes el 6 de octubre de 1981 cuando presenciaba una parada militar. Los temores se ven confirmados cuando el diario ultraderechista *El Alcázar* comienza a publicar una serie de mensajes en clave: «Galicia es el fin del mundo, sobre su propia corteza lo tiene escrito. [...] Tras el zambombazo [...] en sus límites geográficos renacerá la civilización sin necesidad de reinventarse, tomando tranquilamente la antorcha.»

Los servicios secretos se ponen a trabajar y logran desmontar el supuesto plan golpista. Cuando el 2 de junio de 1985 suben a la tarima del Paseo de La Marina el Rey, el Gobierno y la Junta de Jefes de Estado Mayor, todo está bajo control de las Fuerzas de Seguridad del Estado[9].

La presencia de Carlos de Meer conspirando con un grupo de generales, la mayoría de ellos en la reserva, vuelve a poner nervioso al Gobierno a finales de aquel año.

* * *

En la Brigada de Información Interior, Alberto Elías y sus colaboradores analizan detenidamente a finales de marzo de ese año los datos que tienen.

—Tenemos las cintas de los pinchazos —afirma un policía.

—Sí, pero no sirven para nada. Un juez no las aceptaría como pruebas concluyentes.

En alguna ocasión, el equipo encargado de controlar las reuniones del coronel de Artillería con sus supuestos cómplices

[9] Parte de esta información fue publicada por el diario *El País* en febrero de 1991. Rafael Vera desmintió entonces los hechos, ya que no había constancia en los archivos policiales, según contó a los autores del libro. Dos fuentes, un ex presidente del Gobierno y uno de los responsables de los servicios de seguridad de La Zarzuela, tuvieron constancia de un plan golpista que pasaba por matar al Rey y a Felipe González con sus ministros en Galicia.

había podido acercarse lo suficiente como para grabar parte de las conversaciones sostenidas.

—¿Y las cintas de los seguimientos?

—Nada. Charlas de café —dice Elías.

Elías sabía que debían organizar algo grande, algo espectacular para que a los conspiradores se les quitaran de una vez para siempre las ganas de imponer su voluntad por la fuerza a los españoles.

—¿Y si conseguimos implicarles con los grupos terroristas libios en España?

—Esa es una buena idea. Quedarán desacreditados para siempre. Nadie se fiará en el futuro de un iluminado que para «salvar a la patria» pide dinero a Gaddafi.

El excéntrico coronel libio estaba considerado como el promotor de un intento de asesinato a Ronald Reagan en 1984 y de varios atentados terroristas en Alemania, Italia y el Reino Unido. Todos los países europeos habían firmado una alianza para combatir el régimen de este hombre, que había abandonado su residencia oficial y dormía en una tienda de campaña[10].

José Antonio Assiego mantenía desde hacía meses una estrecha relación con el personal de las embajadas de Libia y la República Federal de Alemania en Madrid. El contacto le había venido a través de los grupos neonazis alemanes, que recibían financiación del coronel Muammar el Gaddafi. El líder libio estaba dispuesto en aquella época a establecer alianzas tácticas con cualquier organización que estuviera dispuesta a combatir el «sionismo internacional» y facilitaba entrenamiento y medios.

En esa cruzada contra los «enemigos» de su país, Gaddafi había entregado el Gobierno de Libia y las embajadas en Europa a los estudiantes más revolucionarios, obligando a los miembros del personal diplomático a regresar a Trípoli para enviarlos como castigo a trabajar en la agricultura y en las incipientes empresas industriales del país.

[10] En 1986 se descubrió otro montaje organizado por los servicios secretos franceses y españoles destinado a involucrar al Gobierno libio con las tramas del terrorismo internacional. Ambos servicios habían creado un extraño grupo terrorista, La Llamada de Jesucristo, que colocó numerosas bombas contra intereses judíos y norteamericanos en Francia, Portugal e Italia. Los «terroristas» recibían dinero del encargado de negocios de la embajada libia en Madrid, Ahmed Mohamed Nakaa. En realidad, los «terroristas» eran en su mayoría confidentes policiales.

El jefe de Fuerza Nacional del Trabajo mantenía unas excelentes relaciones con Saad Ismail, encargado de negocios, cónsul general de Libia en España y uno de los principales hombres del coronel Gaddafi en Europa [11].

—Llamad a Assiego —ordena Alberto Elías.

Cuando al responsable del sindicato ultra le plantean que tiene que implicar a los núcleos involucionistas españoles con el terrorismo libio para desacreditar al golpismo casi le da un síncope. Assiego llevaba varios meses tratando de comprar terrenos para el Gobierno de Trípoli en Cabo de Gata (Almería), donde se preveía la construcción del oleoducto de gas argelino. También había recibido el encargo de montar una imprenta en Madrid para imprimir en España la propaganda libia destinada a Europa. Ambos negocios, con los que pensaba ganar el suficiente dinero para no tener que trabajar el resto de sus días, terminaría echándolos por la borda si se metía en una operación como la que le planteaban Elías y sus hombres. Cuando Saad Ismail y el resto de la embajada libia en Madrid se enteraran de sus maniobras y valoraran el desprestigio que ello les había ocasionado en el extranjero, romperían con él todo tipo de relaciones y perdería la ocasión de su vida de dejar de trabajar.

—Hombre, pero tú siempre puedes decir que el traidor ha sido otra persona —le sugieren.

—¿Qué persona?

—Cualquier otra. Es muy fácil encontrar a alguien para que cargue con el muerto.

Decidieron que esa persona fuera Enrique Moreno Gómez, secretario de Fuerza Nacional del Trabajo, quien en alguna ocasión había mantenido contacto con los libios y al que todos los años enviaban una tarjeta de felicitación, por Navidad, desde Trípoli.

—Pero tienes que tener mucho cuidado con él. Es fundamen-

---

[11] Según denunció posteriormente la primera ministra británica Margaret Thatcher, la embajada de España era el centro neurálgico desde donde se dirigía el terrorismo libio en toda Europa, entre cuyas acciones se incluía el incendio de la embajada libia en el Reino Unido. El incidente se produjo el 17 de abril de 1984, cuando un grupo de manifestantes fue tiroteado desde el interior, con el resultado de una policía muerta y varios heridos. Thatcher tenía razón. Un agente femenino del MI-5, el servicio secreto británico, estuvo durante tres años viviendo en Madrid con uno de los setenta estudiantes de Medicina libios que había en España, lo que le daba acceso a los secretos de la legación diplomática.

tal que no sospeche nada, que no descubra el doble juego que nos traemos entre manos.

La tarea más difícil es, sin embargo, persuadir a Carlos de Meer Ribera de que el coronel Muammar el Gaddafi no es un comunista peligroso tal y como le presenta todos los días la prensa occidental, sino un dirigente islámico amante de las reformas sociales y de su pueblo.

—Tú tienes que decirle —le comenta Elías— que es la reencarnación de José Antonio.

Assiego lleva a la práctica su papel a la perfección. Un día, mientras toman unos refrescos en El Corte Inglés de Goya, vuelve a sacar el tema de la financiación para crear la Coordinadora de Grupos Patrióticos.

—Ya sé que te va a parecer un disparate a primera vista, pero, ¿por qué no vamos a ver a Gaddafi y le pedimos dinero?

Al coronel De Meer le da un espasmo. La bebida se le atraganta y casi se ahoga por la sorpresa.

—¿A Gaddafi? ¿Tú estás bien de la cabeza? Si ese es comunista.

—¿Comunista? ¡Qué va! Es falangista, como nosotros. Su programa es el mismo que el de José Antonio: nacionalizar la banca, la reforma agraria... Nada de partidos políticos ni empresarios por un lado y obreros por otro haciéndose la guerra. ¡Aquello sí que es un país!

—¿Esa es la persona que según tú podía facilitarnos el dinero? —preguntó De Meer.

—El mismo. No te lo comenté el otro día porque había personas delante y éste es un secreto que sólo podemos compartir la gente de mi sindicato y tú.

El ex gobernador civil de Mallorca está confuso. Necesita pensar. El presidente de Fuerza Nacional del Trabajo le facilita las cosas.

—No tienes por qué decidir ahora. Llévate estos libros, los lees y dentro de unos días hablamos.

El coronel de Artillería acepta. Coge los tres tomos del *Libro Verde*, que resume el pensamiento revolucionario de Muammar el Gaddafi, junto con varios documentos más que Assiego le trae en un sobre y se los lleva a su destino.

A los pocos días vuelven a reunirse. Carlos de Meer acepta pedirle dinero a los libios a través de la embajada en España, pero pone como condición que la entrevista se realice fuera de la legación diplomática.

—Si alguien me viera entrar allí no sólo peligraría mi carrera, sino que me internarían en un manicomio.

A continuación, el líder del sindicato ultraderechista tiene que preparar la segunda parte: convencer a los libios para que se comprometan política y económicamente con el coronel Carlos de Meer Ribera.

Assiego habla con uno de los estudiantes de la República Popular Libia en Madrid y concierta una entrevista con Saad Ismail. Le explica quién es el coronel De Meer, le expone la filosofía socialista de su pensamiento joseantoniano y le pide ayuda económica para aglutinar a las personas que piensen como él y tomar el poder en España.

Una decisión tan importante como ésa escapa al control de Saad Ismail, que pide tiempo para consultar con Trípoli. Pocos días después, en un segundo encuentro, el encargado de negocios de la embajada libia en España le pide nuevos datos del coronel De Meer, alguna información que demuestre que es la persona que dice ser y que su pensamiento no está en contra del islamismo.

Al final, tras casi un mes de gestiones, a comienzos de enero llega la respuesta desde Trípoli.

—El coronel De Meer puede viajar a Libia. El Gobierno de mi país tiene mucho gusto en invitarle —afirma Ismail.

—¿Cuándo será el viaje? —pregunta Assiego.

—Tan pronto como se resuelvan los trámites para la entrada —explica el encargado de negocios y cónsul.

Desde Trípoli le han pedido que José Antonio Assiego y Saad Ismail viajen juntos. Ambos deben explicar *in situ* algunas cuestiones al jefe del Estado Mayor y número dos del Gobierno libio, Hamed Yallud. Además, el cónsul debe facilitarles la entrada al país, ya que el coronel De Meer ha pedido viajar sin visado.

Cuando José Antonio Assiego le cuenta sus progresos al comisario de la Brigada de Información Interior, inmediatamente se pone en marcha un operativo para buscar un lugar adecuado en el que poder grabar la entrevista entre Saad Ismail y De Meer Ribera, que no se conocen todavía.

Varios inspectores rastrean las inmediaciones de Madrid en busca de un apartamento discreto, pero que pueda ser controlado tanto desde el exterior como en su interior. Finalmente, aciertan con el sitio deseado.

En el noreste de Madrid, al final de la autovía de circunvalación M-30, en la avenida de Burgos 5, descubren los apartamentos

«El Jardín». Es un lugar frecuentado por parejas de novios y amantes, que pasa desapercibido a todo el mundo. No es probable que Carlos de Meer o Saad Ismail sospechen que un sitio de esas características esté controlado por la Policía.

Los agentes alquilan dos apartamentos contiguos a nombre de José Antonio Assiego y lo convierten en un centro de espionaje. En uno de ellos quitan todos los enchufes de las paredes y los llenan de micrófonos de ambiente. Desenroscan el plafón de la minúscula sala de estar y colocan una cámara de vídeo en el techo, enfocada hacia la mesita que ocupa el centro de la habitación. A continuación entran en el apartamento de al lado y a través de las conducciones eléctricas conectan la cámara de vídeo y los micrófonos a varios equipos de grabación.

El siguiente paso es simular que el presidente del sindicato Fuerza Nacional del Trabajo vive allí. Para ello le obligan a trasladar desde su verdadera vivienda de Villaviciosa de Odón algunas de sus ropas, libros, el cepillo de dientes, fotografías, trofeos de caza y hasta algunos cuadros.

Assiego tiene que dejarse ver por los encargados del mantenimiento del edificio y por las pocas personas que viven habitualmente allí para que la cobertura sea perfecta.

Cuando todo está preparado, el encargado de negocios de la embajada libia en Madrid, el coronel Carlos de Meer Ribera y José Antonio Assiego celebran su encuentro definitivo, el 17 de enero de 1986.

—Coronel De Meer, tengo el honor de invitarle oficialmente a visitar mi país en nombre de mi Gobierno —se oye decir a Saad Ismail en el vídeo.

—El honor es mío —responde De Meer—. Ardo en deseos de conocer a un hombre que ha hecho tanto por su país como el coronel Gaddafi, y del que tan poco sabemos los españoles y los europeos.

En el acto, tras los discursos protocolarios y las alabanzas mutuas, Saad Ismail y el jefe del Regimiento de Caballería Montesa número 3 de Ceuta se ponen de acuerdo para viajar a Trípoli, a finales de enero de 1986. Como no conviene que les vean juntos ni les relacionen, para seguridad del coronel De Meer, deciden que el viaje se haga por separado hasta París, donde volverán a reunirse en el aeropuerto de Orly-Sud para tomar el avión con destino a Trípoli.

—Por eso no te preocupes. José Antonio Assiego, Enrique

Moreno y yo nos desplazaremos hasta París en coche —comenta Carlos de Meer.

El militar español pregunta si le puede confirmar que la entrevista se va a fijar en el plazo previsto y que no va a sufrir ningún tipo de retraso en Libia.

—Si me ausento más de tres días de mi destino —le dice—, tengo que pedir autorización a mis superiores. No me gustaría, por razones obvias, tener que hacerlo.

El estudiante revolucionario Ismail le da todo tipo de garantías y Carlos de Meer se tranquiliza. Al final, el diplomático le entrega un sobre cerrado.

—Ahí tiene usted el dinero para que compren los billetes.

Al día siguiente, los ministros de Interior y Defensa, José Barrionuevo y Narcís Serra, se reúnen con el comisario general de Información, Jesús Martínez Torres, y el jefe de la Brigada de Interior, Alberto Elías, para ver el vídeo y escuchar las cintas. Los representantes del Gobierno, tras visionar la película, en la que sólo se ven las cabezas del coronel De Meer y del encargado de negocios de la embajada libia en España, felicitan a la Policía por el excelente trabajo realizado.

El jefe del Cesid, teniente general Emilio Alonso Manglano, al ser informado por Serra de la operación, afirma con desprecio:

—Eso son tonterías de la Policía.

Luego, cuando le enseñan el vídeo, cambia de actitud.

El PSOE estaba dispuesto, al igual que tiempo atrás la Policía franquista, a emplear cualquier tipo de métodos, por muy sucios y amorales que fueran, para acabar con el golpismo.

* * *

El viaje de Carlos de Meer, Enrique Moreno y José Antonio Assiego hasta París transcurre sin incidentes. Los «viajeros» acuden al aeropuerto de Barajas y alquilan un Panda rojo con el que inician el viaje vía Irún. El único incidente registrado es que el secretario del sindicato Fuerza Nacional del Trabajo, a la altura de Burgos, se da cuenta de que se ha confundido de pasaporte.

En lugar del suyo ha cogido el de su padre. Como van muy justos de tiempo, el coronel del Regimiento Montesa y el líder sindicalista deciden dejarle en la estación de tren para que vuelva a Madrid por el pasaporte y tome el vuelo Iberia-650 al día siguiente con destino a la capital francesa.

Cuando al día siguiente se reúnen con Saad Ismail en Orly-Sud para tomar el avión a Trípoli, en el aeropuerto hay más policías españoles y franceses que pasajeros. Son las dos de la tarde del 24 de enero y el vuelo regular de las líneas aéreas libias está a punto de despegar.

Los hombres de los Renseignements Généraux, los servicios secretos galos del interior, prestan gustosos su apoyo técnico y se brindan a instalar cámaras de filmación tanto en el control de pasaportes como en la terminal del avión.

José Antonio Assiego, que se da cuenta del despliegue, trata de separarse un poco del resto del grupo. La cinta de vídeo en poder de la Policía pone de relieve cómo un agente francés, de paisano, se le acerca y le empuja para que ande más deprisa.

—*Avant, avant.*

Cuando llegan a Trípoli, un representante del Gobierno libio les espera en el aeropuerto, con un coche oficial en la misma escalerilla del avión, y les traslada al Libian Palace, el mejor hotel de la ciudad.

La situación internacional en relación con el régimen libio había empeorado en aquellos meses. La decisión de Muammar al-Gaddafi de desplegar una serie de misiles soviéticos en el golfo de Sirte apuntando hacia el Mediterráneo y Europa había sido contestada por Estados Unidos con la concentración de la VI Flota, con dos portaaviones, frente a Trípoli y Bengazi.

Bajo esa amenaza, Gaddafi desafía a Estados Unidos y se reúne con la prensa internacional en alta mar, frente a los navíos de guerra norteamericanos, que se enteran demasiado tarde de que el «padrino del terrorismo internacional», según la doctrina del Pentágono, ha estado durante unas horas al alcance de los misiles de los navíos norteamericanos.

En aquellas circunstancias, con todos los servicios secretos occidentales controlando cualquier movimiento extraño que ocurriera en Trípoli, Assiego y De Meer deciden no salir del hotel. Sin embargo, al segundo día, el jefe del Regimiento Montesa de Ceuta le dice que siente claustrofobia y que le gustaría salir a dar un paseo.

—¡Tú estás loco! —protesta Assiego—. ¿Qué pretendes, que nos descubran?

—¿Y por qué nos van a descubrir?

—¿No te das cuenta de que con los norteamericanos a punto de bombardear Trípoli esto se ha convertido en un hervidero internacional de espías?

Al final, deciden salir por la noche a estirar las piernas y respirar aire fresco. Una patrulla libia les detiene diez minutos después. Como no llevan ningún tipo de documentación encima les conducen al hotel para que se identifiquen.

La entrevista con Gaddafi se retrasa aún más. Llega el domingo y el jefe del Regimiento de Caballería Montesa número 3 de Ceuta anuncia que va salir de nuevo. Quiere ir a misa.

—¡Hombre!, ¿y no puedes esperar a que lleguemos a España? ¿No te das cuenta que te puedes encontrar a media embajada de España en el templo? —protesta Assiego.

—Me da lo mismo. Nunca he faltado a misa un domingo y no lo voy a hacer ahora.

El jefe de Fuerza Nacional del Trabajo y agente de la Policía española tiene que enterarse de si existe algún lugar en Trípoli donde se celebre la Eucaristía. A las doce de la mañana, con puntualidad matemática, Enrique Moreno y Carlos de Meer Ribera acuden a la única iglesia de rito católico que existe en Trípoli, donde a esa hora se encuentra participando en la ceremonia todo el personal diplomático español destacado en el país.

Tras la misa, el coronel golpista propone a su acompañante dar un paseo frente a la embajada española.

—Podemos encontrarnos a alguien que nos reconozca. ¿No te parece que corremos un peligro innecesario? —le dice Enrique Moreno.

—No lo creo. Además, si los norteamericanos bombardean Trípoli hay que estar preparados. Es mejor presentarnos a la embajada de España que vagabundear por las calles de la ciudad —Carlos de Meer hace una leve pausa y agrega—: Además quiero contemplar con mis ojos nuestra bandera. Necesito darme cuenta que he venido hasta aquí arriesgando mi carrera profesional para salvar a la patria [12].

El 27 de enero de 1986, después de pasar una serie de controles policiales, les recibe el coronel Muammar el Gaddafi en su tienda de campaña, situada en un parque a las afueras de Trípoli.

Las medidas de seguridad que rodean la zona son impresionantes. Hay carros de combate cada ciento cincuenta metros, soldados patrullando constantemente y todo el parque se encuen-

[12] Los autores del libro se entrevistaron con José Antonio Assiego en 1989. El texto de aquella conversación (más de cuarenta folios) ha sido rescatado de sus archivos para incluirlos en este capítulo.

tra protegido por gruesos bloques de cemento para evitar un ataque por sorpresa con vehículos acorazados.

La entrevista se celebra por medio de un intérprete y dura poco más de una hora. En ella, tras analizar la situación política española, Carlos de Meer le expone el programa político de la formación que preside:

—Separación de Europa y acercamiento al mundo árabe e hispanoamericano, ruptura de relaciones con Israel, reconocimiento de las religiones católica y musulmana, creación de una democracia orgánica con la prohibición de los partidos y formación de una Federación de Países Mediterráneos, lejos de la influencia de Estados Unidos y de la URSS.

Al líder libio le subyuga el programa y se ofrece a financiar la creación de una Coordinadora de Fuerzas Nacionales y a prestar una ayuda de 900 millones de pesetas para fundar un periódico de corte ultraderechista.

—Lo único que pido —señala Gaddafi— es que cuando tomen el poder en España den mayores facilidades a nuestros estudiantes en sus universidades; que autoricen la religión musulmana y que se opongan con todas sus fuerzas al expansionismo de nuestro enemigo común, el sionismo internacional.

Al coronel De Meer las contrapartidas le parecen razonables y las acepta sin plantear ninguna objeción. Satisfecho por la forma en que se han resuelto sus problemas regresa a España. Incorporado de nuevo a su destino en el Regimiento de Caballería Ligera de Ceuta, pasa el tiempo y no ocurre nada.

La Policía detecta que el dinero ofrecido por el líder de la revolución libia no llega. La Brigada de Información Interior parece incluso haberse olvidado también del asunto. Hasta el 9 de mayo de 1986.

Ese día, en vísperas de las elecciones generales, el Gobierno decide tirar de la manta. Un coronel y dos guardias civiles acuden al domicilio de Carlos de Meer Ribera, en Madrid, y se lo llevan detenido.

Cuando le conducen ante el juez togado militar Jesús Valenciano, el ex teniente del Regimiento de la Guardia de Franco reconoce su viaje a Libia y su entrevista con Gaddafi.

—Al coronel Gaddafi le conozco desde hace por lo menos quince años —miente. Y agrega—: Su ideología está más cerca de Falange Española que del comunismo y le considero un gran líder y un buen amigo mío.

Cuando el juez Valenciano le muestra una colección de fotos en el aeropuerto de Orly-Sud acompañado de Saad Ismail y el vídeo de los apartamentos «El Jardín», sabe que uno de sus acompañantes le ha traicionado [13].

El «caso De Meer», que supuso la puntilla definitiva al fenómeno del golpismo, iba a tener un final rocambolesco, como muchas de las operaciones encubiertas de la Policía en las que las pruebas se han obtenido de forma ilegal.

* * *

Documento número 1

El martes 13 de mayo de 1986, Carlos Yarnoz escribe en el diario *El País*:

> «Jesús Valenciano Almoyna, el juez militar instructor del caso del coronel Carlos de Meer —encarcelado desde el pasado viernes tras ser acusado por la Policía de visitar a Gaddafi y pedir dinero al dirigente libio para una organización ultraderechista— decretó ayer el procesamiento del jefe militar por el delito de "abandono de residencia". "La investigación continúa para el total esclarecimiento de los hechos", precisó ayer Defensa en una nota oficial. Según personas que conocen el interrogatorio de Valenciano a De Meer, del mismo se deduce que al coronel se le imputaba el delito de conspiración para la rebelión, "pero el juez estimó ayer que, por ahora, no existen pruebas suficientes", señalaron fuentes de Interior y de Defensa.»

* * *

Documento número 2

El 26 de junio de 1986, bajo el título «La capitanía será quien instruya el proceso al coronel Carlos de Meer», el diario *ABC* escribía:

> «El Consejo Supremo de Justicia Militar ha decidido que sea la Capitanía General de Sevilla la que se encargue de instruir el proceso contra el coronel Carlos De Meer, al que

[13] «Es un asunto del que no quiero hablar. Allá ellos con sus conciencias», les dice en 1989 en la cafetería La Blanca Paloma, en las cercanías de la Puerta del Sol, a los autores del libro.

se acusa de abandono de residencia, por lo que está en la prisión militar de Alcalá. Así se resuelve la controversia sobre si era la Región Militar Centro o la Sur la que tenía competencias sobre el caso.

La decisión la ha adoptado el Consejo Supremo de Justicia Militar luego de conocer el informe del fiscal togado. De esta forma se pone fin al conflicto suscitado desde que los órganos judiciales de las dos capitanías pretendían inhibirse del asunto.

La Región Militar Centro entendía que el delito de abandono de residencia se había producido cuando De Meer estaba destinado en Ceuta. La Región Militar Sur adujo que éste viajó sin autorización al extranjero cuando disfrutaba de unos días de permiso en Madrid.»

* * *

Documento número 3

El periodista Fernando Rueda en el diario *Ya* informaba el 4 de septiembre de 1986 de lo siguiente:

> «El próximo 9 de septiembre se cumplen cinco meses desde que un coronel y dos guardias civiles detuvieron al coronel de Caballería Carlos de Meer en su casa. Se le acusó de haber abandonado su residencia y de lo que parecía mucho más grave, de haber mantenido contactos en Libia para crear un grupo violento de extrema derecha.
>
> Poco después de su detención se informó de la existencia de fotos y de un vídeo con testimonios concluyentes sobre el tema. Sin embargo, estas pruebas no podrán ser utilizadas en el juicio porque la Constitución prohíbe la violación de la intimidad sin autorización previa del juez, que no existía.»

* * *

Documento número 4

El 15 de noviembre de 1986 el periódico *Diario 16* publicaba la siguiente información:

> «El juez central de instrucción número 4 de la Audiencia Nacional, José Carlos Divar Blanco, ha acordado archivar las actuaciones contra el coronel Carlos de Meer por un supues-

to delito de conspiración para la rebelión, por entender que los hechos denunciados no son constitutivos de delito.

De Meer fue acusado de un presunto delito de abandono de residencia y de otro de conspiración para la rebelión, a raíz de un viaje a Libia para entrevistarse con Gaddafi.

La acusación de conspiración para la rebelión pasó a la jurisdicción ordinaria al entrar en vigor el 1 de junio de 1986 el nuevo Código Penal Militar.»

* * *

A finales de 1986, cuatro años después de la llegada de los socialistas al poder, el objetivo esencial trazado por Narcís Serra de convertir al Ejército en una institución «muda» es uno de los logros del PSOE.

La aplicación de la Ley de Reserva Activa (que permitió la jubilación anticipada de numerosos mandos de las FAS cobrando el 100 por ciento de su sueldo), el «plan Meta», encaminado a sacar los cuarteles del interior de las ciudades, y la reorganización y reducción del número de capitanías generales han contribuido a restar protagonismo al Ejército en una sociedad democrática.

«En la actualidad, muy pocos españoles saben los nombres de los capitanes generales, cosa que no ocurría al principio de la transición. Todos estábamos pendientes de ellos y de lo que decían», afirma Luis Solana, ex responsable de Defensa del PSOE.

El Gobierno no reparó en utilizar las técnicas de «las cloacas», al igual que con el GAL, para conseguir sus fines. Maquinaciones como la del coronel Carlos de Meer Ribera están ahí para corroborarlo. Para los dirigentes socialistas, el fin justifica, muchas veces, los medios.

CAPITULO NUEVE

BANCA: DE LA NACIONALIZACION A LA COHABITACION

En 1977 el PSOE era partidario de nacionalizar los grandes bancos y nombrar representantes del Estado en sus consejos de administración. Pretendían, de esta manera, evitar que el todopoderoso sistema financiero se convirtiera en un monopolio bajo el control de medio centenar de personas supuestamente hostiles hacia el poder. Tras la llegada al Gobierno en 1982, los socialistas cambiaron de estrategia y decidieron colocar a sus amigos en los principales bancos del país. Tras doce años de Gabinete monocolor, el conjunto del sistema financiero (bancos y cajas de ahorro) ha caído en sus manos. Cinco de los ocho grandes bancos existentes entonces (Bilbao, Vizcaya, Central, Hispano y Exterior) están bajo control felipista. Banesto, el último baluarte de oposición al régimen de González, que se mantenía a cambio de corromper a medio país y de poner los medios de comunicación al servicio de La Moncloa, fue el último en sucumbir, en diciembre de 1993. La crisis del PSOE impidió que acabara en poder de Argentaria, la banca pública.

La II Escuela de Verano celebrada por el PSOE para la formación de los futuros dirigentes socialistas reunió en la localidad madrileña de El Escorial a gran parte de los hombres y mujeres que a partir de las elecciones generales de 1982 estarían destinados a regir el país.

Transcurría la semana del 16 al 22 de agosto de 1977. Adolfo Suárez acababa de ganar sus primeras elecciones generales y en la localidad de la sierra madrileña se reunían Enrique Barón, Carlos Zayas, Javier Solana, Joaquín Almunia, Carlos Solchaga, Luis Carlos Croissier, Miguel Boyer, Alfonso Guerra y Felipe González para diseñar la política económica socialista.

«Como diré al hablar de la etapa de la transición al socialismo, nuestra propuesta para esa fase es la nacionalización de los grandes bancos —manifestó Boyer—. Sin embargo, creemos que desde la etapa de la consolidación democrática es preciso un mayor control del sistema financiero.»

Sobrino-nieto de Práxedes Mateo Sagasta y ligado a una importante dinastía de políticos de la II República, Boyer había trabajado en el Servicio de Estudios del Banco de España y sus ideas sobre el futuro de la banca con un Gobierno socialista no dejaban lugar a dudas.

«El sistema bancario español supone una concentración extraordinaria de poder que, de mantenerse, hace muy difícil dirigir la economía española en el sentido de los intereses generales. Se ha configurado como un negocio monopolístico protegido por el propio Estado [...] aunque por otra parte la dirección de los bancos españoles se ha caracterizado por desestimar las orientaciones monetarias de las autoridades.» [1]

Miguel Boyer, casado con la doctora Elena Arnedo, que no conocía ni de oídas a Isabel Preysler ni soñaba con construirse una casa de 500 millones en Puerta de Hierro, el barrio más elitista de Madrid, era partidario de que el Gobierno controlara directamente la banca, cuestión que ni Franco en sus peores años llegó a imaginar. «Es necesaria una mayor intervención y un mayor control del sistema financiero, si se quiere dirigir la economía española en el sentido conveniente a los intereses nacionales», aventuró en El Escorial. Y agregó: «Por ello proponemos modificar la legislación para que los gobiernos democráticos puedan nombrar representantes del Estado en los consejos de administración de los bancos más importantes y para introducir una representación paritaria del personal de éstos en los mismos.»

* * *

Seis años después, el 4 de diciembre de 1982, el primer ministro de Economía, Hacienda y Comercio del primer Gobierno socialista, Miguel Boyer Salvador, comparece ante las cámaras de Televisión Española para transmitir su primer mensaje a la opi-

---

[1] *Socialismo es libertad*, Editorial Cuadernos para el Diálogo (Educisa), Madrid, 1976.

nión pública: «El Gobierno ha decidido devaluar la peseta frente al dólar en un 8 por ciento», anuncia Boyer.

Han transcurrido apenas veinticuatro horas desde que el primer Gabinete socialista, elegido democráticamente el 28 de octubre anterior, ha jurado sus cargos ante Su Majestad el Rey, en el palacio de La Zarzuela. Algunos ministros aún no saben dónde se encuentran sus despachos oficiales cuando Boyer, un economista y licenciado en Ciencias Físicas, lanza su primera andanada contra la banca: «El Gobierno ha acordado también elevar el coeficiente de caja a los bancos españoles en un punto.»

El coeficiente de caja[2], situado en un 5,75 por ciento por el Gobierno de Leopoldo Calvo Sotelo, se dispara automáticamente al 6,75. Los banqueros, que llevan años luchando para que ese coeficiente —inexistente en los países miembros de la Comunidad Europea— se reduzca a un porcentaje no superior al 3 por ciento, echan cuentas. La primera medida adoptada por Miguel Boyer supone la inmovilización, para el conjunto de las entidades financieras, de más de 100.000 millones de pesetas, de las que en principio no van a obtener demasiados beneficios.

Intimo amigo de José Ramón Alvarez Rendueles y de Mariano Rubio, los dos últimos gobernadores del Banco de España, compañero de trabajo de Francisco Fernández Ordóñez y de Claudio Boada en el Instituto Nacional de Industria y colaborador del presidente del Gobierno saliente, Calvo Sotelo, en Explosivos Río Tinto, Miguel Boyer está considerado como un hombre moderado dentro del PSOE.

Encarcelado durante el franquismo, en 1977 abandonó el partido por no compartir las tesis marxistas de sus compañeros para regresar en 1979, cuando en el XXVIII Congreso los socialistas, con Felipe González a la cabeza, hicieron suyas las tesis de la socialdemocracia alemana de Willy Brandt.

Sin embargo, aquel 4 de diciembre muchos banqueros recordaron su intervención en la II Escuela de Verano de El Escorial, donde Boyer se decantó por nacionalizar los grandes bancos y nombrar a sus consejeros a golpe de decreto-ley, algo inaudito en las democracias occidentales.

Tras el desastre que supuso la nacionalización de la banca en Francia, después de la llegada al poder de François Mitterrand

---

[2] El porcentaje del pasivo que los bancos deben depositar en el Banco de España para garantizar su liquidez.

en 1981, los prohombres de la banca española suponían que el PSOE «estaba vacunado» contra las intervenciones en el sector financiero. De hecho, el apartado 4.5.1.1 del programa del PSOE no hace ninguna alusión expresa al control de los bancos por el Estado.

Los banqueros, desconfiados por naturaleza, creen que el Gobierno de González aspira en el fondo a nacionalizar los grandes bancos —como ocurrirá con la red de alta tensión— y desde hace meses han relanzado sus «segundas marcas» desde donde piensan seguir ejerciendo su oficio con tesón y dedicación. Durante los últimos cuarenta y cinco años se habían acostumbrado a que sus opiniones fueran tenidas en cuenta por los gobernantes. Luis Valls, presidente del Banco Popular y hombre de una profunda clarividencia política, había apuntado un año antes los profundos cambios que se avecinaban en las relaciones banca-Gobierno. En un artículo publicado en *El País*[3] bajo el sugerente título «Los banqueros caminan hacia la "reserva"», escribía en lenguaje figurado:

> «—Tú te crees todo lo que te cuentan —le dice a Aguila Roja el jefe de la tribu Arapaho.
>
> —Si nos enfrentamos al Gobierno de Washington, los blancos (PSOE) acabarán con nosotros —contesta Aguila Roja.»

Así las cosas, el 28 de marzo de 1983 la Asociación Española de la Banca (AEB) celebra su primera reunión anual. Han pasado ciento catorce días desde que Felipe González se instalara en La Moncloa y su presidente Rafael Termes, un hombre del Banco Popular, no puede disimular su disgusto hacia la decisión de Boyer de incrementar el coeficiente de caja. «La medida va a suponer unas pérdidas para la banca —dice— que discurrirán en una banda entre los 15.000 y los 18.000 millones de pesetas. Ello se traducirá en una reducción de los beneficios antes de impuestos, estimados para 1982, en un porcentaje situado entre el 12 y el 15 por ciento.»

Los recelos estaban injustificados. Los banqueros, que veían en aquel Miguel Boyer concentrado y ensimismado de la década de los ochenta la figura de un individuo peligroso dedicado a comple-

[3] 20 de febrero de 1981.

jas maquinaciones para hundirles, se equivocaban, y nunca se hubieran podido imaginar hasta qué punto.

* * *

Avalado por los votos de diez millones de españoles, el 48 por ciento de los sufragios emitidos, el PSOE es el primer partido español que alcanza la mayoría absoluta en el Congreso de los Diputados.

Legitimado por las urnas, Felipe González Márquez las tiene todas consigo para gobernar con mano dura y actuar con rigor frente a las crisis bancarias, que se han convertido en una de las principales sangrías de los Presupuestos Generales del Estado y del sistema financiero español.

En tan sólo siete años, de 1978 a 1985, cincuenta y ocho bancos (más de la mitad de las entidades de crédito existentes en 1977) que suponían el 27 por ciento de los recursos de la banca, el 28 por ciento de los trabajadores y el 17 por ciento de las oficinas bancarias tuvieron que ser intervenidas por el Estado[4]. Los costes de saneamiento iban a superar los dos billones de pesetas, de los cuales un 77 por ciento se sufragaría con fondos de la Hacienda Pública.

Cuando Felipe González se instala en La Moncloa, la crisis bancaria, considerada por el Banco de España «la mayor del sistema financiero occidental», se halla en pleno apogeo y las entidades caen como moscas. El 4 de diciembre de 1983 el fiscal general del Estado da cuenta al Gobierno de que, siguiendo instrucciones del instituto emisor, ha presentado seis querellas criminales contra los directivos de los bancos de Descuento, Navarra, Occidental, Valladolid, Levante y de los Pirineos en diversos juzgados de Madrid.

Al presidente del Gobierno no le da tiempo de leerse las decenas de folios que ha dejado el representante del ministerio público sobre la mesa. El 3 de noviembre de 1982 (sólo cinco días después de que el PSOE alcanzara el poder) había estallado el escándalo de Banca Catalana.

Una inspección del Banco de España había detectado poco antes la existencia de un neto patrimonial negativo de 6.762 millones de pesetas y una auditoría de Price Waterhouse reveló la existencia de un agujero de 100.000 millones de pesetas. Con estos datos, al Banco de España no le había quedado más remedio que intervenir la entidad financiera.

[4] Carlos Alonso Zaldívar y Manuel Castells, *España fin de siglo*, Alianza Editorial, Madrid, 1992.

La crisis de la primera institución financiera de Cataluña arrastra además un componente político. Uno de los principales implicados en el escándalo es el presidente de la Generalitat. Jordi Pujol había sido consejero de la entidad desde 1965 a 1977, época en que la «caja B» de Banca Catalana movía algo más del 100 por ciento de los recursos del banco y se utilizaba el dinero de los accionistas como propio para pagar favores políticos.

El Gobierno destaca inmediatamente a Barcelona a un grupo de inspectores del Fondo de Garantía de Depósitos. Después de un año de trabajo descubren que el equipo relacionado a Jordi Pujol, especialmente su cuñado Francesc Cabana, ha creado veintisiete sociedades instrumentales para llevar a cabo operaciones especulativas, con lo que se han perdido 14.682 millones de pesetas.

Los consejeros y directivos de la entidad han concedido créditos ficticios a nombre del presidente de la patronal, Carlos Ferrer Salat, y otros empresarios por un importe de 5.101 millones de pesetas; se han utilizado recibos falsos, asientos contables duplicados y toda suerte de engaños para retirar fondos de Banca Catalana. Lo más grave es que, poco antes de la intervención, la propia entidad financiera, a través de una fiduciaria (Hoe, S. A.) había comprado en 176 millones de pesetas las acciones de Jordi Pujol, quien, en unión de su mujer, Marta Ferrusola, canceló sus cuentas y retiró 14.500.000 pesetas cuarenta y ocho horas antes de la llegada de los ejecutivos del Banco de España que se harían cargo de Banca Catalana.

Cuando el Fondo de Garantía de Depósitos terminó de examinar las cuentas de la primera entidad de crédito de Cataluña, el «agujero» detectado era de 250.000 millones de pesetas, el más grande descubierto hasta entonces en la banca española.

En mayo de 1984, el fiscal general del Estado, Burón Barba, presenta una querella contra los responsables de la crisis ante el Tribunal Superior de Justicia de Cataluña, que ordena al juez Ignacio Lecea instruir un sumario.

En la querella, el fiscal acusa a los diecisiete miembros del consejo de Banca Catalana de tres supuestos delitos de apropiación indebida, de falsedad en documento mercantil y de maquinación para alterar el precio de las cosas[5].

---

[5] Para ampliar información sobre este asunto se pueden consultar los libros *Banca Catalana, toda la verdad*, de Feliciano Baratech (Editorial Planeta, Barcelona, 1985) y *Banca Catalana, más que un banco, más que una crisis*, de Francesc Baiges, Enric González y Jaume Reixach (Plaza y Janés, Barcelona, 1985).

Los socialistas, celosos por el espectacular crecimiento de Convergència i Unió en las últimas elecciones generales, quisieron convertir el «caso Banca Catalana» en un juicio político al presidente de la Generalitat. Pero no supieron calibrar el peso real del nacionalismo y se equivocaron. Jordi Pujol movilizó a las fuerzas vivas de Cataluña y congregó a varias decenas de miles de militantes y simpatizantes de su partido frente al palacio de la Generalitat.

En el programa electoral con el que el PSOE había ganado las elecciones de 1982, y en relación con las crisis bancarias, el equipo económico del partido había propuesto que «el Estado haría uso de su opción de compra [de los bancos saneados], cuando la normalización de la entidad se hiciera con fondos mayoritariamente públicos».

Para sanear Banca Catalana, el Fondo de Garantía de Depósitos había adquirido 84.420 millones de pesetas de «activos irrealizables» y había prestado 35.651 millones a diez años sin interés y otros 125.350 millones al 8 por ciento. Además se exoneró a la entidad del pago de los coeficientes de caja y de inversión (el 25 por ciento de los activos del banco) durante cinco años.

El Gobierno, en lugar de incautarse de Banca Catalana tal y como figuraba en el programa electoral que le había llevado al poder, decidió vendérsela por una peseta al Banco de Vizcaya. «Fue un auténtico regalo. Un mes después de entrar en Banca Catalana, el Vizcaya tenía la mejor red de oficinas bancarias de toda Cataluña», asegura el sindicalista Justo Fernández.

Con la información facilitada por Carlos Solchaga y José Aureliano Recio, el presidente del Vizcaya colocó los 161.000 millones prestados por el Banco de España y el Fondo de Garantía de Depósitos para sanear el banco en una emisión especial de obligaciones del Estado, al 18 por ciento. Los beneficios obtenidos por esta operación permitieron acometer la reconversión de la entidad expropiada, sin gastos para el banco vasco.

La entrega no fue casual. El presidente del Vizcaya, Pedro Toledo, mantenía unas excelentes relaciones con el Gobierno. Dos de sus ministros, Carlos Solchaga y Claudio Aranzadi, habían formado parte del gabinete de estudios del banco vasco cuando Toledo era el máximo responsable de este organismo. Otro destacado socialista, José Aureliano Recio, ex consejero de Economía y Fomento de la Junta de Andalucía, fue rescatado por Toledo de un despacho laboralista del PSOE de la calle Licenciado Pozas de Bilbao para ponerlo a trabajar bajo sus órdenes.

El partido de Felipe González, que en la II Escuela de Verano de El Escorial había decidido intervenir los grandes bancos nombrando a sus consejeros mediante decreto-ley, encontró una fórmula más sencilla y menos aparatosa de sentar la primera piedra de la banca al servicio del PSOE.

* * *

El 23 de febrero de 1983, segundo aniversario del golpe del 23-F, José María Ruiz Mateos estuvo como siempre trabajando hasta las diez y media en la sede de Rumasa, en las Torres de Jerez de Madrid.

Aquel día, el Consejo de Ministros había estado reunido en sesiones de mañana y tarde en el palacio de La Moncloa. El Gobierno, que solía finalizar su jornada a la hora de almorzar, prolongó la reunión más allá de lo habitual.

La mayor parte del tiempo lo habían consumido el ministro de Economía, Hacienda y Comercio, Miguel Boyer, y los responsables de las carteras económicas del Gabinete, Carlos Solchaga Catalán, titular de Industria y Energía, y Joaquín Almunia, ministro de Trabajo y Seguridad Social, en estudiar medidas contra el *holding* Rumasa.

Felipe González llevaba apenas dos meses y veintitrés días en La Moncloa. Al final, el Gobierno en pleno había decidido la expropiación del grupo. Tras una tensa semana de choques y enfrentamientos verbales entre el ministro de Economía y Hacienda y el presidente del consorcio de la abeja, Felipe González y Alfonso Guerra no dejaban tirado a uno de sus ministros.

A las doce y media de la noche, mientras la primera cadena de TVE emitía la película de Miguel Littin *El chacal de Nahueltero*, el portavoz del Gobierno, Eduardo Sotillos, se bajaba de su coche oficial, un Seat 131 del Parque Móvil, en los estudios de la televisión oficial. Sotillos iba a anunciar la expropiación del imperio de Ruiz Mateos a todo el país.

«La expropiación —dijo— se ha llevado a cabo para garantizar plenamente los depósitos de los bancos, los puestos de trabajo y los derechos patrimoniales de terceros que el Gobierno considera gravemente amenazados.»

Después de explicar que una medida tan extrema se había tomado en aplicación de la Constitución, que en su artículo 33.3 establece que una persona puede ser privada de sus bienes por utilidad pública e interés social, Sotillos agregó: «Con esta medida el

Patrimonio del Estado se hace cargo de las entidades del Grupo Rumasa asegurando así los derechos de los depositantes y empleados.»

El consorcio presidido por José María Ruiz Mateos estaba formado entonces por más de 350 empresas (con implantación en todos los sectores de la economía del país) y 19 bancos, con 70.000 empleados.

Los bancos de Rumasa, a 31 de diciembre de 1982, tenían unos activos totales de 900.000 millones de pesetas, que representaban el 4,5 de los activos de la banca española, y una inversión crediticia de casi 500.000 millones de pesetas.

Las entidades financieras de Ruiz Mateos contaban también con una de las principales redes de captación de clientes del país (un total de 1.034 oficinas) y una plantilla de 7.300 empleados y ejecutivos.

El 23 de febrero por la mañana, horas antes de producirse la expropiación de Rumasa, el máximo responsable de Banca de UGT, Justo Fernández, se entrevista con el ministro Boyer.

—Hoy probablemente el Consejo de Ministros va a intervenir Rumasa y he querido verte para pedirte que tranquilices a los trabajadores. El Gobierno va a tomar medidas para que se garanticen los puestos de trabajo y los depósitos.

—¿Y qué va a pasar con los bancos?

—Por eso no te preocupes. Los vamos a pasar al Patrimonio del Estado para crear la gran banca pública.

El programa electoral del PSOE que permitió a Felipe González alcanzar el poder el 28 de octubre de 1982 establecía que «el Estado haría uso de su opción de compra [sobre los bancos saneados], cuando la normalización de las entidades se hiciera con fondos mayoritariamente públicos».

Justo Fernández respiró tranquilo. Uno de los objetivos del PSOE años atrás era la creación de una banca pública potente y la nacionalización de los grandes bancos para «socializar el crédito» y permitir a las clases menos favorecidas tener acceso a una vivienda digna.

Sin embargo, en los meses que siguieron a la expropiación de Rumasa, el Estado procedió a limpiar los bancos de todos los créditos morosos que tenían con las entidades del grupo. El saneamiento se hizo mediante una emisión de 440.000 millones de pesetas de deuda pública al 9,5 por ciento que siete grandes bancos y cinco medianos se encargaron de distribuir en el mercado obteniendo sus buenos ingresos por la colocación.

Una vez saneada, la división bancaria de Rumasa fue enajenada del Patrimonio del Estado el 31 de julio de 1984 por un precio ridículo: a una peseta la acción. De esta manera, por menos dinero de lo que valía una sola de sus oficinas, los grandes bancos del país se repartieron un botín de varios centenares de miles de millones de pesetas.

Para el ugetista Justo Fernández aquella fue una de las mayores decepciones de su vida: «Miguel Boyer hizo todo lo contrario de lo que me había dicho. Pasó al Estado las empresas en crisis y regaló los bancos a sus amigos, a cambio de favores y contrapartidas personales.»

Los socialistas incumplían por segunda vez el programa electoral del partido. En lugar de meter en cintura a los banqueros les concedían favores a cargo del Estado, como acababa de ocurrir con Banca Catalana y los bancos de Rumasa.

Una medida de este tipo, precursora de la corrupción institucionalizada que se instalaría después, que fomentaba la competencia desleal entre banqueros y que creaba un perjuicio colectivo para los ciudadanos al despilfarrar el Gobierno los fondos públicos para dárselos a sus amigos, en países como Estados Unidos o Gran Bretaña habría dado lugar a un escándalo mayúsculo y a la presentación de una querella contra el Gobierno cuando menos por prevaricación. En España no ocurrió nada.

La impunidad de los responsables de la Administración y de los altos cargos del Gobierno permitiría a éste utilizar los Presupuestos Generales del Estado para crear unas entidades financieras a su servicio, como ocurrió con el Banco Hispano Americano.

* * *

En diciembre de 1985, el Banco Hispano Americano atravesaba una de las mayores crisis de su historia. Obsesionado como el resto de la banca por una política de crecimiento en los depósitos, a comienzos de la década absorbe al Banco Mercantil y al Industrial de Gijón y Banco Unión para escalar un puesto en el *ranking* por volumen de recursos ajenos.

Entre tanto, su presidente, Luis Usera, no es consciente de la situación en que se encuentra uno de sus bancos participados, el Urquijo. Considerado el principal banco industrial del país, la crisis del petróleo y su incidencia en las empresas españolas, entre 1978 y 1981, le obligaron a vender cuarenta y tres sociedades para sobrevivir.

Así y todo, en marzo de 1983 la entidad crediticia presenta una situación de encefalograma plano. Para evitar su quiebra el ministro de Economía y Hacienda, Miguel Boyer, obliga al Hispano Americano, su principal accionista[6], a reflotarlo con ayudas directas del Banco de España y exenciones de los coeficientes de caja e inversión.

La crisis del Urquijo, sin embargo, termina por arrastrar al Hispano, que a finales de 1985 presenta un agujero de 80.000 millones de pesetas. El Gobierno aprovecha de nuevo la crisis para sustituir a máximo responsable, Luis Usera, e instalar en la presidencia a un hombre de su confianza.

La estrategia se les viene abajo a los gobernantes socialistas cuando el sucesor de Usera, Alejandro Albert, enferma y se ven obligados a empezar de nuevo. Miguel Boyer y Mariano Rubio tienen dos candidatos en cartera para relevar a Albert: el síndico de la Bolsa de Madrid, Manuel de la Concha, y José Vilarasau, director general de La Caixa. Sin embargo, Justo Fernández, el máximo responsable de UGT en banca, se enfrenta abiertamente al ministro de Economía y Hacienda y al gobernador del Banco de España y acaba imponiendo su tesis.

El Gobierno nombra presidente de la entidad financiera a Claudio Boada, un hombre que procedía del INI, donde había sido jefe de Miguel Boyer, y de Altos Hornos de Vizcaya y que, según sus propias palabras, estaba dispuesto a vender su propia corbata para sanear el banco.

Con Boada al frente de la entidad, las cosas cambian radicalmente. Su amigo Miguel Boyer y después Carlos Solchaga le conceden todo tipo de ayudas e incluso obligan a la banca privada a financiar con dinero líquido (hecho sin precedentes en la historia de las crisis bancarias) al Urquijo Unión[7].

El antiguo jefe de Miguel Boyer y Carlos Solchaga recibe

[6] El Banco Hispano Americano poseía el 12 por ciento de los títulos del Banco Urquijo. Ello se debía a un acuerdo de colaboración entre ambas entidades, suscrito hacía casi cuarenta años. Mediante este compromiso (el «pacto de las Jarillas»), el Urquijo se especializaba en banca industrial y dejaba al Hispano el campo abierto en el ámbito de la banca universal.

[7] Según un inspector del Fondo de Garantía de Depósitos (FGD), los bancos entregaron además a esta institución 20.000 millones de pesetas para la compra de activos del Urquijo irrealizables a corto y medio plazo. Una vez gestionados por el FGD, algunos de estos activos se pudieron vender. Sin embargo, el organismo no devolvió ni una sola peseta a la banca privada.

también otro tipo de apoyos del Gobierno. Como el Urquijo carece de liquidez, el Estado le compra varios inmuebles, alguno de ellos —como la casa de «las siete chimeneas», situada en las cercanías de la Gran Vía madrileña— de forma extraña.

La entidad compradora es un consorcio asegurador suizo-alemán que pide un arreglo muy especial. Boada debe encargarse de que el Estado alquile el inmueble. El Gobierno accede y, de esta manera, obtiene 8.000 millones de pesetas limpias.

Con nuevas ayudas de la banca privada, del Banco de España y del Fondo de Garantía de Depósitos, el ex presidente del INI logra reflotar el banco cuatro años después. Se lo vende a la Banca March y obtiene unas plusvalías de 35.000 millones de pesetas.

Poco después el Ministerio de Economía y Hacienda y el Banco de España autorizan al Hispano el lanzamiento de una emisión de 20.000 millones de pesetas en bonos. Convertido en el banco de la *beautiful people*, con Rafael del Pino, Felipe Benjumea, Alberto Oliart y otra «gente guapa» en su consejo, Claudio Boada cubre la emisión dentro del plazo previsto e incluso tiene que ir a una ampliación del 10.000 millones más.

La operación resulta un éxito, especialmente para los amigos de Miguel Boyer, Mariano Rubio, Carlos Solchaga y Claudio Boada. Transcurridos doce meses, los bonos son canjeados por acciones al dos por uno, con lo que muchas personas duplican en un año su inversión. Y los que tienen un poco de paciencia incluso la triplican o cuadruplican, porque en un periodo de cuatro años la cotización de los títulos del Hispano en la Bolsa de Madrid pasa de los 150 enteros a los 850.

Embriagado por el éxito, Boada es el primer banquero español que intenta implantar las supercuentas. El asunto molesta a sus compañeros del «club de los siete» (con los otros seis grandes bancos) que por presiones del Gobierno habían tenido que cometer una ilegalidad: regalarle el dinero de sus accionistas poco antes para sanear el Hispano y el Urquijo.

«Lo de Boada es inaudito —cuenta Luis Valls a un grupo de periodistas—. Le damos dinero para que no tenga que echar el cierre y se lo gasta en hacernos la competencia.»

El presidente del Banco Popular no se explica la actitud del presidente del Hispano Americano, el hombre dispuesto a vender la corbata para salvar el banco, sin explicar que no se trataba de la suya, sino de la de sus compañeros. «Es como el pobre que te pide cuarenta duros para comer, te privas del ir al cine para dárselos, y él va y se compra un puro.»

Desde el ámbito del PSOE y del Gobierno las cosas se veían de otra manera. Aquellas ayudas eran el «impuesto revolucionario» que la banca privada tenía que pagar, a cambio de los cuantiosos beneficios obtenidos[8], para que el Partido Socialista pusiera bajo control al sistema financiero en menos de una década.

* * *

Consciente del poder que la banca representa en España, mientras el equipo económico del PSOE se reúne en El Escorial para ver qué hacer con sus presidentes y consejos de administración, Felipe González no pierde el tiempo en planificar estrategias de muy difícil cumplimiento.

A través de Julio Feo —quien posteriormente sería secretario general de Presidencia—, había conocido a los presidentes del Bilbao, José Angel Sánchez Asiaín[9], y del Vizcaya, Pedro Toledo, y el secretario general del PSOE se llevó una grata impresión de ambos. Como buen político, González trata entonces de ganarse la confianza de los banqueros y, en 1977, poco después de la legalización del Partido Socialista, acude por primera vez a un almuerzo con el «club de los siete».

En la planta 12 de Banesto, Felipe González se muestra atento y receptivo a cada uno de los problemas de los banqueros y siempre tiene a punto la solución acertada para cada una de las necesidades que le plantean. Cuando finaliza la reunión, los presidentes de los siete grandes de la banca esperan a que se vaya el invitado para tomar el último café e intercambiar impresiones.

—¿Qué te ha parecido? —le preguntan a José María Aguirre Gonzalo, presidente de Banesto, que actuaba como anfitrión.

—Es el mejor de nuestros políticos, mucho más brillante y seguro que Suárez —replica el patriarca de la banca.

El fino olfato de Aguirre Gonzalo no le traicionaba. Aunque

---

[8] En 1989 los beneficios de la banca fueron de 449.562 millones de pesetas, una cifra jamás alcanzada en la historia, lo que significa un 1,53 por ciento sobre los activos totales medios. Sólo en dos países europeos, Irlanda y Gran Bretaña, la banca obtuvo mejores resultados en el periodo 1987-1992.

[9] La empresa Comunicación 2000, propiedad de Julio Feo, trabajaba para ambos bancos como consultora de imagen. Feo mantenía, además, excelentes relaciones con algunos directores generales, como Enrique Más Montañés, con los que había estudiado en Estados Unidos.

Alfonso Guerra se pasa los días criticando a los banqueros, «que dicen que están con nosotros pero luego se gastan el dinero en tumbarnos en las elecciones», lo cierto es que la banca nunca ha vivido días de esplendor mejores que los disfrutados desde la llegada de los socialistas al poder.

Pese a que nada más instalarse en el Ministerio de Economía y Hacienda Miguel Boyer incrementó el coeficiente de caja en un punto, al año siguiente, dentro de la Ley de Presupuestos Generales de 1983, los socialistas autorizaron una revalorización gratuita de activos, que benefició a la banca y a todas las empresas del país, las cuales pudieron así actualizar los precios de sus inmuebles y propiedades (que estaban contabilizados en balances a precios históricos) sin pagar el Impuesto de Sociedades, lo que supuso un ahorro del 35 por ciento del incremento patrimonial.

Para sufragar el déficit público, Felipe González recurre a la banca privada como financiera del Estado. Las fuertes emisiones de deuda pública, a tipos de interés hasta del 14 por ciento, permiten a los grandes bancos obtener unos rendimientos notables por un dinero que, en la mayoría de los casos, retribuían a sus clientes al 6 o al 7 por ciento.

Paralelamente, desde el Ministerio de Economía y Hacienda se pone en marcha la segunda fase de la reconversión industrial [10]. El Estado invierte cerca de dos billones de pesetas en sanear un total de doce sectores industriales en crisis, desde el sector naval y la siderurgia al textil o la «línea blanca» (electrodomésticos), y la banca sale indirectamente beneficiada. Sanea parte de sus activos al cobrar del Estado créditos morosos y avales que estaban a punto de provisionarse con los recursos de las entidades financieras y formar parte del capítulo de fallidos.

En 1985, poco antes de abandonar el Ministerio de Economía y Hacienda, Miguel Boyer «autoriza» de tapadillo a la banca a poner en circulación una serie de productos financieros de carácter opaco. La medida, de legalidad discutible, va encaminada a evitar la evasión de capitales y a hacer aflorar el «dinero negro» que se genera en España con la especulación, la construcción y la economía sumergida.

De esta manera, Vizcaya, Santander, La Caixa y otras entidades

---

[10] La primera fase se había llevado a cabo en la etapa de UCD con muy poco éxito debido a la precaria situación económica del país y los problemas derivados de incremento del paro.

cercanas al poder ponen en circulación los pagarés denominados «Afros», las «primas únicas» y las «cesiones de crédito», mediante los cuales logran captar centenares de miles de millones de pasivo [11] e incrementar su cartera de impositores.

El 24 de julio de 1988, el Gobierno hace otro regalo a la banca. Ese día se aprueba la Ley 24/1988 mediante la cual las entidades oficiales de crédito, los bancos y las cajas de ahorro pueden crear sociedades y agencias de valores para operar directamente en la bolsa.

Automáticamente, la bolsa de valores, el mercado creado por el rey Carlos V [12] para defenderse del oligopolio de la banca, cae en manos de los principales bancos (Santander, BBV, BCH) y cajas de ahorro (Caja de Madrid y La Caixa, principalmente), que monopolizan a partir de entonces el negocio de la renta variable, que movió en 1992 [13] más de seis billones de pesetas.

La estrategia del PSOE, que hasta finales de los setenta tenía como objetivo la nacionalización de los grandes bancos, cambia radicalmente en la década de los ochenta a medida que el PSOE se convierte en un partido de masas y se configura como una alternativa real de poder.

La principal discusión teórica, en la que participan personalidades de la talla de Julio Rodríguez (Hipotecario), Luis Angel Rojo (Banco de España), Miguel Muñiz (ICO), José María Calviño, Francisco Fernández Marugán, Joaquín Prieto (Mercasa), Miguel Boyer, Claudio Aranzadi y Carlos Solchaga, entre otros, se produce a finales de 1982, tras las elecciones generales.

Dentro del PSOE, que aspira a controlar la economía del país sin llegar a abolir la propiedad privada, se plantean dos opciones. La de un sector minoritario, que pretende meterse dentro de las grandes empresas y controlarlas, y la del resto, que considera más lógico llegar a una especie de cohabitación con el poder financiero —excluyendo a los banqueros franquistas— y controlar el país no a través de la economía real sino mediante los créditos y el capital.

Al final triunfa la segunda tesis y, según cuenta el periodista

[11] Periódicamente los inspectores de Hacienda, que no tienen por qué conocer los pactos entre Gobierno y banqueros, han entrado a saco en el mercado de las «primas únicas» y las «cesiones de crédito», creando grandes problemas ante los tribunales a La Caixa y al Banco de Santander.

[12] Véase el libro de Ramón Carande, premio Príncipe de Asturias, *Carlos V y sus banqueros*, Crítica, Madrid, 1990.

[13] Los datos proceden de la memoria anual publicada por la Bolsa de Madrid.

José Eulogio López [14], durante los primeros años de Gobierno socialista se crea el llamado «comité Lluch», presidido por el ex ministro de Sanidad Ernest Lluch y supervisado por Miguel Boyer y Luis Angel Rojo. Este comité de expertos en asuntos bancarios, que se reúne inicialmente en la sede del PSOE de la calle Santa Engracia y más tarde en Ferraz, tiene como misión preparar un relevo generacional en la banca para ponerla al servicio del partido. A partir de entonces, las fusiones bancarias son utilizadas como el arma más apropiada para aniquilar a los banqueros del franquismo y sustituirlos por los «tiburones» de la *beautiful people.* Una casta de banqueros y ejecutivos como Francisco Luzón, José María Amusátegui, Claudio Boada, Alfredo Sáenz, Rafael del Pino, Felipe Benjumea, Julio Rodríguez, Miguel Muñiz, Manuel de la Concha, Miguel Boyer, Francisco Fernández Ordóñez, José María López de Letona, Jaime Terceiro, Braulio Medel o Josep Vilarasau está a punto de sustituir a los viejos y tradicionales patriarcas del sistema financiero español.

La llegada del socialismo, en este terreno, va a significar casi tanto como una revolución. Es la muerte de una oligarquía financiera (los Garnica, los Escámez, los Usera [15]) y su sustitución por otra en menos de una década.

* * *

A primeros de noviembre de 1987, Manuel de la Concha recibió una indicación del presidente del Banco de Bilbao, José Angel Sánchez Asiaín:

—Compra todas las acciones que puedas de Banesto.

Ex síndico de la Bolsa de Madrid y entonces presidente de la sociedad de bolsa Investcorp, De la Concha tenía la mejor mesa de contratación de valores internacionales de España. Tres brillantes ejecutivos, Enrique Pérez-Pla, Alvaro Yanza y Mónica Morales, trabajaban para él.

De la Concha, uno de los hombres mejor informados del país, movilizó todos sus efectivos tanto dentro como fuera de España. En una semana, entre compras directas y rastreos, controlaba un paquete de más de diez millones de acciones.

Semanas antes, José Angel Sánchez Asiaín había decidido lan-

[14] Véase *Los califas del dinero*, Editorial Tibidabo, Barcelona, junio de 1989.

[15] Pablo Garnica, presidente de Banesto; Alfonso Escámez, presidente del Central, y Luis Usera, presidente del Hispano Americano.

zar una oferta pública de acciones (OPA) sobre Banesto, una entidad que para el PSOE representaba el último reducto de la oligarquía financiera española y cuyos consejeros habían financiado la intentona golpista del 23-F.

La decisión había sido ampliamente madurada por el presidente del Bilbao, uno de los primeros banqueros que comenzaron a frecuentar La Bodeguiya. Contaba con el apoyo del presidente del Gobierno, Felipe González; del ministro de Economía y Hacienda, Carlos Solchaga, y del gobernador del Banco de España, Mariano Rubio Jiménez.

El asalto a la fortaleza de Banesto estaba perfectamente planificado. En los últimos años, el banco había tenido que hacer frente a tres graves problemas: la compra del Banco Coca en 1977, que costó disgustos y pérdidas por más de 15.000 millones de pesetas; la operación del Banco Madrid (en una penosa situación por la destitución de Claudio Boada), que obligó al Banco de España a conceder a Banesto un crédito de 15.000 millones y a absorber activos dudosos por un importe de 16.000 millones a través del Fondo de Garantía de Depósitos, y el agujero de la Banca Garriga Nogués, que suponía unas pérdidas para el banco de casi 100.000 millones [16].

La conjunción de estos quebrantos en un corto espacio de tiempo convertía a Banesto en el blanco perfecto para una OPA. A esta situación se unían además las rencillas internas entre los consejeros, que hacían al banco ingobernable pese a la férrea disciplina impuesta por Pablo Garnica como presidente, un hombre que obligada a sus directores generales a despachar de pie y al que había que pedir permiso hasta para contratar a un botones.

El PSOE no le perdonaba otras cosas. Su catolicismo, casi cercano a la beatería, su negativa a financiar a los partidos de izquierda y su falta de tacto con los sindicatos. El gobernador del Banco de España, sin perder de vista el objetivo final del control político de la institución, había comenzado por dinamizar las arcaicas estructuras del banco. Había recomendado a José María López de Letona, ex ministro de Franco y ex gobernador del instituto emisor, para que pacificara a las familias [17] de Banesto y pusiera orden en la casa.

Pero López de Letona, nombrado consejero delegado de la

[16] Fernando González Urbaneja, *Banca y Poder*, Editorial Espasa Calpe, Madrid, 1993.

[17] Desde 1916 cuatro familias, los Garnica, los Argüelles, los Gómez Acebo y los Martínez Campos, se repartían el poder en el que durante muchos años fue el primer banco español.

institución, había fracasado en su intento de hacerse con el control de Banesto. Muchos de los consejeros le puenteaban y Pablo Garnica se resistía a abandonar la presidencia. En esta situación, el Gobierno no sólo vio con buenos ojos la operación del Bilbao, sino que la apadrinó con todas sus energías.

—A dónde vamos a ir con un banquero que recibe a sus más altos ejecutivos de pie —se burlaban los gerifaltes de Economía y Hacienda.

José Angel Sánchez Asiaín, que está al tanto de los problemas de su competidor, se reúne a almorzar el 29 de septiembre con Felipe González y le cuenta su proyecto de presentar una OPA contra Banesto. El presidente del Gobierno da el visto bueno, pero le encarga que estudie detenidamente todos los detalles con el ministro de Hacienda, Carlos Solchaga.

Felipe González, partidario de las fusiones bancarias, desea que éstas se conviertan en la palanca de cambio para jubilar a la gerontocracia bancaria del franquismo y colocar al frente de las entidades financieras a los banqueros amigos del PSOE. Los presidentes del Gobierno y del Bilbao vuelven a encontrarse por segunda vez en La Moncloa el 11 de octubre, con motivo de una cena de despedida al primer ministro portugués, Aníbal Cavaco Silva, de viaje oficial por España.

En este segundo encuentro González le da el plácet para lanzar la OPA y, tras una compra masiva de acciones en los mercados bursátiles, el 19 de noviembre Sánchez Asiaín pide a la Junta Sindical de la Bolsa de Madrid la suspensión de las cotizaciones de Banesto y Bilbao «de cara a la realización de un proyecto de integración de ambas entidades» [18].

La noticia abre el Telediario de las 9 de la noche de la Primera cadena, que dedica casi diez minutos al asunto. Al día siguiente, los ministros de Hacienda y Portavoz del Gobierno, Carlos Solchaga y Javier Solana, declaran que «el Gobierno ve con buenos ojos el proceso de fusión de los bancos». Para el presidente de Banesto es la confirmación definitiva de que el PSOE y el Gobierno están detrás de la operación.

El consejo de administración del Banco Español de Crédito se moviliza esa misma noche para hacer frente a la OPA. Pablo Garnica reúne a los consejeros y les dice:

---

[18] Así lo explicaba el gabinete de prensa del Banco de Bilbao en una nota oficial hecha pública a las 8.15 de la tarde.

—Esto es una agresión como una catedral.

Acto seguido, los consejeros se movilizan para localizar los principales paquetes de acciones y ponerlos bajo control. Los ejecutivos de la entidad hablan con Javier de la Rosa y con Giancarlo Parretti que controlan en conjunto un 14,3 por ciento de los títulos [19]. Por medio de Petromed, La Unión y el Fénix y algunas sociedades de cartera, los consejeros disponían de otro 25 o 30 por ciento de las acciones.

Los consejeros de Banesto reaccionan, al mismo tiempo, nombrando a Mario Conde presidente de la entidad. Este abogado del Estado y su socio Juan Abelló poseían, cada uno de ellos, un paquete de 2.096.537 acciones, lo que representaba el 2,1 por ciento del capital. Por ese motivo, Conde y Abelló, los empresarios que se habían hecho ricos con la venta de Antibióticos al grupo italiano Montedison [20], fueron nombrados consejeros de Banesto, ocupando sus cargos desde el 28 de octubre.

La intervención de la pareja formada por Conde y Abelló, que se habían manifestado como un avezado par de «tiburones» financieros en los meses anteriores, tiene un efecto galvanizador en el consejo de Banesto, agrupado como una piña en torno a ambos.

José Angel Sánchez Asiaín, un economista de sesenta y dos años al que le faltaban tres para jubilarse, ya no tenía frente a sí a un grupo de ancianos acobardados que veían esfumarse en unos instantes el poder acumulado durante años. Así y todo, el presidente del Bilbao presentó la OPA en la Bolsa de Madrid, pero el síndico Enrique de Benito decidió no aceptarla al no estar en regla la operación.

La maniobra del Gobierno para colocar Banesto bajo su órbita había fracasado. Sin embargo, una segunda acción de abordaje sobre el Banco Central continuaba en marcha.

* * *

Durante el año 1987 el Gobierno envió varios mensajes al presidente del Banco Central para que se fusionara con otro banco

---

[19] Parretti, un financiero italiano relacionado con Fioro Fiorini y a fondos de inversiones opacos aparentemente vinculados al Banco Ambrosiano, a la Logia P-2 y al Gobierno de Libia, intentó por esa época adquirir Banesto con dinero del coronel Muammar el Gaddafi, según revelaciones de Fiorini (encarcelado en Suiza) a las autoridades italianas que investigan la corrupción en aquel país dentro de la operación «Manos Limpias».

[20] Para más detalles sobre esta operación consultar el capítulo diez.

más dinámico e intentara solucionar los problemas de su institución.

Con un exceso de autocartera y una gestión poco profesionalizada, el banco de Alfonso Escámez precisaba, según los responsables económicos de La Moncloa, la entrada de un equipo nuevo que introdujera savia joven en la anquilosada institución. En realidad, estos argumentos profesionales ocultaban el deseo del Gobierno de poner bajo su control al segundo banco del país.

Roberto Dorado, director del Gabinete de Presidencia del Gobierno, se lo había dicho a Escámez personalmente en una comida:

—Tienes mi palabra de que el Gobierno y el Banco de España te dejarán tranquilo si te fusionas a corto plazo —vinculado al sector guerrista de La Moncloa, Dorado sabía medir con exactitud sus expresiones—. Nosotros no ponemos ninguna objeción para que continúes de presidente uno o dos años más. Luego, debes retirarte.

El presidente del Central sabía que le había llegado su hora y que iban a por él. Supo mantener los nervios templados y contestó lacónicamente.

—Mensaje recibido.

Aislado del poder, con el que no mantenía ningún tipo de relaciones, Alfonso Escámez reaccionó, y el 28 de diciembre nombró consejero del Central a Fernando Abril Martorell. Este ingeniero agrónomo venido a la política (había sido vicepresidente económico del Gobierno con Adolfo Suárez) mantenía unas excelentes relaciones con Alfonso Guerra, y el presidente del Central pensaba que con el nombramiento tendía un primer «puente» con el Gobierno.

La medida era demasiado tardía. El 7 de enero de 1988 Construcciones y Contratas, la empresa de Alberto Alcocer, Alberto Cortina y sus mujeres, Alicia y Esther Koplowitz, y Kuwait Investment Office (KIO) constituyen formalmente la sociedad Cartera Central.

El objeto social de la compañía es la gestión y administración de un paquete del 12,25 por ciento de acciones del Banco Central. Los títulos habían sido comprados a partir de octubre de 1986 por la sociedad de cartera suiza GSM Securities Management, una de las filiales de KIO en el país helvético.

El descubrimiento de un paquete tan significativo de acciones en manos de una potencia extranjera[21] provocó entonces una gran irritación en el ministro de Economía y Hacienda.

---

[21] KIO dependía directamente del Gobierno de Kuwait.

La banca estaba considerada en aquellas fechas un «sector estratégico» por el Gobierno socialista. Carlos Solchaga, que conocía una operación de *tiburoneo* similar de KIO contra el banco de su amigo Pedro Toledo[22], reaccionó violentamente. Llamó a su despacho a Javier de la Rosa, el hombre de KIO en España, y le obligó a deshacerse de su participación en el Central y a no volver a comprar nunca más acciones de la banca sin autorización expresa del Gobierno.

El valor de mercado de los títulos oscilaba entre los 40.000 y los 45.000 millones de pesetas, una cifra muy difícil de reemplazar a corto plazo. Como no encontraba comprador, De la Rosa acudió un día a Ibermer, la empresa de Enrique Sarasola, situada en el edificio Pirámide de Madrid.

Allí, en la intimidad del despacho, Javier de la Rosa y Enrique Sarasola fraguaron un plan para poner el Banco Central bajo la órbita del Gobierno. Sarasola tenía dos amigos que podían prestarse a secundar la operación. Se trataba de los constructores Alberto Alcocer y Alberto Cortina, dos personajes en la cresta de la ola por su brillante gestión al frente de la empresa Conycon. El empresario guipuzcoano se los había presentado un día a su amigo Felipe González de una forma especialmente significativa.

—Acuérdate de estos chicos. ¡Van a llegar muy lejos!

Alcocer y Cortina constituían el nuevo modelo de empresarios ágiles, agresivos, desafiantes y siempre dispuestos a moverse al borde de la ley, un prototipo que el Partido Socialista había puesto de moda tras su llegada al poder en 1982. Los dueños de Construcciones y Contratas, sin embargo, tenían un problema para adquirir las acciones de KIO: liquidez.

Enrique Sarasola y su socio en Ibermer, Alvaro Alvarez Alonso, ofrecen una solución. La permuta de unos solares que Conycon posee en la plaza de Castilla de Madrid a cambio del 51 por ciento de las acciones.

El solar ha sido recalificado ilegalmente. Para revalorizarlo se ha incrementado su volumetría en un 30 por ciento, vulnerando el Plan General de Ordenación Urbana[23]. Además, en diversos

[22] Kuwait Investment Office logró hacerse con el 4 por ciento del Banco de Vizcaya poco antes de su fusión con el Bilbao.

[23] Según declaraciones del concejal de Izquierda Unida en el Ayuntamiento de Madrid Francisco Herrera a los autores del libro.

juzgados de Madrid existen algunos litigios pendientes acerca de la titularidad de algunas de las parcelas.

Ambos problemas son insignificantes para los «Albertos» y los gestores de KIO en España. Incluso una querella de Izquierda Unida ante el Tribunal de lo Contencioso pidiendo que se declare nulo un pleno del Ayuntamiento de Madrid en el que se recalificaron los solares carecía de importancia para ellos. «Si el Tribunal Supremo falla en contra del Ayuntamiento, existe el compromiso de la corporación de modificar el Plan General de Ordenación Urbana», se dice en un informe interno de Caja de Madrid.

En la España socialista de la especulación y el *tiburoneo* cualquier método es válido con tal de hacerse con el control de un banco. El 23 de noviembre de 1987, mientras se dilucida la OPA del Bilbao contra Banesto, Alberto Alcocer y Alberto Cortina viajan a Londres. En el número 150 de Chapside Street, la sede central de KIO en Europa, se entrevistan con Fouad Jaffar, vicepresidente ejecutivo de KIO y uno de los hombres de confianza del emir de Kuwait en el Viejo Continente. Allí llegan al acuerdo de crear Cartera Central[24], una sociedad instrumental destinada a la tenencia del 12,25 por ciento de las acciones de KIO en España. El grupo kuwaití decide vender a los «Albertos» el 51 por ciento de la sociedad a cambio de los solares de plaza de Castilla y sindica el resto de los títulos con los propietarios de Conycon durante un plazo de cinco años. Transcurrido ese periodo, los constructores se comprometen a adquirir el resto de las acciones.

Antes de salir hacia Londres, los «Albertos» se han entrevistado en La Moncloa con el presidente del Gobierno. Felipe González no sólo da luz verde al proyecto, sino que, como en la OPA del Bilbao, imparte instrucciones al ministro de Economía y Hacienda para que lo apoye.

El objetivo último del plan no sólo es crear el primer banco socialista, sino poner a su frente al ex ministro de Economía, Hacienda y Comercio del primer Gobierno del PSOE, Miguel Boyer Salvador, un hombre que después de dejar la Administración en 1985 se ha pasado un tiempo atrincherado en el Banco Exterior de España.

La batalla para echar a Alfonso Escámez del Banco Central se presenta muy dura. Tras el fracaso de la OPA del Bilbao contra Banesto, las maniobras defensivas que puede poner en práctica el

[24] La empresa se registra en enero de 1988, tal y como se dijo al principio.

viejo banquero de Aguilas (Murcia) son inimaginables. De ahí que los «Albertos» hayan decidido tomar todas las precauciones posibles antes de abrir las hostilidades.

Antes de lanzarse al abordaje del Central deben acudir a los mercados bursátiles y comprar el mayor número de títulos posibles. Como los propietarios de uno de los imperios de solares y ladrillos más importantes de España continúan con sus crónicos problemas de liquidez, acuden a la ONCE, la empresa del cupón, del «vellocino de oro», bajo el control directo del Ejecutivo.

La que sería ministra de Asuntos Sociales, Matilde Fernández, siguiendo instrucciones del Gobierno se encarga de allanarles el camino. En diciembre de 1987 Romualdo García Ambrosio, consejero delegado de Conycon, se entrevista con Miguel Durán. El director general de la ONCE compra algunas participaciones mínimas en Focsa, Portland Valderribas y el Banco Zaragozano, tres empresas de «segunda división» dentro del conglomerado empresarial de los «Albertos». Así, los «primos», sin comprometer la gestión de Conycon, la cabecera del *holding*, le sacan a los ciegos 3.911 millones de pesetas para invertirlos, llegado el momento, en la compra de acciones del Central.

El hombre de confianza de los «Albertos», García Ambrosio, logra algo más. A cambio de sentar a un ciego en el consejo de administración del Central consigue que Miguel Durán adquiera, a través de Salomon Brothers, un paquete del 0,85 por ciento de las acciones del Central en el mercado bursátil de Londres. La ONCE paga 4.383 millones de pesetas.

De esta manera, una organización de tipo benéfico, que tiene a casi quince mil ciegos repartidos por las esquinas vendiendo cupones, instrumentalizada por el Gobierno se mete en una guerra bancaria que ni le va ni le viene e invierte en ella cerca de 8.300 millones de pesetas. Un servicio que a su director general le iba a servir de muy poco. Cuando el presidente del Gobierno decidió en 1993 socavar los apoyos financieros del «guerrismo», Miguel Durán fue expulsado a las tinieblas por sus compañeros de institución tras una entrevista con Felipe González.

* * *

La reacción de Alfonso Escámez era la esperada por los «Albertos». Cuando éstos acuden a visitarle a su casa de La Moraleja, el banquero, que ha llegado a la presidencia del Central desde el puesto de botones, escalando peldaño a peldaño, no está dispuesto a rendir sus armas ante los primeros enemigos que traten de asaltar su fortaleza.

—Venimos en son de paz. Tenemos un paquete de acciones del Central, pero por ahora sólo nos interesa cobrar nuestros dividendos —le explica Alberto Alcocer.

—¿No tenéis ningún otro objetivo?

—No. Si lo que te preocupa es si vamos a tomar posiciones en el consejo de administración, podemos garantizarte que no vamos a ejercer ese derecho.

Aunque en la primera entrevista los «primos» procuran no alarmarle ni alertarle sobre sus planes respecto a Miguel Boyer, a Alfonso Escámez no es fácil engañarle. El Banco Central es la obra de su vida y a sus setenta largos años es difícil desbancarle.

Al día siguiente, Escámez reúne a todos los directivos de su banco y prepara la contraofensiva. Como necesita tener bajo su control el mayor porcentaje de acciones recurre a artificios financieros y maniobras defensivas para hacerse con el mayor número de títulos del banco. Concede préstamos a sus consejeros para que compren empresas y, poco después, éstos se las venden al banco por el doble o el triple de su valor. Los beneficios obtenidos de esta manera se destinan a la compra de paquetes de acciones del Central.

El descubrimiento de esta y otras maniobras provoca el inicio de hostilidades entre los «Albertos» y Escámez. Los propietarios de Construcciones y Contratas destapan sus cartas y nombran presidente de Cartera Central a Miguel Boyer. Es el primer paso para preparar la toma definitiva del banco.

Acosado y sin posibilidades de defensa, Alfonso Escámez se echa en manos de Mario Conde. Monta una operación ficticia de fusión con el presidente de Banesto y el 12,25 por ciento de las acciones de los «Albertos» queda reducido a poco más de un 6 por ciento. Las posibilidades de adquirir el segundo banco del país por el precio de un solar empiezan a esfumarse.

Cuando el 16 de mayo Alberto Alcocer y Alberto Cortina se enteran de la «fusión» del Central y Banesto saben que tienen la batalla perdida. Pero, en esos momentos, en el edificio Bronce de Azca, donde se encuentran reunidos, suena el teléfono. Felipe González, que acaba de regresar de un viaje por el extranjero, llama a Enrique Sarasola, que se encuentra con los «primos».

—No tiréis la toalla ahora —le dice—. Esperad al menos a hablar con Carlos Solchaga.

El encuentro con el ministro de Economía y Hacienda no resuelve nada. Las soluciones milagrosas no existen. Sin embargo, desde el poder se moviliza de nuevo a la ONCE para que hable con Javier de la Rosa y adquiera las acciones de KIO en Banesto y en Cartera Central.

Pero el ex presidente de la Garriga Nogués sabe que un enfrentamiento con Mario Conde, en aquellos momentos, supone una querella automática ante los juzgados por el «asunto Tierras de Almería» y otros varios escándalos durante su gestión al frente de la filial de Banesto en Cataluña.

El hombre de KIO en España se pone de parte de Alfonso Escámez y Mario Conde. Sin embargo, vende caro su apoyo. Mediante una carta personal, el banquero de Tuy le exime de responsabilidades en la Garriga Nogués y se compromete a no presentar ninguna querella ante los tribunales [25].

El fuego cruzado entre ambos bandos se traslada inmediatamente al mundo del papel cuché. Las mujeres de los «Albertos», Alicia y Esther Koplowitz, se divorcian de sus maridos y la mayor operación de *tiburoneo* a la banca española naufraga poco después.

El Gobierno ha perdido la primera batalla, pero no está dispuesto a perder la guerra.

* * *

Tras la absorción de Banca Catalana por el Banco de Vizcaya, Felipe González recibe un día a Pedro Toledo para hablar del futuro de la banca en la Europa comunitaria.

—A ver cuándo os fusionáis —le dice en el encuentro.

El presidente del Vizcaya, uno de los hombres con mayor habilidad para detectar de dónde soplan los vientos, se queda con la copla. En 1987 encarga un estudio a Jack Revell, profesor del Instituto Europeo de Finanzas de Bangor (Gales) [26].

El trabajo, de 291 páginas, analiza la situación bancaria española y sugiere la integración de cuatro de los bancos más dinámi-

---

[25] La carta fue publicada por el diario económico *Cinco Días*, del Grupo Prisa, filtrada por el propio Conde. Javier de la Rosa atribuyó la maniobra a los «Albertos». Su equipo montó entonces una operación para acabar con los constructores, y la revista *Diez Minutos* publicó el *affaire* de Alberto Cortina con Marta Chávarri.

[26] Jack Revell, *Mergers and the role of large banks in Spain*, University College of North Wales, Bangor. Las conclusiones de este estudio fueron publicadas por el diario *Cinco Días* el 7 de enero de 1988.

cos del país (Santander, Bilbao, Vizcaya y Popular) con los tres mastodontes (Banesto, Central e Hispano).

Al Banco de Vizcaya se le sugiere una posible «boda» con el Central. Algo teóricamente perfecto sobre el papel, pero inviable en la práctica. Cuando, en el verano de 1987, Pedro Toledo visita a Alfonso Escámez en su pueblo natal de Aguilas, el presidente del Central escucha su oferta y muy educadamente le manda a paseo. Toledo y Escámez no se soportaban, y el *Informe Revell*, técnicamente impecable, había olvidado algo elemental: la condición humana.

Compuesto y sin novia, al presidente del Vizcaya no le queda otra opción que buscar otra pareja con la que iniciar un nuevo *flirt*. Pedro Toledo recibe entonces la sugerencia del Gobierno de lanzar una OPA contra el Bilbao.

—Sánchez Asiaín ha salido tocado de la pelea con Banesto. ¿Qué mejor ocasión para unificar los dos grandes bancos vascos? —le sugieren en el Ministerio de Economía y Hacienda.

Pedro Toledo le da vueltas en la cabeza al asunto durante varios días. En realidad, el Bilbao es el mejor socio posible para la entidad que preside. Ambos bancos están saneados y ganan dinero. Son vascos y sus cuadros directivos se han formado en la Universidad de Deusto, lo que quiere decir que participan de una misma mentalidad empresarial y, en líneas generales, persiguen los mismos objetivos.

Toledo rumia en secreto la operación y, aunque encarga discretamente algunos informes[27], la noticia se filtra al presidente del Bilbao. El 30 de diciembre de 1987 José Angel Sánchez Asiaín llama a su colega del Vizcaya para desearle un feliz año nuevo. Durante la conversación el presidente del Bilbao le invita a comer en los próximos días.

—Para hablar a solas tú y yo, si te parece —le dice.

La cita se produce un día después de Reyes, el 7 de enero de 1988. Los dos banqueros se reúnen en la planta 26 del edificio del Banco de Bilbao, en la madrileña zona de Azca. Allí, durante la comida, Sánchez Asiaín, que un año antes ha perdido su batalla por hacerse con el control de Banesto, plantea la posibilidad de

[27] Pedro Toledo estaba tan convencido de la fusión que el 20 de diciembre de 1987, dieciocho días antes de entrevistarse con Sánchez Asiaín, pidió autorización al consejo de administración del Vizcaya para iniciar conversaciones con sus rivales del Bilbao.

una unión de las dos entidades vascas. Su compañero de mantel se muestra inmediatamente de acuerdo.

Los dos presidentes habían acudido a la reunión con algún documento en el bolsillo y allí mismo se pusieron a hacer números. A los postres habían garabateado varias hojas y la fusión ya estaba hecha en unos cuantos folios escritos a mano.

—Fue como un flechazo —declaraba días después a la prensa Pedro Toledo.

—Sí, sí. Algo espontáneo e imprevisto —remachaba Sánchez Asiaín.

En realidad, el Gobierno, a través de José Recio y de Julio Feo, hombres de confianza de los presidentes del Vizcaya y del Bilbao, respectivamente, estaba al tanto de la situación y había hecho de Celestina para facilitar el acuerdo.

Pocos días después, el ministro de Economía y Hacienda recibe a los dos copresidentes del Banco Bilbao Vizcaya y de buena gana les concede las máximas exenciones fiscales previstas por la ley para que ambas entidades puedan revalorizar sus activos. El Gobierno acepta además que la Seguridad Social cargue con las jubilaciones anticipadas para que el BBV pueda redimensionar su plantilla[28] por el cierre de oficinas y la supresión de servicios duplicados.

Con ello, el BBV se convierte en la primera institución financiera del país, con veintisiete bancos filiales en España y en el extranjero, numerosas sociedades de *leasing* y de cartera y trescientas empresas bajo su control.

Pero el liderazgo en la banca le iba a durar poco tiempo.

* * *

En el puente de mayo de 1991, el teléfono directo de José María Amusátegui de la Cierva, situado en la planta tercera del Banco Hispano Americano, en la plaza de Canalejas de Madrid, sonó insistentemente.

Al otro lado de la línea, Rodrigo Echenique, consejero delega-

[28] Según Justo Fernández, las fusiones bancarias han provocado el retiro anticipado de 35.000 empleados del sector cuyos salarios son pagados por la Seguridad Social. Muchos de los jubilados se retiran a los cincuenta y dos o cincuenta y tres años con sueldos superiores a los que ganaban en sus respectivos bancos, puesto que se les anticipa uno o dos convenios colectivos para incentivarles. De esta manera, la Seguridad Social tiene que absorber con doce y trece años de anticipación una carga que no le corresponde.

do del Banco de Santander, ese acorazado de las finanzas españolas que preside Emilio Botín-Sanz de Sautuola, hijo y nieto de banqueros, trataba de conseguir una entrevista a toda costa con el presidente del Hispano.

José María Amusátegui había decidido no ponerse al teléfono, pero las llamadas de Echenique, hombre de confianza de Emilio Botín, se repitieron a lo largo de la semana.

—Dígale al señor Amusátegui que es muy importante que nos veamos —insistía Echenique sin querer adelantar el motivo de tan repentino y súbito interés por el encuentro.

En el cuartel general del Banco Hispano, José María Amusátegui, un gaditano de cincuenta y siete años, nacido en San Roque y desde el 1 de enero de 1991 presidente de la entidad financiera, estaba seguro de que el repentino interés de Botín por contactar con él no podía deberse a otra cosa que a anunciarle el inminente asalto del Banco de Santander sobre las trincheras del Hispano.

«Estos tíos tienen la OPA preparada y sólo quieren comunicármelo por una simple cuestión de cortesía», pensaba Amusátegui [29].

El Banco de Santander tenía en aquellos momentos 300.000 millones de pesetas en liquidez, obtenidos mediante las «supercuentas». Desde junio de 1990, Emilio Botín-Sanz de Sautuola contaba con el plácet del ministro de Hacienda, Carlos Solchaga, para absorber a otro banco, y desde entonces varios equipos de ejecutivos venían estudiando los balances de los posibles candidatos.

Además, había otros datos alarmantes. En el pasado mes de marzo, el financiero catalán Javier de la Rosa se había acercado sigilosamente al Hispano. De la Rosa, hombre de KIO en España, realizaba tradicionalmente sus negocios con el Santander. Sin embargo, cinco semanas antes de que Echenique mostrara un especial interés en almorzar con el presidente del banco de la plaza de Canalejas, el hombre de KIO en España había adquirido el 3 por ciento de la autocartera del Banco Hispano, a cambio de que José María Amusátegui avalara una OPA contra el Consorcio Nacional del Leasing.

«¿Es Javier de la Rosa un testaferro de Emilio Botín?», se preguntaban en el Hispano, mientras tanteaban a los principales *brokers* de los fondos de inversiones europeos para detectar posi-

[29] Los autores del libro se entrevistaron con el presidente del Banco Hispano Americano el 26 de noviembre de 1993.

bles «aparcamientos»[30] de acciones en sociedades de bolsa o fondos de inversión extranjeros.

Los ejecutivos de la plaza de Canalejas sospechaban que por su tamaño, dinamismo y capacidad para generar recursos el Hispano entraba entre los posibles bancos a absorber por el Banco de Santander. En junio de 1990 Emilio Botín se lo había insinuado incluso al anterior presidente de la entidad, Claudio Boada.

—¿Por qué no nos fusionamos? —preguntó entonces el presidente del Santander.

—Cuando tú quieras —replicó Boada—. Pero tiene que ser a la par.

—Tú estás loco, Claudio. ¿Cómo me voy a fusionar yo a la par contigo si el Santander vale tres veces más?

—Eso es lo que tú te crees, y no seré yo quien te convenza de lo contrario. Pero si no es a la par tendrás que *oparnos* —concluyó Boada.

Ahí quedó la conversación. Pero el Santander no dejó de estudiar con lupa desde entonces al banco de la *beautiful people*. De la misma manera, Amusátegui, que pensaba que las fusiones bancarias eran inevitables, nada más llegar a la presidencia del Hispano cinco meses antes había ordenado que se hicieran estudios sobre las posibilidades de fusión con otras entidades.

El presidente del Hispano había hablado largamente de este asunto con su íntimo amigo Miguel Boyer, en el verano de 1990. En aquella ocasión ambos hicieron un viaje en barco desde Puerto Banús, y el ministro de Economía y Hacienda se había mostrado preocupado de que el Hispano —que se había saneado en la etapa de Claudio Boada con la ayuda del gobernador del Banco de España, Mariano Rubio, y del Gobierno— fuera engullido por una entidad bancaria alejada de la órbita del PSOE, la *beautiful people* y La Moncloa.

[30] Un «aparcamiento» de acciones es la compra de un paquete de títulos por parte de una sociedad de bolsa o un fondo de inversiones en nombre de una segunda entidad que no quiere aparecer como su auténtico propietario. Para ello la entidad compradora da un documento a la operadora en el mercado de valores para que le adquiera determinado paquete de títulos, garantizándole un porcentaje por la operación. Los títulos quedan depositados o «aparcados» en la sociedad de bolsa o fondo de inversiones hasta que su legítimo dueño decida aflorarlos como propios. En el caso de que en ese periodo de tiempo los precios de las acciones se devalúen, el comprador se compromete a pagar al «aparcador» el precio de mercado de la fecha de la compra.

De la misma opinión eran Carlos Solchaga, el ministro de Economía y Hacienda, y otros personajes, como Rafael del Pino o Felipe Benjumea, miembros del selecto club de banqueros y empresarios cercanos al Gobierno.

Pero en el «puente» de mayo de 1990 Amusátegui tenía otra preocupación. Una semana antes, casi por sorpresa, la banca pública se había estructurado en un *holding* dando lugar al mayor consorcio bancario del país: la Corporación Bancaria de España. Al frente de esta nueva entidad Carlos Solchaga había colocado a su amigo Francisco Luzón. El banquero de Cádiz, miembro del citado club de banqueros y financieros cercanos al PSOE, sabía que las intenciones de Luzón, una vez conseguida la unificación de la banca pública, era absorber el Hispano, para incorporar al proyecto la capacidad de gestión y el equipo humano de su banco.

Al presidente del Hispano no le gustaban ninguna de las dos posibilidades. Después de pasarse varios años luchando, como segundo de Claudio Boada, para salvar la entidad y convertirla en el segundo banco del país en rentabilidad de acuerdo con los activos totales medios, no quería acabar en las garras de la familia Botín. Tampoco estaba dispuesto a finalizar su carrera profesional como un «asalariado de lujo» del Estado, bajo las órdenes de Francisco Luzón, un licenciado en Económicas unos cuantos años más joven que él, nacido en un pueblecito de Cuenca e hijo de emigrantes al País Vasco, que estudió su carrera con una beca mientras su padre trabajaba en la Naval.

Así que aquella mañana, en la soledad de su despacho, se dio cuenta de que había llegado la hora de la verdad: o jugaba fuerte o sus adversarios acabarían engulléndole. Amusátegui, un hombre cerebral, calculador, cuya mayor excentricidad en su vida fue separarse de su mujer Mari Luz para casarse con su secretaria de toda la vida, Amalia León Blanco, decidió dar el paso definitivo [31].

Llamó por teléfono a Santiago Foncillas, presidente del Hispano Hipotecario y consejero de Camprofrío, una de las empresas del Banco Central, y le dijo:

—¿Puedes hablar con Escámez?

---

[31] Amusátegui es un hombre aparentemente extrovertido y dicharachero, como buen andaluz. Sus asesores, sin embargo, afirman que tras esa apariencia externa se oculta un ejecutivo trabajador e incansable, que dedica tres semanas de sus vacaciones a perfeccionar el inglés y que pasa muchos fines de semana en el banco.

—Sí, por supuesto.

—Pues hazlo ahora mismo. Dile que tenemos que vernos enseguida.

Santiago Foncillas y el presidente del Central, Alfonso Escámez, tienen su residencia muy cerca el uno del otro, en La Moraleja. Con intereses y aficiones comunes (la banca y la práctica del frontón y el dominó), se habían conocido hacía muchos años y, desde entonces, muchos fines de semana los pasaban juntos practicando el deporte de la pelota para luego darse un chapuzón en la piscina cubierta de Escámez. Por consiguiente, Foncillas, consejero a su vez del Hispano, era la persona adecuada para tantear al hábil y escurridizo banquero de Aguilas sobre la posibilidad de una fusión entre las dos entidades.

El jueves 9 de mayo, se citan para jugar una partida de dominó. El presidente del Hispano Hipotecario aprovecha el momento para hacer el primer intento de aproximación. De setenta y cinco años de edad, casado y sin hijos, Alfonso Escámez, el último banquero en rendir sus armas al Gobierno, se muestra receptivo al diálogo.

El presidente del Central, que aquella misma semana había recibido la llamada de Solchaga, quien le indicó «con claridad pero sin imposiciones» la conveniencia y que el Gobierno vería con buenos ojos un «casamiento» de su banco con otro de los grandes, sólo pone dos objeciones.

—A mí —le dice— la fórmula de la fusión no me gusta. Prefiero que el Central absorba al Hispano. La segunda cuestión es que el canje de las acciones no puede hacerse a la par, ya que el precio de mercado de los dos bancos no es el mismo.

El viernes 10, Santiago Foncillas da cuenta a José María Amusátegui del resultado de su encuentro con Escámez. Ambos valoran la oferta del banquero de Aguilas y, aunque aparentemente no les sitúa en buen lugar, Amusátegui sabe que al presidente del Central le queda muy poco para retirarse y entonces él asumirá todos los poderes. Como buen corredor de fondo acepta el reto y se sube al carro de su oponente.

—¿Le has preguntado cuándo podemos iniciar las conversaciones? —pregunta.

—Mañana mismo. Estás invitado a su casa para el aperitivo.

Cuarenta y ocho horas después, el aperitivo acabó en «boda». El domingo 12 de mayo los dos bancos se fusionaban en el Central Hispanoamericano. Con 8,8 billones de pesetas de activos,

5,5 billones en depósitos y una inversión de 4,7 billones, el nuevo banco se convertía en la mayor entidad financiera del país, propietaria asimismo del mayor grupo industrial de España.

El acuerdo alcanzado otorgaba la presidencia del nuevo banco a Alfonso Escámez hasta el 1 de enero de 1993. De esta manera, el banquero de Aguilas coronaba su viejo sueño de convertir a su entidad en la primera institución financiera del país antes de jubilarse definitivamente[32].

Carlos Solchaga y el gobernador del Banco de España, que estaba de viaje en Basilea[33], fueron puestos inmediatamente al corriente del pacto. El ministro de Economía y Hacienda, que conocía las suspicacias de Escámez contra el Gobierno por sus interferencias en los procesos bancarios, tuvo que fingir aquel día una ignorancia que no es característica en él.

Transcurrido el tiempo, Amusátegui demostró ser un hombre de talento. Tras esperar su oportunidad, agazapado durante veinticinco años bajo la sombra de Claudio Boada, formando parte del círculo íntimo de Miguel Boyer, en 1993 alcanzaba la presidencia del banco de la *beautiful people*, la mayor entidad financiera del país y comenzaba a situar a sus hombres de confianza. El equipo de Alfonso Escámez, rendido y derrotado, se había entregado sin presentar la más mínima batalla[34].

Pero no conviene adelantar acontecimientos. Porque mientras se cocía la fusión del Central y el Hispano, el Gobierno preparaba en secreto el lanzamiento del primer gran banco público español.

* * *

El martes 30 de abril de 1991, horas antes de la celebración del Día del Trabajo, el ministro de Economía y Hacienda tiene tomada ya una decisión: poner en manos del Estado el mayor banco del país.

Para ello, un equipo coordinado por el secretario de Estado de Economía, Pedro Pérez, lleva cerca de once meses trabajando en secreto. La idea era fusionar en una sola entidad los bancos del Estado y ponerlos bajo una misma dirección.

---

[32] Escámez adelantó su jubilación en seis meses sobre la fecha tope prevista.

[33] Mariano Rubio había dejado el teléfono por si era necesario localizarle, lo que indica que el Gobierno estaba al corriente del asunto, hecho que aún niegan en el Hispano.

[34] Gran parte de los cuadros medios del Central pidieron la jubilación anticipada, y Luis Blázquez, el hombre de confianza de Escámez, fue apartado del círculo de poder.

Solchaga y Pedro Pérez, de acuerdo con el presidente del Banco Exterior de España, Francisco Luzón, habían solicitado cuatro estudios confidenciales al experto británico Jack Revell sobre el funcionamiento de la banca pública en Italia, Alemania, Gran Bretaña y Países Bajos.

En todos los casos, los documentos de Revell reconocen un mayor peso de la banca pública dentro del sistema financiero de los países estudiados y establecen que una mayor coordinación de las entidades de crédito oficial españolas bajo una política común generaría mayores sinergias.

Con estos informes en la mano, el ministro de Economía y Hacienda somete el proyecto al Consejo de Ministros y ese mismo día se aprueba la creación de la Corporación Bancaria de España, S. A. Para pilotar la operación, Carlos Solchaga elige a Francisco Luzón, uno de sus antiguos compañeros del clan del Banco de Vizcaya (donde se ocupaba de la red internacional), la inagotable reserva de ejecutivos legada por Pedro Toledo al PSOE.

La entidad comienza a funcionar con el nombre comercial de Argentaria. Agrupa al Banco Exterior de España, a la Caja Postal de Ahorros, al Banco Hipotecario de España, al Banco de Crédito Industrial y al Banco de Crédito Agrícola. Sólo el Instituto de Crédito Oficial (ICO) se queda al margen del macroproyecto para actuar como «agente financiero» del Gobierno.

El objetivo de Argentaria es convertirse en un gran banco comercial, utilizar las redes de oficinas del Exterior (especializado hasta hacía poco en operaciones de comercio con el exterior) y la Caja Postal y competir con la banca privada.

Así, el Gobierno, que ha colocado bajo sus tentáculos mediante la política de concentración a cuatro de los principales bancos del país (Bilbao, Vizcaya, Central e Hispano), ejerce ahora el control directo sobre un *megabanco* con el que Felipe González ni siquiera soñaba cuando en 1977 tuvo que desplazarse por los países latinoamericanos a pedir dinero para presentarse a las primeras elecciones generales.

Convertido en el primer banco de España, el 17 de Europa y el 57 del mundo por sus activos[35], con un volumen de negocios de 10 billones de pesetas y 6 millones de clientes, el «superbanco» de Solchaga y de Felipe González nacía, sin embargo, con algunas ventajas en relación con el resto de la banca privada. Los bancos

---

[35] *ABC*, 13 de mayo de 1991.

Exterior de España y el de Crédito Industrial al fusionarse y revalorizar sus activos no pagaron impuestos al Estado por ser bancos públicos y estar exentos de tributación.

Tampoco tuvieron que suscribir los 144.000 millones de pesetas en certificados de depósito que les correspondían sobre sus pasivos computables ni destinar a coeficiente de inversión el 6,20 por ciento del pasivo, como los bancos privados, lo que hubiera supuesto inmovilizar otros 60.000 millones de pesetas[36].

No iba a ser ni el primero ni el único «trato de favor» por parte de Carlos Solchaga hacia la «banca del régimen». En enero de 1993 el Gobierno autorizó a Argentaria el traspaso al ICO de 392.000 millones de pesetas en créditos morosos. De esta manera, mientras los españoles asumían a través de los Presupuestos Generales del Estado los impagados a la banca pública[37], Argentaria preparaba la privatización del 24,9 por ciento de sus acciones con el fin de drenar recursos del mercado bursátil y fortalecer su posición en el sector financiero.

La operación, apoyada por una masiva campaña publicitaria, permitió al *holding* de Francisco Luzón colocar en un mes 31.300.000 títulos, con lo que Argentaria ingresó unos 120.000 millones de pesetas en sus privilegiadas arcas.

* * *

En las Navidades de 1993 Mario Conde asiste a un almuerzo privado con el periodista Antonio Herrero, director del informativo *Primera Hora*, de la COPE.

La reunión se produce a propuesta del presidente de Banesto.

---

[36] Casimiro García-Abadillo en *El Mundo*, el 10 de mayo de 1991: «El superbanco nace con una ventaja de 218.000 millones sobre la banca privada.»

[37] No todos los riesgos de la banca pública habían sido hasta entonces con entidades del Estado, lo que podría explicar que los españoles asuman esas deudas. Según publicó *El Mundo*, durante la etapa de Miguel Boyer como presidente, el Banco Exterior de España concedió créditos de dudoso cobro por un importe de 25.000 millones de pesetas a través de su oficina en Suiza. Por otra parte, según un sumario que investigó el juez Angel Márquez, de Sevilla, el ex ministro de Economía y Hacienda concedió otro crédito sin avales a Técnicas Reunidas, la empresa de su amigo Juan Lladó, y otro por un importe de 12.000 millones a Javier de la Rosa. El Tribunal de Cuentas, asimismo, investiga la concesión de préstamos sin garantía hipotecaria a ministros y altos cargos socialistas por Caja Postal. Esta entidad sufrió, por último, un quebranto de más de 9.000 millones de pesetas al no poder ejecutar unos créditos concedidos a una empresa de unos amigos de Enrique Sarasola para la compra de solares a Prima Inmobiliaria y tener que quedarse con unos edificios que se habían tasado muy por encima del valor real.

Días antes, Herrero, basándose en la negativa de JP Morgan a acudir al tercer tramo de la ampliación de capital, en la baja capitalización del banco en el mercado de valores y en la rebaja de la calificación realizada por las agencias internacionales de calificación, había augurado un negro futuro para los accionistas de la entidad.

Durante la comida Mario Conde y Antonio Herrero hablan de la situación de la banca, de los medios de comunicación y del futuro del país. En un momento dado, el periodista le pregunta:

—¿Puede haber una intervención del Banco de España sobre Banesto?

—La situación de Banesto —responde Mario Conde— no permite una intervención del Gobierno. Primero, porque yo tengo el 5 por ciento de la entidad, soy el propietario del banco junto con JP Morgan, que posee un 10 por ciento. En España nunca se había dado una situación de un presidente que controle de forma directa un 15 por ciento de un banco.

El presidente de Banesto, haciendo gala de una confianza en sí mismo rayana en la temeridad, sigue desgranando sus argumentos:

—En segundo lugar, porque JP Morgan, es una de las más prestigiosas instituciones del mundo. Una intervención plantearía un problema de credibilidad y un daño irreparable para el reino de España. Y, tercero, porque tenemos una fuerte participación en distintos medios de comunicación. No creo que el Gobierno dé el paso de enfrentarse a los medios donde estamos presentes.

El banquero de Tuy, que se creía blindado hasta las orejas, se equivocaba de cabo a rabo. El 28 de diciembre, día de los Inocentes, tras una serie de ventas masivas de las acciones de Banesto en la Bolsa de Madrid, el gobernador del Banco de España ordena la intervención del banco. Y ni los medios de comunicación bajo control de Conde —a los que pretendía utilizar para proteger sus intereses y atacar a sus enemigos— ni la Banca Morgan movieron un dedo para defenderle.

Desde La Moncloa, Felipe González había advertido poco antes a Luis Angel Rojo:

—Haced lo que tengáis que hacer. Pero buscad una salida digna para Mario Conde.

Con un agujero de 605.000 millones de pesetas debido a una desastrosa gestión, el presidente de Banesto se había mantenido en la cúpula del banco comprando a sus adversarios, corrompiendo al Gobierno, cerrando medios de comunicación hostiles con el poder, aniquilando el prestigio de la profesión periodística, ofreciéndose al PSOE como una alternativa para acabar con la oposición y vendiendo las empresas de la institución.

Cuando no le quedaba apenas a quien seducir, a quien «comprar» ni a quien convencer, la *beautiful people*, que le odiaba, el Gobierno, que le temía, José María Aznar, que no le tragaba, y el guerrismo, al que no le servía, le dejaron caer, sin necesidad de que hubiera una conjura previa ni un plan para acabar con uno de los personajes más siniestros y peligrosos de la democracia.

Sin embargo, aniquilado Mario Conde —que probablemente se lo merecía desde hacía tiempo—, el Gobierno aprovechó la coyuntura para colocar el banco bajo su jurisdicción. Tras la intervención, el gobernador del Banco de España nombró presidente provisional de la entidad a Alfredo Sáenz Abad, un hombre del Vizcaya al que Pedro Toledo encomendó el reflotamiento de Banca Catalana en 1985 para fusionarla con la entidad vasca.

Aunque la gestión del Banesto intervenido fue encomendada colegiadamente a otros cuatro grandes bancos (Santander, Popular, Argentaria y Central Hispano), Alfredo Sáenz desembarcó inmediatamente con José Antonio Sáenz de Azcúnaga y Víctor Menéndez, dos hombres procedentes del BBV, y se hizo con el control de la institución.

El Gobierno arrebataba así Banesto a las familias tradicionales del banco (los Gómez Acebo, Garnica, Argüelles, Herrero, Aguirre) para, sin ningún tipo de indemnización, ponerlo en manos de Emilio Ybarra primero y de Argentaria, la banca pública, después, tras una subasta en la que el banco del Estado jugaba con ventaja: los fondos que aportaba para la compra no eran de sus accionistas, sino que los pagaban todos los españoles a través de los Presupuestos Generales del Estado.

Los planes del Ejecutivo para incrementar el poder de la Banca pública chocaban con los intereses del Partido Popular y de Convergència i Unió, contrarios a un mayor control estatal del sector financiero. Con su amigo el ex ministro de Economía y Hacienda Carlos Solchaga en sus horas más bajas a consecuencia del «caso Ibercorp», y el gobernador del Banco de España, Luis Angel Rojo, recomendándole prudencia desde las páginas de *ABC*, el presidente de Argentaria, Francisco Luzón, acudió a cumplir el trámite a la licitación pública para la adquisición del banco.

Su oferta resultó la más baja. Así, cuando el 25 de abril de 1994 se abrieron las plicas, Emilio Botín se alzó con el triunfo. El Fondo de Garantía de Depósitos vendía el 73 por ciento de Banesto al presidente del Banco de Santander por 314.000 millones de pesetas.

A pesar de todo, durante los doce años establecidos en el poder, los responsables del Gobierno socialista habían llevado a cabo su más secreta ambición: convertirse en el primer banquero del país, situación que ya ostentaba en los ayuntamientos y comunidades autónomas por medio de las Cajas de Ahorro, que representan una parte muy considerable del sistema financiero español y al que, por desconocimiento, no se le presta demasiada importancia.

* * *

En mayo de 1991 los principales dirigentes del «aparato» socialista se entrevistan con el presidente de la Confederación Española de Cajas de Ahorro (CECA).

—Braulio, las cajas tenéis que aportar 1,3 billones de pesetas para el plan de viviendas del Gobierno.

Poco antes, durante las elecciones municipales y autonómicas, los socialistas habían lanzado a los cuatro vientos un mensaje claramente electoralista: iban a crear 460.000 viviendas sociales.

Las megalomanías del PSOE se encontraron, de inmediato, con la oposición del sector liberal del Gobierno, encabezado por Carlos Solchaga, que no veía la forma de encontrar vías de financiación. Desde la sede de Ferraz, el núcleo guerrista del partido no se quería dar por vencido. Sugirió que la CECA pusiera el dinero. Para ello, el partido dominaba las cajas por medio de Braulio Medel, ex viceconsejero de Hacienda de la Junta de Andalucía y presidente de Unicaja y de la CECA.

La anécdota revela el control que el partido fundado por Pablo Iglesias ejerce sobre estas instituciones. Fundadas muchas de ellas hace siglos como entidades de tipo benéfico y asistencial, las Cajas de Ahorro, transformadas en los últimos años en auténticos bancos con el mejor sistema informático del país, representaban a finales de la década de los ochenta el 42 por ciento del sistema financiero, con 24,5 billones de activos y 19,6 billones de recursos ajenos.

Constituían un bocado demasiado apetitoso para no despertar las apetencias del PSOE. Por eso, meses antes de la llegar al poder, en diversas reuniones a las que asisten Enrique Múgica, Julio Rodríguez y Julián García Vargas los socialistas se reparten la tarta financiera del país[38]. Los bancos pasan a depender del presidente del Gobierno, Felipe González, y del equipo económico dirigido por Miguel Boyer. Las Cajas de Ahorro quedan bajo el dominio de los hombres de Alfonso Guerra, que aspiran a realizar en ellas una nacionalización encubierta sustituyendo sus anquilosados órganos de gobierno y poniendo en su lugar a los hombres del partido.

El instrumento que permite a los guerristas mandar en estas instituciones es la Ley de Organos Rectores de Cajas de Ahorro (LORCA), de 2 de agosto de 1985, que regula los nombramientos de sus presidentes, directores generales y consejeros.

Bajo el pretexto de democratizar sus órganos rectores —que estaban hasta entonces dominados por los clanes locales más influyentes de cada provincia—, el aparato de Ferraz puso estas entidades bajo el control de los partidos políticos, a través de los ayuntamientos y diputaciones, que se repartían el 40 por ciento de los puestos de los consejos. De esta manera, políticos que estaban en el dique seco, como Rodolfo Martín Villa, pasan a tener un puesto en Caja de Madrid, y ascienden en la escala social algunos familiares de altos cargos del Gobierno, como Francisco Palomino, cuñado de Felipe González, que abandona su taller de cerrajería para convertirse en vicepresidente de la Caja San Fernando de Sevilla.

De hecho, la colonización de las cajas por los partidos, que ha puesto una buena parte de ese 42 por ciento de los recursos financieros generados por el país en manos de los políticos, se inicia en Andalucía. La persona elegida para el desembarco del PSOE en las cajas es el ex vicepresidente de la Consejería de Hacienda de la Junta de Andalucía, el abogado Braulio Medel Cámara, en la actualidad el «hombre fuerte» de la Confederación Española de Cajas de Ahorro.

Medel fue un hábil estratega. Poco antes de que José Rodríguez de la Borbolla fuera defenestrado del Gobierno andaluz por Alfonso Guerra, dimitió de su cargo y se hizo con el poder de Caja Ronda, la más importante de Andalucía oriental. El siguiente paso fue fusionarla con las de Antequera, Almería, Málaga y Cádiz para crear Unicaja. El ex viceconsejero de Hacienda de la Junta ponía, de esta manera, bajo tutela socialista gran parte del ahorro popular andaluz.

Aliados con Izquierda Unida en los ayuntamientos y diputacio-

[38] «Los cajeros del poder», *Ranking*, junio de 1991.

nes y con el apoyo de los sindicatos Comisiones Obreras y UGT, los guerristas se hacen con el poder en las Cajas de Ahorro de Sevilla (la de San Fernando y la municipal) y de Huelva por medio de Isidoro Beneroso, ex concejal de Urbanismo de la capital hispalense, Francisco Palomino, Manuel Hermosín y Emilio C. Carrillo, todos ellos hombres del PSOE.

La alianza guerristas-Izquierda Unida duró muy poco. A finales de los ochenta, los presidentes de las comunidades autónomas se dan cuenta del poder económico que representan estas entidades financieras y reclaman para sí la capacidad de decisión en sus órganos de gobierno. En Valencia, Castilla-La Mancha y Extremadura, tres comunidades gobernadas por el partido del puño y la rosa, Joan Lerma, José Bono y Juan Carlos Rodríguez Ibarra colocan las Cajas de Ahorro bajo su influencia, en dura pugna con el Partido Popular, que le disputa el poder a Bono, el delfín de Felipe González, en las de Toledo y Guadalajara.

Claro que no siempre la batalla se ha resuelto del lado de los gobernantes autonómicos. Cuando Joaquín Leguina quiso poner a un hombre de su confianza en Caja de Madrid [39] se encontró con que el secretario de Estado de Hacienda, José Borrell, había nombrado para el cargo a Jaime Terceiro, un compañero de estudios aeronáuticos. Indignado porque la segunda caja de España se entregara a una persona ajena al partido, se fue a protestar a La Moncloa.

—Lo siento, yo no sabía nada. Ese asunto tienes que hablarlo con Alfonso —le explicó Felipe González.

—Yo creo que es un tema lo suficientemente importante para hablarlo con el Presidente.

—Pues si supieras la cantidad de cosas mucho más importantes de las que no me entero... —concluyó González [40].

Terceiro, sin embargo, se comportó como un hombre del PSOE. Pocos meses después de su desembarco en la institución nombró a ocho consejeros socialistas. Situó a hombres de confianza de Ferraz en la Fundación y la Corporación Financiera, dos de las principales instituciones de la caja, invirtió 10.000 millones en acciones de Telefónica para resolverle un problema al Gobierno

[39] Se barajaban los nombres de los ministros Julián García Vargas y Enrique Múgica, del consejero delegado de Caja Postal, Baltasar Aymerich, y de Arsenio López Huerta, alcalde de Alcalá de Henares.

[40] José Eulogio López, *Los califas del dinero*, Tibidabo, Barcelona, 1990.

y prestó 15.000 millones a Telemadrid, el canal autonómico de Leguina[41].

Así, gestionadas por criterios políticos, estas entidades se han convertido en «cajeros del poder» autonómico en aquellas comunidades regidas por el PSOE. Tras la ley de 1985, José Bono, Joan Lerma y Manuel Chaves han utilizado su influencia para que el dinero de las cajas financie periódicos, cadenas de televisión o proyectos de dudosas expectativas económicas pero con una fuerte rentabilidad en votos. De esta manera, las cajas han pasado a formar parte de los múltiples recursos que utilizan los políticos mediocres para mantenerse en el poder.

Otro tanto ocurre con La Caixa de Cataluña, bajo control de Convergència y del PSOE, o de las cajas gallegas, vinculadas a la Xunta. La Caixa aparece ligada a la financiación de la red de autopistas de Cataluña o a la creación del *holding* de gas natural. En Galicia la dependencia del poder es mayor. El 4 de enero de 1994 Manuel Fraga reunió en un almuerzo a los presidentes y directores generales de las cuatro cajas y les pidió que dedicaran voluntariamente un 1 por ciento de sus recursos ajenos como coeficiente de inversión, destinado a crear empresas en Galicia.

Aunque el coeficiente de inversión está prohibido por la Comunidad Europea, por cuanto supone una subvención encubierta a las empresas, los ejecutivos de las entidades gallegas aceptaron la oferta. El mismo día que les pedía que apoyaran su política económica Fraga les entregó el borrador de la futura Ley de Cajas de Galicia, un proyecto que la Xunta puede endurecer o liberalizar antes de enviarlo al Parlamento.

Sin embargo, el caso más flagrante de «expropiación» de los recursos de una entidad es el de Unicaja. Centenares de millones del dinero de los impositores ha sido utilizado directamente para financiar al Partido Socialista. La caja de Braulio Medel, además, ha dispensado un trato de favor al partido pasando los créditos a «fallidos» al no hacerlos efectivos a su vencimiento. Un hecho que demuestra el dominio que el PSOE ejerce sobre casi la totalidad del sistema financiero español, poniendo a su servicio las Cajas de Ahorro y colocando a personas de su confianza en

---

[41] Algunos de los consejeros socialistas nombrados por Terceiro son el concejal del Ayuntamiento de Madrid Alfredo Tejero, Enrique Tierno Galván, hijo, el ex director general del Patrimonio, Francisco Zambrana, y el subsecretario de Hacienda, José María García Alonso.

los bancos, que en los últimos años han perdonado al partido de la calle Ferraz más de 7.000 millones en créditos y han aportado otros 1.500 millones más pagados como «impuesto revolucionario» a Filesa [42].

Pero Felipe González y Alfonso Guerra no aspiran sólo a dominar el sistema financiero. Siguiendo las teorías del comunista italiano Antonio Gramsci [43], el Gobierno y el PSOE han utilizado a la banca y las cajas como un pastor alemán para controlar a las grandes empresas a través del capital. Ni un sólo sector de la economía, ni siquiera la prensa, se libra de sus poderosos tentáculos.

42 Véase *El Mundo*, 5 de abril de 1994.

43 Puede consultarse parte de sus obras, especialmente los seis *Cuadernos de la cárcel*, escritos durante el periodo 1929-1935, cuando permaneció encarcelado por el Duce, Benito Mussolini. La obra original fue editada por Giulio Einaudi en 1975 bajo el título de *Quaderni del Carcere*, en Turín. La edición en castellano fue realizada por Ediciones Era, México, 1984.

... los bancos ... la ... pesetas ... partidos ... calle Ferraz más de 7.800 millones en créditos y ... ... unos 1.560 millones más pagados ... como ... ... a ... [illegible]

... Felipe ... [illegible]

[illegible]

CAPITULO DIEZ

EL PODER DE LA BANCA Y EL SECTOR PUBLICO

Los cuatro grandes bancos y el sector público controlan la mayor parte de las empresas del Estado que no han caído todavía en manos de las multinacionales. Autopistas, gas, sector eléctrico, carburantes y constructoras son monopolios de la banca o del Estado. El sector financiero privado, implicado años atrás en el desarrollo de la industria pesada (siderurgia y naval) ha sabido desengancharse a tiempo de estas actividades ruinosas para concentrarse en áreas menos conflictivas: el leasing, *las inmobiliarias y los seguros. El sector público, que representa el 47 por ciento del PIB, una cifra altísima en comparación con el resto de Europa, Japón y Estados Unidos, continúa siendo la máquina de perder dinero del Estado. Sin embargo, la «bancarización» de la economía y la «estatalización» de los sectores estratégicos (Repsol, Enagas, Redesa, Endesa, Telefónica, Iberia y Renfe) permiten al Gobierno el control de la economía bien a través de los bancos o bien directamente. El afán intervencionista de Felipe González ha llevado al Gobierno a incentivar incluso a diversas patronales afines al PSOE.*

Feliciano Fuster Jaume, un mallorquín de sesenta y cinco años, abrió el fuego. En 1989 el presidente de Endesa, la empresa pública del sector de la electricidad, ordenó a sus hombres adquirir en bolsa acciones de las empresas del sector eléctrico. De esta manera, la Empresa Nacional de Electricidad (Endesa), la primera del INI en beneficios y la segunda en facturación del país después de Telefónica, con un capital superior a 180.000 millones de pesetas, empezaba a tomar posiciones de cara a la reorientación del sector energético, en el que competían cinco grandes empresas públicas y privadas: Iberduero, Hidrola, Sevillana de Electricidad, Unión Fenosa y la propia Endesa.

Los agentes de bolsa de Endesa comienzan a adquirir acciones de todas las compañías privadas, pero sobre todo de Sevillana de Electricidad, una empresa donde el Banco Bilbao Vizcaya, que controla directamente poco más del 10 por ciento de sus acciones, ha sentado sus reales. En BBV de hecho nombra al presidente de Sevillana (tradicionalmente un hombre del Banco Meridional) y controla un buen número de consejeros, entre ellos José Recio.

La idea del entonces ministro de Industria, Claudio Aranzadi, es que el sector público tome al menos un 15 o un 20 por ciento de Sevillana de Electricidad, lo que le daría el control de la compañía. Con ello, el Ejecutivo aspira a poner en sus manos el sector energético nacional, como años antes había hecho con la Red de Alta Tensión, nacionalizada en 1983. Una posición de fuerza en las eléctricas le permitiría incidir más adelante en la reorientación del sector y marcar la pauta de las futuras fusiones que, según Claudio Aranzadi, son inevitables ante el Mercado Unico Europeo.

En septiembre de 1989, Pedro Toledo se entera a través de José Recio de que el Gobierno le quiere dejar al margen del control de la industria eléctrica. En aquellos momentos, Endesa acaba de arrebatarles el liderazgo en Sevillana y esa es una cuestión intolerable. Inmediatamente habla con su amigo Carlos Solchaga.

—Carlos, ¿por qué queréis echarnos de Sevillana? [1]

—No lo sé. Eso es cosa de Aranzadi. Espera que me entere.

Media hora después Solchaga llama de nuevo al copresidente del BBV. Fuster acaba de recibir orden del Gobierno de vender las participaciones de Sevillana y no romper el *statu quo* establecido en el sector eléctrico.

La paz dura sólo dos años. El 26 de marzo de 1991 Endesa vuelve a iniciar hostilidades al comprar por 80.000 millones de pesetas Eléctrica del Viesgo al Banco de Santander y llegar a un acuerdo de participación con Sevillana de Electricidad. El 4 de octubre presenta una OPA contra Fecsa, la empresa eléctrica catalana, y en 1993 y 1994 adquiere participaciones en Hidruña I, Nansa y Energías de Aragón [2]. Con ello, Endesa se consolida como la primera empresa del sector, con una producción del 52,6 por

[1] A finales de junio de 1994 Endesa decide poner bajo su control el 49 por ciento de Sevillana.

[2] Los datos proceden de la memoria de Endesa correspondiente a 1993.

ciento de la energía y unas ventas indirectas del 41,1 por ciento del mercado español, lo que representó unos ingresos brutos de 116.813 millones en 1993.

La reacción del sector público provoca una inmediata reacción de defensa por parte del sector privado. Hidroeléctrica Española, vinculada tradicionalmente a la familia Oriol y Urquijo y a los bancos Central Hispano, BBV y Banesto, comienza a aparcar su autocartera. Iberduero, bajo el control del BBV, hace lo mismo. Como medida de autodefensa, los presidentes de ambas compañías deciden ir a una fusión de sus empresas. Pero el ministro de Industria, Claudio Aranzadi, se niega a hablar de la concesión de las exenciones fiscales por la revalorización de activos y llega incluso a amenazarles con una congelación de las tarifas[3].

Pese a ello, Iberduero acude el 5 de junio a la Comisión Nacional del Mercado de Valores y presenta una OPA contra Hidroeléctrica Española con apoyo del Banco Bilbao Vizcaya, que mantiene su posición del 10 por ciento en ambas sociedades. Unión Eléctrica Fenosa, la empresa del BCH y del Banco Pastor, que preside José María Amusátegui y que suministra de energía eléctrica a Galicia, compra Saltos del Nansa.

Así, la voracidad del Estado, que pretende colocar la mayor parte de la producción de energía en el sector público, sufre su primer revés.

La fusión salva al resto del sector eléctrico de caer en las garras del poder socialista. Iberdrola, la empresa nacida de la OPA de Iberduero sobre Hidroeléctrica Española, consolida sus posiciones en sus empresas participadas[4] y se convierte en la primera empresa privada del sector.

La sociedad, presidida por Iñigo Oriol Ybarra, miembro de una de las tradicionales familias del kilovatio español, controló en 1992 el 41,5 por ciento del mercado, suministrando fluido eléctrico a más de dieciséis millones de habitantes distribuidos en treinta y seis provincias.

El Gobierno había perdido una batalla por el control definiti-

---

[3] Las compañías eléctricas son de las pocas empresas del país en las que los precios los fija el Gobierno, pese a tratarse de empresas privadas y hallarnos en un mercado de libre competencia.

[4] Compañía Eléctrica de Langreo, Compañía Eléctrica del Urumea, Electra de Logroño, Fuerzas Eléctricas de Navarra, Victoriana de Electricidad, Centrales Térmicas del Norte de España, Edificaciones Iberoamericana e Hidroeléctrica de Cataluña, entre otras.

vo de una parte del sector energético, pero no estaba dispuesto a perder la guerra. Había todavía dos contiendas pendientes, la de los crudos y la del gas, y ahí Claudio Aranzadi y Carlos Solchaga se habían propuesto emplear toda la artillería del Estado.

En 1987 el Ministerio de Industria perfila una política encaminada a integrar en el Instituto Nacional de Hidrocarburos (INH) las importaciones de crudo, su refino y distribución, las empresas petroquímicas y los gases licuados. Para ello, como primer paso, el Gobierno crea meses antes Repsol, a la que encarga la formación de un gran *holding* del petróleo mediante la absorción de las tres grandes petroleras privadas que existen en el país: Petronor, propiedad de las Cajas de Ahorro de Vizcaya y del BBV; Petromed, cuyo accionista mayoritario es Banesto, y Cepsa, bajo el dominio del Banco Central. La operación se encarga a Oscar Fanjul, hijo de una familia de republicanos españoles, nacido en Santiago de Chile y compañero de Carlos Solchaga en el Gabinete de Estudios del INI. Los presidentes de los tres grandes bancos, que conocen la idea del ministro de Industria Aranzadi de desposeerles de sus petroleras, deciden oponerse en bloque a los planes del Gobierno.

Sin embargo, el copresidente del BBV, Pedro Toledo, rompe el pacto, y el 11 de febrero de 1989 llega a un acuerdo con el Gobierno para ceder el 22 por ciento de Petronor. Este acuerdo provoca una fuerte reacción en contra de las Cajas de Ahorro de Vizcaya. Estas poseen en 11 por ciento de los títulos de la empresa, y no quieren que la petrolera vasca caiga bajo el control del Gobierno central. Sus protestas no sirven de nada. Repsol, la filial del Instituto Nacional de Hidrocarburos, propietaria de un 32,5 de las acciones de Petronor, tras el acuerdo con el BBV es dueña del 54,5 por ciento de la empresa e impone sus criterios[5].

La traición de Pedro Toledo dio sus buenos dividendos al BBV. A mediados de 1989 el Estado decide privatizar una tercera parte de Repsol, convertida en la primera empresa en beneficios del sector energético. La idea es sacar a bolsa el 30 por ciento de las acciones del grupo, lo que supone colocar en el mercado 150.000 millones de pesetas en títulos en el plazo de un mes.

Carlos Solchaga recurre para la colocación a los banqueros del Gobierno, Pedro Toledo y José Angel Sánchez Asiaín. A cambio de

[5] Posteriormente, el 11 de enero de 1990, en un viaje a México, Oscar Fanjul adquiere en nombre de Repsol el 30 por ciento que Pemex (Petróleos Mexicanos) posee en Petronor, con lo que la participación del Estado en la sociedad vasca se incrementa hasta el 85 por ciento.

su participación en Petronor, General Química, Naviera Vizcaína y Texca, el BBV consigue el 5 por ciento de Repsol. El banco vasco gana, además, 1.000 millones por la colocación de las acciones y comienza a gestionar la tesorería de Repsol, de varios miles de millones al año.

El canje de los 15 millones de acciones por Petronor y por las otras tres compañías convierten al BBV en el mayor accionista privado de la petrolera estatal. Adquirido a 1.500 pesetas el título, el negocio le supone una plusvalía contable de 20.000 millones, al ponerse poco después las acciones a 2.685 pesetas.

Mario Conde y Alfonso Escámez temen entonces que la tentación nacionalizadora del Estado les alcance a ellos. Los presidentes de Banesto y Central se reúnen y deciden fusionar Petromed y Cepsa. Claudio Aranzadi y Carlos Solchaga vetan la operación, pero los máximos responsables de ambos bancos deciden seguir adelante.

El proyecto de fusión avanza hasta que Juan Herrera Martínez Campo, presidente de Petromed, conoce los planes de Conde. Herrera teme que Cepsa acabe absorbiendo Petromed, su feudo personal, y se rebela contra la jerarquía del banco. Para defenderse, firma un pacto confidencial con British Petroleum.

Ante la imposibilidad de llegar a un acuerdo, Alfonso Escámez busca una alianza con la francesa Elf y la empresa pública Ipic, de Abu Dabi, que tratan de avanzar posiciones en España de cara al Mercado Unico Europeo. Petromed es vendida por Mario Conde meses después a British Petroleum, que había adquirido ya el 24 por ciento de la compañía en bolsa, y pasa a llamarse BP Oil España. La falta de tacto del Gobierno —que pretende crear un grupo petrolero fuerte antes de 1993 para frenar la competencia europea— acaba echando a las empresas españolas en brazos de las multinacionales.

Tras los fracasos relativos a las fusiones eléctricas y petroleras, en el asunto del gas el Gobierno decide jugar sus cartas de otra manera. En lugar de enfrentarse a la iniciativa privada e ir a una nacionalización total del sector, Solchaga y Aranzadi buscan una salida intermedia: crear una compañía con capital mixto.

El primer paso se da en 1991. Tras un pacto de Felipe González y Jordi Pujol, Catalana de Gas, una empresa bajo control de La Caixa, se fusiona con Gas Madrid y Repsol Butano. La sociedad resultante pasa a llamarse Gas Natural y está participada en un 49 por ciento por Repsol y en un 25 por La Caixa.

El Estado, por su parte, posee el 100 por ciento de Enagas, una de las sociedades del Instituto Nacional de Hidrocarburos por medio de la cual el Gobierno viene realizando su política en el sector del gas. A comienzos de 1992 el Estado firma con Sonatrach, la empresa estatal del gas argelino, un contrato para el suministro de este producto durante veinticinco años. A continuación, en julio, Enagas crea la sociedad Europe-Magreb Pipeline, cuyo objetivo es construir un gasoducto que una en 1995 el cabo de Tarifa con Marruecos y Argelia a través del estrecho de Gibraltar y enlace con la red de gasoductos europeos que suministran la materia prima de Noruega, para tener garantizado un doble abastecimiento.

El objetivo del Gobierno es convertir el gas en un producto energético alternativo al carbón y al petróleo, con una implantación en el 92 por ciento del mercado doméstico e industrial, especialmente en el segmento de producción de energía eléctrica. El Ejecutivo se ha propuesto construir en España el tercer grupo europeo de gas, tras British Gas y Gaz France, con unos activos de 400.000 millones de pesetas.

Para ello, Gas Natural prepara una ampliación de capital que le permita apropiarse de Enagas, con lo que La Caixa de Cataluña y la Generalitat pasan a controlar el 25 por ciento de la nueva sociedad. El protocolo de fusión es firmado el 22 de septiembre de 1993 por el ministro de Industria, Juan Manuel Eguiagaray. Acto seguido se nombra presidente de Gas Natural y Enagas a Pere Durán Farrel, un hombre de Convergència i Unió, y consejero delegado de ambas sociedades a Juan Badosa, un economista barcelonés relacionado con el PSOE.

Esta solución supone una transacción política por parte del Gobierno central en beneficio de la Generalitat de Cataluña como pago por el apoyo que Convergència i Unió presta al PSOE en el Congreso de los Diputados tras las elecciones del 6 de junio de 1993, en que los socialistas pierden la mayoría absoluta en el Parlamento.

Paradójicamente, La Caixa, que recibió todo el apoyo de la Generalitat durante el proceso de negociaciones, con un 25 por ciento de Gas Natural obtiene un poder absolutamente desproporcionado. Controla la mitad del consejo y puede elegir al presidente y al consejero delegado de mutuo acuerdo con el Estado, lo que contraviene el derecho mercantil, que establece que en las sociedades anónimas manda el accionista mayoritario.

De otra parte, al segregarse la construcción del gasoducto argelino de Gas Natural y correr el Estado con los gastos de su financiación (180.000 millones), a través de la sociedad Europe Magreb Pipeline, se transfieren los costes más gravosos de la gasificación del país a los Presupuestos Generales del Estado. Mientras, Gas Natural aparece como una empresa saneada desde el principio, lo que supone un excelente negocio para la institución crediticia catalana.

De esta manera, sin armar demasiado ruido, el Gobierno felipista ha arrebatado a los bancos en los últimos siete años su poder sobre petróleo, refinerías, electricidad y gas. Ha procedido a un fuerte control público de estos sectores y los ha convertido en monopolios del Estado siguiendo el modelo del Ente Nazionale di Idrocarburi italiano, que engloba combustibles líquidos y gaseosos y el sector eléctrico y que ha sido, tradicionalmente, una de las vías ilegales de financiación de la Democracia Cristiana y el Partido Socialista Italiano.

Se cumplía así el programa máximo del PSOE, que a comienzos de la transición se marcaba como objetivos prioritarios la nacionalización de la banca y del sector energético. Esta estrategia desapareció oficialmente de la literatura del partido tras las elecciones generales de 1979, a raíz de un apoyo multimillonario de las eléctricas a la UCD en los últimos días de la campaña, cuando el PSOE tenía el triunfo electoral al alcance de la mano.

Sin embargo, la nacionalización se ha llevado a cabo en la práctica de una manera encubierta. Para ello, el Gobierno potenció a las empresas públicas, comenzó a poner dificultades para su expansión al sector privado y presionó a los bancos para que vendieran al Estado sus participaciones industriales en este campo [6].

Pero en España el Estado es el dueño de mucho más.

* * *

A mediados de la década de los ochenta, poco antes de la caída del Muro de Berlín y del resquebrajamiento de los países del Este, el Gobierno español inició la política armamentística más agresiva de Europa.

A través del Ministerio de Defensa, las industrias militares españolas del sector público pasaron a formar parte activa de todos los planes armamentísticos de la OTAN. España comprometió cerca de medio billón de pesetas en el desarrollo del ACE (Avión de Combate

---

[6] A comienzos de los años ochenta Endesa era, por ejemplo, una compañía de segunda división que dependía de la energía que producían las empresas privadas. En 1994 ocurrió, en gran parte, al revés.

Europeo) y otras cantidades importantes en el desarrollo de la «fragata del año 2000», en los diseños del carro de combate que iba a sustituir al Leopard-2 y en los proyectos de nuevos misiles.

Concebida la industria militar como la «locomotora» que debía tirar del carro de la economía nacional y como la vía más rápida para acceder a las nuevas tecnologías en informática, robótica, blindajes y nuevas aleaciones ultraligeras, el Gobierno se integró de lleno en el Grupo Europeo Independiente de Programas, que a finales de la década de los ochenta presidía el ministro de Defensa español, Narcís Serra. Así, el país comprometió la nada despreciable cifra de un billón de pesetas para tener acceso a los diseños militares y participar activamente en la maquinaria de guerra del siglo XXI.

Era la única alternativa posible para salvar al sector público de la crisis de anacronismo que padecía desde la creación del INI a mediados de los años cuarenta. Sin embargo, los acuerdos de reducción de armamento suscritos entre el presidente norteamericano, Ronald Reagan, y el soviético, Mijail Gorbachov, acabaron con los sueños de Narcís Serra y Felipe González de colocar a España a la cabeza de la tecnología occidental.

Tres de las principales empresas del INI, Construcciones Aeronáuticas (CASA), la Empresa Nacional Bazán y Santa Bárbara, dedicadas fundamentalmente a la fabricación de armamento, han sufrido las consecuencias. Mientras algunas de sus competidoras europeas se han reconvertido rápidamente, Bazán y Santa Bárbara están al borde del cierre[7].

Pese a todo, el sector público español representa el 47 por ciento del Producto Interior Bruto (PIB), una cifra considerable comparada con Estados Unidos (32 por ciento) o con otros países de nuestro entorno.

Subvencionado por el Estado —pese a que la entrada de España en el Mercado Europeo impide las ayudas gubernamentales a las empresas—, el sector público incluye sociedades tan dispares como Telefónica y Correos y Telégrafos (telecomunicaciones), RTVE (televisión), Iberia, Aviaco, Binter y Viva Air (transporte aéreo), Renfe (ferrocarriles), Empresa Nacional del Uranio (procesamiento

[7] No ocurre lo mismo con CASA. Pese a ser deficitaria, fabrica varios aviones comerciales, participa en el proyecto del Avión de Combate Europeo y en el Airbus y tiene una división Aeroespacial que ha tomado parte en el diseño y fabricación de algunos elementos de los satélites Hispasat.

de uranio y plutonio), Empresa Nacional Elcano (transporte marítimo), Astilleros Españoles (construcción naval), Figaredo y Hunosa (minería) y Ceselsa-Inisel, hoy Grupo Indra (electrónica)[8]. El Estado es dueño, asimismo, de empresas tan curiosas como agencias de viajes, sociedades de administración de valores, de *catering*, de venta de terrenos o de fabricación de productos artesanales, como alfombras o muebles de estilo.

El sector público se encuentra bajo la tutela de dos grandes instituciones: el Patrimonio del Estado y el Instituto Nacional de Industria (INI). Ambos consorcios públicos son auténticas máquinas de perder dinero. Fuentes del Partido Popular estiman que las deudas de RTVE ascienden a 400.000 millones de pesetas, y la CEOE da por cierto que las pérdidas conjuntas de Renfe e Iberia sobrepasan los 500.000 millones[9].

Iberia forma parte desde el 14 de julio de 1992 del *holding* Teneo, que agrupa a las cuarenta y nueve empresas del INI con mayores posibilidades de rentabilidad. Estas sociedades, en su conjunto, representan un capital social de 813.000 millones de pesetas. El resto de las sociedades (Hunosa, Astano, Barreras, Santa Bárbara, Bazán, Astilleros Españoles, etc.) continúan bajo la órbita directa del INI. Con unos ingresos totales en 1992 de 2,3 billones de pesetas y 141.000 empleados sólo con el INI, el Estado es la mayor empresa del país y el mayor creador de empleos del sector industrial español, muy por encima de la banca, un sector cuyo poder y capacidad de influencia en la sociedad española está por encima de la misma CEOE.

* * *

El 12 de abril de 1994 José María Cuevas era elegido para un cuarto mandato dentro de la Confederación Española de Organizaciones Empresariales (CEOE).

Cuevas, madrileño, de cincuenta y nueve años, se sostiene en la presidencia de la CEOE por la presencia de los bancos, que son los que en realidad mandan en la patronal española. Tres de los actuales vicepresidentes, José Luis Cerón Ayuso, consejero delegado de Aumar, Fernando Fernández-Tapias, presidente de Ceim y de Viajes Marsán, y Arturo Gil Pérez-Andújar, máximo responsable

---

[8] RTVE y Correos y Telégrafos son oficialmente entes autónomos.

[9] En 1992 el INI subvencionó a Iberia con 200.000 millones de pesetas y en 1993 le compró parte de la flota de aviones para inyectarle de esta manera dinero, al estar prohibidas las subvenciones por la CE.

del Grupo Clesa, promotor de la Federación de Industrias de Alimentación y Bebidas y presidente del Instituto de Estudios Económicos, son hombres ligados al antiguo Banco Hispano Americano.

La capacidad de BBV, Central Hispano y Banesto en épocas pasadas para dominar la patronal CEOE, una organización poderosísima que engloba a ciento ochenta organizaciones, de las que ciento veinticinco son sectoriales, se debía a su penetración en el tejido productivo del país. A falta de otras vías de financiación (fondos de pensiones, grandes aseguradoras, etc.), las empresas españolas o son de los bancos o han tenido que recurrir a sus créditos para sobrevivir.

Aunque la reconversión industrial iniciada por el Gobierno en 1983 ha permitido a los bancos desprenderse de gran parte de sus activos malos en campos como la siderurgia, naval, línea blanca, línea marrón, textil y otros, la presencia del sector financiero en las empresas del país es todavía considerable.

En 1992, poco antes de abandonar la presidencia del Banco Central Hispano, Alfonso Escámez declaraba públicamente que el grupo industrial de su entidad representaba el 4,5 por ciento del PIB. Emilio Ybarra, en la memoria del BBV de 1993, reconocía que el grupo bancario vasco controlaba ciento tres empresas, las cuales generaron ese año unos ingresos de casi 250.000 millones de pesetas. Banesto, durante la etapa de Mario Conde, poseía una de las corporaciones industriales más grandes de España, que vendió en gran parte por medio billón de pesetas para pagar dividendos del banco y tapar agujeros.

Así, los bancos poseen las primeras empresas de *leasing*[10] y de *factoring* y las dos principales inmobiliarias, Metrovacesa, del BBV, con 600.000 metros cuadrados de oficinas y pisos, y Vallehermoso, del Central Hispano.

Los 1.995 kilómetros de autopistas de peaje concesionarias del Estado existentes en España son en la actualidad del BBV, La Caixa, las Cajas de Ahorro vascas, el Banco Popular y el Banco Central Hispano, junto con la Generalitat, el Estado y la comunidad autónoma Navarra, que poseen participaciones minoritarias[11].

---

[10] Licoleasing, de las Cajas de Ahorro; Bansander, del Banco Santander, y Unileasing, del BCH.

[11] Las sociedades concesionarias de la explotación de las autopistas de peaje existentes son: Acesa (Barcelona-La Jonquera, Barcelona-Tarragona, Zaragoza-Mediterráneo y Montmeló-Papiol), 25 por 100 de La Caixa; Europistas (tramo Bilbao-Behovia), 27 por ciento de las cajas vascas; Avasa (Bilbao-Zaragoza), 40 por

Los cuatro grandes bancos aparecen además como las únicas empresas con capital suficiente para crear los 600 kilómetros de autopistas que faltan para completar la red de carreteras del Estado diseñada por el ministro de Obras Públicas y Transportes, José Borrell.

La llamada «bancarización» de las empresas españolas se produce también en el sector de la construcción, donde dos de las mayores sociedades, Dragados y Construcciones y Agromán, pertenecen al Central Hispano y a Banesto. En el sector de los seguros, BCH posee Vitalicio, La Estrella y Vasco Navarra; el BBV tiene una importante participación en Euroseguros, y Banesto era el propietario hasta finales de 1993 de La Unión y el Fénix [12]. Como quedó dicho más arriba, el Central Hispano es propietario de la petrolera Cepsa, La Caixa aspira a tomar una participación del 35 por ciento en el *holding* del gas español y el BBV posee el 10 por ciento de Sevillana de Electricidad y de Iberdrola; en los últimos tiempos se ha desprendido de su participación en Repsol.

La confianza del Gobierno en los bancos —uno de sus instrumentos para controlar las grandes empresas del país— hizo que a finales de la década de los ochenta los grandes del sector financiero y sus empresas realizaran el 65 por ciento de las obras de la Expo'92 a través de Sevilla Service y otras sociedades, o que en los Juegos Olímpicos de Barcelona de 1992 más del 60 por ciento de las inversiones fueran a parar a empresas controladas por los grupos financieros.

La estructura empresarial española en este sentido es muy similar a la de la República Federal de Alemania, donde las entidades

---

ciento del BBV y 10 por ciento del Popular; Eurovías (trayecto Burgos-Malzaga), Europistas 35 por ciento y cajas vascas 23 por ciento; Aumar e Iberpistas (tramos Sevilla-Cádiz, Valencia-Alicante y Villalba-Adanero), BCH, con el 69 por ciento, y socios privados; Audasa y Aucalsa (sectores Ferrol-Portugal y León-Campomanes), 100 por ciento del Estado; Audenasa (Tudela-Iruzcun), 50 por ciento del Estado y 50 por ciento de la comunidad autónoma navarra; Autema (San Cugat-Manresa), 10 por ciento del BCH y 10 por ciento de La Caixa (túnel del Cadí), 26 por ciento de la Generalitat y 54 por ciento de La Caixa; Tabasa (túnel de Vallvidriera), 100 por ciento de la Generalitat y Aucat (Castelldefels-Sitges), 36 por ciento del BCH y 25 por ciento de La Caixa.

[12] En los últimos años se ha producido una fuerte reordenación de este sector. BCH ha vendido la mayoría de Vitalicio y La Estrella al grupo italiano Assicurazioni Generali; La Unión y el Fénix es propiedad al 100 por ciento de Assurance Général de France (AGF), y el grupo asegurador del BBV ha entrado al 50 por ciento en el *holding* Axa-Aurora, que alcanzó en 1993 una facturación superior a los 60.000 millones de pesetas.

financieras son las dueñas de gran parte de las industrias y donde, como dice Fernando González Urbaneja en su libro *Banca y poder*[13], es muy difícil separar Daimler Benz de Deutsche Bank. Por el contrario, la legislación norteamericana y el Protocolo 66 japonés impiden que los bancos puedan poseer su propio grupo empresarial, a fin de impedir los grandes monopolios y que una quiebra en cascada de las industrias pueda poner en peligro al sistema financiero y a la economía del país.

La «bancarización» de la economía española no sólo tiene su reflejo en la CEOE —donde los hombres que ejercían tradicionalmente el poder eran Emilio Ybarra y José María Amusátegui—, sino en cualquier otro aspecto de la economía española. Excluyendo El Corte Inglés, las empresas españolas que facturan más de 500.000 millones de pesetas son bancos, son propiedad de los bancos, pertenecen al sector público o están bajo control de las multinacionales, cada vez con mayor presencia en España.

La penetración de los bancos en el tejido empresarial llega a límites tales que el BBV es el propietario de Conservas Garavilla o de Vinos Savin, y el BCH posee el control de Sánchez Romero Carvajal, la principal exportadora de jamones de Jabugo. Así, cualquier familia española de clase media que tenga sus ahorros en el BBV o el BCH está contribuyendo sin saberlo a incrementar la cuenta de resultados de estas entidades financieras cada vez que acude al supermercado, adquiere un coche por *leasing* u otro sistema de financiación o compra una casa.

Un paso más hacia la «bancarización» de la economía se produce con la Ley 24/1988, mediante la cual el Gobierno pone las bolsas de valores de Madrid, Valencia, Bilbao y Sevilla al servicio de los bancos[14]. Estos crean sus propias sociedades de valores y operan directamente en el «parquet». Con ello, en una economía tan débil como la española, los bancos tienen de nuevo la posibilidad de decidir sobre el futuro de muchas de las empresas que cotizan en el mercado bursátil.

Los favores se pagan. A partir de 1992, la banca entra a controlar el sector de los medios de comunicación hostiles al Gobierno, como se verá más adelante. El control económico de los principales grupos, Prisa y Grupo Z, supone una descarada intromisión en un sector muy atomizado, donde cualquier tipo de presión política

[13] Espasa Calpe, Madrid, 1993.

[14] Para más detalles, véase capítulo anterior.

o económica hace peligrar enormemente el artículo 20 de la Constitución, que consagra la libertad de información.

* * *

Bancos y empresas públicas aparecen de nuevo unidos para controlar las telecomunicaciones, el gran negocio del año 2000. El Gobierno, que debe regular los distintos sistemas, va con pies de plomo para que no se le cuelen entidades de crédito y empresas «enemigas» en un sector fundamentalmente estratégico en el siglo XXI para dominar la sociedad.

Un informe de Price Waterhouse afirma que en los diez próximos años se va a invertir en la Unión Europea del orden 15 billones de pesetas en la revolución de las telecomunicaciones, de los que 3,5 corresponderán a España, uno de los países más atrasados en este campo junto con Portugal, Grecia e Irlanda.

Aunque España ha conseguido de la Comunidad una prórroga de cinco años para mantener el monopolio de Telefónica como el único servicio de transmisión de datos, de mensajes y de voz, la liberalización de las telecomunicaciones acabará estableciéndose más temprano que tarde, con la implantación del sector privado.

La idea es que cada persona tenga su propio teléfono, como posee su propio cepillo de dientes o su carnet de identidad, y que lo lleve encima mientras va a la oficina o a comprar el pan, o cuando acompaña a los niños al colegio. Esto permitirá un rápido crecimiento de la telefonía móvil —entre 5 y 10 millones de aparatos en los primeros lustros—, lo que dejará obsoletos en pocos años los viejos teléfonos caseros.

Otro gran reto es el cable de fibra óptica, que permitirá llevar la televisión de pago a todos los hogares españoles mediante una señal codificada transmitida desde una estación central a uno o varios satélites para luego ser recogida por estaciones de tierra y distribuida en las grandes ciudades por medio de la fibra óptica [15].

En la actualidad existen no menos de veinte satélites geoestacionarios situados entre los 30 grados oeste y los 60 este que pueden ser captados en España con antenas parabólicas de entre tres metros y cuarenta centímetros de diámetro, según la orientación de las antenas de emisión del satélite. Se calcula que en los

[15] Un estudio de Autel cifraba en 1.200.000 los abonados a vídeos comunitarios y en 200.000 los consumidores de televisión por cable en España en 1992. Aunque las cifras parecen un poco altas, a todos ellos se les considera potenciales consumidores de la futura televisión por cable.

diez próximos años el número de satélites y su capacidad se duplicarán. Ello, unido a los revolucionarios sistemas digitales de comprensión de las imágenes de vídeo, lo que permitirá la emisión de hasta tres programas distintos por un mismo canal, abaratará considerablemente el uso de las nuevas tecnologías.

La transmisión de datos en tiempo casi real es otra de las aplicaciones de las nuevos avances. En España, mientras el Gobierno sigue sin decidirse a sacar una ley reguladora del cable, British Telecom y el Banco Santander daban en 1993 el primer paso hacia adelante al firmar un acuerdo para la transmisión de datos por medio de la sociedad Megared (50 por ciento BT y 50 por ciento Santander).

El resto de los bancos (BBV, BCH, Caja de Madrid, La Caixa y Ahorro Corporación, Banca March, Bankinter, Santander-Banesto) han creado sociedades con las principales empresas estatales y varias de las privadas (Telefónica, Abengoa, Iberdrola, Endesa, Cubiertas, Entrecanales, Sevillana, Repsol, Gas Natural, Renfe, El Corte Inglés) para la transmisión de datos, televisión por cable, televisión interactiva, telefonía móvil, mensajería, radiobúsqueda y teletexto [16].

En un mercado donde no va a haber negocios para todos, los bancos más próximos al Gobierno (BCH, Caja de Madrid y BBV) parecen ser los más beneficiados junto con el sector público (Telefónica y Endesa). En definitiva, bancos y empresas públicas son los principales consumidores de los sistemas de transmisión de datos y de sistemas informáticos en el país.

* * *

El 23 de julio de 1993, poco después de que Felipe González revalide su triunfo en las elecciones generales del 6 de junio, Alfredo Pastor Bodmer es elegido secretario de Estado de Economía, en el marco de la remodelación del equipo económico del Gobierno y la llegada de Pedro Solbes a una de las carteras más codiciadas del Gabinete.

La incorporación de Pastor, un catalán de cuarenta y nueve años, doctor en Ciencias Químicas por el Massachusetts Institute

---

[16] En la actualidad existen siete sociedades que tratan de implantar sistemas de telefonía móvil (Cersa, Sistelcom, SRM, Megared, Cometa, Moviline, y Reditel); otras siete que tratan de explotar la televisión por cable (Telewest, Jerez Cable, Sevillana Cable, Cablevisión, Cableuropa, Santander Cable y Burgos Cable); siete empresas vinculadas a la transmisión de datos (IGR, Cable and Wireless, France Telecom, Unisource, Red Uno, NS y Megared), y varias empresas de mensajerías, de las cuales las más importantes son Mensatel y Sistelcom.

of Technology y ex empleado del Banco Mundial, a Economía y Hacienda no tendría nada de extraño[17] si su nombramiento no se hubiera debido a su pertenencia al Instituto de Empresa Familiar, del que era director.

Considerado como uno de los apoyos fundamentales de Felipe González en su política económica, el Instituto de Empresa Familiar constituye, junto con el Círculo de Empresarios, el Club de Empresarios y la Asociación para el Progreso de la Dirección, una de las cuatro «patronales» o «clubes de empresarios» más cercanas al PSOE. El Instituto de Empresa Familiar engloba en su seno a industriales de la talla de Jesús Polanco, presidente de Prisa; Tomás Pascual, de Pascual y Hermanos; José Lladró, de porcelanas Lladró; Rafael del Pino, de Ferrovial; Javier Godó, editor de *La Vanguardia*; José María Entrecanales, y Plácido Arango, propietario de las cadenas Vip's y Bob's. Su máximo responsable, Leopoldo Rodes, vicepresidente del Banco Urquijo de los March, pasa por ser uno de los asesores áulicos de Felipe González, del que es amigo personal[18]. Sin embargo, su núcleo dirigente está integrado por empresarios catalanes, cercanos a la línea ideológica de Convèrgencia i Unió. Varios de sus miembros están detrás de los pactos entre CiU y el PSOE, que han permitido la gobernabilidad del país desde junio de 1993. También participaron activamente en los acuerdos que condujeron al reparto del negocio del gas entre el Gobierno y la Generalitat, como vía para fortalecer la autonomía de la economía catalana. Considerados como un verdadero poder fáctico, con vinculaciones en la CEOE y en el Gobierno, Felipe González suele consultar con algunos miembros del Instituto de Empresa Familiar las leyes económicas, y el vicepresidente Narcís Serra acude con frecuencia como invitado a algunas de sus reuniones. En la última de ellas, celebrada en junio de 1994, el Instituto instó al Gobierno, a través de Serra, a que impidiera el «giro a la izquierda» en Andalucía. En las elecciones autonómicas convocadas días antes el PSOE había perdido la mayoría absoluta en el Parlamento regional e Izquierda Unida había incrementado considerablemente su número de escaños.

Fundado en 1976 por Santiago Foncillas, José Joaquín de Ysasi-Ysasmendi y otros noventa y ocho industriales, el Círculo de Empre-

---

[17] El nuevo secretario de Estado de Economía fue consejero del Banco de España y ocupó la Dirección de Planificación del INI en etapas anteriores.

[18] En la asamblea extraordinaria celebrada el 19 de junio de 1994 la entidad eligió a Mariano Puig nuevo presidente de la organización. Puig asumirá sus funciones en enero de 1995.

sarios es el club más cercano a la llamada *beautiful people* [19]. Presidido por el responsable de la patronal del automóvil, Carlos Espinosa de los Monteros, e integrado por banqueros e industriales cercanos al Grupo March, al BBV y al BCH, el Círculo de Empresarios tiene en la actualidad ciento cincuenta socios y sus relaciones con el Gobierno son bastante fluidas. En abril de 1994, tras la caída de las ventas de automóviles en un 24 por ciento, el ministro de Economía y Hacienda hacía suya una idea de Espinosa de los Monteros y decidía primar la venta para desguace de los coches con más de diez años como incentivo a la industria de la automoción, el primer sector exportador español.

La Asociación para el Progreso de la Dirección es un «club de notables» que dirige el ex presidente del Banco Hispano Americano, Claudio Boada, y por el que el presidente del Gobierno y sus ministros sienten una predilección especial. En febrero de 1993, Felipe González y los titulares de Trabajo, Luis Martínez Noval; Industria, Claudio Aranzadi; Obras Públicas, José Borrell, y de Economía, Carlos Solchaga, intervenían en unas jornadas organizadas por la Asociación para analizar la recuperación económica del país.

El Club de Empresarios es la CEOE socialista. De él forman parte los ejecutivos con carnet del PSOE que reemplazaron en 1992 a los directivos de UCD de las empresas del sector público, que constituyen el 49 por ciento del PIB. Del Club de Empresarios forman parte el presidente de Telefónica, Cándido Velázquez; la de Renfe, Mercé Sala; el de Construcciones Aeronáuticas, Javier Alvarez Vara; el de Tabacalera, Pedro Pérez; el del INI, Javier Salas; el de Iberia, Miguel Aguiló, y algunos directivos o ex directivos de empresas públicas, como Luis Solana, ex responsable de RTVE y Telefónica y presidente de Graminsa, o el ex presidente de Mercasa, Joaquín Prieto.

Mientras varios países de Europa occidental como Alemania, Reino Unido o Francia, siguiendo las recomendaciones del Banco Mundial, se plantean la venta de empresas y organismos públicos

[19] Nucleado en torno a industriales cercanos al BCH, al Grupo March y al BBV, forman parte de esta organización el director general del BCH, Santiago Foncillas; el vicepresidente de Abengoa, Javier Benjumea; el presidente de Aomar, José Luis Cerón; el ex presidente de Pryca y Uralita, Juan Antonio García Díez; el vicepresidente del BBV, Javier Gurpide; el presidente de Técnicas Reunidas y ex embajador de España en Estados Unidos, José Lladó; el consejero delegado de Gas Natural, Julián Trincado; el presidente de Ferrovial, Rafael del Pino; el presidente de Prosegur, Enrique Moya; el presidente de Alcatel España, Miguel Angel Canalejo; el constructor Juan Entrecanales; Fernando de Asúa, vicepresidente del BCH, y el responsable de la patronal del automóvil, Carlos Espinosa de los Monteros.

como una alternativa para sanear el déficit público, un amplio sector del Club de Empresarios se muestra en contra de privatizar un sector del INI y el Patrimonio del Estado, pues ello supondría la pérdida de sus privilegios. Muchos de los socios de este Club, como Pedro Pérez o Roberto Dorado, son ex altos cargos del Gobierno que han hecho de las empresas públicas el cementerio de elefantes con el que el PSOE paga a sus directivos los servicios prestados a la colectividad, garantizándoles un puesto en un consejo de administración y un sueldo durante años, pagados a costa del erario público en unas empresas en gran parte deficitarias y sin futuro. Todo ello pone de relieve que, mediante la cultura del «pelotazo» y la especulación, los socialistas han sido incapaces de crear una clase empresarial productiva, que modernizase y fomentara la creación de riqueza y de puestos de trabajo. Por el contrario, el PSOE ha puesto el país en manos de las multinacionales, y las crisis de Seat-Volkswagen, Suzuki-Santana, Nissan Motor Ibérica, Mercedes, Iveco-Pegaso, SKF, Ebro-Kubota, Valeo, KIO, Triumph, General Electric, Philips, Sanyo, Sharp, La Seda de Barcelona, Basf, Jefferson Smurfit y otras empresas ponen de relieve que Felipe González ha incentivado la formación de una clase dirigente empresarial basada en la cultura del dinero, constituida por auténticos mercaderes, que ha vendido el país a los grandes grupos transnacionales sin tener en cuenta las consecuencias futuras[20].

De todo eso trataremos en el próximo capítulo.

[20] Seat-Volkswagen, con unas pérdidas de 120.000 millones, cerrará la emblemática cadena de montaje de la Zona Franca de Barcelona, lo que afectará a diez mil trabajadores. Suzuki-Santana Motor pretendía despedir en mayo de 1994 a dos tercios de la plantilla de Jaén, y necesitaba 40.000 millones para sobrevivir. Nissan Motor Ibérica tiene deudas de 150.000 millones y pérdidas cercanas a los 40.000 millones, por lo que tendrá que despedir a mil quinientas personas. Mercedes ha reestructurado su plantilla de Barcelona reduciéndola a la mitad e importando los motores de Alemania. Iveco-Pegaso tendrá que suprimir a mil setecientos trabajadores de su factoría de Barajas. La multinacional sueca SKF, dedicada a fabricar rodamientos, anunció en diciembre de 1993 el cierre de su planta española. Especializada en maquinaria agrícola, Ebro-Kubota cerró su planta de Madrid. Valeo, dedicada a bujías y material de automóvil, se ha desprendido de su fábrica de Murcia. General Electric ha reducido su planta de electromedicina de España. Triumph dejó de producir prendas de corsetería en Barcelona. La multinacional holandesa Akzo abandonó en 1991 La Seda de Barcelona por las pérdidas acumuladas de 4.500 millones. Philips, Sanyo y Sharp han decidido abandonar o aplazar sus inversiones en Cataluña. Basf ha decidido no abrir su complejo de metacrilato en Tarragona y Jefferson Smurfit decidió cerrar su planta de Balaguer, en Lérida, dedicada a la fabricación de papel.

CAPITULO ONCE

ESPAÑA, UN PAIS EN VENTA

La entrada de España en la Comunidad Europea en enero de 1986 ha supuesto el mayor desastre de la historia económica del país. Con una agricultura poco modernizada y una industria en reconversión, las grandes multinacionales europeas aprovecharon el desarme arancelario para lanzarse a la compra de empresas españolas y adquirir, de esta manera, cuotas de mercado. Un informe del ICO revela que alemanes, franceses, norteamericanos e italianos controlan el 98,7 por ciento del sector del automóvil, el 36 por ciento del mercado de grandes superficies, el 18 por ciento del ramo de la alimentación, el 98 por ciento de la informática, el 70 por ciento de la industria química y el 43 por ciento de los cauchos y el plástico. La crisis de los sectores tradicionales de la industria pesada (naval y siderurgia), sin la creación de empresas alternativas, ha obligado al cierre de miles de fábricas y a la pérdida de 750.000 empleos en el sector industrial, que jamás volverá a recuperar las cotas de productividad de finales de los 70. Un asunto del que el PSOE tendrá que dar cuentas algún día.

El 16 de julio de 1987 el presidente de Mercasa, Jesús Prieto; el representante de Tabacalera, Baldomero Palomares; el administrador único de Red Areas Parque, Miguel Angel González Bernabé, y el consejero delegado de Ibérica de Servicios y Obras, Alberto Alcocer Torra, acudían al notario Manuel Ramos Armero. Su objetivo era crear una sociedad para penetrar en el mercado español de las grandes superficies, un sector que absorbe el 36 por ciento del consumo interno en el ramo de la alimentación y que en 1983 facturó 4,3 billones de pesetas con 1.300.000 de metros cuadrados de superficie ocupada.

Para ello, tanto Tabacalera como Mercasa habían ido tomando posiciones en una serie de empresas, como Lactaria Española (LESA), Nabisco Brands España (fabricante de galletas Marbú y Artiach), Koifer (empresa destinada a la venta de legumbres secas) Carnes y Conservas Españolas (Cargersa) o Frío Alimentos de Aragón (Fridarago), para ir creando el *holding* de la alimentación ligado al Partido Socialista Obrero Español.

El promotor de la idea, el ex alcalde de Getafe Jesús Prieto, vinculado al área guerrista del PSOE, contaba con el apoyo del vicepresidente del Gobierno, Alfonso Guerra, para llevar a cabo el proyecto. Los guerristas eran partidarios entonces de colocar bajo la influencia del partido las más importantes empresas del país.

José María Maravall, ex ministro de Educación, lo había manifestado públicamente años antes:

—La socialización que propone el PSOE afectará en una primera etapa a los diez grandes bancos y a cincuenta de las cien principales empresas del país [1].

Como se afirma en el capítulo nueve de este libro, los dos sectores del partido, solchaguistas y guerristas, habían llegado poco antes de las elecciones generales de 1982 a un acuerdo tácito para repartirse la economía del país. El equipo económico del Gobierno, con Miguel Boyer en el Ministerio de Economía, Hacienda y Comercio, Carlos Solchaga en la cartera de Industria, y Mariano Rubio en el Banco de España, eran los encargados de poner bajo control el sistema financiero del país. Los guerristas, con Carmen García Bloise y Guillermo Galeote en la Secretaría de Finanzas del Partido y con Txiqui Benegas en la Secretaría de Organización, habían situado a sus hombres en varias empresas públicas y en las Cajas de Ahorro.

Sin embargo, la decisión de Alfonso Guerra de tomar posiciones en el sector del comercio de grandes superficies chocó de inmediato con las intenciones de Carlos Solchaga y la *beautiful people*. Dos de los principales bancos del país, BBV y Banca March, tenían participaciones minoritarias en Continente y Pryca, dos de las empresas más agresivas del área. La presencia de Juan Antonio García Díez, Enrique Sarasola, Mariano Rubio y los máximos responsables de Filesa, el diputado Carlos Navarro y el senador catalán José María Sala, actuando como representantes de Pryca en

[1] José Luis Gutiérrez y Amando de Miguel en *La ambición del César*, Ediciones Temas de Hoy, 1990.

Madrid, era la prueba más palpable de que el negocio estaba bajo control del área económica del Gobierno.

Los hombres de Felipe González, de esta manera, habían decidido regalar uno de los sectores de mayor expansión a las multinacionales francesas, auténticos líderes mundiales del comercio de grandes superficies.

Desde la instalación del primer hipermercado de Pryca, en 1973, en Prat del Llobregat (Barcelona), las grandes superficies se han adueñado del paisaje de nuestro país para llegar a una situación en la que, en 1993, operaban en España un total de ciento ochenta y un grandes centros.

La empresa líder es Pryca, propiedad en un 63,8 por ciento de la francesa Carrefour. Pryca posee cuarenta y cuatro centros abiertos en España. En segundo lugar se encuentra Continente, con un 72 por ciento de su capital en propiedad del grupo galo Promodes. El tercer lugar lo ocupa Alcampo, propiedad de Auchan al 100 por cien, y en cuarto puesto se sitúa Hipercor, la empresa de alimentación de El Corte Inglés.

Las tres primeras empresas alcanzaron en 1993 unas ventas conjuntas de 1,3 billones de pesetas[2]. Con una facturación prevista para el año 2000 de 3 billones de pesetas, el impacto sobre el comercio tradicional ha sido impresionante. Desde 1988 hasta 1990 el comercio de grandes superficies llevó a la quiebra a 57.235 comercios de minoristas, según el Instituto Nacional de Estadística. De acuerdo con los datos de la CEOE, la cifra global de cierres ascendió a 300.000 pequeños centros, incapaces de competir con empresas financiadas con capital galo.

El Gobierno de Felipe González no sólo entregó a las multinacionales francesas el sector de la distribución en grandes superficies. Con el sector de la automoción ocurrió exactamente lo mismo.

* * *

El 25 de septiembre de 1941 el general Franco creaba el Instituto Nacional de Industria (INI) y ponía a su frente a Juan Antonio Suanzes, un marino nacido en El Ferrol (La Coruña) que había sido ministro de Industria y Comercio en dos ocasiones. Con Suanzes, el INI puso en funcionamiento el Centro de Estudios

[2] En este dato se incluyen las ventas de las marcas Gofy, Shopping Center y otras empresas del grupo establecidas en España.

Técnicos de Automoción, con el objetivo de diseñar y construir un vehículo pesado. Acto seguido se fundó la Empresa Nacional de Autocamiones (Enasa) y, con el apoyo técnico de La Hispano-Suiza, una factoría catalana dedicada a la fabricación de vehículos ligeros; tres años más tarde, el primer camión de fabricación nacional se exponía en el Salón Internacional del Automóvil de París como un gran éxito de la industria automotriz española.

La factoría de Pegaso, situada en las cercanías del madrileño aeropuerto de Barajas, ocupaba entonces un millón de metros cuadrados, y para evitar los desplazamientos de sus trabajadores se construyó Ciudad Pegaso.

Coincidiendo con la participación de la fábrica de camiones en el Salón de París, el INI, seis de las principales entidades bancarias del país (Banco de Bilbao, Central, Banesto, Hispano Americano, Urquijo y Vizcaya) y la empresa italiana Fiat constituían la Sociedad Española de Automóviles de Turismo, la Seat.

La idea del franquismo era hacer de España una de las principales potencias en el sector de la automoción y concentrar sus esfuerzos en estas dos fábricas, evitando así que uno de los sectores que más investigación y desarrollo necesitaba se desarrollara de forma artesanal en lugares con tan poca tradición industrial como Avila, Palma de Mallorca o Cabra[3].

Cuarenta años después, el Gobierno español, ante la profunda crisis que atravesaba la factoría, se decidió a poner a la venta la planta Pegaso de Barajas. La empresa sueca Volvo, que pretendía ganar cuota de mercado para sus productos, y la alemana Daimler Benz se interesaron por sus instalaciones. Tras años de negociaciones infructuosas, Pegaso pasó a ser propiedad de la italiana Fiat-Iveco, que pagó por las instalaciones 2.000 millones de pesetas, asumiendo unas pérdidas acumuladas en el año 1990 de 19.000 millones de pesetas[4].

---

[3] Joaquín Ciuro Gabarro, *Historia del Automóvil en España*. Ediciones Ceac, Barcelona, 1970.

[4] Gran parte del «agujero» de Pegaso se debió a la mala política del Gobierno y a la venta de camiones a países que no ofrecían garantías de pago. Quienes sí cobraban eran los comisionistas. El caso más flagrante al respecto fue la venta, a través de Enrique Sarasola y Adnan Kashogui, de mil vehículos pesados a Egipto, junto con otro material militar, como vehículos BMR de transporte de tropas. La operación, considerada como el «contrato del siglo», acabó en un rotundo fracaso. Los egipcios no pagaron nunca. Los comisionistas, en cambio, percibieron religiosamente sus honorarios.

El 27 de diciembre de 1985, la empresa alemana Volkswagen adquiría el 99,99 por ciento de la Seat por 1.403 millones de marcos (87.000 millones de pesetas). Previamente, el Estado español había invertido 280.000 millones de pesetas en modernizar la planta de la Zona Franca y otros 150.000 millones en deshacerse de las cargas financieras.

Seat, que había fabricado 7.700.000 coches de diecinueve modelos diferentes, había sido incapaz de consolidarse como empresa en el sector de la automoción. En 1980 Fiat se negó a acudir a una ampliación de capital de 50.000 millones y dejó a su filial con una muy escasa tecnología propia y un mediocre plantel de ingenieros y diseñadores. Ocho años más tarde, en 1988, la multinacional japonesa Suzuki tomó el mando en la planta de fabricación de vehículos todo-terreno Land Rover Santana, situada en Linares, provincia de Jaén, donde se producían automóviles con patente inglesa destinados principalmente al Ejército. En 1991 los japoneses se hicieron con la propiedad acudiendo a una simple ampliación de capital de 6.215 millones de pesetas.

De esta manera, por unas cantidades irrisorias, Fiat-Iveco, Volkswagen y Suzuki ponían bajo su dominio tres de las más importantes redes de distribución para controlar el mercado interno, que absorbe casi un millón de vehículos al año.

Mientras se desprotegía la industria nacional, cautiva de las empresas extranjeras en cuanto a innovación tecnológica, los sucesivos gobiernos fomentaron la penetración en España de las multinacionales de la automoción, a las que se dio todo tipo de facilidades para su instalación [5], convirtiendo la vieja piel de toro en el sexto país del mundo en la fabricación de automóviles, después de Japón, Estados Unidos, Francia, Alemania y Corea, y por delante de Italia y Gran Bretaña. De esta manera, España llegó a exportar 1.300.000 coches al año, lo que representaba el 25 por ciento de la balanza comercial. Sin embargo, la crisis del sector de la automoción en todo el mundo y la decisión de los fabricantes de instalarse en países del Este o de Asia para beneficiarse de mano de obra más barata y de menores costes sociales e impositivos, ha llevado a drásticas reducciones de plantilla en Suzuki,

[5] Ford en Almusafes, Renault en Valladolid, Citroën en Vigo, General Motors en Zaragoza, Peugeot en Villaverde (Madrid) y Nissan Ibérica en Barcelona.

Nissan y en Seat, que ha cerrado una de sus plantas de producción de la Zona Franca.

* * *

La penetración de las empresas extranjeras en la economía española, a la búsqueda de un mercado de cuarenta millones de personas, ha sido una de las claves del falso desarrollo de finales de la década de los ochenta y de la crisis actual. Según una investigación del diario económico *The Wall Street Journal*, treinta y cinco de las cuarenta y ocho principales empresas del mundo se han establecido en España en las dos últimas décadas.

Por su parte, el mensual británico *Acquisitions* ponía de relieve que de un total de ciento treinta grandes empresas vendidas en España de 1991 a 1993, setenta y cinco habían caído en manos extranjeras. Un gráfico publicado por el diario *Expansión* permite llegar al mismo diagnóstico[6].

A su vez, un informe de Silvia Iranzo publicado en la revista *Inversiones Extranjeras* del Icex[7] indica que las empresas extranjeras dominan el 98,44 por ciento del sector de máquinas de oficina, ordenadores e instrumentos de precisión y óptica, el 98,72 por ciento del sector de la automoción, el 70 por ciento del sector químico, el 43 por ciento del sector de material eléctrico y de electrónica, el 17,96 por ciento del sector alimentario y el 36 por ciento del comercio de grandes superficies.

Un trabajo del secretario general del Ministerio de Comercio y secretario de Estado de Hacienda, Guillermo de la Dehesa, pone de relieve que de las treinta y cinco grandes privatizaciones realizadas por el sector público entre 1985 y 1989, un total de quince empresas fueron a parar a multinacionales extranjeras. Los casos más representativos son los de KIO, que absorbió Ingenasa y Pamesa; Fujitsu, que pasó a controlar la empresa de electrónica Secoinsa; Aslthom, que compró las sociedades de bienes de equipo MTM y Ateinsa; el grupo Ferruzzi, que se hizo con la empresa de alimentación Oesa, y Fiat y Volkswagen, que, como se ha señalado anteriormente, son propietarias de Pegaso y Seat.

La invasión de las grandes empresas extranjeras en España se produjo especialmente tras la entrada de nuestro país en la Comunidad Europea, un proceso que supuso en muchos aspectos un

---

[6] *Acquisitions*, febrero de 1994, y *Expansión*, 26 de marzo de 1994.

[7] Véase número correspondiente a agosto-septiembre de 1991.

serio retroceso con respecto al acuerdo preferencial firmado por España en 1970 y que aceleró la crisis del sector industrial.

Con el chantaje político de tener que llegar a un acuerdo a plazo fijo para que Felipe González pudiera presentar el 1 de enero de 1986 el ingreso en la CE como un gran triunfo socialista y enfrentarse con alguna esperanza al referéndum sobre la OTAN, el Gobierno español negoció deprisa y mal. Con un sector agrícola que ocupaba tres puntos porcentuales de mano de obra por encima de la media comunitaria, lo que indicaba su falta de modernización, y un sector industrial en reconversión, con las viejas fábricas a medio desmantelar y las nuevas aún en periodo de rodaje, el desarme arancelario se llevó a cabo con demasiada precipitación. «Tan rematadamente mal —afirma el periodista César Lumbreras, experto en temas agrícolas— que la balanza comercial con Francia, que era dos a uno favorable a España, un par de años después del ingreso en la CE se invirtió, pasando a ser favorable a Francia en un 400 por ciento.»

La caída de las barreras arancelarias atrajo a España a grupos franceses, alemanes, italianos, ingleses, holandeses y belgas dispuestos a adquirir empresas españolas para cerrarlas o remodelarlas y quedarse con la cuota de mercado de un país de cuarenta millones de clientes potenciales, sin incluir a los turistas.

El efecto más inmediato fue el espectacular crecimiento de las inversiones extranjeras. Mientras que desde 1961 a 1985, es decir, en veinticuatro años, el conjunto de las inversiones extranjeras en España no llegó a los dos billones de pesetas[8], de 1986 a 1992 la entrada de capital extranjero en el mercado español fue de 56,7 billones de pesetas, lo que representa el PIB de 1992.

La inversiones directas y en inmuebles durante ese periodo ascendieron a 7,36 billones de pesetas, y las inversiones totales netas llegaron a los 10,8 billones, lo que contribuyó a la compra de numerosas e importantes empresas y a la mejora de la balanza por cuenta corriente, que comenzaba a ser deficitaria tras el retorno de los emigrantes a España[9].

Sin embargo, de esos 56,7 billones de pesetas llegados a España en esos siete años de falso crecimiento económico, 49,4 billones

---

[8] Concretamente 1,894 billones, según la Balanza de Pagos de España del Ministerio de Comercio.

[9] Fernando Eguidazu, «Inversiones Extranjeras en España», *Revista de Política Exterior*, febrero-marzo de 1994.

eran inversiones especulativas que acudían a las bolsas españolas atraídas por el alto precio del dinero y por las exenciones fiscales de los beneficios de determinados títulos del Estado para con los fondos extranjeros [10].

La irrupción de esos flujos tan impresionantes de dinero en una economía acostumbrada a arrastrar un gran déficit financiero dio lugar al nacimiento de una nueva clase empresarial, cuyo principal mérito no era crear empresas sino especular con ellas o vender las de sus abuelos. Alberto Alcocer y Alberto Cortina, Miguel Durán, Mario Conde, Javier de la Rosa, José María Escondrillas, Luis Olarra, Jesús Roa Baltar, Florentino Pérez Rodríguez, José María Aristráin, Juan Abelló, Jacques Hatchuel, Giancarlo Parretti, Enrique Sarasola, Silvio Berlusconi, Gustavo Cisneros, Marc Rich, Manuel de la Concha, Carlos García Pardo, Emiliano Revilla, Carlo de Benedetti, Luis García Cereceda, Eduardo Santos, Benedicto Alfaro, Andrés Elosúa, José Luis Aguirre de Retes, Manuel Lao, Joaquín y Jesús Franco y Javier Godó simbolizaron toda una época de crecimiento y prosperidad y aparecían, con frecuencia, en portadas de periódicos y revistas de economía, muchos de ellos nominados como candidatos a «empresarios del año».

Casi todos han pasado su calvario y muchos han sido confinados hoy al olvido porque, en realidad —salvo casos aislados como el de Luis Olarra—, no eran empresarios dispuestos a fundar fábricas y crear puestos de trabajo. La gran mayoría eran «comisionistas» o simples especuladores.

«Con los socialistas ganan más los especuladores que los verdaderos empresarios», denunciaba a comienzos de 1989 el presidente de la Confederación Española de Organizaciones Empresariales, José María Cuevas [11]. Para la CEOE, los principales factores que dificultan el crecimiento industrial del país son la rigidez del mercado laboral, la falta de instrumentos de capitalización (aseguradoras, fondos de pensiones), la política del Gobierno sobre los bancos para que se salgan del riesgo industrial, los elevados costes

[10] Mientras países mucho más ricos y con una moneda más fuerte que la nuestra, como Estados Unidos, pagaban los *junk bonds*, las acciones de las «empresas basura», a un punto o punto y medio por encima de la inflación, Carlos Solchaga remuneraba las inversiones exteriores entre 7 y 8 puntos por encima de la inflación.

[11] En entrevista con Nativel Preciado, *Tiempo*, número 355, de 21 de febrero de 1989.

energéticos y la fuerte presión fiscal que sufren las empresas. «Esa actitud contrasta con las exenciones fiscales, las cesiones de terrenos, los beneficios de radicación, las quitas de deudas y las subvenciones para reducir los costes energéticos que se ofrecen a las empresas extranjeras que compran industrias españolas o se instalan por primera vez en el país», afirma Gonzalo Garnica, director de Comunicación de la CEOE.

Junto a la diferencia de trato, otro factor determinante que ha acelerado la venta de empresas españolas a Francia, Alemania, Italia y Estados Unidos son las comisiones. Informes confidenciales de la patronal aseguran que en casi todas las grandes operaciones se han movido altas sumas de dinero depositadas en paraísos fiscales que han ido a parar a empresarios del PSOE o al propio partido, aunque, lógicamente, hasta el momento no hay pruebas de ello.

Uno de los primeros «tiburones» que hicieron su aparición en España tras la entrada del país en el Mercado Común fue el «financiero» italiano Giancarlo Parretti. De cuarenta y nueve años, nacido en Orvieto y en posesión de pasaportes diplomáticos de varias nacionalidades, Parretti desembarcó en España por el aeropuerto del Prat. En Barcelona adquirió por 150.000 pesetas la sociedad Sapromec, sin actividad. La rebautizó con el nombre de Interpar España y empezó a hacer negocios con el apoyo de Bárbara Darder, ex secretaria de Boyer, e Iñigo Cotoner, hijo del marqués de Mondéjar, a quienes había metido en sus empresas para allanarse el camino.

Tras intentar comprar sin éxito media isla de Formentera al empresario ibicenco Abel Matutes, su primer negocio fue la adquisición de la cadena Meliá, un grupo con doscientas once agencias de viajes y ochenta y seis hoteles de lujo esparcidos por medio mundo. El grupo iba mal tras un negocio ruinoso en Contadora y Banesto tenía embargados los hoteles por 7.000 millones.

El 20 de abril de 1987, Parretti y su socio Fioro Fiorini, que había sido encarcelado en Suiza en 1984, llaman a las puertas de Banesto y se ofrecen a adquirir la cadena por la cancelación de la deuda. Banesto acepta y les presta los 300 millones de pesetas que hay que poner de señal. Seis meses después, el empresario de Orvieto ha vendido la mitad de los hoteles a la cadena Sol por 12.500 millones, con lo que ha hecho un negocio redondo.

Poco después intenta adquirir Banesto y la empresa estatal Explosivos Río Tinto, para lo que entra en contacto con su presidente, José María Escondrillas. Fracasa en ambos negocios y entonces se acerca al Ministerio de Hacienda y al Fondo de Garantía de Depósitos. De esta manera adquiere por 12.300 millones de pesetas Renta Inmobiliaria, una sociedad procedente del Banco de Levante con la que vuelve a duplicar el capital invertido[12].

Otro de los «caza-imperios» llegado a España al socaire del *boom* inmobiliario y el alza de la bolsa fue Carlo de Benedetti, implicado en 1993 en Italia en la operación «Manos Limpias». Por medio de Cofir, una sociedad creada con los «Albertos» y el BBV, «El Ingeniero», como se le conoce en su país, adquiere, en abril de 1988, el 27 por ciento de Pascual Hermanos por 3.300 millones de pesetas. La operación le convierte en socio del mayor grupo exportador de cítricos y vegetales españoles y el tercer grupo hortofrutícola de la CE. En 1989 vende su participación a United Brands por 8.600 millones de pesetas, con lo que obtiene unos beneficios de 5.300 millones.

Acto seguido se hace con el 49 por ciento de Bodegas Berberana, con el 41,6 por ciento de la cadena de hoteles NH, con la editorial Grijalbo, con las tiendas de ropa masculina Massimo Dutti y con los activos de Macosa en Barcelona.

Otro *holding* claramente agresivo en el mercado español fue el kuwaití KIO. Su penetración en el mundo de las papeleras (Inpacsa, Torras, Icsa, Pamesa, Carpa), en el campo de la alimentación (Ebro Agrícola, Herba, Agrícola de Barbate) y en el de los fertilizantes (Explosivos Río Tinto, Cros, Fesa, Enfersa) puso en sus manos el control de buena parte de la producción de papel, el 65 por ciento del mercado del azúcar y el 60 por ciento de los fertilizantes.

El sector químico quedó dominado por empresas alemanas y belgas. Especialmente, Bayer, desde sus factorías de Tarragona y El Prat de Llobregat; Basf, con su fábrica de poliestireno expandible de Tarragona; Dow Chemical, con plantas en Erandio y en Tarragona; Hoechst Ibérica, emplazada también en el complejo petroquímico de Tarragona, y Solvay España, con naves industriales de fabricación de materia prima para plásticos en Cantabria y Tarragona.

En el sector del papel, tras la crisis de Papelera Española y la creación de Torras, la compañía Cartiere Saffa de Italia ha adquirido el 66,6 por ciento de Prat Cartón, una filial de Papelera, con

[12] Más información sobre Parretti puede encontrarse en el libro *L'argent sale. Enquête sur un krach retentissant*, del que es autor el parlamentario de la Asamblea Francesa François d'Aubert, Plon, 1993. No existe traducción al castellano.

lo que Saffa controla el 25 por ciento del mercado europeo de cartonajes. En otro segmento del mercado, el papel de aluminio está bajo el control de Tetra Pack, propiedad de Tetra Pack Ab, y de Scott Ibérica, bajo el control de la multinacional Scott Paper, con intereses en el sector de manteles y servilletas de papel [13]. Todo ello consolida otro mercado bajo influencia extranjera.

La reprivatización del Grupo Rumasa también permitió que una parte de las empresas españolas cayera en manos de extranjeros. Pero eso merece otro apartado.

* * *

Hispano Alemana de Construcciones ocupaba en 1984 el quinto lugar en el *ranking* de empresas constructoras del país, después de Dragados, Agromán, Entrecanales y Construcciones y Contratas.

Expropiada el 23 de febrero de 1983 como parte del *holding* de Rumasa, el Gobierno decide venderla el 10 de julio de 1985. La «adjudicataria» es Transworld Construction Incorporated, una empresa desconocida en todo el mundo pero que meses antes había insertado publicidad en los periódicos anunciando que poseía oficinas abiertas en sesenta y siete países.

En el momento de la venta, el Estado se hizo cargo de las deudas (7.187 millones de pesetas al Bank of America) y entregó a los compradores 11.069 millones en dos talones más un patrimonio empresarial estimado en otros 17.000 millones de pesetas. A cambio, éstos se comprometían a pagar 1.000 millones de pesetas en un plazo de siete años, cuando la compañía diera beneficios.

Tras la operación se descubre que Transworld Construction Incorporated ha sido una empresa fantasma hasta el 12 de junio de 1985, fecha en la que es inscrita en el registro de Delaware. Su capital social es de 2.500 dólares. Con el dinero que recibe del Estado, la constructora fantasma adquiere Huarte y Compañía, una sociedad con 28.500 millones de facturación.

Como los socios norteamericanos no aparecen, Transworld Construction acaba siendo absorbida por Fiat-Impresit, la constructora de la Fiat, que realiza gran parte de la obra civil del Tren de Alta Velocidad.

Otra empresa del consorcio de Ruiz Mateos, el Banco Atlántico, fue vendida al Aresbank y al Arab Banking Co., de Libia; la socie-

---

[13] Los datos aparecen recogidos en el libro *España en busca del éxito*, escrito por el corresponsal de *The Times* William Chislett, 1992. La edición, realizada por encargo del Banco Central, no se encuentra a la venta.

dad de seguros Fénix Peninsular fue vendida al grupo francés Assurance de France; la cadena de hoteles y lavanderías Hotasa al grupo KIO; la red de alimentación Mantequerías Leonesas y las bodegas Garvey, de Jerez, al Coop Group, de la República Federal de Alemania; la lujosa compañía de tiendas de artículos de piel Loewe a Louis Urbois, de Francia; la naviera Ibernaves a Nordic Inc. Navigation. Caso aparte es el de Galerías Preciados.

El 4 de diciembre de 1984 un Consejo de Ministros presidido por Felipe González y en el que se encontraba presente Miguel Boyer vende la cadena de grandes almacenes a Elingra Benegingmaat, registrada en Holanda.

Galerías Preciados era propietaria entonces de casi un millón de metros cuadrados de superficie comercial. Su patrimonio neto contable era de 29.000 millones de pesetas, debido a una inyección de 35.000 millones hecha por el Gobierno. Su plantilla laboral había sido reducida en dos mil personas, para hacerla viable.

Según el acta del Consejo de Ministros, la empresa así saneada fue vendida por adjudicación directa por 750 millones de pesetas a la holandesa Elingra Benegingmaat, cuyo propietario era el industrial venezolano Gustavo Cisneros, amigo personal de González y de Boyer.

Cisneros pensaba colocar al frente de esta sociedad a su hermana mayor, María Elena. Sin embargo, en agosto de 1987, sin haberse cumplido el plazo para la venta de los grandes almacenes a terceros, inició conversaciones con Anthony Clegg, del grupo británico Mountleigh, y el 15 de enero de 1988 le traspasó Galerías Preciados a cambio de 30.600 millones de pesetas.

Otro alto cargo del PSOE al que la revista *Cambio 16* relaciona con las finanzas socialistas es Julián Sancristóbal. En 1986 recibió de la empresa francesa Alcatel su filial Marconi, fabricante de radares y sistemas de guerra electrónica, y 500 millones de pesetas para proceder a su saneamiento. Poco después, con Sancristóbal como presidente, la empresa cerró, dejó en la calle a varios centenares de trabajadores sin indemnización y el dinero desapareció [14].

Tras soltar el lastre de Marconi, Alcatel, la primera multinacional del mundo del sector de la electrónica y las comunicaciones,

---

[14] Gonzalo San Segundo en *Cambio 16*, 15 de agosto de 1987. Por su parte, Julián Sancristóbal asegura que en esta operación no hubo ningún tipo de pago de «impuesto revolucionario» a ningún partido político y que su gestión fue clara y transparente en todo momento.

pasó a convertirse en el primer suministrador de centrales y fibra óptica de Telefónica de España. En la lista de proveedores de tecnología a Telefónica le siguen la compañía sueca Ericsson, la norteamericana ATT, que tiene una planta de fabricación de microelectrónica en Tres Cantos (Madrid) para la producción de circuitos integrados, y la italiana de la Fiat, Telecttra España.

El gran proyecto del PSOE de potenciar Amper como la gran industria de la electrónica con aplicaciones al sector de las telecomunicaciones, llevando a su dirección a uno de los ejecutivos del partido, Antonio López, hombre de confianza de José María Calviño durante un tiempo en Radio Televisión Española, ha sido desbordado por las exigencias de nuevas tecnologías, la fibra óptica y la digitalización de sistemas, en las que norteamericanos, suecos y franceses eran pioneros. En los años en que España decidió incorporar a las multinacionales como suministradoras de la compañía estatal, la red telefónica española no sólo se situaba a la cola de Europa, sino por detrás de países como Brasil y al nivel de México [15].

Un segmento de la economía donde, en cambio, España tenía algo que decir es el de la farmoindustria, protegida por el Estado desde la década de los cincuenta. El Gobierno permitió, sin embargo, que algunas de las industrias líderes en el mercado mundial cayeran en manos de las multinacionales.

* * *

A comienzos de 1987, Antibióticos Españoles, una de las principales industrias del sector farmacéutico nacional, es vendida por Mario Conde y Juan Abelló a la multinacional italiana Montedison por 450 millones de dólares, unos 59.200 millones de pesetas de la época.

La empresa, considerada una de las industrias estratégicas del país, había recibido numerosas ayudas y subvenciones por parte del Estado español desde su creación, en 1948. Las autoridades nacionales habían financiado con dinero del contribuyente gran parte de las investigaciones y, teóricamente, no se podía vender a una potencia extranjera.

Antibióticos, que en 1984 había facturado casi 13.000 millones de pesetas, pasó dos años más tarde a unas ventas de 27.800 millones, de los que un 60 por ciento correspondían a exportaciones

---

[15] Carlos Alonso Zaldívar y Manuel Castells, *España fin de siglo*, con prólogo de Narcís Serra, Alianza Editorial, Madrid, 1992.

que se pagaban en dólares. Era la primera empresa española en fermentación, la primera en derivados del opio, la primera en sueroterapia.

En León poseía una de las plantas de fermentación de antibióticos más importantes del mundo, donde se habían conseguido unas cepas con una altísima capacidad de reproducción. Con un mínimo de imaginación y una simple alianza estratégica con alguna de las multinacionales del sector, podría haber controlado el mercado internacional de la penicilina. Sin embargo, Juan Abelló y su socio Mario Conde, que habían llegado a hacerse con su control, prefirieron, contando con la aquiescencia del PSOE y del Gobierno de Felipe González, dar el gran «pelotazo» y vender la mejor empresa del sector farmacéutico español a una multinacional italiana del grupo Ferruzzi, en lugar de potenciar la creación de una verdadera industria nacional.

Sólo Matilde Fernández, por entonces líder del sector químico de UGT, se opuso tibiamente a la liquidación de nuestra industria farmacéutica: «Es una operación en la que se benefician dos señores y se perjudica a un país entero.»

La venta de Antibióticos, que hizo multimillonarios a Mario Conde y a Juan Abelló, había tenido sus orígenes cuatro años antes, en 1983.

Juan Abelló es en esos momentos propietario por herencia familiar junto a sus hermanas de los Laboratorios Abelló, una empresa situada entre los siete primeros laboratorios del mundo en alergias e inmunología. Uno de sus productos estrellas es el Frenadol, un preparado químico a base de paracetamol y ácido ascórbico para el tratamiento sintomático de la gripe y el resfriado común. Gracias a este medicamento, que se produce en la planta de preparados farmacéuticos de Laboratorios Abelló de Alcalá de Henares y que se consume masivamente en todo el país, la familia Abelló logra una facturación de casi 5.000 millones de pesetas en el año 1982.

Mario Conde es entonces un espabilado joven que trabaja como abogado del Estado en el área de lo Contencioso Administrativo, donde se aburre soberanamente. Lo suyo no es ir de picapleitos del Estado por la vida, sino hacerse rico rápidamente. Cuando un viejo amigo de la Universidad de Deusto le presenta a Juan Abelló, que necesita un abogado joven con contactos en la Administración para que le arregle determinados asuntos jurídicos de sus empresas, se produce la conjunción astral más desastrosa para las finanzas del país en el último siglo.

Conde, que junto a su mujer, Lourdes Arroyo, y su suegro, Alejandro Arroyo, se encuentra metido en un procedimiento penal por un supuesto alzamiento de bienes al Banco de Madrid, del que su suegro era acreedor[16], tiene en Laboratorios Abelló la posibilidad de escalar el primer peldaño hacia la fortuna.

Las multinacionales del sector farmacéutico estaban dispuestas a invertir cantidades multimillonarias para quedarse con los laboratorios españoles, conscientes de que así mataban dos pájaros de un tiro: hacerse con las patentes, las marcas y la tecnología de éstos, y copar su cuota de ventas, tanto en los mercados nacionales como en los extranjeros.

Una de las transnacionales más agresivas en este campo era la norteamericana Merck. Sus ejecutivos llevaban varios años tratando de llegar a un acuerdo con Juan Abelló. Pero éste no se decidía a liquidar el negocio familiar, del que dependían sus cuatro hermanas, mientras viviera su padre.

Además, Laboratorios Abelló formaba parte de otro conglomerado farmacéutico más importante, Antibióticos, S. A., una sociedad propiedad de cinco empresas. El *holding* se consideraba parte del sector estratégico del Ministerio de Defensa. En caso de guerra debía abastecer de medicamentos al Estado.

Nombrado consejero delegado de Laboratorios Abelló, Mario Conde convence al propietario de que es posible separar Laboratorios Abelló del resto del conglomerado y vender su empresa a los norteamericanos sin tocar el 23 por ciento que poseen en Antibióticos S. A.

El abogado del Estado lo ha consultado con el ministro de Industria, Carlos Solchaga. Este le da la respuesta esperada:

—El Gobierno no se opone a la venta de Laboratorios Abelló a una empresa extranjera, siempre que el 23 por ciento que esta empresa posee en Antibióticos quede en manos españolas.

—Entonces estamos de acuerdo, ministro. No pensamos vender nuestra participación en Antibióticos.

—Pues adelante. La españolidad de Antibióticos es incuestionable.

Una vez conseguidos los permisos del Gobierno, el 29 de septiembre de 1983 Juan Abelló, sin consultar con sus herma-

---

[16] Mario Conde fue procesado por estos hechos el 2 de julio de 1985 por el Juzgado de Instrucción número 28 de Madrid. Dos años después, cuando se hizo con el control de Banesto, el sumario fue archivado.

nas[17] ni esperar el fallecimiento de su padre, vendió los Laboratorios a la multinacional Merck por 2.800 millones de pesetas. Con ese dinero se iba a preparar una operación mayor, la compra de Antibióticos S. A., el mayor *holding* farmacéutico español.

Antibióticos S. A. había sido creada en 1948 por uno de los gobiernos del general Franco. Acabada la Guerra Civil, en la que la falta de medicamentos para combatir las infecciones de los heridos causó tantas bajas como las balas de los fusiles o la metralla de las bombas, el régimen decidió crear una industria farmacéutica fuertemente asentada, capaz de abastecer las necesidades del país en productos básicos: antibióticos, vacunas, antialérgicos y antigripales. La empresa, declarada de interés nacional, apoyada desde el Estado y beneficiaria de todo tipo de ayudas desde sus comienzos, estaba integrada por cinco sociedades: Instituto Llorente, Zeltia S. A., Instituto de Biología y Sueroterapia S. A. (Ibys), Laboratorios Abelló y Laboratorios Experimentales de Técnicas Inmunológicas S. A. (Leti). El consejo de administración de la compañía estaba formado en 1984 por representantes de estas cinco sociedades, actuando Juan Abelló como vicepresidente y Mario Conde como consejero. Cuando Enrique Quilate abandonó su puesto de consejero delegado en noviembre de 1983 le sustituyó el abogado del Estado. La pareja Conde-Abelló tenía trazado su plan para hacerse con el control de la compañía.

Mario Conde, que trabaja por las tardes en un bufete de abogados en la calle Maldonado de Madrid junto con Enrique Lasarte y Arturo Romaní, dos personajes que en el futuro iban a desempeñar un papel muy importante en el abordaje a Banesto, abandona el despacho y se dedica a montar su segunda operación de «tiburoneo»: el control de Antibióticos S. A.

En el otoño de 1984 habla con Francisco Cano Laso, representante de Laboratorios Llorente, que posee un paquete del 14 por ciento en Antibióticos. Se lo compra con el dinero de la propia compañía, que por entonces dispone de una envidiable liquidez como consecuencia de sus ventas en el extranjero. Abelló y Conde controlan en esos momentos el 37 por ciento del consorcio.

La operación rompe el *statu quo* existente hasta entonces en Antibióticos, donde se mantenía vigente un pacto no escrito me-

[17] Mario Conde se llevó por la operación más de 300 millones de pesetas, cantidad bastante superior a la percibida por cada una de las cuatro hermanas, que poseían en conjunto un 40 por ciento de la sociedad.

diante el cual, en el caso de que uno de los socios decidiera vender, los restantes podían ejercer el derecho a tanteo y retracto.

El 11 de diciembre de 1984 los accionistas de Ibys, Zeltia y Leti, que controlan en su conjunto la mayoría, están dispuestos a que Mario Conde pague cara su osadía. En una junta general convocada ese día exigen su dimisión como consejero delegado y deciden echarle de la compañía.

El abogado del Estado asume un papel de víctima. Reconoce que ha obrado mal en la compra de Laboratorios Llorente y se muestra dispuesto a repartir las acciones de Abelló y suyas entre todos los socios.

Los representantes de Ibys, Zeltia y Leti dan el pacto por bueno. Sin embargo, para Mario Conde aquello sólo es una tregua en espera del zarpazo siguiente. Mientras se está preparando el acta de la junta general del 11 de diciembre aborda a Gonzalo Urgoiti, representante de Ibys, y le compra su participación en Antibióticos por 4.000 millones de pesetas.

Ibys es, en esos momentos, una empresa que cotiza en bolsa, y para llevar a cabo una operación de ese tipo es necesario presentar una OPA en toda regla. Mario Conde y Juan Abelló se las arreglan con el notario Félix Pastor Ridruejo para saltarse la legislación vigente.

Es el 29 de diciembre de 1984. Juan Abelló y Mario Conde poseen la mayoría de Antibióticos sin poner un duro. Los 4.000 millones de pesetas han salido de las arcas de Bankinter, a cambio de la pignoración de las propias acciones.

A continuación compraron los créditos bancarios de Leti, una empresa que pasaba una mala racha financiera. Anunciaron a sus propietarios que, a su vencimiento, iban a ejecutar las deudas. Así, desembolsando menos de 300 millones de pesetas, se quedaron con el 17 por ciento que esta sociedad poseía en Antibióticos. Apoderarse del paquete de Zeltia, propietaria de un 23 por ciento del *holding*, fue cuestión de días.

El primer paso estaba dado. Acto seguido, Conde y Abelló, con la ayuda de José Félix Pérez-Orive, el hombre que había dado a conocer la empresa en los mercados internacionales, prepararon una operación de lanzamiento en la que desempeñó un importante papel el espionaje industrial a la Beecham y el descubrimiento de una nueva generación de antibióticos desarrollados a partir de una cepa del ácido clavulánico.

Así, Antibióticos, que en 1984 obtenía unos beneficios de

menos de 900 millones de pesetas, pasó en 1987 a consolidar unas ganancias de más de 3.000 millones, con una fuerte penetración en países como la India, el enclave de Hong Kong, Singapur y otras áreas del sudeste asiático que necesitaban grandes cantidades de antibióticos para combatir las enfermedades endémicas, especialmente crueles con la infancia.

Durante todo este tiempo el Estado continúa gastando buena parte del dinero de los españoles en garantizar unos precios mínimos de venta a los productos de Antibióticos y en concederle ayudas para invertir en investigación y desarrollo. Pero Abelló y Conde aspiran a metas más altas. Consideran una pérdida de tiempo ir ganando pequeñas cuotas de mercado a base de mucha investigación y mejoras continuadas de la tecnología.

En 1986 entran en contacto con el gigante Montedison, el segundo conglomerado italiano después de la Fiat, y deciden venderle la compañía. Se entrevistan en secreto en Milán, Roma y Ginebra con Mario Schimberni, el presidente del grupo químico italiano, que se halla muy interesado en la compra de Antibióticos para extender sus tentáculos al mercado farmacéutico español.

La confidencialidad se mantiene sólo unos meses. Cuando el 19 de diciembre el *Financial Times* publica la noticia, el Gobierno español reacciona en contra. El ministro de Sanidad, Ernest Lluch, el entonces ministro de Hacienda, Carlos Solchaga, la representante del sector químico de UGT, Matilde Fernández, y hasta el director general de Farmacia, Félix Lobo, se declaran en contra de la venta.

Casi todo el aparato socialista, salvo el ministro de Industria, Luis Carlos Croissier, consideran que una industria que se ha nutrido permanentemente de fondos públicos y que forma parte del patrimonio de todos los españoles aunque su titularidad sea privada no puede caer en manos extranjeras para que Juan Abelló y Mario Conde, en una operación especulativa sin precedentes, se llenen los bolsillos.

Además, el sector guerrista del PSOE, con Matilde Fernández a la cabeza, aspiraba secretamente a que Antibióticos se transformara en la punta de lanza del sector farmacéutico español. Este campo había sufrido en los últimos años una dependencia cada vez mayor de las multinacionales extranjeras, lo que suponía una fuerte exportación de divisas y un retroceso considerable de todo el sector de la sanidad.

Schimberni y Conde conocen la fuerte oposición que la operación genera en el Gobierno, y el empresario de Montedison hace gala de su pragmatismo. Acude al primer ministro de su país, el socialista Bettino Craxi, y le persuade para que hable con Felipe González. Al mismo tiempo, para el día a día, se crea una comisión entre el PSOE y el PSI presidida por Ferdinando Mach di Palmstein, un empresario de cuarenta y un años, de origen suizo, que maneja las finanzas ocultas del partido italiano.

Mach di Palmstein habla perfectamente español y pasa sus vacaciones en las islas Baleares, adonde suele acudir también el «número tres» del PSOE, Txiqui Benegas, y otros destacados socialistas españoles. En este marco, en el que se manejan multimillonarias comisiones, el Gobierno español accede en las Navidades de 1986 a la venta de Antibióticos, aunque el acuerdo no se firma hasta el mes de abril siguiente.

La venta de Antibióticos a Montedison incrementó la dependencia española del sector químico en un segmento del consumo tan sensible como los productos de farmacia. En la actualidad, según un estudio de la CEOE, las principales empresas suministradoras de medicamentos son la suiza Ciba-Geigy, con un centro de producción en Barcelona; Antibióticos Farma, propiedad de la italiana Familatia Carlo Erba, con plantas en Madrid y Santa Perpetua de Mogoda; Boehringer Mannheim, de capital suizo y luxemburgués, especializada en medicina preventiva; Merck Sharp & Dohne, con fábricas en Madrid, propiedad de la norteamericana Merck and Company; Beecham, de capital angloamericano, líder del mercado nacional de antiácidos; la alemana Bayer, y Laboratorios Roche, especializada en complejos vitamínicos y vinculada al consorcio Hoffman Laroche.

La penetración de los grupos industriales europeos centró su objetivo también en el sector agrario español.

* * *

El 20 de julio de 1993 Giuseppe Berlini, delegado financiero del grupo Ferruzzi, hacía unas explosivas declaraciones en Milán en las que acusaba a políticos españoles de haber cobrado comisiones por la venta de Elosúa al conglomerado italiano.

Las manifestaciones de Berlini, que acababa de salir de la cárcel de Milán, donde fue interrogado por los jueces de la operación «Manos Limpias» Antonio di Pietro y Francesco Greco, no dejaban lugar a dudas. Berlini había sido quien, desde Suiza, adquirió parte de Elosúa para que no se supiera quién era el comprador real.

La venta del aceite de oliva español a la multinacional italiana se había iniciado en 1984. Ese año, Lesieur, el grupo francés más importante del sector alimentario, reconocía que controlaba el 50 por ciento de las acciones de la empresa aceitera española Koipe.

La compra, autorizada a comienzos de 1985 por el Consejo de Ministros, ponía en manos del grupo francés una empresa con una producción de 128.797 toneladas de aceite y unas ventas estimadas de 26.400 millones de pesetas, lo que le daba una cuota del 21 por ciento del mercado aceitero español.

Poco después se hizo público que tras Lesieur se encontraba el grupo italiano Ferruzzi, uno de los conglomerados más activos en la compra de empresas europeas en la década de los ochenta.

Con la experiencia de Koipe, Ferruzzi se lanza al asalto de Elosúa en julio de 1989. A través de las fiduciarias Paribás y Fidinam, adquiere el 32 por ciento de la compañía a los hermanos José Manuel y Andrés Elosúa, dueños al mismo tiempo de aceites Carbonell, otra empresa que pasa a ser controlada por el grupo italiano.

El ministro de Agricultura, Carlos Romero, y el presidente de Mercasa, Jesús Prieto, se oponen a la venta de Elosúa, una empresa que consideran «estratégica» para dominar el mercado del aceite de oliva. Sin embargo, Giuseppe Berlini recurre a Ibermer, la empresa de intermediación de Enrique Sarasola. Este habla con Carlos Solchaga, con su jefe de Gabinete, Luis Sempere, y con el director general de Transacciones Exteriores, Luis Alcaide, pero choca con Carlos Romero. El ministro de Agricultura español se niega a autorizar la venta.

Las cosas cambian cuando Pedro Solbes sustituye a Carlos Romero en Agricultura. Frente a la política de Romero, de enfrentamiento continuo con sus oponentes, Solbes ensaya la vía de la negociación, y así se llega a una fórmula para repartir Elosúa al 50 por ciento entre Ferruzzi y el sector público y privado español.

El consorcio italiano consigue, sin embargo, su principal objetivo: el control de la compañía, lo que, junto a las anteriores compras, le permite tener bajo su dominio el 50 por ciento del aceite de oliva español y el 40 por ciento del de girasol.

* * *

En la segunda quincena de marzo de 1994 las bodegas Domecq de Jerez de la Frontera, con dos siglos de tradición y tres mil trabajadores repartidos por todo el mundo, eran adquiridas por el grupo británico Allied Lyons.

El precio pagado por la operación fue de 120.000 millones de pesetas. A cambio, el consorcio británico ponía bajo su control Bodegas Domecq de La Rioja, Hijos de Agustín Blázquez, Nuevas Industrias Vinícolas de Occidente, Cavas Domecq, Domecq Internacional, Fernando A. Terry, Destilerías Unidas, Whisky Dyc, Anís La Castellana, Brandys Presidente (México), Don Pedro, Centenario, Fundador, la marca de tequila Sauza y la de *sherry* La Ina.

En definitiva, no era sólo una industria, sino todo el sector del vino de Jerez (el principal animador de la Feria de Sevilla desde que, en 1822, Pedro Domecq Lembeye fundara la primera sociedad dedicada a la crianza del afamado caldo) el que caía en manos del grupo británico.

La penetración del capital extranjero en el sector español de las bebidas no era nuevo. Tres años antes, tras sendas OPAs contra Unión Cervecera e Industrias Cerveceras Sevillana por parte de La Cruz Campo, esta empresa se convirtió en líder del sector de bebidas alcohólicas espumosas en Andalucía. La operación tenía su parte oculta. Poco después, la británica Guinness adquiría la mayoría de La Cruz Campo por 98.000 millones de pesetas. De esta manera, el grupo cervecero británico, fabricante también de la marca de whisky Johnnie Walker y de la ginebra Gordons, ponía bajo su control la mayor cuota del mercado de la cerveza en todo el país. Por su parte, el tercer gran *holding* británico del sector, Metropolitan, adquirió el 30 por ciento de González Byass. Tras la venta de Cervezas El Aguila a la firma holandesa Heineken y a la colombiana Bavaria y la de la marca San Miguel al grupo francés BSN, la francesa Krönenburg, la danesa United Breweries y Oetker, de la RFA, se lanzaron sobre Mahou, Skol y Damm [18]. La Unión Cervecera de Canarias fue vendida al consorcio South African Beer, de Sudáfrica. De esta manera, el 90 por ciento del mercado de bebidas y refrescos (Schweppes, Pepsi-Cola, Coca-Cola, Tri Naranjus, Zumos Vida, Kas, Kas Fruit, Seven Up, Greip, etc.) está en manos extranjeras; sólo se salva Cervezas Mahou, que permanece aún bajo capital español.

La primera incursión en el sector alimentario se produce en diciembre de 1986, cuando la empresa anglo-holandesa Unilever se queda con el 90 por ciento de Embutidos Revilla. Unilever, propietaria de Frigo, Calvé, Tulipán e Iglo, junto con la empresa suiza Nestlé y el grupo alemán Oscar Mayer controla el sector de

---

[18] Alvaro Tizón, en *El País*, 30 de abril de 1989.

los cárnicos, donde sólo la española Campofrío representa una única competencia seria.

Por otra parte, más de la mitad del mercado del café español está repartido entre Nestlé, la holandesa Douwe Egberts y las norteamericanas General Food y Philips Morris. La francesa BSN controla las fábricas de galletas burgalesas Lu, Príncipe de Bekelaer y Galletas Siro, donde su participación no es mayoritaria. La italiana Barilla está presente en Galletas Río, y Ortiz pertenece a United Biscuits [19].

BSN está presente también en Font Vella, La Familia, Starlux, Frudesa y Mahou. La multinacional francesa, considerada como la quinta compañía del mundo en el sector de la alimentación, ostenta el 54 por ciento del capital de Danone, que controla, a su vez, el 54 por ciento del mercado español de derivados lácteos. En conservas, Chistu es propiedad de Pillsbury (Estados Unidos), y Orlando pertenece a Heinz. Postres Miko está en manos de la gala Safral, y La Menorquina pertenece a Beatrice Food, que vendió gran parte de su imperio en España a la norteamericana Philips Morris. Así, la primera empresa productora de tabaco rubio se ha convertido en España en uno de los más importantes *holdings* de la alimentación, con cerca de cien empresas bajo su tutela con productos como Toblerone, El Almendro, Kraff, Saimaza, Philadelfia, etc. entre sus marcas más conocidas.

De esta manera, quince de las veintitrés empresas españolas que encabezaban en 1989 el *ranking* del sector de la alimentación están bajo influencia extranjera [20]. En otros sectores, como el de la construcción, la situación es cada vez más parecida.

* * *

Al ministro de Industria Luis Carlos Croissier la decisión de Mario Conde de lanzar una OPA contra la cementera Sansón le pareció la mayor desvergüenza del mundo. La cementera, de la que el Grupo Industrial de Banesto controlaba la mayoría del

[19] Alvaro Tizón, en *El País*, 30 de abril de 1989.

[20] Estas empresas son Sociedad Nestlé, Compañía Coca-Cola de España, Unilever España, Mercados de Origen, Carguill España, Elosúa, Tabacalera, Ebro Compañía Azucarera, Agropecuaria de Guissona, Danone, Conservera Campofrío, Nata S. A., Pedro Domecq, Grupo Pascual, Koipe S. A., La Cruz Campo, Schweppes, El Aguila, Grupo Conagra, Grupo Avícola Hubbard-Tecna, Bimbo, Sociedad General Azucarera, Osborne y Compañía de Industrias Agrícolas.

capital, había mantenido una cotización media en los seis últimos meses de 20.000 pesetas la acción.

Mario Conde y Arturo Romaní habían lanzado una oferta pública de adquisición de acciones garantizando el pago de 10.000 pesetas por cada título. El presidente de la Comisión Nacional del Mercado de Valores se dio cuenta enseguida de que aquello era un robo a mano armada contra los pequeños accionistas, sobre todo si Banesto estaba haciéndose con pequeños paquetes de acciones a mitad de precio de mercado para vender la compañía al mes siguiente a algún grupo comprador con el que probablemente tenía firmada una opción.

Decidido a hacer cumplir a rajatabla la razón de ser de la CNMV, Croissier llamó a su despacho al presidente del Grupo Industrial de Banesto.

—Arturo, esta OPA es un atraco a las personas que se han jugado sus ahorros en Sansón.

—No lo veo así. Tras los Juegos Olímpicos y la Expo'92 los precios de las cementeras van a descender vertiginosamente y nosotros estamos aplicando precios realistas.

—Pues entonces, ¿estás dispuesto a comprometerte a no vender la compañía antes de un año?

—Por supuesto.

—Bien. Pero mándamelo por escrito y con el visto bueno de tu presidente.

Arturo Romaní salió de la reunión cabreado. Consultó con Conde lo de la carta y decidieron dar largas al presidente de la Comisión Nacional del Mercado de Valores. A Croissier, sin embargo, le llegó un oportuno soplo de que la venta de Sansón estaba ya hecha a un grupo mexicano, a través de un consorcio suizo. Inmediatamente llamó a Romaní.

—O subes ahora el precio de las acciones al doble de lo que estáis pagando o suspendo la cotización —ordenó indignado.

Desde el Grupo Industrial se aceptó a regañadientes ampliar hasta 19.000 pesetas el precio por cada título, con carácter retroactivo. Banesto, entre tanto, seguía ganando 1.000 pesetas por acción, lo que suponía unos 650 millones por el conjunto de la operación.

A través de la argucia financiera Banesto se había hecho con el 96 por ciento de la compañía, que inmediatamente después vendió a Cemex, la primera empresa mexicana de cementos. Al mismo tiempo, Cemex concurría a la bolsa con otra OPA para adquirir la totalidad de Valenciana de Cementos, la empresa de los hermanos Emilio y José Serratosa Ridaura, antiguos socios de Banesto. El coste de la inversión, unos 170.000 millones de pesetas, colocaba el 30 por ciento del mercado cementero español en manos de los mexicanos de Cemex.

La venta del sector cementero español a empresas extranjeras continúa en los años 1992 y 1993. Cementos de Portugal compra Corporación Noroeste de Cementos; Ciments Français adquiere una participación de Cementos Molins; Lafarge-Coppee, de Francia, se hace con Cementos Turia S. A. y Asland S. A. Así, el 50 por ciento de la producción nacional de cementos en España —un sector al que Enrique Sarasola, con el beneplácito del Gobierno, trató de hacerle competencia desleal mediante las importaciones masivas de material procedente de Turquía y Rumanía entre 1987 y 1992— pasa a control extranjero[21].

* * *

Un informe interno de la patronal asegura que, mientras se producía una masiva venta de empresas y sectores enteros al extranjero, el ritmo de destrucción del tejido industrial en los últimos años alcanzaba cifras alarmantes. Durante 1993 cerraron o dejaron de cotizar a la Seguridad Social un promedio de 1.000 empresas mensuales, mientras la destrucción de empleo en el sector industrial en un sólo año fue de 264.000 trabajadores[22]. Por su parte, el líder del PP, José María Aznar, estima en 750.000 los puestos de trabajo que se han perdido en la industria en los últimos años al cerrarse numerosas empresas sin ser reemplazadas por otras.

El economista norteamericano de la Universidad de Yale Michael E. Porter, en un documentado estudio realizado en 1992 por encargo del Ministerio de Economía, Industria y Comercio[23], atribuye la falta de competitividad de las industrias españolas,

[21] Según la CEOE, el sector de los materiales de construcción está bajo el dominio de Uralita, Roca Radiadores, Readymix Asland, Pioneer Concrete Hispania, Texsa, Betón Catalán, Steetley Iberia, Porcelanosa, Transportes y Comercio Internacionales y otras.

[22] Según conversación de los autores con Rafael Luengo, jefe de Estudios de la Confederación Española de Organizaciones Empresariales.

[23] Michael E. Porter, *Issues in the Competitiveness of the Spanish Economy*, Yale University, 1992.

además de a la rígida regulación del mercado laboral, a los excesivos costes laborales de acuerdo con la rentabilidad de las empresas y al excesivo coste de la energía, que para algunos sectores duplica los precios por kilovatio-hora que pagan franceses y alemanes.

Este fracaso es sólo atribuible al Gobierno socialista, que, en 1982, tras nacionalizar la Red de Alta Tensión (Redesa), se volvió ecologista y ordenó un «parón nuclear» que implicaba el cierre de tres empresas eléctricas (Lemóniz, Valdecaballeros y Trillo) que utilizaban plutonio enriquecido como combustible. El cierre de estas tres centrales supuso unas pérdidas para las eléctricas de casi dos billones de pesetas, que el Gobierno ha repercutido sobre el bolsillo de los españoles incrementando el recibo de la luz en un 4 por ciento hasta el año 2024. Lo más pintoresco de este asunto es que las previsiones del Gobierno en cuanto a necesidades energéticas fallaron. La falta de planificación obliga a España a comprar la electricidad a Francia, que la produce en centrales nucleares más viejas que las nacionales y, por lo tanto, con mayor riesgo. Las centrales francesas están, además, situadas a apenas cien kilómetros de los Pirineos.

¿Va el Gobierno socialista a parar la nube radiactiva en los Pirineos por decreto ley en caso de producirse una catástrofe inesperada? Lo cierto es que empresas como Solvay, Gillette, Nissan Ibérica o Suzuki Santana han denunciado reiteradamente que los enormes costes de las facturas de electricidad y teléfono[24] desalientan cualquier iniciativa inversora en el mercado español.

¿Qué va a pasar cuando el empleo de la digitalización y los nuevos lenguajes informáticos revolucionen la transmisión y comprensión de imágenes por satélite, cuando los avances de la biotecnología y la aplicación masiva de la robótica y la informática a la industria creen un nuevo modelo de relaciones laborales multiplicando el rendimiento de las cosechas y la producción de las fábricas y reduciendo drásticamente la mano de obra?

España, un país dependiente del exterior en informática (IBM, Hewlett Packard, Rank Xerox, Olivetti, Fujitsu, Digital Equipment, NCR, Unysis España, Siemens, Eritel, Bull e Informática El Corte

[24] España, según un estudio del diario *The Wall Street Journal*, posee las tarifas más caras de Europa en llamadas urbanas, interurbanas e internacionales. *The Wall Street Journal*, 13 de junio de 1993.

Inglés), en material eléctrico (Robert Bosch, Siemens, Abengoa, Cobra, Zardoya Otis, AEG Ibérica, Cables Pirelli, Merlin Gerin Gardy) [25] y en otros muchos sectores de vanguardia, tendrá que dedicar un mayor porcentaje del Producto Interior Bruto (PIB) a su urgente modernización [26] y no esperar a que la cuarta revolución industrial la hagan de nuevo terceros países.

[25] El 45 por ciento de las importaciones españolas en 1991 se componía de material eléctrico, informática y equipamiento industrial, de acuerdo con Michael E. Porter, *Issues in the Competitiveness of the Spanish Economy*, Yale University, 1992.

[26] Mientras, según la OCDE, Canadá, Estados Unidos y Francia dedican entre el 7 y el 5,7 por ciento de su PIB a la formación de su mano de obra, España apenas emplea el 3,2 por ciento. Por otra parte, mientras Japón, Alemania, Francia y Estados Unidos dedican entre el 3 y el 2,5 por ciento de sus recursos a investigación y desarrollo, en España no llega al 1 por ciento.

CAPITULO DOCE

ROLDAN-RUBIO: EL FINAL DE UNA ESTIRPE

La vergonzosa huida del país del director general de la Guardia Civil, Luis Roldán, para escapar a la acción de la Justicia, y las implicaciones del ex gobernador del Banco de España, Mariano Rubio, en una red de tráfico de influencias durante la etapa en que fue la primera autoridad monetaria de España constituyen dos de los últimos y más graves casos de corrupción política de la democracia. Roldán aprovechó su paso por la Benemérita para hacerse con un patrimonio de más de 3.260 millones de pesetas. Rubio ha sido acusado de utilizar, desde el banco emisor, información confidencial para especular en bolsa y favoreció los negocios de su amigo Manuel de la Concha, con la implicación de algunos de los familiares del gobernador. La publicación de ambos escándalos por la prensa supuso el declive de la «cultura del pelotazo». Varios ministros y ex ministros —Antoni Asunción, Carlos Solchaga, José Luis Corcuera, Vicente Albero— pagaron con sus cargos las responsabilidades políticas de los escándalos. El vicepresidente Narcís Serra y el presidente Felipe González se mantuvieron en las poltronas a costa del sacrificio de sus hombres de confianza. Las consecuencias, sin embargo, no tardaron en producirse: el PSOE sufrió una severísima derrota en las urnas en las elecciones europeas de junio de 1994 y los casos Roldán y Rubio marcaron el principio del fin de la era socialista.

El martes 20 de abril de 1994 España entera se levantó sobresaltada. Mientras Felipe González daba los últimos retoques a su discurso sobre el «estado de la nación», los cuatro periódicos de Madrid, incluido *El País*, no dedicaban sus primeras páginas a informar del paro, el terrorismo o la crisis económica, como era habitual en años anteriores por las mismas fechas.

El verdadero «estado de la nación», que reflejaba toda la prensa sin excepción, era la corrupción casi generalizada que se respiraba en todos los ambientes políticos y sociales de España y a la que los socialistas habían sido incapaces de poner soluciones en los últimos años.

Las dos gotas que habían colmado el vaso eran los casos Roldán y Rubio, dos de los más grandes escándalos de la vida política del país, y no por la cuantía de las supuestas estafas o por el uso de información privilegiada para su enriquecimiento personal; lo que hacía especialmente graves ambos asuntos era la responsabilidad directa del presidente del Ejecutivo y de su Gobierno al nombrar para dos puestos de la máxima confianza —la Guardia Civil y el Banco de España— a dos personas que arruinaron la credibilidad de dos de las instituciones más emblemáticas del país.

Existía la sospecha de que lo que la prensa había averiguado era sólo la punta del iceberg de los inmensos agujeros negros de una corrupción generalizada que afectaba a todos los estamentos de la sociedad. Ambos casos reflejaban, tras años y años de gritos y denuncias baldíos por parte de un sector de la prensa, las dos formas del comportamiento amoral de las dos facciones del poder: la zafia y vulgar del «guerrismo» y la prepotente y refinada de sus enemigos de la *beautiful people.*

Luis Roldán, hijo de un taxista aragonés, nacido hace cuarenta y un años, había llegado a la Dirección General de la Guardia Civil en 1986. Era el primer civil que accedía al mando de la Benemérita —una institución austera y severa con los comportamientos irregulares de sus miembros— tras ciento cincuenta años de régimen militar ininterrumpido.

Los españoles esperaban de él que se ocupara de modernizar las estructuras del cuerpo y de mejorar el nivel de vida de los agentes, que seguían viviendo en casas cuarteles, una especie de *ghettos* del siglo XX, y convirtiera la institución en una policía científica y especializada en la persecución de los nuevos delitos emanados del progreso científico y tecnológico.

Roldán se preocupó de introducir mejoras, pero en su patrimonio personal y en sus cuentas corrientes de Suiza. Cuando un equipo de periodistas de *Diario 16* comenzó a investigarle en el verano de 1993, el director general de la Benemérita había acumulado un patrimonio de más de 400 millones en pisos, chalets y fincas que había inscrito a nombre de diversos familiares, amigos e incluso de alguna amante ocasional a la que convirtió en millonaria de la noche a la mañana[1].

Posteriormente se descubrió que había falsificado su expediente académico, que tenía casas en París y San Bartolomé (Antillas francesas) y que incluso había abierto una cuenta cifrada en Suiza. *Diario 16* demostró que gran parte de su fortuna personal procedía de las comisiones que cobraba por la adjudicación de los cuarteles de la Guardia Civil, algunos de los cuales fueron construidos por empresarios cercanos a Herri Batasuna, el «brazo político» de ETA militar, hecho que Roldán y los constructores desmienten.

La revelación más espectacular la hizo el vicepresidente del Congreso de los Diputados, Luis Ramallo. Según sus manifestaciones, corroboradas posteriormente por el Cuerpo, Roldán había robado hasta los fondos del Colegio de Huérfanos de la Guardia Civil.

La impunidad y el descaro con los que Luis Roldán se apropiaba del dinero de todos los españoles añadía ribetes tragicómicos al asunto. Mientras en las distintas comandancias de la Guardia Civil se había aplicado la «ley seca» y se obligaba a los agentes a patrullar a pie por falta de presupuesto para gasolina, el director general de la Guardia Civil enviaba a su chófer en su coche oficial a Suiza para recoger a su mujer al llegar al aeropuerto de Ginebra. Los billetes transportados en maletines —casi 5.000 millones de pesetas según la comisión de investigación parlamentaria del «caso Roldán»— dejaron menos huella[2]. Espléndido con el dinero de los españoles, el director general de la Guardia Civil donó a una de sus amigas, Elisa Rodríguez, un patrimonio de 250 millones de pesetas entre 1988 y 1990.

Su avidez de rapiña convertía a España en un país bananero, similar a las repúblicas sudamericanas donde los fondos públicos pasan velozmente y sin ningún tipo de pudor de las arcas de los estados a las cuentas corrientes particulares de sus administradores. Así, el «caso Roldán» era hasta abril de 1994 una versión para andar por casa del escándalo del «Negro Durazo», en México. Nombrado director general de la Policía y Tránsito del Distrito

---

[1] Las investigaciones de *Diario 16* fueron efectuadas por el periodista Jesús Mendoza en el verano de 1993. Posteriormente se incorporó a la investigación el también periodista José María Irujo. El periódico tuvo el *dossier* finalizado en el mes de junio.

[2] *El País*, 24 de abril de 1994.

Federal (D. F., la capital de México) durante la presidencia de José López Portillo, Arturo Durazo le vendía las pistolas y los uniformes a sus subordinados y organizaba él mismo los robos, de manera que entre 1976 y 1982 obtuvo un botín de 20.000 millones de pesos. Durante la presidencia de Miguel de la Madrid, en el 82, huyó a Puerto Rico [3].

La puntilla, sin embargo, la puso *El Mundo.* A finales de marzo de 1994, el diario dirigido por Pedro J. Ramírez demostró que uno de los primeros responsables en la tarea de hacer cumplir las leyes utilizaba los fondos reservados asignados por el Estado para el pago de confidentes como medio de incrementar el saldo de su cuenta corriente en Suiza [4].

* * *

En noviembre de 1985 la Brigada de Información Interior del Cuerpo Superior de Policía entregaba un informe reservado al ministro del Interior, José Barrionuevo Peña.

En el documento se informaba que su segundo, Rafael Vera, había entrado en contacto con un empresario gallego, dueño de una cadena de *puticlubs* en Madrid, para adquirir su casa en Torrelodones, un pueblo situado a veintinueve kilómetros de la capital de España.

El entonces subsecretario de Interior vivía en un piso alquilado a una azafata de Iberia, situado en el Paseo de la Habana, encima del Vip's. Lo que llamaba la atención del informe era el precio que Vera estaba dispuesto a desembolsar por la vivienda, considerada la mejor del municipio: 200 millones de pesetas en efectivo.

La cantidad parecía excesiva para una persona que carecía de bienes raíces u otro tipo de rentas y que vivía de un sueldo de alto cargo del Gobierno, de poco más de 7 millones de pesetas. Desde el Ministerio del Interior le disuadieron.

---

[3] Para más información consúltese el libro *Lo negro del Negro Durazo,* escrito por su ayudante José González González, México, 1980.

[4] Este tipo de delitos lo venían practicando, según el rotativo, por lo menos otro medio centenar de cargos del Ministerio del Interior para incrementar su salario a fin de mes. Los autores del libro tienen conocimiento además de que esta práctica ha sido habitual en otros muchos organismos de la Administración del Estado desde los tiempos de UCD. Algunas partidas aparentemente destinadas a la compra de papel, material de oficina, reparación de instalaciones, etc. suelen desviarse para el pago de sobresueldos a altos cargos y funcionarios de confianza del Gobierno.

A pesar de los buenos y desinteresados consejos de sus amigos, un mes más tarde el hombre que años después sería el principal responsable de la lucha contraterrorista adquiría en La Berzosilla, dentro del municipio de Torrelodones, otra vivienda más modesta. Situada en un terreno de 5.977 metros cuadrados, la casa estaba valorada a precio de mercado en 70 millones, pero fue escriturada sólo en 10. Aficionado a la práctica de los deportes, el subsecretario y luego secretario de Estado para la Seguridad se dedicó a agrandarla comprando las parcelas adyacentes. Así pudo construirse una pista de tenis, un frontón y una piscina.

Aunque la casa está inscrita a nombre de su suegro, Enrique Esquivias González, en Torrelodones Vera ha sido tratado siempre como un ciudadano distinguido. Policía Municipal y Guardia Civil extremaban las medidas de protección y controlaban las entradas y salidas de su lugar de residencia incluso con apoyo de helicópteros policiales.

Dos o tres veces por semana, los vigilantes jurados que custodiaban el monte de El Pardo abrían la verja para que pudiera desplazarse a Madrid utilizando la carretera que cruza una de las principales reservas forestales de la capital de España y que sólo es utilizada por el Rey en sus cacerías. El trayecto es paradisiaco, y no resulta extraño que en sus viajes a Madrid el secretario de Estado para la Seguridad se enamorara de la naturaleza.

Lo cierto es que, según la revista *Epoca*[5], Vera no empleó su tiempo sólo en negociar con ETA. No satisfecho con su casa de la sierra, en julio de 1987 adquirió la finca «El Relumbrar», de 627 hectáreas, en Albacete, entre los municipios de Alpera e Higueruela, y compró otros dos chalets en Galapagar (Madrid). El valor de los terrenos en 1994 era, de acuerdo con el semanario, de 400 millones de pesetas.

¿De dónde sacó el secretario de la Seguridad del Estado el dinero para adquirir estas dos propiedades? Según una carta enviada por el ex director general de la Guardia Civil al presidente del Gobierno a finales de abril de 1994, los millones procedían de la hucha del Estado. De acuerdo con su versión, todos los altos cargos del Ministerio del Interior, sin excepción, utilizaban los fondos reservados destinados al pago de confidentes, que ascendían anualmente a varios cientos de millones de pesetas, para procurarse sobresueldos millonarios el 30 de cada mes.

---

[5] Número 487, correspondiente a la penúltima semana de junio de 1994.

La supuesta carta remitida por Roldán al presidente del Gobierno se publicaba más tarde en *El Mundo*, el 25 de junio de 1994. Dos días antes, la comisión de investigación creada en el Parlamento para determinar la «culpabilidad» del director general de la Guardia Civil había concluido su informe exonerando a los ministros José Barrionuevo y José Luis Corcuera y al vicepresidente del Gobierno, Narcís Serra, de toda responsabilidad política.

«Lo investigado da náuseas; lo sospechado, más», explicaba a los periodistas el presidente de la comisión, el diputado de CiU Josep López de Lerma.

Roldán, que no quiere aparecer como el único culpable, filtra entonces su carta a la prensa. Los datos que aporta son demoledores. «En enero de 1990 —escribe— se produjeron dos almuerzos, uno de ellos en un restaurante de Moralzarzal y el otro en Los Molinos, de Madrid. A las comidas asistieron el ministro, José Luis Corcuera, el secretario de Estado, Rafa Vera, y el director general de la Policía, "Colo" [José María Rodríguez Colorado].»

En la primera reunión, Corcuera, con supuesto conocimiento de Felipe González, habría propuesto la necesidad de buscar fórmulas para mejorar sus sueldos. En la siguiente, el ministro le informaría de que había dado instrucciones a Vera para que se les «indemnizara» con cargo a los fondos reservados.

«Desde diciembre de 1991 y hasta mi cese recibí 10 millones mensuales», comenta el ex director general de la Benemérita. Según su versión, facilitada a los autores del presente libro por medio de personas interpuestas, José Luis Corcuera no se habría quedado manco a la hora del reparto. Su fortuna, sin embargo, sería difícil de detectar, porque la administración de su patrimonio es atribuida por los «pata negra» a Eduardo Santos, ex subsecretario de Industria y amigo personal suyo.

Santos y Corcuera, que se conocieron en el País Vasco durante la reconversión industrial de los aceriales, pasaron algún verano juntos en Palma de Mallorca, hasta que el ex alto cargo de Macosa abandonó el país por sus implicaciones en el *affaire* Macosa[6].

José Luis Corcuera y Rafael Vera desmienten rotundamente estas afirmaciones y, evidentemente, nadie tiene pruebas de estas denuncias. La existencia de la carta de Roldán al presidente del Gobierno y el hecho de que el ex ministro del Interior, Antoni Asunción, haya mandado destruirla sin entregársela a Felipe Gon-

[6] Para más detalles, véase José Díaz Herrera y Ramón Tijeras, *op. cit.*

zález o al juez que instruye el caso parecen indicar que el Gobierno tiene mucho que ocultar[7].

El «caso Roldán» no es ya como el *affaire* del «Negro Durazo». Las implicaciones no afectan a una sola persona, como apuntó inicialmente *Diario 16*, el periódico que sacó a la luz pública el escándalo. Es un asunto de corrupción mucho más alarmante y complejo, en el que es preciso dilucidar el grado de implicación de una de las más sensibles instituciones del Estado, el Ministerio del Interior.

Pero hay algo más grave todavía. Todos los indicios apuntan a que Roldán era el hombre encargado de hacer los «trabajos sucios» para el vicepresidente del Gobierno.

* * *

Cuando llegó a La Moncloa para sustituir a Alfonso Guerra en la vicepresidencia del Gobierno, a comienzos de los noventa, una de las primeras medidas adoptadas por Narcís Serra fue tratar de poner bajo su control todos los servicios de información del Estado.

Un día reunió en su despacho al director general de la Guardia Civil, Luis Roldán Ibáñez, al director general de la Policía, Carlos Conde Duque, y al director del Cesid, Emilio Alonso Manglano, para explicarles sus planes.

—A partir de hoy es conveniente que despachéis conmigo al menos una vez por semana, salvo que surjan asuntos urgentes —les dijo.

El objetivo de Serra era coordinar los servicios de inteligencia del Estado y hacer de filtro para el Gobierno de toda la información «caliente» que se produjera dentro y fuera de las fronteras españolas. El vicepresidente no hacía con ello nada nuevo. Se limitaba a poner en práctica los viejos sueños del secretario de Estado para la Seguridad, Rafael Vera, y del secretario general de Presidencia, Julio Feo. Ambos también aspiraron sin éxito, tiempo atrás, a poner bajo su supervisión a los espías en activo del país. Chocaron con Alfonso Guerra, que se había opuesto a sus deseos.

Narcís Serra tampoco iba a tener el éxito esperado. En su reunión con los responsables de los cuerpos policiales, Manglano

[7] El superministro de Justicia e Interior, Juan Alberto Belloch, declaró públicamente que su antecesor en el cargo, Antoni Asunción, la pasó por la trituradora por carecer de interés.

y Roldán aceptaron su sugerencia. El director general de la Policía, en cambio, se negó a despachar los asuntos oficiales con otra persona que no fuera su ministro.

El vicepresidente del Gobierno, convertido en espía mayor del Reino, continuó con sus planes. Sus «puenteos» originaron no pocos conflictos con el ministro del Interior, José Luis Corcuera, a quien le molestaba enterarse de las cuestiones de su área en las reuniones del Consejo de Ministros.

El vicepresidente desmiente cualquier vinculación con los servicios de espionaje o con trabajos sucios. Sin embargo, entre los agentes de estos servicios es un hecho conocido que, tras instalarse en La Moncloa, el ex alcalde socialista de Barcelona comenzó a ocuparse personalmente también de la política de las alcantarillas.

Como se cuenta en otros capítulos, en su despacho se diseñaban los planes para desestabilizar a las empresas hostiles con La Moncloa y estrangularlas económicamente, y se encargaban a empresas de seguridad privadas los trabajos que habitualmente no podían pedirse a las Fuerzas de Seguridad del Estado para no involucrarlas en ningún tipo de escándalos.

Las operaciones afectaban directamente a periodistas, banqueros y políticos, actividades que Serra niega, de la misma manera que no reconoce haber encargado un informe sobre Banesto y Mario Conde a la empresa norteamericana Kroll en 1993 para frenar las veleidades políticas del banquero de Tuy. El *dossier*, sin embargo, existe, y en su confección y difusión estuvo implicado no sólo Luis Roldán, sino también el ex director de la Seguridad del Estado, Julián Sancristóbal, que lo mostró a altos cargos de la Banca Morgan para desacreditar personal y profesionalmente a Mario Conde.

En julio de 1994, ocho años después de dejar la Secretaría de Estado para la Seguridad, Sancristóbal mantenía «vivas» sus cuentas secretas abiertas por el Ministerio del Interior en Suiza, lo que indica que seguía figurando extraoficialmente en la nómina de «asesores» del Gobierno. Como tal, formaba parte del *staff* de Serra encargado de realizar las actividades encubiertas que se ponían en marcha desde la vicepresidencia del Gobierno para obtener información confidencial sobre personajes molestos para el poder.

Por otra parte, sólo la existencia de este tipo de actividades inconfesables explicaría que durante sus siete años de mandato en la Guardia Civil Luis Roldán tuviera bajo sus órdenes directas a un grupo de agentes especiales para llevar a cabo trabajos al margen de los servicios de información. Mandados por el teniente Nieto, estos «especialistas», conocidos en el Cuerpo como los «patas negras» procedían de la Agrupación Operativa de Misiones Especiales (AOME) del Cesid. Hasta el mes de febrero de 1981 trabajaron bajo las órdenes del comandante del Ejército José Luis Cortina Prieto. Tras reincorporarse a la Guardia Civil formaron el «servicio secreto» de Roldán. Desgajados del resto de los grupos de información, no rendían cuentas ante sus jefes naturales. Reportaban exclusivamente con el director general de la Benemérita.

¿Qué trabajos hicieron para Roldán? ¿En qué asuntos oscuros estuvieron implicados los «patas negras»? Nadie lo ha revelado todavía. Sin embargo, tras la huida del director general de la Guardia Civil el 27 de abril de 1994, horas antes de que la juez Ana Ferrer ordenara la retirada de su pasaporte para decretar posteriormente su ingreso incondicional en prisión, los altos mandos de la Seguridad del Estado fueron convocados urgentemente.

La primera reacción no fue ordenarles la búsqueda del fugitivo. Al estilo de las viejas novelas de espionaje de John Le Carré, desde la vicepresidencia del Gobierno se les encargó hacer un «negativo» (como se dice en el argot policial) de los secretos de Estado que pudieran estar en poder del ex director general de la Benemérita. Se trataba de desempolvar de los archivos todos los asuntos conflictivos, todas las actividades oscuras en las que pudiera estar implicada la seguridad del Estado para hacer un retrato lo más aproximado posible de los asuntos comprometedores de los que pudiera estar al tanto, directa o indirectamente, el huido.

La amenaza de Roldán en la comisión de investigación del Parlamento de llevarse por delante a sus jefes preocupaba más en aquellos momentos que su captura. El trabajo de reconstruir los seis últimos años de actividad profesional del ex jefe policial ocupó los últimos días de abril y los primeros de mayo, mientras Roldán huía hacia Oporto, donde se le perdió la pista definitivamente.

El director general de la Guardia Civil culpaba al Gobierno y a sus compañeros de partido de haber permitido su «linchamiento moral» en la prensa y en la comisión de investigación parlamentaria. El fugitivo no se fiaba de nadie. «No me van a engañar como a Amedo; si voy a la cárcel, no iré yo solo. No me van a sacrificar como a los corderos de la antigüedad y mandarme a la cárcel para dar oxígeno a los demás y que puedan seguir funcionando unos años más.» [8]

La huida de Roldán, un asunto que había comenzado como un banal escándalo de tráfico de influencias y apropiación de los fondos del Estado en beneficio propio, iba a desencadenar la mayor crisis del Gobierno socialista desde 1982.

Convertida España en un país bananero, el ministro del Interior Antoni Asunción, responsable de la custodia del ex director de la Guardia Civil, dimitía tres días después; los catalanes de Convergència i Unió —acusada por la prensa de apoyar a un Gobierno de corruptos— estudiaba retirar su respaldo a Felipe González. Vapuleado por propios y extraños, contra las cuerdas y a punto de ser noqueado, el Presidente deshojó durante esa «semana de pasión» de su carrera la margarita de la dimisión.

Roldán, entre tanto, no perdía el tiempo en su escondrijo. En unas explosivas declaraciones a *El Mundo* acusaba al Gobierno de haber organizado los GAL (Grupos Antiterroristas de Liberación) y de haber engañado a sus «ejecutores», el comisario José Amedo y el inspector Michel Domínguez. Anunciaba estar dispuesto a dejar al Gobierno en paños menores, con las vergüenzas al aire. «Sólo tengo dos alternativas, pegarme un tiro o tirar de la manta. El dinero se ha empleado siguiendo instrucciones de Vera, Corcuera y Serra. He sido el basurero de Serra y, por consiguiente, del Presidente.»

Al final, el nuevo ministro del Interior, el magistrado Juan Alberto Belloch, reconoció la cruda realidad. Roldán, con un sueldo de 600.000 pesetas al mes, había construido un patrimonio de 3.260 millones en siete años. Una suma nada despreciable para un hombre de orígenes humildes, que había partido de la nada.

* * *

De Mariano Rubio no se puede decir que le perdió su ambición. El hombre que cerró cincuenta y seis bancos y movió 2 billones de pesetas durante la reconversión bancaria de los setenta y comienzos de los ochenta, probablemente la más grave de los países occidentales [9], tuvo miles de ocasiones para hacerse de oro durante ese periodo.

---

[8] *El Mundo*, 3 de mayo y 16 de junio de 1994. Las declaraciones reproducidas aquí no han sido recogidas siguiendo el orden de su publicación.

[9] Rafael Termes, *Desde la Banca*,, volumen 2, Ediciones Rialp, Madrid, 1991.

Aparentemente no lo hizo. Pero el hombre que firma los billetes del Banco de España y al que debe exigírsele una honradez por encima de toda duda tenía en 1987 una cuenta en dinero negro en el banco Ibercorp, propiedad de su amigo Manuel de la Concha.

Rubio, el funcionario implacable con los banqueros, el escrupuloso inquisidor que se aseguraba de que los demás cumplieran a rajatabla las normas financieras, separaba su vida privada de su función pública y aplicaba una doble moral según se tratara de sus negocios o de los del resto de los españoles.

Cuando el diario *El Mundo* reveló en abril de 1994 el movimiento de su cuenta opaca se demostró que en 1987 tuvo un ingreso de 115 millones de pesetas por la salida a bolsa y venta de la empresa Sistemas AF, de la que era socio. Todo un señor «pelotazo». La compra de esta sociedad, dedicada a la fabricación de material de oficinas, se había realizado al Banco Urquijo un año antes, en septiembre de 1986, por 1.688 millones de pesetas. Gran parte de este dinero, 1.223 millones, se había pagado con un crédito del propio banco.

Los responsables de la operación, Manuel de la Concha, Jaime Soto, Mariano Rubio y el subgobernador del Banco de España Juan Antonio Ruiz de Alda, fallecido poco después, sacaron meses más tarde el 35 por ciento de Sistemas AF[10] a bolsa al 575 por ciento. Así consiguieron unos beneficios de más de 2.000 millones, con los que pagaron el crédito y Rubio obtuvo 115 millones de beneficios.

Para ello, la sociedad instrumental Traya S. A., depositaria de las acciones de Sistemas AF, que poseía un patrimonio de 1.688 millones, fue valorada tres meses después en una operación especulativa sin precedentes en 3.430 millones de pesetas. El gobernador del banco emisor, al que se le exige un alto grado de seriedad en su vida pública y privada, participaba en aquella trama dedicada a la especulación y el enriquecimiento fácil de unos cuantos avispados.

Este tipo de beneficios desmesurados se repitieron con otras operaciones de compraventa de títulos de Azucarera, BCH, As-

[10] La sociedad procede del Banco Urquijo, que atravesaba una difícil situación económica y había obligado al Banco de España y al Banco Hispano Americano a intervenir con ayudas. Jaime Soto había sido presidente de la entidad financiera y disponía de información privilegiada para realizar la operación.

land, Zardoya, Elosúa y BBV, donde Rubio llegó a obtener casi 2 millones de pesetas en quince días con un solo valor. Todo ello pone de relieve que Rubio, como gobernador del Banco de España, y Manuel de la Concha, en su calidad de síndico de la Bolsa de Madrid hasta 1987, podían haber manejado información privilegiada en beneficio propio y de sus amigos.

* * *

Los hechos eran conocidos por lo menos desde comienzos de la década de los ochenta en los ambientes económicos y bursátiles de Madrid. En 1982, cuando el PSOE llega al poder, el Indice General de la Bolsa de Madrid está al 78 por ciento, es decir, 22 puntos por debajo del valor nominal del conjunto de las empresas que cotizan en el parquet.

El Gobierno pone entonces en marcha un plan de emergencia para sostener artificialmente las cotizaciones hasta que se produzca una recuperación de la economía y un alza en los precios en los mercados bursátiles. El ministro de Economía y Hacienda, Miguel Boyer, llama al síndico de la Bolsa de Madrid, Manuel de la Concha, y le encarga comprar acciones. De esta manera, con dinero del Banco de España se crea la cartera de acciones del Patrimonio del Estado, que llega a tener bajo su control hasta quince millones de títulos.

El Ministerio de Economía y Hacienda transmite directamente al síndico, día a día, las órdenes sobre los valores que es preciso «calentar» con dinero público para evitar su derrumbe. Una información privilegiada que vale su peso en oro y a la que el síndico le saca provecho de forma inmediata.

Por esa época se sabe que un selecto grupo de miembros de la *beautiful people* adquirían acciones a crédito a través de De la Concha. Cuando los títulos subían se les anotaban en sus cuentas. Cuando bajaban, las órdenes de compra de los amigos se ocultaban e incluso llegaban a destruirse [11]. Así, era imposible que determinados empresarios perdieran nunca, mientras muchos pequeños ahorradores se arruinaban.

---

[11] Estas operaciones se realizaban cuando había connivencia entre el agente vendedor y el comprador, lo que evidencia la existencia de una cierta mafia en la bolsa. La creación de la Comisión Nacional del Mercado de Valores (CNMV) en 1988, la informatización de la bolsa y la implantación del mercado continuo acabó con estas prácticas heterodoxas.

De esta supuesta trama dedicada al *insider trading* —que convierte en un juego de niños las prácticas del especulador norteamericano Ivan Boesky, condenado a tres años de cárcel y a pagar 100 millones de dólares al Tesoro de Estados Unidos en 1989 por utilizar información privilegiada en la Bolsa de Nueva York— formaban parte Manuel de la Concha, altos cargos del Banco de España y consejeros de diversos bancos, entre ellos el Urquijo y el Hispano Americano.

La Ley 24/1988, de 28 de julio, que reformaba el mercado de valores y suprimía la figura de los agentes de cambio y bolsa en toda España, supuso un duro golpe para los especuladores. El Gobierno había quitado de sus manos, de un plumazo, la gallina de los huevos de oro.

Para entonces, todos ellos estaban separados de sus mujeres y vueltos a casar. Amigos de Jaime Soto (ex presidente del Banco Urquijo Unión, consejero de Banif y consejero delegado del Hispano Americano, el tercer banco del país a comienzos de los ochenta), Manuel de la Concha y Mariano Rubio habían aprendido con aquél a disfrutar de los placeres mundanos al precio que fuera. Instalados en un tren de vida propio de multimillonarios del celuloide, a base de vacaciones invernales en las Antillas, viajes en *jets* privados para asistir a conciertos en Nueva York, París o Austria, según la época, cacerías y monterías todos los fines de semana a lo largo y ancho de Europa y los demás continentes y escapadas de fin de semana a las principales ciudades de Europa para cenar en los restaurantes de moda, tenían que buscar la forma de hacerse con una pequeña fortuna personal muy rápidamente.

Dispuestos a no renunciar al deslumbrante nivel en el que les había instalado el presidente del Urquijo, montaron la operación de Sistemas AF. Era el dinero que necesitaban para crear el banco de inversiones Ibercorp y seguir especulando. Manuel de la Concha se encargó de comprar por 600 millones de pesetas a José María López de Letona la ficha del Banco Trelles, propiedad de Banesto. El gobernador del Banco de España, decidido partidario hasta entonces de las fusiones y contrario a los bancos familiares por los problemas que habían ocasionado en la década anterior, no aplicó la rígida vara de medir para con sus amigos De la Concha y Soto ni para consigo mismo.

«¿Cómo se va a oponer el Banco de España a que un ex consejero delegado del tercer banco del país y posteriormente del

Banco Urquijo, don Jaime Soto, y un agente de cambio y bolsa que tiene por aquellos años el despacho más importante del país, que ha sido elegido por sus compañeros dos o tres veces síndico de la bolsa, adquieran un banco?», se justifica Rubio [12].

Para camuflar la presencia del gobernador del Banco de España en un banco privado, Ibercorp, a partir de 1987 se crean en paraísos fiscales las sociedades Detracta y Schaff Investment, al frente de las cuales aparece Carlos Pittaluga Jiménez, primo y testaferro del gobernador. En 1987 Mariano Rubio le entrega 30 millones de su cuenta opaca 4310 7MM-RU para que adquiera el 4,7 por ciento de los títulos del nuevo banco. Al mismo tiempo, algunos familiares y amigos de la autoridad monetaria empiezan a «trapichear» con los bienes del Fondo de Garantía de Depósitos procedentes de las quiebras bancarias y bajo el control y la supervisión del Banco de España. Sin embargo, las implicaciones mayores de Mariano Rubio en el banco suyo y de sus amigos De la Concha y Soto se produce en noviembre de 1991.

Con un informe negativo de la Inspección del Banco de España que calificaba de «graves» las irregularidades detectadas en Ibercorp, el gobernador autoriza la concesión de una línea de crédito de 4.500 millones por parte del Banco de España para facilitar la liquidez de la entidad privada.

Todos estos hechos, los hilos para tirar de la madeja, permanecían celosamente guardados en el ordenador personal de Manuel de la Concha, en un despacho del número 150 de la calle Velázquez de Madrid. Hasta que una noche, en julio de 1990, unos cacos entraron en el edificio. Los delincuentes trabajaban bajo seguro. No armaron ningún alboroto. Tras su marcha, dejaron cada cosa en su lugar. Pero al día siguiente alguien notó el robo de un disquete de ordenador y de algunos papeles sabiamente entresacados de los archivos.

El inmueble era la sede de Ibercorp, un banco de gestión privada de capitales. Manuel de la Concha denunció los hechos en la comisaría de Chamartín, pero los delincuentes no fueron nunca localizados. Los efectos del asalto iban a ser realmente demoledores. Y no sólo para los propietarios de Ibercorp, sino para el sector del mundo financiero español que, nucleado en torno a la *beautiful people* española, ha pilotado la transición económica y financiera del país con el Ministerio de Economía y Hacienda de Miguel

[12] En entrevista con José Carlos Duque, *Diario 16*, 28 de junio de 1994.

Boyer y Carlos Solchaga y el Banco de España como buques insignias.

«Somos imprescindibles. Hemos sobrevivido a la UCD, al PSOE y sobreviviremos al Partido Popular, que nos necesitará», había dicho meses antes Carlos Bustelo, ex ministro de Industria con UCD y uno de los miembros de la *beautiful*. De no haber sido por el disquete, Bustelo probablemente habría tenido toda la razón. Pero los hechos han demostrado que en 1.44 *megabites* de capacidad se escondían todas las vergüenzas de este grupo financiero que intentó superar los dos ciclos económicos recesivos de los ochenta-noventa (el del 82 y el de la Guerra del Golfo), con prácticas nada ortodoxas en la forma de gobernar y en la utilización del poder como una vía para el enriquecimiento personal.

Todos estos hechos eran conocidos por el presidente del Gobierno, Felipe González, y por el ministro de Economía y Hacienda, Carlos Solchaga. Sin embargo, una cosa es el conocimiento más o menos teórico que pudieran tener del asunto y otra que la autoridad monetaria del país —el hombre que firmaba los billetes del Banco de España— apareciera en los periódicos como autor de operaciones de *insider trading* y, encima, ocultara su dinero al Ministerio de Hacienda.

¿Quién había robado los archivos del banco de la *beautiful people*? ¿Quién había puesto en circulación la información contra el ex gobernador del Banco de España y su socio, Manuel de la Concha? Rubio y De la Concha sospechan que uno de los periodistas de *El Mundo* que publicó la historia, Jesús Cacho, actuaba en venganza por el veto impuesto por el gobernador del Banco de España para su entrada en *Diario 16*. Sea como fuere, los reportajes de *El Mundo* son irreprochables.

Ante la contundencia de las pruebas, Felipe González y Solchaga, que dos años antes[13] prefirieron salvar su honorabilidad y sus cargos a costa de echar a los pies de los caballos a Mariano Rubio, el gobernador se convirtió en el único y exclusivo chivo expiatorio de los pecados de la *beautiful people*, y el PSOE pidió su comparecencia ante la comisión de Economía y Hacienda del

[13] El «escándalo Ibercorp» estalló en 1992 cuando *El Mundo* publicó las primeras operaciones especulativas en Ibercorp, la existencia de sociedades en paraísos fiscales y las implicaciones de los parientes del gobernador del Banco de España en estas sociedades opacas.

Congreso de los Diputados para lincharle sin piedad ante las cámaras de televisión [14].

—Señor Rubio, tiene usted la última oportunidad. Aprovéchela para salvar la poca dignidad que le queda —le pidió el portavoz socialista, Juan Pedro Hernández Moltó.

Contemplando la actuación de Hernández Moltó por la Televisión el mismo día en que se emitían por primera vez las imágenes del fusilamiento de Benito Mussolini en Italia, ocurridas hacía casi cincuenta años, y el ensañamiento con los cadáveres por parte de quienes habían sido sus colaboradores hasta horas antes, era fácil adivinar el linchamiento moral de Mariano Rubio por quienes hasta días antes le habían amparado y protegido, para salvarse ellos mismos de la quema.

Responsables de la peor ola de corrupción vivida en España en el último siglo, acosados por una opinión pública que empezaba a ver colmada su paciencia y a exigir responsabilidades, los socialistas preferían aplicar el proverbio evangélico: para los cuadros de Ferraz y La Moncloa era más fácil ver la paja en ojo ajeno e ignorar la viga en el propio.

* * *

La primera semana de mayo de 1994 fue un periodo dramático en la historia de España para sus gobernantes. En cuarenta y ocho horas, el ex gobernador del Banco de España, Mariano Rubio, y el ex síndico de la Bolsa de Madrid, Manuel de la Concha [15], dos

---

[14] El Gobierno, rompiendo una norma tácita, decidió televisar su comparecencia en el Congreso. Ante la expectación generada, los directivos de Televisión Española cambiaron la programación de los canales públicos y retransmitieron en directo por TVE-1 la sesión, cuando estaba previsto hacerlo por La 2. El Gobierno quería *sangre*, y la tuvo.

[15] La cárcel supuso para Rubio y De la Concha el final de una amistad de muchos años. Durante los días que compartieron celda en Carabanchel y, posteriormente, en Alcalá-Meco, el ex gobernador del Banco de España presionó al ex síndico de la Bolsa de Madrid para que asumiera toda la responsabilidad y le eximiera de culpa, bajo la excusa de que era preciso que el Gobierno no apareciera involucrado en el escándalo en el futuro. De la Concha se negó a ello y su amigo le retiró el saludo. Las malas relaciones salieron a la luz semanas después, cuando el juez instructor del caso les enfrentó en un careo. Rubio miró con desprecio a su socio y comenzó a tratarle de usted. La ruptura definitiva se produjo cuando el ex síndico de la Bolsa de Madrid acudió a declarar a la comisión de investigación del Congreso de los Diputados el 7 de julio de 1994. Allí acusó a Mariano Rubio de controlar el 42 por ciento de las acciones de la sociedad Scipio, con la que participó en el escándalo Ibercorp. Era el golpe más bajo que el ex gobernador había recibido a lo largo de su vida profesional.

personas honorables días antes, ingresaban en la prisión de Carabanchel acusados de delito fiscal y falsificación de documentos públicos [16].

Al día siguiente, el ex ministro de Economía y Hacienda, Carlos Solchaga, se veía obligado a dimitir como portavoz del Grupo Socialista en el Congreso de los Diputados y de su escaño parlamentario. Su antecesor, Miguel Boyer, y su mujer, Isabel Preysler, aparecían también relacionados en un caso de corrupción en el sumario Ibercorp. El ministro de Agricultura, Pesca y Alimentación, Vicente Albero Silla, nombrado el 13 de julio de 1993 y con menos de un año en el cargo, tenía que dimitir por tener una cuenta en Ibercorp y no haber declarado a Hacienda 20 millones de pesetas en 1987.

A este escándalo se sumaban la huida de Luis Roldán por las mismas fechas, las dimisiones del ministro del Interior, Antoni Asunción y la renuncia de su antecesor, José Luis Corcuera, a seguir ocupando su escaño en el Congreso de los Diputados, junto con la negativa de Narcís Serra y del ex ministro José Barrionuevo Peña a dimitir de sus cargos como vicepresidente y como parlamentario, respectivamente.

Por si todo esto fuera poco, el Tribunal Supremo iba a declarar nulo el nombramiento del fiscal general del Estado efectuado por el Gobierno años antes y Felipe González se veía obligado a cesar apresuradamente a Eligio Hernández para evitar tener que hacerlo en acatamiento de una sentencia condenatoria. La situación que se respiraba era magistralmente descrita por Antonio Gala en una de sus columnas de la serie «La Tronera» [17]:

> «Quien debía, como misión, defender la legalidad fue nombrado ilegalmente. Quien tenía a su cargo el orden monetario resultó ser un atracador. Quien dirigía el cuerpo armado responsable del orden era el mayor salteador de todos. Quien regía la publicación de las disposiciones oficiales disponía de ellas a su servicio. Quien era un gestor del sindicalismo se dedicó a estafar a los sindicados. Quien vicepresidía el cotarro entero le puso a su hermanito una sucursalita...»

En un clima de indignación popular por los recientes casos de corrupción detectados, Felipe González decidió entonces entregar

[16] La primera persona que se presentó en casa de Manuel de la Concha, en Puerta de Hierro, a dar ánimos a la familia el día de la detención fue, curiosamente, el empresario socialista Enrique Sarasola.

[17] Publicada habitualmente en la página 3 del diario *El Mundo*.

a la enfurecida opinión pública las cabezas de sus amigos y colaboradores para salvar su pellejo.

La táctica no era nueva. En Italia, Bettino Craxi sacrificó a varios dirigentes del partido hasta que, por las mismas fechas, la judicatura decidió retirarle el pasaporte cuando había escapado a Túnez. François Mitterrand, en Francia, colocó a los pies de los caballos a sus colaboradores y amigos personales, en 1989, para que la basura del «caso Pechyney» no le salpicara.

Como en Italia y en Francia, el electorado iba a castigar severamente a los corruptos. En las elecciones para el Parlamento Europeo celebradas el 12 de junio de 1994 el Partido Popular iba a obtener 7.426.189 votos (28 escaños) frente a los 5.665.537 del PSOE. De esta manera, los socialistas perdían por primera vez en doce años unas elecciones, saliendo derrotados en cincuenta y nueve de las setenta y dos grandes ciudades del país, con las excepciones de Barcelona, Gerona y Bilbao.

Era el final también de la *beautiful people*, de ese selecto grupo de refinados abogados, economistas e ingenieros egresados de las principales universidades norteamericanas, medianamente ilustrados, que chapurreaban el inglés y tenían una prometedora carrera profesional por delante. Todos ellos, con la llegada del socialismo parecieron abdicar de sus principios. No tenían otra ideología que la del dinero ni más objetivo que el enriquecimiento personal.

Constituían el colchón entre el PSOE y la derecha tradicional, destinado a facilitar la gobernabilidad del país. Bajo su aparente honestidad y servicio al Estado, su meta era llenarse los bolsillos intercediendo ante su amigo el gobernador del Banco de España Mariano Rubio para que la ficha del Banco de Descuento fuera vendida al Bank of Credit and Commerce International, como hicieron Juan Antonio García Díez y Carlos Bustelo, o ayudando a Javier de la Rosa a conseguir favores del Gobierno en Tierras de Almería a cambio de sumas millonarias. Otros, como los Lladó y Fernández Urrutia, han utilizado sus artes y su influencia para que el Banco Exterior, en la etapa de Miguel Boyer, les facilitara multimillonarios créditos de un banco con capital mayoritariamente público para hacer sus negocios con sus empresas Técnicas Reunidas y Proyectos Internacionales S. A., según las diligencias previas incoadas por el juez Angel Márquez en Sevilla [18].

---

[18] Diligencias previas 1527/90-B del Juzgado de Instrucción número 6 de Sevilla.

Por otra parte, dos informes del Tribunal de Cuentas revelan que miembros de la *beautiful* como Enrique Sarasola o su socio Antonio Blázquez han cobrado comisiones multimillonarias de Caja Postal por la venta de terrenos. Altos cargos de Focoex, en la etapa de Germán Calvillo, se beneficiaron económicamente a finales de 1990 por las ventas de Fococafé a la Compañía de Tabacos de Filipinas y por la compra del 25 por ciento de Sovhispan a esta última [19]. En ambas operaciones los precios de venta son muy superiores a los de los balances actualizados.

Excepto los llamados cariñosamente «piratas del Mediterráneo», Carlos y Juan March —que a mediados de la década de los ochenta prepararon un asalto fallido al Banco Popular Español, presidido por Luis Valls Taberner y cercano a la Obra—, casi todos ellos tenían sus cuentas de ahorro en Ibercorp mientras eran consejeros del BCH o trabajaban en sus brillantes bufetes de abogados. Muchos utilizaban el Banco de España y los activos del Fondo de Garantías de Depósitos, los bancos Exterior, Caja Postal, BVH y, a veces, el BBV para sus negocios sin importarles los perjuicios ocasionados a las entidades de crédito públicas. Son los Boada, los Del Pino, los Entrecanales, los Bustelo, los Gómez Acebo, los García Díez, los Hatchuel, los Soto y López Dóriga, los López de Letona, los Boyer... Junto con Mariano Rubio y Manuel de la Concha, a gran parte de ellos les ha llegado su hora.

Con su encarcelamiento por orden del juez José Emilio Coronado [20], titular del Juzgado de Instrucción número 6, desaparece no sólo una forma de hacer política y un estilo de hacer negocios de forma rápida, sin poner un duro y sin crear empleo; muere también una estirpe, toda una raza con espíritu de clan que hasta 1992 intentó controlar la economía del país durante una generación para utilizarla en beneficio propio o de los amigos.

[19] Las acciones de la Compañía de Tabacos de Filipinas se vendieron, finalmente, a Tabacalera en abril de 1992.

[20] Mariano Rubio y Manuel de la Concha permanecieron en la prisión de Carabanchel y, posteriormente, en la de Alcalá-Meco menos de un mes.

CAPITULO TRECE

MARIO CONDE: AUGE Y CAIDA DE UN MITO

Durante seis años fue la personificación del enriquecimiento fácil, a costa del dinero de los accionistas de su banco. Otros le comparaban con el multimillonario norteamericano Ross Perot, un personaje que desde fuera del sistema estaba dispuesto a dar el salto en el momento adecuado para salvar a España de sus políticos. El 28 de diciembre de 1993, cuando el Banco de España intervino Banesto, la realidad quedó al descubierto. Mario Conde, cuarenta y cinco años, abogado del Estado y masón en excedencia, había sido el artífice del mayor «agujero» de la banca española, estimado en 605.000 millones de pesetas. Un dinero que se había invertido, en parte, en acallar medios de comunicación críticos con el Gobierno y en operaciones de dudosa rentabilidad económica para los accionistas del banco. Especialmente, en el pago de jugosas comisiones al presidente de Banesto y a sus consejeros por medio de más de trescientas empresas fiduciarias situadas en paraísos fiscales europeos y americanos. El banquero de Tuy, que llegó a la cumbre de las finanzas españolas en 1988, se había «ganado» a media España. Sus enemigos afirman que con la otra media no pudo conseguirlo. Le faltó tiempo.

Aquél era un día para ser recordado por los siglos de los siglos. Uno de esos hitos irrepetibles en la vida de los hombres, que ocupa varias páginas en el álbum de fotos familiar y que, algún día, alguna persona con buena memoria relataría con todo tipo de detalles a sus nietos.

El viejo Paraninfo de la Universidad Complutense inaugurado por Isabel II en la madrileña calle de San Bernardo se había vestido con sus mejores galas. Se celebraba el VII Centenario de la fundación de la Universidad y el alcalde de Madrid, José María

Alvarez del Manzano, entregaba la Medalla de Oro de la Villa a la institución, representada por su rector, Gustavo Villapalos.

Era el 10 de junio de 1993. El cúmulo de personalidades allí reunidas aquella mañana nada tenía que ver con la entrega de la Medalla de la Villa a la Universidad Complutense de Madrid. Su presencia estaba relacionada con la investidura del presidente de Banesto, Mario Conde, como doctor *honoris causa* por la institución docente.

Presidida por el Rey de España, la ceremonia contó con la asistencia de la aristocracia del país, representada por el duque de Calabria, primo de Juan Carlos, y los duques de Soria. También asistieron el ex presidente del Gobierno, Adolfo Suárez, y el presidente de la comunidad madrileña, Joaquín Leguina.

El presidente del Banco de España, Luis Angel Rojo, encabezaba el club de los banqueros, entre quienes no faltaron los presidentes del BBV, del BCH y de Argentaria, ni el representante de la Asociación de la Banca Española, José Luis Leal. Ni siquiera se perdieron el acto los enemigos de Conde, como el ex presidente del Bilbao, José Angel Sánchez Asiaín, que cinco años antes osara asaltar la fortaleza de Banesto.

El poder de la prensa estaba representado por los presidentes de los grupos Prisa y Zeta, Jesús Polanco y Antonio Asensio, así como por los directores de *ABC*, Luis María Ansón; *El Mundo*, Pedro J. Ramírez, y *Diario 16*, José Luis Gutiérrez. Tampoco faltaron los presidentes de la CEOE, José María Cuevas, y de Ceim, Fernando Fernández-Tapias, ni el Premio Nobel de Literatura Camilo José Cela.

Obsesionado con unir poder financiero y «cuarto poder» para «incidir sobre la opinión pública y transformar la sociedad en el sentido en que sea necesario», Mario Conde había logrado el día de su investidura que ambos poderes casi en pleno se dieran cita para escuchar su discurso de investidura.

«Gracias a que Su Majestad el Rey jugó un decisivo papel en el proceso que permitió a la nación hacerse dueña de su destino podemos hoy abrirnos a la posibilidad de perfeccionar el camino de la libertad, y para ello no debemos tener miedo en acudir a España para mejorar España», dijo.

Habían pasado apenas tres días desde la celebración de las elecciones generales que habían dado el poder por cuarta vez a Felipe González.

«Los cauces formales que ofrece el sistema democrático son

necesarios pero no suficientes —agregó—. La democracia no es sólo emitir un voto cada cuatro años ni el voto legitima cualquier actuación de los gobernantes sobre los gobernados.»

Presentado como un «intelectual de la banca que busca el equilibrio ético» por el ex embajador de Israel en España, Shlomo Ben Ami, el presidente de Banesto continuó su parlamento: «Se ha producido un descenso de valoración de la clase política, que repercute sobre los partidos como cauce único y exclusivo para la generación de la clase dominante. Es preciso un cambio de modelo político que fije el papel que deben jugar los partidos en el Parlamento, así como la sociedad civil y las nuevas vías de participación ciudadana.»

Por primera vez el banquero expresaba ante el Rey, la banca y la prensa al completo su teoría sobre el protagonismo de la «sociedad civil». «La clase política —concluyó— ha atribuido al Estado un papel excesivo que no puede cumplir y que genera insatisfacción. Por eso es necesario profundizar en las libertades mediante el único mecanismo real de lograrlo, que es desmontando los instrumentos de control por parte del Estado, a través de la sociedad civil.»

Al día siguiente, *El Mundo* dedicó cuatro páginas a exaltar el acto y su discurso político; *ABC* destinó dos, y el resto de los periódicos de Madrid, *El País* y *Diario 16*, una cada uno.

Sin embargo, lo más significativo de todo era la presencia de los reyes de España (la Reina al final no pudo ir) en un acto académico protagonizado por un banquero al que el doctorado *honoris causa* le había costado la financiación del Jardín Botánico con el que soñó el rey Alfonso XIII hacía casi un siglo, cuando donó la finca de La Moncloa para construir en ella la Ciudad Universitaria de Madrid.

Poco antes, la poderosísima Banca Morgan había decidido financiar parte de una ampliación de capital de 130.000 millones de pesetas en Banesto gracias a las presiones del poderosísimo *lobby* judío de Nueva York. Además, entre bastidores comenzaba a conocerse la participación del Banco Español de Crédito como cabeza visible de un grupo empresarial al que se iba a encomendar la reconstrucción de los territorios ocupados de Gaza y Jericó.

Los socios de Banesto para este proyecto eran el *holding* marroquí Omnium Nord Africa (ONA); un grupo de inversores palestinos liderados por Jawid Ghussin, máximo responsable del Fondo Nacional Palestino, y Abu Ala, miembro de la OLP; el grupo israelí Koor Limited, y el Gobierno de Tel Aviv.

Bautizado con el nombre de Salam-2000, el proyecto sirvió de pretexto a Mario Conde para que los reyes de España realizaran, en noviembre de 1993, su primera visita a Israel, donde fueron recibidos por el jefe del Estado, Ezer Weitzman, y el primer ministro, Isaac Rabin. El viaje, en el que el monarca español fue nombrado doctor *honoris causa* por la Universidad de Jerusalén, significaba en cierta manera un espaldarazo real a la gestión del presidente de Banesto.

El resto de los grandes banqueros del país (Emilio Ybarra, José María Amusátegui, Emilio Botín, Luis Valls) observaban estas maniobras de utilización de la Corona y no sabían qué había realmente detrás. La habilidad de Conde para embaucar a sus semejantes hacía que no se acabaran de fiarse de él y que le temieran al mismo tiempo.

—Mario Conde no es sólo Mario Conde —les decía un banquero enigmáticamente a los autores de estas páginas con la intención de explicar su aparente éxito.

—¿Qué quieres decir? ¿No pensarás, como se decía en el franquismo, que es representante en la banca de la masonería y el judaísmo internacionales?

—Pues algo así. Algo sobre lo que muchos de nosotros tenemos pocos datos pero algunas intuiciones.

Era el 10 de noviembre de 1993. Faltaban apenas cuarenta y ocho días para que el banquero que encarnaba el prototipo de la era del dinero fácil, que se estudiaba en las universidades españolas como genio de las finanzas, que había revolucionado el mundo de la ingeniería financiera en España y que había elevado a las más altas cimas la llamada «cultura del pelotazo», recibiera el mayor revés de su vida.

Tras el descalabro, aquel joven aplicado, nacido el 14 de septiembre de 1948 en Tuy (Pontevedra), no volvería a ser nunca más lo que durante cinco años fue y representó como mito del empresario agresivo y triunfador para millares de españoles [1].

* * *

Sus hagiógrafos no cuentan exactamente en qué etapa de su vida comenzó a peinarse hacia atrás, a lo Gran Gatsby, a usar gomina en el pelo y a mirar a sus adversarios a los ojos, desafiante.

---

[1] Banesto patrocinaba la Madrid Business School, un centro para posgraduados universitarios donde se explicaba el personalísimo estilo de hacer negocios de Mario Conde.

Por lo demás, la biografía de Mario Conde es más o menos conocida. Hijo de un funcionario de Aduanas, a los seis años su padre fue trasladado al puerto de Alicante, donde Conde efectuó sus estudios primarios y secundarios en el colegio de los hermanos maristas.

En 1966, con dieciocho años recién cumplidos, se trasladó a la Universidad de Deusto para iniciar los estudios de Derecho. «Fue el mejor estudiante de la clase, pero no el clásico empollón, que por regla general es aburrido. Mario Conde, además de brillante, era divertido y jovial», escriben sus biógrafos.

En la Universidad conoció a cuatro personas que iban a ser, en el futuro, personajes clave en su vida y sus negocios: Enrique Lasarte, presidente del Banco de Vitoria hasta la intervención de Banesto; Fernando Almansa, diplomático en México y Bélgica y jefe de la Casa Real; Ramiro Núñez, secretario del consejo de administración de Banesto, y José María Rodríguez Colorado, ex director general de la Policía, quien le echaría una mano en el turbulento mundo de los espías al que es tan aficionado el ex presidente de Banesto.

En el verano de 1971, terminada la carrera y a punto de incorporarse a la milicia universitaria para hacer el servicio militar, conoce a Lourdes Arroyo en Bayona (Pontevedra). Se produce el flechazo y la pareja inicia el noviazgo.

Mario Conde comienza a preparar entonces oposiciones a abogado del Estado, que aprueba en 1973, ¡cómo no!, con el número uno de su promoción. Por esa época, entre examen y examen conoce a otro personaje que va a incidir en su vida, Fernando Garro, que sería director general de Transportes en la etapa en que la cartera estaba ocupada por José Luis Alvarez.

Garro también tiene novia, Virginia. Un día quedan los cuatro (Mario Conde, Lourdes Arroyo, Fernando Garro y Virginia) para salir y, a partir de entonces, las dos parejas veranean juntas, ven las mismas películas, comparten las mismas aficiones deportivas, se casan el mismo año y tienen el mismo número de hijos, dos cada una.

Mallorca, donde pasa sus vacaciones la familia real, se convierte en el lugar de descanso de los dos matrimonios, unas veces en la casa de los padres de Lourdes Arroyo, en Pollensa, y otras en un apartamento de Alcudia.

Mario Conde, destinado primero en Toledo, ocupa ahora una plaza de abogado del Estado en la Dirección General de lo Contencioso del Estado. El destino le va a brindar una nueva amistad, alguien que, pasados los años, se convertirá en uno de sus peones de confianza. En Alcalá, donde tiene la sede la Dirección General, conoce a Arturo Romaní, quien entonces es su jefe.

Pero Conde no está dispuesto a ser un picapleitos cualquiera del Estado ni a consumir su vida realizando sesudos estudios jurídicos como un vulgar funcionario. Simpático, arrollador, triunfador nato, deportista, número uno aprobando oposiciones, número uno jugando al tenis, número uno contando chistes, se siente llamado a misiones más importantes, según cuentan los narradores de sus hazañas.

El destino, escrito en las estrellas, se hace realidad cuando, un día, un compañero de carrera, Enrique Medina, le dice que un amigo suyo, Juan Abelló, está buscando un chico habilidoso para que le trampee algunos asuntos que tiene pendientes con Hacienda y con la Administración a causa de los laboratorios Abelló, propiedad de la familia.

Mario Conde y Juan Abelló se conocen en marzo de 1976. Tras un par de horas de charla, en lugar de abogado de la empresa, Conde sale del despacho de Abelló como director general adjunto de Laboratorios Abelló. «Fueron las dos horas mejor empleadas de mi vida», ha dicho el banquero de Tuy con posterioridad.

Como se cuenta en otros capítulos de este libro, la alianza Conde-Abelló produjo rápidos dividendos. En septiembre de 1983 vendieron Laboratorios Abelló y, con parte de los beneficios obtenidos, algunos créditos bancarios y grandes dosis de falta de escrúpulos y de deslealtad, fueron «seduciendo» uno a uno a sus socios de Antibióticos hasta quedarse con la empresa.

Juan Abelló, un simple licenciado en Farmacia, y Mario Conde, un astuto abogado del Estado, eran dueños de una de las primeras industrias farmacéuticas españolas, especializada en productos inmunológicos y antibióticos de amplio espectro. Pero la aspiración de ambos no era vender fármacos, a pesar de la clara vocación de Antibióticos de convertirse en poco tiempo en la primera multinacional española del sector. Su deseo era convertir en dinero contante y sonante aquel vasto imperio de fermentación de cultivos, fabricación de sueros y creación de nuevos específicos. El 18 de abril de 1987 vendieron el complejo al grupo italiano Montedison, obteniendo una cantidad con la que nunca habían soñado: 60.000 millones de pesetas.

Mario Conde y Juan Abelló eran inmensamente ricos, pero en

aquellos momentos el dinero había dejado de interesarles. Lo que les apetecía era el poder.

«¿Cuánto se puede comprar con 60.000 millones de pesetas?», se preguntan en alguna ocasión.

Por lo pronto, con esa cantidad de dinero pueden ser los dueños de Banesto, un banco a la deriva, con el consejo de administración dividido, que acaba de ser *opado* por el Bilbao.

A Juan Abelló le gusta la idea. Casado con Ana Gamazo Hohenlohe, su suegro, Juan Claudio Gamazo, había sido consejero de Banesto y gobernador del Banco de España. ¿Qué mejor futuro para su familia que conquistar el banco del que su suegro sólo pudo ser consejero?

* * *

Cuando, en aquellos dramáticos días de noviembre y diciembre de 1987, el Gobierno y el Banco de Bilbao se lanzaron en una operación de rapiña para apoderarse del Banco Español de Crédito, fueron muchos los españoles que alabaron la actitud del tándem Conde-Abelló.

Frente a la máquina todopoderosa y avasalladora del poder, con el ministro de Economía y Hacienda, Carlos Solchaga, y el gobernador del Banco de España, Mariano Rubio, tratando de tomar por asalto un banco para entregárselo a José Angel Sánchez Asiaín y a sus amigos del club de Neguri, se erigió la figura de un Mario Conde luchador y voluntarioso, dispuesto a plantarle cara al Gobierno.

El combate fue desigual. Todo el engranaje de la *beautiful people* se puso del lado del equipo económico del Gobierno y se pusieron en marcha todo tipo de maniobras para comprar y aparcar acciones con las que ayudar a Sánchez Asiaín a derribar la deteriorada fortaleza de Banesto.

Sólo algo sobrenatural podía detener la embestida del Gobierno y sus banqueros. El milagro lo propició el síndico de la Bolsa de Madrid, Enrique Benito. Indignado por la elaboración de una ley que entregaba la bolsa a los bancos y convertía a los agentes de cambio y bolsa en corredores de comercio, Benito se desquitó de la tropelía cometida por el Gobierno en contra de sus compañeros.

El viernes 4 de diciembre, a última hora de la tarde, Enrique Benito reunía la junta sindical de la Bolsa de Madrid, evacuaba consultas con sus colegas de Barcelona y Valencia, y decidía rechazar la OPA del Bilbao sobre Banesto.

Carlos Solchaga, a quien Manuel de la Concha le había anticipado esta decisión en un almuerzo celebrado el día anterior en el restaurante Jockey, había perdido la partida. Goliat era derrotado por David y en la noche de ese 4 de diciembre, en la sede central de Banesto, en Castellana 7, corrió abundantemente el champán.

Los auténticos triunfadores de la batalla contra el Gobierno eran un abogado del Estado de cuarenta años recién cumplidos y su socio, el farmacéutico Juan Abelló. Ambos habían arriesgado su dinero (cada uno de ellos poseía un paquete de 2.096.537 acciones, el 2,1 por ciento del capital), sus esfuerzos y hasta su salud para salvar Banesto.

Desde el 14 de octubre los dos eran consejeros del Banco Español de Crédito. Pero el lunes 30 de noviembre, a sugerencia de Alfonso Guerra, que estaba decidido a impedir que Carlos Solchaga acumulase aún mayor poder en la banca, Ricardo Gómez Acebo, José María Sáenz de Vicuña y otros consejeros de Banesto reunieron el consejo de administración del banco y propusieron a Mario Conde como presidente.

—Es una medida de emergencia —explicó Gómez Acebo—. Si no actuamos así nos tumban.

Pablo Garnica Mansi, cuyo mandato expiraba días más tarde, planteó algunas reticencias a abandonar precipitadamente el cargo.

—Tienes que hacerlo. Nuestra mayor debilidad es el vacío de poder que se detecta fuera del banco. Debemos aparecer como un grupo fuerte y sólido, unidos como una piña en torno al nuevo presidente.

Del 30 de noviembre al 4 de diciembre Mario Conde había empuñado el timón de la nave. Y aquellos cuatro días habían sido cruciales para que, con el apoyo clandestino del guerrismo y del síndico de la Bolsa de Madrid, la amenaza del Estado y del Bilbao sobre Banesto se diluyera como un azucarillo en un vaso de agua.

El 16 de diciembre de 1987 Mario Conde tomó posesión oficial de la presidencia de Banesto. Al día siguiente hacía sus primeras manifestaciones, no exentas de su habitual carga política:

> «Somos una respuesta a la historia. Hace veinte años la cultura dominante era la del norte. Ahora se impone la cultura de la iniciativa, donde el individuo se reafirma frente al Estado. Es el modelo del sur y yo soy el representante de esa cultura.»

Poco después se hacía pública la composición del nuevo consejo de administración del banco, en el que desembarcaba el equipo humano y profesional que había ayudado al banquero de Tuy a lo largo de su vida. Junto a Mario Conde, como presidente, figuraban su socio Juan Abelló como vicepresidente, Arturo Romaní como consejero ejecutivo, Enrique Lasarte y Ramiro Núñez como consejero y secretario del Consejo. El fiel escudero Fernando Garro no aparecía en el *staff* de los privilegiados, pero ocupaba un puesto de mando mucho más importante en la trastienda, encargándose de los asuntos personales del banquero.

En el mismo consejo aparecían tres socialistas: Juan Belloso también como consejero ejecutivo; Antonio Torrero, que a través de su empresa Reit había ayudado a Conde en la compra de acciones, y Paulina Beato. Todos ellos eran destacados miembros del «aparato» guerrista. Junto con Ricardo Gómez Acebo, Pablo Garnica Gutiérrez, Luis Ducasse y Antonio Sáenz de Montagut, integraban la plana mayor de Banesto.

Un banco donde no era oro todo lo que aparecía en los balances. La compra del Banco Coca, la operación del Banco Madrid y la gestión de Javier de la Rosa al frente de la Banca Garriga Nogués habían provocado un «agujero» de más de 150.000 millones de pesetas. A esta inquietante situación se unía la necesidad de provisionar 100.000 millones para responder de los créditos fallidos, 40.000 millones para crear un fondo de pensiones, 75.000 millones con destino a la informatización del banco, 60.000 para completar la red de sucursales y 30.000 para ajustar los niveles salariales de los empleados a la media de la banca. En definitiva, Mario Conde precisaba urgentemente 305.000 millones para hacer de Banesto un banco moderno y a la altura de las circunstancias.

* * *

Frente a esas necesidades, el banquero de Tuy optó por esconder la cabeza bajo el ala y esperar mejores tiempos. En lugar de dedicar todo su esfuerzo a sanear la institución, comenzó a administrar el banco como una finca particular.

En 1987 le compra al ganadero Marcial Lalanda su coto de caza «La Salceda», de 1.340 hectáreas, que suma a las 2.000 de «El Gavilán». Así, el presidente de Banesto se convierte en el propietario de una de las mayores fincas de caza de Ciudad Real y en vecino de monterías de Carlos de Borbón Dos Sicilias, Emilio Botín y Juan Banús. Poco después, por medio de una serie de fiduciarias, compra el cortijo «Los Carrizos», de 3.000 hectáreas, situado en Castilblanco de los Arroyos, un pueblo situado a treinta y cinco kilómetros al norte de Sevilla. Esta segunda finca, antigua propiedad de los marqueses de Castillejo, adquirida a Blanca Ybarra Lasso de la Vega, le convierte en vecino de los toreros Diego Puerta y Espartaco, que tienen sus casas de campo y sus tentaderos por los alrededores.

Con viviendas en Can Poleta (Pollença) y México y haciendas en este último país y en Chile, donde posee dos, una en Valparaíso y otra en Maipo, la obsesión de Mario Conde por vivir rodeado de todo tipo de comodidades no parecía tener fin. En su finca «La Salceda» mandó construir una mansión valorada en más de 1.000 millones de pesetas y se hizo edificar una segunda residencia en La Moraleja (Conde vive habitualmente en la calle Triana de Madrid), que, por razones de seguridad, no llegó a habitar.

Su gusto por el lujo y la buena vida le llevaron a adquirir varios coches, entre ellos un Audi y un Jaguar, y media docena de veleros, con los que participó durante algunos años en la Copa del Rey en Palma de Mallorca. El último de sus barcos de recreo, el *Alejandra* [2], se acabó de construir en 1992 en los astilleros asturianos de Mefasa. Su valor sobrepasaba los 1.000 millones de pesetas.

Junto a su empeño por imitar los hábitos de la aristocracia con la acumulación de bienes raíces y la celebración de grandes fiestas, otras dos facetas definen su personalidad. Una de ellas es su afición al espionaje y a las medidas de seguridad, lo que le permite evitar que le controlen y conocer como nadie los secretos más íntimos de sus enemigos. La otra es su vinculación a la masonería, una sociedad esotérica que por lo general busca el perfeccionamiento del individuo, pero que en la práctica se ha convertido en un poder paralelo dentro de los estados, como ocurrió en Italia con la Logia P-2.

En noviembre de 1980, mucho antes de llegar a Banesto, Conde y su amigo Fernando Garro se inician en la Gran Logia de España, perteneciente al Rito Escocés Antiguo y Aceptado, que encabeza el Gran Maestro del grado 33, Luis Salat Gusils.

Aunque Conde y Garro no van más allá del tercer grado (neófito, aspirante y maestro), que permite ostentar la categoría mínima de masón, para pasar rápidamente a la situación de «durmientes» (masones inactivos), ambos personajes se ocupan de

---

[2] En homenaje a su hija, que tiene el mismo nombre.

airear su condición de miembros de esta asociación secreta. No es casual que el banquero comience a presumir de masón a partir de 1992, cuando el Rey acude en el Reino Unido a una logia del Rito Escocés, a la que ha pertenecido tradicionalmente parte de la familia real británica[3]. Además, el banquero de Tuy recurre a métodos poco ortodoxos para defenderse de sus enemigos, como contratar brujos y especialistas en vudú, según cuenta el periodista Luis Herrero en su libro *Conde, el angel caído*[4].

Su fastuoso tren de vida y la acumulación de bienes raíces sólo son explicables mediante el cobro de comisiones por los servicios que prestaba al banco y por los cuales percibía un sueldo que sobrepasaba los 150 millones de pesetas anuales.

Según los periodistas Miguel Angel Nieto y Encarna Pérez, no había en Banesto negocio grande ni pequeño —desde la remodelación de una oficina hasta el servicio de mensajería interno— en el que su presidente y muchos de sus consejeros, parientes y amigos no estuvieran presentes de una forma u otra[5]. Personas ajenas al negocio financiero que por una u otra razón tuvieron contactos con Banesto hoy están satisfechos de que se les apareciera Mario Conde en su camino. Es el caso de Amado Ortí Giner, un modesto constructor de Castellón de la Plana. Tras una primera operación conflictiva con el banco, en la que perdió dinero, el equipo del banquero de Tuy le recomendó que no llevara a Conde ante los tribunales. Su paciencia fue recompensada con creces. En cinco operaciones inmobiliarias posteriores, Ortí ganó 1.500 millones. Una suma que jamás había soñado con su negocio de cemento y ladrillos.

Una situación similar es la del empresario mallorquín Pedro Pueyo. Sus relaciones con Alejandro Arroyo, suegro de Conde, y su disposición a servir de testaferro para ocultar al Banco de España 20.000 millones de acciones de la autocartera de Banesto, le abrieron la puerta de los negocios. Su *holding* de empresas, el Grupo Oasis, obtuvo del banco de Conde créditos que aún tienen perplejos a los inspectores del Banco de España.

Los periodistas Nieto y Pérez, en su copiosa y documentada obra sobre la vida y milagros del banquero de Tuy, acusan a éste

[3] La noticia apareció en la prensa británica en una columna y, contra lo que suele ser habitual, no se reprodujo en ningún periódico español.

[4] Editorial Temas de Hoy, Madrid, junio de 1994.

[5] Encarna Pérez y Miguel Angel Nieto, *Los cómplices de Mario Conde*, Editorial Temas de Hoy, Madrid, 1993.

y a su socio Juan Abelló de adquirir el 25 por ciento de la empresa de seguridad Protecsa, inflarla artificialmente adjudicándole todos los contratos del banco y luego venderla a Banesto obteniendo unos beneficios netos de 800 millones de pesetas.

Incapaz de distinguir los negocios del banco de los privados, la pareja vendió también al Banco Español de Crédito otras dos sociedades, Advent y Fileasing, por varios centenares de millones de pesetas. Los consejeros contemplaban estupefactos cómo el presidente y vicepresidente de la entidad vendían sus «empresas basura» al banco, algo insólito en el siglo de historia de Banesto.

El cobro de comisiones era, como se ha señalado antes, otra de las formas habituales de incrementar el patrimonio personal de unos pocos, cada vez más boyante, mientras el del banco y su grupo industrial acentuaba el declive. Mario Conde sacaba tajada de todo: venta de empresas, salidas a bolsa, ampliaciones de capital, compra de participaciones en otras sociedades, etc.

Cualquier resquicio para hacer negocios a costa del banco era bueno. La remodelación de oficinas y el plan informático de Banesto, donde se invirtieron más de 50.000 millones de pesetas, fueron dos ocasiones que permitieron a Conde embolsarse de nuevo sumas de miles de millones[6].

* * *

Entre tanto, Mario Conde creía haber dado en junio de 1989 con la fórmula mágica para salvar a Banesto de la hecatombe. La idea consistía en agrupar todas las empresas del banco en un gran *holding*, sacarlo a bolsa y con las plusvalías obtenidas capitalizar la entidad financiera.

El Español de Crédito poseía entonces del orden de ciento setenta y cinco empresas distribuidas en los sectores de la alimentación, agrícola, cementos, siderurgia, petróleo, cerámica, construcción, seguros, química, textil y artes gráficas. El negocio industrial estaba en manos de grandes familias que administraban las empresas como feudos propios. Así, los Argüelles habían sido durante años los «dueños» de La Unión y el Fénix; los Herrera-Martínez Campos, los amos de Petromed; la familia Aguirre Gonzalo se había atrincherado en la constructora Agromán; los Garnica controlaban el grupo cementero, integrado por doce empresas; los Oriol y Urquijo se habían apoderado de Hidrola; Sáenz de Mon-

[6] *Cambio 16*, 17 de enero de 1994.

tagut se había hecho fuerte en Tudor, y los Sitges pasaban por ser los responsables de Asturiana de Cinc. La creación de la Corporación Industrial con todas estas empresas suponía el fin de las familias tradicionales de Banesto, pero también constituía la última tabla de salvación para el banco. Así que, en junio de 1989 Mario Conde y Juan Abelló iniciaron conversaciones con el ministro de Economía y Hacienda, Carlos Solchaga, de cara a la instrumentalización jurídica del consorcio.

En los primeros encuentros en Alcalá 9, sede del Ministerio de Economía y Hacienda, el banquero de Tuy propuso al Gobierno que aceptara unas plusvalías totales de 204.000 millones de pesetas y concediera a la nueva corporación industrial unas exenciones fiscales del 99 por ciento, el máximo que permitía la ley.

Carlos Solchaga recibió numerosas presiones del sector guerrista del partido. El superministro, sin embargo, no estaba dispuesto a mover un dedo por el hombre que había desafiado al Gabinete en la OPA del Bilbao contra Banesto.

El enfrentamiento entre el equipo económico del Gobierno y el presidente de Banesto se agudizó con la intervención del gobernador del Banco de España, Mariano Rubio, que tomó partido en favor del ministro. Cuando el abogado de Banesto, Rafael Pérez Escolar, acude a visitarle a la sede del Banco de España para exponerle el proyecto de la Corporación Industrial, Rubio, partidario de que los bancos reduzcan sus riesgos en las empresas, le recibe con cajas destempladas.

—Antes de conseguir la aprobación de la Corporación Industrial tenéis que pasar sobre mi cadáver —le dice[7].

Desolado, el banquero de Tuy recurre entonces al despacho del intermediario Antonio Navalón, íntimo amigo de Txiqui Benegas, el secretario de Organización del PSOE. Contrata sus servicios por 600 millones de pesetas y consigue que Felipe González le reciba en diciembre de 1989.

En la reunión con Mario Conde, el jefe del Ejecutivo accede a varias de las pretensiones del banquero de Tuy, a cambio del cierre del diario *El Independiente*, apoyado financieramente por Banesto, y de algunas concesiones de tipo fiscal.

Tras el acuerdo en la cumbre, el 20 de abril de 1990, Mario Conde anuncia públicamente la creación de la primera corpora-

---

[7] Mariano Rubio niega estos hechos. «Banesto sólo obtuvo facilidades del Banco de España durante mi mandato», afirma.

ción industrial del país. La Administración reconoce a las empresas participadas por Banesto unas plusvalías de 132.500 millones de pesetas y concede a la entidad unas exenciones de 19.000 millones, una cifra ridícula comparada con la de las fusiones Bilbao-Vizcaya o Central-Hispano.

Tras la revalorización de activos, Banesto prepara con todo sigilo la salida a bolsa del 30 por ciento de las acciones de la Corporación Industrial. La operación, si se plantea adecuadamente, puede drenar de los inversores de renta variable entre los 150.000 y los 200.000 millones necesarios para tapar el «agujero» del banco, que tanto preocupa a Mariano Rubio y a los inspectores del Banco de España, que se han instalado de forma permanente en la sede de Banesto.

La proximidad del verano aconseja que la salida a bolsa de la Corporación Industrial no se lleve a cabo hasta el próximo septiembre. Sin embargo, el 2 de agosto Saddam Hussein invade por sorpresa Kuwait. Con el inicio de la Guerra del Golfo se produce una incertidumbre en los circuitos internacionales de suministro de petróleo y el desplome de las bolsas de todo el mundo es un hecho.

En la noche en que los carros de fabricación soviética avanzan hacia la capital del emirato árabe dos años de sueños y de trabajo acumulados por el banquero de Tuy se desvanecen en un segundo.

* * *

Una auditoría de los inspectores del Banco de España acababa de detectar en el banco un «agujero» de 240.000 millones de pesetas. Mario Conde, obviamente, se negó a dar como bueno el trabajo de la unidad que Mariano Rubio había enviado hacía seis meses a Castellana 13 para fiscalizar la labor de la entidad crediticia.

Con el agua al cuello, Conde pone en marcha entonces una segunda maniobra. Adquiere directamente un 25 por ciento del Totta y Açores e, indirectamente, por medio de sociedades fiduciarias de su socio portugués José Roquette, se hace con otro 25 por ciento del banco.

Cuando Mario Conde intenta aflorar el 50 por ciento del banco, porcentaje que le permite consolidar en balance, el primer ministro luso se niega a que el segundo banco en importancia de su país pase a manos extranjeras. El Gobierno portugués lleva el asunto al Tribunal de la Competencia de Estrasburgo y el comisario británico Léon Britain se ve obligado a intervenir.

Las autoridades lusas, que están al tanto de los planes del banquero de Tuy de fusionar Banesto y el Totta y Açores, lo impiden *manu militari.* De esta manera, Conde no puede disponer, como pretendía, de los 500.000 millones de pesetas de «liquidez excedentaria» con que contaba el banco portugués, para tapar los «agujeros» de Banesto [8].

Quemado este último cartucho, al banquero de Tuy no le queda otra alternativa que comenzar a vender el grupo empresarial del banco para tratar de enderezar la cuenta de explotación, que cada vez arroja mayores números rojos.

El 23 de mayo de 1991, Les Assurances Générales de France (AGF) adquiere por 28.500 millones de pesetas el 24 por ciento de La Unión y el Fénix, la aseguradora de Banesto [9].

El 6 de junio, Mario Conde anuncia la venta del 45 por ciento de la empresa de petróleos Petromed, una de las más rentables y saneadas del grupo, a la británica British Petroleum, una de las «siete hermanas». Obtiene unos ingresos de 37.500 millones.

En diciembre de 1991, Ralstom, la empresa fabricante de pilas Ucar, se hace con el control de un sector de Tudor tras un desembolso de 6.800 millones, con unas plusvalías de 3.700 millones de pesetas. Ese mismo año desaparecen de la Memoria de Banesto el Banc Català de Crèdit, que pasa a depender del grupo italiano San Paolo, y la inmobiliaria Gescan, propietaria de quince edificios, que es enajenada.

La papelera cántabra Sniace suspende pagos el 2 de marzo de 1992 después de que Banesto se desprendiera de sus acciones en la compañía un mes antes. Carburos Metálicos [10] y Agromán, la que años atrás fuera segunda constructora del país, pierden puestos en sus respectivos *rankings* sectoriales y son puestas a la venta.

En el verano de 1992, Sansón y Valenciana de Cementos son adquiridas por la cementera mexicana Cemex, que invierte en la compra directa y las OPAs en bolsa para hacerse con el 100 por ciento del capital entre 170 y 180.000 millones de pesetas.

Convertido en una máquina de perder dinero, Banesto con-

---

[8] *El País,* 16 de octubre de 1992.

[9] Tras la intervención de la entidad financiera por el Banco de España, AGF llega a un acuerdo en la primavera de 1994 con los nuevos administradores para adquirir el 100 por ciento de la compañía.

[10] Ambas operaciones quedan en suspenso tras la intervención de Banesto. Carburos Metálicos tuvo una opción de compra de la norteamericana Air Produc, vigente hasta junio de 1994.

vierte en cenizas todo lo que le echen. En 1992 la Corporación Industrial tiene que sacar a la venta Asturiana de Cinc, Acerinox [11] y el resto de las llamadas «joyas de la Corona», las pocas que van quedando [12].

En todas estas operaciones, durante los meses en los que transcurre la negociación de la venta, Mario Conde ordena a los responsables de la corporación industrial vender importantes paquetes de acciones a sus empresas privadas. Tras «calentarlos» durante algunas semanas en la bolsa con dinero de Banesto, el propio banco recompra los títulos, con los que el presidente y alguno de sus colaboradores se embolsan centenares de millones. Como esta técnica se repite cada vez que se coloca en el mercado una nueva compañía, la medida tiene un doble efecto: las cuentas corrientes del banquero de Tuy se incrementan en el mismo porcentaje en que se despatrimonializa la entidad financiera. De esta manera, Mario Conde, además de un mal gestor de los recursos del banco, demuestra ser un hábil administrador de su propio patrimonio, que los autores del libro *Los cómplices de Mario Conde* [13] evaluaban, en 1992, en una estimación cicatera, en 25.000 millones de pesetas.

La situación financiera de la entidad crediticia, lejos de mejorar, ha empeorado en la primavera de 1992. Mariano Rubio, gobernador del Banco de España, lo advierte poco antes de la junta de accionistas de la entidad: «Los bancos no pueden aumentar su dividendo a costa de reducir su patrimonio.»

En 1992, cuando peor estaban las cosas, Banesto había repartido un dividendo de 205 pesetas por título entre sus accionistas. El banco emisor no sólo no estaba de acuerdo con aquella medida, sino que pretendía apretar de una vez por todas las clavijas al heterodoxo banquero.

En noviembre, Aurelio Medel escribía en *Diario 16*: «El Banco de España urge a Banesto para que dote "cuanto antes" más de 100.000 millones de pesetas [14].» Casi al mismo tiempo, IBCA y

[11] Acerinox es adquirida por un fondo de inversores extranjero. En cambio, Mario Conde no tiene tiempo de vender Asturiana de Cinc a un grupo canadiense que se había interesado por ella.

[12] La última enajenación, el Banco Madrid, se produjo en 1993. El Deutsche Bank pagó 33.000 millones por quedarse con la filial de Banesto.

[13] Miguel Angel Nieto y Encarna Pérez, *op. cit.*

[14] En realidad, el banco emisor había pedido a Banesto unas provisiones de 105.000 millones de pesetas para dotar su fondo de pensiones, el déficit de recursos propios y la morosidad estimada a corto y medio plazo.

Moody's, dos de las más prestigiosas agencias de catalogación bancarias, rebajaban la calificación a Banesto y *The New York Times*, el autorizado diario neoyorkino, le comparaba con el multimillonario norteamericano Ross Perot. «Como Perot —publicaba el rotativo—, quiere dar el gran salto a la política para salvar a España de sus políticos [15].»

Mario Conde, acostumbrado a ver brujas donde no las hay, se imagina enseguida que se ha puesto en marcha una conspiración en contra suya. Pero esta vez no sabe quiénes son sus enemigos. Mariano Rubio, el gobernador del Banco de España que había sido tan severo con él, llevaba casi cinco meses retirado.

Desde finales del verano, Conde y Luis Angel Rojo, el nuevo gobernador, llevaban reuniéndose una vez cada semana o cada quince días para pactar un plan estratégico capaz de sacar a la entidad financiera de la crisis. El plan de salvamento se llevaba en el máximo secreto, y salvo el gobernador y el subgobernador, Miguel Martín, nadie más estaba al tanto de su existencia fuera de la casa.

Como se cuenta en otro capítulo, es entonces cuando Mario Conde, llevado por la paranoia, adquiere un detector de mentiras en Israel.

—Si fuera necesario estaría dispuesto a someter al polígrafo hasta al propio consejero delegado del banco —anuncia a sus colaboradores.

Tras varias semanas de nerviosismo en que el presidente de Banesto sólo duerme un par de horas al día y se mantiene en pie gracias a dos docenas de tazas de café descafeinado, «para no tomar tanta cafeína, aunque luego, ya ves, uno acaba tomando lo mismo», el asunto se salda con una llamada a Jesús Polanco y otra a Antonio Asensio. Dueño del 12,5 por ciento del Grupo Zeta y Antena 3 Televisión, con su amigo Polanco convertido en propietario de Antena 3 Radio, el «pacto de los editores» inmediatamente se pone en marcha.

«Mario Conde está confiado en que la situación de Banesto es sólida y que el futuro se presenta brillante para su entidad», vaticinaba Jesús Rivasés en la revista *Tiempo* mientras descalificaba la información del periodista de *Diario 16* [16]. «Lo que yo defiendo

---

[15] *The New York Times*, 21 de octubre de 1992.

[16] *Tiempo*, 14 de diciembre de 1992.

es una economía que no esté basada en la especulación», declara Conde a *El País* en una de las primeras entrevistas laudatorias que le hacen en este rotativo [17].

* * *

El presidente de Banesto tenía razones para estar cabreado con la objetividad y seriedad con las que las agencias de calificación y los periódicos independientes trataban la evolución de su entidad crediticia.

Desde comienzos de noviembre de 1992 se venía negociando en secreto en la sede de Banesto, en la madrileña calle de Alcalá, número 14, una macroampliación de capital de 130.000 millones de pesetas, y las malas noticias ahuyentaban a los futuros inversores de bolsa.

A través de su abogado Matías Cortés y de sus contactos judíos en Israel y Nueva York, Conde había logrado lo imposible: que la prestigiosa Banca JP Morgan, una de las entidades financieras más solventes del mundo, avalara la operación y se comprometiera a invertir parte de su fondo Corsair en la compra de títulos.

El 27 de noviembre, al mismo tiempo que tenía que sustituir a Juan Belloso como consejero delegado, en el antedespacho de Banesto esperaba la plana mayor de Morgan: el vicepresidente, Roberto Mendoza, la colombiana Violy de Harper, Rafael Gil Alberdi y Javier Macaya. Aquella mañana iban a discutir los pormenores de la ampliación.

Ante el consejo de administración en pleno, tras el cese de Belloso y la incorporación de Enrique Lasarte, Arturo Romaní y Ricardo Gómez Acebo como hombres fuertes de la entidad, Roberto Mendoza hizo una de las más «brillantes» exposiciones de su carrera profesional: «Banesto ha invertido en tecnología y está varios años por delante de la competencia. Tiene una estrategia de gestión sólida que debe permitir que sea un banco competitivo. [...] Cuenta con una red de sucursales sin las cuales es más caro captar depósitos y vender créditos.» [18]

Su intervención es un panegírico total a Mario Conde y a Banesto. En el texto manejado por los autores de este libro no figura ni la más leve crítica a la situación interna del banco, lo que

---

[17] *El País*, 29 de noviembre de 1992.

[18] Los datos proceden del acta del consejo de administración del banco.

indica que Roberto Mendoza o es un perfecto inútil u ocultaba los hechos siguiendo instrucciones superiores, que es lo más probable. Arrastrando su fuerte acento cubano, Mendoza, uno de los cinco vicepresidentes ejecutivos de JP Morgan, concluye [19]: «Banesto está posicionado para convertirse en el líder de la banca en España.»

Las negociaciones entre JP Morgan y Banesto se mantienen en secreto en Nueva York durante los primeros meses de 1993, donde Matías Cortés y su equipo tienen casi permanentemente reservadas varias *suites* en el Waldorf Astoria. En el emblemático hotel neoyorquino se tropiezan con los ejecutivos del BBV y del Santander. Los presidentes de ambas entidades financieras, enteradas de las conversaciones secretas entre JP Morgan y Banesto, tratan de atraer sin éxito hacia sus bancos los recursos del fondo Corsair.

En medio de esta guerra de intereses, el 22 de mayo de 1993 Mario Conde convoca la junta general de accionistas del banco. En un ambiente crispado por el recorte del dividendo a 95 pesetas por cartón, pide paciencia a sus compradores de títulos y anuncia la llegada de tiempos mejores: «Banesto va a poner en marcha este año la mayor ampliación de acciones de la historia de la banca española y una de las más grandes del mundo en 1993», proclama.

Indica que la presencia de JP Morgan, una de las entidades de mayor solvencia en el mundo financiero, es la garantía de que el banco pasa por uno de los mejores momentos de su historia y el aval de que la ampliación va a cubrirse.

Como buen embaucador de serpientes, Conde anuncia a bombo y platillo que está dispuesto a comprometer todo su patrimonio personal y familiar en el nuevo proyecto [20]. «¿Cómo voy a hipotecar todos mis bienes en un proyecto de esa naturaleza si no creyera firmemente en él?», concluyó Conde hipnotizando al auditorio con su fácil y estudiada oratoria.

[19] De hecho, JP Morgan España, las agencias de calificación extranjeras, el banco emisor y un sector de la prensa conocían la delicada situación del banco de Mario Conde.

[20] En realidad, los 7.000 millones de pesetas para la compra de títulos le habían sido prestados por el Banco Central Hispano sin ningún tipo de garantías físicas, hecho sin precedente en la banca española, que estuvo a punto de costarle el puesto a su presidente, José María Amusátegui, cuando algunos consejeros del BCH conocieron la noticia por la prensa.

La ampliación de capital, llevada a cabo en los meses sucesivos, fue un éxito en su primer y segundo tramo. Teóricamente, el futuro de Banesto estaba salvado, al menos a corto y medio plazo.

* * *

El abogado del Estado de Deusto tenía, sin embargo, una aspiración secreta que no se atrevía a hacer llegar a la opinión pública abiertamente: unir poder económico, medios de información y poder político en unas mismas manos, las suyas.

Sus incursiones en el campo de la política arrancan de la etapa en que Antonio Hernández Mancha era el máximo responsable de Alianza Popular. La escasa relevancia política de Mancha obligó a los barones del partido a buscar un nuevo líder. En esas fechas, Conde estaba dispuesto a bajar a la arena política, pero sus obligaciones bancarias se lo impidieron.

Sin embargo, su ambición por el poder le llevó a decantarse en dos líneas bien definidas a lo largo de los seis años que estuvo al frente de Banesto. Por un lado, se convirtió en el látigo del equipo económico del Gobierno y, especialmente, de su enemigo Carlos Solchaga, al que trató de enmendar la plana constantemente. «Defender a ultranza un cambio artificial de la peseta sólo sirve para consumir reservas», declaraba el 7 de octubre en el madrileño Club Zayas. «La reciente convulsión del Sistema Monetario Europeo ha puesto en evidencia los riesgos de nuestra política económica», agregó poco después.

Su otra línea de ataque era el presidente del centro derecha, José María Aznar. «La derecha española no tiene imagen para ganar al Gobierno aunque Felipe no se presente», declaró el 7 de junio de 1992 en Buenos Aires. Y agregó: «El PSOE sin Felipe González puede mantener el poder durante muchos años, porque no existe ningún líder capaz de ganar a los socialistas.»

Esta doble línea de fuego obedecía a una doble estrategia perfectamente definida por el banquero de Tuy. Tras su alianza con Alfonso Guerra y Txiqui Benegas, con el que se reunió varias veces a comer en 1993 [21], su primer objetivo era desgastar al equipo económico del Gobierno para contentar a los guerristas, que apoyaban su gestión al frente de Banesto.

De otra parte, sus torpedos a la línea de flotación del PP buscaban erosionar la imagen de José María Aznar para, emulando

---

[21] *Diario 16*, 6 de diciembre de 1993.

al multimillonario Ross Perot, lanzarse desde arriba a la arena pública en el momento más conveniente y salvar a España de sus políticos.

En el verano de 1993, Conde se lo había dicho claramente a un grupo de amigos:

—Yo sólo seré presidente del Gobierno cuando me lo pida el Rey de rodillas.

La frase era sólo una *boutade* más del presidente de Banesto. Mientras en algunos ambientes efectuaba comentarios malvados y llenos de rencor hacia la familia real, uno de sus máximos objetivos era utilizar la Corona para encubrir su mala gestión al frente de Banesto e impedir desde las alturas la intervención del Gobierno en el banco, como venían amenazando Mariano Rubio y Luis Angel Rojo.

Su acercamiento al Rey se inició a comienzos de los ochenta, cuando envió a La Zarzuela un reloj, con motivo de la onomástica de Su Majestad. Sabino Fernández Campo se encargó de devolverlo personalmente[22]. Posteriormente, cuando Juan Carlos acudió en 1990 a los astilleros asturianos Mefasa para informarse de cómo evolucionaba la construcción del velero *Fortuna II*, encargado por el Patrimonio del Estado en 1989, se encontró con que la constructora naval había sido comprada por Mario Conde.

El presidente de Banesto declaró entonces públicamente su intención de regalar el *Fortuna II* a la familia real. La Zarzuela, en un lacónico comunicado, se limitó a decir que el Rey renunciaba a la construcción de un nuevo barco, «ya que las condiciones económicas del país no aconsejaban un gasto de este tipo».

A pesar de este incidente, las relaciones de Conde con la Casa Real mejoraron hasta el punto de que, dos semanas antes de que Fernando de Almansa sustituyera a Sabino Fernández Campo en la Casa Real, el banquero de Tuy y antiguo compañero de estudios del vizconde del Castillo de Almansa en Deusto se atrevió a decir públicamente que acababa de colocar a uno de sus hombres en La Zarzuela.

Cierta o no su supuesta ascendencia sobre el Rey, blindado por numerosos medios de comunicación y con la segunda ampliación de capital de Banesto en marcha, en el otoño de 1993 el presidente de Banesto no oculta ya sus aspiraciones de saltar a la política de forma inmediata.

---

[22] El dato ha sido confirmado por el propio ex secretario de la Casa del Rey.

Su idea es crear un grupo de personalidades con influencia en la vida pública (médicos, notarios, abogados, intelectuales, periodistas, banqueros, ingenieros, etc.) en todas las provincias españolas que en cualquier momento, ¡a toque de corneta!, pueda ser movilizado para crear el partido-antipartido que sea capaz de movilizar a la sociedad civil frente a los abusos del poder.

Para ello, Banesto ha subvencionado años atrás un mini-partido fundado por el ex secretario general de Alianza Popular Jorge Verstrynge; da dinero al CDS y presta apoyo económico a Foro, un centro de estudios liderado por el ex ministro de UCD, Eduardo Punset, con implantación en todo el Estado. Conde cuenta también con las bases de Reforma Democrática, del abogado y consejero de Banesto Rafael Pérez Escolar, a la que ha financiado con pequeñas cantidades, y con los restos del naufragio del CDS, liderado por Rafael Calvo Ortega.

Para el lanzamiento del «tercer partido», Mario Conde dispone del apoyo de varios periodistas y, especialmente, del ex vicepresidente del PP, José Antonio Segurado, el responsable de las relaciones entre Banesto y Alfonso Guerra, trabajo por el que cobraba una minuta de 100 millones al año.

En los días previos a la operación, Mario Conde, Alfonso Guerra y José María Benegas se ven en secreto y diseñan la estrategia a seguir. Poco después comienza el bombardeo. Un periódico de derechas titula: «Felipe González, una fórmula agotada.» Al poco tiempo, la revista *Tribuna* publica una *cover story* sobre José María Aznar: «El líder del PP —se dice— no sirve como Presidente. Los poderes económicos desconfían de él como líder de la derecha.»

Meses antes, Aznar había obtenido 8.200.000 votos en las elecciones generales, y acababa de arrasar en las autonómicas de Galicia. Las últimas encuestas acusaban una pérdida de votos del PSOE de veinte puntos. El líder del PP gozaba de sus mayores momentos de popularidad.

¿A qué venía un ataque cruzado, desde medios controlados por Conde, contra González y Aznar a la vez? Estaba claro que no tenía otro origen que el propio Mario Conde. El banquero de Tuy y su etérea «sociedad civil», es decir, sus amigos, se preparaban para salvarnos de los políticos, como hizo en Italia el banquero Carlo Ciampi tras la debacle del Partido Socialista Italiano y la Democracia Cristiana, como ocurrió en abril de 1994 con el «amo» de la *telebasura*, Silvio Berlusconi, erigido por las urnas en «caudillo» de su país, o como trató de hacer en Estados Unidos el multimillonario Ross Perot.

González llevaba algún tiempo indignado por el apoyo que el banco de Conde prestaba al guerrismo. Al enterarse del pacto existente con un ala de su partido para erosionar al sector renovador decidió no dejar pasar una al banquero de Tuy.

—No vamos a mover un dedo para acabar con Banesto, pero tampoco vamos a hacer nada para salvarlo —dijo a sus colaboradores.

Lo que parece cierto es que Mario Conde estaba sentenciado desde el día en que invitó a comer en su casa de la calle Triana de Madrid a Txiqui Benegas y a Alfonso Guerra, a finales de 1993. «González decidió eliminarle en el momento en que "pisó la raya" de su círculo político y conspiraba abiertamente con Guerra dentro del PSOE.» La condena no tardaría en ejecutarse[23].

* * *

El 11 de agosto de 1993, la agencia de *rating* norteamericana Moody's decidió bajar la calificación de Banesto de A1 a A2 para la morosidad a largo plazo. En septiembre, la Banca JP Morgan, que debía haber acudido a cubrir el tercer tramo de ampliación de capital, decidió tomarse las cosas con calma y esperar una mejora de la situación económica internacional para colocar su dinero con mejores garantías.

En realidad, JP Morgan acababa de conocer nuevos datos sobre la situación interna de Banesto y sus ejecutivos estaban sopesando el riesgo que suponía continuar embarcados en una aventura con un banco que no ofrecía todas las garantías exigidas para invertir su dinero.

Mario Conde, ocupado en deshojar la margarita que le indicara si debía dar un cambio de rumbo a su vida, se dio cuenta de que estaba con el agua al cuello a comienzos de diciembre.

Un día, Pablo Sebastián, un periodista bien informado con el que se reúne periódicamente, le puso en antecedentes mientras charlaban en el salón de su casa, situada en la colonia de El Viso de Madrid.

[23] El Gobierno, según Luis Roldán, había encargado al grupo de detectives norteamericanos Kroll la elaboración de un *dossier* confidencial sobre los negocios de Conde, por si era preciso utilizarlo. El informe, «en el que se le relaciona con tráfico de armas, cobro de comisiones y desvío de fondos del banco a paraísos fiscales», fue gestionado por el vicepresidente Narcís Serra (hecho que éste niega) a través del ex director general de la Guardia Civil.

—Me han dicho que te van a intervenir.

—¡Estás loco! Eso son habladurías. Esta mañana he llamado al «número uno», quien ha hablado con el «número dos» y le ha dicho que no me preocupe[24].

Pero el banquero de Tuy no podía disimular su inquietud la víspera de las Navidades. El gobernador del Banco de España acababa de darle un ultimátum para que buscara el dinero y cubriera el último tramo de ampliación de capital.

Conde, que adivinaba que a su mala gestión se sumaban en esta ocasión motivos políticos, despidió de su lado a José Antonio Segurado, a quien acababa de renovar quince días antes su contrato de asesoramiento. Era una forma de hacer saber al equipo económico del Gobierno que estaba dispuesto a cortar de raíz sus relaciones con el guerrismo.

La señal de humo no sirvió para nada. Luis Angel Rojo y su segundo, Miguel Martín, no estaban dispuestos a ceder un ápice en sus condiciones. Entre el 24 y el 26 de diciembre, mientras Conde se desplazaba urgentemente a Nueva York para que sus socios de Morgan se comprometieran formalmente, por carta, a entrar en el tercer tramo de la ampliación de capital, los gestores del Banco de España hablaban con el presidente del Santander, Emilio Botín, y con el del BBV, Emilio Ybarra, y le adelantaban la solución que tenían pensada.

El Ejecutivo estaba decidido a intervenir Banesto antes de fin de año y, salvo que una de las dos entidades, Santander y BBV, estuvieran dispuestas a una fusión con el banco de Mario Conde, la decisión era irremediable.

Los dos bancos estaban dispuestos a echarle una mano al gobernador del Banco de España. Pero ponían una condición.

—Mario Conde debe estar fuera del consejo cuando nosotros entremos.

—¿Y cómo podemos instrumentalizar eso?

—Sólo hay una fórmula. Comprándole las acciones.

El presidente de Banesto se negó a ello cuando Miguel Martín se lo propuso en nombre del Banco de España. Conde, que hasta sus últimos minutos no dejó de ganarse a cualquier precio a quien se le ponía por delante y le planteaba un problema, quería morir dignamente al frente de su nave.

[24] «Número uno» es el Rey, «número dos», Felipe González, según la versión de Conde.

El 28 de diciembre, día de los Santos Inocentes, a las cinco y media de la tarde Luis Angel Rojo llamaba a su despacho oficial a Mario Conde y le entregaba el acta de intervención oficial del banco. Horas antes, Felipe González, enterado de la decisión que iba a tomar la autoridad monetaria, aconsejó:

—Buscad una salida honorable para Conde.

Era la prueba más evidente de que el Gobierno, que debía haber intervenido varios años antes Banesto, no quería entablar una guerra abierta con el banquero de Tuy, el hombre que más *dossiers* dispone de sus enemigos, como se ha demostrado en algunos casos muy recientes.

Meses más tarde se sabía que el «agujero» de la entidad era de 605.000 millones de pesetas y que la morosidad del Grupo Industrial con el banco superaba los 250.000 millones. Para evadir impuestos y pagar comisiones, Mario Conde había tejido una telaraña de trescientas sociedades interpuestas en paraísos fiscales.

Todos las oficinas principales del banco en Madrid y provincias habían sido vendidas al empresario mallorquín Pueyo, que las adquirió con créditos del banco, para aflorar activos y maquillar la cuenta de resultados de Banesto. Lo que no se entendía era que el banco alquilara las mismas sedes a precios tres veces por encima de los vigentes en el mercado.

En un expediente disciplinario hecho público meses después, el Banco de España acusaba a Conde de utilizar personas interpuestas para cometer actos fraudulentos que produjeron quebrantos de más de 54.000 millones a la entidad financiera. Los grupos beneficiados con estos «negocios» fueron Dorna Promoción del Deporte, del empresario Carlos García Pardo; el Grupo Hatchuel, del industrial judío Jacques Hatchuel; el Grupo Euman Valysery, y el consorcio Oasis, con el que Banesto contrajo riesgos de hasta 82.254 millones en créditos y cartera de valores. Pedro Pueyo, su principal responsable, de ser un hombre desconocido en el mundo empresarial, pasó a manejar en pocos años multimillonarias cifras de dinero, para él desconocidas hasta entonces.

El cúmulo de evidencias era tal que Mario Conde, en una rueda de prensa celebrada días después de la expropiación, no se atrevió a acusar abiertamente al Gobierno de haberle quitado el banco por razones políticas, como le aconsejaban sus colaboradores más directos.

Cabizbajo, incapaz de levantar la vista y mirar directamente a las cámaras, eludiendo cualquier pregunta que resultara medianamente comprometida, Conde aceptó en aquel su primer encuentro con la prensa tras el «28-D» que el quebranto del banco era producto de su mala gestión, de algunos errores y de algunas normas restrictivas del Banco de España.

—¿Cuál va a ser su futuro ahora? —le preguntó un periodista casi al final de la rueda de prensa.

—El futuro está en las estrellas —respondió entre enigmático y filosófico.

El «profeta» de la «sociedad civil», el hombre que iba a salvar España del rodillo del Gobierno socialista y que puso en manos de los enemigos de la libertad Antena 3 Televisión y cuantos medios de comunicación cayeron bajo sus garras, dejaba todo al azar, en manos del destino.

CAPITULO CATORCE

DE LA ROSA: ENTRE MOROS Y CRISTIANOS

Posee un barco de recreo, un avión privado y un helicóptero. Le gustan los coches caros y adora hacer negocios por teléfono, mientras viaja. El problema de Javier de la Rosa Martí es que quienes le han confiado su dinero han visto desaparecer su patrimonio al mismo tiempo que el del financiero catalán se multiplicaba. En 1985 hundió la Banca Garriga Nogués, a la que dejó con un «agujero» de 100.000 millones. Siete años después, los nuevos gestores de KIO le achacan haberse apropiado de miles de millones hasta dejar uno de los mayores complejos industriales españoles en suspensión de pagos, con más de 500.000 millones de «agujero». Amparado bajo el paraguas de la Generalitat de Cataluña, su nuevo negocio, el parque Tibigardens de Salou, tiene visos de convertirse en otra estafa. Pero Javier de la Rosa no pierde el tiempo en dar explicaciones ni en comparecer ante los jueces. Su futuro está en Marruecos, donde, como el Ave Fénix, piensa renacer por cuarta vez con el dinero de los demás y con su habilidad para que sean otros los que pierdan, mientras su patrimonio se incrementa sin cesar.

Era la primera vez que el Partido Popular arremetía de golpe contra tantos ministros y altos cargos del Gobierno. El 10 de mayo de 1993 el secretario general del PP, Francisco Alvarez Cascos, y el portavoz adjunto en el Congreso de los Diputados, Luis Ramallo García, celebraban una rueda de prensa en la sede de la calle Génova de Madrid.

«El Partido Popular —reveló Alvarez Cascos con voz solemne— insta al fiscal general del Estado, don Eligio Hernández, a que examine la documentación sobre KIO y presente una querella contra cuatro miembros del Gobierno y siete altos cargos.»

En las sillas reservadas para los informadores, los periodistas tomaban notas apresuradas de las palabras del secretario general de los «populares». Alvarez Cascos hizo un leve inciso y continuó su parlamento: «Nuestro partido, en todo caso, anuncia que presentará querella criminal por presuntos delitos de prevaricación ante la Sala de lo Penal del Tribunal Supremo contra todos los ministros y miembros del Gobierno que resulten responsables de la crisis de KIO por no haber tomado las medidas oportunas.»

En un ambiente que comenzaba a crisparse por la inminencia de las elecciones generales del 6 de junio, los dirigentes del PP habían decidido lanzar una dura andanada contra el Gabinete de Felipe González.

«Es también nuestra obligación —concluye Alvarez Cascos— pedir la dimisión inmediata de los ministros y los altos cargos del Gobierno implicados o, en su caso, proponer su cese al presidente del Gobierno.»

Pocos días antes el grupo KIO (Kuwait Investment Office), el mayor inversor extranjero en España, con importantes participaciones en los sectores de la alimentación, químico, fertilizantes y papel, presentaba una sonada suspensión de pagos.

Finalizada la Guerra del Golfo y caída en desgracia la familia real kuwaití, el nuevo emir, tras analizar los catastróficos resultados de sus inversiones en España (donde había perdido más de 250.000 millones de pesetas en siete años), decidió no poner un duro más y retirarse del país.

El acuerdo suponía la quiebra del Grupo Torras (la cabecera de su *holding* en España) y la creación del mayor «agujero» de la historia empresarial española. La pésima gestión de Torras y la presunta apropiación indebida de fondos del *holding* por el empresario catalán Javier de la Rosa Martí y su equipo habían ocasionado unas pérdidas de 500.000 millones de pesetas.

Durante los meses de noviembre y diciembre de 1992 el secretario de Estado de Economía, Pedro Pérez, y el nuevo representante de KIO en España, Mahmoud El Nouri, habían tratado de salvar sin éxito uno de los mayores conglomerados de la industria en España. El 5 de diciembre de ese año el grupo kuwaití presentó suspensión de pagos ante los tribunales, con lo que decenas de empresas cerraron sus instalaciones o presentaron expedientes de crisis y cerca de 100.000 trabajadores se vieron abocados al paro.

Así, mientras el Gobierno de Kuwait presentaba acciones legales simultáneamente en Madrid y Londres contra tres miembros de la familia real de su país y contra el financiero catalán De la Rosa, en Murcia, Cartagena y Huelva los miles de trabajadores afectados se encadenaban ante los organismos oficiales y clamaban por sus puestos de trabajo.

La alarma social crecía día a día, y el 9 de febrero de 1993 el Partido Popular pidió la creación de una comisión de investigación en el Congreso de los Diputados. Los «populares» querían dilucidar las responsabilidades del Gobierno en las inversiones realizadas por KIO en España.

El PSOE, siguiendo su habitual línea de conducta obstruccionista, encaminada a servir de escudero del Gobierno en lugar de velar por el esclarecimiento de la verdad, utilizó su mayoría en el Parlamento para ejercer su derecho de veto. El Partido Popular, sin embargo, decidió seguir en solitario y creó su propia comisión parlamentaria, presidida por el secretario general del partido, Francisco Alvarez Cascos.

En sus conclusiones, la comisión de investigación del PP hace responsables del desastre al vicepresidente del Gobierno, Narcís Serra; al ministro de Economía y Hacienda, Carlos Solchaga, y a los sucesivos titulares de Industria, Luis Carlos Croissier y Claudio Aranzadi.

Los «populares» amplían la responsabilidad a los secretarios de Estado de Economía y de Comercio Miguel Angel Fernández Ordóñez, Apolonio Ruiz Ligero y Miguel Angel Feito Hernández; a los directores generales de Transacciones Exteriores Manuel Conthe, Luis Alcaide, Javier Fernández Méndez de Andrés y Fernando Eguidazu, y al presidente de la Comisión Nacional del Mercado de Valores (CNMV). De esta manera, Luis Carlos Croissier aparecía querellado por partida doble, como ministro y como presidente de la CNMV.

Francisco Alvarez Cascos y Luis Ramallo, en nombre del Partido Popular, acusaron al Gabinete González de no haber controlado las inversiones del Gobierno de Kuwait[1] en España como obliga la ley cuando se trata de operaciones de un país extranjero[2].

---

[1] Kuwait Investment Office (KIO), una empresa cuyas oficinas centrales se encontraban en Londres, era una agencia oficial del Gobierno de Kuwait, dependiente del Ministerio de Finanzas del emirato. Fue constituida el 13 de junio de 1982 por ley como ente público kuwaití para gestionar la inversión de activos del emirato en el extranjero.

[2] El Real Decreto 2077/86 estipulaba en su articulado que los gobiernos y todas aquellas entidades oficiales de soberanía extranjera necesitaban una autorización especial para realizar inversiones en España. La autorización era competencia del Consejo de Ministros.

«Esa conducta constituye un delito de prevaricación y es preciso una exigencia de responsabilidades por los daños incalculables que la dejación del Gobierno ha producido a los intereses de España», concluyó el portavoz adjunto del PP en el Congreso de los Diputados.

El partido de José María Aznar y Manuel Fraga Iribarne hacía responsable igualmente de este delito al presidente del Gobierno «por omisión». Sin embargo, Felipe González fue expresamente excluido como sujeto de una posible querella debido a la doctrina del Tribunal Constitucional, que considera que la prevaricación es un delito activo.

El 10 de mayo de 1993 el principal partido de la oposición estaba dispuesto a sentar en el banquillo a medio Gobierno, una situación insólita hasta entonces en España, donde el tráfico de influencias y la corrupción habían afectado exclusivamente a los segundos y terceros niveles de los partidos políticos y a algunos miembros destacados de la *beautiful people*, como Manuel de la Concha, Jaime Soto o el gobernador del Banco de España, Mariano Rubio.

Oficialmente, España se parecía cada vez más a Italia, donde el juez Antonio di Pietro había abierto siete sumarios por corrupción contra el ex-primer ministro, Bettino Craxi, y los ministros Francesco de Lorenzo, Gianni de Michelis y Giovanni Goria, y donde más de ochenta diputados del Partido Socialista y la Democracia Cristiana tenían numerosas cuentas pendientes con la Justicia por el cobro de sobornos de las empresas públicas y privadas del país.

Todo se quedó en un órdago político. El fiscal general del Estado, Eligio Hernández, no movió un dedo para presentar querella ante los tribunales. Pasada la consulta electoral del 6 de junio de 1993, José María Aznar, Francisco Alvarez Cascos y Luis Ramallo se olvidaron de su obligación de instar al Gobierno a rendir cuentas de sus actos ante el Parlamento.

«Conseguido el efecto político que pretendíamos, no vamos a ir ahora a los tribunales, controlados por el PSOE, para que nos tumben el asunto», explicó Alvarez Cascos a los autores del libro.

Lo cierto es que, cuando el 27 de octubre de 1993 Felipe González y José María Aznar se reúnen por primera vez tras las elecciones en La Moncloa, el presidente del Gobierno está seguro de que el PP no va a seguir incordiando con el «caso KIO». El líder del centro derecha español se había entrevistado dos días antes con el Rey. En La Zarzuela se le insinuó que una querella en bloque contra el Gobierno podía suponer un desprestigio para las instituciones.

El mismo manto de silencio se ha impuesto sobre los medios de comunicación, poco dados a poner en letra impresa los negocios que pudieran afectar a Felipe González y al área económica del Gobierno. Así, la quiebra más grande de la historia de España ha pasado casi desapercibida para la opinión pública, mientras asuntos de relevancia política y social mucho menor, aunque no por ello eximibles de culpa, han ocupado las primeras páginas de los periódicos durante meses enteros[3].

Javier de la Rosa Martí, el hombre que ha batido el récord de quiebras en España, que ha engañado a Banesto, a los gobiernos de España y Kuwait y al presidente de la Generalitat, Jordi Pujol, que ha corrompido a moros y cristianos, que ha dejado a miles de familias sin trabajo mientras su fortuna crece de forma inconmensurable y que ha espiado a medio país, tarde o temprano, sin embargo, tendrá que sentarse en el banquillo.

* * *

Uno de sus primeros negocios fue una granja de cerdos. La montó con Antonio Asensio, el presidente del Grupo Zeta, en Gerona a comienzos de los años setenta.

Nacido el 29 de septiembre de 1947 en Barcelona, Javier de la Rosa Martí, un Libra con ascendiente de Escorpio, no vino al mundo para criar puercos. Lo suyo eran las grandes operaciones financieras en las que jugaba con el dinero de los demás, los banqueros, los príncipes árabes del oro negro y los pequeños ahorradores de bolsa.

De pequeño fue un chico aplicado. Estudió en los jesuitas de Sarriá, donde se formó la burguesía media catalana de los años cincuenta y sesenta, y sus únicas ocupaciones fuera de los libros eran las misas de los domingos y los partidos del Español.

Licenciado por la Facultad de Derecho de Barcelona y máster por el IESE, se casa con Mercedes Misol, vinculada al Opus. En 1971, con apenas veinticuatro años, ingresa en el Banco Pastor. Pero no como meritorio, sino como adjunto a la dirección.

---

[3] De este sospechoso silencio hay que excluir a *Diario 16* y a *Cambio 16*, los dos únicos medios que se han ocupado ampliamente del asunto.

El banco de la condesa de Fenosa es poca cosa para él, y años más tarde se marcha a Banesto. En esa época, Javier de la Rosa ha ganado ya el suficiente dinero como para comprarse un despampanante Porsche con el que se convierte en la envidia de sus compañeros de milicia universitaria en el Cuartel de Alta Montaña de Berga. El alférez De la Rosa inicia allí una afición que le durará toda la vida. Aprende que con dinero se consiguen las cosas más inverosímiles del mundo, como dejar de pasear el Cetme, de hacer instrucción o de esquiar por el Pirineo con una mochila del Ejército con treinta y cinco kilos de peso a las espaldas.

A cambio de librarse prácticamente de la *mili*, los oficiales y jefes de la unidad reciben todos los meses sus correspondientes cajas de champán del Penedés y, el día de la Virgen de Montserrat, patrona de Cataluña, el obsequio se hace extensivo a todo el cuartel. De la Rosa envía nada menos que una furgoneta de alcohol y burbujas para hacerse perdonar sus obligaciones para con la patria.

Su carrera en la Banca Garriga Nogués, filial de Banesto en Cataluña, es meteórica, como todos los negocios en su vida. A los veintiséis años, en enero de 1974, se estrena en su nuevo destino y cinco meses después asciende a director general.

En ese corto espacio de tiempo el financiero catalán ha logrado tocar la fibra sensible del presidente de Banesto, Pablo Garnica Mansi.

—Banesto no puede perder su posición de liderazgo en el *ranking* bancario por el número de depósitos —predicaba constantemente Garnica a todos sus directores.

—No se preocupe, don Pablo. Yo me ocupo de eso.

A costa de pagar unos intereses altísimos, Javier de la Rosa incrementa los 2.393 millones de depósitos que tenía el banco en 1974 a 105.000 en 1985. Para los patriarcas del Banco Español de Crédito no cabe duda de que es un genio de las finanzas.

Sin embargo, los jóvenes ejecutivos no se dejaban deslumbrar por las cuentas de resultados ficticias que De la Rosa presentaba a finales de año y que contribuían a que Banesto se mantuviera en el primer puesto de la banca. Sabían que la filial catalana era un queso de *gruyère*: poca materia prima y muchos agujeros.

El 9 de junio de 1985, cuando dimite de sus cargos de vicepresidente ejecutivo y consejero delegado, el «agujero» es mayor que el queso, pero nadie tiene aún una idea exacta de lo que ha ocurrido en la Banca Garriga Nogués.

Cuando Mario Conde se hace con el control de Banesto, en 1988, quiere saber cuántos esqueletos ocultos le aguardan en el armario y ordena una investigación a fondo de su filial catalana a un brillante ejecutivo de la casa, José Luis Fominaya.

La investigación es exhaustiva. Fominaya, un lince en estudiar balances, desempolvar archivos y leer auditorías, se pasa varios meses encerrado en Barcelona. Al final, su dictamen es terrorífico. Javier de la Rosa ha originado un «agujero» de 98.500 millones de pesetas a Banesto, dieciséis veces mayor que el capital del banco, cifrado entonces en 6.000 millones.

El informe de Fominaya, un hombre procedente del Banco Madrid, revela dónde están los principales quebrantos ocasionados por el brillante estudiante del IESE. Varios miles de millones de pesetas se han evaporado en las empresas de Harry Walker, pertenecientes a su amigo José María Figueras, presidente de la Cámara de Comercio e Industria de Cataluña.

Otro «agujero» significativo lo constituye el consorcio Urbas e Ibusa, vinculado a Eduardo Bueno, dirigente de Alianza Popular en Cataluña, al que llega a prestar 19.500 millones de pesetas sin garantías reales. Sin embargo, la gran catástrofe del Garriga Nogués era Tierras de Almería. Este megalómano proyecto agrícola, con el que Javier de la Rosa quería abastecer de lechugas y pepinos a media Europa, se había tragado 53.000 millones de pesetas del banco. Pero el dinero no se encontraba invertido en invernaderos, embalses o canales de riego en El Ejido (Almería). Se había evaporado en una compleja trama de operaciones financieras por medio de las cuales Javier de la Rosa había vendido y comprado cinco veces Tierras de Almería. Algo muy difícil de explicar para los viejos jerarcas de Banesto, acostumbrados a una banca más tradicional, reñida con la ingeniería financiera.

Lo cierto es que primero le vende la sociedad a su amigo André David Grebler, un empresario judío de origen marroquí que luego deshace el trato. Busca nuevo comprador y esta vez consigue interesar al príncipe de Arabia Saudí Nawaf Ben Abdelaziz al Saud, quien devuelve la propiedad y reclama el depósito de 15 millones de dólares que ha efectuado. Luego atrae al jeque Salem Kamel, también saudí, al que vende la sociedad a través de Panamá y Holanda por 25.000 millones de pesetas. El empresario árabe se arrepiente y utiliza un pacto de recompra para que Javier de la

Rosa le devuelva su dinero con intereses el 20 de junio de 1985, once días después de dimitir de sus cargos en el banco[4].

Los intereses pagados a cada comprador por el dinero invertido, el lucro cesante para el banco, los informes y auditorías, los cambios de divisas y los réditos pagados al Chase Manhattan de Mónaco cada vez que devolvía el dinero a los distintos jeques y príncipes y tenía que acudir al mercado internacional de capitales[5], acabaron originando un «agujero» de 53.000 millones.

Cuando el informe Fominaya llega a manos de Mario Conde, el joven presidente de Banesto convoca a Rafael Pérez Escolar, abogado del banco, y al penalista José María Stampa Braun. Les encarga dos informes por separado y ambos letrados coinciden en que de las actuaciones de Javier de la Rosa se desprenden claros indicios de responsabilidad criminal.

—¡Esto es intolerable! —grita Conde, y ordena—: Preparad enseguida una querella. Vamos a acudir a los tribunales.

Stampa Braun y Pérez Escolar trabajan día y noche en la elaboración del texto. Incluso llegan a tener preparado un primer borrador. Sin embargo, corren malos tiempos para la banca. El Gobierno, a través de los «Albertos», ha decidido lanzarse contra el Central. Mario Conde acude en socorro de Alfonso Escámez y Javier de la Rosa aprovecha el desconcierto general para ponerse al lado de Escámez y Conde.

De la batalla política salen ganando todos, pero, especialmente, el financiero catalán. El 7 de marzo de 1989 el periódico económico *Cinco Días* publica a cuatro columnas en primera página: «Conde exonera a Javier de la Rosa en la bancarrota del Garriga Nogués.» Dos meses antes, en enero, el presidente de Banesto le había entregado una carta privada liberándole de todo tipo de responsabilidades.

Nunca un favor en la historia de España había sido remunera-

---

[4] Para ocultar el escándalo de Tierras de Almería dos hombres de Javier de la Rosa entregaron un cheque de 60 millones a un senador del PSOE para reflotar el periódico *La Voz de Almería*. Por otra parte, los bufetes de Juan Antonio García Díez, Carlos Bustelo y José Luis Leal, todos ellos ex ministros de UCD, le asesoraron, a cambio de minutas millonarias, en sus pleitos con el Gobierno, que quería limitar la extracción de agua de los acuíferos de la zona para evitar su salinización. Otros políticos socialistas como Antonio Calleja y el ex vicepresidente de la Junta de Andalucía, José Miguel Salinas, también formaron parte de su nómina de asesores.

[5] El dinero que había entrado por las diversas compras en la Banca Garriga Nogués se utilizaba para tapar otros agujeros, según el informe Fominaya.

do tan generosamente, especialmente porque una querella en aquellos momentos habría sido perjudicial para su carrera como representante en España de KIO, a cuyos ejecutivos había conocido en 1984.

* * *

La papelera Inpacsa (Industrias del Papel y la Celulosa) era uno de los principales problemas de Javier de la Rosa aquel año. Como vicepresidente ejecutivo de la Banca Garriga Nogués había apoyado con un crédito a esta sociedad del ex alcalde de Barcelona, José María Porcioles.

Pero Inpacsa arrastraba unas deudas de 8.000 millones y, pese a la penetración en el mercado de su nueva línea de productos, no lograba salir a flote. Para el ejecutivo catalán era un peligroso contratiempo, ya que la papelera constituía un grave riesgo para el banco.

Un buen día, aprovechando un viaje a Londres, se presenta en St. Vedast House, un edificio de seis plantas situado en el 150 de Cheapside, frente a la catedral de San Pablo. Es el cuartel general de KIO en Europa.

En el templo europeo de los petrodólares se entrevista con Richard Robinson, uno de los ejecutivos de KIO, encargado de alejar las visitas inoportunas. Cuando le habla de la papelera de Lérida, Robinson no sabe siquiera dónde está esa provincia española.

Sin embargo, semanas después, los kuwaitíes, dispuestos a extender sus negocios por Europa, se muestran sorpresivamente interesados por la oferta de De la Rosa. Robinson quiere conocer la papelera con sus propios ojos y el financiero catalán le lleva a visitarla en el Jaguar Sovereign de un amigo.

Su golpe de audacia resulta un éxito. La sociedad holandesa Kookmeeuw Holdings, filial al 100 por ciento de KIO, adquiere Inpacsa por un buen puñado de petrodólares. El estudiante del IESE ha resuelto uno de sus problemas, pero no puede impedir que le despidan de la Garriga Nogués.

Con el dinero de Inpacsa adquiere un piso en la Diagonal de Barcelona, en un edificio conocido popularmente —curiosa coincidencia— como «la casa de los piratas». Allí instala Quail España y se dedica a la intermediación financiera.

Su segundo objetivo es la papelera Torras Hostench, una sociedad vinculada inicialmente al Banco de los Pirineos, que acababa de salir de una suspensión de pagos y había dado unos beneficios de 4.000 millones de pesetas en 1985.

Torras cotiza en bolsa entonces al 70 por ciento. Pero De la Rosa, buen conocedor de la compañía, sabe que sus activos están infravalorados. Con dinero de origen poco claro[6] adquiere el 18 por ciento de la papelera y en 1986 se acerca de nuevo a KIO.

En una entrevista celebrada en Ginebra con Fouad Jaled Jaffar, el representante del grupo de inversiones del Gobierno kuwaití para Europa, logra materializar su plan. KIO adquiere el paquete de acciones del financiero catalán, que entonces controlaba ya el 24,9 por ciento de los títulos, al 1.200 por ciento, es decir, por unas 12.000 pesetas la acción.

La operación se hace pública el 17 de septiembre de 1986, y dos años después las acciones de Torras, una empresa que en 1984 hacía malabarismos para sobrevivir, cotizan en la Bolsa de Madrid al 6.000 por ciento. El *broker* catalán, que controla el 18 por ciento de Torras Papel, posee en esos momentos una fortuna de 25.000 millones en títulos de la papelera.

Aunque en la misa dominical sigue aportando al sostenimiento de la Iglesia Católica las 5.000 pesetas semanales de siempre para que no se note su súbito enriquecimiento, su forma de vida ha dado un giro de ciento ochenta grados. Ahora posee un helicóptero Dauphin propulsado por turbinas y un avión Falcon 80 y aspira a comprar un barco de recreo de cuarenta metros, el *Blue Legend*[7].

Cuando viaja a Madrid lo hace al exclusivo hotel Villamagna, el principal centro de negocios de Madrid, donde tiene reservada una *suite* que le cuesta 180.000 pesetas al día, algo que no es dinero para un hombre que se siente llamado a conquistar las más altas cimas de la economía española.

Lo habría logrado si el Gobierno no le hubiera parado los pies. En 1987 KIO movía unos fondos de dos billones de dólares, extraídos de la venta del petróleo. La empresa del Estado de Kuwait poseía acciones en IBM, General Motors, American Express y Dupont, en los Estados Unidos; en Daimler Benz y Hoechst, en Alemania; en Saint Martin's Property Group, Hay Group y

[6] Fuentes de la extinta UCD aseguran que procedía de las comisiones que cobró en Garriga Nogués y que tenía depositado en bancos andorranos vinculados a su amigo Antonio Ubach.

[7] Según la revista *Cambio 16* el yate está valorado en unos 2.000 millones, el avión Mystère transoceánico en otros 2.000 millones y el helicóptero Dauphin, de color negro, en unos 500. Véase *Cambio 16*, 21 de marzo de 1994.

Petroleum, en Gran Bretaña; en Compañía Financiera de Suez, en Francia; en Volkswagen en Brasil; en Overseas Union Bank, en Singapur, y en Hong Leong Konk, en Hong Kong, la colonia británica en Asia.

Pero en 1987 los gobiernos del Reino Unido y Alemania decidieron cortar la expansión incontrolada de los jeques de Kuwait en sus países. KIO vuelve los ojos a España, un país que acaba de entrar en la Comunidad Europea y donde sus empresas, a pesar de la revalorización de activos autorizada por el Gobierno en 1983, se pueden comprar a precios muy por debajo de los mercados internacionales.

Uno de los sectores más atractivos para el capital extranjero es entonces la banca, una institución mimada por el Gobierno socialista. En octubre de 1986 KIO adquiere en Ginebra poco más del 12 por ciento del Banco Central, a través de una fiduciaria GSM Securities Management.

En la banca española, al conocerse la noticia cunde el pánico y los principales banqueros del país tratan de controlar su autocartera. Pedro Toledo, presidente del Vizcaya, parece el más seguro de todos. «A nosotros no se nos va a colar ningún árabe por la puerta de atrás», afirma rotundo en una rueda de prensa.

En julio de 1987 se arrepiente de sus palabras. KIO hace público que posee un paquete del 4,95 por ciento del banco de Pedro Toledo adquirido en la Bolsa de Nueva York. «No hemos comprado el banco entero porque no nos lo permite la legislación norteamericana» [8], fanfarronea De la Rosa.

La agresión al Vizcaya, la «banca del régimen», levanta ampollas en el Gobierno, y especialmente en el Ministerio de Economía y Hacienda. Felipe González y Mariano Rubio envían a Julio Feo, secretario general de la Presidencia, y a Juan Antonio Ruiz de Alda, número dos del Banco de España, a Londres a entrevistarse con Jaled Jaffar. El representante del Emir de Kuwait les recibe por compromiso. Después de hacerles esperar un buen rato les transmite un lacónico mensaje de ocho palabras [9]:

—Hablen ustedes con el señor De la Rosa.

---

[8] La Securities Exchange Commission (SEC) obliga a todas las sociedades que cotizan en Wall Street a inscribir en un registro público los paquetes superiores al 5 por ciento.

[9] La entrevista duró cuatro minutos y veinte segundos, según Alfredo Fraile, *manager* de prensa de De la Rosa, lo que evidenciaba que a KIO le importaba muy poco lo que pensara el Gobierno.

El desplante a los emisarios del Gobierno obliga al gobernador del Banco de España, Mariano Rubio, y al ministro de Hacienda a tomar cartas en el asunto. Rubio, que tiene sobre la mesa de su despacho un voluminoso *dossier* sobre la quiebra de la Banca Garriga, se entrevista con Jaffar. Trata de persuadirle de que De la Rosa no es una persona de fiar. Vano intento.

—No siga usted por ese camino, señor gobernador —le corta el vicepresidente ejecutivo de KIO—... el señor De la Rosa es como mi hermano.

En otoño, aprovechando un viaje a Nueva York para asistir a una reunión del Fondo Monetario Internacional, Carlos Solchaga se entrevista de nuevo con Jaffar. Su mensaje es lo suficientemente claro para quien lo quiera entender.

—Su hombre en España no nos gusta.

—Todo lo contrario que a nosotros. Nos parece la persona adecuada para llevar los negocios de KIO.

El ministro no hablaba por hablar. Poco antes la Brigada de Interior y el Cesid, trabajando por separado, habían elaborado un voluminoso *dossier* sobre el caballero De la Rosa [10]. Además estaba el ministro de Defensa, Narcís Serra, a quien le comían los demonios cada vez que oía mencionar el nombre del financiero.

* * *

En 1979, cuando llega a la alcaldía de Barcelona, Narcís Serra recibe un día la visita de Javier de la Rosa. El empresario catalán viene a interesarse por un escándalo protagonizado años antes por su padre, Antonio de la Rosa Vázquez.

—Estoy dispuesto a pagar lo que sea, pero no quiero verle en la cárcel.

Serra investiga. El escándalo no era otro que el Consorcio de la Zona Franca de Barcelona, una entidad pública que recibía fondos del Ayuntamiento y del Estado para construir un gran centro de transportes y almacenamientos, una terminal de mercancías y un polígono industrial.

El proyecto se iba a realizar en la comarca del Vallés y el secretario general de la entidad era Antonio de la Rosa Vázquez, un *bon vivant* a quien atraían más los yates, los coches lujosos o las mujeres que el trabajo.

---

[10] El informe vinculaba al empresario catalán con operaciones de venta de armas a Irak durante la época de la UCD, y con alguna evasión de capital a Andorra en la etapa de la Garriga Nogués, pero no aportaba prueba alguna.

Según consta en una causa judicial, entre 1976 y 1978 Antonio de la Rosa y su segundo, José Luis Bruna, habían organizado una estafa al Ayuntamiento y al Estado. Oficialmente, habían comprado ciento diecinueve fincas para construir el centro de transportes y el polígono industrial, pero, en realidad, setenta y dos de ellas no existían. Eran escrituras falsificadas mediante las que se habían apropiado de 1.250 millones de pesetas.

El asunto acaba en los tribunales, y Antonio de la Rosa tiene que huir a Bruselas, Río de Janeiro y Andorra. Pero su hijo, que aspira a ser aceptado en el *Gotha* de las finanzas españolas, no puede tener un padre convicto y confeso de estafa. Las apariencias, a determinados niveles de la escala social, hay que guardarlas siempre que se pueda.

Cuando acude por segunda vez a visitar a Narcís Serra e intenta presionarle para que se eche tierra sobre el asunto, el futuro ministro de Defensa le expulsa bruscamente del despacho.

—Lo que me pides es una ofensa a mi condición de demócrata y alcalde de una ciudad. Aunque me lo supliques de rodillas, no pienso mover un solo dedo por un chorizo.

De la Rosa echó mano del talonario. Estaba dispuesto a pagar lo que fuera, todo el dinero que se había llevado su padre, incluso con intereses.

—No insistas —le cortó Serra—. La honradez no se compra.

El financiero catalán acudió entonces a La Moncloa. José Luis Sanchís, compañero de colegio y asesor de Suárez, era una buena vía para llegar a la más alta instancia del Gobierno.

Le recibió Aurelio Delgado, secretario del presidente, que le conocía de la compra de *El Noticiero Universal*, una operación de imagen en la que se embarcó el Gobierno para apoyar la llegada a Cataluña de Josep Tarradellas y que había financiado la Banca Garriga.

A Delgado le insinuó que podía conseguir el dinero en Andorra y que en cuarenta y ocho horas saldaría la deuda de su padre con el Estado. El secretario del Presidente transmitió el mensaje a Adolfo Suárez, pero el Gobierno no podía hacer nada.

—El asunto está en los tribunales[11].

Sin embargo, ante la insistencia de Javier de la Rosa en ver

[11] El juicio se celebró el 18 de mayo de 1983 en la Sección Primera de la Audiencia Provincial de Barcelona. Antonio de la Rosa no pudo ser enjuiciado. Estaba en paradero desconocido. Se había fugado.

personalmente al Presidente, Delgado le puso en contacto con Rafael Arias Salgado y Fernando Abril Martorell. Al final, aquella lucha titánica por lavar el pecado original, por borrar el estigma de la familia, no le sirvió para nada. Su padre, junto con otros quinientos mil delincuentes, pasó a formar parte del ordenador *Berta* de la Policía, donde en 1983 seguían vigentes dos órdenes de busca y captura contra él.

* * *

El ministro de Defensa, Narcís Serra, no puede olvidar aquel intento de chantaje cuando ocupaba la alcaldía de Barcelona. Por eso, cuando en marzo de 1987 Torras Hostench, la cabecera de KIO en España, lanza una ampliación de capital de 1.250.000 acciones, con la que pretende obtener unos beneficios de 55.022 millones, Serra comienza a observar con lupa al financiero catalán.

La operación, presentada por el *Financial Times* como el mayor «negocio» de captación de capital realizado en la Bolsa de Madrid, es preparada cuidadosamente por De la Rosa. El hombre de KIO habla incluso con su amigo Antonio Asensio, presidente del Grupo Zeta, con el que cada mañana comparte ascensor en el número 18 de la calle Doctor Fleming, de Barcelona, para que los periodistas del grupo traten el asunto con delicadeza [12].

A partir de entonces el grupo KIO encauza sus inversiones hacia cinco sectores bien definidos: inmobiliario, papeleras, alimentación, químico y financiero.

En el primero de los sectores KIO compra Prima Inmobiliaria, Urbanor (propietaria del solar de las torres Puerta de Europa, situadas en la plaza de Castilla de Madrid), Diagonal y Sarriá.

En el sector papelero, tras la adquisición de Inpacsa y de Torras, adquiere otras tres papeleras, Icsa, Pamesa y Carpa, Sarrió Papel y Celulosa, Celulosa de las Ardenas, European Paper and Packaging y un porcentaje minoritario en la estatal Ence.

En el campo de la alimentación se hace con la azucarera Ebro,

[12] Su obsesión por controlar la prensa llegó a niveles paranoicos. En una ocasión le pidió al director de *Dinero* que le hiciera una entrevista. «Pero tiene que quedar muy claro que me la has pedido tú», le dijo. Desde la ampliación de capital de Torras, en las «páginas salmón» de la revista *Tiempo* estaba prohibido publicar información sobre las empresas de KIO cuando su cotización bajaba en la bolsa. Durante la Guerra del Golfo pidió personalmente controlar la información sobre el conflicto en *La Gaceta de los Negocios*, donde tenía una fuerte participación, y llegó a censurar una foto de Saddam Hussein porque se le veía sonriendo.

Herba (una empresa arrocera adquirida a los hermanos Hernández Barrera, de Sevilla), Estirpe Selecta, Agrícola de Barbate, la explotación agropecuaria Son Veri y otras.

En el sector financiero Javier de la Rosa crea Seguros Amaya, Beta Capital y Deltec Panamérica, y participa en otras sociedades de cartera, como Mira, Philby, Hammerstone, Folma, Phoenix y Mesa Redonda.

Su penetración en el sector químico iba a ser más polémica. Tras varios intentos para adquirir un paquete de Cepsa, la petrolera del Central, y un acercamiento a Petronor sin éxito, Javier de la Rosa fija su atención en los fertilizantes.

Un acuerdo con Emilio Botín, presidente del Santander, le permite comprar en agosto de 1987 el 9,4 por ciento de Cros, porcentaje que incrementa rápidamente al 24,9 por ciento. A continuación se plantea la compra de Explosivos Río Tinto (ERT), una empresa ligada al sector estratégico de Defensa que participa en varios proyectos militares europeos y aspira a fabricar el Aries, el primer misil español.

El asalto a ERT, al que se opone su presidente José María Escondrillas, levanta ampollas por segunda vez en el Gobierno. Cuando Luis Carlos Croissier, ministro de Industria, expone en un Consejo de Ministros que tiene prácticamente «arreglados» los fertilizantes, uno de los últimos sectores industriales que quedan por reconvertir, Carlos Solchaga y Narcís Serra casi le saltan al cuello.

—¿Y quién va a comprar Explosivos? —pregunta Serra.

—Los kuwaitíes de KIO. Han venido con Javier de la Rosa.

Serra, que había recibido días antes un informe del Cesid en el que se exponían las operaciones de bolsa del financiero catalán para tomar posiciones en ERT, se echó las manos a la cabeza.

—¿Cómo recibes a ese tío? ¿No sabes que es un impresentable y un chorizo?

El presidente del Gobierno estaba también harto de recibir quejas del empresario, a quien en los círculos financieros del poder se le veía como un peligroso «tiburón» que hasta entonces no se había ocupado de crear puestos de trabajo ni de contribuir a la formación de la riqueza nacional. «Me gustaría que se conformara con ganar un 4 o un 5 por ciento anual, como hacen sus colegas», comentó González en 1988 a un grupo de amigos.

Pero De la Rosa, como los escualos, acudía sólo al olor del dinero fresco. Su técnica consistía en adquirir empresas en crisis o infravaloradas, calentarlas en la bolsa con el dinero de los pequeños ahorradores, realizar plusvalías y marcharse.

—Es un peligro público. Si te descuidas te roba hasta la cartera —le decían los empresarios a Felipe.

Al final, el Estado autorizó la venta de Explosivos Río Tinto. Para preservar los secretos militares, el ministro Serra obligó a que un agente del Cesid, el teniente coronel Francisco Acín Gallego, se encargara de la seguridad de las instalaciones estratégicas, en las que se prohibió la entrada de personal kuwaití.

El responsable de KIO en España se las arregló para que dos años después Acín Gallego, cansado, abandonara ERT. En esos momentos De la Rosa era dueño de un imperio valorado en 500.000 millones de pesetas, con empresas en media España.

Según un informe de Peat Marwick, el Grupo Torras era uno de los primeros conglomerados industriales españoles. «Es el tercer productor de papel de Europa con un control del 40 por ciento de la producción papelera española y el 60 por ciento del mercado de distribución», asegura el informe.

> «En el sector de la alimentación Ebro es el quinto productor europeo en producción de azúcar y el suministrador del 35 por ciento del arroz que se consume en la Comunidad. Asimismo, Ercros es el cuarto productor del mundo en explosivos y la principal compañía de fertilizantes española, con un 65 por ciento del mercado interno. Por último, Prima Inmobiliaria aparece como la empresa líder del sector inmobiliario español en Madrid y Barcelona.»

El Gobierno, actuando con lenidad y tibieza, acababa de poner varios sectores vitales para la economía del país en manos de uno de los mayores estafadores reconocidos. El Ejecutivo, además, facilitó sin ningún tipo de control público ayudas del Estado para la fusión de Ercros. Este dinero, según la acusación particular del caso KIO, fue a parar a las cuentas privadas de Javier de la Rosa y sus colaboradores. De esta manera, pudo haberse cometido un delito de malversación de caudales públicos con la colaboración necesaria del Ejecutivo, que no tomó las medidas oportunas para impedirlo.

Con este imperio bajo su control, De la Rosa se considera un intocable. Amenaza a periodistas, chantajea a editores con problemas tratando de cortarles el suministro de papel, envía *dossiers* a sus enemigos para tenerles a raya y mira por encima del hombro a políticos y ministros. Cuando las cosas empiezan a irle mal, compra a periodistas para que desvíen la atención hacia otros temas en el momento en que alguien sugiere hablar de KIO y trata de chantajear incluso hasta al poder judicial. Pero no conviene adelantar acontecimientos. La Guerra del Golfo iba a cambiar radicalmente su destino.

* * *

En un *bunker* de hormigón armado de Bagdad, el presidente de Irak, Saddam Hussein dio una orden tajante a su ejército:

—¡Adelante y que Alá os guíe en el desierto!

Varios centenares de carros de combate soviéticos T-54 y T-55 y cien mil soldados que días antes se habían concentrado en la frontera entre Irak y Kuwait se ponen en marcha. Es el jueves 2 de agosto de 1990. La invasión de Kuwait ha comenzado.

Situado al oeste del Golfo Pérsico, Kuwait es un pequeño país árabe que posee en su subsuelo el 6 por ciento del petróleo mundial. Con la anexión, el régimen iraquí pone bajo su poder el 20 por ciento de las riquezas petrolíferas del mundo. Los países occidentales que sostienen a los despóticos gobernantes de Kuwait no están dispuestos a consentir que un iluminado como Saddam Hussein acumule un poder tan inmenso.

Tras la invasión, Estados Unidos y la Comunidad Europea deciden bloquear las cuentas de las empresas kuwaitíes para evitar que caigan en manos de Saddam Hussein. En España, De la Rosa habla el 5 de agosto con Carlos Solchaga y el Gobierno autoriza al representante del Gobierno del emirato a seguir operando.

Una querella presentada por los nuevos administradores de KIO en España revela que durante la contienda cerca de 167.000 millones de pesetas fueron transferidos de las arcas de Torras, vía Suiza, a paraísos fiscales. Javier de la Rosa y su equipo de colaboradores no han podido explicar el empleo de 70.000 de estos millones, cuyo rastro se pierde en diversas cuentas cifradas de Ginebra o de otros paraísos fiscales como Jersey, Gibraltar o Panamá [13].

Fuentes cercanas al empresario catalán aseguran que el dinero

[13] El dinero se transfirió inicialmente a la empresa Pincico, con sede en Jersey. De ahí, entre el 7 de junio y el 2 de octubre de 1990, una parte fue a parar a veintitrés cuentas corrientes abiertas en bancos de Ginebra.

fue utilizado para comprar políticos y crear un clima favorable al régimen kuwaití a través de Free Kuwait y otras organizaciones internacionales.

—Si el asunto trasciende públicamente —amenazó un ejecutivo de Torras en la sede de KIO en Londres—, se producirá un gran escándalo en España y otros países, debido al desvío de fondos a políticos y partidos [14].

Los hombres de Javier de la Rosa sugieren que la destacada participación española en la Guerra del Golfo tuvo su precio en petrodólares. Según el diplomático Carlos Alonso Zaldívar y el sociólogo Manuel Castells, el papel desempeñado por España en el conflicto fue decisivo para su desarrollo.

El 35 por ciento del volumen total del despliegue aéreo de Estados Unidos pasó por España. También se utilizaron las bases para trasladar a Arabia Saudí más de 200.000 toneladas de bombas y un total de 100.000 hombres y mujeres.

Los gigantes B-52 realizaron más de trescientas misiones de bombardeo desde Morón de la Frontera. Un total de doscientos treinta y siete barcos norteamericanos que acudían a la zona del conflicto con material logístico o de apoyo tocaron puertos nacionales. La Armada Española también desplegó a la zona una fragata y dos corbetas desde los primeros días de agosto para contribuir al embargo decretado por los países occidentales contra el díscolo Saddam Hussein.

La desaparición de los 70.000 millones de Torras era sólo la punta del iceberg. Los nuevos administradores encargan una auditoría a Salomon Brothers. Cuando se conocen los primeros datos, en abril de 1992, queda al descubierto algo que el Gobierno imaginaba pero que no se atrevía a decir. El Grupo Torras tiene unas deudas conjuntas de 234.288 millones de pesetas.

Mahmoud El Nouri, el nuevo hombre fuerte de KIO en España, no lo puede entender. Desde la compra de la papelera Inpacsa en 1984 los kuwaitíes no han hecho otra cosa que meter dinero en España. El conjunto de inversiones y créditos avalados a Torras asciende a 372.000 millones de pesetas. Ahora, el grupo no sólo no genera beneficios, sino que está al borde de la suspensión de pagos.

El 26 de mayo de 1992 Mahmoud El Nouri rescinde el contrato con Javier de la Rosa, Narciso de Mir, José Folchi, Jorge Núñez,

---

[14] *Diario 16*, 13 de febrero de 1993.

Miguel Soler y el resto de colaboradores. Un mes después empieza el escándalo. Y con él comienzan a conocerse algunos de los «manejos» internos del equipo del financiero catalán.

El 1 de julio de 1992 suspende pagos Ercros. El *holding* del sector de fertilizantes español ha pasado de los 20.000 millones obtenidos en 1989 a generar unas pérdidas de 70.000 millones y a un agujero de 215.000.

En agosto, John Gómez Hall, vicepresidente y consejero delegado de Prima Inmobiliaria trata de renegociar la deuda de 45.811 millones de pesetas que mantiene con sesenta bancos. La filial de KIO trata de salvar así Urbanor y las torres Puerta de Europa, situadas en la plaza de Castilla. Ninguno de los bancos acreedores acepta la oferta.

El 4 de diciembre Torras presenta suspensión de pagos dejando un agujero de 500.000 millones de pesetas y unas deudas cercanas a los 240.000 millones [15].

El 7 de diciembre, tres días más tarde, hace lo mismo Prima Inmobiliaria. Las torres Puerta de Europa salen a subasta por 16.531 millones de pesetas, la quinta parte de su valor.

El mayor fraude de la historia de España no ha hecho más que empezar. Una investigación de *Diario 16* realizada por los periodistas Alberto Valverde y Aurelio Medel revela que desde la Guerra del Golfo hasta la quiebra de la sociedad KIO había repatriado ilegalmente 43.000 millones de Prima hacia empresas fiduciarias de las Antillas Holandesas después de vender sus activos a personas cercanas al PSOE, estafando así a centenares de accionistas.

De esta manera, empresarios ligados a Felipe González se habían embolsado más de 6.500 millones en sólo tres operaciones mientras traspasaban un agujero de más de 8.000 millones a Caja Postal, una entidad financiera del Estado. El empresario catalán había pagado otros 175 millones al ex presidente del Gobierno, Adolfo Suárez, mediante el contrato de un edificio que no usó [16].

Los periodistas descubren también que Javier de la Rosa enga-

---

[15] Fuentes del Grupo KIO aseguraron a los autores del libro que las inversiones directas e indirectas en España en el periodo en que Javier de la Rosa se ocupó de sus negocios fue de medio billón de pesetas, sin obtener ningún beneficio.

[16] Los periodistas relacionan con este escándalo al ex consejero delegado de Caja Postal, Baltasar Aymerich, y a Enrique Sarasola, amigo de Felipe González.

ñó a la Comisión Nacional del Mercado de Valores al ocultar su control mayoritario sobre el *holding* inmobiliario. Así pretendía eludir responsabilidades penales en la quiebra de Prima Inmobiliaria, que presentaba en el momento en que suspendió pagos un neto patrimonial negativo [17].

Al mismo tiempo, según los nuevos administradores, el financiero catalán y sus socios habían obtenido beneficios fraudulentos por más de 70.000 millones a través de Quail España; se quedaron con 7.762 millones de plusvalías por la venta de Inpacsa; estafaron otros 15.000 millones por medio de Mesa Redonda, e ingresaron en sus cuentas corrientes 6.800 millones en la operación Coma Cros. Así, no es extraño que otra de las filiales de KIO, Fesa-Enfersa, adeude 121.000 millones de pesetas [18].

Mientras uno de los mayores grupos industriales del país se hundía, Javier de la Rosa había adquirido el avión Falcon 80 de KIO por 150 millones (su precio en el mercado es de 2.000), y el resto de los ejecutivos que trabajaban bajo sus órdenes se habían adjudicado contratos blindados por varias decenas de miles de millones de pesetas [19].

El cúmulo de irregularidades, que van desde la apropiación indebida de decenas de miles de millones de pesetas a la malversación de fondos públicos y el pago de sobornos a políticos, obligó al nuevo representante de KIO en España a presentar querella criminal contra Javier de la Rosa, Narciso de Mir, Miguel Soler, Jorge Núñez, Juan José Folchi y otros administradores. Los abogados de los actuales gestores del *holding* kuwaití han solicitado también una fianza de 100.000 millones de pesetas o el embargo

[17] La CNMV impuso en marzo de 1994 multas por valor de 1.500 millones de pesetas a Prima Inmobiliaria por ocultar datos en la bolsa en perjuicio de los accionistas.

[18] Fesa-Enfersa es la cuarta sociedad del *holding* que se ve obligada a suspender pagos y a cerrar sus fábricas. La sociedad tuvo que reducir su plantilla a tres mil empleados al ser comprada por la norteamericana Freeport.

[19] Quail España, la empresa de De la Rosa, se asignó 5.000 millones; Jorge Núñez, 2.126; Miguel Soler, 1.062; Alfredo Fraile, responsable de imagen, 180; José María Sot, 275; Ignacio Carabias, 75 millones; José Garrido, 75 millones; Narciso de Mir, 400, y Javier de la Rosa, 800. A estas cantidades hay que añadir las decenas de miles de millones percibidos en concepto de comisiones por las ventas de los activos de las empresas, las operaciones de salida a bolsa, las gestiones de créditos y las transmisiones de acciones. Todas estas operaciones formaban parte del trabajo del equipo del financiero catalán y estaban retribuidas con sus sueldos. Según algunas denuncias, los directivos cobraban, además, parte de su salario (decenas de millones) en dinero negro.

preventivo de todos los bienes del ex consejero ejecutivo de la Banca Garriga Nogués.

Pero Javier de la Rosa, el «tiburón» financiero que más suspensiones de pagos y agujeros ha promovido en la historia de España, tenía otros menesteres de los que ocuparse.

* * *

En enero de 1992, poco después del Año Nuevo, el financiero catalán invita a cenar a su casa de Baqueira Beret al constructor Juan Entrecanales y al empresario Manuel Guasch, presidente de Fasa-Renault y de la azucarera Ebro.

En mitad de la velada, el presidente de KIO pregunta:

—Juan, ¿tú crees que Mariano Rubio va a seguir de gobernador del Banco de España?

—Pues... no lo sé.

—¿Y tú, qué opinas?

—Mariano lo ha hecho muy bien. Es un hombre honrado, y si va a seguir o no depende del presidente del Gobierno [20].

—Pues yo creo que hay que acabar con él.

La conversación, publicada el 27 de julio siguiente por el diario económico *Cinco Días*, pone de relieve la guerra abierta existente entre el equipo financiero del Gobierno, del que forman parte Carlos Solchaga y Mariano Rubio, y un sector de la clase empresarial que no ha logrado ser aceptada por el *establishment* socialista.

Pocos meses más tarde, el Círculo de Empresarios, integrado por industriales y financieros cercanos al PSOE, celebra una de sus reuniones en Sevilla. En el orden del día figura el relevo de la junta directiva. Manuel Guasch acude en nombre de KIO, pero Rafael del Pino y Juan Entrecanales le vetan [21].

—No es por ti —le dicen—, es por tu «jefe», De la Rosa.

—¿Qué os ha hecho Javier?

—Nada. Pero no se puede confiar en él. Lo cuenta todo.

En realidad, las relaciones entre Javier de la Rosa y el gobernador del Banco de España, malas desde siempre, habían empeorado en la primavera de 1991. El empresario catalán acababa de

[20] Hechos publicados con posterioridad a esta conversación demuestran que el máximo responsable del banco emisor había intervenido en negocios poco claros, que se cuentan en el capítulo trece.

[21] Véase *Cambio 16*, número 1.073, 15 de junio de 1992.

comprar la Corporación Nacional de Leasing y aspiraba a crear un gran banco catalán [22].

El Banco de España, que ha tomado buena nota del fiasco de la Banca Garriga Nogués, le niega la ficha bancaria. De la Rosa presiona y envía a uno de sus hombres, Manuel Guasch, con un *dossier* para hacer entrar en razón al hombre que controla el sistema financiero español.

Mariano Rubio no se somete al chantaje y el financiero catalán se ve obligado a dar un giro a sus planes. Vende por 30.000 millones los activos del Consorcio Nacional de Leasing a Hispamer, una sociedad de cartera del Banco Central Hispano, y concentra sus esfuerzos en la construcción de un parque de atracciones, al estilo de Disneylandia y Disneyworld, en Salou, provincia de Tarragona.

Este parque (Tibigardens) iba a ser realizado a finales de la década de los ochenta por un grupo de empresarios norteamericanos encabezados por Cyd Busch, dueño de la cervecera Anheuser Busch y ex propietario del 20 por ciento de Disneylandia, pero Felipe González se negó a apoyar el proyecto. Con la Expo'92 en marcha, el Gobierno no quería que Jordi Pujol le restara protagonismo político.

Sin embargo, en 1991 Javier de la Rosa y la Generalitat de Cataluña retoman el viejo sueño de Pujol. Se ponen en contacto con La Caixa y con el embajador Manuel Prado y Colón de Carvajal, el hombre de Busch en España, y forman una empresa para crear uno de los mayores parques de atracciones de Europa.

Según la revista *Cambio 16* [23], el idílico proyecto se convirtió en una nueva estafa a los 9.000 accionistas de Consorcio Nacional de Leasing y en un timo a Pujol. El financiero catalán, habituado a manejar el dinero ajeno sin dar cuentas a nadie, había traspasado 5.000 millones de los fondos del Consorcio Nacional de Leasing a su empresa Quail y prestó otros 2.676 a la Corporación Alimentaria Ibérica, en crisis.

El trasiego de millones continuó con un préstamo de 8.000 millones a Prima Inmobiliaria, el desvío de 1.500 millones de

---

[22] La obsesión del hombre de KIO por poseer su propio banco tiene sus orígenes en 1980, cuando, en compañía de José María Ruiz Mateos, planea una operación fallida para hacerse con el control de Banesto.

[23] Véase reportaje de Gonzalo San Segundo y Javier Horcajo en el número de 11 de abril de 1994.

pesetas a otra de sus empresas y la compra de Bamsa por 3.000 millones. De esta manera, de los 30.000 millones propiedad de los accionistas del Consorcio Nacional de Leasing, sólo 6.000 parecen haberse invertido realmente en Tibigardens.

Para comprarse el apoyo político de la Generalitat y de Convergència i Unió, el financiero catalán colocó a ex consellers como Vicenç Oller o Josep María Cullell o a familiares de políticos catalanes como Elena Roca o Inma Folchi en sus sociedades.

Mientras De la Rosa surcaba la Semana Santa las aguas de Ibiza en su yate *Blue Legend*, la tormenta se avecinaba en Barcelona, donde Jordi Pujol pidió ver las cuentas y el vicepresidente del Gobierno, Narcís Serra, quería algo más: la cabeza del financiero catalán a cambio de que el ICO (Instituto de Crédito Oficial) salvara el proyecto inyectando 15.000 millones de pesetas.

El fiasco volvía a repetirse. Mientras Javier de la Rosa afirmaba en el balance correspondiente a 1993 que Gran Tibidabo, la sociedad constructora del parque, sólo había generado 319 millones de pérdida, una auditoría de Ernst & Young revelaba que los números rojos oscilaban entre los 6.800 y los 11.000 millones. Las inversiones reales del grupo, que el empresario catalán valoraba en 40.000 millones, se sitúan entre los 12.000 y 14.000 millones de pesetas.

Al mismo tiempo, el ex responsable de la quiebra de la Garriga Nogués había contraído una deuda con Gran Tibidabo de 4.230 millones de pesetas a la que no quería hacer frente. En esta situación, la Generalitat de Cataluña forzaba en julio pasado la dimisión de De la Rosa como presidente de la entidad y le obligaba a vender el 26 por ciento de sus acciones al precio simbólico de una peseta.

La monumental estafa que el empresario catalán intentó ocultar vendiéndole a Gran Tibidabo el 50 por ciento de las acciones de la clínica Tekón, tras una sobrevaloración ficticia del 400 por ciento, puede acabar en los tribunales, lo mismo que el «caso KIO». Algo que a Javier de la Rosa no parece importarle. Con una fortuna personal estimada en más de 70.000 millones de pesetas, un barco, un avión y un helicóptero [24], casas en Madrid, Barcelona, Cadaqués (Gerona), Londres y Mallorca, no va a pasar apuros el resto de su vida, salvo que el titular del Juzgado de Instrucción

[24] Algunos de estos bienes comienzan a ser embargados por sus proveedores o las empresas de mantenimiento debido a la falta de pago.

número 3 de la Audiencia Nacional, Miguel Moreiras, decida sentarle en el banquillo o meterle directamente en la cárcel, como hizo con el gerente de la PSV, la constructora de viviendas de la UGT, Carlos Sotos, por malversar varios miles de millones de fondos de sus accionistas.

Esa posibilidad no entra, sin embargo, en los cálculos del industrial catalán. El hombre que ha espiado a media España y ha estafado o corrompido a la otra media, si se da crédito a la querella interpuesta por KIO, el industrial español que ha entrado por méritos propios en el *Guinness* de los récords por sus habilidades para ganar dinero mientras sus socios lo pierden, tiene preparado ya su futuro: Marruecos, un país con una mano de obra barata, una legislación laboral muy permisiva con el capital y grandes posibilidades de desarrollo en los próximos años. En Rabat, su capital, acaban de desembarcar Alfredo Fraile y algunos de sus hombres para ir tanteando el terreno.

Entre cristianos y moros anda el juego.

CAPITULO QUINCE

LA GRAN ESTAFA

Las ambiciones personales del secretario general de UGT, Nicolás Redondo; su obsesión por hacer del sindicato un órgano de contrapoder frente al Gobierno tras la huelga general del 14-D y sus enfrentamientos personales con Felipe González —que se negó a nombrarle ministro de Trabajo en el primer Gobierno socialista, rompiendo un pacto no escrito del congreso de Suresnes— son algunas de las claves para entender la crisis de la PSV. Redondo concibió la construcción de las viviendas como una vía de financiación y de expansión de la Unión General de Trabajadores, pero el traspaso de deudas del sindicato a la PSV y la mala gestión de sus administradores acabaron convirtiendo el proyecto en un gigantesco fiasco para veinte mil cooperativistas. Los pactos secretos de Nicolás Redondo con Alfonso Guerra para hacer coincidir la huelga general del 27 de enero de 1994 con el XXXIII Congreso del PSOE hicieron que el Gobierno negara la ayuda a los afectados, mientras sufragaba la crisis de Banesto. Carlos Sotos y Paulino Barrabés han pagado con la cárcel esta monumental estafa y Nicolás Redondo, con sus sesenta y siete años, puede volver a Carabanchel, donde ya estuvo encarcelado a finales de los setenta por el franquismo. Esta vez sus carceleros son sus compañeros de partido. Es la guerra de las rosas.

Se presentaban a sí mismos como los promotores sociales que iban a acabar en una década con los especuladores del suelo, con los grandes empresarios de la construcción, esos vampiros satánicos que les sacaban el dinero a los pobres para construirse sus palacios y darse a la buena vida.

Tenían a la clase trabajadora —la inmensa mayoría de la población— de su parte, así que cualquier medio era bueno para conseguir el fin deseado.

A finales de 1989, Carlos Sotos, gerente de la PSV (Promoción Social de Viviendas), la cooperativa de la UGT, aborda al constructor madrileño Manuel Núñez García:

—Es inútil que lo intentes. El Ayuntamiento de Calviá no va a modificar el plan parcial ni va a darte nunca las licencias.

—¿Tú cómo lo sabes?

—Porque controlamos el Ayuntamiento. ¿Por qué no dejas de seguir haciendo el indio y nos vendes a nosotros?

Durante los años ochenta Manuel Núñez se había hecho con la mayoría de unos terrenos situados en la costa del municipio mallorquín de Calviá. Tras la redacción del Plan General de Ordenación Urbana del municipio, en 1987, y la elaboración de un plan parcial de urbanización de la zona el constructor madrileño se encontraba satisfecho.

Había logrado el sueño de su vida. Construir una urbanización de lujo en una de las zonas más privilegiadas de la isla, con una peculiaridad singular: todas las casas iban a tener acceso directo al mar por medio de un pequeño embarcadero. En el centro del complejo, una gran marina artificial obra de dos grandes urbanistas permitiría la práctica de la natación sin necesidad de salir a alta mar y los paseos en barca al atardecer. Era, sin duda, la Venecia de las Baleares. Los turistas se pelearían por comprarse una casa de recreo allí.

En 1987 comenzaron los problemas. Cuando acudió a pedir una modificación de detalle del Plan Parcial se encontró frente a una pared. El alcalde de Calviá y secretario general de UGT en la isla, Francisco Obrador, se negaba reiteradamente a modificar la normativa. Pasó los años recurriendo y siempre obtenía la misma respuesta demagógica:

—El Ayuntamiento no va a permitir que se construya aquí un club para multimillonarios, para que vengan unos pocos a darse la gran vida mientras la gente no tiene dónde vivir.

Lo mismo ocurría con las licencias de construcción. La corporación municipal bloqueaba cualquier iniciativa en este sentido. Para Manuel García era la ruina. En los últimos años había invertido centenares de millones en la compra de terrenos y en el proyecto de urbanización [1] y el Ayuntamiento socialista de Calviá

[1] La compra de 50.000 metros cuadrados a Urbanización Mallorquina le había costado 150 millones en 1988, el 150 por ciento más sobre el precio de compra pagado años antes.

se empeñaba en que los terrenos continuaran como hábitat natural para los lagartos.

Hasta que un día recibió la llamada del gerente de la Promoción Social de Viviendas. Carlos Sotos, un ex militante comunista, ex concejal del Ayuntamiento de Madrid, un hombre que de auxiliar administrativo había llegado a controlar la primera cooperativa de viviendas de España, necesitaba suelo para construir. Tenaz y persuasivo, estaba dispuesto a conseguirlo a cualquier precio.

—Por muchos recursos que presentes el Ayuntamiento no te va a dar la licencia —repetía.

—Ya veremos lo que dice la Comunidad Autónoma.

—Ni Comunidad Autónoma ni nada. Si no quieres perder tu dinero, nosotros te ponemos unos centenares de millones en las manos y tú nos cedes los terrenos.

—Eso es chantaje. ¡Así trata UGT a las personas decentes!

—Qué va a ser esto chantaje. Nosotros no coaccionamos a nadie. Si estamos dispuestos a comprar la marina de Calviá es para ofrecerle una solución, porque tenemos la posibilidad de obtener las licencias.

Manuel Núñez García no encuentra otra alternativa y acepta las presiones. Vende sus más de 250.000 metros cuadrados de terrenos por 2.000 millones de pesetas, sin contar las comisiones que supuestamente van a parar a UGT y PSOE, y da el asunto por zanjado.

En los meses siguientes, los ejecutivos de la Promoción Social de Viviendas de UGT emplean los mismos métodos para «convencer» al resto de los socios. Al final, se hacen con el 80 por ciento de la propiedad por 5.300 millones de pesetas, dinero que obtienen de Caja Postal y de inversores alemanes y suizos.

Cuando inician los trámites oficiales para empezar las obras, que contemplan la construcción de casas con un coste superior a los 50 millones, la Jefatura de Costas balear paraliza el proyecto. Entonces descubren que los terrenos se encuentran afectados por la Normativa Marítimo Terrestre[2].

La Promoción Social de Viviendas se había creado en junio de 1988. Metido a promotor inmobiliario tras su paso por el Ayuntamiento de Madrid, Carlos Sotos Pulido había tenido la idea de construir viviendas sociales de calidad a precio de coste.

---

[2] PSV se había propuesto no reparar en gastos en estos chalets de lujo, con salida directa al mar cada uno de ellos y un campo de golf incluido.

La iniciativa era arriesgada. Se trataba de construir viviendas sociales sin tener un duro para invertir (con las letras pagadas por adelantado de los cooperativistas) y sin ningún tipo de experiencia previa en estos negocios.

Los gestores de PSV tenían, sin embargo, un trecho del camino allanado. Con la mayoría de los ayuntamientos bajo control de la izquierda, el problema más grave, la adquisición de suelo urbanizable, estaba resuelto. Sólo necesitaban a alguien que les apadrinara la idea.

Sotos habló con Paulino Barrabés, responsable de Finanzas de UGT y mano derecha de Nicolás Redondo en el sindicato. Inmediatamente se pusieron de acuerdo.

Enfrentado a Felipe González desde 1987, cuando renunció a su acta de diputado por el recorte de las pensiones introducida por el ministro de Hacienda, Carlos Solchaga, en la Ley General de Presupuestos, el líder sindical necesitaba convertir UGT lo más rápidamente posible en un sindicato fuerte y económicamente independiente. Para el secretario general de UGT ésta era la única manera de frenar la paulatina y permanente derechización de la política económica del Gobierno. Harto de pedir sin éxito la dimisión de Carlos Solchaga y cansado de criticar a Felipe González, al que calificaba de brazo económico de la patronal, Redondo había decidido la confrontación total con el Gobierno.

Con la autorización de Redondo, Carlos Sotos, a título individual, y Paulino Barrabés y Sebastián Reyna, en nombre de UGT, acuden al notario y crean las empresas Promoción Social de Viviendas (PSV) e Iniciativas y Gestión de Servicios Urbanos S. A. (IGS), como cabecera del *holding*.

El objetivo prioritario de los gestores de la nueva cooperativa es hacerse rápidamente con la mayor parte de suelo urbanizable para, de esa manera, atraer socios y poner en marcha el negocio. Finalmente, con el respaldo de UGT, la PSV se pone en contacto con la mayoría de los ayuntamientos socialistas y les da a conocer sus proyectos.

Dispuestos a conseguir sus propósitos a cualquier precio, el 12 de julio de 1990 congregan a más de dos mil cooperativistas en el Palacio de Congresos y Exposiciones de Madrid. Oficialmente se trata de una reunión de afiliados, pero el objetivo último es presionar al Ayuntamiento de la capital para que les adjudiquen el suelo del Plan 18.000.

La medida surte efecto. El alcalde Agustín Rodríguez Sahagún les concede gran parte de los terrenos, siguiendo la trayectoria de su antecesor, el socialista Juan Barranco, que ordenó la expropiación de Valdebernardo y adjudicó a PSV la totalidad de las viviendas a construir en ese polígono. Los precios que se pagan por las expropiaciones son ridículos. El hecho de que las familias con menos recursos económicos de la comunidad puedan tener un piso por 8 o 10 millones justifica moralmente la medida.

Las presiones sobre la Comunidad de Madrid y otros ayuntamientos de la capital de España y del resto del país para que «regalen» suelo a la UGT se repiten una y otra vez. Cuando el ministro de Obras Públicas y Transporte, José Borrell, lanza su Plan 460.000 Viviendas en plena campaña de las elecciones autónomicas y municipales de 1990, la inmobiliaria de la UGT se compromete a construir el 25 por ciento de los pisos antes de 1995.

Incluso el empresario vasco, José Osinalde, accionista mayoritario de *El Independiente*, cae preso en las redes de Carlos Sotos. Durante un encuentro con Txiqui Benegas, Paulino Barrabés y Sotos para decidir el cierre del rotativo, el ex concejal comunista le convence de que venda el colegio San Antón, de 20.000 metros cuadrados, situado en la calle Hortaleza de Madrid. La PSV aspira a construir viviendas de lujo en el centro de la capital de España.

—¿Te parecen bien 3.000 millones? —pregunta Sotos.

Osinalde echa cuentas rápidamente:

—A 150.000 el metro cuadrado. Yo pensaba pedir algo más —comenta.

—Piensa que es para una obra social. Te compensaremos con otros negocios que tú ya conoces.

El crecimiento de la PSV es espectacular. En 1990 un total de 119.576 personas han llamado a las puertas de la cooperativa solicitando una vivienda. Para dar salida a la inesperada avalancha, los gestores crean una lista de espera en la que se inscriben 85.351 familias. De ellas, 22.214 se convierten automáticamente en socios de derecho al comenzar a pagar las letras de sus pisos mucho antes de que se coloque el primer ladrillo.

El reto que se avecina es enorme y PSV-IGS pone en marcha simultáneamente hasta doscientas cincuenta promociones de viviendas en toda España, algo que no se atreven a realizar ni los más avezados constructores del país. Mientras los suburbios de las grandes ciudades de llenan de carteles de la PSV, la iniciativa deja perplejos a muchos empresarios.

A comienzos de los noventa, más que un sindicato de clase la

UGT parece una gran inmobiliaria. «PSV quiere comprar el 50 por ciento de los pisos baratos», informa el diario *El País*. «PSV tiene el 60 por ciento de las demandas inmobiliarias de nueva construcción», declara Carlos Sotos a *ABC*. «Construiremos chalets de lujo a precios de saldo», agrega el gerente de PSV a *El Independiente*. «UGT, al copo del campo inmobiliario con su cooperativa de viviendas, PSV», vuelve a la carga el diario monárquico[3].

Son tiempos de euforia desbordante. La promotora de UGT quiere comprar el teatro Alcalá Palace e invertir 3.000 millones para remodelarlo e instalar allí sus oficinas. El gerente de Urbanismo del Ayuntamiento de Madrid, Pedro Arreito, veta el proyecto. El teatro forma parte del catálogo de edificios protegidos y no puede ser reestructurado.

PSV tiene que conformarse con un inmueble más modesto. En noviembre de 1990 adquiere por 2.200 millones la sede principal del Banco Cantábrico, en la calle Orense de Madrid, y establece allí su cuartel general. «La planta baja del edificio servirá para que los cooperativistas de PSV puedan afiliarse al club de vacaciones, de cultura, de ocio o de deportes. A la vez podrán hacerse con tarjetas de descuento de Renfe, Farmacor y otros servicios adicionales», explicó Carlos Sotos a la prensa. «En la planta semisótano hemos diseñado una tienda de mobiliario y complementos para que los cooperativistas con vivienda de algunos de los planes puedan comprar lo necesario para amueblar sus futuros pisos. En la planta primera instalaremos una cafetería que dará servicio a los doscientos treinta trabajadores de la cooperativa», señalaba más adelante.

Todo idílico, todo perfecto. Un cuidado exquisito hasta en el último detalle para que los trabajadores-cooperativistas afiliados a la PSV y a la UGT pudieran adquirir el piso tantos años soñado con lavadora, lavaplatos y enseres incluidos.

A medida que el negocio avanza, el grupo IGS se hace más complejo. Para que los socios puedan asegurar sus viviendas y adquirir sus seguros de vida se crea Unión Social de Seguros (Unial); Club IGS Ocio y Viajes les permite adquirir billetes de avión o tren para viajar por todo el mundo; SNC se encarga de la construcción de las viviendas, e IGS Mercado Hipotecario gestiona las cuentas ahorro-vivienda de los afiliados, al estilo de las entidades financieras del país.

[3] Véanse *El País* del 6 de febrero de 1991, *El Independiente* del 28 de octubre de 1991 y el número de *ABC* correspondiente al 22 de junio de 1992.

Es, en la práctica, el banco de la UGT, uno de los sueños de Nicolás Redondo. El líder de UGT veía con admiración cómo los sindicatos alemanes y suecos tenían sus propios bancos. El ministro de Hacienda, Carlos Solchaga, enemistado a muerte con el dirigente obrero, se había negado tajantemente a que el Banco de España concediera una ficha bancaria al sindicato de inspiración socialista, lo que suponía un obstáculo para que IGS Mercado Hipotecario abriera cuentas corrientes a sus clientes y captara recursos ajenos.

A comienzos de la década de los noventa, PSV y UGT constituían el primer promotor inmobiliario del país. Una a una, hasta 22.214 familias habían depositado en sus dirigentes su confianza y sus ahorros de toda la vida a cambio de una casa. Sin embargo, el sindicato que el 14 de diciembre de 1988 paralizó el país para censurar la política económica de Felipe González y Carlos Solchaga no iba a poder hacer negocios con ese mismo Gobierno al que había llevado al borde del abismo.

La mala gestión, las venganzas personales y la corrupción iban a acabar con el proyecto poco después.

* * *

En noviembre de 1982, recién ganadas las elecciones generales por el PSOE, Felipe González Márquez llamó por teléfono a José Luis Corcuera a su casa.

—Oye, quiero que seas el primer ministro de Trabajo del Gobierno socialista —le dijo.

—Hombre, no sé. ¿Has hablado de esto con Nicolás?

—No, ¿por qué?

—No le va a gustar. Me da la impresión de que él espera ocupar esa cartera.

—Bueno, aquí el que decide soy yo. Piénsate mi oferta.

José Luis Corcuera no se equivocaba. En el Congreso de Suresnes, en 1974, Nicolás Redondo había renunciado voluntariamente a la Secretaría General del partido en favor de Felipe González. Al llegar el PSOE al poder, el líder obrero de Baracaldo que había iniciado años antes la dura tarea de reconstruir el sindicalismo en la clandestinidad no ocultaba a sus más íntimos la esperanza de que su amigo «Isidoro» se acordara de él y le ofreciera la cartera de Trabajo. Redondo aspiraba a ser el segundo ministro de un Gobierno socialista salido de la Unión General de Trabajadores, después de Largo Caballero.

Por eso, cuando Corcuera, responsable del sindicato del Metal de UGT, le comentó la conversación con Felipe González y le pidió su opinión, el secretario general de UGT no pudo ocultar su ira.

—Tú te quedas aquí. Eres una pieza clave del sindicato y no podemos prescindir de ti.

—Hombre, pero..

—Nada. Ya hablaré yo con Felipe —le cortó en seco Redondo.

Frustrado porque el secretario general del PSOE no se acordaba de él a la hora de formar Gobierno, Nicolás Redondo continuó torpedeando los planes del futuro presidente. Hasta que, de mutuo acuerdo, decidieron que el ministro sería Joaquín Almunia, un abogado y economista formado en la Universidad de Deusto y asesor de UGT.

Las relaciones entre Redondo y Corcuera no volvieron a ser las mismas tampoco desde entonces. Entre ambos nació aquel día un enfrentamiento soterrado que duraría años.

La víctima de esta guerra iba a ser Iñaki López Rodríguez. Programador de ordenadores, miembro del PSOE y de la UGT y yerno de Redondo, López fue nombrado gobernador civil de Vizcaya por José Barrionuevo en 1984, con treinta y tres años. Cuando en julio de 1988 se produjo el relevo en el Ministerio del Interior y Corcuera sustituyó a Barrionuevo en Castellana 5, una de sus primeras decisiones fue cesar a López. El pretexto fue un informe de la Brigada de Información Interior de la Policía. Según el documento, el yerno de Nicolás Redondo había hecho llevar a alguna mujer de vida fácil al Gobierno Civil de Vizcaya para que le alegrara las noches en la etapa en que estaba soltero.

Sin trabajo, Iñaki López se trasladó a Madrid y mantuvo una entrevista con el presidente del INI, Jordi Mercader. Esperaba que le ofrecieran la presidencia de una empresa estatal como recompensa por los servicios prestados al Estado en un puesto de gran riesgo personal. Sin embargo, el Instituto Nacional de Industria estaba entonces en proceso de reestructuración y su presidente necesitaba gente con una mayor formación económica para hacer rentable el grupo de empresas del Estado.

En esa situación, Iñaki López recurrió a su suegro. Nicolás Redondo le nombró vicepresidente de Unial, la aseguradora de UGT, con una cartera de 270.000 clientes. El ex gobernador civil de Vizcaya ascendió rápidamente. Poco después era nombrado presidente de la compañía, con poderes absolutos para hacer y deshacer sin dar cuentas a nadie.

Fue el primer aviso. Años más tarde, el equipo gestor nombrado por Iñaki López llevó a la aseguradora a la quiebra. Pese a que todos los cooperativistas de PSV debían asegurar obligatoriamente sus viviendas en Unial y a muchos trabajadores autónomos se les imponía el seguro del sindicato, en 1992 se detectó un agujero de 750 millones de pesetas.

La decisión de Nicolás Redondo fue fulminante. Cesó a su yerno y al equipo directivo de Unial[4] y habló con Carlos Sotos para que la PSV se hiciera cargo de la aseguradora y de otras empresas en quiebra de la UGT.

El presidente de IGS pagó al sindicato 7.000 millones de pesetas por un grupo de sociedades que no valían un duro. Cuando poco después se hizo una auditoría en Unial se dio cuenta de que su decisión había sido un error: el «agujero» real de Unión Social de Seguros era de 2.700 millones de pesetas. Una auditoría había demostrado que Unial había adquirido meses antes un edificio para su sede central en el número 90 de la calle Alcalá de Madrid por 1.750 millones de pesetas. Su valor real era quince veces menor.

El «caso Unial» era, en realidad, la punta del iceberg. El 17 de junio de 1991 Promoción Social de Viviendas había organizado en el polígono Valdebernardo de Madrid una multitudinaria fiesta con participación de cooperativistas y autoridades. El motivo era la colocación de la primera piedra de lo que iba a ser la Esfera Armilar, un emblemático monumento de 92 metros de altura que pretendía convertirse en el símbolo de la ciudad y dejar en ridículo a la Torre Eiffel de París o al Atomium de Bruselas.

La monumental escultura, proyectada por los arquitectos y urbanistas Tenor Suárez y José A. Fernández Ordóñez, debía estar inaugurada en 1992, coincidiendo con el V Centenario del Descubrimiento de América, y su coste era de 7.000 millones. Todo ello, sin embargo, no pasó de ser una idea genial pero a la vez costosísima. PSV invirtió en el proyecto —que jamás se llegó a realizar— 2.000 millones de pesetas.

Un año antes, durante la campaña para las elecciones sindicales de 1990, IGS-PSV había echado por la borda otros 1.700 millo-

---

[4] Según el sindicalista Justo Fernández, Iñaki López cobró cerca de 100 millones de pesetas de indemnización, y el resto de los ejecutivos de su equipo percibieron cantidades similares. Con este dinero montaron posteriormente otra aseguradora.

nes. Por entonces se adquirieron ochenta autobuses que se encargaron de hacer propaganda de la cooperativa como una obra de UGT. Así se compraron a precio de oro y con el dinero de los cooperativistas centenares de miles de votos de los trabajadores que fueron a parar al sindicato.

La estrategia de Nicolás Redondo de crear un sindicato poderoso y cohesionado para detener el avance de la política económica antiobrera y antisindical de Carlos Solchaga daba sus resultados. UGT se había convertido en la primera fuerza sindical del país, pero el «agujero» de PSV había crecido de forma proporcional hasta llegar a los 22.000 millones reconocidos.

Mientras se dedicaba el dinero a hacer política sindical y los cooperativistas seguían pagando religiosamente sus letras, la mayoría de las obras no habían comenzado todavía por falta de financiación. En los colegios de arquitectos y en las oficinas de urbanismo de los ayuntamientos se amontonaban los proyectos y las licencias de obra por falta de pago.

PSV, la obra faraónica de Nicolás Redondo, Paulino Barrabés y Carlos Sotos, se hallaba en quiebra técnica. Aunque IGS había anunciado en 1991 unos beneficios de 3.000 millones, la realidad era otra. El desfase patrimonial se cifraba ya en más de 22.000 millones, de los cuales más de 20.000 se habían gastado en fuegos de artificio, compras de activos inservibles a UGT, financiación indirecta de su campaña electoral y proyectos inviables, como la Esfera Armilar. Todo ello sin contar los más de 1.000 millones que habían tenido que pagar los cooperativistas por «usar» los locales de UGT ni el dinero drenado a las cuentas de Carlos Sotos y sus familiares [5].

Un informe del Gobierno aseguraba por esas fechas que PSV necesitaba más de 80.000 millones de pesetas de recursos ajenos, al margen de las aportaciones de los cooperativistas, para construir las viviendas que tenía comprometidas. El documento confidencial era tal vez demasiado alarmista, y su intención se orientaba a contrarrestar la influencia de Nicolás Redondo en el sindicato. En sus conclusiones, aconsejaba a la banca pública (ICO y Argentaria) que no incrementara sus deudas con la cooperativa ugetista, y ponía en tela de juicio que la banca privada estuviera dispuesta a asumir tan importante riesgo financiero.

[5] Por la campaña de lanzamiento del Plan 460.000 Viviendas las hermanas de Sotos habían cobrado 1.100 millones de pesetas, según consta en una auditoría.

Ante la alarma social que comenzaba a cundir en determinados círculos políticos y medios de comunicación, Carlos Sotos, con su habitual optimismo, salió a dar la cara. «Cada millón aportado por los cooperativistas está respaldado por otros tres», declaró al diario *ABC*.

Sin embargo, extraoficialmente la mayor inmobiliaria del país, que estaba dispuesta a construir hasta 135.000 viviendas sociales en pocos años, reconocía que necesitaba 53.000 millones de pesetas para desarrollar y finalizar sus proyectos porque muchos de los millones de los cooperativistas habían ido a parar a las cuentas privadas de Carlos Sotos o habían sido despilfarrados por UGT.

No era nada extraño. Con un sindicato fuertemente centralizado y burocratizado, con más de dos liberados por cada cinco mil obreros, la Unión General de Trabajadores era un pozo sin fondo, y la mala gestión de sus empresas no era nueva.

* * *

En 1981 Felipe González, todavía en la oposición, llamó por teléfono a su amigo Enrique Sarasola:

—Quiero que le eches una mano a Nicolás. Tiene problemas económicos con el sindicato.

—¿Qué quieres que haga?

—Habla con él y mira a ver qué se puede hacer. El hombre está metido en un embrollo con las empresas de UGT y no sabe cómo salir de él.

Sarasola, un empresario guipuzcoano de cuarenta y siete años, mantenía entonces unas buenas relaciones con Redondo. Años antes le había prestado el viejo restaurante Biarritz, de su propiedad, situado en la zona de Cuatro Caminos de Madrid, para celebrar un congreso del sindicato sin que le costara un duro[6].

El amigo de González acudió a la sede de UGT y se encontró con que el sindicato había solicitado un préstamo de 400 millones de pesetas al Banco de los Trabajadores Alemanes para montar su grupo de empresas y autofinanciarse, al estilo de sus homónimos suecos o de la RFA. El crédito se había tomado en dólares, con la previsión de que la moneda norteamericana iba a seguir devaluándose en los próximos meses, lo que abarataría el préstamo. Sin embargo, tras la llegada de Ronald Reagan al poder en Estados

[6] El restaurante había sido adquirido por una empresa de Sarasola para demolerlo y construir allí un edificio de viviendas.

Unidos, en noviembre de 1980, la divisa estadounidense se situó en 186 pesetas. El negocio resultó catastrófico para la UGT. El sindicato tenía que devolver ahora más del doble.

Sarasola habló con el Banco Exterior de España —que hacía de intermediario en la operación— y logró un aplazamiento de los pagos. La situación se solucionó cuando Fernando Abril Martorell, vicepresidente del Gobierno, a instancias del amigo de Felipe González accedió a pagar a los sindicatos 4.500 millones de pesetas como «indemnización» por el patrimonio expropiado durante la Guerra Civil. Redondo pudo así hacer frente a sus deudas.

El sindicato, sin embargo, no resolvió sus problemas económicos. Con un enorme aparato burocrático, una estructura enormemente centralizada que ocupaba a numerosas personas, la UGT se había convertido en una empresa que daba trabajo a sus propios afiliados sin ningún tipo de ingresos, ya que no producía nada y las cuotas de sus miembros eran insignificantes.

El elevado coste de las campañas electorales, el mantenimiento de los grandes edificios heredados de los sindicatos verticales, los viajes de sus dirigentes a hoteles de cinco estrellas con dietas pagadas por el sindicato y el mimetismo de los líderes sindicales, que querían tener enormes y lujosos despachos[7] similares a los de los patronos de la era del dinero fácil, hacían de la UGT una máquina insostenible económicamente.

Para paliar esta situación y garantizarse la paz social, en 1981, durante la firma del Acuerdo Nacional sobre el Empleo, el vicepresidente del Gobierno, Abril Martorell, había introducido en el texto una cláusula secreta mediante la cual los sindicatos recibirían una ayuda de los fondos del Estado. Esta subvención, autorizada por el ministro de Hacienda Juan Antonio García Díez sin conocimiento de la patronal, se siguió pagando a lo largo de los años y era revisada en cada ejercicio. En 1994 la ayuda puede haber ascendido a 1.800 millones de pesetas, según los cálculos de la CEOE.

Junto a esta ayuda oficial, UGT recibía subvenciones de las comunidades autónomas, del Ministerio de Trabajo por la organización de los cursos de formación del Inem, auténtica tapadera para inyectar dinero a los sindicatos, y de la Comunidad Europea, que destina un importante porcentaje de sus fondos para la pro-

[7] «¿Cómo voy a recibir yo a un empresario si no tengo el despacho adecuado?», se quejaban entonces muchos líderes sindicales que aspiraban a compararse con los patronos con los que tenían que discutir los convenios colectivos.

moción de los trabajadores. «El chorro de dinero que se recibía era tan grande —dice Justo Fernández—, que UGT llegó a construir un edificio en la calle Cartagena para dedicarlo a escuela de formación, la academia Pablo Iglesias.»

Con todo ello, los apuros económicos eran constantes, y durante los primeros años de enfrentamientos con Carlos Solchaga era frecuente oír decir al ministro: «Dejadlos que protesten. Ya los esperaré yo cuando vengan a pedirme dinero.»

Como el dinero seguía sin alcanzar, UGT tuvo que recurrir a la financiación ilegal de sus actividades. A partir de 1990 algunos responsables del Gobierno se encargan de airear los escándalos de Viajes Ceres y Enatcar. Altos cargos de UGT como Paulino Barrabés, Apolinar Rodríguez, Victoriano Sánchez y Juan Calatayud aparecen involucrados en el cobro de comisiones a transportistas privados y en el desvío de fondos públicos hacia las insaciables arcas sindicales, que se canalizaban a través de Fundescoop (Fundación para el Desarrollo del Cooperativismo y la Economía Social) y otras entidades.

Con esos antecedentes, no es extraño que el caso de la PSV se convirtiera en 1993 en una de las mayores estafas inmobiliarias del siglo XX en España. Cuando los bancos deciden cortar el grifo de la financiación por la excesiva concentración de riesgos que ofrece una empresa que se ha metido en el megalómano proyecto de construir doscientas cincuenta promociones de viviendas a la vez, el escándalo salta a la calle.

Miles de familias que habían perdido su dinero, sus ahorros y sus esperanzas se organizan y comienzan a manifestarse todos los días para pedir que les construyan sus casas o les devuelvan su dinero. A sus sesenta y seis años, Nicolás Redondo, el hombre que había reorganizado la UGT tras la Guerra Civil y que había ocupado durante los últimos dieciocho años la Secretaría General del sindicato, tenía que suspender sus comparecencias públicas para escapar a la ira justiciera de las personas cuyos sueños había traicionado. UGT, que había dejado hasta entonces la gestión en manos de Carlos Sotos y Paulino Barrabés, presidente y vicepresidente de IGS, tiene que tomar cartas en el asunto. En julio de 1993 consigue la renuncia del socio mayoritario, Carlos Sotos, que vende sus acciones al sindicato, y posteriormente cesa a ambos.

El Gobierno interviene la cooperativa y nombra como nuevo presidente a Prudencio García, un ejecutivo procedente del Patrimonio del Estado. La situación de IGS-PSV continúa deslizándose peligrosamente por la pendiente.

El 22 de diciembre de 1993, a propuesta del Banco de España, el Gobierno decide la liquidación de IGS Mercado Hipotecario, una empresa que, sin ficha bancaria, venía dedicándose a abrir cuentas de ahorro-vivienda a sus cooperativistas. El 24, en plenas Navidades, IGS presenta suspensión de pagos. Tres días después, el 27, PSV toma el mismo camino. En el momento en que se presentan los libros en el Juzgado, el pasivo de la primera inmobiliaria «social» del país es de 130.000 millones de pesetas. El Gobierno había sacrificado los intereses de 13.459 cooperativistas de los 22.214 iniciales que no habían podido recuperar su dinero para pasar factura a Nicolás Redondo, a quien no se perdonaba que estuviera organizando una huelga general mientras miles de trabajadores pedían su linchamiento en una plaza pública.

* * *

Las negociaciones secretas para que el Gobierno ayudara al sindicato a resolver la situación financiera de PSV habían comenzado en julio de 1993. A mediados de mes, poco antes de irse de vacaciones, presionado por la Ejecutiva de UGT, Nicolás Redondo tuvo que tragarse su orgullo y llamar personalmente a Narcís Serra.

Los ugetistas confiaban en que una gestión directa del vicepresidente con los bancos cercanos al Gobierno facilitaría las cosas. Se desbloquearían los créditos y se reanudaría así en pocos días la construcción de las viviendas, paralizadas por falta de financiación.

—Haremos todo lo que esté en nuestra mano —respondió el vicepresidente en aquella corta llamada telefónica.

Poco después, Serra habló con Francisco Luzón. El presidente del Argentaria no estaba dispuesto a tragarse el sapo de la PSV por más que el representante del Gobierno insistía en que era un asunto de Estado.

El vicepresidente utilizó entonces otras vías alternativas. Habló con Miguel Muñiz, presidente del ICO (Instituto de Crédito Oficial) y consiguió su promesa de un préstamo blando de 8.000 millones de pesetas.

Pero el Gobierno quería aprovechar la situación de UGT para arreglarle las cuentas al viejo sindicalista.

—Nicolás Redondo no debe presentarse a la Secretaría General del sindicato en el próximo Congreso —le dijeron a Antón Saracíbar, secretario de Organización de UGT y encargado de negociar el préstamo con el Gobierno.

Redondo lo entendió inmediatamente. Era una petición directa de Felipe González. El secretario general del PSOE y presidente del Gobierno no le perdonaba al secretario general del sindicato hermano la huelga general del 14 de diciembre de 1988.

Carlos Solchaga iba más allá. Quería que Redondo renunciara inmediatamente a todos sus cargos sindicales. Pedía, además, un traspaso de poderes limpio. El secretario general de UGT y su aparato no debían influir en el nombramiento de su sucesor.

Desde que renunció a su escaño en el Parlamento en 1987 a causa de la Ley de Presupuestos que recortaba las pensiones a los trabajadores y comenzó a acusar a los «renovadores» del partido de hacer una política neoliberal, «de derechas», Solchaga comenzó a enfilarle. Y ahora salían a relucir las viejas *vendettas* personales, antiguos rencores por las mutuas descalificaciones.

El secretario general de UGT está dispuesto a todo con tal de salvar al sindicato de la que se le viene encima. El 28 de septiembre de 1993, a mediodía, suena el teléfono en su despacho. Clara, su secretaria, atiende la llamada. Es la vicepresidencia del Gobierno. Narcís Serra quiere hablar con Nicolás Redondo.

—Oye, Nicolás —le dice—, me gustaría hablar con vosotros para cambiar impresiones y ver cómo retomamos las negociaciones del pacto por el empleo.

—Pues tú dirás. Pero preferiría ir yo solo a hablar contigo —responde Redondo.

El secretario general de UGT quiere aprovechar su visita al vicepresidente para comunicarle personalmente su decisión de no seguir al frente del sindicato y acabar de una vez con el angustioso problema de la PSV. Un asunto tan preocupante que desde hace más de un año —cuando comenzaron a difundirse las primeras manifestaciones de los afectados en la COPE— todos los lunes se reúne a comer con Carlos Sotos y Paulino Barrabés para buscar soluciones de urgencia.

Serra, en cambio, tiene otros problemas más agobiantes y quiere tener en frente a los líderes de las dos centrales sindicales para afrontar las reformas en el mercado del trabajo que quiere poner en práctica el Gobierno.

La reunión se produce el 30 de septiembre, en una comida celebrada en La Moncloa. Serra trata de presionar a Antonio Gutiérrez y a Nicolás Redondo para llegar a un pacto en la política de rentas, el mercado de trabajo, la flexibilidad laboral y el despido.

—La situación es muy difícil y tenéis que colaborar. Sólo si flexibilizamos el mercado del trabajo vendrán inversiones extranjeras a España —anuncia Serra.

Gutiérrez lleva la voz cantante. Da al Gobierno un plazo de cuatro días para que acepte las reivindicaciones de los sindicatos.

—Si no, no tendremos más remedio que convocar otra huelga general —amenaza.

Acabada la reunión, Redondo anuncia públicamente que, a sus sesenta y seis años, deja el sindicalismo, abandona el antiguo convento de Arrecogidas de la calle Hortaleza de Madrid, sede de la UGT, y se retira a su Baracaldo natal, donde tiene un piso desde hace muchos años, y a su chalet de Tres Cantos (Madrid), construido por la PSV hace unos meses (aunque le ha asegurado al juez Moreiras que no lo ocupará hasta que se haya construido la última vivienda), mientras miles de cooperativistas siguen esperando la lotería de la UGT.

La decisión tiene una respuesta inmediata. Veinticuatro horas más tarde la Comisión Delegada de Asuntos Económicos del Gobierno, reunida en el palacio de La Moncloa bajo la presidencia de Narcís Serra, aprueba el crédito de 8.000 millones de pesetas del ICO.

El Gobierno ha abierto el grifo del dinero público y los gestores de la PSV respiran de alivio. Es el dinero que necesitan para taponar el 50 por ciento del «agujero» financiero de la cooperativa de viviendas y continuar poniendo ladrillos.

Sin embargo, antes de que la PSV dispusiera del dinero del Instituto de Crédito Oficial, Nicolás Redondo se reúne con Antonio Gutiérrez y ambos preparan una tercera huelga general contra la política del Gobierno. El viejo rival, el viejo enemigo político de Felipe González quiere demostrar que aún no está muerto y que puede darle mucha guerra al Gobierno. Y, además, presentar batalla al Gabinete socialista donde más le duele: diciéndole todos los días que su política económica ha acabado con el Estado del Bienestar y ha llevado a los trabajadores en doce años a una situación insostenible.

Felipe González, que tras las últimas elecciones había sustituido a Carlos Solchaga por Pedro Solbes, un mediocre tecnócrata que ocupó algunos cargos en la CE, para contentar al sector moderado de la UGT con el que pactaba años atrás los nombramientos en el área económica del Gabinete, no esperaba una puñalada de ese estilo. El Gobierno, tras el enfrentamiento Redondo-González, había encargado a la Brigada de Información Interior de la Policía hacer un seguimiento del secretario general de la UGT e investigar sus propiedades y todos sus movimientos[8]. El estrecho marcaje dio sus resultados. A comienzos de diciembre, poco antes de que se fijara la fecha del 27 de enero para la celebración de la huelga general, el Gobierno supo que se había celebrado una entrevista secreta entre Redondo, el vicesecretario general del PSOE, Alfonso Guerra y el secretario de Organización del partido, Txiqui Benegas[9]. El objetivo de la reunión era presionar conjuntamente desde el ala izquierda del partido y desde la UGT a Comisiones Obreras para que la huelga general se pospusiera a finales de febrero o comienzos de marzo[10], de forma que se acercara lo máximo posible al Congreso del PSOE. De esta manera, con UGT y CCOO calentando el ambiente en la calle y el sector guerrista dando la batalla en las asambleas provinciales donde se debían elegir los compromisarios, las posibilidades de acabar con los renovadores eran mucho mayores. A Redondo le preocupaba la cuestión de los cooperativistas.

—Por la financiación de la PSV no te preocupes —había sugerido Guerra—. Yo puedo hacerte una gestión con Mario Conde y tendrás todo el dinero que necesites.

Esta entrevista, que Manuel Garnacho ha negado a los autores del presente libro, pero que éstos han confirmado en diversas fuentes, es una de las claves de la caída de Mario Conde y del final de Nicolás Redondo. En cuanto tuvo conocimiento de ella, Felipe González decidió apuntillar a «Juan»[11], el hombre que le dio todo su poder en Suresnes cuando él se hacía llamar «Isidoro».

* * *

El escándalo de PSV tuvo un duro final para sus actores principales. A comienzos de julio de 1994 Miguel Moreiras, juez ins-

---

[8] Los informes fueron siempre favorables para Nicolás Redondo. La Policía, que rastreó sus cuentas corrientes y sus propiedades, no encontró nada anómalo que pudiera ser utilizado para hacerle chantaje, como pretendían algunos altos cargos de Ferraz y del equipo económico del Gobierno.

[9] Hubo una segunda entrevista entre los mismos personajes el 11 de enero de 1994.

[10] La huelga general estaba fijada ya para el 27 de enero, fecha en la que se llevó a cabo finalmente.

[11] Nombre de guerra de Nicolás Redondo en la etapa de la clandestinidad.

tructor de delitos económicos de la Audiencia Nacional, citó a declarar a la Ejecutiva de UGT anterior al Congreso de marzo de 1994 y a los gestores de PSV. Carlos Sotos y Paulino Barrabés fueron encarcelados, acusados de malversar los ahorros de miles de cooperativistas. Nicolás Redondo tuvo que declarar durante varios días en calidad de inculpado. La mala gestión, la corrupción y hasta las imprudencias se pagan.

CAPITULO DIECISEIS

PONGA UN ESPIA EN SU VIDA

No podía ser de otra manera. La España del «pelotazo», de la cultura del dinero y de la adoración al rey Midas se convirtió en el paraíso de los espías, de los «pinchazos» telefónicos y de las malas artes. Por mucho que dijera lo contrario Carlos Solchaga, España no era el país del mundo donde uno se podía «hacer rico más rápidamente», salvo a base de violar la intimidad de los contrincantes y conocer con micrófonos ocultos sus estrategias más recónditas. Javier de la Rosa, Mario Conde, los «Albertos» y otros empresarios de nuevo cuño han utilizado por igual a espías y a ejecutivos para incrementar su poder y sus fortunas. En la era del Gran Hermano protector de George Orwell, desde La Moncloa, Narcís Serra empleó el Cesid para espiar a Javier de Godó, a Mario Conde, a Antonio Asensio y a Manuel Martín Ferrand y colocar Antena 3 bajo su influencia. Ni siquiera Carlos Arias Navarro había llegado a tanto. El primer ministro del primer Gobierno de la Monarquía espió a sus compañeros de Gabinete y clausuró periódicos, pero nunca le dio por espiar a los periodistas.

En la primera quincena de enero de 1994 el vicepresidente del Gobierno Narcís Serra se enfrenta al ministro del Interior durante la habitual reunión del Consejo de Ministros de los viernes en La Moncloa.

—Quiero la dimisión del comisario Linares en este momento.

Agustín Linares, un comisario de Policía nacido en Córdoba hacía cincuenta y siete años, ocupaba en esos momentos el cargo de director general operativo del Cuerpo Nacional de Policía y era uno de los hombres de confianza de José Luis Corcuera.

—¿Y por qué tengo que pedirle a Linares que dimita? Creo que es uno de los hombres más válidos de la Policía.

—¿Te parece poco la que ha organizado en Barcelona con lo de *La Vanguardia* y el Cesid?

El 15 de noviembre anterior *Diario 16* había destapado la existencia de una red de escuchas telefónicas, espionaje y extorsiones montada y dirigida desde la sede del rotativo *La Vanguardia* por un coronel y cuatro agentes operativos del Centro Superior de Información de la Defensa (Cesid), con conocimiento de los altos mandos del espionaje militar y del Gobierno.

La existencia de esa trama había sido descubierta a raíz de una investigación efectuada en Barcelona por la Brigada Regional de Información de la Policía, una entidad controlada muy directamente por el director general operativo del Cuerpo. Linares, que en 1985 fue jefe superior de Policía en la Ciudad Condal, controlaba desde entonces personalmente los nombramientos de los máximos responsables policiales en Cataluña.

—Hombre, si a alguien habría que pedir responsabilidades por lo de Barcelona es al Cesid. La Policía sólo ha cumplido con su deber desmontando una organización clandestina que se dedicaba a espiar y a extorsionar a ciudadanos libres de toda sospecha.

—Si yo no me quejo de la labor de la Policía. Estoy molesto porque esta historia haya llegado a la prensa, que no hace más que machacar todos los días sobre lo mismo.

—Pues por Agustín Linares puedes poner la mano en el fuego. Linares, como tú sabes, no ha hecho más que echar tierra sobre el asunto.

Lo cierto es que Narcís Serra no tenía motivos para quejarse. El vicepresidente del Gobierno aparecía como uno de los responsables de la trama de escuchas telefónicas ilegales desarticuladas a mediados de noviembre de 1993 en Barcelona y los periódicos habían ocultado celosamente su nombre. Incluso del sumario que instruía en Barcelona el juez Eduardo Navarro se había eliminado cuidadosamente cualquier documento que relacionara al Gobierno con operaciones de espionaje.

Todo había comenzado a finales de 1991. En esas fechas Javier Godó llama por teléfono al vicepresidente del Gobierno. Le explica que se encuentra en negociaciones con Mario Conde para la venta de Antena 3 Radio, Antena 3 Televisión y una participación de *La Vanguardia* [1].

El propietario de Talleres de Imprenta, S. A. (Tisa) conoce a Narcís Serra desde la época en que éste era alcalde de Barcelona, y la conversación entre ambos es fluida y cordial.

—No sabes las presiones que estoy teniendo para que venda a Mario Conde.

—Pierdes el tiempo. Ya sabes que el Gobierno no aprobaría esa operación.

Javier Godó se encontraba en esos momentos en una difícil encrucijada. Necesitaba dinero para sostener *La Vanguardia* y acudir a las ampliaciones de capital de Antena 3 Televisión, pero no quería enemistarse con el Ejecutivo ni entregarse de pies y manos al presidente de Banesto. Personaje de carácter débil e influenciable, se sentía abrumado por el problema. Además, víctima de una cierta manía persecutoria, veía enemigos por todas partes.

—Me temo —le dice— que algunos de mis hombres de confianza están jugando la carta de Mario Conde.

—Pues échalos y en paz —le sugiere Serra.

—Hombre, pero es que no quiero ser injusto. Necesito saber quiénes son los traidores.

—Entonces, utiliza a la gente que tienes.

Sus habituales frustraciones amorosas con sus ex mujeres y el saqueo en *La Vanguardia* por parte de un grupo de ejecutivos desleales hacían que Javier Godó no confiara en nadie. Aficionado al espionaje, tenía encomendada hasta entonces la vigilancia de sus empleados infieles a Mikel Lejarza Egía, alias «El Lobo» [2], un agente operativo del Cesid que en 1974 se había infiltrado en la cúpula de ETA y había provocado la mayor caída de la historia de la organización terrorista vasca.

Sin embargo, «El Lobo», que actuaba bajo la identidad falsa de Miguel Ruiz Martínez, le parecía un aficionado para enfrentarse a los sabuesos de Conde, formados por el Mosad israelí.

---

[1] El ministro de Defensa Julián García Vargas reconoció en el Congreso de los Diputados las conversaciones de Godó con el Gobierno «solicitando asesoramiento para su seguridad», según se recoge en el *Diario de Sesiones* del 9 de diciembre de 1993.

[2] «El Lobo» era quien investigaba todos sus asuntos personales.

—Miguel Ruiz no sirve para esto. Lo que yo necesito es un peso pesado —le dice a Serra.

El vicepresidente no está dispuesto a que al Gobierno se le escape la venta de Antena 3 Televisión. Ni Felipe González ni él pueden permitir, de nuevo, que la «cadena enemiga», como la llaman en Moncloa, quede fuera del control gubernamental por segunda vez. Así que Serra, que confunde libertad de expresión con propaganda del PSOE, como la mayoría de los miembros de su partido, ve el cielo abierto.

—No te preocupes, que yo hablaré con Manglano. Si hace falta te mandamos a uno de los nuestros para que te eche una mano.

El Cesid fue creado en noviembre de 1977 como un organismo destinado a velar exclusivamente por los intereses de la Defensa Nacional, pero el Gobierno no duda en utilizarlo para asuntos bastardos, como cercenar la libertad de expresión y perseguir a inofensivos periodistas. A la semana siguiente de la citada conversación, el coronel de Infantería Fernando Rodríguez González, alias «Romeo», de cincuenta y un años, responsable del área de Economía y Tecnología de «la Casa», se presenta en Barcelona para ofrecerse en nombre de sus superiores al conde de Godó[3].

Tras la firma de un contrato por el cual el editor de *La Vanguardia* le paga 34 millones de pesetas anuales por sus servicios, el coronel Rodríguez González se compromete a solucionarle todos sus problemas[4].

—No te preocupes por Conde y Martín Ferrand —le indica—. A partir de ahora les vamos a controlar hasta las cejas.

El coronel del Cesid se instala en la sede de *La Vanguardia* y se pone en contacto con «El Lobo». Las órdenes tajantes de sus superiores son vigilar a todos aquellos empresarios y ejecutivos que aparezcan relacionados con la compra del rotativo catalán y de las cadenas de radio y televisión propiedad de Javier Godó.

Con el beneplácito de un Gobierno deseoso de amordazar a Antena 3 Televisión, «Romeo» se lo monta a lo grande. Se instala

[3] Para mayor información sobre el funcionamiento interno del Cesid puede consultarse *La Casa*, de Fernando Rueda, Ediciones Temas de Hoy, Madrid, 1993.

[4] El coronel Fernando Rodríguez tenía una cuenta corriente abierta en el Banco Atlántico de Barcelona. Entre los meses de agosto y noviembre de 1993 ingresó en ella casi 12 millones de pesetas. El último movimiento, por un importe de 4.500.000 pesetas, se efectuó el 30 de noviembre, días después de ser detenido.

en el hotel Calderón de Barcelona[5] y monta varias empresas para que le sirvan de tapadera a sus actividades: General de Consulting y Comunicación, Broadcast y Servip-Strategic, todas ellas con oficinas abiertas en zonas céntricas de la Ciudad Condal.

Como necesita personal y medios para realizar su trabajo, se pone en contacto con el Cesid. Desde Madrid le envían a dos guardias civiles especialistas en operaciones clandestinas, los agentes Vicente Gallego Abella y Manuel María Sánchez, «Mariano»[6]. Junto con el ex empleado de Telefónica especialista en «pinchazos» José Manuel Trujillo y con Juan Huguet Huguet[7], constituyen toda la base operativa en Cataluña.

—Huelga decir que este asunto es muy delicado y debe llevarse a cabo extraoficialmente —le habían dicho al coronel Rodríguez en el Cesid.

No pueden recurrir, como en otros servicios, a la Policía para pedir las fichas del DNI o las matrículas de los coches de las personas a quienes deben seguir. «El Lobo» decide ponerse en contacto con dos policías de Zamora, su cuñado Agapito Cepria Gajate y el inspector jefe Ildefonso Rojo Miguel, para que les facilite el trabajo.

El Gobierno no sólo utiliza para fines partidistas al Cesid, sino que da prioridad absoluta a la misión. No se fía de Mario Conde y mucho menos del editor de *La Vanguardia*. Según figura en el sumario del «caso Godó», la agencia asigna a dos especialistas, el teniente coronel Julio Leal y al oficial Jesús Jareño Ramos, al seguimiento del operativo de Barcelona desde sus instalaciones centrales de la carretera de La Coruña, en Madrid. A estos dos agentes hay que añadir la intervención de Emilio Jambrina, que participa en el operativo por su cuenta debido a su amistad con el guardia civil Vicente Gallego[8].

La primera obsesión de Godó es acabar con dos empleados

---

[5] Los gastos mensuales de alojamiento y manutención ascendían a unas 600.000 pesetas, que pagaba religiosamente *La Vanguardia*.

[6] M. María Sánchez había estado destacado durante los años 1989 y 1990 en Cabo Verde con la misión de vigilar al grupo de etarras desterrados a aquel país por el Gobierno. En una de las entradas clandestinas a los pisos de los terroristas fue descubierto y expulsado a España bajo la acusación de robo.

[7] Este último agente del Cesid fue detenido en Francia en junio de 1993 por intentar colocar 7.000 millones de pesetas en letras falsas a la banca Rothschild de París.

[8] *Cambio 16* y *Tribuna*, enero-febrero de 1994. Emilio Jambrina, alias «Don Emilio», niega cualquier vinculación con la operación.

supuestamente infieles que tiene a su servicio, el abogado Alberto Garrofé y el director financiero de *La Vanguardia*, Carlos Fajardo.

—A estos tíos quiero tenerlos controlados día y noche —le dice Godó a «Romeo», el coronel del Cesid.

—No te preocupes. Eso déjalo de nuestra cuenta.

—Sé que me están robando. Quiero que les pongáis micrófonos en sus despachos y no les perdáis de vista —insiste el conde.

Fernando Rodríguez ordena intervenir los teléfonos de los empleados de *La Vanguardia* y colocar micrófonos de ambiente en sus oficinas. Pero el verdadero elemento «peligroso» para el Gobierno es el editor de *La Vanguardia*, un individuo inseguro, vulnerable, poco de fiar para Narcís Serra y Felipe González.

Así, con la excusa de realizar un «barrido» en la casa y el despacho del «jefe» para protegerle, controlan sus conversaciones, y Javier Godó, de esta manera, se convierte en la primera víctima del Gobierno y de los hombres que el Cesid ha puesto a «su servicio», y a los que tan espléndidamente remunera.

—¡Tenemos que hundirle! A este tío hay que grabarle hasta la respiración, sin ningún tipo de piedad, ¿comprendes? —le dice Rodríguez a «El Lobo».

—Hombre, tampoco exageres.

—Sí, hay que ponerle por lo menos diez o doce aparatos como mínimo, ¿eh? —le ordena[9].

El ex infiltrado en ETA pone todo su empeño en ello. Su trabajo consiste además en captar para la red de espías del Cesid a la secretaria de Godó, Gemma Guillén, y al chófer y guardaespaldas del conde, Salvador Daroqui.

—Tú me tienes que informar puntualmente de qué habla el presidente desde el teléfono del coche —le pide «El Lobo» a Daroqui.

Los agentes del Centro Superior de Información de la Defensa están además interesados en conocer todos sus movimientos por Madrid. Allí se gestiona la venta de Antena 3 Televisión a Mario Conde, considerado todavía el enemigo número uno del Gobierno.

—Queremos saber con quién se ve, en qué lugares se cita, cuánto duran las entrevistas y el estado de humor de Javier Godó después de cada encuentro —repite una y otra vez al conductor.

Después de tratar de estrangular por otros medios a Antena 3

[9] Los diálogos proceden del sumario instruido en Barcelona.

Televisión sin conseguirlo, el Gobierno acaba de poner en marcha la política de las alcantarillas. Monta la mayor trama de espionaje conocida hasta entonces para controlar desde las cloacas del Estado a los medios de comunicación españoles que no cantan la alabanzas del poder.

* * *

El 5 de diciembre de 1991 Gregorio Carrascal Santamaría, empleado de Telefónica en Barcelona, hizo una comprobación de las líneas telefónicas del edificio número 25 de la calle Puertaferrisa y descubrió que una de ellas estaba «pinchada».

Carrascal acudió a Telefónica para saber si la escucha era legal y comprobó que no existía autorización judicial. Al día siguiente constató que el aparato objeto de observación pertenecía al despacho profesional del abogado Alberto Garrofé Pardo.

El 24 de diciembre otro técnico de Telefónica descubrió un nuevo «pinchazo», esta vez en la casa de la calle Córcega propiedad de Carlos Fajardo Ricomá.

Garrofé y Fajardo, ex directivos de *La Vanguardia*, habían sido despedidos poco antes de la empresa en que trabajaban acusados de robo y preparaban entonces el lanzamiento de un nuevo periódico, *El Observador*.

Los dos ex ejecutivos del conde de Godó acudieron a los tribunales. La Brigada Regional de Información de la Policía de Barcelona inició una investigación, pero en junio de 1992 el asunto del espionaje trascendió a los periódicos. La cuestión, sin embargo, no inquietó demasiado a los miembros del Cesid.

—Oye, ¿has leído los periódicos, eso que viene de los «pinchazos? —pregunta el teniente coronel Leal a «El Lobo» [10].

—Sí, ¿por qué lo dices?

—Cuando lo vi sentí temor. Pero luego lo leí con detenimiento y me fui tranquilizando. Lo orientan todo en una posición muy clara, ¿no?

—Sí, yo también lo he visto. A nosotros no nos perjudica en absoluto ese asunto.

Sin embargo, el 27 de julio se produce un segundo incidente que sí preocupa en el cuartel general de los espías españoles. Ese día, la Brigada Judicial de la Guardia Civil detiene al miembro del

[10] El texto de la conversación ha sido extraído del sumario incoado por el Juzgado de Instrucción número 32 de Barcelona.

Cuerpo y agente de la red Manuel María Sánchez y a su cuñado Juan Moyano Linares por extorsionar a tres empresas textiles, encabezadas por Gossypium.

Los perjudicados presentan querella en el Juzgado de Instrucción número 16 de Barcelona. El coronel Fernando Rodríguez González y el teniente coronel Julio Leal deciden actuar e interceden ante la juez Josefina del Niño Jesús García para que les deje en libertad [11].

La detención de Manuel María Sánchez causa un daño mayor al Cesid. Ha dejado al descubierto la red ilegal de escuchas que opera desde la calle Muntaner 270 a través de la empresa General de Consulting y Comunicación. Al día siguiente desmantelan sigilosamente la sede y cambian su domicilio al número 241 de la calle Rocafort de Barcelona. Como es preciso buscarse otra tapadera, abren las nuevas oficinas a nombre de la sociedad Broadcast.

Ante el temor de que el escándalo de las extorsiones a los empresarios catalanes pueda afectar al Cesid, el general Emilio Alonso Manglano ordena al coronel Fernando Rodríguez González que pida la baja en el servicio [12]. De esta manera, el Cesid mata dos pájaros de un tiro: impide que el *affaire* de Gossypium le salpique y se protege ante una eventual desarticulación por la Policía de la red de espionaje de *La Vanguardia.*

A partir de entonces, coincidiendo con la primera ofensiva del Gobierno contra Antena 3 Televisión, los espías contratados por Godó trabajan sin descanso. Colocan micrófonos en la casa del secretario del Consejo de Administración de la sociedad, Rafael Jiménez de Parga. Al director general de la cadena, Manuel Martín Ferrand, le instalan un transmisor en el Volvo que utiliza para desplazarse desde su casa de Pozuelo de Alarcón hasta San Sebastián de los Reyes, donde se encuentra la sede de Antena 3 Televisión.

En las oficinas de los directivos de la cadena televisiva y en la sala de juntas se colocan también sistemas de escucha de ambiente.

---

[11] Según recoge el atestado policial y han reproducido diversos medios informativos.

[12] Poco antes habían llegado otras denuncias de extorsión por parte de la red a otros empresarios catalanes. Miguel Ruiz Martínez, «El Lobo», se había ofrecido a finales de 1991 al empresario Isidre Sanfeliú para «arreglarle» un asunto de usura que mantenía con el Banco de Sabadell. El contencioso había llegado a la Comisión Europea de Derechos Humanos de Estrasburgo y el Cesid, según «El Lobo», lo consideraba un «problema de Estado», por lo que su director, Emilio Alonso Manglano, le había ordenado intervenir a cambio de un 5 por ciento de los beneficios que se obtuvieran.

Los espías controlan de esta manera todas las entrevistas de Javier Godó con Mario Conde, Jesús Polanco y Antonio Asensio, que acabarían convirtiéndose, con el consentimiento del Gobierno, en los propietarios de las únicas radio y televisión privadas que ejercían su labor informativa sin tener en cuenta las consignas de La Moncloa.

—¿A dónde iban a parar los informes?

—Los que tenían una relativa importancia se los mandaba al Gobierno —declaró el jefe del Cesid, el general Emilio Alonso Manglano, al juez Eduardo Navarro, instructor del caso[13].

* * *

Al mismo tiempo que trabajaban para el Cesid, los agentes habían montado un lucrativo negocio con las cintas que grababan a sus víctimas. En el verano de 1992, Mikel Lejarza Egía y Manuel María Sánchez descubren que Javier Jimeno, uno de los hombres fuertes de Antena 3 Televisión al que Godó ha mandado intervenir sus comunicaciones, habla de los planes de la cadena televisiva para fichar estrellas de cara a la nueva programación.

Ni cortos ni perezosos, «El Lobo» y «Mariano» llaman por teléfono a Valerio Lazarov, director general de Tele 5, para ofrecerle la mercancía. Pero, como Lazarov está de vacaciones, se ponen en contacto con el representante de la ONCE en la cadena, Juan Carlos López Cid-Fuentes, un invidente de mediana edad.

Los ciegos, acostumbrados a hacer del espionaje un arma habitual en sus negocios, aceptan la oferta y organizan un primer encuentro con los traficantes de información, «El Lobo» y «Mariano», en un hotel de Madrid al que asiste el abogado de la ONCE en Tele 5, Alberto Durán.

—¿Has traído los 25 millones de pesetas? —pregunta Manuel María Sánchez.

—No, primero queremos examinar la mercancía.

—De eso nada. O pagáis o no hay cintas.

Tras aquella reunión se suceden otras del mismo estilo. Entre tanto, los espías ponen en práctica todos sus recursos para amedrentar y coaccionar a su interlocutor. Un día le abren el coche, en otra ocasión le llaman por teléfono a su casa por la noche y le cuentan detalles personales de su familia.

Así las cosas, Tele 5 decide contratar los servicios del grupo

[13] La declaración de Manglano ante el Juzgado de Instrucción número 32 de Barcelona se produjo el martes 21 de diciembre de 1993.

Ininco. Juan Carlos López Cid-Fuentes y Manuel Cebada, el director de Ininco, estudian la situación y deciden que la mejor solución para evitar chantajes y escándalos es comprar las cintas magnetofónicas.

La cita tiene lugar en los Estudios Roma, propiedad de Tele 5, situados en la carretera de Burgos, en las afueras de Madrid. Manuel María Sánchez llega esa mañana a Barajas y, con toda la tranquilidad del mundo, pide que un coche oficial de la cadena acuda al aeropuerto a recogerle. Una vez en los Estudios Roma, se encierra en una habitación con Juan Carlos López Cid-Fuentes, su mujer, que hace de lazarillo y lleva el dinero, y el abogado Alberto Durán. Desde una habitación contigua, el detective Manuel Cebada graba en vídeo y toma fotografías de la entrevista.

—¿Traéis los 15 millones? [14]

—Sí. Aquí los tenemos —responde López Cid-Fuentes.

—Pues entonces no hay nada que hablar. Aquí tenéis las cintas. Espero que os sirvan para algo.

La mujer de López Cid-Fuentes le entregó el dinero en una bolsa de papel [15] y el agente del Cesid ni se molestó en contarlo. Pidió que le llevaran en el coche oficial hasta la plaza de España, «donde tengo que hacer unas gestiones», y se largó.

Tele 5 quería averiguar el destino del dinero y la empresa Ininco se encargó del seguimiento. Dos coches de la compañía de seguridad se turnaron durante media hora para no perder de vista el vehículo en que viajaba el guardia civil.

Al llegar a la calle Leganitos, sede de la Brigada de Información Interior, Manuel María Sánchez se bajó del coche, detuvo el vehículo de sus perseguidores y los metió a punta de pistola en un portal.

—¿Por qué me venís siguiendo? ¿Creéis que soy tonto y que no me iba a dar cuenta?

—¿Nosotros...?

El guardia civil les cacheó rápidamente hasta encontrar las pistolas en la sobaquera. Sonrió.

—Sí, vosotros. Os vi en Estudios Roma y ahora os encuentro aquí. Sé que sois de Tele 5, pero me da lo mismo.

Hubo un momento de confusión en el que los empleados de

---

[14] En las distintas negociaciones con Alberto Durán el guardia civil había ido reduciendo el precio de la mercancía hasta dejarlo en 15 millones de pesetas.

[15] «Lo único que sé es que el dinero me lo entregó una mujer», declararía en diciembre de 1992 «Mariano» ante el juez Eduardo Moreno, de Barcelona.

Ininco no sabían cómo salir del atolladero. «Mariano» resolvió la cuestión de la forma más esperpéntica del mundo.

—Anda, vamos a tomar una cerveza. Invito yo.

Cuando Valerio Lazarov regresó de vacaciones, a mediados de septiembre, se encontró con que la cinta de Javier Jimeno en la que se hablaba de recortar los gastos en la programación en Antena 3 era un fraude. La cadena, en poder ahora de Mario Conde y Antonio Asensio, había adoptado la política contraria y en su ausencia muchas de las estrellas de Tele 5 habían recibido ofertas multimillonarias que ellos no podían pagar.

Varios de los personajes que luego resultaron contratados por Antena 3 Televisión le contaron a Lazarov que sus competidores estaban al corriente de los sueldos que ganaban e incluso conocían las cláusulas secretas de sus contratos. El director general de Tele 5 sospechó que eran víctimas de una operación de espionaje y contrató de nuevo los servicios de Ininco. Manuel Cebada y sus especialistas se trasladaron a la sede de la cadena, en el piso 26 de Torre Picasso, y se dedicaron a verificar las líneas telefónicas durante cuatro jornadas consecutivas.

Uno de los días encontraron un micrófono de ambiente oculto en una cadena de música que el director general de Tele 5 había tenido en su despacho hasta una semana antes. Poco después aparecía otro aparato de similares características en la rejilla del techo del despacho de López Cid-Fuentes. Tele 5 presentó denuncia ante los juzgados. Las sospechas iniciales se centraron en la red de «El Lobo». Los responsables de los «pinchazos», sin embargo, nunca fueron identificados.

* * *

El 15 de noviembre de 1993, cuando la Brigada Regional de Información de Barcelona desarticuló la red ilegal de escuchas del Cesid, se puso de relieve que Antena 3 Televisión no era el objetivo único de los espías.

En varias conversaciones intervenidas por el Cuerpo Nacional de Policía a Miguel Ruiz Martínez «El Lobo» se demuestra que la red de Barcelona había sometido a estrecha vigilancia a toda la plana mayor de Convergència i Unió.

Entre los investigados se encontraban los dirigentes de CiU, Lluís Prenafeta, Macía Alavedra, Miquel Roca Junyent, Arturo Suqué, Josep Antonio Durán i Lleida y Carles Vilarubí, el abogado Joan Piqué Vidal, el empresario Javier de la Rosa, el alcalde de

Barcelona Pascual Maragall y el máximo responsable de Esquerra Republicana de Cataluña, Angel Colom [16].

Los agentes trataban de involucrar también a Oleguer Pujol Ferrusola, el hijo menor del presidente de la Generalitat, con el grupo terrorista catalán Terra Lliure.

—Tengo un confidente en la organización que me lo acaba de confirmar —le dice el 27 de septiembre de 1993 «El Lobo» a Julio Leal.

Más conocido por «Lemos», su alias, Leal es un hombre moreno, de baja estatura, simpático y dicharachero.

—¿Te refieres al hijo de Jordi Pujol?

—Sí, Oleguer Pujol. Está impulsando la reactivación de Terra Lliure. ¿Cómo te lo voy a decir?

—Pues si eso es cierto, mándamelo por escrito —le ordena el teniente coronel Lemos desde la sede central del Cesid [17].

En la agenda de trabajo de los agentes estaban también el fiscal jefe del Tribunal Superior de Justicia de Cataluña, Carlos Jiménez Villarejo; el presidente de Iniciativa per Catalunya, Rafael Ribó [18]; el ex ministro de Sanidad, Julián García Valverde, y algunos jueces y magistrados, todos ellos relacionados con investigaciones sobre tráfico de drogas, corrupción de los partidos políticos, escándalos político-financieros y el fraude del IVA.

Entre los miembros de la magistratura investigados por la trama de Barcelona se encontraba el juez Baltasar Garzón, el hombre que desentrañó desde la Audiencia Nacional las vinculaciones de responsables del Ministerio del Interior con el GAL y que metió en la cárcel a todos los miembros de la UCIFA, la unidad de la Guardia Civil dedicada a la persecución del narcotráfico. Meses antes, Baltasar Garzón había abandonado la judicatura para saltar a la política como número dos de las listas del PSOE a las elecciones generales de junio de 1993.

En un *dossier* encontrado en poder del coronel del Cesid Fernando Rodríguez y de Miguel Ruiz se relataban algunos de los seguimientos realizados al juez en el año 1991 por un grupo de detectives privados y se aportaban falsos informes en los que se relacionaba a Garzón con una supuesta mafia policial integrada por

[16] *Diario 16*, 16, 17 y 18 de noviembre de 1993.

[17] Extraído de las conversaciones grabadas por la Policía a la «red Godó» e incorporadas a la causa.

[18] Este había solicitado meses antes a la Policía una revisión de sus líneas telefónicas por sospechar que las tenía intervenidas.

agentes de la Brigada de Información Interior del Cuerpo Nacional de Policía. A esta supuesta mafia se le atribuye haber utilizado el nombre del ex magistrado del Juzgado de Instrucción número 4 de la Audiencia Nacional —un profesional de la Justicia cuya honorabilidad está fuera de toda duda— para pedir al narcotraficante sirio Munzer Al Kassar 5 millones de dólares a través del confidente Abu Merced, encarcelado en Avila.

Este burdo tipo de chantajes, del que también han sido objeto a otro nivel jueces como Carlos Bueren, Pascual Estevill, Miguel Moreiras, Angel Márquez y Marino Barbero Santos, obedece a una estrategia claramente planificada por grupos de inteligencia «paralelos» [19].

Al servicio del PSOE desde diciembre de 1983, cuando el Gobierno les ordenó espiar al Tribunal Constitucional y especialmente al magistrado Jerónimo Arozamena, ponente del recurso de inconstitucionalidad sobre la expropiación de Rumasa [20], los espías españoles tratan por todos los medios de evitar que en España se cree un núcleo de jueces independientes al estilo italiano, que tire de la manta en los casos de corrupción que afectan al partido que sostiene el Gobierno.

La estrategia no es nueva. En 1969 el almirante Luis Carrero Blanco creó el Servicio Central de Presidencia del Gobierno (Seced) precisamente para vigilar al clero, a los sindicatos clandestinos y a la Universidad y evitar que el Mayo del 68 francés se reprodujera en España. En 1974, el Seced —embrión del que surgiría el Cesid en 1977— se encargó de controlar a los militares españoles para evitar que el Movimiento de las Fuerzas Armadas (MFA) portugués, que había derrocado a Salazar, se extendiera por la Península Ibérica y pusiera en peligro la dictadura franquista [21].

---

[19] Desde que los jueces italianos, encabezados por Antonio di Pietro, han puesto en práctica la operación «Manos Limpias» —uno de cuyos resultados fue la desaparición de los partidos tradicionales en el país mediterráneo por la corrupción que generó—, el «síndrome Di Pietro» persigue a los gobernantes occidentales. Los servicios secretos de varios países, entre ellos el español, tienen como objetivo primordial evitar que el «exceso de celo» de los jueces italianos se contagie a España y que algunos políticos acaben en el banquillo, en un país donde el partido gobernante, el PSOE, se sitúa por encima del Estado.

[20] Véase *Cambio 16*, 12 de diciembre de 1983, y *El País*, 11 de diciembre de 1983.

[21] La investigación corrió a cargo del general José Sáenz de Tejada, que coordinó la información interna de los ejércitos con la del Seced; el resultado fue la detención de una docena de oficiales y jefes vinculados a la Unión Militar Democrática (UMD) que mantenían contactos con sus colegas portugueses.

Durante la presidencia de Carlos Arias Navarro, el Cesed se encargaba de espiar a sus ministros. Fuentes del servicio secreto reconocen que llegaron incluso a colocar micrófonos en la sede de la Conferencia Episcopal Española y que la transcripción de las cintas del cardenal Enrique y Tarancón fue enviada a Franco en varias ocasiones. Sin embargo, aquéllos eran otros tiempos, en que los derechos y libertades ciudadanos no estaban garantizados.

En la actualidad, la quiebra moral de la vida pública producida a lo largo del periodo socialista ha convertido la intromisión en las conversaciones privadas en un hecho casi normal, del que rara vez se conocen sus autores y por el que cada vez menos personas, lamentablemente, acuden a los tribunales.

Un informe publicado por la revista *Tiempo* poco antes del verano de 1988 y efectuado con la colaboración de técnicos de la Policía especializados en detección de escuchas revelaba que al menos una docena de políticos de la oposición tenían sus teléfonos controlados. Entre ellos se encontraban el ex presidente del Gobierno, Adolfo Suárez; el vicepresidente de Alianza Popular, Alberto Ruiz Gallardón; el secretario general del CDS, José Ramón Caso; el diputado Pablo Castellano; el abogado José Mario Armero y algunos líderes de Comisiones Obreras.

El artículo dio lugar a una protesta formal del presidente del Gobierno y a una serie de presiones que impidieron que el semanario del grupo Zeta diera a conocer la segunda parte del *dossier*. El poder no vacila en espiar a sus ciudadanos, pero se escandaliza cuando las fechorías de sus funcionarios aparecen en letra impresa. Sin embargo, el temor a las escuchas es una constante en la clase política.

En 1992, el secretario general del PP, Francisco Alvarez Cascos, ordenó colocar un circuito cerrado de cámaras de televisión en la azotea de la sede central del partido, en la calle Génova de Madrid, para evitar que se pudiera penetrar en el inmueble a través de los tejados. Al mismo tiempo, la planta séptima del edificio, donde se reúne el Comité Ejecutivo de los «populares» y donde tiene su despacho José María Aznar, dispone de sofisticadas salas antiescuchas, para evitar que las reuniones de los dirigentes del partido puedan ser grabadas clandestinamente [22].

---

[22] Dirigentes del Partido Popular han visto con recelo que la sede oficial de ICTS, la empresa de espías de Mario Conde, se encuentre en frente de la sede central del partido, en la calle Génova, y que en una de las calles laterales estén emplazadas unas dependencias no identificadas del Ministerio del Interior.

La decisión del PP tenía sus razones. En 1986 el Cesid había puesto sobre aviso a los dirigentes aliancistas de que la Brigada de Información Interior de la Policía había infiltrado un «topo» en el partido y que gran parte de los documentos reservados del principal grupo de oposición acababan en manos de Alfonso Guerra.

El infiltrado, Antonio González, se encargaba todos los días de fotocopiar los informes elaborados por la Ejecutiva del partido y colocarlos en una bolsa de basura que metía dentro de otra.

—Ponle un lazo grande para que podamos distinguirla —le habían dicho los policías.

De esta manera, por la noche, cuando pasaba el camión de la basura, un agente se encargaba de recuperar los documentos y trasladarlos a la calle Leganitos, donde se hallaba el cuartel general de los grupos de información.

Sin embargo, en un país donde los derechos más elementales de las personas no son respetados, donde el tráfico de influencias y la corrupción política no se castigan de hecho y donde el «todo vale» es la norma de conducta de los «tiburones» financieros surgidos a finales de los ochenta, las denuncias de escuchas telefónicas forman parte de la vida cotidiana de cualquier ciudadano con algo de poder.

En junio de 1991 Ramón Bardulet, jefe de la compañía de vigilancia Seguridad 2000, llamó a Jorge Oms, responsable de la protección de Televisión Española en Barcelona.

—Jorge, he recibido un nuevo aparato para hacer barridos telefónicos y me gustaría que lo vieras —le dijo.

—¿Yo? ¿Para qué? Si no tengo presupuesto para nada.

—No importa. ¡El aparato es una maravilla y conviene que sepas que lo tenemos y que veas cómo funciona!

Bardulet y Oms concertaron una cita y una tarde el responsable de Seguridad 2000 se presentó en el centro de TVE de San Cugat acompañado de un par de técnicos.

—Queremos que sepas cómo funciona el sistema —le explicó—. Y para que compruebes que no hay trampa ni cartón, indícanos el teléfono que quieres que te miremos.

Oms se quedó un rato pensativo. Sugirió:

—¿Os parece bien el de Sopena?

—Muy bien. ¡Adelante!

Enric Sopena, antiguo colaborador de José María Calviño en Madrid durante la etapa que este último permaneció al frente de RTVE, acababa de ser nombrado apenas unas semanas antes director de Televisión Española en Cataluña. Si alguien había decidido espiarle, lo más probable es que todavía no le hubiera dado tiempo a colocar un sistema de escuchas.

Los técnicos sacaron sus aparatos y los conectaron a un teléfono Satai enchufado al sistema Ibercom, una de las redes más fiables de Telefónica, debido a que no establece las comunicaciones siempre por el mismo circuito, sino que selecciona aleatoriamente los canales de comunicación.

Los medidores de campo de Seguridad 2000 no dieron ninguna alarma. Sin embargo, cuando emplearon un potentísimo y sofisticado *scanner* para captar la existencia de cualquier emisor de señales, se escuchó un insistente «biiiiip».

—Esto está pinchado —dijo Bardulet.

Procedió a desmontar el teléfono y, aparentemente, no había ningún elemento extraño unido a los circuitos por las dos clásicas pinzas de mordaza[23]. Un estudio más detenido permitió descubrir un transmisor oculto.

—Esto es obra de profesionales —señaló inmediatamente uno de los técnicos—. El micrófono está soldado perfectamente a la base del teléfono. Por eso es tan difícil de detectar.

Jorge Oms comprendió inmediatamente que los autores de la intervención no eran simples aficionados. Se habían tomado la molestia de llevarse el aparato a casa y soldar el transmisor a la base, de forma que pasara totalmente desapercibido para cualquier profano.

Al día siguiente interpusieron una denuncia en el Juzgado de Instrucción número 21 de Barcelona. Como siempre, los autores de la intromisión ilegítima no pudieron ser localizados.

Acostumbrados a funcionar como un Estado dentro de otro Estado, sin ningún tipo de control parlamentario, el Cesid se ha erigido en el Gran Hermano de George Orwell y ha vigilado por igual a Gobierno y oposición y, con frecuencia, algunos ministros fueron sus primeras víctimas.

* * *

Cuando el 2 de diciembre de 1982 llega a La Moncloa arropado por diez millones de votos, Felipe González Márquez se encuentra con una sorpresa.

---

[23] La forma más rudimentaria de colocar un micrófono es unir los dos cables de éste en paralelo a la entrada de la red al aparato mediante dos pinzas de mordaza.

Su jefe de seguridad, Manuel Céspedes, después de inspeccionar todas las dependencias descubre una puerta blindada en el edificio «Semillas Selectas». Cuando intenta penetrar en la habitación le prohíben el paso.

—Esta zona es alto secreto militar y aquí no puede entrar ningún paisano —le informa un sargento de guardia.

El «telón de acero» ocultaba el Centro de Control de Emisiones Radioeléctricas (Conemrad), cuyo objetivo era permitir el acceso automático a todas las emisiones de radio y televisión para que, en una situación de catástrofe o guerra, el Presidente de la nación pudiera dirigirse al país.

Los responsables del Conemrad eran un teniente coronel de Aviación, un teniente de la Policía Nacional, un sargento y cuatro cabos. En sus instalaciones había casi siempre varios magnetofones enchufados, y todo el personal era miembro en activo del Centro Superior de Información de la Defensa.

Meses antes, Adolfo Suárez se había encontrado a uno de ellos husmeando en el ala privada del palacio de La Moncloa a las tres de la madrugada. El individuo, vestido con un mono azul, llevaba una caja de herramientas en la mano, y cuando fue sorprendido por el Presidente se excusó diciendo que iba a arreglar un grifo. «Al día siguiente pregunté por este extraño personaje y nadie lo conocía. Nunca más supe de su existencia», señaló el entonces Presidente a un grupo de periodistas extranjeros[24].

Tras la intentona de golpe de Estado del 23 de febrero de 1981, los servicios de seguridad de La Moncloa, al efectuar una revisión rutinaria de los teléfonos del vicepresidente del Gobierno, Manuel Gutiérrez Mellado, descubrieron que el precinto de la caja de conexiones estaba roto y los cables manipulados. Un informe de los técnicos de Presidencia revelaba que alguien podía haber instalado una escucha clandestina.

El 3 de febrero de 1982 los servicios de seguridad de La Zarzuela detenían a los ocupantes de una furgoneta color *beige* claro situada en la salida de unos apartamentos de la calle Génova. Desde su interior, cuatro individuos fotografiaban las entradas y salidas de Sabino Fernández Campo en el lugar donde tenía su despacho particular. «La furgoneta pertenecía al Cesid, cuyos miembros tenían probablemente intervenidos los teléfonos del secretario general del Rey», aseguraba poco después la Comisaría General de Información.

---

[24] Véase *Cambio 16*, 11 de julio de 1983.

El objetivo más importante de los espías en la etapa de UCD fue el ministro del Interior, Juan José Rosón Pérez, el hombre encargado de la lucha antiterrorista. Rosón negoció en 1982 con ETA político-militar el abandono de la lucha armada y la reinserción de sus activistas a la actividad política democrática. Al Centro Superior de Información de la Defensa no se le escapaba una.

* * *

—¿Qué tal tu comida con Mario Onaindía y Juan María Bandrés?

—¿Con Mario Onaindía?... Tú estás equivocado —negó Juan José Rosón Pérez con rotundidad.

—¿No me irás a negar que has almorzado hoy con Onaindía y Bandrés, de Euskadiko Eskerra?

—Te repito que no es cierto. A Onaindía no le he visto en mi vida y a Bandrés me lo encuentro de vez en cuando por su condición de parlamentario. Pero hace tiempo que no hablo con él.

—Pues yo te digo que sí. Tú y Moncho del Corral habéis comido hoy con Bandrés y Onaindía en un reservado de Jockey.

Juan José Rosón Pérez, ministro del Interior, no pudo negar la evidencia. El Cesid le había pillado *in fraganti.*

—Bueno, es cierto. He almorzado con Bandrés y Onaindía. Lo que me extraña es que lo sepáis vosotros, cuando no están al tanto ni mis más directos colaboradores.

—Lo he leído en algún papel. ¡Ya sabes que en «la Casa» se está al tanto de todo!

Rosón estaba perplejo. A mediodía había celebrado su primera entrevista con el abogado y parlamentario vasco Juan María Bandrés y con el ex dirigente de ETA político-militar Mario Onaindía. El encuentro tenía por objeto estudiar las posibilidades de excarcelación de los presos de ETA político-militar a cambio de que éstos abandonasen la lucha armada. Era un contacto informal y no existía ninguna posibilidad de llegar a un entendimiento. Por eso había organizado el encuentro con el máximo secreto. Ni a Bandrés ni a Onaindía les convenía que se supiera que mantenían reuniones con el ministro del Interior. A Rosón tampoco le interesaba que se conocieran sus entrevistas con dos personas que, por entonces, apoyaban las tesis de la lucha armada.

Los contactos previos —apenas un par de llamadas telefónicas para preparar la cita— se habían realizado entre Rosón y Bandrés personalmente. El ministro del Interior había decidido asumir el riesgo de la entrevista y no había comunicado sus intenciones a nadie, ni siquiera al presidente del Gobierno.

A última hora, Rosón, para no sentirse demasiado solo en el encuentro, decidió llevarse con él a Ramón del Corral, su jefe de Gabinete Técnico y responsable de Prensa, un cargo de su absoluta confianza. Y aquella misma tarde Estanislao Urquijo, coronel de Infantería, segundo jefe del Cesid y compañero de estudios de su hermano Luis, le contaba con todo tipo de detalles la entrevista. Desde el ministerio se había producido obviamente una peligrosa fuga de información hacía la inteligencia militar, algo que podía poner en peligro los futuros planes antiterroristas. Rosón decidió actuar enérgicamente. Llamó por teléfono a su jefe de Gabinete.

—Moncho, ¿tú has hablado con alguien de la comida de hoy?

—¿Yo, ministro? ¡Pero tú estás loco!

—Me imagino que tú no has sido. Pero me extraña tanto que lo sepan en el Cesid.

—¿No se lo habrás contado tú a nadie? —preguntó Del Corral.

—En absoluto. ¡Ni siquiera lo he hablado con el Presidente!

Los dos pensaron en la secretaria. Pero Maruja era una persona de absoluta lealtad desde que había empezado con Rosón en la Delegación del Gobierno de Madrid diez años antes. Nunca había dado una prueba de indiscreción.

—Entonces no le des más vueltas, te tienen «pinchado» el teléfono.

Era lo que sospechaba Rosón. Llamó a José Luis Fernández Dopico, secretario general de la Policía, y le puso en antecedentes del hecho.

—Estos te están espiando. Pero no te preocupes. Lo vamos a arreglar enseguida.

Fernández Dopico hizo un par de llamadas y, poco después, se presentó en el despacho del ministro un equipo de técnicos de la Policía expertos en barridos telefónicos. Los especialistas revisaron las líneas, desmontaron los aparatos, miraron las clavijas, revisaron los cajetines de conexión y no encontraron nada sospechoso. Al final, dieron su veredicto profesional:

—Aquí no hay ni un solo «pinchazo».

Desde que llegó a Castellana 5, Juan José Rosón había instalado su vivienda en la planta quinta del edificio. Todos los días llegaba normalmente al despacho a las ocho de la mañana y se iba a descansar muchas veces pasadas las dos de la madrugada. Era probable que, aprovechando su ausencia del despacho, los «fontaneros» del Cesid se infiltraran en su lugar de trabajo y le hubieran colocado un micrófono de ambiente.

Los técnicos de la Policía aplicaron los «barredores de frecuencia» a las mesas, a las sillas, a las lámparas y a las paredes. Revisaron palmo a palmo hasta el último rincón.

—Tampoco hay micrófonos —respondieron.

Juan José Rosón se dio por satisfecho. Probablemente la filtración no procedía de su Ministerio. El Cesid debía de tener intervenido el teléfono de Bandrés o de Onaindía. De esa manera se habrían enterado del almuerzo.

No le dio más importancia al asunto. Hasta que una semana después volvió a encontrarse casualmente con Estanislao Urquijo.

—Ministro, te felicito. ¡Ya sé que el presidente te ha dado el visto bueno para continuar los contactos con los poli-milis!

—Muchas gracias, Estanis. Pero, ¿cómo puedes saber tanto?

—No te extrañe que sepamos tantas cosas. Es nuestra misión. No se te escapará que el diálogo con ETA es una cuestión delicada y que estamos dispuestos a apoyarte en lo que haga falta.

—Gracias de nuevo. Te tendré al tanto.

La llamada a Suárez para comunicarle el resultado de la entrevista con Juan María Bandrés y Mario Onaindía se había producido aquella misma mañana, tras la celebración de un segundo encuentro en el que el secretario general de Euskadiko Eskerra le había transmitido la decisión definitiva de los poli-milis de abandonar las armas e integrarse en las instituciones democráticas vascas en el plazo de tres meses. En la breve comunicación con el Presidente, ambos habían convenido mantener los encuentros en secreto, por temor a que las conversaciones se filtraran a los periódicos y la operación se viniera abajo. Desde la llegada de la UCD al poder, el Gobierno había concedido tres amnistías a los presos de ETA. El Ejecutivo no podía seguir concediendo el derecho de gracia a la organización terrorista vasca con la opinión pública y un sector del Ejército sensibilizados por los asesinatos de militares.

La breve charla con Estanislao Urquijo ratificó a Rosón el hecho de que estaba siendo espiado por el Cesid. Preocupado, llamó otra vez a Fernández Dopico. Se hicieron nuevos barridos del despacho y el resultado volvió a ser negativo.

El secretario general de la Policía estaba apesadumbrado. No quería que Rosón dudara de la eficacia de su Cuerpo.

—¿Alguna de las paredes del despacho da al Cesid? —preguntó.

—Sí, la pared situada a mis espaldas es medianera con el Cesid.

Desde que fuera creado con el nombre de Servicio Central de Documentación de Presidencia del Gobierno por el almirante Luis Carrero Blanco, en 1969, el Cesid tenía sus oficinas principales en el edificio de Castellana 5 que compartía con el Ministerio del Interior.

—Pues entonces no le demos más vueltas al asunto. Para escucharte no necesitan plantar ningún micrófono en tu despacho ni intervenir tus teléfonos —aseguró el policía.

—¿Cómo que no?

Años atrás, Fernández Dopico había trabajado para la Brigada de Relaciones Informativas, que hacía de «enlace» entre la Policía y los servicios secretos militares. Debido a ello, conocía los métodos de trabajo de los espías militares.

—Te escuchan a través de la pared. Hoy día existen micrófonos que permiten captar las voces a través de un muro de cuarenta centímetros de espesor. Si no disponen de una técnica tan sofisticada pueden taladrar el muro hasta la mitad y colocar una sonda con un micrófono incorporado.

Rosón se sentía molesto. Probablemente, en los últimos años el Cesid había captado todas sus conversaciones, grabado sus órdenes, controlado todas sus entrevistas. Ahora entendía por qué determinadas operaciones contra la extrema derecha —en las que siempre aparecían involucrados los hijos de algunos militares— acababan casi siempre en desastre, con la mayoría de los implicados huidos de la Policía.

—¿Existe alguna forma de comprobar que me han estado espiando a través de la pared? —preguntó.

—Sí, echando la pared abajo o cambiando el despacho.

Juan José Rosón decidió trasladar el despacho a la sala de espera del Ministerio.

Estanislao Urquijo, al que le unía una vieja amistad, siguió visitándole de vez en cuando. Pero desde entonces, repentinamente, ya no tenía secretos que contarle.

La llegada del PSOE al Gobierno acabó, en parte, con la autonomía del Cesid. Pero el remedio resultó ser peor que la enfermedad.

Tras el desmantelamiento de las bases norteamericanas en España y la caída del Muro de Berlín, en 1989, los espías españoles se han quedado sin trabajo. Los dos mil agentes de plantilla se ganan el sueldo husmeando para el Gobierno en la vida privada de los ciudadanos, o espiando o permitiendo que otros espíen en su lugar a la ONCE o al empresario catalán Javier de la Rosa.

O en actividades incluso menos honorables. Según publicó *Diario 16*, un coronel del Cesid, Carlos Ramos Aspiroz, actuó de intermediario en una red ilegal de venta de tabaco decomisado. Otro militar, el comandante Alberto Perote, jefe de los Grupos de Operaciones Especiales en 1984-1985, aparecía relacionado por el mismo periódico con Javier Abásolo y a una banda de delincuentes condenados en Francia por una estafa a la banca Rothschild. Perote y Abásolo trataron de «vender» a la embajada de Libia en Madrid, a comienzos de los noventa, un sistema de escuchas telefónicas colocado por el MI-5 en la legación diplomática del país norteafricano.

* * *

En enero de 1989, el presidente de KIO en España, Javier de la Rosa, Alberto Alcocer y Alberto Cortina creaban Cartera Central, una sociedad instrumental que poseía poco más del 12 por ciento de las acciones del Banco Central.

El pacto ponía en manos de los «Albertos» el 51 por ciento de Cartera Central mientras KIO se comprometía a sindicar el resto de las acciones con los «primos» hasta que éstos pudieran comprarlas. Como se cuenta en un capítulo precedente, la operación era toda una carga de profundidad del Gobierno para hacerse con el control del Banco Central y echar a Alfonso Escámez de la presidencia.

Dos meses después, en marzo, Javier de la Rosa se dio cuenta de que en la bolsa se podía ganar mucho más dinero que con aquel mísero 3 por ciento que le pagaban los «Albertos» por las acciones del Central.

De la Rosa quiso romper el acuerdo. Aquello fue el detonante que dio inicio a las hostilidades entre el empresario catalán y los propietarios de Construcciones y Contratas. La batalla se saldó con un escándalo financiero y sentimental que provocó la ruptura de los matrimonios de los primos con las hermanas Alicia y Esther Koplowitz y les apartó de la inmensa fortuna que hasta entonces administraban.

El 15 de marzo, Javier de la Rosa llama a su abogado Joan Piqué Vidal y le encarga poner en marcha un plan (llamado «3G») para acabar con el poder de Alberto Alcocer y Alberto Cortina en Conycon.

—Tenemos que poner en marcha el «plan 3G». Alcocer sigue igual de burro —ordena De la Rosa a su abogado.

—Esto es muy fuerte, tú —replica Piqué Vidal.

—Sí, pero lo de Margarita déjalo de lado, no lo toques, ¿eh? No, la Margarita, no[25].

—Bien, a la Margarita la dejamos de lado.

—Aplica sólo el «3G» hasta el final, porque esos chicos siguen sin enterarse. No quieren saber quién es el verdadero propietario de este asunto.

—¡Hombre, tú!

—No, hombre, yo no. Serán sus mujeres, digo yo. Entonces, ¿qué tenemos que hacer? Jugar a nombre de sus mujeres —explica el hombre de KIO en España[26].

Las conversaciones fueron grabadas directamente en el teléfono de Javier de la Rosa por el guardia civil Miguel López, un especialista en intervenciones telefónicas que había tenido que abandonar el País Vasco amenazado por ETA. Era el encargado del bar de la Dirección General de la Guardia Civil cuando fue reclutado por gente cercana a los «Albertos» para conocer los planes de su enemigo. Las cintas, sin embargo, acabaron en los archivos del Cesid, uno de cuyos agentes las hizo llegar al semanario *Cambio 16* a raíz del «caso Ibercorp», en 1992.

De acuerdo con su contenido, poco después de la puesta en marcha del plan «3G» Joan Piqué Vidal llama a Romualdo García Ambrosio, abogado de los «Albertos» y consejero delegado de Construcciones y Contratas, para advertirle de las consecuencias que pueden derivarse si Alcocer y Cortina se niegan a comprarle las acciones de KIO.

—Acabo de hablar con García Ambrosio y dice que no acepta soluciones, que somos unos agresivos, que agresivo sólo es un señor —le cuenta más tarde Piqué Vidal a De la Rosa.

—¿Qué señor?

—Da a entender que eres tú, coño, Javier.

—¿Que el agresivo soy yo? ¡Será imbécil!

—Tanto es así que yo te lo digo.

---

[25] Margarita Hernández, antigua secretaria de Javier de la Rosa, era en esos momentos la supuesta compañera sentimental de Alberto Alcocer, quien más tarde decidió separarse de su mujer, Esther Koplowitz para casarse con ella.

[26] El texto completo de las conversaciones apareció publicado en *Cambio 16* de 25 de mayo de 1992.

—Si fuéramos agresivos le sacaríamos lo de Suiza, coño.

—Pero ése es otro plan, tú.

—Pero, ¿qué problema tienen ahora [para pagar]? ¿No son tan ricos? —pregunta De la Rosa.

—Tienen el problema de las mujeres, tú, coño.

—No me creo nada de eso. No creo que tengan problemas con sus mujeres. He intentado cuarenta veces que me paguen y dicen que lo hacen a cuarenta años al 3 por ciento.

—Eso es reírse de la gente —replica Piqué Vidal.

—Bueno Juan, haz lo que creas conveniente. A esa gente yo la he tratado muy bien y llega un momento en que ya no puedo más.

Poco después, dos fotógrafos de la agencia Scorpio esperaban la llegada de Alberto Alcocer y la Lady España Marta Chávarri en el hotel Palais Schwarzenberg de Viena y tomaban una serie de instantáneas de la aventura. Las fotos, publicadas en *Diez Minutos*, acabaron con el imperio de los «Albertos».

Pero Alberto Alcocer y Alberto Cortina no eran las únicas víctimas del espionaje utilizado como «arma letal» para doblegar la voluntad de los adversarios. Casi coincidiendo con el escándalo de la revista *Diez Minutos*, un empleado de Telefónica detectaba la presencia de un micrófono en una de las dos líneas de los teléfonos del domicilio de Alicia Koplowitz, en el Paseo de La Habana de Madrid [27]. Posteriormente, la empresa de seguridad Ininco hallaba un micrófono de ambiente oculto en uno de los sillones del cuarto de estar.

Por recomendación de su abogado, Manuel Delgado, la copropietaria de Construcciones y Contratas no denunció el hecho a la Policía, pero todas las sospechas se centraron en el empresario catalán Javier de la Rosa Martí [28].

Conocido «tiburón» financiero y considerado por muchos de los empresarios de este país como «carne de presidio», De la Rosa suele asegurar en sus entrevistas que desde hace muchos años tiene contratada una empresa de seguridad extranjera para que le revisen periódicamente los teléfonos, porque no se fía de nadie. Lo que el empresario catalán niega sistemáticamente es que él se dedique a ese tipo de menesteres tan poco edificantes para un

[27] Véase *Tribuna*, 29 de mayo de 1989.

[28] Alicia Koplowitz se limitó a contratar al coronel de la Guardia Civil Antonio Merino y a un grupo de agentes de la Benemérita y a encargarles su protección personal y la de su familia.

experto financiero que acude a misa todos los domingos y deposita en la bandeja su óbolo de 5.000 pesetas.

Sin embargo, en 1992, el periodista Xavier Horcajo, de *Diario 16*, descubrió que De la Rosa había constituido, a través del Grupo Torras, la empresa Quasar Seguridad, a la que encomendó su protección y los trabajos sucios. Cuando Quasar fue desenmascarada por la prensa se creó Top Risk, en la que figuraban los mismos responsables que en la anterior y a cuyo frente aparecía el comandante del Cesid José Antonio Díez Molist[29].

De la Rosa ha sabido elegir bien a sus investigadores. Según publica el periodista Luis Herrero, el empresario catalán contrató en 1987 los servicios de la agencia norteamericana Kroll, considerada como una de las mejores del mundo, para espiar a Mario Conde y fabricar un *dossier* sobre él. De la Rosa trataba de protegerse así ante posibles acciones judiciales de los nuevos administradores de Banesto por su gestión al frente de la Banca Garriga Nogués[30].

Diversos grupos periodísticos atribuyen también a De la Rosa la utilización de la empresa Check-In, propiedad del ex jefe del Gabinete de Asuntos Especiales del Ministerio del Interior Francisco Alvarez, y los servicios del policía Antonio González Pacheco, «Billy el Niño», para obtener información confidencial sobre sus adversarios, especialmente el gobernador del Banco de España, Mariano Rubio, y el ex síndico de la Bolsa de Madrid Manuel de la Concha.

Lo cierto es que desde 1981 el representante de KIO en España manejaba información confidencial sobre bancos, empresas y personalidades de la vida pública. Ese año, poco antes del golpe de Estado del 23 de febrero, De la Rosa hizo llegar a Adolfo Suárez un informe reservado sobre las implicaciones de algunos ejecutivos y consejeros de Banesto en las tramas involucionistas, según contó a los autores del libro el entonces secretario del presidente del Gobierno, Aurelio Delgado.

Informes del Cesid revelan, por otra parte, que el empresario catalán estaba al corriente de la vida privada de sus dos socios Alberto Alcocer y Alberto Cortina y que en alguna ocasión hizo

---

[29] Cuando compra Explosivos Río Tinto a finales de los ochenta, Javier de la Rosa contrata como jefe de seguridad al teniente coronel del Cesid Francisco Acín Gallego. Según fuentes de «la Casa», éste le abandona por no compartir sus métodos.

[30] Luis Herrero, *Conde, el ángel caído*, Ediciones Temas de Hoy, Madrid, junio de 1994.

gestiones con el presidente del Grupo Zeta, Antonio Asensio, para que no se publicaran las fotos de los encuentros amorosos entre Alberto Cortina y Marta Chávarri.

Los «Albertos», que veían peligrar su imperio si sus mujeres se enteraban de su doble vida sentimental, tomaban cada vez mayores precauciones para reunirse con sus acompañantes. Sin embargo, los fotógrafos de la prensa del corazón se enteraban con días de anticipación [31].

* * *

El primer domingo de septiembre de 1993, Luis Salama, consejero delegado de *Diario 16*, queda citado con Carmelo Lacaci en la casa de este último, en la urbanización Somosaguas de Madrid.

Salama, un joven ejecutivo que se dedica a sanear empresas, intenta ese día, junto con José Luis Gutiérrez, director de *Diario 16*, buscar nuevos socios para el proyecto editorial en el que está metido. Un amigo común le había sugerido el nombre de Carmelo Lacaci, co-propietario de la sociedad de bolsa Lombardía-Lacaci, el cual conocía todos los mecanismos del mercado de valores, realizaba negocios internacionales y había hecho mucho dinero durante la etapa en que la sociedad en que participaba había trabajado para Mario Conde.

Cuando aquel primer domingo de septiembre se vieron por primera vez las caras, Carmelo Lacaci estaba aterrorizado.

—Aquí no —le dijo en voz baja mientras subía a tope la radio y señalaba hacia una lámpara del techo—. Dentro de la casa no podemos hablar.

—¿Y por qué no?

—Los espías de Mario Conde, ¿sabes? Vamos al jardín, que estaremos más tranquilos.

Antiguo registrador de la propiedad, Carmelo Lacaci había montado desde hacía años la citada sociedad de bolsa con su socio José Miguel Lombardía, un inspector fiscal. Las oficinas se hallaban en el edificio Torre Picasso. Su cliente principal, a partir de 1988, era Banesto, a cuyo presidente prestaban grandes favores.

---

[31] Alberto Cortina partía solo en su *jet* privado desde Madrid mientras Marta Chávarri se desplazaba en vuelo regular hasta París para esperarle. El *jet* hacía una escala en Orly-Sud, la recogía y los dos se iban juntos a Viena o a Suiza. Alcocer reservaba las habitaciones del hotel desde el avión. Resulta evidente que sin un buen equipo de espionaje que contara con medios muy sofisticados o con un infiltrado en el avión habría sido imposible conocer los planes de la pareja.

Entre ellos, dejarle dos sociedades, Bus Norte y Dullinger, para ocultar acciones de Más Camarena y Saki y no tener que presentar una OPA ante la Comisión Nacional del Mercado de Valores, como exige la ley.

Sin embargo, cuando a comienzos de 1992 entró en vigor la Ley de Reforma del Mercado de Valores, que permitía a los bancos tener sus propias sociedades de bolsa, Mario Conde decidió despedir a sus antiguos colaboradores. Como no llegó a un acuerdo económico con ellos y sabía que manejaban información confidencial de operaciones poco claras que podían hundir a Banesto, mandó vigilarles estrechamente.

A partir de entonces, los teléfonos de Lombardía y Lacaci empezaron a hacer ruidos extraños y el antiguo registrador de la propiedad, especialmente, sospechó que le habían colocado micrófonos y cámaras ocultas en su casa para tenerle controlado.

Pero no eran Lombardía y Lacaci los únicos que sentían en el cuello el cálido aliento de sus perseguidores. Cuando fue expulsado de Veblinsa por Mario Conde y se instaló en Galerías Preciados, Fernando Sada se sintió también vigilado y encargó a la empresa de seguridad Ininco un informe sobre las sociedades del banquero de Tuy para protegerse. Lo mismo le pasó a Jon Andoni Eizmendi. Director general de la Corporación Industrial hasta noviembre de 1991, cuando se marchó por no firmar la compra de Banesto Industrial Investment, Aizmendi fue objeto de seguimientos por los espías de Banesto.

* * *

En realidad, el presidente de Banesto era, cuando fue destituido por el Gobierno el 28 de diciembre de 1993, el hombre que más informes sobre personas influyentes del país tenía, junto con el general Emilio Alonso Manglano, máximo responsable del Cesid.

Su obsesión por la seguridad y por conocer la vida privada de sus semejantes había comenzado a finales de 1987, nada más llegar al banco. En esa época, un día acude a visitarle Sebastián Fernández Dopico, responsable de la Comisaría de Chamartín y jefe, hasta que llegaron los socialistas al poder, de la Brigada de Información Interior, la «CIA» de la Policía, dedicada a espiar a políticos, banqueros, jueces, abogados y miembros de la oposición.

Fernández Dopico se había agenciado un plan secreto de ETA que pretendía secuestrar a la hija mayor del banquero en un picadero de las afueras de Madrid, adonde la niña iba a montar a caballo, o a la salida del colegio, según decidiera el comando ejecutor.

El proyecto de los terroristas había sido descubierto por el Gabinete de Información de la Secretaría de Estado para la Seguridad que mandaba entonces Julián Sancristóbal y que estaba bajo las órdenes del comisario Francisco Alvarez. Sin embargo, ni Sancristóbal ni Alvarez se molestaron en hablar con Mario Conde, y encargaron esa tarea a Sebastián Fernández Dopico. La casa de Mario Conde en la calle Triana caía bajo la jurisdicción de la Comisaría de Chamartín.

Mario Conde, encandilado por el policía, con el que había tenido algunos contactos profesionales desde la etapa de Antibióticos, decidió contratar sus servicios y los de un grupo de agentes de la Brigada de Interior como asesores. La iniciativa le proporcionó acceso inmediato a un total de veinte mil expedientes policiales que habían desaparecido de la Brigada de Información Exterior en 1982 por órdenes directas del ministro del Interior Juan José Rosón Pérez y que meses después fueron repuestas de nuevo[32].

Sin embargo, Mario Conde necesitaba gente mucho más profesional, personas que fueran capaces de «pinchar» teléfonos, grabar conversaciones a distancia, efectuar seguimientos sin ser vistos y entrar en un piso, abrir una caja fuerte y fotocopiar los documentos que se hallaran en su interior sin dejar huella.

Poco antes, el Banco de Bilbao había lanzado una OPA contra Banesto; los «Albertos» trataban de hacerse con el control del Banco Central sin poner un duro y la guerra de *dossiers* entre banqueros había comenzado. Lourdes Arroyo, la mujer de Conde, recibía con frecuencia cartas anónimas con mensajes amenazantes para su familia elaborados con palabras recortadas de periódicos, al estilo del Chicago de los años treinta, y esa situación a la que era imposible poner fin ponía nervioso al banquero.

Mario Conde había fichado para el banco a Jacques Hatchuel, hombre del Gobierno israelí en España, y un día le consultó al respecto.

—Te puedo proporcionar algunos ex agentes del Mosad. Son

[32] Los expedientes contenían numerosa información sobre jueces, banqueros y políticos de la oposición. Rosón ordenó su retirada de los archivos de la Policía para que no cayeran en manos del comisario Mariano Baniandrés, un hombre puesto por Alfonso Guerra al frente de esta unidad. Cuando Baniandrés fue cesado, los informes, que estaban ocultos en un garaje, fueron devueltos a los archivos policiales.

hombres de Avner Azulai, el ex jefe de los servicios secretos israelíes en España —le dijo Hatchuel.

—¿Son buenos profesionales? —preguntó el banquero.

—Por supuesto. Los mejores, sin duda.

Hatchuel, sin ser el típico espía de la gabardina, constituía el principal punto de «influencia» israelí en España. En su casa de Puerta de Hierro, convertida en una verdadera fortaleza, organizaba conciertos privados para un reducido número de privilegiados. Entre éstos nunca faltaban dos o tres ministros socialistas a los que epataba haciendo que algunos virtuosos del mundo de la música, como Nikita Magalov o Igor Pogorelich, interpretaran sólo para ellos.

Como experto en seguridad conocía las habilidades del Mosad, que por entonces tenía en España uno de sus principales campos de operaciones en Europa. Los agentes judíos se habían mostrado especialmente activos con la colonia de jeques, emires y príncipes y princesas árabes que todos los años visitaban Marbella. A través de la empresa española Consultores de Investigación, dirigida por el ex policía José Manuel Villarejo, habían instalado más de cincuenta sistemas de alarma en las viviendas de los magnates árabes que, además de protegerles de los ladrones, captaban todas sus conversaciones y las transmitían por radio a Tel Aviv[33].

Con estas referencias, Mario Conde encargó a Fernando Garro, la persona de su más absoluta confianza, la organización de su servicio de espionaje. Garro, alto cargo del Ministerio de Obras Públicas en la etapa de José Luis Alvarez, contactó aquel mismo día con Amir Esthet, uno de los jefes de International Consultants on Targered Security (ICTS), para preparar el desembarco en Banesto.

La empresa de seguridad judía tenía entonces su sede en la calle Génova de Madrid, donde operaba bajo la cobertura de Ediciones Génova, una editora de Jacques Hatchuel[34]. En marzo

[33] Villarejo, uno de cuyos empleados fue detenido por la Policía por espiar al secretario de Estado para la Seguridad, Rafael Vera, ha presumido ante uno de los autores del libro de su «hazaña». Sus contactos con el Mosad se efectuaban habitualmente en el hotel Palace de Madrid.

[34] Amir Esthet había salido meses antes en la revista *Tiempo* como un experto en técnicas de seguridad. Formaba parte del Ejército israelí y de los servicios de inteligencia de su país y dirigía allí una escuela para la formación de guardaespaldas y personal de seguridad, al tiempo que vendía aparatos de escucha, sistemas de puntería para armas cortas por láser que se podían disparar desde un inofensivo maletín y cosas por el estilo.

de 1988 decidieron trasladar su cuartel general a la sede de Banesto, en el Paseo de la Castellana.

Las secretarias y el personal auxiliar del banco recuerdan la llegada de los espías. En un fin de semana desalojaron una de las plantas del edificio, mandaron a los directores generales y subdirectores generales a paseo e instalaron toda su parafernalia de equipos de medición y sistemas de escuchas y de contramedidas electrónicas. Todo el material, lo mismo que los tres ejecutivos de la organización, David Ronnen, Amir Esthet y Yosef Aroch, había llegado ex profeso de Israel.

La primera decisión de los técnicos de ICTS, que trabajaban para Conde a través de la empresa H Seguridad de Jacques Hatchuel, fue pinchar los teléfonos y sembrar de micrófonos todos los despachos de las plantas 10 y 11 del edificio. En estas plantas se encontraban las oficinas de los consejeros delegados del banco y la Corporación Industrial y los de los directores generales de área de Banesto.

La misma operación se repitió con el edificio de la calle de Alcalá, donde tenían sus despachos Mario Conde, los vicepresidentes Ricardo Gómez Acebo y Arturo Romaní y el consejero delegado Enrique Lasarte. En las dependencias de Mario Conde los espías instalaron, además, varias cámaras de vídeo ocultas para grabar todas las entrevistas del presidente. De esta manera, el banquero de Tuy dispone de una «videoteca» con las conversaciones de todos los personajes que en los últimos cinco años han pasado por su despacho, un «arma» de una eficacia inusitada para un hombre que aspiraba a convertirse en el Gran Hermano del siglo XXI[35].

* * *

Pero Mario Conde no sólo trataba de saber qué hacían, minuto a minuto, los ejecutivos de su banco. En realidad, su verdadera obsesión era conocer los planes de sus adversarios para desarticularlos a tiempo.

En mayo de 1991 una de sus empresas de seguridad, Veblinsa, se había visto involucrada en un desagradable incidente. Dedicada

---

[35] Según *Diario 16*, Mario Conde tenía auténtico pánico a que sus hombres de confianza le traicionaran. Debido a ello, periódicamente hacía traer un «detector de mentiras» fabricado por la empresa Dynamics Technologies Ltd, de Israel. Los empleados de los que existían sospechas y el personal de seguridad de Banesto tenían que someterse al veredicto de la máquina. Las sesiones eran supervisadas por el experto en el uso de estos aparatos, el profesor judío Victor Cohen.

al blindaje de vehículos ligeros y de transportes de fondos, en sus instalaciones se había acorazado el Audi 200 oficial de la ministra portavoz Rosa Conde. Cuando, veinticuatro horas después, Manuel Cebada, responsable de la empresa de seguridad Ininco, ordenó un barrido dentro del coche, sus técnicos encontraron un micrófono de ambiente camuflado en una pluma oculta en el asiento posterior. «En Moncloa sospechamos del presidente de Banesto, que estaba en negociaciones con Godó para la compra de la televisión y quería saber lo que pensaba la ministra», les dijeron en Presidencia a los autores del libro.

Año y medio antes, a comienzos de 1989, en pleno día, un grupo de personas irrumpe, pistola en mano, en las oficinas de Enrique Sarasola situadas en la céntrica calle Miguel Angel, en Madrid. Con una impresionante sangre fría, los asaltantes encañonan a los empleados, les obligan a tumbarse en el suelo, se dirigen a la caja fuerte, la abren y se llevan todos los documentos que encuentran. Son papeles que hacen alusión a la operación Cartera Central y a otros negocios que se traía entre manos el amigo de Felipe González.

Enrique Sarasola no denunció formalmente los hechos a la Policía, pero llamó a su director general, José María Rodríguez Colorado y al secretario de Estado para la Seguridad, Rafael Vera, y les dijo:

—Estos han sido los espías judíos de Mario Conde.

—¿Estás seguro?

—Por supuesto. son los tíos esos de ICTS, los de Hatchuel.

—¿Y tú por qué lo sabes?

—Porque no hay otros en España como ellos. Son los mismos que les tienen «pinchados» los teléfonos a los «Albertos» y a sus mujeres.

El Ministerio del Interior inició una serie de pesquisas y no pudo establecer ninguna relación entre el asalto al despacho del empresario socialista y los espías israelíes[36]. La única irregularidad que se pudo detectar es que International Consultants on Targered Security carecía de permiso para operar en España, al no estar inscrita en el registro oficial del Ministerio como empresa de seguridad.

[36] El periodista Carlos Berbel, en la revista *Panorama* (mayo de 1993), acusaba de esta operación a la Brigada de Interior de la Policía, que mandaba el comisario Alberto Elías, fallecido en 1993.

Sarasola, sin embargo, no se dio por satisfecho con la investigación efectuada. Quería a toda costa que los espías de Mario Conde fueran expulsados del país. Habló con varios periodistas y, al final, envió un *dossier* que había conseguido a su amigo Jesús Polanco para que lo publicara en el diario *El País*[37].

Pero, supuestamente, no sólo fue Sarasola el objetivo de los hombres de ICTS. Cuando en agosto de 1991 un desconocido penetró en el despacho de Manuel de la Concha, en el número 150 de la madrileña calle de Velázquez, y se llevó el ordenador personal del ex síndico de la Bolsa de Madrid y ex presidente de Ibercorp, las primeras sospechas recayeron en Mario Conde y en Javier de la Rosa.

Fuentes policiales calculan que el presidente de Banesto tenía entonces entre veinte y veinticinco personas trabajando para él en «operaciones sucias» desde la sede de Veblinsa, convertida en el «Mosad» del banquero de Tuy. Por lo tanto, entre De la Rosa y Conde tenían en nómina más espías operativos que la Policía y el Cesid, con acceso a los archivos de ambos organismos, y disponían de sus propios «ejércitos» de agentes ilegales.

El ordenador del síndico de la Bolsa de Madrid era una bomba de relojería en potencia. En su disco duro se almacenaban los nombres en clave de numerosos miembros de la *beautiful people* que le confiaban sus ahorros para que él se los invirtiera. Uno de ellos era especialmente odiado por Conde y De la Rosa, el gobernador del Banco de España, Mariano Rubio. Carlos Solchaga, el otro gran enemigo a batir, no figuraba en la memoria del PC. Sus inversiones las realizaba, desde 1987, a través del BBV.

Los dos tenían «razones» para estar enfadados con el gobernador del Banco de España y con el ministro de Economía y Hacienda. Rubio y Solchaga habían vetado a Javier de la Rosa para entrar en el club de los banqueros, como consecuencia del «agujero» de 100.000 millones de la Garriga Nogués. Con Mario Conde ocurría lo mismo. La autoridad monetaria y los inspectores de Hacienda no le dejaban pasar una y le criticaban como mal gestor.

El 29 de enero de 1992, las sospechas de Manuel de la Concha de que estaba siendo utilizado como la punta de lanza para acabar con el equipo económico del Gobierno se vio confirmada. Por la tarde, Javier de la Rosa llamó a Mariano Rubio y le ofreció un supuesto *dossier* sobre su persona.

---

[37] Véase *El País*, 10 de octubre de 1989.

—Mañana te lo mando con Manolo Guasch —le dijo.

Al día siguiente el presidente de Renault España se acercó al despacho del gobernador con un maletín de Loewe firmemente agarrado con su mano derecha. En su interior se encontraba un misterioso informe que relacionaba a familiares de Mariano Rubio con algunos asuntos oscuros del grupo Ibercorp.

—Buenas tardes, gobernador —saludó Guasch—. Vengo a traerte este maletín de parte de Javier de la Rosa.

Desde finales de los setenta, cuando ocupó el cargo de máxima responsabilidad en el banco emisor, Mariano Rubio había «cerrado» cincuenta y cuatro bancos y había tenido que soportar todo tipo de chantajes, intentos de sobornos y amenazas de sus antiguos propietarios. Curtido en este tipo de asuntos, un *dossier* más no le iba a poner a temblar.

—Si me da usted ese maletín le llevo al juzgado de guardia por chantaje a un funcionario público —bramó el gobernador del Banco de España. Luego llamó a los vigilantes de seguridad.

—¡Echen a este tipo de aquí!

Manuel Guasch pasó el peor momento de su vida, pero su interlocutor, Manuel de la Concha y sus ejecutivos, iban a pagar cara su osadía. El escándalo Ibercorp estaba servido. Sin embargo, mucho antes, la fusión del Vizcaya y del Bilbao había puesto ya de moda entre los ejecutivos españoles la muy poco honorable costumbre de conocer los secretos de los demás.

* * *

José Angel Sánchez Asiaín, flamante copresidente del Banco Bilbao Vizcaya, llamó aquella tarde a su homónimo Pedro Toledo.

—Pedro, ¿qué te parece si mañana empiezo a trabajar en tu banco?

—Por mí, estupendo —respondió Toledo.

—Entonces ordena que me habiliten un despacho junto al tuyo.

La fusión entre los dos principales bancos vascos acababa de realizarse. Sánchez Asiaín, para dar ejemplo, había decidido instalarse en el viejo edificio de Gran Vía 1, de Bilbao, la histórica sede del Vizcaya.

Al día siguiente acudió a su nuevo despacho. Y una de las primeras cosas que hizo fue hablar por teléfono con su secretaria, que seguía ocupándose de sus llamadas y sus cosas en la oficina del Banco de Bilbao.

Al colgar el aparato escuchó un extraño «clic» y, por simple curiosidad, descolgó de nuevo el auricular. Al llevárselo al oído se quedó de piedra cuando comenzó a oír parte de la conversación que acababa de sostener.

Inmediatamente mandó que localizaran a su jefe de seguridad. Manuel de la Pascua se hallaba, en esos momentos, almorzando en el restaurante La Brasa, en Madrid. Dejó el filete a medio consumir, pagó la cuenta y tres horas después su Mercedes blanco, descapotable, con matrícula de Tenerife, le dejaba en Bilbao.

Acompañado de un equipo de técnicos de Telefónica, se presentó en el edificio de Gran Vía 1. Los especialistas inspeccionaron el teléfono de su jefe y levantaron la moqueta para buscar micrófonos o derivaciones a lo largo de la línea, pero todo fue inútil. Entonces le pidieron permiso a Pedro Toledo para revisar la central telefónica del edificio. Era viernes por la tarde y las oficinas de cara al público estaban cerradas, aunque muchos ejecutivos seguían al pie del cañón.

—Habrá que esperar al lunes —dijo Toledo.

Tres días después volvió con los técnicos. Exploraron el cajetín de conexiones y observaron algo raro. Todas las regletas de donde se enganchan las líneas telefónicas eran puro polvo. La que correspondía al despacho de José Angel Sánchez Asiaín se hallaba limpia como el oro. En la pared, junto a la terminal del hasta poco antes presidente del Banco de Bilbao, se encontró una marca de lápiz. Pero lo que resultó más sospechoso fue que los cables estaban con la polaridad cambiada.

—En este cajetín ha habido una manipulación realizada por personas ajenas a Telefónica —explicaron los técnicos.

Sin embargo, éstos no podían asegurar con un cien por cien de garantías que el origen de la manipulación hubiera sido llevar a cabo una escucha telefónica. En todo caso, Manuel de la Pascua estaba dispuesto a averiguarlo al precio que fuera.

Regresó a Madrid y habló con el personal de Telefónica de España. Averiguó que en la central de Gran Vía tenían un sofisticado sistema de ordenadores que chequeaba automáticamente las líneas y registraba en un disco duro las anomalías detectadas.

Habló con los ingenieros responsables del sistema y, al revisar los registros del ordenador de días anteriores, salió a relucir la verdad.

—El teléfono del señor Sánchez Asiaín ha estado intervenido.

—¿Está usted seguro? —preguntó De la Pascua.

—¡Y tanto! En la línea se ha intercalado un magnetofón tipo C-2 para grabar las llamadas —afirmaron dos de los ingenieros.

—¿Estáis dispuestos a poner eso por escrito y a firmarlo? —les preguntó el jefe de seguridad del Bilbao.

—Naturalmente. Para eso nos pagan.

El asunto acabó en una fuerte discusión entre los dos copresidentes del BBV, Sánchez Asiaín y Toledo, en el despacho del presidente de Telefónica, Cándido Velázquez. Al final, el antiguo presidente del Banco de Vizcaya tuvo que rendirse ante la evidencia. Alguien, extralimitándose en sus funciones, le había «pinchado» el teléfono a su colega.

Poco después, el jefe de seguridad del Vizcaya fue relevado de su cargo. Las escuchas telefónicas en España, toleradas desde el Ministerio del Interior y amparadas por el Cesid, que así recibía su «cosecha de cintas», se iban a convertir en el deporte nacional en una sociedad cuyos valores morales se habían visto anestesiados en la última década por la economía del «pelotazo» y el dinero fácil.

Con el vicepresidente del Gobierno, Narcís Serra, convertido en el supuesto espía mayor del Reino, como se cuenta en este capítulo y en otros anteriores, que España se haya convertido en el paraíso de los espías no resulta nada extraño.

CAPITULO DIECISIETE

TRAMPA MORTAL A LA CABEZA DE LA SERPIENTE

Como todas las grandes operaciones policiales, todo empezó con una rutinaria y pesada vigilancia a dos jóvenes que querían ingresar en las filas de ETA. Tras dos años de controles infructuosos, un día el coronel Enrique Rodríguez Galindo se da cuenta de que, utilizando los mismos métodos de ETA, puede capturar a «Pakito» y al núcleo dirigente de la banda armada. Ciento treinta guardias civiles comienzan a operar clandestinamente en Francia. Cuando tienen el éxito al alcance de la mano, un niño, hijo de un policía francés, descubre un micrófono oculto en una playa. Los servicios secretos franceses y el comisario para la lucha antiterrorista, Roger Boslé, empiezan a pisarles los talones [1]. *Pero no hay mal que por bien no venga. El 29 de marzo de 1992, por primera vez en la historia, ETA sufre su primer golpe de muerte. El coronel Rodríguez Galindo les había tendido una trampa que ni los gobiernos de Madrid y París y mucho menos la organización terrorista lograron descubrir a tiempo.*

A sus cincuenta y tres años, Enrique Rodríguez Galindo se sentaba nuevamente aquella mañana ante la enorme mesa de su despacho, cargada de papeles y rodeada de reminiscencias militares y viejos recuerdos. Rodríguez Galindo era un hombre jovial y resuelto. Con el porte correcto y el aspecto marcial que otorga el uniforme de teniente coronel de la Guardia Civil se disponía, sin demasiado entusiasmo, a leer entre líneas la información confidencial que acababan de enviarle sus colegas de la Policía Judicial francesa.

[1] Boslé, como se verá más adelante, detuvo a tres patrullas de guardias civiles camuflados por llevar armas.

Carmen Guisasola Solozábal, una de las más sanguinarias dirigentes de ETA, vinculada al Comando Vizcaya, acababa de ser capturada en el sur de Francia y en su poder se encontraron varios documentos de la organización con los nombres de distintos terroristas huidos.

Era el 17 de noviembre de 1990. Galindo, un hombre de 1,75 de estatura, cejas pobladas y amplias entradas en la cabeza, volvió a releer los papeles. Entre los nombres de los terroristas escapados aparecían dos desconocidos, naturales de Rentería: Francisco José («Patxi») Rollán Rodríguez y Anselmo Olano Arbeliz.

Ninguno de los dos tenía antecedentes policiales. Pero «Patxi» y Anselmo, según la Policía francesa, habían facilitado un piso en Irún al etarra Pérez Suzperregui, del Comando Nafarroa.

De aspecto inofensivo, Francisco José era hijo de un trabajador, ya jubilado, de la empresa Papelera Española en Rentería. Anselmo trabajaba como mecánico en el taller que su padre, Luis, tenía en Oyarzun. Ambos habían participado en las quemas de autobuses y en las pegadas de papeles en favor de la alternativa KAS y eran asiduos visitantes de los locales de Jarrai, la sección juvenil de Herri Batasuna. Sin embargo, hasta la captura de Carmen Guisasola en el país vecino, no se conocía ninguna vinculación de ambos con ETA.

Cuando el teniente coronel Rodríguez Galindo —un militar de origen humilde, hijo de un suboficial del Cuerpo, que empezó de teniente en la Sección de Tráfico de la Guardia Civil de San Sebastián— envió un coche camuflado a sus domicilios, «Patxi» Rollán y Anselmo Olano habían huido.

A los pocos días regresaron como si nada hubiera pasado. Pero Rodríguez Galindo tampoco dio demasiada importancia a este hecho. Eran muchos los jóvenes que, por esa época, prestaban sus coches y sus pisos a amigos de sus cuadrillas que luego resultaban ser de ETA. Y por temor a que sus nombres salieran a relucir se tomaban unas «vacaciones».

Los agentes de Rodríguez Galindo, a partir de entonces, no les quitaron ojo de encima durante algún tiempo. El Servicio de Información les controlaba periódicamente y les veía entrar al bar Landari de Rentería, donde se reunía el sector abertzale de la localidad. Les seguía al Arano Beltza (especie de sede de Herri Batasuna) de San Sebastián y observaba sus entradas y salidas en las cárceles de Ocaña o Martutene, adonde acudían a visitar a los presos etarras de Rentería.

Así y todo, no había nada sospechoso en el comportamiento de «Patxi» y de Anselmo. El jefe del Servicio de Información de la Guardia Civil no tenía cuatro comandos activos en Guipúzcoa para andar perdiendo el tiempo en una investigación que no llevaba a ninguna parte.

Los nombres y apellidos de ambos jóvenes, los de los amigos de su cuadrilla y los de sus novias quedaron ese año registrados por primera vez en el potente ordenador *Duque de Ahumada* de la Guardia Civil, lo mismo que los de otros muchos centenares de personas que habían mantenido contactos con ETA.

La ficha policial abierta era puramente rutinaria. Para los altos mandos de la Benemérita constituían tipos sin importancia. Y en 1990, un año en que ETA asesinó a treinta y cinco personas, en San Sebastián y en Madrid se pensó que había asuntos más serios de los que ocuparse.

* * *

Manuel Sánchez Gómez-Melero tenía, en 1990, otras preocupaciones igualmente serias a las que dedicar su tiempo. Considerado como uno de los mayores expertos en seguridad del país, su empresa, Seguridad, Ingeniería y Control, trabajaba a toda marcha para convertir las prisiones españolas en *bunkers* inexpugnables.

Poco antes, los ministerios de Interior y de Justicia habían decidido una política innovadora y peligrosa: dispersar a los más de quinientos presos de ETA, que vivían hasta entonces en comunas en unas pocas cárceles, por todos los centros penitenciarios del país.

El Gobierno pretendía, de esta manera, erradicar el control casi absoluto que los reclusos más duros de ETA ejercían en las cárceles y evitar que la organización armada vasca siguiera influyendo sobre el colectivo de presos.

Para que las medidas resultaran eficaces era necesario saber qué pensaban los terroristas encarcelados. Y Sánchez López-Melero encontró la solución: colocar micrófonos en los locutorios de las principales cárceles para grabar las conversaciones de los presos con sus familiares y amigos y con los abogados.

Por este sistema se grabaron en los últimos años centenares de conversaciones de terroristas. Una de ellas fue la que, en diciembre de 1991, mantuvo el hijo del empleado de Papelera Española en Rentería, «Patxi» Rollán, con el preso de ETA José María Echeverría Garaicoechea, alias «Goyerri», en la cárcel de Ocaña.

Como «Patxi», el etarra preso era de Rentería, y la conversación resultó meramente rutinaria. El funcionario de prisiones encargado de los locutorios creyó durante largo rato estar contemplando a dos viejos amigos que se saludaban y hablaban de sus cosas.

Al final de la visita, «Goyerri» propone a su interlocutor que se una a ETA. «Patxi» está de acuerdo. Ser un *gudari* vasco es la mayor aspiración de su vida.

—Si quieres te preparo una cita al otro lado... —le dice el terrorista preso.

—Vale. Adelante —contesta el otro.

—Pues pronto recibirás noticias.

—De acuerdo.

La singular despedida queda grabada. El comandante Ferrero, enlace entre la Secretaría de Asuntos Penitenciarios y la Guardia Civil, traslada la cinta rápidamente al Servicio de Información de Intxaurrondo.

De haberlo sabido, el experto en seguridad, Manuel Sánchez López-Melero, aquel día podría haberse sentido satisfecho de su «invento».

* * *

Diego Bravo, gaditano, treinta y un años, en cambio, no estaba tan seguro de que aquella conversación sirviera para algo más que para acabar en el cesto de los papeles.

—Otro más que quiere «apuntarse» a ETA —le dijo, escéptico, a uno de sus colaboradores.

Capitán del Servicio de Información de la Guardia Civil en Intxaurrondo, Bravo conocía casi todos los meses algún caso como el del joven de Rentería, «Patxi» Rollán. A última hora, sin embargo, eran muy pocos los que daban el paso de empuñar una pistola.

De 1,80 de estatura y con ojos azules, Bravo había sentido meses antes la violencia del terrorismo en sus propias carnes. En un enfrentamiento con ETA, una bala con intenciones asesinas le había arrancado de cuajo el dedo corazón de la mano derecha. Pero él no le daba demasiada importancia al hecho. En su carrera profesional había sido jefe de escoltas de la Reina durante un año y del príncipe Felipe a lo largo de veinticuatro meses. Luego estuvo destinado en Villafranca otro año. Hasta que descubrió que su vocación de verdad era el Servicio de Información de la Guardia

Civil. El cuartel de Intxaurrondo, en San Sebastián, para ello era único. Desde allí se combatía en primera línea el terrorismo.

Acostumbrado a ser operativo, la información procedente de la cárcel de Ocaña le pareció una pérdida de tiempo. Hacía un año ya habían investigado a los dos jóvenes de Rentería y no habían sacado nada en claro, salvo su vinculación con Herri Batasuna y la rotura de algún escaparate en los enfrentamientos con la Policía en el casco viejo de San Sebastián.

Sin embargo, tomó las precauciones rutinarias. Ordenó el «pinchazo» de los teléfonos de «Patxi» Rollán y de Anselmo Olano. Montó una discreta pero eficaz vigilancia en torno a los domicilios de los dos jóvenes, en las calles Vicente Elicegui y Pablo Iglesias, de Rentería, pero no puso demasiadas ilusiones en el asunto.

Hasta que, días más tarde, un detalle atrajo su atención.

—Mi capitán, yo creo que este tío está dispuesto a llegar hasta el final, va a meterse en un comando de ETA —le dijo uno de los guardias.

—¿Por qué lo supones?

—Acaba de comprarse un Golf GTI matrícula SS-2402 AD y lo ha registrado a nombre de la novia de su hermano, que ya tiene otro coche igual. ¿No le parece extraño?

Lo era. Poco después el capitán Bravo tuvo la confirmación de aquella sospecha inicial. Un día sonó el teléfono en casa de «Patxi». Una persona al otro lado de la línea, que se identificó como Juan José Latasa, le transmitió un enigmático e inusual mensaje:

—El domingo, en la iglesia de Gethary.

—¿En Gethary? —preguntó «Patxi».

—¿Sabes ir? —inquirió la otra persona.

—Sí, naturalmente.

—Pues, bien. Estáte allí a las cuatro en punto. Y si no aparece nadie date una vuelta y regresa una hora después, a las cinco.

—¿Nada más? —preguntó «Patxi».

—Sí, no te olvides de llevar la contraseña convenida.

Era el 20 de diciembre de 1991, viernes. El capitán Bravo, conocido por sus compañeros como «Mic», escuchó por enésima vez la cinta. Por su experiencia, sabía que se trataba de una cita, en toda regla, del futuro miembro de un comando con la dirección de la organización terrorista. Y el encuentro iba a producirse dentro de cuarenta y ocho horas.

«Mic» llevaba apenas cuatro años en el Servicio de Información de la Guardia Civil y era consciente de que el nacimiento de un comando de pistoleros se decidía siempre al otro lado de la frontera, desde la mismísima cúpula de ETA. ¿Y si «Patxi» pudiera conducirles hacia algún pez gordo de la organización?, pensó para sí.

Diego Bravo pensaba que la captura de la «cabeza de la serpiente» [2] era un sueño casi imposible. Miles de policías y guardias civiles lo habían intentado, sin éxito, antes que él. Y, si no, allí estaba el caso de Manuel Pastrana para ilustrarlo.

* * *

Había nacido en Cuenca y tenía apenas veintidós años de edad cuando el guardia civil Manuel Pastrana Griñón entró como un rayo en la librería Mugalde, de Hendaya, dio una patada a la puerta interior y se coló en la trastienda.

El establecimiento era una tapadera de ETA y en el interior Domingo Iturbe Abasolo, «Txomin», se quedó petrificado al ver ante sí a aquel hombre rechoncho, mal afeitado y con aspecto de campesino del sur.

Era el otoño de 1973, dos años antes de la muerte del general Franco. Antes de que a Domingo Iturbe le diera tiempo de sacar la pistola y encañonarle, Manuel Pastrana extrajo la suya y la arrojó sobre una mesa, junto con su carnet de miembro del Servicio de Información de la Guardia Civil en San Sebastián.

—Hasta ahora he sido un guardia civil —le espetó—, pero quiero integrarme en ETA.

La escena, más propia de una película de cine negro norteamericano, dejó atónito al dirigente etarra. Antes de que pudiera articular palabra, Pastrana añadió:

—Estoy hasta los cojones de la Guardia Civil. La represión es insoportable. Los mandos no hacen más que putearte. Te tratan peor que a los perros y yo, que soy hijo de comunistas, no puedo aguantar más.

«Txomin», tras el susto inicial, pensó que se encontraba ante un loco inofensivo, un guardia civil que había perdido un tornillo.

—Antes de aceptarme, quiero que me sometáis a todo tipo de

[2] ETA utiliza como símbolo de su organización un hacha con una serpiente enrollada al mango y con la cabeza en actitud de atacar.

pruebas —continuó el guardia Pastrana—. Pero no sabéis lo que se puede conseguir con esa placa y esa pistola.

«Txomin» comenzó a interesarse por el intruso. Le estudió durante un buen rato y le preguntó:

—¿Puedes explicarme qué interés puede tener la placa para nosotros?

—Con ella —explicó el guardia civil— puedo pasar cuantas armas y material sea necesario por la frontera. Puedo entrar y sacar comandos de Donosti sin problemas. ¿Quién va a sospechar de un «honorable» miembro de la Benemérita?

El dirigente de ETA no se fiaba un pelo. Pensó que se trataba de un infiltrado. Pero, después de varios interrogatorios, vio que Manuel Pastrana era un revolucionario convencido y que, en efecto, podía serles muy útil.

Lo demostró apenas un mes más tarde, cuando pasó un comando por la frontera y dio cobertura a sus miembros en San Sebastián. En un momento dado, mientras paseaban por la playa de la Concha, les detuvo un coche-patrulla de la Policía Armada.

—¡Alto, Policía! ¡Identifíquense!

Pastrana rápidamente sacó la cartera y se la puso en las narices a uno de los miembros de la patrulla.

—Somos guardias civiles.

—Lo siento. A dos de vosotros os habíamos confundido con terroristas.

En los meses siguientes pasó armas por la frontera, hizo de correo entre la dirección de ETA y los comandos del interior, ayudó a varios activistas a desplazarse sin temor a ser sorprendidos por la Policía y se convirtió en el hombre de confianza de los activistas etarras.

Hasta que un día la dirección de la organización terrorista decidió celebrar una reunión en el interior. El, Manuel Pastrana, era el responsable de pasar al Comité Ejecutivo en pleno de ETA a Donosti y trasladarlo hasta un piso de seguridad.

Pastrana, el primer infiltrado de la Guardia Civil en la banda armada, no perdió ni un segundo en contárselo al comandante de Información de la Benemérita en el barrio del Antiguo, de San Sebastián.

—El plan ha funcionado —le dijo—. Mañana voy a pasar a la dirección de ETA en pleno a España. ¡Espero que los matéis a todos!

El comandante de Información saltó de alegría.

—Pero, ¿cómo vamos a hacerlo? ¿Tienes algún plan?

—Entraremos en tres coches por la carretera de Irún a San Sebastián. Vosotros sólo tenéis que esperar en esta curva y disparar cuando se paren.

—¿Y cómo identificamos los coches? —preguntó su superior.

—Toma las matrículas.

Y le tendió un papel con los números de las matrículas anotados y un plano de la carretera Madrid-Irún con la curva en la que tenía que producirse el tiroteo marcada con una cruz.

—¿Qué seguridad tenemos de que los coches van a parar?

—Piensa sólo que se fían de mí. Yo tendré que ir en el primer vehículo para abrir paso por si hubiera problemas. Al llegar a la curva me bajaré para mear y los demás se detendrán detrás. Entonces, disparáis.

—¡Muy bien! ¡Muy bien!

El comandante de la Guardia Civil no estaba muy seguro de que todo fuera a salir como le indicaba aquel guardia raso. No pensaba siquiera que fuera capaz de traerse a la dirección de ETA a España. Y mucho menos de tenderle una trampa. Diez minutos después, tras repetirle todos los detalles por segunda vez, Pastrana abandonó el acuartelamiento.

—¡Apuntad bien y no dejéis a ninguno con vida! Son unos hijos de puta y no lo merecen. Pero tened cuidado conmigo. ¡Ya sabéis que soy el que estará meando, pero me retiraré veinte metros para que podáis apretar el gatillo a gusto!

En el viejo cuartel del Antiguo se organizó inmediatamente un enorme operativo. La excitación era indescriptible. ¡Por primera vez iban a tener a tiro a la «cabeza de la serpiente»!

Sin embargo, en lugar de seleccionar a los mejores tiradores y a los guardias civiles más jóvenes, al día siguiente acudieron a la encerrona los altos cargos de la Benemérita. Ninguno de ellos quería perderse el gusto de disparar contra los hombres que acababan de asesinar al almirante Luis Carrero Blanco.

—Hay que dejar los coches muy lejos del lugar del asalto. No debemos levantar sospechas —dijo uno de los responsables de la operación.

A las nueve en punto de la mañana, de acuerdo con el plan previsto, la zona marcada en el plano era un hormiguero de tricornios. Todas las viejas glorias de la Guardia Civil, armados hasta los dientes con sus viejos fusiles y pistolas, esperaban nerviosos, ocultos tras la frondosidad del monte, en el comienzo de la cacería.

En ese momento aparecieron los tres coches. El primero de ellos puso los intermitentes de parada y se arrimó a la cuneta. Los demás le imitaron. Manuel Pastrana descendió del vehículo. Dejó el motor en marcha y se alejó unos cuantos metros. Con una sangre fría pasmosa, Pastrana se dedicó a hacer tranquilamente sus necesidades.

Acabó la faena y en la zona no sonó ni un solo disparo. Pastrana, que no podía dilatar más la escena sin levantar sospechas, empezó a perder los nervios. Miró de un lado a otro buscando a algún guardia al que hacerle una seña.

Los etarras, ante aquella parada imprevista, estaban intranquilos. Uno de ellos se había colocado al volante del primer coche y pisó varias veces el acelerador. Pastrana, todavía de espaldas, se percató de que se olían algo.

Pero en un kilómetro a la redonda no se movió una hoja. Entonces, el infiltrado de la Guardia Civil se dio cuenta de que se la estaba jugado para nada. Fuera ya de sí, gritó:

—¡Tirad, tirad, cabrones! ¡Que se escapan!

Los tres vehículos salieron en estampida como alma que lleva el diablo. Una lluvia de balas inundó en ese instante la calzada. Los guardias civiles, desde detrás de los árboles, habían comenzado a disparar como locos.

Pastrana, a punto de ser alcanzado, se tiró a la cuneta y se ocultó entre unos matojos. Al cesar el tiroteo, los tres automóviles habían desaparecido del lugar. Sus ocupantes no sufrieron un rasguño.

El único que había resultado herido por las balas y había quedado lleno de magulladuras era el guardia civil Manuel Pastrana Griñón. Los viejos y oxidados fusiles de la Benemérita, manejados por los hombres que hicieron la Guerra Civil, habían resultado ineficaces en esta guerra de guerrillas.

No fue ésa la única vez en que los jefes de ETA habían estado a punto de ser capturados. En 1986, una nota interna de las CRS [3] indicaba que su Comité Ejecutivo iba a reunirse en el monte de Ibardin, en la escasamente vigilada frontera navarro-francesa.

---

[3] Compañías Republicanas de Seguridad, el cuerpo policial francés equivalente a los antidisturbios españoles

El entonces teniente coronel Rodríguez Galindo montó un fuerte dispositivo para atrapar a los terroristas, pero ETA se dio cuenta y canceló el encuentro.

En 1989, antes de la detención de «Waldo»[4], el Servicio de Información de la Guardia Civil había estado de nuevo a punto de meter entre rejas a Francisco Múgica Garmendia, «Pakito», el mítico líder de ETA en la década de los noventa, que se había convertido en el enemigo público número uno del Estado español.

Pero, un día, Rodríguez Galindo tuvo una confidencia.

—Mi teniente coronel —le dijo un agente—, alguien de la Policía francesa está pasando información a ETA.

—¿Estás seguro?

—Sí. No hemos conseguido identificarlo, pero alguien cercano al jefe de la lucha antiterrorista de Bayona, Roger Boslé, les ha puesto en guardia. Ahora «Pakito» sabe que le estamos siguiendo.

Tras comprobar la filtración, Rodríguez Galindo no pudo esperar a que «Waldo» se entrevistase con «Pakito». Aunque el objetivo era el segundo, el jefe de Información de la Guardia Civil donostiarra precipitó la operación y lanzó a sus sabuesos en contra de «Waldo», que resultó detenido. Pero Francisco Múgica Garmendia, el responsable de todos los comandos, a quien se atribuía más de un centenar de asesinatos, había conseguido, de nuevo, escabullirse por los pelos.

El capitán Diego Bravo, a cuarenta y ocho horas de la cita del joven «Patxi», de Rentería, con la dirección de ETA, repasó mentalmente todos estos hechos. Ahora se le presentaba una pequeña oportunidad de llegar hasta la escurridiza «cabeza de la serpiente». Pero, ¿quién le aseguraba a «Mic» que iba a conseguir lo que millares de policías no habían logrado en más de treinta años de lucha contra ETA?

* * *

La iglesia de Gethary está situada en el punto más alto de la aldea de pescadores vasco-francesa. De estilo románico y algo achatada, apenas sobresale su campanario en el verde paisaje de los alrededores. Junto a las estrías de sus gruesos y recién encalados muros se encuentra enclavado el cementerio local donde

[4] José Antonio Urruticoechea Bengoechea, «Waldo», número dos de la organización terrorista y hombre de confianza de «Artapalo».

reposan los restos de más de un centenar de personas, entre ellas algunos miembros de la resistencia francesa fallecidos durante la Segunda Guerra Mundial; también está allí la tumba del poeta galo de finales del siglo pasado Jean Paul Toulet.

El acceso al templo desde el centro del pueblo, partido en dos por la carretera de la costa vasca, se hace a través de una empinada cuesta rodeada de viviendas del más puro estilo de la zona vasco-francesa y de algunos hoteles familiares salpicados de un verde e inmaculado césped. Al final, una escalinata de seis peldaños permite a los feligreses acceder al templo.

El sábado 22 de diciembre de 1991, desde bastante antes del mediodía, varios equipos del Servicio de Información de la Guardia Civil de San Sebastián habían cruzado en coches camuflados la frontera de Irún y habían «tomado» materialmente el pueblo de Gethary. Los guardias, camuflados de jardineros, mecánicos o simples viandantes con *txapela*, habían tomado posiciones por los accesos que llevan a la vieja iglesia-cementerio.

Poco antes de las cuatro de la tarde, los dos jóvenes de Rentería, Anselmo y «Patxi», a bordo de un coche Golf GTI blanco matrícula de San Sebastián SS-2402 AD, cruzaban también la frontera hispano-francesa.

El automóvil tomó la carretera contigua a la autopista de peaje, en dirección a Bayona, y, al llegar a las inmediaciones de la iglesia-cementerio de Guethary, aminoró la marcha y comenzó a dar vueltas.

Un guardia civil, oculto en el interior de una furgoneta de reparto, les observa atentamente.

—Estos están reconociendo el terreno —le dice a su compañero de servicio.

A las cuatro menos diez, «Patxi» desciende del automóvil y se encamina solo hacia la cuesta que lleva al santuario del pueblo. Es pleno invierno y, a pesar del nítido y soleado día, a aquellas horas por las callejuelas de la localidad no se ve ni un alma.

Otro miembro del Servicio de Información de la Guardia Civil, oculto detrás de un seto cerca de la iglesia, cuenta las personas que se encuentran a la vista.

—Aquí sólo hay ocho personas a la vista, y todos son de los nuestros —le dice por el *pocket* al jefe del operativo, el capitán «Mic»—. Como alguno abra el pico, nos cazan.

A las cuatro en punto de la tarde «Patxi» Rollán se sitúa en el centro de la escalinata, saca un pañuelo negro del bolsillo y se lo anuda al cuello. Visiblemente nervioso, mira constantemente en todas direcciones como si buscara algo o temiera ser descubierto.

Los guardias civiles, expertos en las tácticas de ETA para llevar a cabo las citas orgánicas, se dan cuenta al instante de que va a ocurrir algo importante. Con esa certeza que es fruto de la experiencia, esperan agazapados y expectantes.

Pero los minutos transcurren y no aparece nadie. Cada vez más intranquilo, «Patxi» sigue clavado a los pies de la escalinata con las sepulturas a ambos lados y el silbido del viento como único compañero. Sólo a lo lejos se oye de cuando en cuando el motor de algún coche que cruza sin detenerse el pequeño pueblo de carretera francés.

Al sonar rotundas las campanadas que marcan las cuatro y cuarto en el campanario situado a sus espaldas, mira su reloj de pulsera y echa a andar hacia el centro del pueblo. Da un par de vueltas, callejea mirando distraídamente los escasos establecimientos y bares que permanecen todavía cerrados y, a las cinco en punto de la tarde, regresa puntualmente a la escalinata del viejo templo-cementerio.

La persona a quien espera, sin embargo, sigue sin aparecer. Media hora después desciende de nuevo la cuesta que comunica la iglesia-cementerio con la carretera. Allí le aguarda impaciente su acompañante, Anselmo, al volante del Golf SS-2402-AD. Molestos, ponen en marcha el motor y regresan a Rentería.

* * *

Todos los fines de semana una larga caravana de vehículos con matrículas de Bilbao o San Sebastián se encamina por la autopista de Bilbao-Behovia hasta la frontera de Irún. Cruzan el puesto fronterizo y se pierden por los caseríos de San Juan de Luz, Biarritz o Bayona.

Son los familiares de los miembros de ETA refugiados al otro lado de la frontera. Los días festivos, fines de semana y puentes aprovechan para pasar el día con los activistas de la organización huidos de la Policía española.

Muchos de esos encuentros son meramente familiares: la novia de un etarra que acude a visitarle, el padre que va a llevarle las zapatillas de deportes que le ha pedido o un amigo de la cuadrilla que va a tomarse unos vinos con el activista y le da ánimos.

Otras citas, en cambio, sirven para transmitir información de la dirección de ETA a los comandos operativos en el interior de

España. El teniente coronel de la Guardia Civil Enrique Rodríguez Galindo, destinado en el País Vasco desde 1980, lo sabe muy bien.

Y desde comienzos de la década de los noventa, todos los fines de semana, en el cuartel de Intxaurrondo hay zafarrancho de combate. Intxaurrondo, un pedazo de monte situado a las afueras de San Sebastián, es la colmena, la central de inteligencia, la rutina de la ciudad-cuartel, la vida y en ocasiones la muerte de más de medio millar de guardias civiles. Las viviendas, bloques y bloques de cemento gris, forman un complejo entramado entremezclado con las oficinas y las salas de operaciones y de ordenadores, envueltas en el olor a cocido y a gazpacho a la una de la tarde.

En este cuartel, que alberga a los más de doscientos miembros del Servicio de Información de la Guardia Civil en la provincia más castigada por el terrorismo etarra, los agentes de paisano montan en sus coches con matrículas francesas y cruzan la frontera.

Su misión es detectar el mayor número de contactos orgánicos posibles entre la dirección de ETA y las novias o amigos de los escapados, que hacen de correos, con los comandos del interior del País Vasco español.

Para que se familiarizaran con la región, desde hacía meses Rodríguez Galindo venía incitando a sus guardias a visitar el sur de Francia, a comprar en los hipermercados galos o a bañarse en las playas de Las Landas. De esta manera, la mayoría de ellos conocía la zona como la palma de sus manos.

El 28 de diciembre de 1991, sin embargo, no es un día cualquiera para el Servicio de Información. La experiencia acumulada durante tantos años de lucha antiterrorista le dice a Rodríguez Galindo que la cita fallida de «Patxi» Rollán del 20 de diciembre iba a producirse necesariamente ese sábado.

El Servicio de Información de la Guardia Civil en pleno cruza la frontera. Y a las cuatro en punto de la tarde hay más agentes de la Benemérita deambulando por el sur de Francia, en los alrededores de Gethary, arreglando vehículos averiados o cortando el césped, que nativos de la comarca. Nadie habla. El acento andaluz o extremeño puede delatarles al instante y destrozar de golpe la operación.

El instinto de Galindo no le falla. A las dos y media de la tarde un miembro del Servicio comunica al jefe de operativo que «Patxi», en efecto, ha decidido ese día salir de excursión.

Provisto de una mochila y un bote de agua para calmar la sed ha cogido su bicicleta y, ni corto ni perezoso, ha enfilado la carretera nacional I. Los cuarenta kilómetros que le separan de Gethary los hace a golpe de pedal.

Entretanto, al otro lado de la frontera los agentes que vigilan la iglesia-cementerio de Gethary observan a dos individuos merodear en un Renault R-19 por los aledaños de la vieja construcción religiosa.

—Son los miembros del servicio de información de ETA, que están inspeccionando el terreno —dice el capitán Julián Cortés, «Bonsai», por el radioteléfono.

Cuando a Galindo le comunican todos estos datos, una sonrisa de viejo zorro cazaetarras le surca el rostro.

—Esta vez la cita no va a fallar —le dice a su capitán.

En efecto, dos minutos antes de que el reloj de la iglesia dé las campanadas de las cuatro de la tarde, el vehículo francés, matrícula 1753 TG 64[5], se para al pie de la iglesia.

Uno de los ocupantes del R-19 se encamina hacia la escalinata. Allí, desde hace un rato, le aguarda «Patxi» con el pañuelo negro al cuello. Entre tanto, el conductor del automóvil se ha bajado también y observa atentamente la zona, husmeando como un perro de caza.

—Ese debe de ser el guardaespaldas —comenta uno de los agentes mientras filma la escena oculto por el seto de una casa abandonada.

Los miembros del Servicio de Información de la Guardia Civil observan cómo «Patxi» y el sujeto que había descendido primero del automóvil —un tipo bajito y con el pelo rubio— se saludan y hacen ademán de echar a andar. Previamente, «Patxi» ata la bicicleta con una cadena a una señal de tráfico situada al pie de la escalinata.

Los agentes filman ahora al hombre que parecía dedicarse a hacer contravigilancias y a dar protección a su compañero. Es un individuo alto y lleva gafas de concha. Una vez realizado el contacto sin contratiempos, regresa al coche y se quita de en medio desapareciendo por los alrededores.

Los hombres de Rodríguez Galindo rápidamente se dividen en dos grupos.

—Vosotros seguid al tipo del pelo rubio, al «Número Uno». Y

---

[5] El número 64 del final de la matrícula indica que se trata de un coche perteneciente al departamento de los Pirineos Atlánticos.

el resto, que controle al conductor del R-19 —ordena el capitán Bravo.

Los agentes del cuartel de Intxaurrondo están acostumbrados a dar motes a todos sus objetivos, para evitar que los etarras, que tienen controladas las comunicaciones de las Fuerzas de Orden Público, se den cuenta de que están siendo investigados.

— Y al individuo del coche, ¿cómo le llamamos? —pregunta uno de los agentes al jefe del operativo.

—«Taxi» —responde Bravo.

—Pues siento decirle que «Taxi» se ha esfumado. No sabemos cómo, pero lo hemos perdido de vista en un par de segundos.

Entre tanto, el equipo encargado de la vigilancia de «Patxi» y de «Número Uno» les sigue hasta la playa Cénitz, situada en los confines de Gethary, una zona solitaria de la costa vasco-francesa, sin caseríos próximos. Allí observan cómo se sientan en una de las múltiples rocas que sobresalen de la arena y charlan hasta las seis y media de la tarde.

La playa, vacía, se encuentra rodeada por dos altos promontorios. En ellos, los hombres del Servicio de Información de la Guardia Civil observan a varios individuos extraños. Llevan casi una hora preparando sus cañas, pero no se deciden a pescar.

—Tened cuidado con ésos. Probablemente son del servicio de contravigilancia de «Número Uno» —advierte el capitán Bravo a sus hombres—. Es demasiado arriesgado que nos vean merodeando por aquí.

La Guardia Civil retrocede y deja de presionar sobre el objetivo, que, hasta caída la noche, permanece en la playa.

Pasadas las seis y media de la tarde, los dos individuos vigilados retoman el camino de vuelta a la iglesia-cementerio, al otro extremo del pueblo. Tras media hora de paseo cuesta arriba, se despiden a los pies del templo.

Los agentes españoles concentran todos sus efectivos en el seguimiento de «Número Uno». Observan cómo se monta de nuevo en el R-19, que le espera puntualmente. El vehículo toma la carretera nacional dirección Biarritz, pero gira bruscamente por la primera calle a la izquierda metiéndose de nuevo en el pueblo.

Uno de los guardias que le sigue observa que se ha adentrado en una pequeña plazoleta donde se encuentra la residencia Elizaldia. Se lo comunica al capitán.

—Creo que ha entrado en Elizaldia —le dice.

El guardia, sin embargo, no está muy seguro. Pide instrucciones sobre si debe o no adentrarse en la pequeña plaza para verificar la información.

—No. Vale por hoy —ordena el capitán «Mic»—. No apretemos demasiado el cerco, no sea que la pieza escape.

De regreso al cuartel de Intxaurrondo, los jefes de grupo de los ciento treinta guardias civiles que ese día han cruzado la frontera hacia el sur de Francia sienten un cosquilleo en el estómago. Intuyen que algo gordo se está fraguando en ETA y esa noche permanecen reunidos en la sala de operaciones del acuartelamiento hasta las tres de la mañana.

El entonces recién ascendido a coronel Enrique Rodríguez Galindo saca la documentación que poseen sobre los tres máximos dirigentes de ETA: Francisco Múgica Garmendia, «Pakito»; José María Arregui Erostarbe, «Fitipaldi», y José Luis Alvarez Santacristina, «Txelis»

—Yo creo que el *capo* de ETA que hemos visto hoy es «Fitipaldi» —dice el capitán Bravo—. Rubio, bajito... Todas las descripciones encajan.

— Pues yo pienso que podría ser «Txelis» —dice el capitán Julián Cortés, conocido por el nombre de guerra de «Bonsai».

—Estás equivocado —agrega Bravo—. El «Número Uno» de hoy no tiene el hoyuelo de la barbilla, como «Txelis».

De acuerdo con un informe policial muy exhaustivo que le había hecho llegar meses antes la Gendarmería francesa, «Txelis» tenía un distintivo en su cara que le hacía fácilmente reconocible: un surco que le dividía la barbilla en dos. Y esta característica no la tenía el individuo calificado como «Número Uno», según las descripciones de varios guardias que pasaron a menos de medio metro de él.

Esa noche, en el cuartel de Intxaurrondo, todos los miembros del Servicio de Información tenían la certeza de que estaban muy cerca de los *capos* de ETA. Los dispositivos de seguridad y de contravigilancia montados por la organización terrorista en la iglesia y la playa de Cénitz, en Gethary, indicaban que se trataba de un pez gordo. Además, por otra parte, era lógico. La experiencia acumulada tras centenares de interrogatorios a los etarras detenidos había enseñado a Rodríguez Galindo que es siempre un miembro de la hermética dirección de ETA quien decide sobre la formación de un nuevo comando terrorista.

Antes de irse a dormir, como de costumbre, los jefes cruzaron entre sí las consabidas apuestas. El misterio, sin embargo, tardaría todavía varias semanas en resolverse.

* * *

En los días siguientes, Enrique Rodríguez Galindo, Diego Bravo, Julián Cortés y el reducido grupo de oficiales a cargo de la operación están eufóricos. Nuevos datos les indican que por esa vía pueden llegar a atrapar de una vez por todas a la escurridiza dirección de ETA.

Pero tienen que obrar con cautela y, por eso, deciden llevar la operación con el máximo sigilo.

—Aquí no se puede enterar nadie de lo que estamos haciendo —insiste Rodríguez Galindo a sus oficiales—. Ordenad a la gente que no comente media palabra, ni con los más íntimos.

El jefe de Información de la Benemérita en San Sebastián se muestra más enérgico y cauteloso que nunca.

—Quiero que sepáis que, por mi parte, no voy a informar ni al mismísimo director general de la Guardia Civil, Luis Roldán, ni al secretario de Estado para la Seguridad, Rafael Vera.

—¿Y si ocurre algún contratiempo?

Los hombres de Galindo, que llevan varios meses actuando clandestinamente en el sur de Francia con las armas reglamentarias y sistemas de transmisiones camuflados en los maleteros de los vehículos, no ignoran que cualquier día pueden ser detenidos. Si la Gendarmería, la Policía del Aire y Fronteras (PAF), la Policía Judicial (PJ) o los Renseignements Généraux (RG), el superservicio secreto del Ministerio del Interior francés, les descubriera *in fraganti*, irían a parar directamente a la cárcel.

—Si pasa algo, yo asumo toda la responsabilidad —concluye Rodríguez Galindo.

—Está bien, jefe —agrega el capitán Cortés—. Pero no olvide que si un día nos detectan al otro lado y deciden cerrar la frontera, San Sebastián se queda sin Servicio de Información.

No eran bromas. Durante las últimas operaciones en Francia en el cuartel de Intxaurrondo sólo habían permanecido dos personas del Servicio de Información: el coronel Rodríguez Galindo, que coordinaba desde su despacho por si necesitaba llamar a Madrid, y el oficial de Transmisiones. Los demás invadían pacífica pero literalmente la costa vasca francesa. Todos los cruces de carretera importantes y lugares de encuentro de etarras estaban bajo su vigilancia.

El hábito de no trabajar los fines de semana de los cuatro cuerpos de las Fuerzas de Seguridad francesas que operaban en el departamento de los Pirineos Atlánticos reducía al mínimo las posibilidades de que una patrulla informativa de la Guardia Civil fuera interceptada. Además, los miembros de las fuerzas policiales francesas eran en su mayoría gente nueva que no conocía la zona tan bien como ellos. Los hombres de Rodríguez Galindo se movían por el sur de Francia como pez en el agua.

—Pero no hay que bajar la guardia —les advertía a diario el coronel—. No olvidéis que la Gendarmería y el coordinador de la lucha antiterrorista, Roger Boslé, no nos pueden ver ni en pintura.

Desde los atentados del GAL de los años ochenta cabía la posibilidad de que un vecino considerara sospechoso algún movimiento, avisara a la Gendarmería y el retén de guardia acudiera a detenerles.

Y, además, estaba claro que los franceses no eran tontos. Cada fin de semana entre cuarenta o cincuenta vehículos de la Guardia Civil cruzaban las fronteras. Aunque se tratara de coches camuflados con matrículas francesas, motos, *roulottes* o furgonetas de reparto y reparación, la Policía del Aire y Fronteras de servicio en el puesto fronterizo de Irún tenía que sospechar que tanto despliegue era innecesario, salvo que se estuviera cociendo alguna operación importante en suelo galo.

Los miembros de la PAF informaban obviamente a sus jefes. Muchos de ellos decidían hacer la vista gorda, pero otros no. Anteponían el principio de soberanía sobre su territorio. Los agentes de la Guardia Civil se daban cuenta de ello cuando los miembros del puesto fronterizo les franqueaban el paso e, inmediatamente, tomaban la matrícula del vehículo para comunicarlo por radio a Bayona.

Cada vez que le «quemaban» un coche, Rodríguez Galindo decidía retirarlo de la operación. Pero, así y todo, siempre había una espada de Damocles pendiendo sobre las cabezas de los guardias civiles.

Y, encima, en esta ocasión Madrid no sabía ni palabra de lo que se cocía en el acuartelamiento de Intxaurrondo.

Después de discutir acaloradamente los pros y contras de mantener en secreto la operación, Rodríguez Galindo preguntó:

—Y ahora, ¿qué nombre le damos?

—Podemos llamarla «Broma-Queso».

Rodríguez Galindo, que había ordenado bautizar todas las

operaciones realizadas en Francia con el distintivo «queso», por los famosos quesos del sur de Francia, no comprendía el motivo de añadir al nombre lo de «broma».

—¿Y por qué «broma»? —preguntó.

—Hombre, jefe, porque todo empezó el 28 de diciembre. El día de los Santos Inocentes.

* * *

En las semanas siguientes, la «operación Broma-Queso» avanzó muy lentamente. Sin capacidad para intervenir teléfonos ni montar puestos de vigilancia fijos en territorio galo, el Servicio de Información de Intxaurrondo tuvo que trabajar a paso de tortuga.

El primer objetivo fijado por los agentes fue determinar quién era el propietario del vehículo R-19 que había llevado a «Número Uno» a la cita. Preguntaron discretamente a algunos agentes amigos de la Policía Judicial francesa y las pesquisas fueron dando sus frutos.

El coche estaba registrado en los archivos de tráfico franceses a nombre de una empresa de construcción de Ustaritz cuyo propietario era el industrial Albert Toffolo. Eso, sin embargo, era avanzar muy poco. Cualquier empleado de la compañía podía utilizar el automóvil los fines de semana para trasladar a los miembros de ETA. De todas maneras, ya era conocer algo. El grupo terrorista estaba empleando coches de empresas privadas en sus movimientos por el sur de Francia.

La Guardia Civil había pedido nuevas fotografías y más documentación a la Policía francesa sobre la cúpula de ETA. Así descubrieron que el que hasta entonces conocían como «Número Uno», el individuo bajo y rubio, era con toda seguridad José Luis Alvarez Santacristina, alias «Txelis». Y es que, en contra de lo que se decía en las fichas anteriores, no tenía ningún hoyuelo en la barbilla.

Licenciado en Filología Vasca y Francesa por la Universidad de la Sorbona de París, con una beca pagada por el Gobierno vasco, y traductor al euskera del filósofo austriaco Ludwig Wittgenstein, Alvarez Santacristina, «Txelis», era algo más que un intelectual.

Todos los informes del Ministerio del Interior español indicaban que este donostiarra de treinta y nueve años era el verdadero cerebro político de ETA. El auténtico ideólogo de la organización. Mandaba tanto en Herri Batasuna, Jarrai, las Gestoras Pro-Amnistía y las asociaciones de familiares de presos como en los comandos armados legales e ilegales de la organización terrorista. Dar con su paradero había sido todo un descubrimiento.

—Este tío tiene más muertes encima que un batallón entero de un ejército —se quejaba el capitán Cortés.

Miembro de ETA desde hacía más de veinte años, se le imputaba haber participado como inductor en más de quinientos asesinatos de la organización. Sin embargo, el enemigo número uno para la Guardia Civil seguía siendo Francisco Múgica Garmendia, «Pakito», el mítico y huidizo jefe de los comandos de acción.

—Si seguimos a «Txelis» —dijo Galindo con rotundidad—, nos va a llevar a «Pakito». A partir de ahora tenemos que extremar las precauciones.

—Esto sería el gran bombazo —replicó el capitán Bravo—. Si cogemos a «Pakito», ETA duraría menos que un caramelo en la puerta de un colegio.

Con ser mucho menos importante en el organigrama de la organización terrorista, Francisco Múgica Garmendia, alias «Artapalo», alias «Pakito», en los últimos años se había convertido en el terrorista más buscado de ETA. Controlaba con mano de hierro a todos los pistoleros de la organización, decidiendo de forma implacable operaciones tan sangrientas como la matanza de Hipercor en Barcelona, la voladura de un cuartel de la Guardia Civil en Zaragoza o la estrategia contra el Tren de Alta Velocidad, los Juegos Olímpicos de Barcelona y la Expo de Sevilla. Y, además, empezaba a ser tan famoso como el líder de Sendero Luminoso, Abimael Guzmán, o como el guerrillero del Frente de Liberación Popular que traía en jaque desde hacía más de veinte años al ejército colombiano, «el cura Pérez».

Rodríguez Galindo tenía, sin embargo, sus dudas sobre cómo echarle el guante a «Pakito». Era casi una «misión imposible».

—No olvidéis —les dijo a sus oficiales— que «Pakito» vive como los topos y que desde hace diez años no tenemos una sola foto suya. Además, usa cada noche una casa distinta para dormir, cambia de coche cada semana y sólo dos o tres personas de su máxima confianza saben dónde puede localizársele.

Por eso, el 18 de enero de 1992, el Servicio de Información de la Guardia Civil volvió a desplazarse al completo a Gethary para continuar la operación con las mayores medidas de seguridad jamás utilizadas por sus miembros.

Ese día, sábado, «Patxi» había sacado de nuevo su bicicleta y se disponía a encaminarse a la localidad francesa para entrevistarse con «Número Uno», «Txelis». Esta vez la cita se llevó a cabo casi milimétricamente igual que el sábado anterior. «Patxi» y el ideólogo etarra se encontraron en la iglesia-cementerio de Gethary, se desplazaron a pie hasta la playa de Cénitz y estuvieron hablando hasta las siete de la noche.

Los «agentes», que habían trasladado a Francia sus dispositivos de filmación y grabación, pudieron obtener los primeros vídeos de la pareja, aunque todavía desde una más que prudencial distancia. También confirmaron ese día que «Txelis» tenía su domicilio oficial en la residencia Elizaldia, a menos de doscientos metros de su lugar de citas. Cuando se marchó, un guardia que vigilaba frente a ese establecimiento le vio entrar y comprobó cómo se encendía y se apagaba la luz de sus habitaciones.

En el encuentro transcurrido poco antes había habido, sin embargo, un detalle muy especial que no pasó desapercibido a los investigadores: antes de coger la bicicleta para regresar a Rentería, «Patxi» entregó a Alvarez Santacristina un sobre abultado.

— ¿Qué te juegas a que dentro van las fotografías para fabricar la documentación falsa del nuevo comando? —afirmó el agente «Amapolo».

—No me apuesto nada —dijo «Piedra»—. Estoy seguro de que ese sobre contiene varios juegos de fotos. No puede ser otra cosa.

Días antes, «Piedra» había tenido la misión de seguir discretamente por Rentería todos los movimientos de Anselmo y «Patxi». Les había visto cambiar el traje de faena por el de los domingos en plena jornada laboral para acudir a un fotógrafo de San Sebastián.

—Estos tipos se han puesto hoy guapos para las fotos —le había dicho entonces el agente «Piedra» a su jefe de grupo. Por eso, el 18 de enero no le cabía la más mínima duda de que un nuevo comando terrorista se estaba preparando para matar en la zona de Rentería-San Sebastián.

Aquella noche, cuando se fue a la cama, le entró un escalofrío. Era muy importante coger a la cúpula de ETA, pero en ningún momento podía olvidar que la vida humana era sagrada. Lamentablemente, si el nuevo comando de «Patxi» se organizaba antes de que tuvieran localizada a la cúpula de ETA, el enorme operativo montado en el sur de Francia para cazar a «Pakito» se vendría abajo, algo que estaba resultando tan difícil como buscar una aguja en un pajar.

* * *

Nunca un Renault 19 había sido tan buscado como el coche que el 28 de diciembre de 1991 trasladó a «Txelis» a la iglesia-cementerio de Gethary. En la segunda quincena de enero del año siguiente, sin embargo, el coronel Enrique Rodríguez Galindo decidió localizar al conductor de este vehículo como fuera. Y como no podía recurrir a los archivos policiales franceses sin levantar sospechas, decidió «sembrar» el Atlántico francés de guardias civiles de paisano que suplirían la falta de colaboración oficial con los franceses para averiguar la identidad de «Taxi».

Así, un día tras otro, sus agentes del Servicio de Información se situaban ante la empresa de construcción de Albert Toffolo hasta ver salir el coche. «Taxi» conducía como un endemoniado. Se metía a velocidades endiabladas una y otra vez por caminos casi intransitables que hacían imposible su seguimiento cercano.

Rodríguez Galindo decidió entonces cambiar de táctica. En lugar de seguir al coche, ordenó controlarle.

—A partir de mañana, en lugar se seguirle vamos a controlarle —dijo al jefe del operativo, el capitán Cortés—. Quiero un coche camuflado en cada intercepción de carretera.

Esta táctica, empleada por el Cesid, el servicio secreto militar español, en todas sus vigilancias, es más lenta pero más segura. Los agentes, sin hacer ningún movimiento, observaron los puntos por los que cruzaba el R-19 blanco y, días después, habían elaborado sobre un mapa el itinerario exacto del recorrido.

También averiguaron su punto de destino: el coche se metía siempre en una casa de Ascain, otra localidad cercana a Gethary, Biarritz y San Juan de Luz. Era, sin duda, el domicilio de «Taxi». Verificado el dato, preguntaron a la Gendarmería quién vivía ahí. «Cuando nos dijeron quién era el ocupante de la vivienda casi nos caemos de espaldas —indicó a los autores del libro uno de los responsables de la operación—. Era la residencia de Philippe Lasalle Astiz.»

Se trataba del hombre alto y moreno, oculto bajo unas gafas de concha, que conducía siempre el coche de «Txelis». Su misión era dar protección al ideólogo de la organización y acompañarle a sus citas clandestinas. Desde hacía una decena de años era uno de los principales y más conocidos colaboradores de ETA, pero nunca se le había podido meter entre rejas por falta de pruebas. Lasalle había sido detenido en vano en diversas ocasiones por la Gendarmería, la Policía del Aire y Fronteras y la «antena» del departamento de los Pirineos Atlánticos de los Renseignements Généraux. Estos tres servicios, sin embargo, le habían dado por imposible. Lasalle, o «Taxi», como le identificaban hasta entonces los especialistas de Información españoles, era un personaje más que escurridizo. En los sucesivos interrogatorios policiales jamás había soltado media palabra, hablaba por teléfono lo imprescindible y ninguna de las policías de la comarca había logrado seguirle más de medio kilómetro sin que se diera cuenta o le perdieran el rastro. No en vano conducía coches de gran potencia y adoptaba las máximas medidas de seguridad en cada movimiento.

—No intentéis controlarle porque es perder el tiempo —le dijo la Policía francesa al capitán Bravo.

El capitán «Mic» iba a tener ocasión de comprobarlo a comienzos de febrero de 1992. En esas fechas, mientras el Comando Itinerante asesinaba de un tiro en la nuca al catedrático Manuel Brosseta en Valencia y a dos músicos militares, Virgilio Mas y Juan Antonio Querol, con un coche bomba en Barcelona, Philippe Lasalle, «Taxi», acudía a la residencia Elizaldia para trasladar a «Txelis» al lugar habitual de citas con el nuevo colaborador, la iglesia-cementerio de Gethary.

Para evitar que le siguieran y poner en peligro al dirigente de ETA, salió de su casa de Ascain dos horas antes de la cita y estuvo dando vueltas sin parar por el País Vasco francés.

—Es un verdadero *kamikaze* —le contó aquella noche Bravo al coronel Galindo—. Lo mismo al llegar a una rotonda se pone a dar vueltas como un poseído que se mete por un camino sin salida para ver si es seguido, o se para en un semáforo en rojo, espera a que se ponga en verde y no se mueve hasta que pasan todos los coches para ver si alguien se queda detrás.

Todas estas *pirulas* no le sirvieron a Lasalle para nada. Los controles de meses anteriores habían permitido a los agentes españoles saber que los puntos de cita de los dirigentes de ETA en el sur de Francia eran, además de la iglesia-cementerio y la playa Cénitz de Gethary, el establecimiento comercial Bricobidart y el hotel Les Pirinées, en la localidad de Bidart.

«Txelis» se había alojado en este hotel varios días antes. La Guardia Civil había enviado a una pareja de agentes (un hombre y una mujer) a hospedarse en el mismo sitio. Pero Les Pirinées, situado en un edificio de color rosado, a la izquierda de la carretera de la costa vasca en dirección a Bayona, tenía un extraño calendario laboral. Los sábados, la dueña del hotel comunicaba a los huéspedes que el establecimiento cerraba los domingos «por descanso del personal».

La pareja de infiltrados de la Guardia Civil no pudo hacer nada. Como el resto de los huéspedes, pagaron religiosamente la cuenta y se marcharon. Pero antes de abandonar el hotel comprobaron un hecho extraño: la moto de «Txelis», una Honda Beluga de color negro, sin marchas por su escasa cilindrada y, por tanto, sin matrícula, permanecía aparcada semioculta en la parte trasera del hotel. Y allí estaba también sujeto con un candado su casco blanco, que no se quitaba ni para ir a comprar el pan, probablemente para no ser reconocido.

—Los domingos, mi coronel, Les Pirinées se convierte en el cuartel general de ETA —informaba poco después la pareja—. Allí se dan las órdenes y se reciben los informes de los comandos.

—¿Qué pruebas tenéis de ello?

—Hemos visto varios coches detenerse en el aparcamiento y a sus ocupantes entrar en el hotel, aunque oficialmente estaba cerrado.

En las semanas siguientes, otras parejas de la Guardia Civil volvieron a alojarse en el hotel. Comprobaron que «Txelis» siempre llegaba los fines de semana, se metía en una habitación y no salía jamás de ella. Las dos hijas de los dueños le subían las comidas y los periódicos al cuarto y le filtraban las visitas. Por eso, el 1 de febrero de 1992, cuando «Txelis», el ideólogo, y el joven «Patxi» deciden celebrar su tercera reunión, los equipos encargados de controlar sus movimientos no temen que se les escape.

En los últimos días, los agentes habían localizado incluso su oficina de trabajo —donde tenía su ordenador personal y los archivos de la organización—, en el edificio Les Pastorelles, en las afueras de Bayona, y sabían que otro de sus puntos de cita era el restaurante Bufalo Grill, en Bidart[6].

Además, a petición del coronel Rodríguez Galindo, un avión Mystère de las Fuerzas Aéreas francesas había sobrevolado y fotografiado todos los caseríos del departamento de los Pirineos Atlánticos. Con las fotos y la ayuda de mapas militares, los agentes podían detectar cualquier punto en un par de minutos.

---

[6] Mientras el director general de la Guardia Civil Luis Roldán desviaba los fondos reservados del Ministerio hacia sus cuentas corrientes particulares, los agentes de San Sebastián tuvieron que sufragar con sus medios el alquiler de un piso para vigilar el hotel Les Pirinées. Para ahorrar dietas y gastos, sus mujeres les preparaban el día anterior el almuerzo, a base de bocadillos.

Al terminar la cita entre el jefe del aparato político de ETA y «Patxi», la Guardia Civil observa un nuevo y significativo hecho. Esta vez es «Txelis» quien entrega al joven de Rentería un objeto con forma de libro dentro de un gran sobre.

—Estos tíos van muy rápido y no podemos bajar la guardia ahora. Creo que acaba de crearse formalmente un nuevo comando legal —le dice esa noche Bravo a Rodríguez Galindo—. Hoy hemos visto cómo la cúpula de ETA ha entregado la documentación al comando. Ya sólo falta que les den las armas.

Entretanto, en Madrid y Barcelona los terroristas seguían asesinando fría y calculadamente a sus víctimas. El jefe del Servicio de Información de San Sebastián tenía al alcance de su mano la posibilidad de atrapar a «Pakito». Pero cada vez que alguien caía batido por las balas o las bombas de ETA sentía remordimientos de conciencia.

Su responsabilidad era muy grande. ¿Debía guardarse la información que él y sus hombres habían obtenido o debía explotar de inmediato la «operación Broma-Queso»? ¿Era lícito dejar suelto a un peligroso terrorista, que podía ordenar el asesinato de muchas personas, para llevarse los laureles del triunfo de la captura de «Pakito», o era preferible capturarle de inmediato?

Rodríguez Galindo, que había asistido en sus doce años destinado en San Sebastián a casi un centenar de entierros, que recordaba con horror, no podía permitir que por coger a «Pakito» hubiera un solo muerto más.

Los problemas morales iban a torturarle las semanas siguientes.

* * *

A Rodríguez Galindo su conciencia deja de atormentarle quince días más tarde. El sábado 15 de febrero «Txelis» y «Patxi» se entrevistan por cuarta vez en Gethary. Cuando regresa en su bicicleta a Rentería los especiales de la Guardia Civil observan que, por primera vez, le cuesta enormemente subir los múltiples repechos del recorrido de vuelta. Además, en esta ocasión las correas de la mochila parecen hacer más presión sobre los hombros.

—En esa bolsa lleva algo muy pesado —le dice un guardia a otro.

—Yo, además, juraría que son las armas para el comando —replica el otro—. ¡Y va a tener la cara dura de pasarlas por la frontera, ante nuestras propias narices!

No se equivocaban. La nueva cría de la serpiente estaba a

punto de romper el cascarón. Sin perderle de vista, los cinco sentidos de los hombres de la Benemérita permanecían, sin embargo, pendientes de los movimientos de «Txelis». En contra de lo habitual, la cita con «Patxi» había durado menos de dos horas. El jefe del aparato político de ETA había regresado en su moto negra a la residencia Elizaldia, escoltado de cerca por Philippe Lasalle, que en esta ocasión conducía un nuevo coche. Se trataba de un Renault 5 color *beige* con matrícula también francesa: 5776 SR 64.

Pero, en contra de su costumbre, poco después de entrar en su domicilio, «Txelis» volvió a aparecer en la puerta. Puso en marcha la Honda Beluga y tomó precipitadamente la carretera nacional de San Juan de Luz en dirección a Bayona-La Négresse. En este punto cambió de rumbo y viró hacia Arcangues y, tras hacer un nuevo giro de ciento ochenta grados en una rotonda donde los Renseignements Généraux franceses tenían un puesto fijo de observación camuflado desde hacía meses, tomó la carretera comarcal Saint-Peé-sur-Nivelle.

Después de perderse en un camino sin salida, retomó la carretera principal y se metió por una vía lateral que une las carreteras de Saint-Peé-sur-Nivelle con la de Arbonne. La Guardia Civil, que tenía establecidos sus puntos de observación entre ambas carreteras de la campiña francesa, no le vio regresar ni salir hacia Arbonne. El jefe de ETA, por lo tanto, había decidido pernoctar en alguno de los caseríos situados en esta carretera de menos de tres kilómetros de largo.

Esa noche, de regreso al cuartel de Intxaurrondo, cuando hicieron la valoración diaria de la operación, los responsables policiales saltaban de júbilo.

—Jefe, por primera vez «Txelis» se ha largado solo a encontrarse con alguien. ¡No se ha fiado ni de su guardaespaldas!

—¿Le habéis seguido? ¿Sabéis en qué lugar ha estado exactamente? —preguntó Rodríguez Galindo.

—Le hemos perdido, pero no tiene importancia. Sabemos que ha entrado en algún caserío entre Arbonne y Saint-Peé.

El hecho de que fuera solo, aunque le costara encontrar la casa e incluso se perdiera, indicaba que no era la primera vez que había estado en aquel lugar. Todo indicaba que efectivamente «Txelis» había acudido a un lugar de máxima seguridad a entrevistarse con alguien que estaba por encima de él.

Tras meditar unos segundos, Rodríguez Galindo se quedó como petrificado. Exclamó, saboreando sus palabras:

—¡Esta noche ha ido a entrevistarse con «Pakito»! ¿Qué te apuestas, Bravo?

Los acontecimientos iban, muy pronto, a demostrar quién de los dos tenía razón.

* * *

El caserío Txantxangorria se encuentra en la mitad justo del camino vecinal que une las carreteras de Saint-Peé-sur-Nivelle con la de Arbonne. Situado a la derecha de la calzada, unos altos muros de cemento blanqueados, una hilera de setos bien cortados y numerosos árboles protegen la casa solariega —de una sola planta con tejado rojizo a dos aguas— de toda mirada indiscreta. En el caserío, uno de los más respetables de la zona, pasaban sus vacaciones el cineasta francés Antoine Harispe y su mujer Daisy. Con unos tres mil metros cuadrados de jardín, la vivienda tiene una piscina rectangular, un amplio cobertizo que sirve de garaje y varios parterres de flores. No faltaba ninguna comodidad.

Al día siguiente de que los servicios especiales de la Guardia Civil perdieran la pista a «Txelis» en esa pequeña carretera vecinal, un hombre de Rodríguez Galindo se vistió de cazador.

Con la canana a la cintura, la escopeta al hombro y el *point terrier* en la parte trasera de un embarrado Range Rover, se plantó en el bosque cercano a Txantxangorria.

Allí, acompañado por un grupo de confidentes franceses, entre tiro y tiro hace nuevos descubrimientos. Ve la moto de «Txelis» dentro del recinto del caserío Txantxangorria y lo comunica por radio.

En el cuartel de Intxaurrondo, la localización del caserío en que ha dormido el dirigente etarra se considera un hallazgo importante. El día, sin embargo, va a deparar más sorpresas.

Sobre las doce de la mañana empieza el movimiento. Dos coches hacen su aparición por el camino vecinal y se adentran en Txantxangorria. De cada uno de los vehículos desciende un hombre y se mete dentro de la casa.

La reunión de «Txelis» con los dos misteriosos personajes dura más de siete horas. Se celebra rodeada de fuertes medidas de seguridad: los conductores de los vehículos, apostados tras los setos, están pendientes de cualquier movimiento extraño en el exterior.

Los ciento treinta guardias civiles que ese día se encuentran repartidos por el País Vasco francés concentran todos sus efectivos en las inmediaciones del caserío Txantxangorria. Desde sus puestos de observación pueden ver el modelo y el color de los dos coches, pero tienen dificultades para obtener las matrículas. De todas maneras, la Guardia Civil está segura por primera vez de que ha asistido, a doscientos metros de distancia, a una reunión de la Ejecutiva de ETA.

Aquella noche, cuando celebra en Intxaurrondo el *briefing* habitual, Galindo no puede aguantar más. Llama por teléfono a Luis Roldán y le dice:

—Sabemos dónde se reúne la dirección de ETA.

El director general de la Guardia Civil da un brinco en la silla. No se lo puede creer. Piensa que son cosas de Galindo, que siempre ha soñado con capturar a los dirigentes de la banda terrorista.

—¿Cómo dices?

—Tenemos localizada a la cúpula etarra —repite Rodríguez Galindo.

—¿Hay posibilidades de cogerles? —pregunta.

—Sí —responde Galindo—, pero debemos ser pacientes y sobre todo que no lo sepa nadie más que tú. Y mucho menos los malditos franceses.

Al coronel de la Guardia Civil de San Sebastián no le faltaba razón. En dos ocasiones en aquel mes, la Secretaría para la Seguridad del Estado que dirigía Rafael Vera y el coordinador francés de la lucha antiterrorista, Roger Boslé, habían estado a punto de echar a perder las miles de horas de trabajo que había supuesto hasta entonces la «operación Broma-Queso».

* * *

Didier Beger, de doce años de edad, había acudido aquella tarde con un grupo de amigos a jugar a la playa del Pavillon Royal, en el municipio de Bidart. Llevaban media hora correteando de un lado para otro al tiempo que daban puntapiés a un balón cuando éste fue a caer entre un grupo de matojos. En el momento de recogerlo, Didier tropezó con unos cables. Tiró de ellos y aparecieron unos artilugios atados a un paquete de pilas de 4,5 voltios. De repente, vio algo que llamó su atención y con lo que pensó se lo pasaría en grande: era un radiotransmisor con apariencia de *walkie talkie.*

Permaneció un rato observando el aparato y jugando con los

botones. Como nadie le requirió la propiedad de su hallazgo y estaba feliz con su descubrimiento, decidió apropiárselo.

Cuando regresó a su casa, sobre las cinco de la tarde, le enseñó orgulloso a su padre su nuevo juguete. Este, un miembro de la Gendarmería francesa, observó el aparato y se quedó estupefacto. Comprendió que aquel transmisor Motorola, fabricado en Estados Unidos por una de las primeras empresas de electrónica del mundo, no era un aparato cualquiera.

Había sido manipulado. Unas expertas y hábiles manos habían quitado el micrófono del interior y lo habían cambiado por otro más potente y con mayor cobertura. Habían incorporado además un condensador que permitía captar las conversaciones producidas en un radio de cien metros a la redonda. Era, en toda regla, un sofisticado transmisor de espionaje.

Tras localizar el lugar exacto donde había encontrado el aparato, el gendarme se vio obligado a comunicarlo al prefecto de Bayona. Y, lo que era peor: veinticuatro horas después el comisario francés para la lucha antiterrorista, Roger Boslé, tenía conocimiento del hecho.

Celoso guardián de la soberanía francesa en el departamento de los Pirineos Atlánticos, Boslé montó en cólera. Llamó urgentemente al coronel Rodríguez Galindo al cuartel de Intxaurrondo.

—Un gendarme me acaba de traer un micrófono transmisor encontrado en la playa de Las Landas. ¿Es vuestro? —le preguntó a Rodríguez Galindo con un tono de voz que no ocultaba su irritación.

Las relaciones entre Galindo y Boslé no eran buenas desde 1990, cuando el jefe de la Guardia Civil tuvo que abortar precipitadamente la captura de «Waldo» porque un hombre de Boslé había filtrado la información a los medios abertzales franceses y el dirigente etarra supo que estaba siendo seguido.

—Sí, sí, es un transmisor nuestro —reconoció Galindo a regañadientes—. Se le perdió a uno de nuestros agentes que había ido de compras al Carrefour.

Galindo sabía perfectamente que su interlocutor no se había tragado la película.

—Bueno... Mañana puedes mandar a recogerlo —le respondió secamente Boslé—. Pero procura que a tus hombres no se les vuelvan a «perder» aparatos como éste en mi demarcación sin mi conocimiento.

—Lo tendré en cuenta —se excusó incómodo.

Las cosas, sin embargo, se complicaron cuando un teniente de la Gendarmería decidió poner el incidente por escrito y comunicárselo al procurador general del Estado. Los hechos llegaron a conocimiento de las autoridades de París y el Ministerio del Interior francés elevó una dura y enérgica nota de protesta al Gobierno de Felipe González a través del Ministerio de Asuntos Exteriores.

Por si eso fuera poco, París decidió enviar al País Vasco francés una unidad especial de la DST (Direction de la Surveillance du Territoire), el servicio secreto militar del Gobierno galo, para que investigara el incidente y capturara a los guardias civiles que posiblemente habían infringido las leyes que garantizan la integridad e inviolabilidad del territorio soberano francés.

Aunque durante la celebración de los Juegos de Invierno de Albertville Rafael Vera, el secretario de Estado para la Seguridad, y su colega francés, el ministro del Interior Pierre Marchand, habían decidido poner en funcionamiento las patrullas mixtas en el País Vasco francés, éstas eran de hecho patrullas fantasmas. Su existencia no constaba en ningún documento oficial, y su puesta en marcha tenía, además, serios detractores. Y el principal de ellos era el comisario Boslé, el máximo responsable de la lucha antiterrorista en Francia.

El duro incidente diplomático que se produjo a raíz del descubrimiento del micrófono espía de la playa del Pavillon Royal de Bidart, sin embargo, pasó desapercibido para la opinión pública española y francesa. Ni un solo medio de comunicación «olió» la noticia.

Quien sí publicó una información que estuvo a punto por segunda vez de dar al traste con la captura de la cúpula etarra fue el diario *El País*. El 4 de marzo de 1992, el periódico que preside el «zar» de la prensa Jesús Polanco publicaba en primera plana que un supuesto comando de Guipúzcoa había abandonado Rentería para preparar la liberación de varios presos de ETA de la cárcel de Ocaña mediante la utilización de un helicóptero. El comando, según el rotativo madrileño, podría estar escondido en Valladolid o Madrid ultimando los preparativos para la acción. Los integrantes de este comando eran, nada más y nada menos, que «Patxi» y Anselmo, los hombres que activaron la «operación Broma-Queso». Unos días antes éstos habían huido de sus domicilios tras la caída de un comando. Previamente, la Guardia Civil, a través de escuchas telefónicas, había tenido conocimiento de que «Patxi» y

Anselmo pretendían liberar a tres activistas de ETA presos en la cárcel de Ocaña mediante un helicóptero que iban a alquilar en Madrid.

Como no había constancia de si los etarras estaban realmente escondidos o se habían trasladado a la capital de España para preparar la liberación de sus compañeros presos, el Ministerio del Interior, en lugar de colocar varios cables de acero en forma de aspa cruzando los patios de la cárcel de Ocaña —lo que hubiera imposibilitado el aterrizaje del helicóptero—, optó por la vía más fácil. A través del jefe de prensa del Ministerio del Interior, Agustín Valladolid, se facilitó la información al periódico *El País* con la intención de que los terroristas huyeran al leer la noticia.

Lo que se provocó fue, sin embargo, que el jefe del nuevo comando, «Patxi» Rollán, escribiera una larga carta al responsable de la oficina política de ETA, «Txelis», comunicándole que habían sido descubiertos por la Policía en San Sebastián y que se iban a quitar de en medio unos días.

«Por fortuna para nosotros —contó a los autores del libro el capitán Bravo—, "Patxi" dio todas las garantías a "Txelis" en la carta de que no habían sido seguidos hasta el sur de Francia. Porque de otra manera la dirección de ETA se hubiera quitado de en medio de forma inmediata.»

Ante el cúmulo de incidentes de última hora y el temor a que los franceses, principalmente el comisario Boslé, pudieran reventarles la operación, la Guardia Civil decidió jugárselo todo a una carta.

—Yo creo —dijo Galindo a sus hombres— que deberíamos pedir la colaboración de la Policía Judicial gala. Allí tenemos siete u ocho amigos que no nos van a traicionar.

Transcurría la primera semana de marzo de 1992. El capitán Bravo tenía, a partir de ahora, una misión muy delicada por delante: convencer a la PJ francesa de que algo muy importante se cocía y pedir su ayuda y confianza ciega en ellos.

Algo muy difícil de lograr, dado el tradicional recelo de las autoridades galas hacia la Policía española y la Guardia Civil tras las operaciones del Batallón Vasco-Español y del GAL en el departamento de los Pirineos Atlánticos.

* * *

Regis Abribat, más conocido en los ambientes policiales y periodísticos de España y Francia por el sobrenombre de «Lamothe», escuchó atentamente las palabras del capitán de la Guardia Civil Diego Bravo.

—Lo que vengo a contarte —le dice Bravo— es algo que sólo sabemos tres personas: el coronel, tú y yo. Y no queremos que se enteren ni en París ni en Madrid.

Bravo hace una pausa[7], y pone un especial énfasis en las siguientes palabras:

—Una fuente nuestra que tenemos en ETA nos va a decir el día, la hora y el lugar exacto en que podemos detener a «Pakito».

Atrapar al mítico dirigente etarra era la culminación de la carrera de todo buen policía, y a «Lamothe» le brillaban los ojos de ansiedad.

—¿Y qué esperas de la Policía Judicial? —preguntó.

—Tu colaboración. Como sabes, no nos fiamos de nadie. Y como no podemos intervenir en territorio francés, nos gustaría que tengas una unidad especial de intervención preparada todos los fines de semana.

—¿Y si todo resulta una falsa alarma?

—No te preocupes, que la información es seria. En el momento en que nuestro confidente esté fuera de la zona nosotros te avisamos y tú intervienes.

—¿Eso es todo?

—En efecto. Nosotros no queremos las medallas. Preferimos que os las pongáis vosotros pero que nos ayudéis a capturar a «Pakito».

De treinta y cinco años, mediana estatura, complexión débil, rubio y con bigote, Regis Abribat es uno de los más prestigiosos comisarios en el departamento de los Pirineos Atlánticos. En 1985 llegó a Bayona como jefe de la Policía del Aire y Fronteras (PAF), el grupo policial francés que llevó más directamente la lucha contra ETA en esa época. Cinco años después, se pasó a la Policía Judicial (PJ) y estableció su cuartel general en el número 1 de la Avenue Léon Moynac de Bayona, desde donde dirigía un grupo de treinta y cinco hombres dedicados a la persecución de la delincuencia organizada. Desde entonces la PJ se convirtió en una de las armas más eficaces del Gobierno francés en la lucha antiterrorista.

—¿... Y dices que no debo comunicarlo a París? —preguntó de nuevo.

—Exactamente. Esta vez no queremos que haya filtraciones.

[7] Según su propio relato a los autores del libro.

El comisario Abribat se dio cuenta de que la Guardia Civil le ocultaba algún dato, pero prefirió callar. Al fin y al cabo ninguna policía del mundo estaba dispuesta a regalar un servicio a otra, como ocurría en aquellos momentos con la Guardia Civil. Cuando Bravo se marchó, se puso en contacto con París y pidió que le enviaran una sección de la unidad especial de Investigación, Asistencia, Intervención y Disuasión (RAID) con base en la capital francesa.

La presencia de los «hombres araña» del RAID era un elemento esencial para la captura de la cúpula de ETA. «Pakito», a partir de ahora, tenía los días contados.

* * *

El día «D» fijado para la operación lo iba a marcar la propia ETA. El coronel Galindo y su gente, con los datos recogidos sobre el terreno, sabían que al menos una vez cada quince días, siempre en fin de semana, cuando la Policía francesa bajaba la guardia, la despiadada cúpula de la organización del hacha y la cabeza de serpiente celebraba sus reuniones en algún caserío del País Vasco francés.

La campaña de atentados contra los Juegos Olímpicos de Barcelona y la Expo de Sevilla y el acoso policial de las últimas semanas, en las que ETA se jugaba su supervivencia, hacían que las asambleas de los máximos jefes de la banda armada tuvieran que convocarse más a menudo para ir cambiando de estrategia a medida que avanzaran los acontecimientos. Era la última oportunidad de los terroristas para forzar al Gobierno a negociar.

Así que Rodríguez Galindo, que contaba ya con la cobertura de la Policía Judicial francesa, decidió apretar el cerco. De esta manera se descubrió que el día 7 «Taxi»-Lasalle había vuelto a cambiar de coche. Ahora conducía un Citroën BX azul metalizado matrícula 1918 SP 64, con el que se dirigió al aeropuerto de Biarritz, donde tomó un avión rumbo a París.

¿Qué fue a hacer a la capital gala? La Guardia Civil nunca lo sabrá. Mientras el director general de la Benemérita, Luis Roldán, se quedaba con los fondos asignados al Cuerpo, por limitaciones presupuestarias los agentes encargados de vigilar al terrorista tuvieron que quedarse en tierra. De todas maneras, el guardaespaldas de Alvarez Santacristina estaba de regreso en su domicilio de Ascain pocos días después para entrar de nuevo en acción.

El sábado 14 de marzo, a las siete de la tarde, Lasalle aparece conduciendo un nuevo coche: un Peugeot 309 blanco matrícula de la República Federal de Alemania MZGCH 533. Con él hace un rápido viaje al caserío Txantxangorria, en cuyo interior permanece por espacio de cinco minutos, y después se va a cenar con una joven de Ascain. La Guardia Civil interpreta que la fugaz visita de Lasalle al caserío propiedad del cineasta francés tiene por objeto comprobar si todo está listo para celebrar allí al día siguiente la reunión del Comité Ejecutivo de ETA o si por el contrario existe alguna contraorden.

Los especialistas de la Guardia Civil no se equivocan. Al día siguiente por la mañana, Lasalle recoge al jefe del aparato político de ETA Alvarez Santacristina en el hotel Les Pirinées y le traslada al caserío de Arcangues. Poco después los equipos del coronel Galindo observan la llegada de otros dos coches a Txantxangorria.

En el cuartel de Intxaurrondo, Rodríguez Galindo reúne urgentemente su pequeño «gabinete de análisis». Poco a poco van llegando las informaciones de los más de ciento cincuenta hombres desplazados al sur de Francia y el jefe máximo de la lucha antiterrorista en la provincia de Guipúzcoa está ya seguro de que la cúpula de ETA se encuentra dentro de aquel caserío. A las tres y media de la tarde Galindo se dirige a sus hombres.

—Ha llegado el momento de intervenir —les dice.

Todos saltan de júbilo. El capitán Bravo llama por teléfono al cuartel de la PJ en Bayona.

—Regis —le dice—, tenemos los datos suficientes para suponer que «Pakito» se encuentra en estos momentos reunido en el caserío Txantxangorria de Arcangues.

—¿Le habéis visto entrar? —pregunta Abribat.

—Varios de los nuestros le han seguido hasta allí. ¡Tenéis que actuar de inmediato!

«Lamothe» estudia rápidamente la situación sobre un mapa. Hace números sobre la marcha y obtiene un cálculo aproximado de la cantidad de patrullas que necesita para cubrir seriamente la zona. En esos momentos sólo tiene de servicio treinta hombres y necesita por lo menos el doble.

Llama al cuartel de Intxaurrondo, en San Sebastián.

—Lo siento, pero ahora mismo no puedo improvisar una operación —responde—. No tengo gente suficiente.

—¿Que no tienes gente?

Diego Bravo está que se sube por las paredes. No se lo puede creer. La cúpula de ETA reunida en un caserío aislado, vigilada y cercada por su gente, y la Policía francesa sin efectivos.

—Hombre, en una hora puedo reunir al personal necesario.

Bravo consulta con su superior. Responde:

—Pues hazlo enseguida. ¡Ya sabes que estamos en tus manos!

Regis Abribat empieza a llamar a la unidad especial de «hombres araña» y a los refuerzos de las CRS. A las siete de la tarde el dispositivo se pone en marcha hacia Txantxangorria.

En ese momento, uno de los guardias que vigilan el caserío comunica por el radioteléfono móvil:

—Tango Delta para Base.

—Aquí Base. Le escucho Tango Delta.

—El «Número Uno» ha abandonado el caserío. Repito, el «Número Uno» ha abandonado el caserío.

Rodríguez Galindo, que ha esperado impaciente durante dos horas que los franceses se decidieran a actuar, sabe que ya es demasiado tarde. El coche de «Txelis» acaba de marcharse.

Ante el temor de que se frustre por enésima vez la captura de «Pakito» se pone personalmente al teléfono. Habla con Abribat.

—Comisario. ¡Por favor, para inmediatamente la intervención! —le comunica.

«Lamothe» no entiende nada. Galindo tiene que darle nuevos detalles:

—Uno de mis hombres acaba de comunicarme que la reunión ha finalizado. En unos minutos no quedará nadie.

Regis obedece automáticamente y ordena a sus hombres que vuelvan a sus bases. Sin embargo, el sagaz comisario francés se da cuenta en esos momentos de que la Guardia Civil sabe bastante más de lo que le han informado. Entonces le pide a Galindo que la próxima vez antes de una intervención tan arriesgada le ponga al corriente con un poco más de antelación y le dé más detalles sobre la operación.

* * *

En el cuartel de Intxaurrondo, Enrique Rodríguez Galindo y Diego Bravo habían captado el malestar de su fiel colaborador galo «Lamothe». Era mucho lo que éste arriesgaba. Y sabían que si querían seguir contando con su ayuda debían hablarle claramente.

De esta manera, tres días después, el 18 de marzo, el capitán Bravo invitó a almorzar a su homónimo francés en uno de los mejores restaurantes de Irún, propiedad desde hacía un par de años de la Guardia Civil. Esta organización, desde 1990, venía financiando una parte de sus actividades clandestinas mediante una empresa de máquinas tragaperras que se instalaron en diversos bares y la explotación del mercado gastronómico, debido a la falta de apoyo económico del Ministerio del Interior.

Acompañados por un cabo de la Guardia Civil provisto de un maletín del que no se desprendía ni para ir al cuarto de baño, el *maître* les condujo a una discreta mesa. Allí, sentados frente a una fuente de mariscos regada con abundante champán francés, Bravo se sinceró por primera vez con «Lamothe».

—La verdad —le contó— es que llevamos más de tres meses siguiendo a José Luis Alvarez Santacristina, «Txelis», y tenemos controlados todos los movimientos de «Pakito».

El comisario francés ni siquiera pestañeó. En su fuero interno estaba convencido de que la Guardia Civil llevaba algún tiempo operando clandestinamente en suelo galo. Mientras no ocurriera ningún incidente, a «Lamothe» le parecía bien. Sin embargo, no estaba tan de acuerdo en que la Benemérita interviniera en el sur de Francia llevando armas.

Tras el copioso almuerzo, Bravo y Abribat se trasladaron junto con el cabo del maletín al otro lado de la frontera. Una vez en las dependencias de la Policía Judicial de Bayona, Bravo indicó a Abribat que estaba dispuesto a regalarle toda la operación, el trabajo de varios centenares de guardias civiles durante meses, a cambio de que ellos le dieran cobertura y prepararan el asalto al piso de ETA.

—Ya sabes —le indicó— que nosotros no podemos hacer uso de las armas en territorio francés. No te preocupes, que no va a haber ningún incidente por nuestra culpa.

El policía francés estaba de acuerdo. El capitán español mandó entonces abrir el maletín. Atónito, «Lamothe» no daba crédito a lo que veía.

El maletín contenía centenares de papeles donde se contaban con todo lujo de detalles los movimientos de más de medio centenar de etarras relacionados con la «operación Broma-Queso» iniciada casi cuatro meses antes.

«Lamothe», que continuaba sin saber qué decir, se enteró entonces de cómo la Guardia Civil había interceptado, controlado y grabado más de cuatrocientas citas de etarras y sus colaboradores en el País Vasco francés. Además, los agentes españoles habían anotado las matrículas de centenares de vehículos (por ejemplo, tenían controlados absolutamente todos los coches de Ascain) y las direcciones de varias decenas de pisos y establecimientos frecuentados por los terroristas.

—Ahora entenderás —comentó Bravo en castellano hablando lentamente para que «Lamothe» no tuviera dificultades de comprensión— por qué absolutamente nadie fuera de nosotros y de dos de tus hombres de confianza puede estar al tanto de «Broma-Queso».

—Comprendo... —asintió «Lamothe» mientras movía la cabeza lentamente en sentido afirmativo—. Puedes contar conmigo.

—Sé que podemos y por eso nos hemos dirigido a ti —le dijo el capitán Bravo—, pero hay tres condiciones que debes aceptar para que todo salga bien.

—¿Más condiciones?

—Sólo tres. Si en algún momento nos identifican policías franceses, tenéis que dar la cara por nosotros y tus hombres tienen que decir que estamos trabajando para vosotros. Debéis dejarnos manos libres para seguir haciendo el trabajo de calle y las vigilancias como hasta ahora. Y, por último, nos gustaría que fuera el coronel Galindo quien tuviera la última palabra a la hora de intervenir.

«Lamothe» aceptó sin demasiadas ganas. Como buen policía, sabía que la «operación Broma-Queso» era un bombón que acababan de ponerle en bandeja. De esta manera, si mantenía la discreción debida y sin mover un dedo, sería él quien se llevara los laureles del éxito en el momento en que se capturase a «Pakito».

—De acuerdo —concluye—. Pero si alguno de los vuestros se propasa utilizando un arma sin estar acompañado por un miembro de la PJ, no olvides que la responsabilidad será vuestra.

A partir de entonces las cosas comenzaron a marchar como la seda. La Policía Judicial francesa puso a disposición de la Guardia Civil sus archivos. Se intervinieron decenas de teléfonos en el sur de Francia. Fueron identificados todos los miembros de ETA que tenían los domicilios vigilados por la zona.

Pero lo más importante fue que la Guardia Civil pudo identificar las matrículas de los dos vehículos que habían sido vistos la semana anterior en el caserío Txantxangorria. Uno de ellos, el Opel Corsa granate matrícula 4139 SN 64, pertenecía al chófer habitual de «Pakito», Pierre Langome. El segundo coche, un Ford Escort de color azul matrícula 4585 TD 64, era nada más y nada menos que el vehículo habitual del tercer hombre de ETA, la persona que figuraba en los archivos españoles como el «inventor» de los coches bomba con los que los terroristas realizaban sus masacres: José María Arregui Erostarbe, alias «Fitipaldi».

Los días de libertad para los integrantes de la cúpula etarra (el «enemigo público número uno», el ideólogo y el dinamitero) estaban, a partir de entonces, contados.

* * *

El fin de semana siguiente, el Atlético de Madrid ganó al Valencia en partido de Liga por un gol a cero marcado por Manolo. El presidente del Gobierno israelí iba a comenzar su visita oficial a España y en el aeropuerto de Barajas empezaron a repartirse máscaras para hacer frente a los efectos de la huelga de limpieza. Por esos días, el Tren de Alta Velocidad, protegido por más de 10.000 soldados, hacía también sus primeros viajes de prueba con los técnicos especialistas alemanes y franceses. Y la Expo, a menos de un mes de su inauguración oficial, se vestía de fiesta y abría sus puertas al público.

Entre tanto, en el País Vasco francés se cocían otras cosas. El sábado por la mañana, Lasalle, el chófer de «Txelis», había abandonado su casa de Ascain y realizado un viaje relámpago a un nuevo y desconocido caserío, de nombre Xilocan. Situado en una zona alejada del tráfico y de las miradas curiosas, en la calle sin salida Ene Maitea, de Bidart, la localidad contigua a Gethary, era un lugar tranquilo e ideal para una reunión clandestina.

Acto seguido, comprobado que no existía ningún contratiempo en el caserío, el número dos de ETA, «Txelis», se trasladaba solo, en su moto, para pasar allí la noche.

—El oso está ya en la madriguera —comunica uno de los guardias civiles por radio.

En Intxaurrondo, los miembros del Servicio de Información están de enhorabuena. Todo transcurre según lo previsto.

Entonces un grave incidente está a punto de echar por tierra, de nuevo, la delicada operación. Las CRS detiene en un control a dos de los guardias civiles que han estado siguiendo a Alvarez Santacristina, «Txelis», hasta el caserío Xilocan. Al ser interrogados, los guardias españoles afirman que están trabajando para la Policía Judicial francesa y que el comisario Regis Abribat responde por ellos. Pero al ser cacheados aparecen las pistolas y los policías galos descubren el sistema de transmisiones que llevan camuflado en el maletero del coche.

—¿Y qué hacíais vosotros con las armas reglamentarias en territorio francés?

—Es que antes habíamos estado dando escolta al coronel y no nos ha dado tiempo de volver a la frontera a depositarlas.

Roger Boslé, el responsable francés de la lucha antiterrorista, no se da por satisfecho con la repuesta. Los guardias son sometidos a tres cuartos de hora de duro interrogatorio, hasta que «Lamothe» intercede por ellos por segunda vez y son puestos en libertad.

Al día siguiente, a las doce y media de la tarde, confluyen tres vehículos en el aparcamiento del hotel Bidartea, situado a quinientos metros del caserío Xilocan. Poco después, los guardias civiles que tienen tomadas las proximidades del caserío y del *parking* comienzan a notar una serie de movimientos extraños.

El conductor de uno de los vehículos hace una señal con los faros y uno de los ocupantes de uno de los coches sale de éste y se monta en otro.

Un guardia civil de los equipos de información operativo en la zona, situado a menos de ciento cincuenta metros del *parking*, da inmediatamente la alerta a través de un sofisticado sistema de comunicaciones preparado para que no pueda ser captado por ETA.

—¡El hombre que acaba de cambiarse de coche es «Pakito»! —exclama rotundo.

—¿Estás seguro? —le pregunta su jefe.

—Noventa por ciento, mi capitán —responde su interlocutor visiblemente nervioso.

La caravana se pone en marcha. El coche en el que se supone que viaja «Pakito», el jefe de ETA, circula en el centro, escoltado por los otros dos vehículos. A la una y diez de la tarde hacen su entrada en el caserío Xilocan. De nuevo el Servicio de Transmisiones de la Guardia Civil en el cuartel de Intxaurrondo capta las voces de los equipos operativos que rodean el caserío.

—Mi capitán, yo también he visto a «Pakito». Era uno de los dos hombres que han entrado en el caserío.

—¿Puedes afirmarlo?

—Afirmativo. Al noventa por ciento, como mi compañero.

En el cuartel de Intxaurrondo, en San Sebastián, al coronel Rodríguez Galindo y a su segundo, el capitán Bravo, se les encienden todas las luces rojas. Rápidamente, Galindo ordena al capitán «Bonsai», al frente del operativo en el sur de Francia, que se reúna con todos los agentes que están sobre el terreno y que le cuenten exactamente lo que vieron.

«Bonsai» improvisa varios *briefings* en bares, gasolineras y establecimientos públicos de la zona. Sólo dos guardias civiles identifican a «Pakito» como el hombre que está en esos momentos en Xilocan.

Son las dos y media de la tarde. El tiempo pasa velozmente. Galindo quiere contar con la máxima seguridad antes de lanzar al RAID francés contra el caserío. Pide nueva confirmación de los datos.

Los guardias se reafirman en lo que han visto. Como es día festivo, el Servicio de Información de la Guardia Civil está operando sin la cobertura de los miembros de la Policía Judicial, que les podría servir de escudo.

—Como venga un gendarme acabamos todos en chirona —comenta un agente recordando el incidente de días anteriores.

Mientras el capitán Bravo se pone en contacto con «Lamothe» para advertirle que tenga preparado al RAID, ya que «puede avisarle de un momento a otro», Rodríguez Galindo manda estrechar el cerco. Y da una orden tajante a sus hombres, jugándose su carrera a una carta:

—Si estáis seguros de que «Pakito» está dentro y alguien intenta salir, mi orden es que intervengáis.

En Bidart, los guardias han empezado a ponerse nerviosos. No están seguros de que ahora los franceses vayan a intervenir a tiempo. El sargento «Piedra», en un momento dado, se acerca pistola en mano a Julián Cortés, «Bonsai» y le dice:

—Mi capitán, yo no puedo aguantar más. Estoy seguro de que la persona que salió del coche de Lasalle es «Pakito» y, si no vienen los franceses, actuaré solo.

«Bonsai» le tranquiliza. Entretanto, en Intxaurrondo, el «gabinete de análisis» de Rodríguez Galindo está casi seguro de que las tres personas reunidas en Xilocan son «Pakito», «Fitipaldi» y «Txelis».

Tanto Rodríguez Galindo como Bravo saben que si las otras dos personas que están dentro no son miembros de la dirección de ETA, aunque entren y detengan a «Txelis» se habrá echado por la borda la operación más dura y paciente jamás realizada por cuerpo policial español alguno. ¡Es un órdago a la grande!

Si el hilo conductor hacia la dirección de ETA se rompe van a ser necesarios muchos meses e incluso años de laboriosa y minuciosa investigación para llegar a Francisco Múgica Garmendia, la «cabeza de la serpiente».

El tiempo sigue volando. Son ya las 16.50 de la tarde. En esta ocasión Galindo confía más que nunca en su gente.

—Si mis hombres dicen que «Pakito» está dentro —le comenta a Bravo—, es que está.

—¿Qué hacemos entonces, jefe? —pide instrucciones el capitán, mirando el reloj.

—Nada. ¡Diles a los franceses que adelante! ¡Que no pierdan ni un minuto!

Mientras el coronel de la Guardia Civil descuelga el teléfono para llamar al director general del Cuerpo, que ese fin de semana se ha desplazado a Pamplona a esperar acontecimientos, Bravo hace otro tanto.

Descuelga un aparato y marca un número de Bayona reservado para la operación. Al otro lado del hilo telefónico escucha la voz del comisario Regis Abribat, «Lamothe».

—Es la hora —le dice—. Manda sin dilación a todos tus hombres al caserío Xilocan.

A «Lamothe» le da un vuelco el corazón. A última hora le han entrado las dudas. Se la juega y lo sabe.

—¿Estás seguro de que «Pakito» se encuentra dentro? —inquiere abrumado por el peso de la responsabilidad.

Bravo capta los momentos de incertidumbre. La angustia del comisario de Policía amigo que tiene que ordenar al RAID el asalto a un domicilio.

—Seguro no. ¡Segurísimo! —le da ánimos—. Ahora mismo te mando un oficial para que te ponga al tanto de todos los detalles.

A las 6.10 de la tarde el dispositivo policial francés se pone en marcha. Una larga caravana de vehículos toma la autopista de Bayona en dirección a San Sebastián, pero se desvía veinte kilómetros antes, en la localidad francesa de Bidart.

Al frente del impresionante despliegue va la unidad especial de intervención, con todos sus miembros enfundados en monos negros ajustados perfectamente a sus cuerpos y con las caras cubiertas con pasamontañas. Todos ellos llevan armas automáticas y fusiles de repetición con mira telescópica.

El RAID toma posiciones frente al caserío y, cuando todos sus agentes están colocados y todas las salidas posibles se encuentran bajo el punto de mira de los fusiles, el jefe de la unidad conmina a través de un megáfono a los terroristas a rendirse.

—¡Vosotros, los del caserío! —les dice—. ¡Somos la Policía y estáis rodeados!

El responsable del asalto hace una pausa. Se produce un silencio tenso. En el interior de la vivienda no se escucha ni el vuelo de una mosca. Por un momento, los miembros del RAID piensan que están allí perdiendo el tiempo.

La voz metálica del jefe de la unidad vuelve a tronar por medio del megáfono:

—¡Salid con las manos en alto y no os pasará nada!

En Xilocan se palpa de nuevo un silencio sepulcral. Aparentemente, salvo por los vehículos aparcados en su interior, el inmueble parece encontrarse vacío.

A las 6.17, el responsable Regis Abribat ordena el asalto. Los «hombres araña» entran por puertas y ventanas al mismo tiempo y controlan todas las dependencias del edificio en cuestión de segundos.

Durante el barullo organizado, en medio de la confusión reinante, un individuo de unos cuarenta años abandona el caserío mostrando la pistola que lleva bajo la chamarra.

—¡Policía! ¡Policía! —grita, tratando de abrirse paso.

Cuando está a punto se saltarse el cerco policial, Regis Abribat ordena:

—¡Deténgalo enseguida!

Un hombre del RAID, del cinturón de protección, reacciona instintivamente. Fusil en mano, le corta el paso en seco.

—Ese no es ningún policía. ¡Es «Fitipaldi»! —explica el comisario de la Policía Judicial de Bayona al observarle más de cerca.

En ese momento, otro miembro del RAID se asoma al tejado e indica con un pañuelo, mediante señas, que la operación ha concluido y que en el interior no se encuentra nadie más.

La indignación y el nerviosismo de los agentes españoles se hizo patente en aquellos momentos.

—¡Sigan buscando! Esos cabrones están ahí escondidos. Todavía hay dos hombres más por lo menos. ¡Nosotros les hemos visto entrar y de aquí no ha salido nadie! —vociferó histérico un sargento de la Guardia Civil.

Los franceses, que habían dado por terminada la operación, ante la insistencia del Servicio de Información español accedieron a dar una nueva batida por la casa.

En el sótano, escondidos bajo una escalera semiencubierta del garaje, fueron capturados «Pakito» y «Txelis». Habían permanecido ocultos y casi consiguieron escapar de nuevo.

Cuando los gendarmes les sacaron esposados de Xilocan, los guardias civiles estallaron en gritos de alegría. La algarabía organizada fue transmitida a través de los sistemas de comunicación y escuchada en el cuartel de Intxaurrondo a donde acababa de llegar momentos antes el director general de la Guardia Civil, Luis Roldán. A éste le faltó tiempo para descolgar un teléfono y llamar al ministro del Interior, José Luis Corcuera, que llevaba varias horas impaciente esperando noticias en su despacho de Madrid.

—Ministro, ¡bingo!

Corcuera llamó inmediatamente a Felipe González y le comunicó la noticia.

Media hora más tarde, todas las emisoras de radio y de televisión españolas y francesas abrían sus informativos con la caída de la dirección de ETA.

Al día siguiente, las autoridades policiales del País Vasco francés ofrecían una rueda de prensa, a la que asistía el coronel Rodríguez Galindo, para explicar la captura de ETA. Pero el lugar en que debía haberse sentado el comisario de la Policía Judicial de Bayona, Regis Abribat, «Lamothe», se encontraba ocupado por otra persona: el responsable político de la lucha antiterrorista francés, Roger Boslé.

«Yo ya había indicado que ésta era la única forma mediante la cual llegaríamos a la desarticulación de ETA —señaló Boslé[8].

El ministro del Interior galo, Philippe Marchand, que había estado a punto de estropear un mes antes la operación, inflado aquella tarde de orgullo sentenció para la historia: «La manera en que ha sido llevada a cabo esta operación demuestra que la colaboración es perfecta. Españoles y franceses vamos a poner a ETA de rodillas.»

Al coronel Enrique Rodríguez Galindo se le enrojeció la cara. No pudo disimular la rabia y la ira contenida. Boslé y Marchand, dos de las personas que más energías habían gastado para dificultar las investigaciones de la Guardia Civil en el sur de Francia, aparecían ahora ante los ojos de toda Europa y la policía del mundo entero como los cerebros que habían facilitado la captura de la cabeza de una de las organizaciones terroristas más activas y sanguinarias del Viejo Continente.

---

[8] Se refería al uso de las brigadas mixtas.

«Como en las mejores novelas policiacas, cualquier parecido con la realidad es mera coincidencia», pensó el responsable del Servicio de Información de Intxaurrondo. Pero, como buen militar, hizo honor a la disciplina y se tragó sus sentimientos, mientras el cava corría esa tarde en Intxaurrondo.

CAPITULO DIECIOCHO

ARGEL: NEGOCIACIONES CON LA MUERTE

Veinticuatro horas después de que ETA militar asesinara a once personas e hiriera a otras treinta en Zaragoza, con los cuerpos de las víctimas aún calientes, el secretario de Estado para la Seguridad, Rafael Vera, envió un emisario a Argel con el siguiente mensaje: «Dejad de matar y empezaremos a negociar.» Pero las negociaciones de Argel no se pudieron iniciar. ETA secuestró a Emiliano Revilla. El Gobierno envió entonces al comisario Manuel Ballesteros, en dos ocasiones, con un segundo mensaje. «Soltad a Revilla porque, bajo presión, no podemos sentarnos en la "mesa de Argel".» Años antes, en 1980, el último secretario de Estado para la Seguridad de UCD, Francisco Laína García, se «entendía» ya con el abogado de Herri Batasuna Iñaki Esnaola, al que consideraba su «topo» y a quien quiso infiltrar en el Comité Ejecutivo de ETA. Las gestiones de Esnaola para llegar a un acuerdo en Argel, sin embargo, resultaron infructuosas.

Al comandante de la Guardia Civil Félix Hernando se le revolvía el estómago y la adrenalina se le amontonaba en la cabeza cuando le echaba la mirada encima.

No podía evitarlo. En el reducido habitáculo en que viajaban era imposible perderle de vista por un sólo instante. Así, cada vez que sus ojos se cruzaban con los del hombre que ahora tenía al lado veía en su cara los rostros ensangrentados de sus compañeros muertos, los estómagos reventados por la metralla, los pies y las manos mutilados y los restos de masa encefálica de algunas personas que habían trabajado a sus órdenes esparcidos sobre el pavimento.

De estatura más bien baja, calvo y con bigote, Hernando pensaba que la mejor manera de acabar con aquel problema era metiéndole los catorce tiros de su flamante pistola Browning entre ceja y ceja al tipo que le habían ordenado custodiar.

Miembro activo de la lucha clandestina contra ETA, años atrás, cuando en la etapa del posfranquismo y la transición [1] sus jefes pensaban que la mejor manera de acabar con el terrorismo era combatirlo con sus propias armas, no le habría temblado el pulso si se hubiera encontrado frente a un dirigente de ETA, como ocurría ahora.

Los tiempos habían cambiado vertiginosamente. Ya nadie ponía bombas por la noche en la vieja librería Mugalde ni en las casas de los etarras en el sur de Francia. No se quemaban las sedes de Herri Batasuna ni había grupos de incontrolados que secuestraban o daban palizas en la oscuridad a los vascos vinculados al radicalismo abertzale.

El mismo había evolucionado también. Y ahora ocupaba un amplio despacho enmoquetado en tono pastel en la planta segunda de la Secretaría de Estado para la Seguridad que mandaba Rafael Vera. Había cambiado la nitroglicerina y su mortal arma Browning por una maquina de escribir eléctrica Olivetti.

En todo caso, Hernando, a diferencia de los pistoleros de ETA, se consideraba un hombre de bien, un profesional serio y disciplinado. Estaba entrenado para convivir con el sufrimiento, para tragarse sus sentimientos, hacer de tripas corazón y obedecer sin pestañear las órdenes que recibía.

La persona que tenía enfrente, Eugenio Echeveste Arizcuren, «Antxón», jefe de la Oficina Política de ETA, debía sospechar algo de lo que le rondaba por la cabeza al guardia civil, porque casi nunca le miraba de frente. Prefería cerrar los ojos, estirar las piernas y abandonarse en una especie de sopor parecido al sueño a soportar un intercambio de palabras con su oponente.

Desde la muerte de Domingo Iturbe Abasolo, «Txomin», el 26 de mayo de 1987, Echeveste se había convertido en el máximo dirigente de ETA militar, a la que se atribuía casi un millar de muertos en la transición política. Alto, con la cara redonda y la voz chillona, ligeramente afeminada, el hombre fuerte de la organiza-

---

[1] La revista *Interviú* publicó en 1979 que Félix Hernando, de la Sección Segunda de la Guardia Civil, era uno de los principales dirigentes de los llamados «grupos incontrolados» que actuaban en el País Vasco en las «operaciones clandestinas» contra ETA.

ción terrorista vasca no se sentía tranquilo ni seguro en aquel avión.

El comandante Hernando era, ante todo, un hombre leal a sus superiores. Por eso, aquel 9 de julio de 1987 se había levantado muy temprano. A las siete de la mañana había comenzado su delicada misión: trasladar al dirigente de ETA desde Ecuador hasta Argelia en el vuelo 32 de Aerolíneas Ecuatorianas. Ese hombre serviría de interlocutor con el Gobierno en las llamadas «conversaciones de Argel».

El avión despegó puntual. A las siete en punto de la mañana se erguía en el cielo con destino a Bogotá (Colombia). Por delante quedaban todavía largas horas de viaje. El aparato ecuatoriano tomó tierra en la capital colombiana después de tres horas de pacífico vuelo. Allí, gracias a las gestiones del agregado militar de España en Caracas, pudieron permanecer hasta las 13.30 en una sala de tránsito, bajo la aparatosa vigilancia de varios policías militares vestidos de uniforme. Cuando les avisaron de la salida de su nuevo vuelo, el número LH-535 con destino a Frankfurt, les custodiaron hasta la escalerilla del avión de Lufthansa.

El Boeing 747 de la compañía bandera de la República Federal de Alemania aterrizó en el aeropuerto de la industriosa ciudad alemana a las 10.45. Nuevamente les esperaban interminables horas muertas en otro habitáculo del principal aeropuerto alemán. Sin embargo los policías germanos no perdieron el tiempo. Interrogaron a Echeveste y le retiraron durante algún tiempo su ordenador de bolsillo antes de la llegada del avión de Air Algerie.

A las tres de la tarde embarcaron en el vuelo H2071 que tenía previsto llegar a Argel a las 16.30 de aquella misma tarde. Después de casi treinta y seis horas sin pegar ojo, con la pistola al cinto y un nudo en el estómago por no poder resolver el problema de ETA en la forma contundente y expedita que le habían enseñado en la Academia Militar de Zaragoza, entregó por fin al «prisionero» a la Policía argelina.

Allí, otras personas probablemente más preparadas que él pensaban que se podía hablar y negociar con los terroristas.

* * *

Julen Elorriaga tampoco podía imaginarse cómo iba a reaccionar el día en que tuviera al máximo dirigente de ETA, Eugenio Echeveste, sentado en una mesa frente a él.

Ex gobernador civil de Guipúzcoa y delegado del Gobierno en el País Vasco, este técnico informático de Irún, llegado a la política en 1982, lo tenía claro: con la organización terrorista vasca sólo se podía negociar dónde y cuándo iba a abandonar las armas.

Descendiente de una familia modesta, Elorriaga había recibido una llamada inusual un día lluvioso de otoño, en 1987.

—Necesito que vengas sin falta pasado mañana a Madrid a una reunión altamente secreta —le dijo una voz para él más que familiar.

Era el ministro del Interior, José Barrionuevo Peña. El hombre del Ejecutivo en el País Vasco no preguntó más. Cuando se encontró frente al responsable de Interior, éste le informó de que el secretario de Estado para la Seguridad, Rafael Vera; los directores generales de la Policía y la Guardia Civil, José Rodríguez Colorado y Luis Roldán; el vicelehendakari, Ramón Jáuregui, y el secretario general de los socialistas vascos, José María Benegas, le habían propuesto como la persona más adecuada para negociar con ETA. Luego, Felipe González había dado personalmente su beneplácito. Así, el delegado del Gobierno en el País Vasco acababa de ser elevado oficiosamente a la «categoría» de interlocutor entre el Estado español y los terroristas vascos.

Un encargo nada fácil, a su entender. El hecho de que una representación de un Gobierno legalmente constituido se sentara con una banda de pistoleros para negociar en un país neutral asuntos que sólo se podían decidir por las urnas, era una locura y suponía un tremendo deterioro para las instituciones democráticas. Se necesitaban luz y taquígrafos, sí. Pero cuando los terroristas hubieran depuesto las armas.

La cuestión era más difícil todavía si se pensaba que el único argumento que podía utilizar ETA para sentar al Gobierno en la «mesa de Argel» era un montón de cadáveres, de mujeres viudas en la flor de la vida y de niños huérfanos. Ningún partido en el poder, asentado o no sobre diez millones de votos, podía hacer almoneda de aquel enorme número de asesinatos a sangre fría cometidos en aras de una supuesta autodeterminación de Euskadi. Así lo entendía Julen Elorriaga y así se lo hizo saber a Felipe González cuando se entrevistó por primera vez a solas con él, escasas horas antes de coger un avión con destino a Argel.

—Mira, Julen —le había instruido Felipe—, tú intenta convencerles de que no tienen nada que hacer. No hay ninguna posibilidad de acuerdo con una banda de asesinos[2].

—Entonces, ¿de qué voy a hablar con «Antxón»? —preguntó el delegado del Gobierno en Euskadi.

—Diles que entreguen las armas, que dejen de matar y el Gobierno será generoso en la reinserción.

—Tú sabes, Presidente, que eso va a ser imposible. Les conozco perfectamente. Sólo se sentarían en una mesa de negociaciones con el compromiso previo de abordar cuestiones políticas.

—Pues tú tienes que decirles que la política se hace en el Parlamento y en las calles, durante las campañas electorales. ¡Que les quede bien claro!

—Eso es lo que yo creo también. Y me alegra oírtelo decir a ti, porque así ya sé a qué atenerme. ¡No me imaginaba yo a un Gobierno hablando de tú a tú con una banda de terroristas!

Era el 14 de octubre de 1987. Hacía casi tres meses que Eugenio Echeveste Arizcuren, «Antxón», se hallaba en Argel. ETA no había realizado ningún atentado terrorista en las últimas semanas y parecía el momento oportuno para iniciar un primer acercamiento a la organización.

Cuando Julen Elorriaga toma el avión Mystère del 505 Escuadrón del Ejército del Aire en la base militar de Getafe, la tripulación militar formada junto a la escalerilla del aparato le da la bienvenida en primer tiempo de saludo. Elorriaga, a pesar de estar acostumbrado a ese tipo de ceremoniales, piensa para sus adentros que aquella ocasión es muy distinta. Tiene la sensación de que algo importante comenzaba a fraguarse en la historia de España.

* * *

El delegado del Gobierno en el País Vasco no era el primer español que una vez en su vida se había sentido protagonista de hechos importantes en relación con ETA. Otros muchos antes que él habían sentido la misma experiencia.

Las negociaciones con ETA se habían iniciado en plena transición política. En mayo de 1977, en los momentos en que Suárez

[2] Todos los diálogos han sido reproducidos a los autores por alguna de las partes presentes.

convoca el referéndum para la transición, el coronel Angel Ugarte («Urbieta»), el hombre de los «servicios» en el País Vasco, y su compañero Juan Peña viajan de incógnito a Suiza.

En un hotel de Ginebra se entrevistan con Javier Garayalde, («Erreka»), José Manuel Gallestegui Pagoaga («Peixoto») y José María Muñoa y les ofrecen la amnistía de todos los presos políticos a cambio de una tregua y del abandono posterior de las armas. ETA acepta el compromiso y el Gobierno vacía las cárceles de activistas.

Los etarras, sin embargo, no abandonan las armas. La Constitución, que establece la unidad de España, y el Estatuto de Gernika, pactado sólo con el PNV, les lleva a colocarse al margen de las instituciones y a practicar la política de las pistolas.

En 1980 se inician nuevos contactos. Intervienen por parte del Cesid el teniente coronel Manuel Guerrero, jefe del área encargada de los movimientos subversivos, y Rafael Compagny, gobernador militar de Navarra desde 1981. Pero ETA no les considera interlocutores válidos frente al Gobierno. Prefiere seguir empleando el diálogo de las armas.

La situación de las relaciones con Francia no es buena. Recién llegados los socialistas al poder, a principios de 1983, en los pasillos del Ministerio del Interior, en París, se encuentran de pie, impacientes, Txiqui Benegas, «número tres» del PSOE y ocasional «interlocutor» con ETA; Liborio Hierro, subsecretario del Ministerio de Justicia, y Rafael Vera, director de la Seguridad del Estado. Llevan más de una hora a la espera de que el ministro del Interior galo, Gaston Defferre, les reciba. Los tres hombres de Felipe González acuden al país vecino con la importante misión de establecer una estrategia común para acabar con la lacra terrorista.

Cuando por fin logran ver al célebre abogado, periodista y ex miembro de la Resistencia francesa contra los nazis en Marsella y responsable de la cartera de Interior en Francia, han transcurrido más de setenta minutos.

Defferre, acompañado de Bernard García, un vasco-español asesor de el Elíseo para asuntos de ETA, les recibe sin la más elemental de las normas de cortesía. Apresurado, sin decirles que tomen asiento, no presta la más mínima atención a los angustiosos problemas que le plantea la comitiva española. Para el viejo ministro francés, los *gudaris* de ETA que asesinan por la espalda siguen siendo equiparables a sus ex camaradas de la Resistencia[3]. «Ha sido el mayor desplante que he sufrido en la vida», contaría meses más tarde Vera a sus amigos.

Entre tanto, otros intentan sondear a ETA. En 1984 es el entonces comandante Enrique Rodríguez Galindo quien recibe una invitación de ETA para «parlamentar». La propuesta le viene a través de Pello Ordiki, un comandante del ejército peneuvista vasco durante la Guerra Civil.

Ordiki conoce personalmente a «Txomin» Iturbe. Cree en la capacidad negociadora del líder de ETA. Después de hablar con el lehendakari Carlos Garaicoechea y con el dirigente de Herri Batasuna Santiago Brouard[4], quiere convertirse en la persona que lleve la paz al País Vasco. Se ofrece de intermediario.

El ex *gudari* sabe que el jefe del Servicio de Información de la Benemérita en Guipúzcoa es la mano derecha del general Andrés Casinello, jefe de los servicios secretos de la Guardia Civil y hombre de confianza de Felipe González. Un día concierta un encuentro entre Domingo Iturbe y Rodríguez Galindo[5] en la cafetería del hotel Edén Roc de Andorra. Tras los primeros tanteos, Galindo hace una propuesta al dirigente etarra:

—Si quieres negociar, convoca una tregua de tres meses.

—No, no. El Gobierno debe dar el primer paso.

—¿Cómo va a dar el primer paso el Gobierno? Es preciso un gesto de buena voluntad. Si no puedes convocar una tregua en el País Vasco hazlo en Guipúzcoa, para que te creamos.

—Bien. Dala por hecho. Pero tu Gobierno tiene que comprometerse a ampliar las transferencias del Estatuto, a negociar sobre Navarra y a conceder una amnistía general.

—Yo no puedo comprometerme a eso. Son los políticos quienes deben decidirlo, aunque algunas cosas las encuentro razonables.

---

[3] «Señor ministro, para mí los miembros de ETA son como los miembros de la Resistencia francesa», le había dicho Defferre al ministro del Interior Juan José Rosón dos años antes, en presencia del director de la Seguridad del Estado, Francisco Laína, en un almuerzo en el Ministerio del Interior español. Laína, indignado, abandonó la comida para no tener que darle un puñetazo al ministro galo.

[4] Brouard sería asesinado posteriormente en su consulta de Bilbao por el GAL (Grupos Antiterroristas de Liberación).

[5] Rodríguez Galindo empleaba el nombre de guerra de «Comandante Ignacio», según la revista *Punto y Hora*, cercana a ETA.

—¿Estáis dispuestos a una amnistía incluso para Zabarte? [6]

—Eso es imposible. Zabarte no puede salir, por ahora, pero se mejoraría su situación carcelaria.

—Pues no se hable más. ¡Adelante!

Desde el día siguiente cesan los atentados en la provincia de Guipúzcoa. Galindo cuenta su entrevista con ETA a su superior, el general Andrés Casinello Pérez, entonces jefe del Estado Mayor de la Guardia Civil. Este se muestra escéptico.

—¿Qué es lo que quiere negociar ETA? —inquiere.

—Los cinco puntos de KAS [7].

El jefe del Estado Mayor de la Guardia Civil hace una llamada al ministro del Interior. Cinco minutos después responde a Rodríguez Galindo:

—Dile a «Txomin» que prefiero la guerra a la alternativa KAS.

Cuando «Txomin» conoce la propuesta, dos meses después, ni siquiera pestañea. Al día siguiente, 14 de junio de 1984, ETA ofrece su respuesta. Un comando asesina en Larrachu, a pocos centenares de metros del «cuartel general» de la Benemérita en Guipúzcoa, al guardia civil Angel Zapatero Antolín.

El «armisticio» acababa de romperse. El guardia Antolín, uno de los agentes más queridos en el Servicio de Información de San Sebastián, era la primera víctima de esta nueva falta de entendimiento entre Madrid y la cúpula etarra.

El Gobierno no se queda de brazos cruzados. Tras el asesinato del guardia Antolín y, sobre todo, tras el secuestro y la muerte de un tiro en la nuca del capitán de Farmacia Alberto Martín Barrios,

---

[6] Jesús María Zabarte, el más sanguinario terrorista de ETA, había sido detenido poco antes. Sobre su conciencia pesaban más de veinte asesinatos. Algunas de sus acciones, como la de detener un coche en el que una de sus víctimas era conducida al hospital para rematarle, eran tan repugnantes que hacían imposible cualquier perdón.

[7] ETA hasta entonces ponía siempre como techo mínimo para llegar a un «acuerdo» con el Gobierno Central la llamada alternativa KAS (Koordinadora Abertzale Socialista). Esta imponía las siguientes condiciones: 1. La anexión de Navarra a la Comunidad Autónoma Vasca y la entrada en vigor del Estatuto de Gernika con todas sus competencias en las cuatro provincias. 2. Retirada de las «fuerzas de ocupación» (Ejército, Guardia Civil y Policía) del País Vasco y sustitución por las Fuerzas de Defensa Ciudadana de Euskadi. 3. Reconocimiento de la soberanía nacional de Euskadi, incluido el derecho a la creación de un Estado propio e independiente. 4. Legalización de Herri Batasuna como un partido político. 5. Amnistía general entendida como la liberación de todos los «presos políticos» vascos.

en Bilbao[8], surgen los Grupos Antiterroristas de Liberación, los GAL. En un año, sus pistoleros, reclutados en los bajos fondos de Lisboa y Marsella, asesinan a una veintena de dirigentes de ETA y ponen al resto en fuga. Por primera vez en la historia de la organización terrorista, el «santuario» francés dejaba de ser un lugar seguro para ellos.

Francia, tradicional madriguera de los activistas vascos, no tuvo más remedio entonces que ponerse de acuerdo con el Gobierno de González. Así comenzaron las expulsiones de los principales líderes de ETA a Panamá, Gabón, Venezuela, Santo Domingo y Ecuador.

Las autoridades francesas habían perdido la iniciativa en el contencioso vasco. El presidente de la República, François Mitterrand, y su primer ministro, Laurent Fabius, pretendían, sin embargo, que el asunto se resolviera a su manera, es decir, mediante una negociación política en un país neutral. Invocaban el papel «negociador» que había desempeñado Felipe González en la desaparición del M-19, el principal «ejército popular» colombiano, cuando propició un encuentro secreto en casa de Julio Feo, el secretario general de la Presidencia, entre el presidente de Colombia, Belisario Betancur, y los dirigentes de la guerrilla Alvaro Fayad e Iván Mario Ospina.

La presidencia de la República y el Gabinete del primer ministro pusieron a sus hombres a trabajar en secreto. Diseñaron una estrategia que les permitiera tomar de nuevo el control. Gaston Defferre y Bernard García, consejeros de Mitterrand para asuntos vascos, se entrevistaron con Domingo Iturbe Abasolo, el jefe de ETA, y con los abogados Christian Fandó e Iñaki Esnaola.

—Si no negociáis, os expulsamos a todos —les conminaron.

Desde el Quai d'Orsay y el Elíseo se tendieron puentes con el Gobierno vasco y el PNV. París quería implicar al lehendakari en una salida pactada y usarlo de instrumento de presión frente al Gobierno de Madrid.

El 3 de abril de 1986, el hombre fuerte del PNV, Xabier Arzallus, desde su columna dominical en el diario *Deia* lanzó un mensaje bastante claro: «ETA está dispuesta a negociar con el Gobierno.»

---

[8] El capitán Martín Barrios fue secuestrado el 5 de octubre de 1983 y apareció muerto el 18 del mismo mes con un solo tiro, efectuado a bocajarro.

Arzallus sabía lo que decía. Desde hacía meses uno de sus hombres de confianza, Genaro García Andoaín, responsable del Servicio de Información del PNV y de la Ertzaina, se reunía en secreto con representantes del Gobierno francés y con el dirigente de ETA Domingo Iturbe Abasolo en Hendaya. Pero Felipe González y José Barrionuevo no se lo creían. El ministro del Interior, que dos años antes, en agosto de 1984, había declarado al diario *El País* que estaba dispuesto a negociar con ETA «donde quieran, como quieran y sin intermediarios» [9], pensó que era una estratagema para evitar la extradición de Iturbe Abasolo a Gabón.

El Gobierno de Madrid presiona para que el confinamiento del máximo dirigente de ETA en el país africano se lleve a cabo tal como estaba pactado con los franceses. Sin embargo, cuando el 17 de julio de 1986 José Barrionuevo telefonea al consejero vasco de Interior, José María Retolaza, para darle la noticia del inminente traslado de «Txomin» a Gabón, el presidente del Gobierno vasco, José Antonio Ardanza, sale a la palestra. Reconoce que llevan varios meses hablando con el jefe de ETA y que en Moncloa se niegan a entablar negociaciones.

La polémica se zanja con el «destierro» del dirigente de ETA al país centroafricano [10]. Pocas horas antes de tomar el avión con destino a Libreville, el jefe del Gabinete de Información del Ministerio del Interior, Francisco Alvarez, hace un viaje relámpago a París y se entrevista con «Txomin» en la misma terminal del aeropuerto Charles De Gaulle.

—¿Estáis dispuestos a negociar? —pregunta el policía.

—Yo no puedo hablar en nombre de ETA, pero sé que la organización estaría dispuesta a buscar una salida negociada.

—¿Sin condiciones previas? ¿Sin imponer la alternativa KAS?

—Es posible. Todo es posible.

El Gobierno reanuda los contactos con «Txomin» en Gabón. Pero el temor del presidente Bongo a los «ejércitos» de ETA y a

---

[9] El Gobierno ha utilizado siempre un intencionado doble lenguaje en el asunto de ETA. Mientras Barrionuevo pedía a la prensa «parcialidad» en aras de unas supuestas «razones de Estado» a la hora de informar del fenómeno terrorista vasco, el Ejecutivo se sentaba a escondidas a «hablar» con los terroristas.

[10] «Txomin» estuvo pocos meses en Gabón. Amenazó al presidente de la República, Omar Bongo, con enviar a las «tropas» de ETA a invadir el pequeño país de 530.000 habitantes, dominado históricamente por las tribus fang y bantú y vinculado al área francófona.

una posible «invasión» de etarras a su país obliga al Gabinete de González a trasladar a Domingo Iturbe a Argel. Allí le visita por primera vez el secretario de Estado para la Seguridad, Julián Sancristóbal, del que acaba haciéndose amigo [11].

—Y pensar, Julián, que hace un mes yo podía haber ordenado tu muerte, con la excelente persona que eres —le confesó en una ocasión.

Pero el 26 de mayo de 1987 se produce un nuevo estancamiento en las negociaciones. Mientras asiste a unas maniobras militares, según unas versiones, o al intentar colocar una antena en el tejado de su casa en las afueras de Argel, de acuerdo con otras fuentes, el dirigente de ETA recibe un golpe en la cabeza y muere.

¿Accidente fortuito o «ajuste de cuentas» por parte del sector «duro» de ETA, contrario a las negociaciones? [12] La verdad no se sabrá nunca. Lo cierto es que el gobierno argelino trató de presentar su muerte como un accidente de carretera, en las afueras de Argel, en el que habrían resultado heridos otros dos dirigentes de la banda armada [13], lo que contribuyó a incrementar aún más la confusión.

Las «conversaciones de Argel» sufren un parón. Hay que encontrar un nuevo portavoz de la organización. El 20 de agosto François Mitterrand se presenta en plenas vacaciones estivales en España para hablar con su amigo Felipe González.

El presidente del Gobierno español abandona súbitamente su estancia en el Parque Nacional de Doñana para trasladarse a

---

[11] Véase *El Mundo* del 17 de mayo de 1991, información firmada por el periodista Melchor Miralles.

[12] De resultar cierta la tesis del «ajuste de cuentas» político, no sería la primera vez que ETA asesina a uno de sus máximos dirigentes por oponerse a la ortodoxia de la organización. En 1977, Francisco Múgica Garmendia, «Artapalo», y Miguel Angel Apalategui, «Apala», hicieron desaparecer a Eduardo Moreno Bergareche, «Pertur», un hombre moderado y partidario de la negociación política con el Gobierno. Posteriormente, el 10 de septiembre de 1986 ETA mandó asesinar a María Dolores González Cataraín, «Yoyes», por el «mal ejemplo» dado al abandonar la lucha armada sin permiso de la organización.

[13] Las autoridades argelinas presentaron incluso testigos falsos a la prensa española que aseguraron haber presenciado el «terrible» accidente. Todo resultó ser un montaje. En el supuesto vehículo siniestrado viajaban, junto con «Txomin», los dirigentes de ETA Ignacio Aracama Mendía, «Macario», y Belén González Peñalva, «Carmen». Para dar mayor verosimilitud a su «versión», la Policía argelina llegó a colocar una venda de escayola en un brazo a Belén González Peñalva para simular que se había roto la muñeca.

Madrid. Ambos se entrevistan en La Casita de Arriba de El Escorial. González recibe ese día un mensaje muy claro:

—Francia es partidaria de que el asunto de ETA se resuelva en una mesa de negociaciones —le sugiere el mandatario francés a su amigo Felipe.

El presidente galo no necesitó dar explicaciones. Desde hacía unos meses, cuarenta y cuatro terroristas de ETA con salvoconductos franceses habían sido trasladados a Argel sin conocimiento de las autoridades españolas. El peligro de un nuevo «santuario» a pocas horas en barco de las costas andaluzas era real.

Para el socialista Felipe González no había más alternativa que parlamentar con ETA.

* * *

Julen Elorriaga no lo había pasado nunca tan mal en su vida ni sabía hasta entonces lo que era estrellarse contra una pared. El 14 de octubre de 1987, semanas después de que González y Mitterrand decidieran reiniciar el diálogo con ETA, realizaba su segundo viaje a Argel para entrevistarse con el dirigente de ETA Eugenio Echeveste Arizcuren.

Tras la trágica y poco clara desaparición de Domingo Iturbe, Eugenio Echeveste, trasladado desde Ecuador, había tomado las riendas de la negociación. Pero tratar de sentar con él las bases mínimas para un acuerdo era una misión imposible.

Elorriaga recordaba el primer viaje que había realizado a la capital argelina, el 10 de agosto anterior, acompañado por el secretario de Estado para la Seguridad, Rafael Vera, y el comisario de Policía Manuel Ballesteros [14].

—Yo no hablo con policías —se había negado en redondo Echeveste cuando le presentaron a Ballesteros.

—Y yo no me siento a dialogar en una mesa con terroristas —replicó el comisario rápidamente.

—Pues, muy bien. Como representante del Movimiento de Liberación Vasco exijo que mis interlocutores tengan peso político.

---

[14] En el aeropuerto militar de Argel el representante del Cesid, que había acudido a recibirle, le confundió con el vicelehendakari vasco. «¿Qué tal, señor Jáuregui?», le saludó. «¡Vaya espías tenemos!, ¿eh? —comenta Elorriaga—. Si me confunden a mí, habrá que ver qué ponen en sus informes cuando se refieren a algún ministro argelino.»

Luego el ambiente se distendió. Eugenio Echeveste empezó a mostrarse receptivo e, incluso, dispuesto a escuchar a sus adversarios.

Pero en aquel segundo encuentro, ocurrido dos meses después, con José Luis Corcuera al frente del Ministerio del Interior, la actitud del dirigente etarra parecía haber cambiado radicalmente.

—Tenéis que daros cuenta de que la situación de ETA es cada día peor. Debéis abandonar las armas ahora, porque cuanto más tiempo pase peor será para vosotros —le decía Elorriaga.

—ETA no piensa lo mismo. Sólo nos sentaremos en una mesa si el Gobierno se compromete a negociar cuestiones políticas.

—De eso, ¡ni hablar!

—Pues entonces no hay ninguna base mínima para el entendimiento. ETA es un movimiento político que lucha por la noble causa de la liberación del pueblo vasco...

—Pero... ¡qué noble causa ni qué gaitas! En pleno siglo XX, ¿piensas que un Estado democrático, legitimado por las urnas, puede sentarse a negociar con un grupo de personas que no tienen más vía de diálogo que las pistolas?

—España no es un Estado democrático. El pueblo vasco rechazó la Constitución y no fue consultado, en su conjunto, para aprobar el Estatuto de Gernika.

—¿Y vosotros os creéis más legitimados que nadie para cambiar ese *statu quo* aceptado por gran parte de los vascos?

—Naturalmente.

—¿No os parece que al tratar de imponer vuestras ideas por la vía de las armas os comportáis como los golpistas? ¡Sois iguales que Tejero!

El dirigente de ETA se quedó sin respuesta. Elorriaga, que llevaba un magnetofón oculto con el que grababa todas las conversaciones que de vuelta a Madrid le transcribía su mujer [15], se dio cuenta de ello y volvió a la carga.

—¿Por qué no dejáis de matar? Presentaos a las elecciones y discutiremos cara a cara frente al pueblo vasco nuestras respectivas ideas. Que sean los votos los que decidan y no las pistolas.

—Entonces, ¿nos podríamos presentar en noviembre a las próximas elecciones generales? —preguntó «Antxón».

---

[15] El delegado del Gobierno en el País Vasco decidió adoptar esa medida debido a la falta de «medios técnicos» de la Policía argelina y al fallar un sistema de escucha que le instaló un policía español para captar en cinta su primer encuentro.

—Es un poco pronto, pero todo es posible. Ten en cuenta que mientras sigáis matando vais por mal camino.

Elorriaga regresó a Madrid aquella misma tarde en un vuelo de Iberia para entrevistarse con Felipe González. «Le daré cuenta de mi encuentro con el líder de ETA y de las dificultades de diálogo», se decía a sí mismo.

Sumido en sus pensamientos, mientras volaba a la capital de España le pidió a una azafata el diario *El País* para distraerse con la lectura. Ante su asombro, allí venía relatado con pelos y señales su viaje a Argel [16].

—¿Cómo puede haberse filtrado tu viaje, uno de los asuntos más secretos del Gobierno en estos momentos? —le preguntó su mujer en Vitoria al encontrarle visiblemente incómodo.

—Ha sido obra, sin duda, de algún mal nacido del propio Ministerio del Interior —replicó Elorriaga, molesto.

—¿Qué vas a hacer?

—Nada. En el próximo encuentro con «Antxón» extremaré las precauciones. ¡Ya veremos lo que pasa!

Y así lo hizo. Apenas un par de semanas después Julen Elorriaga hizo de nuevo el maletín de fin de semana, pasó por una librería, adquirió varias revistas de ordenadores para llevarle de regalo a «Antxón» y sólo se entretuvo un rato en su despacho de Vitoria.

«Esta vez no se enterarán ni aunque quieran.» Sin despedirse de sus más directos colaboradores, se fue directamente a la estación de ferrocarril. Allí compró un billete de tren para Madrid y se bajó a mitad de camino, en Burgos. En la estepa castellana cambió de nuevo de rumbo y se dirigió por vía férrea a la ciudad francesa de Burdeos.

El viaje iba todavía para largo. Desde la localidad francesa famosa por sus vinos tomó un nuevo tren con destino a París. Allí esperaría el primer vuelo de Air Algerie con destino a Argel.

A su regreso de la cita con los terroristas deshizo el camino por los mismos complejos y tortuosos itinerarios seguidos en el viaje de ida.

Tantas medidas de seguridad no le sirvieron de nada. De nuevo, a su regreso a España, la prensa relataba con todo lujo de detalles su entrevista con Eugenio Echeveste Arizcuren. El delegado del Gobierno en el País Vasco y «negociador» del Gobierno con ETA pensó que alguien estaba intentando «quemarle» como interlocutor.

---

[16] *El País*, agosto de 1987.

Aquella misma mañana, en la entrevista con «Antxón», obtuvo otra prueba: alguien, desde el Ministerio del Interior, le estaba puenteando descaradamente.

—¿Conque tú dices que tu país se niega a hablar de cuestiones políticas? —le había preguntado «Antxón» con sorna.

—Tajantemente. Las cuestiones políticas sólo se pueden discutir en el Parlamento y en los foros políticos.

—No es eso lo que dice tu Gobierno... —le insinuó «Antxón» con cierta prepotencia.

—El Gobierno no te puede decir nada. Felipe González me ha encargado personalmente que te advierta que no podemos entrar en otras cuestiones que no sean el abandono de la lucha armada y la libertad para los presos sin delitos de sangre.

—Me parece que te están puenteando. Porque a mí vienen otros señores a verme y me dicen otra cosa.

—¿Puenteándome a mí? ¡No te tires faroles!

—Faroles no. Ayer mismo vinieron los comisarios Jesús Martínez y Manuel Ballesteros en nombre de Rafael Vera. Me propusieron todo lo contrario.

Durante su viaje de regreso a Madrid, Elorriaga cayó en la cuenta de que era un instrumento en las manos del Ministerio del Interior. Estaba siendo utilizado vilmente para que realizara el papel de «hombre malo» en las negociaciones.

Evidentemente, en el Ministerio del Interior había gente sin escrúpulos dispuesta a no dejarse arrebatar los laureles en el caso de que ETA aceptara (bajo la presión de Francia y de las operaciones de castigo de la Policía) sentarse a parlamentar. Una de esas personas era, en su opinión, el secretario de Estado para la Seguridad, Rafael Vera.

El delegado del Gobierno en el País Vasco lo supo el 12 de diciembre de 1987. Veinticuatro horas antes, la organización terrorista había colocado una potente bomba en un cuartel de la Guardia Civil en Zaragoza con un saldo de once personas muertas y treinta heridas, muchas de ellas niños de corta edad.

Con el asfalto todavía teñido de sangre, cuando los guardias civiles no han tenido tiempo material para enterrar a sus hijos, Vera coge un Mystère del 505 Escuadrón del Ejército del Aire y se planta en Argel para hablar con «Antxón» [17].

---

[17] La información fue publicada por el desaparecido semanario *El Globo* y ha sido confirmada a los autores del libro por el propio Julen Elorriaga.

—Dejad de matar ahora mismo —le dice.

—Entonces, ¿estáis dispuestos a negociar? —pregunta el dirigente de ETA.

—Sí —responde, rotundo, Vera.

—¿Cuestiones políticas también? —inquiere de nuevo «Antxón».

—Sí, pero tenéis que hacer un gesto de buena voluntad y dejar de matar. Si no hay tregua no pueden existir negociaciones.

Cuando Julen Elorriaga se enteró de aquella conversación por la Guardia Civil, que tenía uno de sus hombres destacado en Argel, decidió arrojar la toalla. Así se lo hizo saber al propio Felipe González.

—Entrevistarme con los asesinos de niños no entra dentro de mi sueldo —le dijo.

En el futuro no hablaría más con ETA. No volvería a ser el títere de Rafael Vera ni el instrumento de sus ambiciones políticas.

* * *

Al secretario de Estado para la Seguridad, en cambio, no le importó volver a Argel. Ambicioso, frío y calculador, este madrileño nacido en 1945, arquitecto técnico y delegado de Seguridad del Ayuntamiento de Madrid, tenía como una de sus metas secretas sentarse en una mesa de negociación con ETA y pasar a la historia como el hombre que resolvió la «cuestión vasca».

En julio de 1988, poco después de ser nombrado ministro del Interior José Luis Corcuera Cuesta, se lo plantea con toda crudeza:

—Ministro, esto sólo se arregla sentándonos a negociar.

Corcuera, un hombre procedente del sector del metal de la UGT, de maneras algo hoscas pero astuto, acostumbrado a coger al toro de la patronal por los cuernos, decide plantar cara al reto. El 8 de ese mismo mes viaja de incógnito a Argel y se entrevista con el presidente Chadli Bendjedid y con el ministro del Interior del país árabe, Hadi Jediri.

A su vuelta, él mismo es el más decidido partidario de mantener un diálogo directo con ETA. Asesorado por los comisarios Jesús Martínez Torres y Manuel Ballesteros[18], el secretario de

---

[18] Martínez Torres ocupa el cargo de comisario general de Información del Cuerpo Nacional de Policía. Manuel Ballesteros es el principal asesor de la Secretaría de Estado para la Seguridad y está considerado uno de los mayores expertos en lo relacionado con la organización terrorista vasca ETA.

Estado para la Seguridad se ofrece personalmente a llevar la iniciativa.

Existe, sin embargo, un escollo insalvable para que el encuentro entre Vera y «Antxón» Echeveste pueda realizarse. Desde el 25 de febrero pasado ETA militar mantiene secuestrado en un *zulo* de Madrid al industrial soriano Emiliano Revilla.

Manuel Ballesteros cree que puede resolver la situación. El 25 de agosto viaja en secreto a Argel y se entrevista con el dirigente de ETA en un piso de los servicios secretos. En esta ocasión los recelos hacia él por parte de su interlocutor se han disipado en alguna medida.

—Si queréis negociar —le dice—, soltad a Revilla.

Eugenio Echeveste se compromete a realizar gestiones. Pero la labor de la Policía, que dificulta una y otra vez el pago del rescate, es un obstáculo. ETA no quiere liberar a su «prisionero» si no recibe 1.000 millones de pesetas a cambio.

Ballesteros no se da por vencido. Exactamente un mes después, el 25 de septiembre, hace un segundo viaje relámpago al país norteafricano con la misma oferta.

—El Gobierno no puede sentarse en una mesa con vosotros bajo presión. La libertad de Revilla es imprescindible —implora.

«Antxón» le dice que esa decisión no depende de él. Hay otros responsables de la organización que piensan que el Gobierno no tiene, en realidad, voluntad de diálogo y que los viajes del responsable del aparato de información de la Secretaría de Estado para la Seguridad a Argel son una mera estrategia para que ETA libere por las buenas al multimillonario industrial soriano.

El 31 de octubre, después de doscientos cuarenta y nueve días de cautiverio, por fin Emiliano Revilla se presenta en su casa de la madrileña plaza de Cristo Rey. Trae una tarta que le han regalado sus secuestradores poco antes de ponerle en libertad. El industrial puede celebrar así, simbólicamente, su cumpleaños.

El Gobierno está también de enhorabuena.

—Viaja enseguida a Argel. Dile a «Antxón» que el Gobierno reinicia sus contactos —ordena Vera.

* * *

Son algo más de las doce de la mañana cuando Juan Manuel Eguiagaray y Rafael Vera llegan al hotel Pavillion en Argel, situado en el centro de la capital. Sólo faltan unas horas para que comience el primer careo formal del Estado español con la plana mayor de ETA.

El secretario para la Seguridad del Estado iba a realizar el viaje en solitario. A última hora, sin embargo, Felipe González, por recomendación de Txiqui Benegas y otros líderes del partido, había insistido en que le acompañara Juan Manuel Eguiagaray, un abogado y economista de la Universidad de Deusto de la total confianza del partido [19].

Como Eguiagaray ocupa el cargo de delegado del Gobierno en Murcia, el Mystère del 405 del Escuadrón del Ejército del Aire tiene que hacer escala técnica en aquella provincia para recogerle.

En el aeropuerto militar de Argel, la comitiva española es recibida por el general Larbi Belkheir, ayudante y hombre de confianza del presidente Chadli Bendjedid. Allí mismo, Eguiagaray y Vera establecen los requisitos mínimos para la negociación.

—El Gobierno español —dice Vera— está dispuesto a parlamentar con ETA. Pero el Presidente nos ha impuesto una condición previa para sentarnos a la mesa.

—¿Y cuál es esa condición? —pregunta Belkheir.

—El Gobierno argelino debe comprometerse formalmente a que, si las conversaciones fracasan, expulsará de su país a los dirigentes de ETA.

—Eso no es tan sencillo. Nosotros nos hemos ofrecido a actuar como anfitriones. Expulsarles sería violento.

—Entonces lo mejor será que regresemos a Madrid. A Felipe González le preocupa que Argelia se convierta en un segundo santuario para ETA. Sin ese requisito no hay nada que hacer.

—Eso de santuario tampoco es correcto. Nosotros no vamos a permitir que se utilice nuestro territorio para organizar atentados en un país amigo.

Al final, el presidente Bendjedid y su ayudante, Larbi Belkheir aceptan la propuesta de Madrid. Tras celebrar varias reuniones con representantes oficiales argelinos para analizar las posibles vías de solución y el ánimo de los etarras, Vera y Eguiagaray se disponen a almorzar. Son las tres de la tarde pasadas. Ese día, ninguno de los dos tiene apetito. Casi no prueban bocado.

[19] El candidato oficial del PSOE era Ramón Jáuregui. Este, sin embargo, ocupaba el cargo, por entonces, de vicelehendakari del Gobierno vasco y no podía abandonar su puesto. Sus ausencias, por otra parte, hubieran resultado, a la vista de todos, demasiado inexplicables.

Terminada la comida, los argelinos les conducen hacia la zona alta de las afueras de la capital. En la carretera de circunvalación que lleva al aeropuerto el Gobierno ha dispuesto un palacete con todas las comodidades. A los invitados españoles el lugar les parece indicado. El sitio elegido por los intermediarios se encuentra alejado de las miradas indiscretas de la prensa. El encuentro secreto va a comenzar.

La casa, de estilo colonial, se encuentra rodeada por muros muy altos. Tras ellos se abre un camino hacia la entrada principal que lleva a la primera planta. Allí, desde una terraza que se asoma a la fachada noble del edificio, puede divisarse un cielo completamente azul, la piscina vacía y un césped perfectamente cuidado que rodea toda la mansión.

Aunque es pleno otoño, el calor es insoportable. Al entrar en el interior del palacete apenas notan la diferencia de temperatura. En el gran *hall* del edificio les están esperando otros miembros del dispositivo argelino. Les muestran las distintas estancias del palacio y la zona destinada a sus habitaciones.

—¿Qué nos recomiendan ustedes que hagamos cuando nos encontremos frente a ellos? —pregunta Rafael Vera a sus anfitriones.

—Mi opinión es que deben intentar una maniobra de descongelación previa. No es bueno sentarse directamente a negociar —aconseja el general Belkheir.

Así lo hacen. Allí, en un sofá, frente a una barra de bar, aguardan sentados tres de los máximos dirigentes de ETA: Eugenio Echeveste Arizcuren («Antxón»), jefe de la Oficina Política de la organización terrorista, y los miembros del Comando Madrid Belén González Peñalva («Carmen») e Ignacio Aracama Mendía («Macario»).

Algo nerviosos, Eguiagaray y Vera intercambian saludos con los dirigentes de ETA y se sientan a su lado. «Antxón» saca una cajetilla de cigarrillos del bolsillo, la pasea ante sus interlocutores en un gesto de invitación y se lleva uno a los labios. Los argelinos ofrecen el tradicional té de la amistad, pero el ambiente no logra distenderse.

Minutos después pasan a la sala de actos. Es una habitación grande. Dispone de una enorme cristalera por la que entra la luz del sol a raudales y de una enorme mesa en el centro con cabida para más de diez personas.

La mesa tiene forma de «L». Los etarras ocupan el brazo menor. Juan Manuel Eguiagaray y Rafael Vera dejan las carteras en el suelo, se quitan las chaquetas y se suben las mangas de la camisa. Luego se sitúan en el otro extremo de la mesa. La distancia física entre ambos grupos es tan grande como el abismo político que les separa.

Ha llegado la hora de la verdad. La incertidumbre sobre quién dará el primer paso y por qué asunto conviene empezar da origen a unos instantes de silencio sepulcral. En aquella atmósfera de calor asfixiante, los tres representantes de ETA, enfundados en sus atuendos informales, casi playeros, parecen sentirse más cómodos que los miembros del Gobierno.

Tras un largo preámbulo, en el que los negociadores fijan un calendario de reuniones futuras, Rafael Vera entra de lleno en el asunto:

—Que le parece, señor Echeveste, si hablamos de los presos. El Gobierno estaría dispuesto a conceder una amplia amnistía si ustedes deciden cambiar de actitud.

—Los presos no son materia de negociación, no constituyen moneda de cambio. Aunque nos preocupa mucho el trato que reciben en las cárceles de exterminio españolas y las torturas a que están sometidos, nosotros hemos venido a negociar aquí otras cosas.

—¿Qué cosas, señor Echeveste?

—La alternativa KAS.

—Usted sabe que eso es imposible. Ningún Gobierno democrático va a negociar con ustedes bajo esas condiciones.

—¿De qué democracia estamos hablando, señor Vera? ¿De la española o de la vasca? Porque, como usted recordará, el pueblo vasco rechazó la reforma política de Suárez. No votó la Constitución española y no se siente representado en absoluto en el Estatuto de Gernika.

—Y en el supuesto de que todo eso que usted dice fuera verdad, que no lo creo, ¿cómo justifica usted los centenares de muertos causados por ETA desde la amnistía del 77?

«Antxón» Echeveste traga saliva. Por primera vez pierde la compostura, el aplomo. Está claro que le repugna que le consideren un vulgar asesino.

—Estamos en una guerra. Y en todas las guerras se producen bajas por ambos bandos.

—¿Incluso de mujeres y niños? —pregunta Vera.

—¡Incluso! —concluye «Antxón» desafiante—. Nosotros somos los primeros en lamentar la muerte de seres inocentes, pero, como usted sabe, son inevitables.

Mientras se produce este diálogo entre Rafael Vera y Eugenio Echeveste, Belén y Macario miran atentos al líder etarra. Sus pies, embutidos en sandalias de cuero, se mueven impacientes bajo la mesa de caoba.

El jefe de la Oficina Política de ETA enciende un pitillo tras otro. «Antxón» Echeveste se remonta en todas sus intervenciones al periodo de transición política, a la negociación del Estatuto de Autonomía vasco y a las consecuencias políticas que tuvo para Euskadi la entrada de España en la CE. Es una forma como otra cualquiera de perder el tiempo. Tras dos días de conversación, todo está como al principio.

—Esto es como un diálogo de besugos —le dice Vera a Eguiagaray en uno de los intermedios—. Creo que lo mejor es que digamos que nos preparen el avión y nos marchamos.

Eguiagaray, una persona acostumbrada a escuchar y a armarse de paciencia frente a sus adversarios, le pide que tenga un poco más de tranquilidad.

—Pero es que estos tíos están en otra galaxia. No ves que no hacemos otra cosa que perder el tiempo. No se puede negociar con la muerte.

Al final, cuando están a punto de hacer las maletas, «Antxón» plantea la espinosa cuestión del tema de la autodeterminación y la anexión de Navarra a la comunidad vasca.

—Señor Vera, usted sabe que para ello hay que modificar la Constitución. ¿Estaría dispuesto el Gobierno a una reforma de la Constitución?

Vera ha discutido ampliamente esta cuestión con Felipe González dos días antes en el palacio de La Moncloa y tiene la respuesta preparada.

—¿Reformar la Constitución? Puede ser. Todo es cuestión de oportunidad, de buscar el momento propicio.

«Antxón» piensa que la respuesta de su interlocutor es calculadamente ambigua para insinuarlo todo y no comprometerse a nada.

—¿Puede usted concretar un poco más? —pregunta.

A Vera le molesta tener que dar mayores explicaciones en una reunión que probablemente está siendo grabada por los servicios secretos argelinos y por la propia ETA. Sin embargo, agrega:

—Creo que he sido suficientemente claro. Para el Gobierno tiene más coste político una amnistía que la reforma de la Carta Magna.

—Pero, ¿no puede hablar de plazos concretos? —insiste el jefe de la Oficina Política de ETA.

—Evidentemente, no. Todo depende, naturalmente, de que sigamos avanzando en el terreno de la distensión. Por ahora, la actividad armada de ETA es un obstáculo que dificulta ese proceso. Ustedes deberían tener un gesto de buena voluntad y ampliar la tregua por lo menos durante seis meses.

Eugenio Echeveste dice que debe consultarlo con la organización. Habla por teléfono con Francia y al cabo de un rato vuelve con una respuesta. ETA decreta una tregua unilateral de sesenta días y da orden de paralizar sus acciones a todos los comandos.

De regreso a España, en el avión de las Fuerzas Armadas que les dejaría directamente en el aeropuerto militar de Getafe, en Madrid, Rafael Vera se sentía asqueado.

Estaba pálido y había hecho las seis horas de vuelo tumbado en un asiento, con ganas de vomitar. Por primera vez había visto las miradas crueles de los hombres que asesinaban sin el menor ápice de remordimiento. Había intentado razonar con ellos y se daba cuenta de que eran unos iluminados que se creían en posesión de la verdad absoluta. No darían tan fácilmente su brazo a torcer. Un abismo aparentemente insalvable separaba a aquellos dos grupos de personas, nacidas a pocos kilómetros de distancia.

* * *

—¿Qué te parece este libro para «Antxón»? —preguntó Vera.

—Hombre, pues no sé si lo va a entender —replicó Juan Manuel Eguiagaray medio en broma.

Era el martes 14 de febrero de 1989. Los dos negociadores del Gobierno viajaban por tercera vez a Argelia para entrevistarse con el jefe de la Oficina Política de ETA, Eugenio Echeveste Arizcuren, y sus dos lugartenientes, Belén González e Ignacio Aracama.

En la reunión anterior, «Antxón» le había obsequiado con un cuadro. Vera le correspondía ahora con un cargamento de libros sobre el País Vasco. Entre ellos se encontraba un ejemplar de *El País Vasco: pluralismo y nacionalidad*, del escritor Juan Pablo Fusi.

Rafael Vera y Juan Manuel Eguiagaray sabían que el líder de ETA, acostumbrado a leer todo lo que le caía en las manos, los devoraría en un par de días. Pero no ignoraban tampoco que aquel empacho de lectura le serviría de muy poco. Para ETA, cualquier texto que no se plegara a su maniqueísmo ideológico nacionalista era «pura propaganda fascista».

En los encuentros anteriores habían avanzado a paso de tortuga. Incluso, en algunos momentos, Eugenio Echeveste Arizcuren y Juan Manuel Eguiagaray habían acabado hablando de temas tan absurdos y tan poco negociables como el precio de las lechugas o la captura del bonito en aguas comunitarias ante la imposibilidad de prosperar en otros asuntos más serios.

Las cosas, sin embargo, iban a cambiar en aquella reunión. La tregua de dos meses estaba a punto de concluir. El Gobierno pretendía que ETA la ampliara indefinidamente o, al menos, durante otros dos meses. Los terroristas, en cambio, para vender una renovación del «armisticio» necesitaban llegar a puntos concretos que ofrecer a su militancia.

A través de la lectura detenida del diario *Egin*, el Ejecutivo sabía que los asesores de la organización armada pretendían ser inflexibles en cuanto a dotar de contenido político la mesa de negociaciones. Lo contrario suponía aceptar que eran unos simples bandoleros.

Aquella mezcla de intuición y de información no les engañó. Nada más sentarse a la mesa, «Antxón» sacó a relucir el primer asunto espinoso del día:

—Señor Vera, la semana pasada quedamos de acuerdo en que se podría reformar la Constitución, ¿no?

—Efectivamente, pero tal y como maticé, no de forma inmediata, sino en el momento oportuno.

Echeveste sacó un texto legal y se lo mostró a Vera.

—Aquí dice —comentó— que es preceptivo, aunque no vinculante que se consulte al presidente del Consejo de Estado.

—Bien, ¿y qué?

—Que nos gustaría que el señor Tomás de la Quadra Salcedo [20] y un representante del Ejército se incorporaran por parte del Gobierno a la mesa negociadora.

—¡De eso ni hablar! —replicó Vera de forma automática—. Ni el presidente del Consejo de Estado ni el Ejército tienen nada que decir en esta mesa.

—Entonces, ¿por qué no se sienta junto a usted algún representante del Cesid? —preguntó «Antxón».

—Tampoco.

—¿Cómo? —preguntó el jefe de la Oficina Política de ETA.

[20] Tomás de la Quadra, posteriormente ministro de Justicia, era entonces el presidente del Consejo de Estado.

—Mire, «Antxón» —repitió Vera—, yo creo que ya había quedado lo suficientemente claro que la representación del Gobierno español aquí la tengo yo y nadie más que yo. Ni el Ejército ni el Cesid tienen más legitimidad que el Gobierno, salido de las urnas y basado en una Monarquía parlamentaria.

Rafael Vera no sabía todavía por dónde iban los tiros de ETA. Sin embargo, iba a tardar muy poco en enterarse.

—Yo no discuto la representación del Gobierno. Todo lo contrario, me parece digna —dijo «Antxón»—. Pero quiero plantear otro asunto: queremos que por nuestra parte estén presentes «Txiquierdi», «Mamarru» y «Josu Ternera».

Juan Lorenzo Lasa Michelena («Txiquierdi»), Isidro María Garalde («Mamarru»), y José Antonio Urruticoechea («Josu Ternera») eran tres de los más importantes dirigentes de ETA. El problema esencial estribaba en que todos ellos estaban presos en Francia.

ETA, con sus exigencias, volvía a colocar al Gobierno contra las cuerdas.

—¡Pero si eso no es posible! —replicó Vera, contundente y algo exasperado. Buscó rápidamente la manera de darle una salida—. Bueno... bueno... Lo tengo que consultar con Madrid, aunque la última palabra ustedes saben que la tiene el Gobierno francés.

«Antxón» y Vera discutieron largamente el asunto. Al final, llegaron a un acuerdo. El secretario de Estado para la Seguridad haría todo lo posible para que «Txiquierdi», «Mamarru» y «Josu Ternera» pudieran incorporarse a la mesa de Argel. A cambio, el jefe de la Oficina Política de ETA debía comprometerse a conceder una nueva tregua, a ser posible indefinida.

—Una nueva tregua sólo será posible —concluyó «Antxón»— si el Gobierno acepta entrar en una nueva fase de las negociaciones en las que abordemos abiertamente todos los asuntos políticos.

—La política hay que hacerla en el Parlamento.

—Pues esta es nuestra última palabra. ¡Si no hay negociaciones políticas no hay tregua! —replicó Eugenio Echeveste tajante.

Al acabar la reunión, Rafael Vera tuvo el presagio de que algo se había roto aquel día. A partir de entonces, el entendimiento sería cada vez más difícil. Un acontecimiento inesperado para la organización terrorista iba a empeorar aún más las cosas.

* * *

El sábado 18 de marzo la ciudad de Bilbao vive la mayor manifestación celebrada en sus calles desde la muerte de Franco.

Más de doscientas mil personas recorren el centro de la villa. El silencio es desgarrador. Una pancarta con un dibujo de Eduardo Chillida que encabeza la convocatoria resulta más elocuente que miles de gritos: «Por la paz y para siempre», reza el texto.

La mastodóntica manifestación ha sido convocada a instancias de los negociadores de Argel, del Gobierno y de todos los partidos políticos firmantes del Pacto de Ajuria Enea. En unos momentos en que ETA se muestra más intransigente que nunca, la sociedad vasca, en su gran mayoría, expresa públicamente su repudio a la violencia. El mensaje es claro: todo el mundo desea vivir en paz al margen de los «salvadores» de la patria.

El efecto causado en el seno de la banda armada es, sin embargo, el contrario del que se pretende. Cuando días después Rafael Vera y Juan Manuel Eguiagaray viajan de nuevo a Argel para continuar los contactos, Eugenio Echeveste, Belén González e Ignacio Aracama les reciben con caras de pocos amigos.

—El Gobierno está actuando de mala fe —le reprocha «Antxón» instantes más tarde a Vera.

—No lo entiendo...

—Sí que lo entiende. Me refiero a la manifestación del sábado pasado. Ha sido una convocatoria contra ETA. Se ha montado exclusivamente para romper las conversaciones. No nos tomen por tontos.

—No sea usted utópico, «Antxón». ¿Cómo va a querer el Gobierno romper las negociaciones? Nosotros no hemos tenido nada que ver con eso. Ha sido cosa del PNV —mintió Vera.

—¿Del PNV? —protesta el dirigente etarra, visiblemente irritado—. ¿Y qué hacía Txiqui Benegas a la cabeza?

—José María Benegas no es el Gobierno. Entienda que nosotros no podemos prohibir a nuestros militantes que se manifiesten donde y como quieran.

—Pues, muy bien. Si no quieren ustedes negociar hablen claro. Si su intención es romper el diálogo con provocaciones como la manifestación del sábado, han elegido el camino perfecto. ¡Ya lo saben!

ETA veía en aquella convocatoria una forma de chantaje hacia la estrategia que los dirigentes terroristas estaban desplegando en Argel. Las cosas iban de mal en peor.

* * *

Mientras el 20 de marzo de 1989 el secretario de Estado para la Seguridad, Rafael Vera, y el delegado del Gobierno en Murcia, Juan Manuel Eguiagaray, abandonaban la mesa de Argel sin ningún acuerdo previo con el responsable de ETA militar, Eugenio Echeveste Arizcuren, en el País Vasco se desarrollaban nuevos acontecimientos.

Un grupo de especialistas en seguimientos del Servicio de Información de la Guardia Civil del cuartel de Intxaurrondo acababa de detectar en la zona de Durango la presencia del terrorista Juan Carlos Velardi Iturralde.

La patrulla de la Guardia Civil le siguió hasta un edificio de Plasencia de las Armas, en la provincia de Guipúzcoa, donde descubrió el piso franco en que vivía. El entonces máximo responsable de la 513 Comandancia de la Guardia Civil y jefe del Servicio de Información de la Benemérita en la provincia más azotada por el terrorismo, Enrique Rodríguez Galindo, ordenó una estrecha vigilancia del lugar. Allí aparecieron dos nuevos terroristas de cuyas actividades la Benemérita tenía también muy buen conocimiento: Jesús Mari Zigarda Zarratea y Fermín Urdiáin Ciriza.

Velardi, Zigarda y Urdiáin eran desde hacía ocho años los miembros de uno de los comandos de liberados más activos de ETA. Las Fuerzas de Seguridad del Estado les atribuían los asesinatos del empresario vasco Patxi Zabaleta, del sargento de la Guardia Civil Solís y de varios miembros del mismo Cuerpo. Eran los integrantes del Comando Eibar, uno de los grupos de pistoleros más buscados por la Policía por sus constantes asesinatos desde el año 1981.

No eran unos terroristas cualquiera. En la década de los ochenta habían lanzado granadas contra el cuartel de la Guardia Civil en Deba y contra una patrulla de los GAR (Grupos Antiterroristas Rurales) en Vergara. Su currículum les había hecho merecedores, por tanto, de ser considerados uno de los comandos mejor preparados en el uso de armas pesadas.

Por fin les habían descubierto. El momento de detenerles y hacerles pagar sus asesinatos había llegado. Pero el máximo jefe de la Guardia Civil en San Sebastián, Rodríguez Galindo, ignoraba que se hallaba atado de pies y manos.

—No. No los detengas ahora, que vas a estropear el proceso de Argel —le dice el director general de la Benemérita, el navarro Luis Roldán.

—Pero, director, ¿y qué hago si se escapan?

—Tú manténlos vigilados día y noche. Ahora mismo no podemos poner en peligro unos acuerdos que hemos tardado tantos meses en conseguir.

El disciplinado jefe de la Guardia Civil, Rodríguez Galindo, desplaza a la mitad de sus servicios de información a Plasencia de las Armas. Alquila un piso frente al de los terroristas, interviene sus teléfonos y les sigue minuto a minuto. En algunas ocasiones, los camaleónicos guardias llegan incluso a tomar copas con los miembros del Comando Eibar. Les piden fuego y charlan con ellos sin que los miembros de ETA se den cuenta de que se encuentran frente a sus peores enemigos[21].

Confiados, ajenos a cualquier sospecha, a veces, en algunos de sus movimientos, las chamarras de cuero les traicionan y dejan a la vista sus pistolas.

Los guardias civiles, que parecen abertzales de nacimiento, hacen como si no se dieran cuenta. De esta manera, durante semanas de exhaustivo seguimiento, el Servicio de Información de la Benemérita averigua todos y cada uno de sus contactos: las personas que les prestan los coches, los domicilios adonde acuden a almorzar o cenar y toda la red de infraestructura del grupo terrorista más importante en aquella época en la provincia de Guipúzcoa.

A mediados de marzo, cuando las negociaciones comienzan a fracasar, el comando recibe la orden de cruzar la frontera y refugiarse en Francia. A Rodríguez Galindo se le plantea entonces un dilema. No puede detener a los terroristas, pero tampoco quiere dejarles escapar. Y sabe que en el momento en que se encuentren al otro lado de la *muga* su control sobre ellos habrá terminado.

La cita para pasar a territorio galo es descubierta a tiempo por los hombres de información de Intxaurrondo: a las doce de la noche del sábado 15 de marzo un vehículo acudirá a recogerles en el monte Basalgo, situado a tan sólo diez kilómetros del piso franco.

—¿Qué hacemos? —pregunta el capitán Javier Cortés a Rodríguez Galindo.

—Ya sabes que no podemos detenerles. Tenemos que impedir como Dios nos dé a entender que lleguen al punto de cita.

Dos horas antes del momento fijado para la huida, más de un

---

[21] El propio teniente coronel Enrique Rodríguez Galindo se hizo fotos junto a los terroristas.

centenar de guardias civiles se apostan en todos los trayectos existentes entre Plasencia de las Armas y el monte Basalgo. En los puntos de carretera y en los más insospechados caminos vecinales pueden verse desde varios centenares de metros los uniformes verdes de los hombres de Rodríguez Galindo. Con su ostentosa presencia intentan dificultar los movimientos de los etarras.

A las cinco de la tarde, Pedro Echevarría Lete saca su coche del garaje y hace el recorrido entre Plasencia y el monte Basalgo.

—Ese es el miembro legal del comando encargado de hacer de lanzadera y de averiguar los problemas con los que se pueden topar sus amigos —informa uno de los agentes.

—Se va a llevar una sorpresa, pero dejadle pasar —ordena Rodríguez Galindo—. Procurad que nadie levante una ceja que pueda hacerle sospechar.

Echevarría Lete cruza sin inmutarse los cuatro controles de la Guardia Civil. Da unas vueltas por el monte Basalgo y regresa una hora más tarde al piso donde se encuentran esperando los terroristas.

Los agentes encargados de vigilar la vivienda del Comando Eibar le ven entrar en la casa y, a través de los micrófonos que tienen instalados dentro, le oyen hablar con Jesús Mari Zigarda.

—Hoy no podéis acudir a la cita. Está de lo más jodido.

—¿Por qué? —pregunta Zigarda.

—Hay *txacurras* [22] por todos lados.

El comando decide anular la operación y esperar una nueva cita. Quien sí acude al lugar del encuentro es, en cambio, un camión de la empresa Transportes Vega de Irún. Al volante se encuentra José Antonio Múgica Huici, un veterano camionero donostiarra.

—Ese tío —dice el capitán Cortés por su *pocket*— es con toda seguridad la persona que les va a cruzar a Francia. Cuando se marche, seguidle a todos lados.

A las tres de la madrugada, harto de esperar, el camionero pone en marcha el vehículo y se va solo al país vecino. Recién adentrado en suelo galo, para en una gasolinera. Baja del vehículo y se toma un vino en la barra del autoservicio anejo. Pero no está solo. Allí charla durante unos minutos con alguien con quien aparenta tener cierta amistad.

[22] *Txacurra* significa literalmente «perro» en vasco, pero los etarras lo utilizan como sinónimo de «policía» o «guardia civil».

Es Iñaki Bilbao, uno de los lugartenientes de Francisco Múgica Garmendia, alias «Pakito», el máximo dirigente de ETA. Minutos después emprende el camino de regreso a su domicilio en el municipio de Pasajes de San Juan, a escasa distancia de la capital donostiarra.

* * *

En Argel, Rafael Vera creía tener una carta oculta en la bocamanga para hacer entrar a ETA en razones: los buenos oficios del militante abertzale Iñaki Esnaola, uno de los asesores de Eugenio Echeveste Arizcuren.

Nacido en Deba (Guipúzcoa) y casado con una profesora de Historia, este abogado de treinta y nueve años estaba considerado como un «topo» infiltrado por los servicios de información del Estado en el entorno de la organización terrorista.

Diputado en el Parlamento Vasco y miembro de la Mesa Nacional de Herri Batasuna (el frente político de ETA para actuar abiertamente en las instituciones vascas y estatales), Esnaola había conocido al comisario Manuel Ballesteros en 1976. Este se encontraba entonces al frente del Servicio de Información de la Policía en San Sebastián e Iñaki Esnaola era uno de los más destacados abogados de ETA. En una ocasión cayó en una redada y fue trasladado a comisaría.

Detenido e incomunicado en los calabozos de la Jefatura Superior de Policía donostiarra, Esnaola es incapaz de soportar el encierro en una celda de poco más de cinco metros cuadrados. Sufre de claustrofobia y el habitáculo donde está recluido es un infierno para él.

Habla con el comisario Ballesteros y le suplica que le deje salir. El policía se niega en redondo. Para aliviarle la tensión, le saca por las noches a pasear por las inmediaciones de la comisaría, situada en el barrio donostiarra de Amara.

Desde entonces, el asesor de Rafael Vera y el abogado de los presos de ETA venían manteniendo encuentros clandestinos con una cierta periodicidad en los que, al parecer, se intercambiaban información de un cierto nivel[23].

---

[23] Fuentes del Cuerpo Nacional de Policía han asegurado a los autores del libro que Esnaola llegó a facilitar al Ministerio del Interior los nombres de los integrantes de algún comando de ETA. La información, sin embargo, no resulta creíble.

Altos responsables policiales se jactan de que el Ministerio del Interior llegó incluso, en aquella época, a intentar pagarle con cargo a los fondos reservados los muebles de su despacho, que compartía con el también abogado abertzale Iñigo Iruín [24], hecho del que no existen, lógicamente, pruebas. Lo cierto es que, en 1980, el director de la Seguridad del Estado, Francisco Laína García, elaboró un plan secreto para infiltrarle en el Comité Ejecutivo de ETA militar como «topo» del Gobierno.

—Lo dejamos —relató Laína a los autores del libro— porque era un riesgo innecesario para un hombre casado y con dos hijos. Era exponerle a que un día le descubrieran y le mataran.

Iñaki Esnaola, sin embargo, según todas las versiones que han podido contrastar los autores del libro, no ha pasado de ser un «agente doble» que ha venido actuando durante años como interlocutor entre la dirección de ETA y la Policía apoyándose en su condición de abogado [25].

Así y todo, Rafael Vera confía en que Esnaola pueda «desbloquear» la situación y buscar una solución al callejón sin salida al que se ha llegado en las «conversaciones de Argel». El y Christian Fandó, la abogada vasco-francesa ligada sentimentalmente a Domingo Iturbe Abasolo hasta su muerte, representan el sector moderado del grupo de «expertos» que se han trasladado al país norteafricano para asesorar al comité negociador de ETA.

—Habla con ellos —le dice Ballesteros en uno de los interminables intermedios—. Diles que no tienen más salida que negociar o acabar pudriéndose, desterrados, en cualquier país sudamericano tercermundista.

Esnaola cree firmemente en una salida negociada al tema de ETA e intercede ante «Antxón». Trata de convencerle inútilmente para que baje el listón de las reivindicaciones.

—Dicen que no —le contesta a Ballesteros—. Y que el Gobierno argelino no les va a expulsar. Tienen el compromiso del jefe del servicio secreto de que, en el caso de que fracasen las conversaciones, les dejarán quedarse aquí.

---

[24] Senador por HB en las Cortes españolas, Iruín fue acusado en el verano de 1992 de formar parte del aparato encargado del cobro del impuesto revolucionario de ETA. Esta información consta en un sumario instruido por el juez Baltasar Garzón en la Audiencia Nacional.

[25] De haber sido de otra manera, probablemente los servicios de información de la organización terrorista le hubieran descubierto ya y le habrían liquidado, como ha ocurrido con otros militantes que han trabajado para la Policía.

—Pues no sé a qué tipo de acuerdo habrán llegado. Pero lo que yo sí sé es que si Rafael Vera decide levantarse de la mesa el Gobierno argelino les envía inmediatamente a Santo Domingo.

—Eso que se lo cuente Vera a ellos. De todas maneras, no le van a creer.

El abogado donostiarra habla entonces con Belén González Peñalva e Ignacio Aracama Mendía. Ambos, furiosos, fuera de sí, le increpan:

—¿Qué pretendes? ¡Que liquidemos de un plumazo el Movimiento Nacional de Liberación Vasco!

—No, que seáis más razonables.

—¿Razonables? ¡Estás loco! ¿Sabes lo que eres para nosotros?: un colaboracionista de Madrid, un entreguista a secas[26].

Entre tanto, en el cuartel de la Guardia Civil de Intxaurrondo el teniente coronel Enrique Rodríguez Galindo tenía otras preocupaciones bien distintas.

* * *

—¿Qué hago con el Comando Eibar? —pregunta Rodríguez Galindo al director de la Guardia Civil.

—No puedes detenerle todavía. Aunque las conversaciones con ETA están rotas, queda alguna esperanza —le ordena Roldán desde Madrid.

Era el sábado 21 de febrero. Había transcurrido una semana desde la primera cita fallida y el responsable del Servicio de Información de la Benemérita en San Sebastián sabía que ese día los terroristas y el camionero volverían a intentar encontrarse en el mismo sitio para escapar a Francia.

Para que los terroristas no tengan la menor sospecha de que son vigilados, Rodríguez Galindo decide entonces cambiar de táctica. En lugar de impedir al comando llegar al alto de Basalgo ordena que se siembre de controles la autopista Bilbao-Behovia por donde debe pasar esta vez el camionero José Antonio Múgica Huici.

Las instrucciones del teniente coronel se cumplen a rajatabla. A las once de la noche la cola de vehículos en dirección a Francia llega hasta las proximidades de San Sebastián. El caos circulatorio

[26] Tanto Fandó como Esnaola fueron retirados más tarde por sus compañeros de las negociaciones con el Gobierno y calificados de «cáncer liquidacionista» por sus posturas a favor de la reconciliación y el abandono de la lucha armada.

es tan grande que el consejero de Transportes del Gobierno vasco, que tiene bloqueada la centralita por las llamadas de protesta, se ve obligado a intervenir.

—Señor Galindo, ¿quiere explicarme qué están haciendo ustedes en la autopista que no dejamos de recibir quejas?

—Nada, nada. Un control rutinario —se disculpa Galindo—. Lo que ocurre es que la densidad del tráfico y la lluvia han provocado un enorme caos circulatorio.

Las medidas vuelven a causar el efecto pretendido. Pasada la medianoche, José Antonio Múgica, el camionero, tras atravesar el tercer control y darse cuenta de que todavía le quedan muchos kilómetros para llegar al lugar de la cita con los terroristas, se da media vuelta y regresa a su domicilio.

Entre tanto, los integrantes del Comando Eibar, que llevan varias horas esperando en el monte, empiezan a sospechar que los últimos movimientos de la Guardia Civil coincidiendo exactamente con las horas de sus citas están encaminados a su detención. Ante el temor a ser capturados deciden cambiar de domicilio. Esa noche, en lugar de acudir como de costumbre a la vivienda de Plasencia de las Armas, se desplazan a la localidad de Ondárroa. Allí se encuentra su piso de seguridad, un escondrijo que sólo conocen ellos y Francisco Múgica Garmendia, el jefe máximo de la organización.

Cuando, bastante entrada la madrugada, llegan a su nuevo refugio y no observan la presencia de nadie extraño por los alrededores, Jesús Mari Zigarda Sarratea, Juan Carlos Velardi Iturralde y Fermín Urdiáin Ciriza descansan tranquilos. El peligro, de momento, ha pasado.

A más de mil kilómetros del País Vasco, en el norte de Africa, los integrantes de la «mesa de Argel» están a punto de llegar a la crispación total.

* * *

El 1 de marzo de 1989 el ministro del Interior, José Luis Corcuera, que ha recibido informes de La Moncloa que indican que Vera está engañando al Gobierno y a ETA a la vez, negociando asuntos para los que no tiene autorización del Ejecutivo, da por finalizado el diálogo con ETA. Viaja a Argel y pide a las autoridades de este país que expulsen a los terroristas.

—Tenéis que mandarles a Santo Domingo, Venezuela y Ecuador, según lo convenido —le dice al jefe del Gabinete del presidente Chadli Bendjedid.

El ministro del Interior español era en esos momentos bastante pesimista. Al día siguiente iba a celebrarse el último encuentro entre Rafael Vera y Eugenio Echeveste en Argel y todos los indicios apuntaban a que ETA pretendía seguir imponiendo al Gobierno de Madrid su decisión de convertir la mesa de negociaciones en una «cumbre política».

Así ocurrió. Cuando el secretario de Estado para la Seguridad y el jefe de la Oficina Política de la organización terrorista vasca se vieron por última vez las caras sentados el uno frente al otro en la mesa en forma de «L» que ocupaba la planta primera de la casa en que se habían celebrado los anteriores encuentros, prácticamente no hubo saludos ni frases cordiales para romper el hielo.

La entrevista no había sido nada halagüeña. Al contrario, el aire cálido y húmedo se había convertido casi asfixiante por la tensión que inundaba la soleada sala con los cinco interlocutores de siempre.

El ambiente estaba crispado. Eugenio Echeveste evitó su habitual discurso político que acostumbraba a soltarles a Vera y a Eguiagaray. Tampoco hizo el habitual resumen de las jornadas anteriores.

El dirigente etarra se limitó a sacar un papel manuscrito que llevaba en una cartera y a tendérselo a Vera al otro lado de la mesa.

—Estas son nuestras condiciones —le dijo—. Cualquier otro punto que se salga de este marco es para nosotros inaceptable.

Rafael Vera leyó el documento[27], lo dobló y se lo metió en el bolsillo.

La nota era tajante. ETA pretendía, de nuevo, que el Gobierno español presionara sobre Francia para que «Mamarru», «Josu Ternera» y «Txiquierdi» fueran excarcelados y formaran parte de la mesa de negociaciones.

—Como ya le dije en nuestro último encuentro, el Gobierno español no puede hacer nada para excarcelar a esos tres señores. Ni siquiera depende del Gobierno francés, sino de los jueces.

—Los franceses, en cambio, han informado a nuestros abogados de que su Gobierno no ve ningún inconveniente.

El secretario de Estado para la Seguridad pensó que era pro-

[27] La nota manuscrita de puño y letra de «Antxón» la guarda Rafael Vera como recuerdo. Una fotocopia de ella les fue entregada a los autores de este libro.

bable que en los últimos días hubiera habido algún contacto entre la cúpula de ETA y algún representante del Quai d'Orsay que la Policía española no controlara. Decidió ser cauto.

—Es probable que los franceses no pongan pegas en el caso de «Mamarru» y de «Txiquierdi». Ambos han sido condenados y están a punto de cumplir sus penas. Pero con «Josu Ternera» no van a decir lo mismo.

—¿Y por qué no?

—Está todavía en prisión provisional. Hasta que no sea juzgado y condenado depende directamente de la Justicia y no de los acuerdos a los que podamos llegar con el Gobierno francés.

—Entonces no tenemos nada más que hablar.

Rafael Vera tragó saliva. Trató de tranquilizarse. Sabía que todos los esfuerzos realizados hasta entonces pendían de un hilo y que la tregua (los sesenta días sin un muerto ni un herido) podía venirse abajo en un minuto. Procuró medir cautelosamente sus palabras.

—Tranquilícese, «Antxón», yo no he dicho que todo esté perdido. Pienso que podemos hacer alguna gestión con el Gobierno francés e intentar que «Mamarru» y «Txiquierdi» puedan estar presentes en la próxima reunión. «Josu Ternera» podría incorporarse más adelante, cuando haya sido juzgado.

Eugenio Echeveste, sin embargo, parecía tener instrucciones de no ceder ni un milímetro en sus posiciones.

—No nos queda más remedio que exigir la incorporación de otras personas de Herri Batasuna y del PSOE a la mesa de negociaciones.

—Eso es del todo imposible —añadió Vera intentando hacerles ver su máxima disponibilidad al diálogo—. Esto es cuestión de Estado y no un asunto para hablar entre dos partidos. Si el Gobierno aceptara una negociación a dos bandas entre HB y el PSOE ello supondría la ruptura automática del Pacto de Ajuria Enea.

«Antxón» puso entonces sobre la mesa una tercera exigencia. Pretendía que Argelia les concediera una especie de estatus jurídico-diplomático para que no les pudieran expulsar del país en el caso de que las negociaciones fracasaran.

—Eso tampoco es factible —replicó Vera—. Sería tanto como reconocer por parte del Gobierno que el País Vasco es un Estado extranjero.

Echeveste intercambió un papel con Belén González Peñalva

y miró fijamente a Ignacio Aracama Mendía, que no dejaba de tomar notas. Segundos después estalló en cólera:

—Ustedes se habían comprometido y les han rectificado. El Gobierno les ha rectificado. Nos están engañando.

—No. No —le interpeló Vera—. Vamos a darnos más tiempo. Tengamos una prórroga. Estamos dispuestos a negociar, pero tienen que ser razonables.

Eran las diez de la mañana del 22 de marzo, Miércoles Santo. El representante del Gobierno de Felipe González planteó ampliar la tregua por lo menos durante dos meses más. «Antxón» Echeveste, en contrapartida, exigió que ambas partes hicieran público un comunicado que recogiera textualmente los acuerdos alcanzados y la voluntad del Ejecutivo de seguir «negociando políticamente» con los terroristas vascos.

Dos horas después, «Antxón» volvió con un borrador de comunicado y se lo entregó a Vera.

—Sería bueno que ambas partes estuviéramos de acuerdo con el contenido y se publicara a la vez.

El secretario de Estado para la Seguridad leyó el texto. Había varios puntos con los que no estaba de acuerdo, pero un párrafo en especial era intolerable. «En el marco de los principios democráticos y los partidos políticos, es intención del Gobierno dar paso a una nueva fase de conversaciones que desemboque en una solución política negociada», decía el documento. Aquello significaba, ni más ni menos, que un reconocimiento explícito de ETA como partido político y entidad democrática. Con setecientos muertos a sus espaldas ¡era el colmo! Al día siguiente, cuando apareciera en la prensa, habría millones de españoles justamente indignados.

—Una nota de este estilo no es presentable. Creo que deberíamos matizar algunas cosas, como lo de los «principios democráticos», por ejemplo —comentó Vera.

Los tres representantes de ETA se negaron en redondo a que se quitara ni una coma. La discusión, meramente semántica, se prolongó hasta bien entrada la tarde sin acuerdo. En varias ocasiones Rafael Vera había amenazado con abandonar las negociaciones. Sin embargo, el Gobierno argelino presionó para que, tras un breve descanso, volviera a sentarse a la mesa. El diálogo se reanudó a las doce de la noche y duró hasta la una y media del día siguiente, Jueves Santo. A esa hora, tras una maratoniana sesión de treinta y seis horas, cansado, sin afeitar y con unas profundas ojeras surcándole las mejillas, el secretario de Estado para la Seguridad se levantó y dijo:

—No nos volveremos a sentar en esta mesa. Las negociaciones entre el Gobierno español y los terroristas de ETA se han acabado.

—¿Y si usted llega mañana a Madrid y tiene un atentado...? —le amenazó «Antxón».

—Pues no pasa nada. Eso entra dentro de mi sueldo.

A continuación, Rafael Vera y Juan Manuel Eguiagaray, sin pronunciar una sola palabra más, se dieron la vuelta y abandonaron la sala. La «mesa de Argel» acababa de romperse definitivamente, algo que esperaba el teniente coronel de la Guardia Civil Enrique Rodríguez Galindo en San Sebastián. La hora de actuar había llegado.

* * *

Joaquín Ruiz Seco era un individuo delgado y de baja estatura. Sus ojos saltones se movían de un lado para otro en dirección al edificio de viviendas de Ondárroa donde se encontraban escondidos los tres miembros del Comando Eibar de San Sebastián.

Comandante de la Guardia Civil y yerno del teniente coronel golpista Antonio Tejero Molina, Ruiz Seco, al mando de la UEI (Unidad Especial de Intervención), el grupo de élite de la Benemérita, tenía que asaltar el piso franco de los etarras aquella noche.

Pasaban ya las dos de la madrugada y, sin embargo, el equipo de información de la Guardia Civil encargado de vigilar el recinto —un hombre y una mujer— estaba completamente seguro de que uno de los etarras no se encontraba en el refugio.

Nervioso, intranquilo, sin su acostumbrada flema, Rodríguez Galindo preguntó por el *pocket*:

—¿Están ya todos los pájaros en el nido?

—«Mariposa» sigue sin dar señales.

«Mariposa», nombre de guerra con el que habían bautizado a Jesús María Zigarda, había salido esa tarde de «potes» y continuaba de juerga en el casco viejo de San Sebastián.

A las cinco de la mañana, media docena de robustos hombres curtidos por el ejercicio físico y vestidos de paisano, los guardias civiles de la UEI, le ven llegar renqueante, introducir la llave en el portal y subir hasta el piso.

Un par de minutos después están preparados para la acción.

De pronto, el jefe del Comando Eibar aparece en el balcón de la casa, enciende un pitillo y comienza a fumar tranquilamente.

A los hombres de choque de la Guardia Civil se les plantea un fuerte contratiempo. Si demoran media hora más la operación, comenzará a amanecer. La luz del día y la gente circulando por las calles no son buenas condiciones para una operación de asalto.

Rodríguez Galindo consulta con el jefe de la UEI.

—¿Qué prefieres, intervenir ahora con el jefe del comando despierto o esperar una hora más aunque se haga de día?

—Las dos situaciones representan un riesgo —responde Ruiz Seco—, pero si me das a elegir prefiero ordenar a mis hombres que se lancen contra el objetivo ahora mismo.

—De acuerdo. Adelante.

Es el 16 de marzo de 1989. Seis días antes el Gobierno había dado por finalizadas las negociaciones de Argel y aquella noche el Comando Eibar, uno de los grupos más desalmados de ETA, engrosaba la lista de terroristas enviados a la cárcel de Herrera de La Mancha. Veintisiete días después, el guardia del Servicio de Información de Intxaurrondo, Angel Zapatero Antolín, moría al hacer explosión una bomba instalada en su coche y la cadena de atentados se reanudaba, fría y despiadada, en un goteo continuo, sin visos de finalizar algún día.

Pero, antes del asesinato del guardia Zapatero, en el país norteafricano habían ocurrido otros acontecimientos que iban a ser decisivos en el futuro de ETA.

* * *

La tripulación del Hércules 130 de las Fuerzas Aéreas españolas llegaba a la zona militar del aeropuerto de Argel el 19 de abril. Félix Hernando, uno de los asesores de Rafael Vera que se había encargado años antes de trasladar a Eugenio Echeveste desde Ecuador al país magrebí para negociar, debía conducirlo a un nuevo lugar de confinamiento: la República Dominicana.

En esta ocasión, sin embargo, Echeveste no viajaba solo. Le acompañaba Belén González Peñalva, una de las integrantes del Comando Madrid, de la que Echeveste se había enamorado en la capital argelina, Domingo Iturbe Abasolo, Ignacio Aracama Mendía y Juan Manuel Soares Gamboa: la plana mayor negociadora al completo de la organización terrorista vasca.

A última hora, sin embargo, habían surgido problemas. En el seno del propio Gobierno de Bendjedid aparecieron diferencias de criterio sobre la conveniencia de expulsar a los etarras. Entre los partidarios de continuar ofreciéndoles refugio en la capital argelina se encontraba el mismísimo jefe de los servicios secretos del país, el general Ahmed Betchine. Era un oponente duro, y su argumentación, según la cual Argelia era una tierra tradicional de asilo político «para todos los movimientos de liberación nacional del mundo», era apoyada por muchos. Y así se lo hizo saber al líder de la organización, Eugenio Echeveste. Betchine se enfrentó abiertamente con el que sería años después ministro del Interior de aquel país, Larbi Belkheir.

Rafael Vera tuvo que volver de nuevo a Argel. Tenía que convencer de una vez por todas al Gabinete del presidente argelino de la vital importancia que para España tenían aquellas extradiciones.

Por fin, de regreso a Vitoria, Vera estaba tranquilo. El Hércules del Ejército español, tras cuarenta y ocho horas de dura espera sin poder recoger su «mercancía», saldría rumbo a Sudamérica, a ocho mil kilómetros de distancia del País Vasco.

Los etarras, sin embargo, lo que no se esperaban era que las personas encargadas de trasladarles hasta Santo Domingo fueran sus enemigos más declarados: policías españoles.

—Yo en un avión militar español no me subo —protestó Belén González Peñalva.

—¿Qué garantías tenemos de que no nos van a llevar a España y a meter en la cárcel? —gritó indignado «Antxón» Echeveste.

Minutos antes, los cinco etarras deportados a Santo Domingo se habían negado a recoger y firmar los pasaportes españoles con sus fotografías que les permitían viajar exclusivamente al país caribeño. Ante el nuevo incidente, el comandante Félix Hernando tuvo que volver a armarse de paciencia:

—Vosotros veréis lo que hacéis. Hay una orden de expulsión del Gobierno argelino y si no entráis por las buenas en el avión, el ministro del Interior tendrá que decidir si os obliga a entrar por las malas.

Los dirigentes de ETA, sin embargo, no se fiaban un pelo. Pretendían que el Gobierno de Chadli Bendjedid pusiera un avión argelino a su disposición. Al no conseguirlo, presionaron para ser escoltados por un grupo de policías del país árabe.

Resignados, los terroristas aceptaron viajar acompañados por sólo dos policías argelinos. El Hércules 130 del Ejército del Aire español efectuó su despegue bastante entrada la tarde. Pero un nuevo incidente volvió a enturbiar el difícil viaje.

Unas maniobras militares efectuadas por el Ejército de Hassan II en la frontera con Mauritania obligó al comandante a cambiar los planes de vuelo y atravesar el espacio aéreo español por el sur de la península rumbo a Lisboa y las Azores.

—¡Nos han engañado, nos han engañado! ¡Mirad, eso de ahí es Sierra Nevada! ¡No puede ser! —exclamó furioso el etarra Soares Gamboa.

—¡El Gobierno argelino nos ha prometido llevarnos a Santo Domingo y nos están metiendo en España! —gritó Belén fuera de sí.

El comandante Hernando necesitó todas sus dotes de persuasión para tranquilizarles. Cuando por fin pudo hablarles, les explicó el motivo del cambio de rumbo. Sin embargo, los dirigentes de ETA no le creyeron hasta que el avión sobrepasó el control de Lisboa y realizó una escala técnica de aprovisionamiento en las islas Azores.

En aquel momento, los ánimos se calmaron y Eugenio Echeveste decidió levantar la moral de sus compañeros. Comenzó a contar las excelencias de la isla de Santo Domingo. Se entretuvo en mil detalles, el delicioso sabor de la cerveza Presidente y lo agradable de su clima.

En su equipaje, «Antxón» Echeveste llevaba varios libros, un ordenador personal y una colección de mariposas disecadas.

Entomólogo en los ratos libres que le dejaba la dirección política de una de las más sanguinarias organizaciones de Europa, se dedicaba a cazar mariposas. En Santo Domingo iba a tener a partir de ahora todo el tiempo del mundo para cultivar la más secreta de sus aficiones.

* * *

Nunca un miembro de la Guardia Civil había hecho tantos viajes en coche en tan corto espacio de tiempo para vigilar un objetivo.

Javier Cortés, un sevillano de treinta años recién cumplidos, se había pasado nada menos que cinco meses sin perder ni a sol ni a sombra a aquel camión. Era de color blanco y todavía, tres años después, recuerda de memoria su matrícula: M0618HP.

Tras la captura del Comando Eibar, el primero encarcelado después de la ruptura de las conversaciones de Argel, el coronel

Enrique Rodríguez Galindo había «dejado en libertad» al conductor del vehículo, José Antonio Múgica Huici.

ETA militar no tenía ninguna sospecha de que el camionero estaba siendo controlado desde hacía tiempo por las Fuerzas de Seguridad del Estado, y el máximo responsable de la Guardia Civil de San Sebastián sabía que la organización terrorista no estaba sobrada de medios para «cruzar la *muga*».

—Tarde o temprano —le dice a Cortés en el cuartel de Intxaurrondo—, volverán a recurrir a él para que les pase un comando por la frontera hispano-francesa.

De esta manera, Cortés se convierte en la sombra del conductor de camiones. Le acompaña de forma invisible en sus largos viajes a Madrid, Valencia, Sevilla e incluso hasta Portugal. Múgica Huici transporta, casi siempre, madera.

Le sigue también al sur de Francia, adonde lleva materiales de construcción. Se hospeda en los mismos moteles. Pasa largas noches durmiendo tras el volante de un potente Renault 21 mientras el camionero lo hace en la mejor y más confortable cabina del camión.

Los días han transcurrido lentamente. Aquel hombre regordete y de baja estatura al que habían visto entrevistarse meses antes con Iñaki Bilbao, el lugarteniente de «Pakito», no parece tener el más mínimo contacto con ETA. Su trabajo resulta de lo más rutinario y, de no ser por alguna conversación telefónica que la Guardia Civil conserva en sus archivos, probablemente nadie hubiera sospechado jamás de él.

Hasta que llega el día clave. En la segunda quincena de septiembre de 1989 suena el teléfono en su casa de Pasajes de San Juan. Cuando descuelga el aparato, una voz conocida por los servicios de Información pregunta desde el otro lado del hilo telefónico:

—¿Puedes traernos tres paquetes la próxima vez que vengas por aquí?

—¿Os urge mucho? —se interesa Múgica Huici.

—Bastante. Tienes que recogerlos en la venta que hay en el alto de Berázar. Ya sabes.

—Sí. Cerca de Elorrio. El 16 tengo que hacer un transporte de maderas, ¿Os viene bien?

—A mediodía los paquetes estarán esperándote.

Un par de días antes el Comando Araba, tras un tiroteo con la Policía, había tenido que huir de su piso de seguridad. Probablemente, al no tener dónde ocultarse, la organización había ordenado a sus integrantes que pasaran a Francia para quitarse de en medio durante algún tiempo.

Eso es al menos lo que piensan en Intxaurrondo el teniente coronel Enrique Rodríguez Galindo y el capitán de Información Javier Cortés en la mañana de aquel 16 de septiembre.

Durante la primera parte de la jornada el camionero no da señales de vida. A las tres de la tarde, sin embargo, empieza el movimiento. El conductor de ETA pone en marcha su camión y se desplaza a la frontera de Irún. Allí, en el lugar de siempre, engancha un remolque de maderas.

El vehículo enfila la carretera de Vitoria. Al llegar a la altura de Bilbao, los coches camuflados de la Guardia Civil encargados de la operación observan cómo el camión comienza a hacer movimientos extraños.

—¡Ha cambiado de dirección y vuelve otra vez hacia Bilbao! —informa el capitán Cortés por el sistema de transmisiones.

Es sábado y el teniente coronel de la Benemérita en Guipúzcoa ha dedicado la jornada a su mujer y a sus cinco hijas. Media hora después recibe otro sintomático mensaje:

—Ahora ha vuelto a cambiar de rumbo, mi teniente coronel. Se dirige a la zona montañosa de Berázar.

Rápidamente, la mitad del Servicio de Información de la Guardia Civil se desplaza al lugar. Llegan justo en el momento en que el camión, tras subir a paso de tortuga las empinadas y sinuosas cuestas, se detiene ante la gasolinera y la única venta de comidas que hay en el camino.

José Antonio Múgica, el conductor, se sienta ante la barra del bar y pide un café. Uno de los guardias civiles detiene su coche, entra en el establecimiento y hace lo mismo. Durante los diez minutos escasos que permanece en el establecimiento saboreando la estimulante y negra bebida observa cómo dos personas bajan del monte y desaparecen al llegar a las proximidades del camión.

—Sí. Uno de ellos era «Manu» —informa insistentemente a su superior cuando abandona el lugar.

A partir de entonces, a los miembros del Servicio de Información de la Guardia Civil les entran unas repentinas ganas de poner gasolina y de tomar café. Solos o por parejas van apareciendo por la venta de Berázar. Se detienen unos minutos, consumen cualquier cosa y se esfuman como lo haría alguien de paso por la zona.

Otro miembro de los grupos de información, una atractiva

mujer, observa la presencia de un tercer individuo que también desaparece misteriosamente en las cercanías del camión. Sin embargo, se pone nerviosa y abandona con mucha prisa la gasolinera.

—No he visto nada. No he podido ver nada más que un hombre que se acercaba y me miraba continuamente —esgrime preocupada y fuera de sí por su transmisor—. ¡Creo que me han descubierto!

Minutos más tarde, el conductor apura el último sorbo de café. Regresa a su vehículo. Ata las cuerdas de la parte delantera de la lona que cubre la carga y se pone en marcha en dirección al lugar de origen: la localidad de Irún.

La idea que se ha formado el Servicio de Información de la Guardia Civil es que el conductor, José Antonio Múgica Huici, va a trasladar su peligrosa carga hasta un pueblo cercano a la frontera de Francia. Allí, probablemente, cambiarán a otro vehículo más ligero para atravesar la *muga*.

Con esa idea en la mente, Rodríguez Galindo acude despreocupado a la misa que se celebra en la capilla del acuartelamiento. Son las siete de la tarde. Hace apenas un cuarto de hora que ha comenzado la ceremonia religiosa cuando la voz del capitán Cortés suena, grave, a través del radiotransmisor que Rodríguez Galindo lleva sujeto al bolsillo de la chaqueta.

—Aquí «Bonsai». ¡El objetivo se acerca al peaje de Oyarzun! ¡Pido instrucciones!

El teniente coronel sale en estampida de la capilla.

—¿Crees que van a pasar a Francia?

—Me huelo que sí —responde Cortés—. Con toda la cara del mundo este tío los va a introducir por el puesto de Irún.

—¡Hay que intervenir antes de que crucen el último peaje! ¡Ahora mismo voy para allá!

Segundos después, dos docenas de coches camuflados de la Guardia Civil con las unidades de intervención a la cabeza parten como rayos en dirección a la frontera. Un kilómetro antes de llegar al peaje de Fuenterrabía e Irún, uno de los vehículos da alcance al camión y lo sobrepasa. Se baja en el puesto de cobro de la autopista, saca a punta de pistola al único empleado que está de servicio en aquellos momentos y se coloca en su lugar.

Cuando el camión se detiene, el falso cobrador se encarama de un salto en la cabina. Le pone la pistola en la cabeza al conductor al tiempo que le ordena:

—Baja ahora mismo de ahí.

El guardia se lleva al conductor encañonado a unos metros del vehículo. Le pregunta enérgico:

—¡Dinos inmediatamente a dónde llevas al comando o no sales vivo de aquí!

—¿Qué comando? —se resiste Múgica Huici aparentemente sorprendido—. ¡Pero si yo soy un humilde y honrado camionero!

—¡No mientas! ¡Sabemos que transportas etarras escondidos! —le corta en seco el miembro de la UEI hundiéndole el cañón de la pistola bajo la oreja mientras le retuerce el brazo en la espalda.

El coche del teniente coronel Enrique Rodríguez Galindo irrumpe en el peaje. Pistola en mano, se acerca al camionero.

—¿Conque no llevas ningún comando oculto? Pues vamos a comprobarlo. Empieza a desatar la lona y a descargar la madera.

El camionero, que se siente perdido y teme que los miembros del comando disparen contra él por creer que les ha vendido, se la juega en ese instante a una sola carta:

—¡Cuidado! —grita despavorido al tiempo que se tira al suelo—. ¡Nos ha descubierto los *txacurras*!

Transcurren unos segundos de dramático silencio. En la caja del camión no se oye ni una mosca. Hasta que, inesperadamente, alguien levanta uno de los faldones del toldo y arroja un objeto metálico al suelo.

—¡Una granada! ¡Han tirado una granada! —grita el capitán Cortés.

Durante una milésima de segundo cunde el pánico. Las decenas de automovilistas que esperan impacientes para cruzar el peaje se lanzan de cabeza al fondo de sus vehículos. Los guardias civiles, parapetados tras sus coches blindados, abren fuego contra el camión desde todos los ángulos.

Cuando cesa el tiroteo, dos miembros del Comando Araba, el que más muertes ha causado en la historia sangrienta de ETA, han muerto y otros dos se rinden [28]. A estos últimos, que logran salvar la vida, el Gobierno les da un pasaporte para una cárcel de máxima seguridad.

De haber fructificado las conversaciones de Argel celebradas apenas cinco meses antes, los cuatro terroristas alaveses más bus-

[28] Los muertos son Juan María Oyarbide Aramburu, «Chirivita», y Manuel Uriobarrenecha Betanzos, «Manu». Salvan la vida Juan Carlos Urruti Azpitarte, alias «Paterra», y Manolo López González, un colaborador del comando que iba a recibir instrucciones en Francia.

cados por la Policía probablemente habrían estado tomando el sol durante algunos años en Santo Domingo en lugar de Eugenio Echeveste, que habría quedado en libertad por su victoria negociadora. Pero ETA prefería seguir negociando con la muerte.

CAPITULO DIECINUEVE

MEDIOS DE COMUNICACION: EL SILENCIO DE LOS CORDEROS

En 1986 el Partido Socialista «compra» el silencio y la aquiescencia de la Prensa en el referéndum de la OTAN a cambio de tres canales de televisión privados. El PSOE impone el «silencio de los corderos» a los medios de comunicación para ocultar sus propios errores. Los medios que le son hostiles, como El Independiente, *acaban siendo clausurados o puestos en manos de sus competidores, al igual que ocurre con la banca. La tentación totalitaria se extiende a otros ámbitos de la comunicación. El partido de Ferraz concede licencias para crear emisoras de radio a sus amigos, y con el apoyo de las Cajas de Ahorro andaluzas se pone en marcha Prensasur, un* holding *de periódicos rescatados de la vieja Cadena del Movimiento y modernizados para adormecer —junto con el PER— la conciencia de los andaluces.*

A comienzos de 1986, poco antes de que el Gobierno convocara el referéndum para la permanencia de España en la OTAN, el presidente del Grupo Zeta reúne a la plana mayor de sus empresas en un almuerzo en un restaurante de Barcelona.

Al encuentro asisten el vicepresidente del consorcio, José Luis Erviti; el director de publicaciones, Enrique Arias; el consejero personal del presidente y hombre cercano a La Moncloa, Carlos Luis Alvarez, «Cándido»; el director de *Tiempo*, Julián Lago; el director de *Interviú*, Pablo Sebastián; el director del semanario *La Revista*, Jaime Peñafiel, y el responsable de la agencia del grupo, Carlos E. Rodríguez.

La comida se celebra en un ambiente distendido, de franca cordialidad entre los miembros del *staff* directivo del grupo de prensa más crítico, en aquellos momentos, con el Gobierno.

A los postres, Antonio Asensio echa un jarro de agua fría sobre los asistentes.

—Os he convocado a todos —dice— porque en unos meses se va a celebrar el referéndum sobre la OTAN. Nuestro grupo tiene un compromiso con el Gobierno para apoyar esa iniciativa.

Pablo Sebastián era entonces un periodista curtido en mil historias. Había sido corresponsal del Grupo 16 en Bruselas, corresponsal político de *El País*, cronista parlamentario y comentarista político. En ningún momento, a lo largo de su trayectoria profesional, le habían dado consignas sobre lo que tenía que escribir ni él tampoco las aceptaba[1].

—Como sabéis —continúa el presidente del Grupo Zeta—, estamos en negociaciones con el Gobierno y tenemos la promesa firme de que nos van a dar un canal de televisión privada.

El director de *Interviú* está indignado. Aquel era el chantaje más vil que se proponía a unos profesionales de la información en toda la historia de la democracia. A cambio de que los empresarios pudieran obtener una serie de favores y prebendas del Gobierno se pretendía pisotear la libertad de información, consagrada en el artículo 20 de la Constitución como un derecho de todos los españoles y un deber de los periodistas. Pablo Sebastián se rebela automáticamente:

—Lo siento. Yo no acepto ese tipo de censuras.

—Aquí no estamos hablando de censuras. Sólo os pido que ayudéis al Gobierno en el referéndum de la OTAN —protesta Asensio.

—Sí, entiendo lo que me estás pidiendo. Quieres que en los próximos meses nos pongamos una venda en los ojos y no hablemos mal del referéndum de la OTAN. A eso yo lo llamo censura.

Entre los contertulios se produce una situación realmente tensa. Los comensales, sin saber qué actitud tomar, se quedan mudos durante unos segundos. Por fin toma la palabra Enrique Arias. Su talante es pacificador.

—Hombre, Antonio, yo creo que Pablo tiene parte de razón —comienza su parlamento. El director de publicaciones del Grupo Zeta agrega—: No podemos ser tan tajantes. Hay que respetar también las opiniones de nuestros directores.

Antonio Asensio deja en ese instante de adoctrinar a los direc-

---

[1] Relato de Pablo Sebastián a los autores del libro.

tores de su *holding* de comunicación, del que formaban parte un total de veintisiete publicaciones, entre ellas *El Periódico, Interviú, Tiempo* y otras de menos relieve.

—Ya hablaré yo con Pablo —concluye.

Pocos días después, el director de *Interviú* se cita para tomar café con Juan Luis Cebrián, director de *El País.* El lugar elegido es uno de los salones del hotel Palace, frente a las Cortes. Cebrián acude a la cita acompañado del director financiero del Grupo Prisa, Javier Baviano.

Durante la reunión charlan de distintos asuntos relacionados con la actualidad y con la política. Hasta que Pablo Sebastián, sin rodeos, aborda la cuestión que le ha llevado allí.

—En el tema de la OTAN, ¿te vas a poner de rodillas ante el Gobierno? —le pregunta.

Juan Luis Cebrián se muestra resignado.

—No hay nada que hacer. Tú tendrás que poner el culo y yo una pierna.

—Pues el culo lo pondrás tú. Yo, antes de bajarme los pantalones frente al Gobierno, me voy.

—Es lo justo. Cada uno es libre para tomar las decisiones que quiera —concluye Cebrián.

El director de *Interviú* tenía los días contados. Tras la celebración del referéndum, cuestión en la que la revista más crítica con el poder en aquel momento mantuvo una postura de equilibrio informativo, con opiniones a favor y en contra, llegó a un acuerdo económico con el Grupo Zeta y abandonó la empresa.

—Mi preocupación, a partir de ahora —le dice a uno de sus amigos—, es crear un medio de comunicación que denuncie la catadura moral del felipismo y el oligopolio que se ejerce desde La Moncloa, donde unos cuantos amiguetes se reparten el poder, sin contar con la voluntad popular ni con las instituciones.

Nueve meses después nacía *El Independiente* como una nueva forma de hacer periodismo. Mientras tanto, los periodistas más comprometidos del Grupo Zeta, entre los que se encontraban José Luis Morales, Javier Vinader, Antonio Rubio y Manuel Cerdán, comenzaron a sufrir en sus informaciones los supuestos acuerdos entre Antonio Asensio y Felipe González. Julián Lago, director de *Tiempo,* fue el segundo en pagarlo con su cargo. En 1987 el periodista que menos se plegaba a los dictados de La Moncloa fue «promovido» a director de publicaciones. Lago, lo mismo que Pablo Sebastián, tuvo que buscar una salida profesional al atropello sistemático que sufría en su labor profesional. A comienzos de 1988 veía la luz la revista *Tribuna*.

El primer intento de amordazamiento de la prensa en España desde el advenimiento de la democracia, en 1977, había dejado la profesión periodística sembrada de cadáveres de profesionales comprometidos con la libertad que, como el Ave Fénix, resurgían de sus propias cenizas y creaban nuevas trincheras desde las que defender el derecho de todos los ciudadanos a una información plural y libre.

Sin embargo, en esa época se produjo otro hecho significativo. Desde su arrogancia y prepotencia, el PSOE, que había desdeñado a los medios informativos hasta 1986, se dio cuenta de que el poder absolutista que quería ejercer sobre la sociedad era incompatible con el ejercicio de una información plural. El partido del poder se cobraba así en «carne de periodistas» la incoherencia política y los errores de sus dirigentes. Estos, y no los informadores, habían pedido desde la oposición la salida de España de la OTAN. Una vez instalados en el poder, las presiones de Estados Unidos y de la República Federal de Alemania les obligaron a dar marcha atrás y a convocar un referéndum a favor de la permanencia en la Alianza Atlántica, en el mayor alarde de malabarismo político que conoce la historia de la transición.

Con la mayor parte de la opinión pública en contra, era una batalla perdida de antemano que iba a erosionar al PSOE y a acentuar las diferencias internas entre sus dos sectores. Felipe González jugó hábilmente sus cartas. Prefirió sacrificar a la prensa y someterla a sus intereses antes que erosionar al partido, la maquinaria de ganar elecciones.

El caramelo de la televisión privada, al que Antonio Asensio y Jesús Polanco eran adictos por naturaleza, era una droga tan sugestiva que los empresarios más influyentes del país no pudieron resistirse a la tentación.

* * *

Una mañana primaveral de marzo de 1987, Javier Godó y su hombre de confianza, el abogado Rafael Jiménez de Parga, acuden al palacio de La Moncloa, en las afueras de Madrid. El presidente del Gobierno, Felipe González, ha requerido su presencia para conocer su parecer sobre la televisión privada.

Descendiente de una familia de la aristocracia catalana cuyas cinco últimas generaciones se habían dedicado a la prensa, Godó es el editor del mayor rotativo barcelonés, *La Vanguardia*. Su acompañante, Jiménez de Parga, catedrático de Derecho Mercantil de la Universidad Central de Barcelona, es uno de los mayores defensores de la televisión privada.

Junto con Manuel Martín Ferrand, director general de Antena 3 Radio, desde 1981 habían emprendido una verdadera «cruzada» en defensa de una televisión libre y pluralista. En los últimos años habían pateado juntos más de quinientos colegios mayores, ateneos y círculos culturales y recreativos de toda España concienciando a la opinión pública sobre la necesidad de pedir un derecho público del que disfrutaba desde hacía años la mayoría de los países civilizados.

Paralelamente, Jiménez de Parga y Martín Ferrand habían iniciado una batalla jurídica ante los jueces para que se reconociera ese derecho. El 31 de marzo de 1982 el Tribunal Constitucional les había dado la razón. Sin embargo, dejó en manos del Gobierno su regulación y la elaboración de un plan técnico para su puesta en funcionamiento.

Por eso, cuando aquella mañana Javier Godó se sentó frente a Felipe González en un salón rodeado de tapices de Goya, donde se conserva una valiosa colección de relojes de los siglos XVIII y XIX, estaba bastante tranquillo. Horas antes, el director general de Antena 3 Radio le había dicho:

—Tú no te preocupes. Somos el único grupo empresarial que tenemos concedida la televisión por el Tribunal Constitucional.

En efecto, no había razones para la inquietud. El presidente del Gobierno elogió el papel de «neutralidad» de *La Vanguardia* en el referéndum a favor de la OTAN y su sentido de la responsabilidad. Sólo halló dos mínimas reticencias en el discurso del jefe del Gobierno. El director del rotativo catalán, Francesc Noy, era demasiado «pujolista», y Manuel Martín Ferrand, su hombre de confianza en Antena 3 Radio, no acababa de gustarle. Eran sólo dos leves referencias, pero Jiménez de Parga las cazó al vuelo. Inmediatamente Godó aplicó la cirugía. El 10 de noviembre Noy era sustituido por Juan Tapia, ex jefe de prensa de Miguel Boyer y encendido defensor de las tesis del equipo económico del Gobierno.

—¿Qué hacemos con Martín Ferrand? —preguntó Godó.

—Nada en absoluto. Es el «padre» de la televisión y el puntal que mantiene Antena 3 Radio unida. Si le quitamos ahora, todo el tinglado se nos derrumba.

El presidente del Grupo Zeta y su director de publicaciones pasaron también por La Moncloa durante aquella primera «ronda de conversaciones». Antonio Asensio aspiraba a un canal de televisión y había creado hacía poco la sociedad Univisión. Y como sus contactos con el poder eran entonces muy escasos, se había llevado a Julián Lago, su flamante director de publicaciones, para que le hiciera de «lazarillo» por los vericuetos de La Moncloa[2].

El Grupo Zeta también se rindió en los brazos del PSOE. Miguel Durán, director general de la ONCE, siguiendo instrucciones del vicepresidente de dicho grupo, José Luis Erviti, hizo alguna gestión con el secretario general de Comunicaciones, José Luis Martín Palacín, el hombre puesto por el Gobierno para evaluar los planes técnicos de las distintas cadenas.

—Oye, José Luis, ¿tú crees que el Gobierno le daría un canal a Antonio Asensio a cambio de algún cambio en la línea informativa de sus medios?

—Hombre, yo creo que sí —respondió Palacín[3].

Miguel Durán habló con Antonio Asensio. Neutralizado Julián Lago, se comprometió a que el Grupo Zeta moderaría sus ataques al Gobierno[4]. Poco después, Carlos Luis Alvarez, «Candido», amigo personal de Felipe González y asiduo de La Bodeguiya, recibió el encargo de supervisar la línea editorial de la casa o, lo que es lo mismo, de indicar qué asuntos debían publicarse y cuáles no.

El «tercer hombre» en compartir los secretos de las televisiones privadas fue Jesús Polanco. El editor de *El País* e íntimo amigo de Enrique Sarasola (uno de los hombres de confianza de Felipe González) llevaba algún tiempo poniendo el periódico al servicio de la causa socialista en los asuntos meramente económicos.

El País, sin embargo, compensaba su debilidad por Miguel Boyer y Carlos Solchaga cargando las tintas contra José Barrionuevo y su equipo en el Ministerio del Interior. Juan Luis Cebrián

---

[2] En aquel encuentro, Asensio, apasionado con los negocios, le propuso a Felipe González algunos asuntos. «Eso háblalo con Javier Solana», le dijo el Presidente. La frase quedó grabada en la mente del sagaz periodista, que, cuando meses después fundó la revista *Tribuna*, mantuvo durante un mes a toda la plantilla averiguando la vida y milagros de Solana, a quien se consideraba el hombre de las finanzas de la Internacional Socialista en España.

[3] Con José Luis Martín Palacín, hoy dedicado a los negocios, mantuvimos tres entrevistas, la última a comienzos de 1994.

[4] El secretario general de Comunicaciones transmitió la oferta al ministro secretario del Gobierno, Virgilio Zapatero.

lograba así tener a toda la *progresía* del país contenta y que el medio que dirigía no fuera tachado de «periódico gubernamental».

Aquel doble juego no le gustaba en absoluto a Felipe González. Provocaba fisuras en el Gabinete y ofrecía una imagen en el exterior de que España era un país donde no se respetaban los derechos humanos. En las negociaciones para la concesión de la televisión privada se buscó una salida honrosa al problema. Felipe González aceptó el cambio de ministerio pedido por José Barrionuevo y Polanco relevó de la dirección adjunta de *El País* a Augusto Delkader para relegarlo a la SER.

Concluida la «ronda de conversaciones», el todopoderoso Presidente había decidido personalmente quiénes iban a ser los hombres que controlaran el mundo de las televisiones privadas en España.

En un país donde cada español ve la televisión por término medio 207 minutos al día, frente a los 178 de Francia o a los 137 de Alemania[5], el Gobierno sabía la importancia que tenía el medio audiovisual. Por eso tomó la decisión de pactar primero la concesión de los canales con los amigos del poder, eligiéndolos entre los más de quinientos editores de prensa y propietarios de emisoras de radio, y luego hacer una ley a medida[6]. Los socialistas acababan de inventar el libre juego, la libre competencia en la sociedad democrática.

* * *

Pese a las apariencias, el Gobierno seguía sin fiarse un pelo de los editores dispuestos a aceptar las consignas de La Moncloa a cambio de acaparar el poder de las ondas. Cuando el 3 de abril de 1988 el ministro portavoz, Javier Solana, compareció ante la prensa para presentar el proyecto de Ley de Televisión Privada, Javier Godó, Antonio Asensio y Jesús Polanco se sintieron víctimas de una burda maquinación del PSOE que intentaba frenar sus aspiraciones de convertirse en los «ciudadanos Kane» de la comunicación en España.

El proyecto de Ley, en el que se adivinaba la mano de José

---

[5] Carlos Alonso Zaldívar y Manuel Castells, *España fin de siglo*, Alianza Editorial, Madrid, 1992.

[6] Manuel Fraga, a través de su cuñado Carlos Robles Piquer, había elaborado un proyecto de ley de televisión privada, que quería poner bajo el control de Alianza Popular. El Gobierno ni siquiera tuvo en cuenta la propuesta.

María Calviño, limitaba la concesión administrativa a diez años, reducía la participación en cada una de las tres cadenas de televisión creadas a un porcentaje máximo del 25 por ciento y obligaba a los futuros adjudicatarios a transportar las imágenes a través de Retevisión, la red hertziana del Estado.

Por si fuera poco, el intervencionismo del Gobierno alcanzaba incluso a la exposición de motivos de la ley, donde se definía a la televisión como un servicio público en vez de lo que debía ser, un derecho constitucional al alcance de cualquier ciudadano. Además, se obligaba a los aspirantes a incluir entre el accionariado a un grupo financiero de primera línea.

De esta manera, el Gobierno de Felipe González, que había utilizado los tentáculos de la banca para controlar los grandes sectores de la economía del país, trataba de amordazar a la prensa a través de los bancos, fenómeno que acabaría generalizándose años más tarde con Emilio Ybarra, del BBV, José María Amusátegui, del BCH, y Mario Conde, de Banesto.

«Los bancos, que sólo miran su cuenta de resultados y si pueden o no repartir dividendos, son nuestros mejores perros guardianes», había dicho poco antes Alfonso Guerra.

Las limitaciones impuestas por el Gobierno —hechas para no cumplirse, a la vista de los resultados posteriores— obedecían fundamentalmente a las peleas entre el sector crítico del Gobierno, encabezado por Alfonso Guerra, y el equipo económico coordinado por Carlos Solchaga.

Hartos del apoyo de *El País* al sector liderado por Solchaga y temerosos de que el poder acumulado por el presidente de Prisa y de la SER se volviera en contra de ellos, los guerristas se habían confabulado para hacer de la Ley de la Televisión Privada un arma contra Polanco. La estrategia causó efecto. El 17 de junio de 1988, durante la asamblea de accionistas de *El País*, Jesús Polanco anunció solemnemente que en las condiciones impuestas por el Gobierno no quería una televisión. El empresario de prensa más mimado por el régimen felipista les daba de esa manera con la puerta en las narices a sus benefactores.

«Convocadas las elecciones generales y una vez afianzados los socialistas en el machito —editorializaba *El País* al día siguiente— el nuevo marco legal de la televisión privada es reglamentista, lleno de cautelas y plagado de deseos de control.»

El desplante del editor fue un gran alivio para el vicepresidente del Gobierno. Como el Ejecutivo no creía en la televisión privada como un derecho constitucional al alcance de todos los españoles y no estaba dispuesto a poner un medio de comunicación tan poderoso en manos de cualquier empresario —no fuera que se les colara algún grupo independiente, que son los más difíciles de controlar—, Alfonso Guerra dio instrucciones a uno de sus hombres de confianza, José María Calviño, para buscar un equipo empresarial cercano a sus posiciones políticas al que adjudicar el tercer canal.

Calviño tenía una cierta experiencia en el mundo de la comunicación. Fue el primer director general de RTVE con el PSOE y el promotor del primer canal privado de televisión, Canal 10, un rocambolesco proyecto que trataba de emitir desde Londres, pero que murió sin pena ni gloria, a comienzos de 1988, a las pocas semanas de iniciar sus emisiones.

Haciendo gala de las dotes maquiavélicas que le han hecho célebre, Calviño fue en busca del principal enemigo y competidor de Polanco: el editor Germán Sánchez Rupérez, un empresario cercano al guerrismo y propietario de la editorial Anaya. Como buen conocedor de las debilidades humanas, el ex director general de RTVE encontró enseguida su punto flaco: la ambición por el poder.

—Tú, como socio fundador, tienes que encargarte de los informativos —le dijo.

—Y eso, ¿por qué?

—Los informativos —explicó Calviño— son el cordón umbilical con La Moncloa. El que controle los informativos es quien manda en la cadena.

El segundo socio iba a ser Silvio Berlusconi, el magnate de la televisión italiana. El presidente del Gobierno de aquel país, Bettino Craxi, y Enrique Sarasola se lo habían recomendado a Felipe González y a Alfonso Guerra. Y como faltaba un grupo financiero que pusiera el dinero, Txiqui Benegas y Matilde Fernández pensaron en la ONCE.

—Miguel Durán te dará todo el que haga falta. Por algo le permitimos ganar casi 1.000 millones al día a costa de la Lotería Nacional.

El 17 de mayo de 1989, la fecha tope dada por el Gobierno para que los diversos grupos presentaran la documentación en la mesa de contrataciones, había tres sólidos aspirantes al pastel de la televisión privada: Antena 3, Tele 5 y Univisión.

Antena 3, la televisión de Godó, acudía al concurso asociada a treinta y cinco periódicos regionales, la Caja de Ahorros de Zaragoza y un grupo de pequeños empresarios no influenciables por el poder. Tele 5 iba de la mano del presidente de Anaya, Germán Sánchez Rupérez, con la ONCE y Finninvest (la sociedad *holding* de Silvio Berlusconi) como compañeros de viaje. Univisión, la empresa de Antonio Asensio, concurría con el apoyo de los bancos Central y Banesto y del magnate de la prensa británica, Rupert Murdoch.

Sin embargo, mientras José María Calviño maniobraba en secreto para montar la televisión «guerrista», Enrique Sarasola, uno de los empresarios socialistas vinculados a lo que luego se llamaría el sector renovador del PSOE, jugaba también sus cartas entre bastidores. A finales de 1988 había entrado en contacto con André Rousselet, antiguo jefe de gabinete del presidente de la República Francesa, François Mitterrand, y con Marc Tessier, otro alto cargo del Partido Socialista Francés. Rousselet y Tessier dirigían en Paris Canal Plus, una televisión de pago con más de tres millones de abonados.

Sarasola y Rousselet elaboran un estudio de mercado en España para ver si la fórmula francesa es trasplantable a este país. La encuesta les demuestra que en poco tiempo se pueden amortizar las inversiones y ganar dinero. Entonces, embarcan en el proyecto a Polanco[7].

A finales de abril de 1989, pocas semanas antes de que se cierre el concurso, el editor de *El País* hace una apuesta a lo grande. Crea Canal Plus España y se presenta en público acompañado de los copresidentes del Banco Bilbao Vizcaya, José Angel Sánchez Asiaín y Pedro Toledo; de Carlos March, hombre fuerte de la Banca March; de Jaime Botín, presidente de Bankinter y consejero del Banco Santander, y de los empresarios de moda, Alberto Alcocer y Alberto Cortina.

Por primera vez, la plana mayor del poder financiero que apoyaba al Gobierno desde 1982 aparecía en primera página de *El País* respaldando la televisión de Polanco. Sólo faltaban el gobernador del Banco de España, Mariano Rubio, el ex ministro de Economía y Hacienda, Miguel Boyer, y Carlos Solchaga para que la foto del régimen felipista estuviera al completo.

[7] El estudio fue realizado por Ibermer, una de las empresas del industrial socialista dirigida por su amigo Alvaro Alvarez Alonso.

El Gobierno, que semanas antes creía tener «atado y bien atado» el asunto de las televisiones, se encuentra con que hay cuatro candidatos y sólo tres canales[8]. Uno de los aspirantes debía ser dolorosamente excluido.

El acuerdo de la mesa de contratación, presidida por el ministro de Transportes y Comunicaciones, José Barrionuevo, al que se han unido los guerristas, se inclina por dejar fuera al editor de *El País*, cuya «fórmula» de pago no encaja con el espíritu de una televisión abierta, concebida como servicio público. A Alfonso Guerra le molesta además la chulería y el desprecio hacia el Gobierno de «Jesús del Gran Poder»[9].

«Seguimos considerando restrictiva y mala la Ley de Televisión Privada —había declarado Polanco en el acto de presentación de Canal Plus España—. Por eso creemos que un servicio mixto, gratuito y de pago, puede ser la fórmula que más se adapta a la realidad española.»

El presidente de Prisa y de la SER estaba informado por su amigo Enrique Sarasola y por Carlos Solchaga de quiénes eran sus enemigos en el Consejo de Ministros. Por eso, lanzó un órdago a lo grande: «En este país todavía no hay cojones para negarme a mí una televisión.»[10]

El Gobierno, que pretendía dejar zanjado el asunto antes de las vacaciones de agosto, a la vista de las complicaciones que se le venían encima decidió aplazar el asunto. «Tras el descanso veraniego las cosas tal vez se verían mucho mejor», pensaba Felipe González.

* * *

El mes de agosto de 1989 se muestra movido para el presidente del Gobierno. En mitad de las vacaciones, su homónimo francés, François Mitterrand, que no tiene previsto ningún viaje oficial a España, decide visitar a su amigo Felipe González.

Desde Doñana (Huelva), el presidente del Gobierno se trasla-

---

[8] Al concurso se habían presentado también otras dos candidaturas: una encabezada por un grupo de empresarios catalanes y la del Grupo 16. El Gobierno había iniciado ya su «depuración» y estos dos aspirantes «espontáneos» ni siquiera iban a ser tomados en cuenta en las deliberaciones del Consejo de Ministros.

[9] Desde varios años antes el editor de *El País* era conocido por ese sobrenombre, debido a la influencia que ejercía sobre la opinión pública y el Gobierno gracias a la enorme acumulación de medios de comunicación en sus manos.

[10] *El Independiente*, 23 de julio de 1989.

da a Madrid y se entrevista con Mitterrand en La Casita de Arriba (El Escorial), el lugar más a mano que encuentra el servicio de protocolo de La Moncloa[11].

El encuentro, organizado con el pretexto de abordar asuntos comunitarios por parte de ambos mandatarios, ocultaba una segunda clave. El presidente de la República Francesa había decidido apoyar a su amigo y colaborador André Rousselet, socio de Polanco en el proyecto de Canal Plus España. A su regreso de las vacaciones, el 23 de agosto, José Barrionuevo lo entendió así.

—Uno de los canales va a ser para Polanco —le dijo a Martín Palacín.

Rosa Conde, más introducida en los círculos de influencia monclovitas por su condición de portavoz del Gobierno, también lo interpretó en el mismo sentido.

—Lo de Polanco está hecho. Es necesario hacerle un hueco a Antonio Asensio.

José Luis Martín Palacín y José María Calviño hablaron con los accionistas de Tele 5, movilizaron todas sus influencias, pero todo resultó inútil. El director general de la ONCE, Miguel Durán, no estaba dispuesto a ceder al presidente del Grupo Zeta ni una sola acción.

—¿Para qué coño quiere el ciego una televisión? —había preguntado Alfonso Guerra días antes.

Sin embargo, los guerristas tampoco eran excesivamente partidarios de echar a la ONCE del proyecto. Eran unos socios que no iban a crear problemas y, al fin y al cabo, Miguel Durán era el hombre del que se esperaba que pusiera «la pasta».

Así, el 25 de agosto, cuando se reunió el Consejo de Ministros, Javier Godó, Jesús Polanco y Silvio Berlusconi se habían convertido en los tres empresarios de televisión del régimen felipista. De las tres cadenas, dos de ellas (Canal Plus y Tele 5) habían quedado bajo la órbita del felipismo y del guerrismo. Antena 3 Televisión era la gran incógnita.

Veinticuatro horas antes de que se celebrara la reunión del Gabinete, Alfonso Guerra lo había comentado con sus colaboradores en La Moncloa:

—¡A ver si este Godó nos va a salir rana!

---

[11] Jorge Semprún, ministro de Cultura en aquellas fechas y hombre conectado con la *gauche divine* francesa, probablemente desempeñó un relevante papel en esta entrevista.

Antiguo lector del pensador marxista italiano Antonio Gramsci, el vicepresidente del Gobierno tenía un sentido patrimonial e instrumental de los medios de comunicación. En 1989, recién incorporado a Televisión Española, el periodista albaceteño Pedro Piqueras recibió un domingo una llamada desde La Moncloa.

—Alfonso Guerra nos quiere conceder una entrevista. Ha pedido que le mandemos un cámara.

Piqueras y su segundo, Alfonso Tuyas, prepararon un amplio cuestionario. Acto seguido desplazaron a La Moncloa a un equipo de profesionales.

Cuando los técnicos conectaron la cámara y el periodista le formuló la primera pregunta, Guerra les cortó en seco:

—¿Qué preguntas ni que na...? Usted enchufe la cámara que yo ya sé lo que tengo que decir.

Aunque parecía justa la concesión de una cadena de televisión al único grupo periodístico al que el Tribunal Constitucional le había dado la razón, en la mañana del 24 de agosto el vicepresidente del Gobierno, una vez celebrado el consejo de subsecretarios en que había quedado claro que Antena 3 Televisión había obtenido una de las licencias, citó al editor de *La Vanguardia* para anticiparle personalmente la noticia.

—Como usted sabe, esta es una concesión del Gobierno, que lo mismo que se la damos ahora podemos quitársela dentro de diez años —le dijo. Y, en un tono de solemnidad, añadió—: A partir de ahora va a ser usted responsable ante la historia del uso que haga de un medio de comunicación tan poderoso. Esperemos no tener que pedirle cuentas [12].

La televisión privada, un derecho fundamental de los españoles, se convertía así, bajo el control socialista, en moneda de pago para agradecer favores y prebendas a los empresarios de prensa amigos por el apoyo recibido en las elecciones generales de 1986 y por el referéndum de la OTAN. Entre tanto, el PSOE no perdía ninguna oportunidad para crear sus propios medios de información.

* * *

[12] La versión corresponde a Rafael Jiménez de Parga, que acompañó a Javier Godó hasta las puertas del despacho de Alfonso Guerra.

En septiembre de 1993, cuando es elegido candidato a la presidencia de la comunidad Autónoma Andaluza y se instala definitivamente en Sevilla, el diputado del PP Javier Arenas se lleva una sorpresa.

—El PSOE —le informan los miembros de su partido— tiene empleados en la comunidad cien periodistas en las distintas consejerías y direcciones generales. Dispone de toda una red de canalización de la información hacia los periódicos.

A Arenas, el número de jefaturas de prensa le parece excesivo. Habla con Manuel Pimentel, secretario general del PP en Andalucía, y su sorpresa es aún mayor.

—La mayoría de los periódicos regionales —le dice Pimentel— son del PSOE. Lo más grave es que están financiados con el dinero de la Junta de Andalucía o de las Cajas de Ahorro.

—¿Con el dinero de las cajas?

—Sí, El Monte de Piedad de Sevilla, a través del ex alcalde de la ciudad, Manuel del Valle, e Isidoro Veneroso sostienen *El Correo de Andalucía.*

Pimentel lleva varios meses investigando el asunto y dispone de un *dossier* de más cien páginas con el que ha presentado varias preguntas parlamentarias. Sus esfuerzos se han visto recompensados. Ha descubierto que el PSOE posee un *holding* de prensa en Andalucía que abarca *El Correo de Andalucía*, el diario *Córdoba*, el periódico *Jaén* y *La Voz de Almería.* Todos estos periódicos dependen de la empresa Prensa Sur, de la que es presidente el diputado y ex responsable de la Secretaría de Finanzas del PSOE Guillermo Galeote. Su consejero delegado era el ex diputado Carlos Navarro, otro personaje polémico por sus vinculaciones con el «*affaire* Filesa». Como consejeros figuraban el secretario general del PSOE andaluz, Carlos Sanjuán, y el ex senador Emilio Martín.

Todos los periódicos han recibido créditos de Unicaja, una entidad que agrupa a la mayoría de las antiguas Cajas de Ahorro andaluzas y que preside Braulio Medel, un ex alto cargo socialista en la Consejería de Hacienda de la Junta de Andalucía.

—Para nosotros lo más grave —le explica Manuel Pimentel a Javier Arenas— es que tenemos la seguridad de que están siendo subvencionados por la Junta a través de diversas campañas de publicidad institucional.

El *holding* Prensa Sur, en realidad, se había constituido con los residuos de la vieja Cadena del Movimiento. A comienzos de la década de los ochenta, mientras *El País* y *Diario 16* no paraban de denunciar como un agravio comparativo y un anacronismo que el Estado se gastara el dinero en periódicos deficitarios, mal hechos y de baja tirada, el PSOE había diseñado ya su estrategia.

El ex senador Emilio Martín y el empresario Enrique Ballester, ambos socialistas, inscriben en el Registro Mercantil las empresas Mundicón y Comunicaciones Internacionales y se lanzan al asalto de la Prensa del Movimiento. Con la ayuda del ministro de Cultura, Javier Solana, y del subsecretario, Mario Trinidad, adquieren el diario *Córdoba,* el matutino *Jaén* y *Alerta,* de Santander. Posteriormente, el Arzobispado de Sevilla y el empresario Alfonso Fierro le venden *El Correo de Andalucía* y un grupo de amigos pone en sus manos *La Voz de Almería,* que, con *La Noticia,* de Huelva[13], y *Lanza*[14], de Ciudad Real, constituyen entonces el *holding* de prensa socialista.

En 1985, cuando concluye la operación, Felipe González acaba de resucitar la «Cadena del Movimiento», lo que indica que los socialistas no están contentos con tener en sus manos Televisión Española, Radio Nacional de España, la agencia EFE y los canales autonómicos de aquellas comunidades donde gobiernan. El PSOE aspira a controlarlo todo para imponer a los españoles la propaganda felipista, o «el silencio de los corderos».

En enero de 1979, cuando el Gobierno decidió ampliar la red de emisoras de frecuencia modulada y crear ciento cincuenta y tres nuevas estaciones en todo el territorio nacional, los socialistas volvieron a hacer gala de su sentido patrimonial de los medios de información.

Al concurso, convocado por el Ejecutivo, acuden antiguos directivos a los que Polanco, con el apoyo de La Moncloa, había desplazado de la SER; profesionales como Luis del Olmo, José Cañaveras, Jesús Quintero, Ramón Rato (propietario de la cadena Rato) e incluso profesionales de Comisiones Obreras.

Felipe González encarga el proyecto al ministro de Transportes y Comunicaciones, José Barrionuevo, y al secretario general de Comunicaciones, José Luis Martín Palacín, que pretende aplicar criterios de profesionalidad a su trabajo. Sin embargo, cuando las emisoras están a punto de adjudicarse interviene el ministro de Relaciones con las Cortes, Virgilio Zapatero, y los «fontaneros» de

[13] Este periódico se encuentra cerrado en la actualidad.

[14] *Lanza* es el único periódico de la Comunidad Europea subvencionado al 100 por ciento por la Comunidad Autónoma de Castilla-La Mancha.

La Moncloa Rafael Delgado, secretario de Alfonso Guerra, y José María Calviño, ex director general de RTVE.

—Aquí lo que tenemos que hacer es la gran cadena de emisoras del partido. ¡Lo demás son tonterías! —le dice «Fali» Delgado a Martín Palacín.

El secretario general de Comunicaciones le advierte de los problemas que una decisión de esa índole puede acarrear, con numerosos profesionales de la comunicación pendientes de la decisión del Gobierno.

—Qué problemas ni qué *na*. Vamos a hacer la radio del PSOE y se acabó —se impone Delgado.

José Barrionuevo y José Luis Martín Palacín acabaron entregando el proyecto a La Moncloa. Allí, Alfonso Guerra y Guillermo Galeote decidieron repartir las ciento cincuenta y tres emisoras entre los periodistas afines al PSOE, como Manuel Campo Vidal, los parientes del director general de RTVE, Jordi García Candau, o altos cargos del Partido, como el industrial gijonés Blas Herrero.

Bautizada en el despacho de José María Calviño como «operación Arco Iris», la concesión de las emisoras de FM demostró hasta qué punto el Gobierno estaba dispuesto a utilizar el favoritismo y el tráfico de influencias en beneficio propio. El ministro Virgilio Zapatero, al elaborar la lista definitiva de los adjudicatarios, tachó el nombre de Luis del Olmo.

—¡A éste y a la COPE ni agua! —manifestó.

La «operación Arco Iris» acabó en un escándalo monumental en el Parlamento y en la prensa. Los adjudicatarios de las licencias no pudieron montar las emisoras y terminaron vendiéndolas o arrendándolas al mejor postor[15]. Pero el PSOE no renunció a tener bajo su control una cadena de emisoras y utilizó como fiduciaria a la ONCE.

Los ciegos, que tenían participaciones significativas en *Diari de Barcelona*, *La Voz del Guadalete*, *Diario 16* y *Gaceta de los Negocios*, aspiraban a poseer también una cadena radiofónica. Así, el dinero del cupón se ponía un poco más al lado del poder y de los hombres de Ferraz.

Con sesenta y ocho emisoras repartidas por todo el país, la cadena Rato era, en aquellos momentos, la primera en audiencia en Castilla-La Mancha y Andalucía, la tercera en Cataluña y Astu-

[15] Uno de los mayores beneficiarios, como siempre, iba a ser el editor de *El País*, Jesús Polanco, el «favorito» de La Moncloa.

rias y la cuarta en Madrid y Valencia. La elección de esta cadena para ponerla al servicio del PSOE no se hizo, sin embargo, en función de su audiencia exclusivamente.

El plan obedecía a una maniobra política de mayor calado. La cadena Rato, propiedad de Ramón Rato, padre del portavoz del PP en el Congreso, estaba ideológicamente en la órbita del partido de José María Aznar, con lo que se mataban dos pájaros de un tiro.

La ONCE, que gastaba su dinero como el que tira con pólvora del rey, invirtió en la compra 5.400 millones de pesetas, una cifra astronómica en relación con el producto adquirido. Sin embargo, los *sleeping partners* al servicio de Ferraz se dieron cuenta enseguida de que su acercamiento táctico al poder les acarreaba problemas con otros grupos editoriales y decidieron emprender su camino en solitario.

La aspiración de Alfonso Guerra de tener una cadena de emisoras de radio a su servicio, para utilizar a sus redactores como el que emplea a un mozo de cuadras, acabó de nuevo en un fiasco para sus gestores.

* * *

La actitud del Gobierno frente a la prensa, que es vilipendiada desde la llegada de Felipe González a La Moncloa por algunos personajes del entorno del Presidente, como Eduardo Sotillos o Julio Feo, cambia radicalmente a peor desde finales de la década de los ochenta.

Desde La Moncloa y Ferraz, los dos epicentros del poder, se pone en marcha la creación de un clan de editores adictos. Son los encargados de hacer los trabajos sucios al Gobierno y de «expulsar» de la profesión periodística a los profesionales más honrados, a los que no se presten a su juego.

Utilizando los métodos más repugnantes y detestables, se pone en marcha la «limpieza étnica» dirigida a aquellos profesionales que no son «ideológicamente puros» y «sumisos» a La Moncloa.

El llamado «pacto de los editores» funcionó, por primera vez, a raíz de la publicación del libro *El dinero del poder*, publicado por la editorial Cambio 16 en 1991 y del que son autores los periodistas Ramón Tijeras Cozar y José Díaz Herrera.

Respondiendo a una de las máximas más importantes del periodismo anglosajón según la cual «para poder ser crítica con los demás, la prensa debe ser más limpia y transparente que el resto de las instituciones», los autores del libro rompieron un viejo tabú e insertaron varios capítulos relatando los negocios privados de algunos de los principales editores de periódicos.

Antonio Asensio y Jesús Polanco pidieron al editor la retirada de *El dinero del poder*. La decisión irrevocable de Juan Tomás de Salas de sacarlo a la luz pública dio lugar al primer encuentro de los editores de los consorcios Grupo Zeta y Prisa. Tras aquella reunión, de la que nació el «pacto de los editores», Antonio Asensio y Jesús Polanco[16] se conjuraron para vetar a cualquier periodista que rompiera el *statu quo* tácito que habían establecido. Para algunos empresarios de la comunicación, la libertad de información no existía cuando afectaba directamente a sus negocios.

Este clima de envilecimiento y manipulación partidista de la profesión se vio favorecido por las intervenciones públicas del ex director de *El País*, Juan Luis Cebrián. Poco después de abandonar la dirección del rotativo e incorporarse como consejero a Bankinter, Cebrián se convirtió en el *ayatolah* de La Moncloa. Sus alusiones peyorativas a las tertulias radiofónicas, a cuyos miembros calificaba de «ignorantes» y «goebbelsianos», le revelaron como uno de los abanderados de la «cruzada» emprendida desde el poder contra la prensa libre e independiente.

Sin embargo, la «limpieza étnica» a gran escala iba a iniciarse a mediados de 1990. Sus principales víctimas eran los profesionales del diario *El Independiente*, Antena 3 Radio y Antena 3 Televisión.

Nacido en el verano de 1987 de la mano del periodista Pablo Sebastián como un diario liberal y progresista, *El Independiente* «surgió como una alternativa cultural, ideológica y profesional al resto de la prensa», fundamentalmente *El País*, convertido en el diario del Gobierno.

Mientras la mayoría de los rotativos centraban sus investigaciones y sus críticas en determinados ministerios, *El Independiente* colocó en su punto de mira a todo el Gobierno.

Para Sebastián, el problema esencial del «felipismo» no residía en que José Luis Corcuera hiciera mal las cosas en el Ministerio del Interior, que las hacía. Desde su punto de vista, era todo el sistema el que estaba corrupto desde el principio. El sistema electoral permitía la formación de mayorías artificiales y «legitimaba» al

[16] Las presiones para que no se divulgara el libro fueron de tal calibre que Javier de la Rosa y Antonio Asensio llamaron a altos ejecutivos de *El Mundo* para protestar por una reseña de su director, Pedro J. Ramírez.

PSOE para perpetuarse en el poder. Así se impedía la alternancia en el Gobierno y se corrompían todas las instituciones, al no existir la libertad de votos en las cámaras y estar el poder legislativo, el judicial, la banca y la prensa sometidos a los designios de La Moncloa, bajo la dictadura de una pequeña oligarquía, la *beautiful people*, de la que formaban parte banqueros, empresarios de prensa, industriales, especuladores y el equipo económico del Gobierno.

Con estos planteamientos, *El Independiente* chocó frontalmente con los máximos responsables del Partido Socialista y con los guardianes de la fortaleza de Felipe González y Alfonso Guerra, la ministra portavoz Rosa Conde y el «número tres» del PSOE, Txiqui Benegas.

Ya en 1987, poco después del nacimiento del periódico, Benegas desde Ferraz y José Luis Martín Palacín desde el Ministerio del Interior habían llamado a uno de los accionistas, Miguel Durán, director general de la ONCE, para pedir la cabeza del director.

—No sé cómo puedes ser accionista de *El Independiente* y amigo mío —le dice un día Martín Palacín al ciego de Azuaga.

—Soy accionista, pero muy minoritario —respondió Durán.

Desde la Subsecretaría del Ministerio del Interior, José Luis Martín Palacín había sido el verdadero creador del poder financiero de la Organización Nacional de Ciegos Españoles. En una operación relámpago, utilizando un ejército de policías, clausuró en una noche más de quinientas sedes de Prodiecu, le arrebató los cupones, puso a sus dirigentes en la calle y dejó a mil minusválidos en el paro. La ONCE, sin competidores y arrebatándole por la fuerza de los hechos consumados una parte de la cuota de mercado a la Lotería Nacional, creció como la espuma.

Martín Palacín tenía una cierta ascendencia sobre el director general de la ONCE.

—Pues vamos a ver si con todo el dinero que te hemos dado a ganar haces algo positivo —le dijo.

—Positivo... ¿como qué?

—En lugar de darle dinero, no estaría mal que nos enviaras la cabeza de Pablo Sebastián en una bandeja de plata.

—Si está en mi mano lo haré. ¡No te quepa la menor duda!

Esa misma semana puso manos a la obra. Como estaba en marcha una ampliación de capital de Ediobser, la empresa editora de *El Independiente*, el «jefe» de la ONCE habló con algunos directivos de la cadena de emisoras Rato. Pero Ramón Rato, propietario de la red de emisoras y padre del diputado Rodrigo Rato, no se prestaba a desempeñar el papel de testaferro. Durán repitió la gestión con otros empresarios de prensa que no levantaran sospechas. Al final, ante la imposibilidad de alcanzar la mayoría, renunció al control de la sociedad. *El Independiente*, sin embargo, empezaba ya a estar no sólo en el punto de mira del Gobierno. Traficantes de la libertad de expresión como la ONCE o Banesto querían cazar también la pieza para cobrar más tarde sus servicios.

* * *

En febrero de 1990, *El Independiente*, que ha ido acumulando una serie de pérdidas como consecuencia de su lanzamiento y del incremento de plantilla, tiene que ir a una ampliación de capital de 2.000 millones de pesetas. Esta suma de dinero es además imprescindible para la compra de una nueva rotativa y el lanzamiento de diversos cuadernillos que mejoren la calidad del producto y lo hagan más atractivo para los lectores.

Pablo Sebastián, fundador y director del periódico, necesita que la ampliación se cubra al 100 por ciento y habla con los principales accionistas de Ediobser.

—Mario, ¿tú sigues decidido a participar en la ampliación? —le pregunta al presidente de Banesto.

Mario Conde, uno de los primeros accionistas de *El Independiente*, no sólo está de acuerdo. Incluso quiere incrementar su participación en el rotativo.

—Por supuesto, cuenta con los 1.200 millones de que hablamos para la rotativa —le responde.

Por si las cosas se tuercen y alguien renuncia a última hora a la ampliación, Sebastián habla con José Luis Domínguez, responsable de Amstrad en España, y con Jesús Balaguer, presidente del Grupo Cor. Los dos están también en la línea de mantener el periódico.

—Es el único órgano crítico que queda en España. ¿Cómo lo vamos a dejar caer? —le dice Balaguer.

El Gobierno ha tomado otra decisión: estrangular económicamente al rotativo. La operación se inicia en los ministerios y en las empresas públicas. Los responsables de publicidad de las diversas áreas tienen la consigna estricta, bajo amenaza de represalias contra ellos, de no insertar ni un solo anuncio en las páginas de *El Independiente.*

La verdadera ocasión de provocar la asfixia financiera del

medio se produce a comienzos del mes de abril. Un día, la secretaria de Felipe González, Piluca Navarro, llama a Mario Conde a la sede de Banesto.

—El presidente del Gobierno quiere verle.

El presidente de Banesto tiene, en esos momentos, serias dificultades con su banco, con un agujero de 200.000 millones de pesetas. La única salida que se le presenta para capitalizarlo es crear una corporación industrial con el grupo de empresas de Banesto, vender un 25 o un 30 por ciento del *holding* en bolsa e inyectar el dinero obtenido en el banco.

El problema que se le planteaba a Conde era que para llevar a cabo una operación de ese tipo necesitaba revalorizar los activos de sus empresas, que figuraban en los balances a precios de hacía veinte o treinta años, y que el Gobierno le eximiera del pago de impuestos. De lo contrario, el dinero que obtuviera con la salida a bolsa de la corporación industrial lo iba a coger con una mano y con la otra se lo tendría que dar al Ministerio de Hacienda.

Felipe González, a quien había pedido una entrevista, llevaba varios meses dando largas al asunto por presiones del equipo económico del Gobierno, fundamentalmente de Carlos Solchaga y del gobernador del Banco de España, Mariano Rubio, que no estaban dispuestos a dar facilidades a Conde.

Sin embargo, en diciembre de 1989, después de pagar 600 millones al «intermediario» Antonio Navalón, se produce el milagro. Felipe González aparentemente está más preocupado por la línea editorial de *El Independiente* que por las rencillas de sus ministros con el presidente de Banesto. Decide llamar a Mario Conde y zanjar el contencioso.

—Estoy dispuesto a concederte las exenciones fiscales, pero me gustaría que pusieras algo de tu parte.

—¿Yo?, ¿qué puedo hacer?

—Los ataques de *El Independiente* al Gobierno deben cesar.

Mario Conde era un accionista minoritario del rotativo y no tenía ninguna posibilidad de influir en su línea editorial. Sin embargo, se dio cuenta de que el Gobierno le sobrevaloraba. Le consideraba el cerebro financiero del periódico de Pablo Sebastián y decidió jugar el órdago.

—Eso está hecho.

El 20 de abril de 1990 Mario Conde anuncia a la prensa la creación de la primera Corporación Industrial del país. El Gobierno le ha autorizado a incrementar los activos del *holding* en 132.500

millones de pesetas, con unas exenciones fiscales de 19.000 millones. Pocos días después, el diario *Cinco Días*, propiedad de Jesús Polanco, uno de los miembros del «pacto de los editores», publica el precio que ha tenido que pagar el presidente de Banesto a La Moncloa. «Mario Conde —afirma— se ha comprometido a no financiar en el futuro periódicos hostiles al Gobierno.»

Pablo Sebastián lee la noticia de *Cinco Días* y no puede creer que Mario Conde se haya vendido al sistema. El 10 de mayo iba a comprobarlo personalmente.

El director de *El Independiente* ha quedado citado ese día con Mario Conde. Pero quien le recibe no es el presidente de Banesto, sino dos de sus delfines, Carlos García Pardo y Jacques Hatchuel, ambos accionistas también de *El Independiente*. El encuentro tiene lugar en el edificio Torre Europa, donde el empresario judío tiene su despacho.

—Mario Conde está dispuesto a dejarte los 1.200 millones de pesetas —le dice Hatchuel—, pero con una condición: tienes que dejar la dirección de *El Independiente*.

—¿Que renuncie a dirigir *El Independiente*? Tú estás loco.

—No hay otra solución —insiste el empresario judío—. La línea editorial no hace más que crearnos problemas. Los ministros ni me saludan y el Gobierno tiene enfilado a Banesto.

Pablo Sebastián se niega en redondo a que le echen del periódico. Descubre que el presidente de Banesto quiere entregar *El Independiente* al Grupo Z y que se ha puesto en marcha una maniobra para sustituirle por Enrique Arias, uno de los hombres de confianza de Antonio Asensio, otro de los empresarios empeñados con el Gobierno en «depurar» el sector de los medios de comunicación.

El director de *El Independiente* insiste entonces en ver personalmente a Mario Conde. El lunes siguiente, 14 de mayo, el presidente de Banesto le recibe en el edificio de La Unión y el Fénix, la aseguradora del banco, situado en la calle Alcalá.

En aquel encuentro el banquero de Tuy le anuncia que no puede acudir a la ampliación de capital del periódico porque Banesto no dispone de los 1.200 millones de pesetas prometidos. Pablo Sebastián se pregunta cómo es posible que una entidad financiera del tamaño de Banesto carezca de recursos para invertir en un periódico poco más de 1.000 millones. Se da cuenta de que Mario Conde le miente y pone sobre la mesa la noticia de *Cinco Días*.

—Lo que pasa es que te has vendido al Gobierno y te da vergüenza reconocerlo —le dice.

El presidente de Banesto cambia de actitud. Está dispuesto a acudir a la ampliación de *El Independiente*, pero pide a cambio que se le envíe la portada del periódico y los editoriales antes de publicarlos.

—Eso es imposible —estalla Sebastián—. Sería como si yo te pidiera ver los acuerdos del consejo de Banesto antes de que los aprobarais.

—Hombre, no te escandalices. Tampoco es para tanto.

—Pues sí me escandalizo. La censura en España terminó con la muerte de Franco.

Tras la entrevista, Mario Conde se revela como un empresario sin escrúpulos. No duda en utilizar la libertad de expresión como moneda de cambio para hacer sus negocios y obtener parcelas de poder sobre sus competidores. Como *El Independiente* significa en aquellos momentos un obstáculo en su política de acercamiento al Gobierno, renuncia definitivamente a acudir a la ampliación de capital.

En La Moncloa y en la sede central del PSOE, el núcleo guerrista del Gobierno y del partido no se conforman con el golpe de gracia que le han asestado a *El Independiente* a través de Mario Conde. Los hombres del vicepresidente del Gobierno deciden acabar definitivamente con aquel órgano de expresión que dedica gran parte de sus páginas a combatir sus ideas y poner en entredicho sus contradicciones ante el electorado.

Semanas después, el presidente del Grupo Cor recibe una llamada del despacho de José María Calviño, uno de los hombres de Alfonso Guerra para los asuntos opacos, negocio que le ha permitido comprarse una casa en Puerta de Hierro, la zona más cara y elitista de Madrid, en donde les gusta instalarse a algunos socialistas de pro.

—José María quiere comer contigo —le dicen.

—¿Y para qué quiere comer Calviño conmigo? —pregunta Balaguer extrañado.

—Le gustaría charlar contigo. Espera convencerte de que al Gobierno no le gustaría que acudieras a la ampliación de capital de *El Independiente.*

—Pues creo que no es necesario —contesta Balaguer—. Aunque me gustaría seguir en *El Independiente* ahora no dispongo del dinero suficiente.

—Entonces, ¿no vas a aportar los 1.000 millones?

—Pues no. Qué te voy a decir...

—Ah... bien —se queda pensativo su interlocutor—. Entonces no es necesario, siquiera, que te veas con José María. Yo mismo le hago saber tu decisión.

Las amenazas y coacciones se suceden con otros accionistas del periódico. Así, en el verano de 1990 *El Independiente* está sentenciado a muerte por el Gobierno, el PSOE y los grupos financieros afines. Sólo falta rematarlo en el suelo.

Y quién mejor para realizar ese trabajo que el director general de la ONCE, un ciego con pretensiones a emular a los peores «tiburones» de las finanzas italianos, los grandes «maestros» del empresariado socialista español de la década de los ochenta.

El secretario de Organización y «número tres» del PSOE se encarga de facilitarle la tarea. Txiqui Benegas conoce al principal accionista de *El Independiente*, el empresario vasco José Osinalde. El se encargará de que venda sus títulos a la ONCE.

* * *

A sus sesenta y cinco años, José Osinalde no ganaba para achaques. A finales del verano había sufrido dos amagos de infarto y los médicos le habían obligado a dejar el tabaco y a restringir la bebida.

Empresario de la construcción en San Sebastián, Osinalde había hecho mucho dinero con el negocio de los ladrillos. En el último tramo de su vida se dedicó a lo que le gustaba: el arte, la literatura y la pintura.

Con parte de las plusvalías obtenidas remodeló el viejo caserío Zugasti Elder, situado en las afueras de Donosti, lo llenó de iconos rusos y pinturas del los siglos XVIII y XIX y se fue a vivir allí. Además, como se consideraba a sí mismo un mecenas de la cultura, invirtió gran parte de sus ahorros en *El Independiente*, un periódico que, salvo por las pérdidas, le llenaba de satisfacción y le hacía revivir su rebeldía juvenil.

A pesar de su mal estado de salud, a lo que el empresario no renunciaba era a seguir trabajando. Así, una vez por semana tomaba el viejo Fokker-27 en el aeropuerto de Fuenterrabía para desplazarse a Madrid y seguir al tanto de sus negocios.

Un día, en el otoño de 1990, coincidió en el vuelo con el

secretario de Organización del PSOE, José María Benegas, al que conocía de vista [17].

—¿Qué tal va *El Independiente*?

—Pues mal, mientras dure el boicot publicitario del Gobierno. Es una pena que un periódico tan bien hecho no pueda salvarse.

—¿Cuánto dinero tienes comprometido en el proyecto?

—Creo que pasan ya de los 3.000 millones. Una inversión muy importante para un empresario como yo, que no sé si recuperaré algún día.

—Con el director actual, dudo que lo consigas. Ahora, si quitas a Pablo Sebastián y haces un «periódico social», te garantizo entre cuatro y cinco mil millones de publicidad institucional.

Responsables del PSOE y Osinalde quedaron en verse otra vez la semana siguiente para hablar de nuevo del asunto. La entrevista se celebra en el ático que el periodista Germán Alvarez Blanco tiene en el número 1 de la madrileña calle María de Molina. Allí le espera Benegas, acompañado del gerente de la Promotora Social de la Vivienda, Carlos Sotos Pulido, y del líder de UGT Paulino Barrabés.

—Si nos vendes *El Independiente*—le dicen—, te vamos a recompensar con creces. Podrás invertir dinero en la empresa ferroviaria CAF, a la que el Gobierno le va a encargar trenes por un importe de 500.000 millones, y te compramos el colegio San Antón.

—¿También estáis interesados por el colegio San Antón?

—Pues sí. Como sabes, UGT, de acuerdo con el Gobierno, va a promover la construcción de cien mil viviendas en toda España. Necesitamos solares y, en especial, en el centro de Madrid.

El colegio de las Escuelas Pías de San Antonio Abad, más conocido como colegio San Antón, ocupaba toda una manzana entre las calles Hortaleza, Fuencarral, Farmacia y Santa Brígida, en el corazón de Madrid. José Osinalde lo había comprado a comienzos de los años setenta a los padres escolapios, cuando éstos decidieron trasladar su centro a Pozuelo de Alarcón.

—¿Cuánto estáis dispuestos a pagar por el solar?

---

[17] Benegas aseguró a los autores del libro que intervino en el caso de *El Independiente* a petición de Osinalde, que no tenía 3.000 millones para ir a una ampliación de capital, y nunca por razones políticas.

—La PSV, de la que soy gerente, te ofrece ahora mismo 2.500 millones de pesetas.

—Pues, entonces, trato hecho [18].

El 11 de noviembre, Osinalde y Benegas acuden a comer a la marisquería Los Remos, situada en el kilómetro 12,7 de la carretera de La Coruña. El almuerzo se convierte en una encerrona. En el restaurante le está esperando el vicepresidente del Gobierno. Alfonso Guerra, que no le ha visto nunca, se levanta nada más verle entrar y le saluda por su nombre. Conocedor de sus aficiones y gustos literarios, le invita a La Moncloa en el mes de diciembre. Allí, después de hablar durante más de cuatro horas de los clásicos, saca la cuestión del periódico.

—No entiendo —le dice— cómo un hombre de gustos tan refinados financia un periódico tan ácido como *El Independiente*. Eso no es bueno para la democracia.

—Es cierto —accede Osinalde—. Deme dos meses y yo me encargo de convencer a Pablo Sebastián.

—A ése no le convence usted ni en dos meses, ni en dos años —replica Guerra.

—¿Qué me sugiere usted, como miembro del Gobierno?

—Vender.

—Ya. Eso mismo me han dicho Benegas y Carlos Sotos. Pero, ¿quién está dispuesto a comprar un periódico que por ahora no da nada más que pérdidas?

—Hable con la ONCE. Ellos saben cómo sacar las perras —le sugiere Alfonso Guerra.

* * *

Las negociaciones entre José Osinalde y Miguel Durán para que el segundo adquiera en nombre de la ONCE el 37,5 por ciento que el empresario vasco posee en Ediobser, la editora de *El Independiente*, se inician a comienzos de enero con un almuerzo en el restaurante Jaún de Alzate, en Madrid, y culminan en abril de 1991.

---

[18] Osinalde vendió el colegio San Antón a la PSV en documento privado a finales de ese año. La promotora de UGT sólo le pagó 230 de los 2.500 millones pactados. Desde entonces, el empresario vasco mantiene una «demanda incidental de nulidad» contra UGT para recuperar su propiedad. La demanda ha sido interpuesta en el Juzgado de Primera Instancia número 52 de Madrid. El abogado del empresario vasco es José Luis Crispín de Vicente.

En la primera entrevista, ambos empresarios acuden acompañados de sus respectivos abogados, Francisco Segrelles y Santiago Muñoz Machado. Tras un largo preámbulo en el que abordan los temas de actualidad, para distender el ambiente, el constructor vasco entra de lleno en el asunto que les ha reunido.

—Como sabes, quiero vender mi participación en *El Independiente*. Es un asunto que, con el Gobierno de por medio, me trae muchos quebraderos de cabeza.

—¿Y cuánto pides por las acciones?

—Hombre, pues me gustaría por lo menos recuperar los 3.150 millones de pesetas que llevo metidos en el proyecto.

La ONCE tenía en aquellos momentos un porcentaje que no llegaba al 15 por ciento de los títulos. Miguel Durán estaba decidido a ayudar al Gobierno, pero poner 3.150 millones de pesetas le parecía una locura.

—Ese dinero ni lo sueñes. ¡No te lo voy a pagar ni yo ni nadie!

Tras aquella comida, donde no se llegó a ningún acuerdo, el domingo 24 de febrero, con José Osinalde a punto de ser ingresado en un hospital a causa de un nuevo infarto, el director de la ONCE somete al empresario vasco a una de sus habituales encerronas. Obliga al empresario vasco a sindicar sus acciones con la ONCE, renunciando al ejercicio de sus «derechos políticos», y, además, Osinalde se ve forzado a renunciar a la recuperación de los 1.000 millones que ha adelantado a Ediobser en los últimos meses para garantizar la supervivencia del periódico.

Cuando se repone del infarto, en una clínica de San Sebastián, se da cuenta de lo que ha firmado. A Osinalde se lo llevan los diablos.

—¡El ciego es un gángster, un ladrón, un canalla! —le dice a Pablo Sebastián por teléfono [19].

Los abogados de ambos empresarios se reúnen en marzo para deshacer el acuerdo. La situación se complica. Miguel Durán no está dispuesto a desembolsar ni un duro de la ONCE para la compra de *El Independiente*.

Entonces el PSOE pone al financiero. Mario Conde se ofrece, a través del sector guerrista del partido, a «invertir» 5.000 millones

[19] A uno de los autores del libro, Osinalde, que presenta un estado de salud muy delicado y ha perdido la memoria, le preguntaba constantemente: «¿Seguro que Miguel Durán no ve?»

para el lanzamiento del rotativo, como un «periódico social», tal y como Alfonso Guerra y Txiqui Benegas pretendían. Sin embargo, el banquero de Tuy no quiere cargar con el muerto de un posible cierre y tampoco desea figurar como el auténtico propietario en ninguna parte.

—¿Estás dispuesto a asumir el riesgo? —le preguntan a Miguel Durán.

—Por supuesto.

El director general de la ONCE acepta el reto. Pocos días después se instrumentaliza la operación. Mario Conde, en nombre de Banesto, concede un «crédito» de 5.000 millones de pesetas a la Organización Nacional de Ciegos Españoles.

—¿Y qué hacemos con Pablo Sebastián? —pregunta Benegas al final de la reunión.

—Por eso no te preocupes. El «pistolero» lo pongo yo —sentenció el director general de la ONCE.

Acto seguido, Miguel Durán llega a un acuerdo con José Osinalde. Le compra su paquete de acciones por una peseta y le da 740 millones por los talleres y la rotativa. Pablo Sebastián deja la dirección del periódico en abril de 1991.

Pocos días después, Felipe González recibe en La Moncloa a un grupo de empresarios de prensa del «pacto de los editores».

—Eso de *El Independiente* —explica el presidente— fue cosa de Alfonso.

—¿De Alfonso Guerra?

—Sí, de Alfonso —Felipe González, tras una pausa, apostilla—: Hizo muy bien. ¡Los tíos habían ido a una ampliación de capital y estaban a punto de encontrar dinero para seguir!

Miguel Durán cobró a precio de oro sus servicios al Gobierno. El 10 de marzo, poco antes del cese de Sebastián, se reunía un «minigabinete» del Ejecutivo y decidía conceder la autonomía financiera a la ONCE. A partir de entonces podían hacer lo que quisieran con su dinero. Hasta el 10 de marzo sólo podían invertirlo en títulos del Tesoro, salvo autorización expresa del Ministerio de Asuntos Sociales.

El director general de la ONCE no tuvo tiempo de celebrar su victoria. Los planes socialistas no contemplaban en principio el cierre de *El Independiente* sino aniquilar su línea editorial, que molestaba al Gobierno, para incorporarlo a un futuro grupo de comunicación promovido por el PSOE.

En efecto, en los últimos meses el secretario de Organización del PSOE, Txiqui Benegas, su amigo Germán Alvarez Blanco, periodista y empresario relacionado con los negocios del PSOE, se habían reunido en secreto con Antonio Asensio, y Miguel Durán, para diseñar una estrategia de cara a constituir en el plazo de un año el primer multimedia de España.

La entrada de la ONCE, una organización directamente controlada por el «aparato» socialista en manos de los guerristas, en *El Independiente*, como primer paso para montar un *holding* de comunicación socialista, rompió el pacto no escrito de no agresión existente entre los medios.

Aunque las conversaciones entre Benegas, Asensio y Durán se llevaban con gran sigilo, los editores de *ABC*, *El Mundo* y *El País* estaban al tanto de lo que se cocía. Pedro J. Ramírez se lanzó a través de su periódico directamente contra la ONCE mientras el editor de *El País*, Jesús Polanco, reunía al consejo de administración de Prisa para decidir qué se debía hacer.

—Al loco del ciego hay que obligarle a que saque los pies de nuestra comida —se indigna Polanco.

—No vale la pena —sugiere otro de los consejeros—. Pedro J. Ramírez se encarga de hacer el trabajo sucio, como siempre.

Sin embargo, como la «operación multimedia» no se detiene el 25 de abril de 1991, la cadena SER decide dinamitar el proyecto más celosamente guardado por el PSOE. Y lo hace de la forma más contundente posible: mediante la emisión de una conversación telefónica entre Txiqui Benegas y su amigo Germán Alvarez Blanco.

—Oye, ¿te comentó «El Bastón» [Durán] algo del otro grupo, de aquello que tenemos con el otro catalán [Asensio]? —pregunta Benegas.

—No, no. Exactamente, eso no —respondió Alvarez Blanco—. Pero del proyecto global, sí. Que el italiano [Berlusconi] está receptivo, pero la verdad es que no entramos en profundizaciones sobre el tema del otro grupo, no.

La conversación era la prueba más patente de que el PSOE, la ONCE, el Grupo Zeta y Finninvest, la empresa de Silvio Berlusconi, estaban en tratos para crear un poderosísimo conglomerado en el sector de la comunicación que no iba a tener problemas económicos. Para algo le había concedido el Gobierno el «cupón» a Miguel Durán.

La emisión de la conversación telefónica tenía, además, una lectura más profunda. Emitiéndola a través de la SER, Jesús Polanco demostraba que conocía hasta los más íntimos detalles de los planes de sus competidores.

Miguel Durán decidió hablar con Polanco para aclarar las cosas. Por medio de Ramón Mendoza, accionista de Prisa y amigo suyo, concierta una entrevista. El 10 de mayo se cita a comer en casa del presidente del Real Madrid con el dueño de *El País*. El director general de la ONCE acude acompañado del presidente de la institución benéfica, José María Arroyo.

—La ONCE —le dice Polanco— es gente cautiva del Gobierno. Hace tiempo te advertí que no soy partidario de que empresas como El Corte Inglés, el BBV o tu sociedad se metan en el mundo de la comunicación.

El editor de *El País* se queja de la competencia desleal y de las distorsiones que la ONCE puede crear en un mercado tan poco asentado como el de la comunicación. A Polanco, sin embargo, lo que más le preocupa es que sus privilegiadas relaciones con el Gobierno acaben rompiéndose debido a las excelentes relaciones que mantienen los ciegos con un sector del PSOE.

—He dado instrucciones a mis medios para que investiguen a la ONCE —le amenaza—. Si no te retiras de los negocios de la prensa voy a por ti.

En esos momentos, en medio de una fuerte tensión, José María Arroyo se levanta, arroja la servilleta sobre la mesa y dice:

—Yo me voy. Con un señor así no me sentaré nunca más a una mesa.

El presidente de la ONCE da media vuelta y enfila la puerta.

En ese contexto, la situación de *El Independiente*, entra en un periodo de crisis insostenible. Con unas pérdidas diarias, incluidas indemnizaciones por despidos, de más de 30 millones de pesetas y una presencia cada vez más escasa en los quioscos, seis meses después *El Independiente* había gastado 6.000 millones de pesetas, 1.000 millones más del dinero puesto por Mario Conde.

—Las pérdidas superan incluso la cifra de inversiones realizadas durante los cinco años que el diario permaneció bajo la dirección de Pablo Sebastián —asegura un miembro de la ONCE.

El 26 de octubre de 1991 Miguel Durán tira la toalla. Presionado por la prensa, por sus compañeros, que le acusaban del deterioro que la crisis del periódico causa en su institución, y por los propios redactores de *El Independiente*, llama a Mario Conde y le entrega el «regalo envenenado».

Jacques Hatchuel, uno de los hombres de confianza del presidente de Banesto, se hace cargo del periódico. Pero para cerrarlo definitivamente. El 31 de octubre, el diario más crítico con el Gobierno socialista, el único medio que había condenado severamente las implicaciones de Felipe González y Narcís Serra, pagaba así la «osadía» de desafiar un día tras otro al poder socialista.

El cierre de *El Independiente* fue, además, el principio del fin del imperio periodístico PSOE-ONCE. A partir de entonces los ciegos reducen su participación en *La Voz del Guadalete, Diari de Barcelona, Diario 16, La Gaceta de los Negocios* y en Tele 5, donde su porcentaje accionarial directo queda reducido en 1994 a un 6,25 por ciento, a pesar de lo cual Miguel Durán sigue ostentando simbólicamente la presidencia de la cadena.

El multimedia de los ciegos se limita en la actualidad a la agencia de prensa Servimedia y a la cadena de emisoras Onda Cero, un medio que subsiste gracias a la gestión de Fernando Onega, Luis del Olmo y Julia Otero, tres profesionales independientes, que han logrado con gran acierto que la red de emisoras no caiga en la órbita socialista. Con ello, Polanco, el zar de la prensa española, mantiene intacto su monopolio con el Ejecutivo, una situación que, como puede verse más adelante, tal vez no contribuya demasiado a ensanchar los cauces en beneficio de la libertad de expresión, pero que, a cambio, le sitúa en la órbita de los grandes negocios a la sombra del poder.

CAPITULO VEINTE

ANTENA 3: EL ASESINATO DE UNA TELEVISION

El asalto a Antena 3 Televisión, una cadena crítica con la gestión del Gobierno, fue la operación más fría y cuidadosamente planificada del hombre que hizo de la «cultura del pelotazo» su medio de vida. A Mario Conde, en aquel momento presidente de Banesto, humillado y desairado por el conde de Godó, no le tembló el pulso a la hora de aliarse con el poder para aniquilar la única oposición periodística que existía en el sector audiovisual español a la política del Gobierno. Sus escrúpulos tampoco le impidieron poner fin a la carrera de un grupo de profesionales independientes para entregar sus cabezas en bandeja de plata en La Moncloa. Sus maniobras constituyen el mayor crimen perpetrado contra la libertad de expresión en España y desde hace dos años forman parte de los manuales de las facultades de Ciencias de la Información de todo el país.

En mayo de 1989, recién celebradas las elecciones municipales, el presidente del Gobierno estaba como una hiena.

El Partido Socialista Obrero Español había perdido las alcaldías de Madrid, Valencia, Sevilla y Palma de Mallorca. Era la primera vez que el PSOE sufría un descalabro electoral tan evidente y Felipe González estaba dispuesto a cortar cabezas.

En una reunión con los responsables de la campaña electoral, el jefe del Gabinete de la Presidencia y uno de los encargados del diseño de la estrategia socialista, Roberto Dorado, trata de buscar una cabeza de turco.

—Presidente, uno de los factores fundamentales que nos han conducido a la pérdida de votos en las grandes ciudades es que hemos tenido a la prensa en contra —afirma.

Los numerosos casos de corrupción socialista detectados en toda la geografía española, los primeros apuntes que ponían en evidencia el comienzo de una fuerte recesión económica y el incremento de las cifras del paro no eran, para los dirigentes socialistas, argumentos sólidos que explicaran la pérdida de confianza del electorado.

—Y los principales culpables de la actual situación son Antena 3 Televisión y Antena 3 Radio —agrega el jefe del Gabinete presidencial.

Los datos no eran rigurosamente ciertos. Antena 3 Televisión había comenzado a emitir en Palma de Mallorca tres días antes del inicio de la campaña electoral y era, por lo tanto, casi imposible que su impacto en la opinión pública incidiera decididamente en la pérdida de la alcaldía en beneficio del PP. Los responsables del PSOE necesitaban, sin embargo, un chivo expiatorio.

—Yo creo que Luis Herrero, José María Carrascal, Federico Jiménez Losantos y Manuel Martín Ferrand son los verdaderos culpables —apunta otro de los presentes.

Roberto Dorado lleva en su cartera los resultados de las elecciones municipales. Sus asesores han hecho las correcciones oportunas y han extrapolado los datos a las generales. El declive socialista es patente.

—Con Antena 3 Televisión en contra, en las generales perderemos un millón de votos que irán a parar en su mayor parte al Partido Popular —explica.

—Pues habrá que hacer algo para cambiar las cosas y que esos señores no nos sigan incordiando —dice un Felipe González taciturno y meditativo. Y agrega en tono amenazador—: Al fin y al cabo, yo le di la televisión al conde de Godó y no a Manuel Martín Ferrand. ¡Si hay que cortarle la cabeza, se le corta!

El futuro de Antena 3 Televisión estaba decidido, pero aún tenían que ocurrir muchas cosas.

* * *

Un día, en octubre de 1991, el presidente de Antena 3 Televisión y del periódico *La Vanguardia*, Javier Godó, acude a la sede central de Banesto. El presidente del banco, Mario Conde [1], le espera para almorzar.

---

[1] Para la elaboración de este capítulo los autores se entrevistaron con Mario Conde el 28 de octubre de 1992 durante varias horas.

Javier Godó acaba de recibir días antes los balances que los auditores de sus empresas le han presentado. Y sabe que su imperio periodístico, integrado por Antena 3 Televisión, Antena 3 Radio, *La Vanguardia, Mundo Deportivo, Historia y Vida,* la agencia Lid y otras publicaciones de menor incidencia, está en crisis.

La causa fundamental es la mala gestión de *La Vanguardia,* una publicación que, curiosamente, con 3.000 millones de pesetas más de publicidad que *ABC,* arroja unas pérdidas incalculables[2].

Además, una ampliación de capital abierta en la cadena de televisión llevaba meses sin poder cerrarse por falta de dinero. Javier Godó necesitaba dinero para financiar su *holding* y había acudido a pedírselo al presidente de Banesto. Su idea es venderle a Banesto una participación del 10 por ciento que posee en Antena 3 Televisión a través de la sociedad Serec.

Pero Mario Conde no está por la labor. No quiere estar presente en un medio de comunicación. Aspira a algo más importante. Quiere mandar en el mayor número de medios de comunicación posible, y una participación en Antena 3 Televisión, sin ninguna posibilidad de ejercer su poder en la cadena, es algo ridículo que no entra en sus cálculos.

Hace algún tiempo el banco, siguiendo sus instrucciones, ha encargado a un grupo de expertos un estudio sobre el futuro de los *mass media* en España. La conclusión del trabajo es que, en un plazo de diez años, el atomizado mapa de los medios de comunicación tendrá que desaparecer. Además, dado el tejido industrial y social del país, sólo sobrevivirán tres grandes multimedias junto a un reducido número de periódicos regionales sin gran influencia en la opinión pública.

Desde entonces, cuando alguien se acerca por la sede de Banesto y plantea la necesidad de que el banco entre en algún periódico, Mario Conde se opone tajantemente. Javier Godó no va a ser la excepción:

—No quiero desilusionarte, pero el banco tiene como norma no tomar ninguna participación minoritaria en un medio de comunicación aislado.

—¿Cómo en un medio de comunicación aislado?

—Sí, no vamos a entrar en Antena 3 Televisión. Otra cosa sería

[2] Poco después se demostró que gran parte del dinero del rotativo había desaparecido y Javier Godó presentó querella ante los tribunales contra un grupo de sus directivos.

si tú estuvieras dispuesto a desprenderte de parte de tus restantes sociedades de prensa y radio para crear un fuerte multimedia.

Mario Conde le explica las ventajas de los multimedias de la comunicación, al estilo de Estados Unidos o Italia: se generan fuertes sinergias, se abaratan los costes de producción y distribución, se puede contratar la publicidad de forma global y es todo mucho más serio, profesional y rentable.

—Además —agrega, para convencerle—, tú tienes la experiencia y yo puedo disponer del dinero que a ti te hace falta.

Javier Godó sale de la sede de Banesto entusiasmado.

—Entonces, hagamos un multimedia.

Como necesita dinero a corto plazo para pagar las deudas contraídas en *La Vanguardia* y para cerrar la ampliación de capital de Antena 3 Televisión, Javier Godó acepta vender el paquete del 10 por ciento de las acciones de la cadena televisiva que tiene aparcadas en la sociedad Serec. En el mismo acto se fija el precio de la transacción, 5.750 millones de pesetas.

—Pero que conste que la operación está supeditada a que me des una participación en *La Vanguardia* y Antena 3 Radio —le advierte Conde antes de abandonar la reunión.

* * *

Al día siguiente, Javier Godó, rebosante de gozo, llama al director general de Antena 3 Televisión para darle la noticia.

—¿Sabes? Se han acabado mis problemas económicos. Tengo una oferta para vender a un buen precio el paquete de Serec a Mario Conde.

Manuel Martín Ferrand desconfía por principio de los bancos como inversores en medios de comunicación. Sabe que las entidades financieras tienen otro orden de prioridades (ganar dinero a cualquier precio), y la noticia no le emociona plenamente.

En 1987, cuando se concedieron los canales de televisión y el Gobierno obligó a los grupos empresariales a meter en sus accionariados a una entidad financiera de primer orden, Martín Ferrand había hablado rápidamente con Ibercaja, la Caja de Zaragoza, La Rioja y Aragón, entidad a la que ofreció una participación del 5 por ciento. Así, el periodista gallego logró adelantarse a las pretensiones de Felipe González de colocar en Antena 3 Televisión a Caja de Madrid, una institución controlada por el PSOE.

El resto de los accionistas eran grupos extranjeros vinculados a fondos de inversión, medios de comunicación como *ABC*, *La Voz de Galicia,* Comecosa y *Ultima Hora* y profesionales y pequeños empresarios no influenciables por el poder. Por eso, la repentina decisión de Javier Godó de incorporar al accionariado a Mario Conde le dio mala espina, y así se lo comunicó:

—Yo no vendería a un banco[3].

—Es que necesito el dinero.

—Pues dame tiempo, que yo busco otros compradores.

—Bueno, tienes una semana.

Martín Ferrand intentó buscar el dinero más aséptico posible y contactó con varios fondos de inversión extranjeros. Sabía que éstos no interferirían en la línea informativa de la cadena. Le constaba que confiaban plenamente en su gestión y que estaban muy contentos con los dividendos que obtenían de Antena 3 Radio[4].

En apenas siete días no logró que le dieran una respuesta inmediata. Los responsables de los fondos de inversión extranjeros necesitaban tiempo para estudiar la operación. Javier Godó, que había firmado un preacuerdo con Banesto por el que se comprometía a crear un *holding* y a vender el 30 por ciento del mismo a Mario Conde como condición previa para la compra de Serec, le presiona:

—Tengo que hacer la operación ahora mismo. Me dan el 300 por ciento, e incluso más, por mis acciones de Serec.

Manuel Martín Ferrand piensa que dentro de todas las opciones posibles la venta de un 10 por ciento de Antena 3 Televisión a Mario Conde es el mal menor. Al fin y al cabo, desde 1987 había liderado la defensa de Banesto frente a la OPA del Banco de Bilbao y había apoyado a Alfonso Escámez frente a la voracidad del Gobierno para hacerse con el control del Banco Central a través de los «Albertos» y Miguel Boyer. El banquero de Tuy era un enemigo acérrimo del Gobierno o, al menos, no iba a condicionar la línea informativa de la cadena televisiva, manteniendo su franca oposición a la política de La Moncloa.

—Bueno —dice Martín Ferrand—, yo no puedo hacer más. Las acciones son tuyas.

Javier Godó respira aliviado:

---

[3] Los autores del libro mantuvieron tres entrevistas con Manuel Martín Ferrand para la elaboración de este capítulo. La primera de ellas fue el 9 de septiembre de 1993.

[4] Véase capítulo diecinueve, sobre Antena 3 Radio.

—Manolo, te pido por favor que vengas conmigo a verles. Acompáñame, porque tú eres mucho mejor negociador y éstos son muy duros.

* * *

La finca «La Salceda» ocupa una superficie de 4.000 hectáreas de encinas y monte bajo en la provincia de Ciudad Real. Desde hace unos años, además, su propietario, Mario Conde, la ha repoblado con corzos, rebecos y otros animales de caza y se ha hecho construir en su interior una enorme casa solariega, en la que se refugia los fines de semana para disfrutar del campo con sus amigos.

El primer sábado de noviembre de 1991, el Volvo verde de Manuel Martín Ferrand entra en la finca y enfila el camino de tierra que conduce al cortijo. Al director general de Antena 3 Televisión le acompañan el presidente de la compañía, Javier Godó, y el asesor jurídico del grupo, Rafael Jiménez de Parga.

Son las primeras horas de la mañana y en la casa aguardan impacientes Mario Conde, el consejero delegado de la Corporación Industrial de Banesto, Arturo Romaní, y el consejero y cuñado de Mario Conde, César Albiñana.

Los cinco hombres van a decidir aquella soleada mañana de otoño el futuro de la cadena privada televisiva. En una dura y tensa reunión que se prolonga a lo largo de más de dieciséis horas, Mario Conde acepta la compra del paquete de Serec en Antena 3 Televisión. Pero lo condiciona a que se le permita ampliar su participación hasta el 25 por ciento que permite la ley. Plantea también su decisión de tomar alguna participación en los otros medios de comunicación del conde de Godó.

—Además quiero un paquete significativo en la radio —insiste una y otra vez.

—¿Qué es un paquete significativo? —pregunta Manuel Martín Ferrand.

—Algo que no sea ridículo. Más que el que tiene *ABC*[5].

—¿Y qué es un paquete significativo en *La Vanguardia*?

—El 10 por ciento por lo menos.

En la reunión se fija el precio de las acciones: Antena 3 Tele-

[5] El diario *ABC* tenía entonces cerca de un 13 por ciento en Antena 3 Radio.

visión, al 330 por ciento del valor nominal; Antena 3 Radio, al 1.700 por ciento, que viene a suponer el precio medio de cotización en el mercado en los últimos seis meses.

—¿Cómo valoramos las acciones de *La Vanguardia*? —pregunta Arturo Romaní.

—*La Vanguardia* está sin decidir. Pero me comprometo formalmente a fijar un precio de común acuerdo más adelante —responde Godó[6].

La reunión acaba muy entrada la noche y el presidente de Banesto propone a sus invitados que se queden en su casa a pasar la noche. De esa manera, al día siguiente podrían ultimar el acuerdo sin premuras de tiempo.

Antes de irse a la cama, Mario Conde, que ha sido apercibido del carácter dubitativo del editor, quiere dejar las cosas muy bien amarradas desde el principio. Hace un aparte con el conde de Godó y le dice:

—Javier, me gustaría que no te precipites en darme una respuesta. Piénsalo detenidamente y mañana hablamos de nuevo.

Al día siguiente se reúnen a primera hora para el desayuno. Javier Godó, que no ha podido pegar ojo, está dispuesto a cerrar el trato enseguida:

—¿Sabes, Mario? Lo he meditado muy bien. Y creo que la mejor solución para mis empresas es que creemos el multimedia.

Mario Conde, encantado, propone que el pago por la compra de Serec se garantice de inmediato. César Albiñana le dice:

—Hombre, habrá que esperar el tiempo necesario para redactar los papeles. Pero mañana estará todo.

Poco después, Mario Conde acude a La Moncloa, se entrevista con el vicepresidente del Gobierno y le explica el proyecto.

—El Gobierno —le dice Narcís Serra— no pone ninguna objeción a tu iniciativa.

Con las bendiciones del Ejecutivo, la operación de Serec se firma una semana después. Mario Conde se compromete a abonar a Javier Godó más de 5.750 millones de pesetas por el 10 por ciento de las acciones de Antena 3 Televisión, y Arturo Romaní y Enrique Lasarte, por parte de Banesto, se incorporan al consejo de admi-

---

[6] Mario Conde discrepa de esta versión y asegura que en «La Salceda» se valoró el rotativo catalán en un mínimo de 10.000 millones y un máximo de 30.000 millones de pesetas.

nistración y al comité ejecutivo de la cadena televisiva como hombres de Mario Conde.

En Antena 3 Televisión se vive un periodo de luna de miel. Banesto concede un crédito de 5.000 millones de pesetas para la compra de una partida de películas que estaban pendientes de financiación y sus directivos se ofrecen para solucionar cualquier problema económico que tenga la casa.

Mario Conde en persona llama con frecuencia a Martín Ferrand para darle ánimos. Aunque Antena 3 y el diario *El Mundo* son los dos únicos medios de comunicación que mantienen una postura de oposición y crítica sistemática hacia los errores del Gobierno, al presidente de Banesto la postura de la cadena televisiva le parece demasiado complaciente.

—Tienes que ser más incisivo. Hay que darle más caña al Gobierno —le reprocha a Martín Ferrand.

En los acuerdos de «La Salceda» se había decidido que, en un plazo de cuarenta días, Banesto entraría en el accionariado de Antena 3 Radio. Sin embargo, pasado ese tiempo no ocurre nada. Resuelto el problema financiero en *La Vanguardia*, Javier Godó no da señales de vida ni parece decidido a vender.

Cansado de llamarle sin recibir respuesta, la paciencia de Mario Conde llega al límite. Ordena a César Albiñana, a Arturo Romaní y a Joaquín Forn, uno de sus abogados, que se desplacen a Barcelona y hablen con el editor catalán. Pero éste se halla *missing* y no da señales de vida. No parece tener interés alguno por el proyecto multimedia.

Próximas ya las Navidades, Mario Conde llama temprano, por la mañana, a Manuel Martín Ferrand.

—Godó no se me pone al teléfono —le dice enfadado.

Martín Ferrand decide tomárselo a broma.

—Pues no te preocupes. Yo llevo once años en Antena 3 y a mí no se me pone nunca.

En realidad, el conde de Godó es un personaje extraño. A veces pasa meses enteros en Nueva York y nadie, ni siquiera su secretaria, sabe cómo localizarle. No es nada raro que no se le ponga al teléfono a Mario Conde. Pero éste no se halla de muy buen humor.

—Pues a mí este enano de Igualada no me va a tomar más el pelo.

—Hombre, no te lo tomes así —trata de tranquilizarle el director general de Antena 3 Televisión.

El banquero de Tuy está echo una furia.

—¿Cómo que no me lo tome así? Ha vencido el plazo y lo de la radio no se ha hecho. Ya lo único que me falta es que se me suba encima y me mee en la pechera.

—No sé qué decirte. Tienes toda la razón.

—Pues yo voy a hacer de esto un *casus belli.* Voy a seguir hacia delante aunque tenga que meterle en la cárcel.

* * *

En las Navidades de 1991 Mario Conde y Jesús Polanco pasaron unos días de vacaciones juntos en el hotel Jardín Tropical que el editor de *El País* posee en Playa de las Américas, en la isla de Tenerife. Les acompañaban sus mujeres y un personaje siniestro en las finanzas del país, Matías Cortés, abogado de Banesto y consejero de Prisa, empresa editora del diario madrileño.

El presidente de Banesto estaba al corriente de que el editor de *El País*, el hombre más influyente de la prensa española, se había convertido en una especie de guardián de las esencias del periodismo en España y concedía o denegaba el plácet a los empresarios que aspirasen a formar parte del selecto club de los hombres de prensa en España.

En los ambientes bancarios y periodísticos era conocido el veto de Polanco al director general de la ONCE, Miguel Durán, cuando éste había decidido meses antes convertirse en un «ciudadano Kane» a la española[7].

Mario Conde no temía a Polanco. Entre otras cosas porque en 1989 una de sus empresas, la aseguradora La Unión y el Fénix, había vendido a Prisa un edificio de nueve plantas, con 39.815 metros cuadrados útiles, en el número 32 de la Gran Vía, por un precio irrisorio: 3.500 millones de pesetas. Además, El Fénix no había ingresado un duro por la venta, sino que había recibido a cambio un edificio en la calle Miguel Yuste 40 (donde se encuentra la sede de *El País*), valorado en mucho menos. Sin embargo, en la batalla que se avecinaba con el Gobierno tras el control del Grupo Godó, convenía buscar todo tipo de aliados. Fundamentalmente

[7] En una tensa entrevista a la que asistió también el presidente de la ONCE, José María Arroyo, Polanco amenazó seriamente a Miguel Durán con tomar represalias. «Saca tus sucios pies de este honrado negocio —le dijo— o tendrás que vértelas conmigo», según la versión de la Organización de Ciegos.

en el entorno del ministro de Economía y Hacienda, Carlos Solchaga, enemigo acérrimo del banquero pero en buenas relaciones con Polanco. Así que decidió tantear con discreción la disposición del hombre fuerte de Editorial Santillana hacia su proyecto.

—¿Qué te parece mi decisión de adquirir un 25 por ciento de Antena 3 Televisión?

Jesús Polanco pareció extrañarse por la pregunta.

—Yo creía que ese asunto estaba ya enterrado. Que las relaciones entre Javier Godó y tú estaban muy deterioradas.

—Sí, es cierto. Pero yo no me doy por vencido.

Mario Conde le contó entonces cuál era su punto de vista sobre el futuro de la prensa en España. Le expuso la necesaria concentración de medios que se avecinaba y el escaso número de periódicos, emisoras de radio y cadenas de televisión que, por las leyes del mercado, iban a sobrevivir en el ámbito de tres grandes multimedias.

Uno de los grupos indiscutibles del nuevo universo de la comunicación era el Grupo Prisa, la cadena SER y Canal Plus. Un segundo grupo podría nuclearse en torno al BBV, un banco afín al Gobierno, con *El Correo Español-El Pueblo Vasco* a la cabeza si sus directivos lograban tomar posiciones en Tele 5.

—Como presidente de Banesto, me gustaría que el banco pudiera tener una presencia significativa en el tercer multimedia.

—Me parece muy bien —respondió Polanco—. Ahora, ignoro de qué manera vas a convencer a Javier para que te venda Antena 3 Televisión.

Mario Conde se tranquilizó.

—Eso déjalo de mi cuenta —replicó—. Solamente he querido conocer tu opinión y veo que no te opones.

—¿Y por qué había de oponerme?

—Pues no lo sé. Es tu terreno y a nadie le gusta que se metan en su casa. No quiero que me veas como un enemigo y te pido que tengas un poco de discreción acerca de esta conversación.

Jesús Polanco, que mantenía un acuerdo muy generoso de recompra del edificio de Miguel Yuste 40 con Banesto, tenía motivos para no quejarse[8].

* * *

[8] Tras el trueque del edificio de Gran Vía por el de Miguel Yuste 40, Prisa se comprometió a pagar a La Unión y el Fénix la cantidad de 500 millones de pesetas anuales en concepto de arrendamiento durante un plazo de diez años, tras el cual la propiedad del edificio revertirá de nuevo a la editora de *El País*.

A comienzos de enero de 1992, Mario Conde vuelve a la carga con nuevos bríos. Convoca a Javier Godó y a Manuel Martín Ferrand a una entrevista en la sede central de Banesto y les dice:

—Las pasadas vacaciones he estado dándole vueltas al asunto. Estoy dispuesto a comprar el 52 por ciento de Antena 3 Radio.

Javier Godó y Martín Ferrand exponen sus reticencias a desprenderse de la mayoría de la cadena de radio. El presidente de Banesto les tranquiliza:

—Eso no importa, porque tú vas a seguir teniendo el 70 por ciento del *holding* multimedia y, por supuesto, vas a continuar como presidente.

En la reunión, el presidente de Banesto expresó también su aspiración a adquirir el 25 por ciento de Antena 3 Televisión y el 30 por ciento de *La Vanguardia.* A Javier Godó la posibilidad de desprenderse de un porcentaje del rotativo catalán, convertido en órgano de expresión del PSOE, el Gobierno y la Generalitat, era un asunto que le angustiaba tremendamente. «Que un banco de Madrid controle el rotativo con mayor tirada e influencia en la sociedad catalana es poco menos que echarse en contra a todos los poderes públicos de Cataluña», pensaba Godó. Pero como la situación económica de su grupo se deterioraba con el paso del tiempo, el conde de Godó no se lo pensó dos veces y aceptó el acuerdo. Mario Conde estaba eufórico, y los asesores del editor catalán aprovecharon para colocarle toda la quincalla del grupo:

—Hay otras publicaciones como *Mundo Deportivo,* la agencia Lid y la revista *Historia y Vida.* No es posible dejarlas fuera del consorcio.

Mario Conde acepta sin pestañear.

—Las compro también.

La operación se va a realizar a través de la Corporación Industrial de Banesto, sociedad que toma las acciones de las empresas de Godó. Como las compañías del propietario de *La Vanguardia* se encuentran dispersas en varias sociedades, se crea el *holding* Inversiones Godó.

Días después de la primera reunión se redacta un documento donde se hacen constar por escrito todos los detalles. A comienzos de febrero la información aparece en *La Vanguardia.* «Inversiones Godó y Banesto —se anuncia en primera plana— impulsan la creación de un *holding* multimedia.»

La noticia cae como una bomba en el mundo de la comunicación y se comenta con grandes elogios en los círculos financieros y empresariales del país. Todo el mundo atribuye el éxito de la operación a Mario Conde, un empresario avasallador y nacido para el triunfo. Con un poder impresionante en el mundo de la banca, se convertía así en un personaje mucho más poderoso al haber colocado a sus pies uno de los grupos más influyentes del sector de la comunicación.

La luna de miel entre Mario Conde y Javier Godó duró sólo unas pocas horas. Cuando el editor catalán regresó a Barcelona los directivos de *La Vanguardia*, que por sus vinculaciones al PSOE se habían visto obligados a mantenerse al margen del asunto, contraatacaron. Pidieron estudiar el protocolo firmado con Banesto e inmediatamente le recomendaron la necesidad de dejarlo sin efecto.

—Tienes que impugnar ese documento, Javier —le aconsejó Juan Tapia.

—Impugnarlo, ¿por qué? Hemos creado un *holding* multimedia con Banesto y yo me reservo el 70 por ciento de las acciones. ¿Y aún crees que me han tomado el pelo?

—Pues sí, Javier, aunque tú no lo quieras ver. El protocolo indica que la gestión económica y los directores de los medios tienen que ser nombrados por unanimidad entre Banesto y tú. Eso quiere decir que Mario Conde, con sólo el 30 por ciento del grupo, actúa como si tuviera el 50 por ciento.

La sonrisa se borró de los labios del editor de *La Vanguardia*. En efecto, el director del periódico fundado por su abuelo, que se había convertido en la voz de Cataluña y en una de sus instituciones más señeras, parecía tener razón. Tapia, que mantenía una sorda batalla con Martín Ferrand por el control ideológico del grupo, había encontrado un flanco donde meter sus puños. Siguió atacando.

—Además, Javier, este protocolo te ata de pies y manos a Banesto al no poder realizar ninguna inversión en medios de comunicación sin la participación de la Corporación Industrial.

Los directivos de *La Vanguardia* creían en aquellos momentos que Manuel Martín Ferrand y Mario Conde tenían secuestrada la voluntad de Javier Godó. Estaban seguros de que en Madrid se preparaba una conspiración contra ellos e incluso, meses antes, el director financiero del rotativo, Javier Garrofé, había dado instrucciones a varios agentes del Cesid que trabajaban bajo sus órdenes para que siguieran y espiaran todos los movimientos del director general de Antena 3, al que consideraban el cerebro de la supuesta trama[9].

Por eso habían decidido tomar la iniciativa y plantarle cara a su jefe. De esa manera, observaban cómo las palabras de Tapia hacían mella en su presidente, un personaje timorato, inseguro y débil de carácter.

—¿Cómo se te ocurre comprometerte a venderle el 30 por ciento de *La Vanguardia*? —le reprocharon—. No ignores que Banesto tiene todo el dinero del mundo y que, en una supuesta carrera de ampliaciones de capital, puedes quedarte sin el periódico. ¿Estás dispuesto a permitir que te quiten *La Vanguardia*, uno de los patrimonios no sólo de tu familia sino también de Cataluña?

Javier Godó había sido tocado en su fibra más sensible. Ahora sí que estaba seguro de que le habían engañado. Llevado por su carácter, se volvió de nuevo un personaje huidizo, esquivo, poco dado a dar la cara y a afrontar de lleno los problemas.

* * *

Mario Conde tiene ocasión de comprobarlo semanas después, cuando Arturo Romaní llama desde la Corporación Industrial a Barcelona para avanzar en la operación y Javier Godó no se pone al teléfono.

—Esto es muy raro —comenta el banquero de Tuy a Romaní—. Investiga lo que puedas, porque me han dicho que cuando el conde de Godó se oculta es que algo pasa.

El consejero delegado de la Corporación Industrial y hombre de confianza del banquero hace sus averiguaciones. Lo único que consigue es que desde Barcelona le pidan una cita para hablar con el presidente de Banesto. Así, días más tarde se presentan en el despacho de la calle Alcalá Javier Godó y el director de *La Vanguardia*, Juan Tapia.

—Lo de la sociedad *holding* no lo entiendo —le dice Godó—. Me quita el sueño.

---

[9] El espionaje a Manuel Martín Ferrand se cuenta detalladamente en el capítulo XVI de este libro.

Siguen hablando y Javier Godó manifiesta que no quiere vender ninguna participación en *La Vanguardia.* Mario Conde se imagina enseguida que ha recibido presiones de la Generalitat y del Gobierno, a través de Juan Tapia, ex jefe de prensa de Miguel Boyer y hombre cercano a La Moncloa, y de su abogado, Joaquín Forn, secretario del consejo de administración del rotativo.

—Pues yo no entro si no es en un grupo multimedia —le responde el presidente de Banesto.

Javier Godó se queda pensativo.

—¿Quieres decirme qué es una sociedad *holding*? —pregunta.

Mario Conde se lo explica por segunda vez, le da todo tipo de detalles y, al final, Godó parece de nuevo convencido.

—Bueno, pues sí. Vamos a por el grupo multimedia —le dice.

Mario Conde se arma de paciencia. Le sugiere que no se precipite y que haga todo tipo de consultas antes de decidirse.

—Mira —le comenta—, yo ahora mismo tengo una cena. Piénsalo todo lo que quieras, consúltalo con la almohada. Mañana, más relajados, hablamos de nuevo.

Al día siguiente, por la mañana, se produce una nueva entrevista y Javier Godó y Mario Conde firman los documentos definitivos. Ambas partes, sin embargo, deciden no elevarlos por el momento a públicos. Al día siguiente, sin embargo, la noticia de que se ha producido un avance en la creación del multimedia aparece en *La Vanguardia.* Mario Conde respira, al fin, tranquilo.

Los vaivenes, las idas y venidas de Javier Godó acaban, sin embargo, convirtiéndose en una pesadilla para el banquero y su equipo de asesores. Cercana ya la Semana Santa el editor catalán vuelve a protagonizar una más de sus ya acostumbradas desapariciones. Cuando desde Madrid le urgen para que acuda a la sede de Banesto para celebrar una entrevista con Conde, se presentan en su nombre Juan Folch, Juan Tapia y Rafael Jiménez de Parga. Le traen un mensaje del conde de Godó.

—Es que Javier no quiere hacer el multimedia.

—¿Y eso qué quiere decir?

—Pues que se lo ha pensado mejor y el proyecto no le convence demasiado. Además no quiere vender la mayoría de Antena 3 Radio.

Mario Conde detecta, de nuevo, el temor del sector catalán del Grupo Godó a perder todo el poder y la influencia sobre el empresario periodístico si se lleva a cabo el pacto suscrito en Madrid con la aquiescencia de Manuel Martín Ferrand. Y entonces decide jugar un órdago a lo grande, a todo o nada. Se levanta del sillón y señala con el dedo acusador a sus interlocutores.

—Os digo una cosa, con el prestigio de Banesto no se juega. Hemos firmado dos veces el mismo protocolo y, acto seguido, os habéis echado atrás. Así que por mi parte no tengo más que añadir. ¡Nos veremos en los tribunales!

La amenaza surte efecto. Jiménez de Parga habla por teléfono con el editor y se recompone la situación. Incluso, como el Trofeo Conde de Godó está a punto de celebrarse, Javier Godó, en prueba de buena voluntad, le invita a que asista con él al palco presidencial.

El presidente de Banesto está harto de que se la den con queso y quiere asegurarse esta vez el éxito de la jugada. Envía a Arturo Romaní y a César Albiñana a Barcelona y les da instrucciones muy concretas:

—Ponedlo todo ante notario. Si no, no voy a Barcelona a hacerme la foto con Javier, que no me apetece.

Romaní y Albiñana se reúnen con los hombres del conde de Godó el Martes y el Miércoles Santo y, a las once de la noche de la víspera del trofeo, le llaman por teléfono.

—Todo está en orden. Dice Javier que mañana te espera en Barcelona. Por la mañana podéis acudir al notario y ponéis todo por escrito y por la tarde vais a haceros la foto al Trofeo Conde de Godó.

Mario Conde sigue sin fiarse. Prefiere que sean sus hombres quienes resuelvan la papeleta. Pero a las nueve de la mañana del Viernes Santo —día del trofeo— le llama Javier Godó en persona.

—Los acuerdos ya están redactados. Ven al trofeo y firmamos ahora mismo.

Con un cierto «complejo de maleta» [10], el viernes 10 de abril de 1992 el presidente de Banesto coge un «puente aéreo» y a la una de la tarde se planta en la Ciudad Condal. Allí Javier Godó ya le sugiere otra cosa.

---

[10] La expresión es textual de Mario Conde.

—¿Por qué no vamos hoy, tranquilamente, al trofeo y firmamos el lunes?

Al banquero de Tuy aquello le huele, de nuevo, a encerrona. Pero asiente. ¡Qué remedio!

Al día siguiente, *La Vanguardia* publica por tercera vez una elogiosa reseña del proyecto multimedia de Banesto y el Grupo Godó junto con una foto de los dos presidentes, sonrientes, asistiendo codo con codo al trofeo de tenis. Sin embargo, el lunes, a la hora de la firma, el editor catalán está ilocalizable, como de costumbre.

De acuerdo con el pacto suscrito meses antes, Banesto tiene que desembolsar 5.750 millones de pesetas para comprar el 10 por ciento de la sociedad Serec, que le permite el acceso a Antena 3 Televisión. Conde ordena que se pague el dinero y advierte a los ejecutivos de *La Vanguardia*:

—Decidle a Javier que no olvide el espíritu global del pacto. Hacemos el desembolso sólo con esa condición.

* * *

Pero el Gobierno no está dispuesto a permitir que se lleve a cabo la operación. El vicepresidente, Narcís Serra, y la ministra portavoz, Rosa Conde, saben que Manuel Martín Ferrand no es un periodista que se amolde a los dictados de La Moncloa y no van a darle facilidades.

Al contrario que los directores de otros medios, proclives a codearse con el poder, en los largos años que llevaba al frente de Antena 3 Radio (con ciento sesenta emisoras en todo el territorio nacional) y de Antena 3 Televisión, Manuel Martín Ferrand había celebrado una sola entrevista con la ministra portavoz del Gobierno [11].

Tampoco recibía subvenciones encubiertas del Gobierno por ninguna de las posibles vías. Y no por falta de intentos. La Junta de Andalucía, por ejemplo, le había ofrecido patrocinar con 90 millones un programa agrícola. Manuel Martín Ferrand lo rechazó de plano.

Cuando el ofrecimiento de favores y prebendas fracasa, comienzan las presiones a través de los accionistas. Varios amigos llaman a Martín Ferrand para advertirle que el Gobierno ha

---

[11] «Y, encima, en aquella ocasión, Rosa Conde me mintió», dijo Martín Ferrand a los autores del libro.

puesto en marcha una operación para controlar el capital de Antena 3.

En la Navidad de 1990 le llama otro amigo de La Moncloa para advertirle [12]:

—Si queréis arreglar los problemas de Antena 3 tenéis que negociar con Narcís Serra.

El propio Serra, que ya es vicepresidente del Gobierno, se dedica a llamar a empresarios afines.

—Parece mentira —les dice— que estés contribuyendo con tu dinero a crear una televisión crispada.

—¿Crispada?

—Sí, crispada. ¿Por qué no le buscamos una solución?

Varios de los empresarios llaman al director general de Antena 3 Televisión para transmitirle el mensaje.

—Tienes cabreado al vicepresidente.

La situación había ido empeorando a medida que la cadena televisiva acaparaba un sector cada vez mayor y más cualificado de la audiencia a través de los informativos de Luis Herrero y José María Carrascal.

Cuando Mario Conde y Manuel Martín Ferrand estaban a punto de firmar el primer acuerdo para la creación de un multimedia, el director de *La Vanguardia*, Juan Tapia, actuó como agente al servicio de La Moncloa y trató de boicotear todos los acuerdos que se proponían en los consejos de administración de Antena 3 Televisión. A Tapia le apoyaba otro de los accionistas, Juan Folch.

Una de las luchas permanentes de estos dos personajes era la de echar a José María Carrascal de la televisión. El tándem Folch-Tapia afirmaba que Carrascal irritaba al Gobierno y que no podía seguir dirigiendo un telediario.

La cantinela se repetía en todos los consejos y Martín Ferrand se oponía sistemáticamente, respaldado por el resto del consejo. Sin embargo, un día cambió de opinión.

Muy a su pesar reconoció en su fuero más íntimo que Carrascal era un desastre como locutor, que no sabía decir «buenas noches» sin trabarse, y decidió cargárselo. Previamente se lo comentó la

---

[12] Manuel Martín Ferrand ha pedido expresamente a los autores del libro que se omita su nombre, por razones obvias.

víspera del consejo a su hombre de confianza y buen amigo de Carrascal, Luis Angel de la Viuda [13].

—Luis Angel, mañana voy a proponer la destitución de Carrascal.

—¿Por qué haces eso, hombre? —pregunta Luis Angel, disgustado por la mala noticia.

—Porque es un desastre. Te lo digo a ti solamente porque sé que eres su amigo y quiero que vayas digiriendo poco a poco el disgusto. Que no te coja de sopetón.

Llega el consejo de Antena 3 al día siguiente, y Tapia y Folch saltan al unísono:

—Hay que echar a Carrascal. Ha insultado al presidente del Gobierno. ¡Eso no se puede tolerar!

Martín Ferrand sabe que aceptar una imposición es perder. Inmediatamente, replica:

—A Carrascal no se le toca.

Le piden explicaciones. Quieren que argumente las razones por las que le sigue manteniendo en el cargo.

—¡Que no se le toca, hombre!

Luis Angel de la Viuda suelta entonces una carcajada tremenda que añade una confusión mucho mayor a la ya existente.

El director general de Antena 3 Televisión hace oídos sordos a los continuos mensajes que se le envían desde los aledaños del poder para que modere el mensaje televisivo. Sin embargo, Luis Angel de la Viuda no tiene el temple de Martín Ferrand y se da cuenta de que las presiones que están recibiendo de La Moncloa, por los canales más inverosímiles, son cada día más fuertes.

—A este paso no vamos a llegar a las próximas elecciones —comenta un día ante un grupo de sus colaboradores.

En efecto, en la primavera de 1992 el Gobierno ha decidido cortar por lo sano. Pasada la Semana Santa, Narcís Serra llama personalmente a Javier Godó y le dice:

—Tienes que romper el pacto suscrito con Mario Conde.

—¿Cómo? Si ya he invertido el dinero recibido por la venta de Serec.

—No te preocupes por el dinero —le tranquiliza Serra—. Ya me ocuparé yo de que puedas conseguir lo que necesitas.

Poco después, el vicepresidente llama a La Caixa y habla con

[13] Los autores del libro se entrevistaron con De la Viuda el 21 de julio de 1992.

su presidente [14]. El editor catalán recibe poco después un préstamo de 6.000 millones de pesetas de la principal caja de ahorros catalana, a cambio de pignorar el 18 por ciento de las acciones de *La Vanguardia.*

Cuatro días más tarde, Mario Conde recibe en su despacho oficial de Banesto a un notario que le hace entrega de una carta. La abre y en su interior encuentra un talón por 5.750 millones de pesetas y otro por los intereses y una nota manuscrita de Javier Godó.

El presidente de Banesto lee su contenido: «Teniendo en cuenta que he firmado la venta de Serec bajo presión psicológica —dice el texto—, me veo en la obligación de deshacer la operación para salvaguardar mis intereses y los de mis empleados.»

Conde, con el papel entre las manos, reflexiona. Se da cuenta de que le han engañado, de que Javier Godó ha firmado y ha deshecho en tres ocasiones el documento, de que le ha manipulado durante casi siete meses y de que no ha conseguido nada. Decide adoptar una postura muy deportiva.

El presidente de Banesto llama a Martín Ferrand:

—Voy a tomar medidas. Y quiero que sepas que me siento moralmente responsable de lo que ocurra en Antena 3. Dejar a la compañía en manos de un loco como Javier Godó es un peligro para los accionistas y para los profesionales de esa casa.

—¿Y qué quieres que haga? —pregunta el periodista.

—Que te pongas de nuestra parte. Desde Barcelona hay movimientos acaudillados por Tapia. Temen que vaya a tomar el control de *La Vanguardia* y es preciso neutralizarlos.

—Pues lo siento. No voy a tomar parte en ninguna conspiración. Yo me debo a mi presidente.

Mario Conde decide, entonces, tirar la toalla. Habla con sus colaboradores y les dice:

—Hasta aquí hemos llegado. Quiero que se nombren unos árbitros para que se me indemnice por los daños morales y materiales que me han causado. ¡Ese loco, demente y enano no se va a reír de nosotros!

---

[14] Las cintas que contienen estas conversaciones fueron intervenidas por la Brigada Regional de Información de la Policía, que investigó en el otoño de 1993 el «caso Godó». Los originales no figuran en el sumario y su contenido ha sido reconstruido mediante entrevistas con los investigadores.

Pero la situación iba a tomar en los próximos días un rumbo completamente desconocido.

* * *

El jueves 14 de mayo Lourdes Arroyo, la mujer de Mario Conde, se las prometía felices. Aquel día, víspera de Nuestra Señora de la Almudena, patrona de Madrid, era el comienzo de un largo puente de cuatro días. El matrimonio había hecho planes tiempo atrás para pasar unas cortas vacaciones, sin hijos, en Suiza y Niza.

El día anterior el presidente de Banesto había dado instrucciones a sus colaboradores para que su avión particular estuviera listo y repostado en la terminal norte del aeropuerto de Barajas. A última hora, sin embargo, había surgido un contratiempo. Ese jueves Mario Conde tenía que viajar urgentemente al Reino Unido para un asunto muy delicado.

En el hotel Claridge's de Londres le esperan aquella mañana dos empresarios de la comunicación: el magnate de la prensa británica Rupert Murdoch, un empresario de origen australiano propietario del consorcio News Corporation, y el presidente del Grupo Zeta, Antonio Asensio.

Hacía menos de un mes que el banquero de Tuy había dado por imposible el asalto a Antena-3 Televisión y, sin embargo, allí estaba para abordar de nuevo el tema.

Pocos días antes, un mensajero de Ferraz, que algunas fuentes identifican con su consejero personal José Antonio Segurado, íntimo amigo del vicesecretario general del PSOE, Alfonso Guerra, le había transmitido un escueto pero clarificador mensaje:

—Guerra y Benegas[15] quieren que te transmita que en el partido están hartos de Javier Godó y que la Ejecutiva ha pedido su cabeza por la línea informativa de Antena 3 Televisión.

—¿Y eso, a mí en qué me afecta?

—Están buscando una operación de recambio y necesitan el apoyo de un grupo financiero. Si sigues interesado en el asunto, la persona que tiene la confianza del partido es Antonio Asensio.

Mario Conde conocía al presidente del Grupo Zeta desde el año 1987, cuando la fusión *non nata* de Banesto y el Central. En aquella época, el empresario periodístico estaba empeñado en el

---

[15] José María Benegas, secretario de Organización y «número tres» del PSOE.

lanzamiento de la cadena televisiva, Univisión Canal Uno, y había acudido a su despacho de la calle Alcalá a buscar financiación. Finalmente, el Gobierno decidió excluir a Univisión del reparto de las televisiones privadas y las relaciones se habían enfriado.

Tras los contactos preliminares, Conde y Asensio se pusieron inmediatamente de acuerdo para preparar, en secreto, un desembarco en la cadena televisiva del conde de Godó. El presidente del Grupo Zeta, sin embargo, tenía suscrito un compromiso con el magnate australiano Rupert Murdoch por el cual no podía emprender ninguna aventura televisiva sin el conocimiento de su socio. Por una cuestión de agendas, el empresario australiano, que había invertido 7.000 millones en *Interviú*, *Panorama*, *Tiempo* y *El Periódico de Catalunya*, no podía desplazarse a Madrid. Así que decidieron celebrar la entrevista en el Claridge's de Londres.

En el encuentro, Mario Conde, después de escuchar durante media hora al presidente de News Corporation, se mostró encantado con su forma de hacer televisión y con su proyecto multimedia, al que pertenecían numerosos periódicos y cadenas de televisión en los cinco continentes. Sus inquietudes en aquellos momentos, sin embargo, eran otras.

—Lo que me gustaría saber ahora —se interesó— es si existen suficientes paquetes de acciones de Antena 3 Televisión fuera del control de Godó.

—Por supuesto. Tenemos la posibilidad de hacernos con la mayoría en menos de una semana.

—¿Pero tú los tienes localizados? —inquirió Conde.

—Naturalmente —respondió Asensio.

El editor catalán, que hasta un par de días antes había estado negociando con el vicepresidente del Gobierno, Narcís Serra, y con la ministra portavoz, Rosa Conde, la entrada en Tele 5, la televisión de Silvio Berlusconi y de la ONCE, y que aún no había roto los acuerdos, se sentía cómodo jugando dos cartas a la vez. Por un lado con el Gobierno y, por otro, con el PSOE.

La prueba de sus buenos contactos en Moncloa y en Ferraz es que disponía de una relación actualizada de Antena 3 Televisión en la que figuraban los nombres de los accionistas, número y porcentaje de títulos y hasta los teléfonos y domicilios particulares de cada uno de ellos.

Mario Conde le echó un vistazo. Entre los principales accionistas figuraban Herberto Gut, dueño de Prosegur; su ex socio, Juan Abelló; Ibercaja; Juan Roig, propietario de Mercadona; Enrique

Montiel, editor de *Semana*; Juan Lladró, accionista de Cerámicas Lladró; Conservas Calvo; un grupo de inversionistas extranjeros representados por Iberagentes, y algunas personas y entidades más.

—Como ves —recalcó Asensio—, entre todos ellos suman más del 50 por ciento de los títulos. Si les convencemos, tenemos garantizada la mayoría.

El presidente de Banesto estaba de acuerdo. Para él resultaba mucho más importante en aquellos momentos el sabor de la venganza que el hecho sumamente más grave de poner bajo control del Gobierno el único medio de comunicación televisivo crítico con el poder y amordazar a un grupo de profesionales que no se resignaban a escribir al dictado de La Moncloa.

—A Antonio Herrero, a Martín Ferrand y a José María García que les den morcillas —comentaba semanas más tarde un Mario Conde engreído por el triunfo.

El lunes siguiente, a su regreso de Suiza y Niza, ordena una reunión urgente de la Corporación Industrial con su consejero delegado, Arturo Romaní, a la cabeza.

Allí, en su despacho, el banquero de Tuy les entrega la documentación sobre Antena 3 Televisión que le ha facilitado Antonio Asensio. Ordena a sus subordinados que comprueben exhaustivamente todos los datos, especialmente si hay suficientes paquetes de acciones que le permitan tomar la mayoría de la cadena.

La consigna es actuar con rapidez y cautela a la vez.

—En esta ocasión —advierte a sus ejecutivos en tono enérgico— no permito que se cometa ningún fallo.

La maquinaria de la Corporación Industrial se pone en funcionamiento enseguida. El banquero de Tuy pide estar informado personalmente y al día de los progresos que se vayan haciendo. Apenas setenta y dos horas después, Arturo Romaní va a verle a su despacho.

—Está todo controlado. La operación puede hacerse.

—Pues entonces, ¡adelante! —ordena Conde.

* * *

El viernes 5 de junio, Manuel Martín Ferrand tiene un compromiso improrrogable. Esa tarde entregan el Premio Nacional a su amigo el pintor Carmelo Bernaola. A las ocho está a punto de salir de su casa para asistir al evento cuando suena el teléfono.

Al otro lado de la línea telefónica un Mario Conde impulsivo y acostumbrado a dar órdenes le dice:

—Manolo, tengo gran urgencia en verte. Tienes que venir esta tarde a mi casa.

Martín Ferrand le dice que no puede, que tiene otra cita inaplazable. Le sugiere una entrevista para el día siguiente.

—No, tienes que venir hoy —le replica—. Esta tarde Manuel Campo Vidal va a hacerme una entrevista en el programa *Punto y aparte* de TVE y necesito que me asesores.

El director general de Antena 3 Televisión le explica el compromiso moral que tiene con Bernaola. Pero su interlocutor insiste nuevamente.

—Además, tengo que contarte algo muy importante.

El periodista, al final, cede. Acude a la entrega del galardón a su amigo y, a las diez y media de la noche, llama a la puerta de la casa de Conde, en la calle Triana de Madrid.

Entonces se produce una situación ridícula. El banquero le presenta al editor del Grupo Zeta, que se halla en la vivienda. Manuel Martín Ferrand y Antonio Asensio se sonríen y se dan la mano. Aclarado el equívoco, Mario Conde le informa en aquellos momentos de que posee el control absoluto de Antena 3 Televisión.

—Lo que te anuncié que iba a hacer ya lo he hecho —le comenta.

—¿Qué quieres decir?

—Que ahora mismo soy el dueño de la televisión. He comprado un 25 por ciento, Asensio tiene otro 25 y los extranjeros están con nosotros —aclara.

El presidente de Banesto le explica que va a mantener la noticia aún en secreto algunos días, pero que en la próxima junta general de accionistas va a dar el golpe de efecto y echar a todo el consejo.

—Te hemos llamado —le explica— porque queremos contar contigo. Nos gustaría que siguieras como director general.

El periodista gallego no está muy convencido de que hayan podido hacerse con el control absoluto de la televisión. Javier Godó posee en aquellos momentos un 35 por ciento y él un 7 por ciento. En conjunto, tienen el 42 por ciento de los títulos y no han vendido.

—A ver, ¿qué paquetes tenéis?

—Pues todos. El de Folch, el de Gut, el de Abelló...Todos.

Martín Ferrand se marcha muy preocupado de aquella reunión. Esa noche no pega ojo. Al día siguiente, muy temprano, se sitúa al pie del cañón en el cuartel general de la televisión, en Alcobendas, una localidad de las afueras de Madrid.

Está al tanto de las conversaciones de Asensio con Rosa Conde y Narcís Serra para la compra de Tele 5. La presencia del editor en el accionariado de la cadena televisiva no es precisamente una garantía de libertad e independencia para el futuro del medio. Él, que había sido durante muchos años columnista de *Interviú*, había tenido que abandonar el Grupo Zeta en 1989 ante las dificultades para abordar algunas cuestiones demasiado vidriosas para el poder[16].

El repentino cambio de actitud de Asensio le inquieta. Esa misma mañana su preocupación aumenta cuando le llama un amigo del PSOE y le dice que Mario Conde y Banesto han pactado su entrada en Antena 3 con el sector guerrista del Gobierno.

—La operación —le informan— se ha estado negociando en el despacho de José María Calviño, en la calle Marqués de Urquijo.

—¿Sabes quiénes se encontraban?

—Han estado reunidos varios días. Ha sido el propio Calviño y un ejecutivo de Banesto.

Su fuente no sabe darle el nombre del ejecutivo. Martín Ferrand hace gestiones y averigua que se trata de César Albiñana, el consejero de la Corporación y cuñado de Conde.

—Antonio Asensio se ha incorporado hace menos de un mes. Planeó la operación de Tele 5 y la de Antena 3 a la vez. Hasta anoche mismo estaba reunido con la ONCE y con Mario Conde.

Lo más curioso es que el presidente del Grupo Zeta hubiera negociado al tiempo con los dos sectores del PSOE —por un lado, Rosa Conde y Felipe González y, por otro, Alfonso Guerra y Txiqui Benegas— sin que en ningún momento las operaciones se hubieran entrecruzado.

Hace otras averiguaciones. Llama a Juan Folch y le pregunta por sus contactos con Mario Conde.

—Yo no he vendido todavía —le dice Folch—. Es cierto que he quedado en hablar con ellos esta semana.

[16] En su artículo de despedida a sus lectores, publicado en *Interviú*, Manuel Martín Ferrand escribió: «Me voy de la prensa hasta que en este país vuelva a haber libertad de expresión.» La revista publicó el párrafo de la siguiente manera: «Me voy de la prensa hasta que en este país vuelva a haber libertad de expresión, como en *Interviú*.»

Se pone en contacto con los socios extranjeros. Quiere saber de primera mano si les han tocado o si el presidente de Banesto va de farol.

—Nosotros no sabemos nada —le explican.

Martín Ferrand hace cálculos. Se da cuenta de que el tándem Conde-Asensio no tiene todavía la mayoría. Es matemáticamente imposible. Calcula que todavía se puede hacer algo para parar la operación de «tiburoneo» del banquero de Tuy y evitar que la cadena televisiva caiga bajo las garras del Gobierno. Decide alertar a Javier Godó.

—No se puede poner. Está reunido —le dicen desde el otro lado de la línea telefónica.

—Póngame entonces con su secretaria. Es un asunto de vida o muerte —advierte a la telefonista.

Se producen nuevas consultas. La misma voz responde al director general y consejero de Antena 3 Radio y Antena 3 Televisión:

—Tampoco se puede poner. En estos momentos también está reunida.

Rendido, Martín Ferrand acaba enviándole un fax a Godó en el que le pone al corriente de la nueva situación y del peligro de que Antena 3 pase a manos del enemigo.

Esa misma tarde se traslada desde Barcelona Rafael Jiménez de Parga para tratar de parar el asalto a la única cadena de televisión que preocupa al Gobierno. Se producen algunas negociaciones con los que no han vendido todavía para comprarles las acciones. Todo acaba en fracaso.

Los nuevos propietarios convocan a la junta general de accionistas el 17 de junio. Horas antes, Juan Folch, uno de los consejeros más cercanos a La Moncloa, que se ha mantenido indeciso hasta el final, vende a Mario Conde.

* * *

Dos días antes, el lunes 15 de junio, Javier Godó hace el último intento por recomponer la situación. Concierta una cita con el presidente de Banesto y acude a verle a su despacho.

—Me han dicho que has entrado en Antena 3. ¿Es eso cierto? —inquiere el empresario periodístico.

—Sí, es cierto.

—Me han comentado que has entrado con Asensio y con Rupert Murdoch como socios. ¿También es cierto?

—Sí, es cierto.

—¿Es verdad que entre los tres tenéis la mayoría de Antena 3 Televisión?

—Sí, es cierto —replica el banquero por tercera vez sin inmutarse [17].

Entonces Javier Godó le relata las presiones a que ha estado sometido desde el Gobierno y la Generalitat. El banquero le replica que es preciso saber vivir con las presiones y que la entereza de las personas se demuestra sabiendo sobrevivir a ellas.

Al final, el editor catalán, resignado a su suerte, pregunta:

—¿Hay alguna posibilidad de recomponer el pacto?

—No, en absoluto —responde un Conde implacable, regocijándose por primera vez ante el estupor de su adversario.

—¿Qué va a pasar entonces con Antena 3 Televisión? —inquiere de nuevo.

—Pues nada, que yo soy el nuevo dueño.

Javier Godó se da cuenta de que no tiene nada más que hacer en aquel despacho.

—¿Cuándo quieres que dimita?

Con todo el poder en sus manos, el presidente de Banesto no está dispuesto a conceder ni un sólo día de tregua al hombre que tantos quebraderos de cabeza le ha dado.

—¡Mañana mismo!

En otro lugar de Madrid y casi a la misma hora el asesor personal de Mario Conde llamó por teléfono al vicesecretario general del PSOE.

—Alfonso, ya está hecho —le comunicó a su amigo el ex vicepresidente del Partido Popular, José Antonio Segurado.

—¿Los últimos han vendido ya? —preguntó Guerra.

—Sí, todo está controlado.

—Entonces, ya sabéis lo que hay que hacer ahora —respondió Guerra [18]. Hizo una breve pausa y añadió—: Encárgate de que en Banesto lo tengan muy claro. ¡Que no nos pase lo de Martín Ferrand de nuevo!

Por esas fechas se producía otra escena típica de un sainete de Arniches. La ministra portavoz del Gobierno, Rosa Conde, cogida

---

[17] Mario Conde aseguró a los autores del libro que tuvo que ponerse el traje de Job para aquella entrevista y que, aun así, las preguntas de Godó colmaron su paciencia.

[18] Encarna Pérez y Miguel Angel Nieto, *Los cómplices de Mario Conde*, Ediciones Temas de Hoy, Madrid, 1993.

fuera de juego por la jugada Conde-Asensio y sin saber qué responder a los periodistas, declaraba públicamente [19]: «El Gobierno se opone a la entrada de Antena 3 Televisión porque no le fue comunicada antes.»

Sorprendida por la operación, que no le había sido comunicada por su amigo Antonio Asensio, Rosa Conde, junto a un sector del Gobierno, no veía con buenos ojos la entrada del presidente de Banesto en un canal televisivo.

Según se desprendía de la información, el Gobierno estimaba que Banesto había incumplido el artículo 21 de la Ley de Televisión Privada al no solicitar la autorización administrativa previa para el cambio en la titularidad de acciones y estaba dispuesto a agarrarse a ese artículo para invalidar la compra.

Antonio Asensio tuvo que moverse con habilidad para explicar a la ministra los entresijos de la operación y el verdadero alcance de los acuerdos. El martes 16 de junio, a las diez de la mañana, entraba en el despacho de Rosa Conde, en el complejo de La Moncloa.

—Ministra, me imagino que ya conoces por otras fuentes mi entrada en Antena 3. Sin embargo, por si te queda alguna duda, me gustaría comentártelo personalmente.

Los periódicos llevaban cuatro días hablando sin cesar del asunto y muy pocas cosas quedaban por contar. La ministra portavoz, que hasta una semana antes se había estado peleando para buscarle un hueco en Tele 5, estaba profundamente contrariada.

—Un poco tarde para explicaciones. ¿No crees?

—Nunca es tarde —se disculpó Asensio—. Tenía un pacto de sangre con Mario Conde de mantener el secreto y no podía romperlo. Además, tú sabes que estas cosas hay que llevarlas con la máxima discreción.

—No sé por qué ese pacto debía incluirme también a mí, que llevo más de un año peleando para que entres en Tele 5 y estaba a punto de conseguirlo.

—Sé que has quedado en mal lugar por mi culpa, principalmente en los últimos días. Pero no me arrepiento de lo que he hecho. Estoy muy contento de tener una televisión propia y no tener que aguardar a las decisiones del Gobierno.

—Te entiendo. Lo que no me entra en la cabeza es tu alianza

[19] *Diario 16*, 12 de marzo de 1992.

con Mario Conde. Ni Solchaga ni Serra ni ningún otro miembro del Gobierno entiende ese pacto *contra natura*.

—¿Por qué un pacto *contra natura*?

—Porque Conde es un tiburón y va a lo suyo. Te utilizará y te destrozará, como ha hecho con el resto de sus socios. Además, no te quepan dudas de que va a utilizar la televisión contra el Gobierno.

—Es probable, ministra. Pero creo que estás en un error. En pocos días te vas a convencer por ti misma.

* * *

Manuel Martín Ferrand tiene la primera evidencia de la presencia del PSOE tras la compra de Antena 3 Televisión el 17 de junio. Ese día se celebra la junta general de accionistas en la que Antonio Asensio va a ser elegido nuevo presidente. La empresa mantiene la tradición de ofrecer una comida al personal directivo de la casa tras el acto. El director general se lo recuerda a Asensio. Este tiene una sugerencia que hacer:

—Desconvócala.

El periodista gallego le explica que no puede, que ya está avisado todo el mundo, que muchos jefes de información llevan toda la mañana llamándole para confirmar lo del almuerzo y que muchos de los directivos de la casa han tenido que anular otros compromisos.

—Además —le comenta—, hay nerviosismo y expectación acerca de los nuevos planes. La gente necesita verte la cara, escucharte para tranquilizarse, llenarse de moral y seguir trabajando.

—Pues yo no puedo ir.

Martín Ferrand insiste por tercera vez.

—Es que es una tradición en la casa. No puedes faltar.

—Pues entonces intentaré ir a los postres.

En una empresa que se había caracterizado por la ausencia de coches oficiales y de vigilancia, Antonio Asensio acude horas más tarde rodeado de su *troupe* de guardaespaldas. Pronuncia un discurso y dice:

—Esta casa se ha caracterizado por carecer de mando hasta ahora. Pero a partir de hoy voy a mandar yo.

Sus palabras dejan a la gente expectante, atónita.

—Ha querido decir, ni más ni menos, que se ha acabado la libertad de expresión y que Luis Herrero y Federico Jiménez

Losantos pueden ir haciendo las maletas —interpreta uno de los presentes[20].

La segunda divergencia le llega a Martín Ferrand a través del director del periódico *Ya*. A última hora de la tarde el responsable de este rotativo vinculado a Antena 3 le llama para advertirle.

—Antonio Asensio me ha mandado un artículo sobre la nueva política y el futuro de Antena 3. ¿A ti te ha informado de algo?

—No, a mí no.

—Pues creo que lo ha mandado a toda su cadena de periódicos con una orden tajante de que sea publicado. Entonces, ¿qué hago? ¿Lo publico o lo tiro a la papelera?

—¿Qué vas a hacer, si es de tu presidente? Publícalo y además destacado[21] —le responde Martín Ferrand.

El artículo representa la segunda descalificación al anterior equipo directivo en menos de veinticuatro horas. Martín Ferrand llama a Mario Conde.

—No quiero seguir aquí ni un minuto más.

—¿Y por qué?

—Este no es el juego pactado. Exijo respeto por los profesionales. Aquí nadie obliga a nadie a decir lo que no quiere, y mucho menos al director de un periódico o de un informativo.

—¿Y eso qué tiene de malo? —pregunta Conde.

—Que en esta casa ha habido siempre una cosa que se llama libertad de expresión. Ese asunto no es negociable.

Ese mismo día el presidente del Grupo Zeta ha hecho colocar una placa en la entrada de su despacho que pone: «Antonio Asensio. Presidente.» La tensión entre el viejo y el nuevo equipo se palpa en el ambiente. Martín Ferrand recibe una llamada de Jiménez de Parga.

—No te excites. Ya verás cómo todo va a ir por su camino.

Mario Conde hace otro intento de reconciliación. Al día siguiente reúne de nuevo a Antonio Asensio y a Manuel Martín Ferrand en su casa de la calle Triana. Trata de llegar a un acuerdo entre ellos.

---

[20] Ambos, efectivamente, acabaron abandonando la cadena días después en solidaridad con Manuel Martín Ferrand y cuando la cadena se vio invadida por comisarios políticos del PSOE.

[21] El artículo, que salió al día siguiente en todas las publicaciones del Grupo Zeta, no ahorraba calificativos desfavorables para los gestores anteriores. Entre otras cosas, decía: «El futuro empieza hoy, con una nueva etapa que exige eficaces formas de organización y una actividad de mercado distintas.»

—Tú tienes que ser el director general —le dice Asensio nada más verle. A continuación le pide disculpas por lo del artículo de prensa que aparece en todos los medios—: Ha sido una ligereza por mi parte. Me lo escribieron y yo ni siquiera lo leí.

Martín Ferrand da el incidente por zanjado. Pero la paz dura sólo un par de minutos.

—Habla con Campo Vidal. Está esperando tu llamada —le sugiere Asensio.

Manuel Campo Vidal, Antonio Martín Benítez y otros profesionales de la televisión forman la llamada «Banda del Porrón», porque, según sus colegas, cuando trabajaban en TVE se reunían a comer juntos en una taberna con este nombre. Todos ellos son personajes afines a La Moncloa o a Ferraz. El propio Campo Vidal había entrevistado un mes antes a Mario Conde en el programa *Punto y aparte*, cuando el guerrismo eligió su capacidad financiera para echar a Godó de la cadena y dinamitar la única televisión que no se plegaba a las consignas de La Moncloa.

Cuando oye el nombre de Campo Vidal a Martín Ferrand se le sube la adrenalina a la cabeza.

—¿Y para qué voy a llamar a Campo Vidal?

—Va a incorporarse como el nuevo jefe de los informativos.

—¿Cómo que va a ser el nuevo jefe de los informativos? ¿No habíamos quedado en que no íbamos a realizar cambios internos?

—Sí, pero he decidido otra cosa.

—Entonces, apostemos por la gente de la casa. Tenemos ahí a Jorge del Corral, que es un excelente profesional.

—Sí, pero prefiero a Campo Vidal.

El director general de Antena 3 tenía conocimiento de que el nombramiento de Campo Vidal como jefe de informativos formaba parte del pacto para acabar con el modelo de televisión independiente, pluralista y crítica de los tres últimos años. En las conversaciones previas a la entrada del Grupo Z en la operación, Calviño se lo había exigido a Antonio Asensio. El nuevo futuro que prometían los recién llegados gestores estaba claro: menos libertad y más telediarios dirigidos desde La Moncloa.

—Pues a Manolo Campo Vidal no lo contrato. Ha sido nuestro principal enemigo y está en contra de Antena 3 Televisión para formar la televisión de Aragón. Nuestro director de allí se ha querellado contra él. No voy a desautorizar a mi gente —replica el periodista gallego.

—No te queda más remedio que contratarlo.

—Lo siento. Es un señor que no me merece ninguna confianza para dirigir los informativos.

Martín Ferrand llama de nuevo a Mario Conde. Le presenta telefónicamente su dimisión.

—¿Cómo que te vas?

—Sí, me voy.

Conde lo intenta, pero es incapaz de convencerle.

—Espera por lo menos unos días para que presentes a los nuevos directivos —le pide.

—Por eso no te preocupes. Esperaré diez o quince días si hace falta.

—¿Puedes quedarte como consejero?

Martín Ferrand sabe que es una trampa. Se trata de neutralizarle para que no pueda poner en marcha otra televisión. Acepta y se da cuenta de que, en efecto, han querido inutilizarle cuando sólo le convocan a una reunión.

Antena 3, entre tanto, cambia radicalmente sus planteamientos informativos. Las críticas a Felipe González, al ministro de Hacienda, Carlos Solchaga, y a La Moncloa se sustituyen por entrevistas pactadas a personajes del poder, como el alcalde socialista de Barcelona, Pascual Maragall.

Luis Herrero, Federico Jiménez Losantos y Manuel Martín Ferrand, que se han quedado temporalmente en la calle, están convencidos de que el asalto a Antena 3 es el mayor crimen periodístico perpetrado por el poder socialista contra un medio de comunicación en la historia de la democracia española.

La defenestración y muerte ideológica de la cadena tiene un único culpable, el presidente de Banesto, el «tiburón» Mario Conde, un personaje capaz de acabar con medio país en su propio beneficio y el de su banco.

El 22 de julio de 1992 Manuel Martín Ferrand acaba dimitiendo como consejero de Antena 3 Televisión. Cuando los periodistas le preguntan las razones, el gallego y gran gastrónomo ofrece una escueta pero elocuente respuesta: «No quiero sentarme en una mesa junto a Mario Conde.» [22]

---

[22] Véase *El Mundo*, 23 de julio de 1992.

CAPITULO VEINTIUNO

JESUS POLANCO: UN IMPERIO A LA SOMBRA DEL REGIMEN

Una orden directa de Felipe González sobre el empresario Javier Godó permitió, en julio de 1992, a Jesús Polanco tomar el mando en Antena 3 Radio, la cadena de emisoras que venía manteniendo en los últimos años el liderazgo de la radio convencional en España. La radio privada en España se convertía casi en un monopolio del presidente de Prisa y editor de El País, *un hombre que pasó de ser un modesto impresor de libros hace treinta años a convertirse en el primer empresario de la venta de libros y periódicos en España y el segundo en el medio radiofónico. Estrechamente vinculado al equipo económico del Gobierno, que le ha permitido obtener pingües beneficios en Hispanoamérica, el «zar» de la prensa española aspira ahora a monopolizar la televisión por cable y se ha ofrecido al Gobierno para adquirir la Segunda Cadena de Televisión Española y consolidar el primer multimedia de España.*

El 2 de junio de 1994 el Gobierno aprobaba la concentración de Antena 3 de Radio y la cadena SER en Unión Radio, una de las nuevas empresas filiales del Grupo Prisa.

La decisión suponía, de hecho, la desaparición del mundo de las ondas de Antena 3 de Radio como emisora independiente, con programación e informativos propios. Así, la cadena de emisoras líder de la radiodifusión española en 1992 tenía que cerrar tras su compra por el editor Jesús Polanco y la consiguiente pérdida de más de dos millones de radioyentes en menos de dos años.

Un descalabro empresarial semejante (2.739 oyentes dejaron de sintonizar con Antena 3 cada día) no tiene parangón en la historia de la radio española, una de las mejores escuelas de periodismo vivo en la década de los noventa.

La clausura de la cadena viene a representar, sin embargo, la justa recompensa recibida por Polanco, editor de *El País* y de Canal Plus, que se prestó a dejar en la calle a un grupo de excelentes profesionales para satisfacer los deseos de Felipe González, empeñado en cegar una de las pocas voces discrepantes con el Gobierno.

La batalla por el control de la cadena de emisoras empezó el miércoles 2 de mayo de 1992.

Manuel Martín Ferrand y el popular periodista deportivo José María García, empeñados en mantener la independencia de Antena 3 de Radio, están citados a desayunar esa mañana con Mario Conde, en el domicilio del banquero, en la calle Triana de Madrid.

Días antes, el Gobierno, con el apoyo financiero de Banesto, en una maniobra sin precedentes en la historia de los medios de comunicación españoles, acababa de dar un «golpe de estado» en Antena 3 Televisión como se relata en el capítulo anterior.

El director general de la única televisión privada crítica con el Gobierno y su equipo de profesionales temen que la operación se repita con Antena 3 Radio. Por eso, deciden atrincherarse en la cadena de emisoras y la convierten en un baluarte de la libertad de expresión.

La permanencia en sus puestos de trabajo constituía una prueba de fuego para el Gobierno socialista y el PSOE. De su comportamiento iba a depender el futuro del sistema de libertades en una sociedad como la española, donde Felipe González aniquilaba sistemáticamente y de forma implacable cualquier mecanismo de contrapoder que no estuviera en la línea de sus intereses de grupo.

En aquellos momentos, el 51,97 por ciento de las acciones de la primera radio en audiencia de España estaba en manos de Javier Godó. Sin embargo, Manuel Martín Ferrand y José María García sospechaban que el editor de *La Vanguardia*, un hombre de carácter débil y controvertida personalidad, podía estar dispuesto a vender la totalidad de las emisoras al mejor postor.

En los días precedentes, Godó se lo había insinuado en una conversación privada al presidente de Banesto:

—El Gobierno y la Generalitat me han sometido a unas presiones enormes. Me dan ganas de venderlo todo y concentrarme únicamente en *La Vanguardia*.

El grupo de periodistas que dirigía Martín Ferrand, que constituía el principal activo de Antena 3 Radio, no estaba dispuesto a entregar el grupo de emisoras al Gobierno. No querían llevarse una nueva y desagradable sorpresa, como la de la televisión. Por eso, ante el carácter imprevisible de Javier Godó, Manuel Martín Ferrand y José María García habían acudido al encuentro de Mario Conde para pedirle financiación.

El presidente de Banesto sale ese día para Argentina. Como el vuelo está previsto para las once de la mañana, la reunión se celebra a las 8.30. El banquero de Tuy, que acaba de vender esa misma mañana la cementera Sansón, ha dormido poco la noche anterior y está nervioso. Se pasa la mitad de la entrevista de pie, mientras engulle una tras otra hasta tres tazas de café.

—Ya sé que andáis buscando dinero para la radio —les dice tras los saludos de rigor.

—Es cierto. Los profesionales de la casa, que somos quienes en gran medida hemos levantado Antena 3, aspiramos a que no se nos expolie lo que es en parte nuestro —dice José María García.

—Pues yo os doy la financiación que queráis.

—Hombre, eso no está mal —comenta Martín Ferrand.

—Por supuesto, yo no puedo aparecer para nada en la operación. Tendrá que ser de una forma indirecta.

—Vale, vale. Lo importante es salvar las emisoras de radio, que no caigan bajo el control del Gobierno.

Mario Conde, un especialista en paraísos fiscales, le explica las distintas formas de hacer llegar el dinero a los profesionales de Antena 3 sin que el Gobierno se entere.

—Entonces, quedamos para vernos a la vuelta para instrumentalizar el acuerdo —propone.

—Muy bien. Hasta la vuelta, entonces.

El director del programa radiofónico *Supergarcía* y el director general de Antena 3 Radio salieron aquella mañana de la entrevista con Mario Conde moderadamente optimistas. Les habían echado de la televisión, pero, de momento, podrían conservar la cadena de radio.

* * *

Con su cuartel general en la calle Oquendo de Madrid, Antena 3 Radio constituía, en 1992, uno de esos extraños y fulgurantes éxitos radiofónicos de la España democrática.

Creada a comienzos de los años ochenta con 200 millones de pesetas de capital social para explotar una serie de concesiones administrativas en FM otorgadas por uno de los últimos gobiernos de UCD, la cadena comenzó a emitir el 4 de mayo de 1982 en cuatro puntos de la geografía nacional: Madrid, Sevilla, Córdoba y Alcalá de Henares.

Los comienzos fueron difíciles. Mientras el Estado mantenía bajo su control el 80 por ciento de los kilovatios de potencia, Antena 3 Radio carecía de licencias para montar una red que cubriera todo el territorio nacional.

Esta cobertura se la dio Radio 80, una cadena propiedad de los bancos Central, Bilbao, Vizcaya e Hispano. La sociedad disponía de una buena red de emisoras pero generaba pérdidas debido a una mala gestión.

Tras la fusión de las dos cadenas, en los años 87-88 Antena 3 Radio da el gran salto y se convierte en la red de emisoras con más audiencia en España. La cuenta de resultados indica que es, además, la más rentable por trabajador, la que consigue una mayor eficacia informativa y la que cuenta con una mayor cobertura publicitaria.

Estos excelentes ratios le permiten en 1988 salir a bolsa, donde revalida el éxito. Las acciones, que tienen un precio de salida del 620 por ciento, se disparan en pocos meses al 2.000 por ciento. Es la época de la expansión exterior. Antena 3 Radio compra la segunda emisora en audiencia de Portugal y prepara otros lanzamientos.

En el verano de 1992, coincidiendo con la operación de «tiburoneo» contra Antena 3 Televisión, la radio continúa su proceso ascendente. El último sondeo del Estudio General de Medios la consolida por tercer año consecutivo como líder absoluto de la radio convencional en España. Con 3.139.000 oyentes de lunes a viernes, Antena 3 aventajaba en algo más de 100.000 radioescuchas a su principal rival, la cadena SER, propiedad del empresario de la comunicación Jesús Polanco.

Los programas *Supergarcía*, dirigido por José María García, y *El primero de la mañana*, de Antonio Herrero, constituían el eje principal del éxito del grupo de emisoras, que había obtenido en 1991 un beneficio bruto de 1.489 millones de pesetas, sobre una facturación anual de 10.000 millones.

Cada mañana 872.000 españoles se desayunaban con el informativo de Antonio Herrero, un joven periodista que se había convertido en uno de los más incisivos, agudos y batalladores de la radio en España. Herrero, hijo del director de Europa Press,

Antonio Herrero Losada, había conseguido crear, bajo la mirada atónita e incrédula de la competencia, una fórmula radiofónica de contar la actualidad en la que muchas veces se daba más importancia a la valoración del hecho que al hecho mismo, y que le hacía ganar oyentes continuamente en una franja horaria de muy difícil penetración.

A Felipe González y a Alfonso Guerra no les gustaba el «osado» director de *El primero de la mañana.* Y no porque fueran partidarios de un periodismo más aséptico, sino porque el blanco de los comentarios de Herrero se centraba principalmente en los responsables del poder. Tampoco era del agrado de La Moncloa el plantel de colaboradores del programa, del que formaban parte Ramón Tamames, Miguel Herrero y Rodríguez de Miñón, Celia Villalobos, Víctor Márquez Reviriego, Federico Jiménez Losantos, Santiago Carrillo o el sindicalista Justo Fernández. Todos ellos eran personas de una gran valía profesional y, desde sus distintas convicciones políticas, mantenían un vínculo común: se mostraban críticos con el poder, algo a lo que en La Moncloa, donde se seguía viviendo del recuerdo de los diez millones de votos obtenidos en 1982, no estaban acostumbrados.

González y Guerra no acababan de digerir el éxito de unos profesionales que no se plegaban a las consignas de La Moncloa y mantenían su independencia frente a las «recomendaciones» de la ministra portavoz del Gobierno, Rosa Conde. En consecuencia, los dirigentes socialistas no se conformaban con el control de Antena 3 Televisión. El presidente y el ex vicepresidente del Gobierno aspiraban a someter también a la radio y dieron instrucciones al editor de *La Vanguardia* para que vendiera sin dilación. «Nosotros te buscamos el comprador», le dijeron.

De esta manera, el futuro de Antena 3 Radio estaba ya de antemano sentenciado.

* * *

Los rumores sobre la venta de un paquete de acciones de Antena 3 Radio por parte de Javier Godó habían llegado al despacho de Manuel Martín Ferrand el 13 de julio de 1992.

El director general de Antena 3 Radio, que tenía el compromiso formal del editor de *La Vanguardia* de que no se desprendería de la joya del grupo, llamó inmediatamente a Barcelona.

—Javier, me dicen que has puesto a la venta un paquete de acciones de la radio.

—Eso no es verdad —miente el conde de Godó.

—Pues... no sé que decirte. Los rumores que me han llegado insisten en que has sacado a la venta tus acciones.

—Te repito que no es verdad. Y empeño mi palabra de honor en ello —repite el editor de *La Vanguardia.*

Los títulos de Antena 3 Radio están repartidos principalmente entre Javier Godó, que ostenta la mayoría con el 51,97 por ciento; Prensa Española, editora de *ABC,* que posee el 11,47; Rafael y Manuel Jiménez de Parga, propietarios del 3,72, y Luis Angel de la Viuda, con poco más del 1 por ciento. Martín Ferrand, que posee el 4,33 por ciento de la empresa, es consciente de que puede ejercer el derecho de tanteo y retracto, como el resto de los accionistas. Se lo recuerda a Godó:

—Si decides vender, mantenme al corriente. Después de lo de Antena 3 Televisión estoy dispuesto a ejercitar mi derecho preferencial de compra.

—No vas a tener necesidad de hacerlo. Te reitero por tercera vez que la radio no está en venta.

El periodista gallego respira aliviado. Veinticuatro horas después la decisión de Godó de desprenderse de la radio aparece recogida en todos los periódicos. Ese día está convocado el consejo de administración de Antena 3 Radio en el despacho de su director general, en la calle Oquendo de Madrid. La reunión está prevista para las once de la mañana. Inquieto, Martín Ferrand pasa las primeras horas pendiente del teléfono, que no deja de sonar. Sabe que antes del mediodía va a salir de dudas.

Cuando se reúne el máximo órgano de decisión de la red de emisoras, Javier Godó aparece rodeado por el grupo de directivos de *La Vanguardia,* que forma parte del consejo de Antena 3 Radio.

—Es cierto que he recibido varias ofertas para vender mis acciones de esta casa, no sólo del Grupo Prisa, sino de Asensio, Conde y Murdoch —dice—, pero aún no tengo nada decidido.

El director general de la cadena de emisoras quiere conocer más detalles: quiénes son los compradores, qué ofertas concretas han hecho, cuál es el plazo fijado para llegar a un acuerdo y si Javier Godó va a respetar los derechos preferenciales de los demás accionistas.

El editor de *La Vanguardia* se muestra evasivo. Cede la palabra al director general adjunto, Javier Jimeno, para que informe de la situación económica y la evolución de la sociedad. En unos momentos en que lo esencial es dilucidar el futuro de la cadena,

Jimeno lee uno a uno los balances y las cuentas de resultados de Antena 3 Radio, Promotora de TV y Radio y Radiolé. Manuel Martín Ferrand se da cuenta entonces de que por parte del grupo de consejeros más afines al presidente se están poniendo en práctica técnicas abiertamente obstruccionistas y dilatorias para no entrar en el meollo de la cuestión: el futuro de Antena 3 Radio.

Nervioso e inquieto por la situación de la emisora, toma la palabra:

—Creo que el asunto fundamental que aquí se está soslayando —dice— es la posibilidad de que Javier Godó venda sus acciones a terceros, lo que crea una situación no soportable para esta empresa.

Martín Ferrand cree que, en un mercado crispado y difícil, la incertidumbre ocasionada por la posible venta de la compañía está provocando un descontrol en Antena 3 Radio, que se traduce en un estancamiento de las cuentas de publicidad y en una lluvia de ofertas a los profesionales de la casa, que ignoran cuál va a ser su futuro.

—En este contexto —concluye el director general—, no me puedo responsabilizar de la compañía.

Javier Jimeno y Jesús Fernández Miranda apoyan las tesis de Manuel Martín Ferrand. Un cuarto consejero, Andrés Fagalde, sugiere que es preciso despejar definitivamente la incógnita de si Javier Godó va a vender o no. El presidente de Antena 3 Radio descubre entonces sus cartas.

—Pues sí, voy a vender.

Martín Ferrand y Fernández Miranda, representante de Prensa Española, piden que se respete el derecho preferente de adquisición de acciones por parte de los socios, a lo que se opone Joaquín Forn, consejero y abogado de Godó.

—¡Esto es inaceptable! —exclama Martín Ferrand—. No entiendo la postura de algunos consejeros empeñados en defender al accionista mayoritario en detrimento de los intereses generales de la compañía.

—Esa es una acusación muy grave. ¡Es intolerable! —brama Forn, un abogado laboralista de sesenta y cinco años, secretario del consejo de administración de *La Vanguardia* desde hace más de dos décadas.

En un ambiente caldeado por la tensión y los enfrentamientos, Martín Ferrand le increpa furibundo:

—¡Sólo en atención a tu edad no te doy un par de hostias ahora mismo!

Un par de segundos después, arrepentido, el director general de Antena 3 Radio pide disculpas a Forn y ruega que, sin más preámbulos, se aborde el único asunto que les preocupa a todos. Javier Godó se niega a explicar a quién piensa vender sus acciones y si va a respetar el derecho de tanteo de los asistentes.

Acosado a preguntas, el editor de *La Vanguardia* se levanta ofendido y se dispone a abandonar la reunión. Jiménez de Parga le pregunta:

—¿Se levanta la sesión?

—No —dice Godó—. Pero en este ambiente de grosería y de tensión no queremos continuar.

—Pues si abandonas la reunión recuerda que estás incurriendo en una grave responsabilidad —le comenta Martín Ferrand.

El conde de Godó hace caso omiso de la advertencia, se pone en pie y se marcha acompañado de otros cinco consejeros. El clima de impotencia que se va generado entre los accionistas, que se sienten traicionados por su presidente y ven vulnerados sus derechos, desemboca en un acto de opereta. Rafael Jiménez de Parga, catedrático de Derecho Mercantil y asesor de Javier Godó, toma la palabra:

—Como la mayoría de los que estamos aquí somos pequeños accionistas que no queremos vender, lo que podemos hacer es destituir al presidente.

—¿Aunque tenga el 52 por ciento de las acciones?

—¡Incluso con el 52 por ciento!

Javier Jimeno de Priede y Jesús Fernández Miranda, que se encuentran en el acto representando a Prensa Española, hacen suya la idea y «destituyen» a Javier Godó de la presidencia de Antena 3 Radio.

Acabado el consejo, Manuel Martín Ferrand, José María García, Rafael Jiménez de Parga, Jesús Fernández Miranda y Javier Jimeno se van a comer al restaurante La Toc, situado junto al Auditorio de Madrid.

Después de analizar los acontecimientos de la mañana llegan a la conclusión de que todavía no está todo perdido y que pueden hacerse con el control de la red de emisoras. Allí mismo, sin perder un minuto, trazan un plan de acción.

—Rafael, Jesús y Javier os responsabilizáis de los aspectos jurídicos de la operación. Yo me encargo de buscar el dinero para la compra de las acciones de Godó —concluye Martín Ferrand a modo de resumen.

Los cinco quedan en verse de nuevo en el despacho del director general de Antena 3 Radio al cabo de una semana, con sus respectivas misiones cumplidas. Ese 21 de julio se celebra el nuevo consejo de administración de la compañía. Todos ellos deben estar preparados, porque será el escenario de la batalla final.

* * *

Manuel Martín Ferrand pasa los siguientes días colgado del teléfono durante las veinticuatro horas. Necesita reunir entre 3.000 y 5.000 millones de pesetas en siete días y tiene que convencer a numerosas personas para que desembolsen el dinero en un corto espacio de tiempo.

El director general de la empresa no está solo. Hay que buscar financiación a toda prisa para evitar el expolio de la emisora. Es una lucha contra reloj y todos los directivos y periodistas de la casa están dispuestos a arrimar el hombro.

Federico Jiménez Losantos, Antonio y Luis Herrero realizan gestiones en los siete grandes bancos. Se entrevistan con sus presidentes y directores generales. Pronto van a ver las orejas al lobo. La larga sombra de Felipe González se ha hecho cada día más palpable en todos los estamentos de la sociedad. «Ni uno sólo estaba dispuesto a poner un duro abiertamente», asegura Jiménez Losantos. Los mecanismos gubernamentales para apretar las tuercas a quienes apoyen a cualquier medio de comunicación discordante con los planteamientos totalitarios de la información oficialista actúan sin demasiadas sutilezas.

Sólo Luis Valls Taberner, presidente del Popular, se muestra partidario a facilitarles una operación de *management buy-out*[1], pero pone una condición.

—Oficialmente, el Popular tiene que quedar al margen.

—¿Entonces?

—Tenéis que canalizar el acuerdo con el Scottish Bank. ¡No hay otra solución!

La oferta de Luis Valls es una locura. El precio de mercado de Antena 3 Radio es en esos momentos de 25.000 millones de pesetas, una suma importante para un banco. Para hacerse con el

[1] Expresión anglosajona que se refiere a la compra de una parte de las acciones de una compañía por sus trabajadores para ejercer el control de la misma.

control de la sociedad los profesionales necesitarán disponer, por lo menos, de 6.000 o 7.000 millones.

—¿De dónde vamos a sacar ese dinero? —se pregunta el director general de Antena 3 Radio.

Entre tanto, las primeras noticias realmente alarmantes comienzan a llegar a los oídos de Manuel Martín Ferrand.

—Ayer mismo —le dicen— Mario Conde recibió órdenes concretas de que la radio sea para Polanco.

—¿Cómo que la radio es para Polanco? ¡Pero si Javier Godó, que tiene el 52 por ciento, no ha vendido!

—Te equivocas. Enrique Lasarte, que ha llevado todo el peso de las negociaciones en el despacho de José María Calviño, tiene instrucciones de dejar el campo libre a Polanco.

—Y ahora eso, ¿por qué?

—Porque la televisión y la radio juntas son un bocado demasiado apetitoso para dejarlo en manos de los guerristas. Así que, como los buenos cazadores, han decidido repartirse el botín. Antena 3 Televisión para Asensio, y la radio para Polanco.

Los augurios no son nada esperanzadores.

—El editor de *El País*, Polanco, tiene el dinero preparado —le comentan—. Incluso ya han hecho la «lista negra». La encabezan Antonio Herrero y Federico Jiménez Losantos.

Martín Ferrand, fundador, propietario y director general de Antena 3 Radio, no se imaginaba un expolio semejante, que incluso contravenía la legislación mercantil española. Con el Código Mercantil en la mano, sus asesores le habían asegurado que era imposible ejecutar legalmente la operación.

—No te preocupes. No os pueden dejar fuera. Sería un fraude de ley.

Pero, aparentemente, desde La Moncloa, de una forma completamente arbitraria y discrecional, habían decidido excluir del reparto de la tarta tanto al hasta entonces director general de la cadena como al diario *ABC* y a otros profesionales de la casa, como Luis Angel de la Viuda, que habían invertido los ahorros de toda su vida en la compra de paquetes algo menos significativos.

Por si todavía Martín Ferrand albergaba alguna duda razonable sobre el futuro de Antena 3 Radio, una llamada de Juan Luis Cebrián, antiguo director de *El País* y consejero delegado de Prisa, le devolvió los pies a la tierra un día antes de la convocatoria del segundo consejo de administración.

—Oye, Manolo, me considero obligado a decirte que hemos llegado a un acuerdo con Godó.

—Entonces, ¿ya habéis comprado la radio?

—Sí, acabamos de suscribir un compromiso para hacernos con la mayoría de las acciones[2].

Poco después, es el periodista José María García quien recibe la llamada de Cebrián, cuando viaja en su coche camino de la emisora a preparar su programa diario de deportes.

—José María, como ya te habrás enterado acabamos de firmar un acuerdo para adquirir Antena 3 Radio.

—Pues sí, algo había oído.

—Bueno, te llamo porque queremos contar contigo. Me gustaría que me dieras tu opinión.

—¿Y qué va a pasar con el resto de los profesionales de la casa, con Antonio Herrero, por ejemplo?

—Con Antonio Herrero y con Federico Jiménez Losantos no contamos, por supuesto.

El consejero delegado de *El País* y flamante consejero de Bankinter llevaba algún tiempo vertiendo descalificaciones gratuitas hacia algunos de sus compañeros de la radio y la prensa escrita. José María García, identificado con gran parte de esos profesionales, se sentía aludido por el ex director de *El País.*

—Pues entonces, tampoco contéis conmigo.

Juan Luis Cebrián no es un hombre al que le guste vender la piel del oso antes de cazarlo. «Por tanto, el acuerdo Godó-Polanco debe de estar ya casi hecho», piensa Manuel Martín Ferrand. El, sin embargo, no va a tirar tan fácilmente la toalla.

* * *

El 21 de julio Manuel Martín Ferrand se encuentra en su despacho desde primeras horas de la mañana. Ese día se va a celebrar la segunda reunión del consejo de administración de Antena 3 Radio. A las once de la mañana Javier Jimeno, Rafael y

---

[2] El supuesto compromiso aparecería publicado una semana después en *El País.* Según el rotativo de Jesús Polanco, el Grupo Prisa había adquirido una participación minoritaria de Inversiones Godó, la sociedad instrumental tenedora de las acciones de Antena 3 Radio, y se comprometían a participar en un proyecto de comunicación de dimensiones europeas. «Ambos grupos —afirmaba un comunicado conjunto— apuestan por un modelo de empresa basado en la transparencia, la independencia efectiva de cualquier grupo ideológico o de poder, el respeto a la verdad y a los derechos de las personas.»

Manuel Jiménez de Parga y los consejeros en representación de *ABC* Jesús Fernández Miranda y Manuel Iriarte están citados en su despacho para preparar la estrategia común de defensa de cara a la reunión de la tarde.

A las doce de la mañana el despacho del director general de Antena 3 Radio sigue vacío. Los seis hombres que iban a luchar por la independencia de la cadena no acuden a su cita. Sólo se ha presentado su amigo José María García.

Como hace un sol radiante, Martín Ferrand le dice a su acompañante:

—Vamos a tomar un pincho de tortilla, y no te preocupes que a la comida vienen todos. Ya lo verás.

Así fue. En el almuerzo, en La Toc, estaban todos, incluidos los catalanes Javier Jimeno y los hermanos Jiménez de Parga, que llegan con una hora de retraso.

Durante la espera, el director general de Antena 3 Radio había recibido una confidencia telefónica.

—Rafael y Manuel Jiménez de Parga y Javier Jimeno —le avisan— se encuentran ahora mismo en la Fundación Santillana reunidos con Javier Godó y Jesús Polanco.

—¿Estás seguro?

—Completamente. Están firmando los papeles de la venta de Antena 3 Radio.

La compra de Antena 3 Radio a escondidas —por la espalda y con el beneplácito de un sector del consejo de administración que había traicionado al resto de sus compañeros— acababa de consumarse.

Pasadas las tres de la tarde, los miembros del «clan de los Judas» aparecen sonrientes. Piden disculpas por la tardanza y explican a los reunidos que han recapacitado y que no se puede destituir al presidente de la cadena.

—Ha sido un tremendo error —se disculpa Jiménez de Parga.

A continuación, ante las presiones del resto de sus compañeros, Javier Jimeno y los hermanos Jiménez de Parga confiesan que venían de la Fundación Santillana, donde acababan de vender Antena 3 Radio a Jesús Polanco, traicionando la confianza del director general y el resto de los consejeros. José María García y Manuel Martín Ferrand estallan indignados:

—Esto es el colmo. ¡Es una infamia, una villanía!

El director general de la red de emisoras no comprende que hombres como Rafael Jiménez de Parga, vicepresidente de la compañía y fundador de la misma incluso desde antes de constituirse, hayan dado un vuelco de ciento ochenta grados en una semana, entregando la obra de su vida a Polanco.

—Esta es la traición más vil y la mayor deslealtad personal que hemos sufrido los profesionales de Antena 3 —concluyó el director general.

Manuel Martín Ferrand no quería permanecer un minuto más en la sociedad. No estaba dispuesto a trabajar para Jesús Polanco, el enemigo de Antena 3.

—Me voy, y ahora mismo. Renuncio a cualquier tipo de indemnización. Pero quiero pediros a todos un favor, que me destituyáis antes de entrar en el consejo.

—No, no, Manolo. Tú tienes que seguir —protestó Rafael Jiménez de Parga.

—Os repito que el único derecho que me queda es poder elegir los empresarios para los que quiero trabajar y que me voy.

A las seis de la tarde, el consejo de administración de Antena 3 Radio realizó el ceremonial de revocar el acta anterior, por la que se había destituido a Javier Godó como presidente. Acto seguido, Martín Ferrand reprochó a Javier Godó su pusilanimidad y cobardía al haber entregado la primera red de emisoras del país al Gobierno.

—Empresarios como tú son una deshonra y una lacra para la profesión periodística. A partir de ahora no tengo nada más que hacer aquí.

El director general de Antena 3 Radio se levantó y se fue[3].

* * *

Días más tarde se fueron conociendo los detalles de la operación. El reparto del imperio Godó entre Antonio Asensio y Jesús Polanco se había decidido en una comida en La Moncloa que compartieron el presidente del Gobierno y el editor de *El País.*

En esa reunión Felipe González fue persuadido por Polanco de que la entrega de Antena 3 Radio a Antonio Asensio ponía en peligro el reparto de los medios de comunicación cercanos al

[3] Antena 3 Radio, en manos de Polanco, perdió meses después el liderazgo de las ondas en España, que pasó a la COPE, donde se incorporaron Antonio Herrero, Luis Herrero y José María García. En el verano de 1994 se convierte en Sinfo-Radio, dedicada exclusivamente a la música.

poder en beneficio del sector guerrista, que tenía puesto un pie en el Grupo Zeta y controlaba a la vez esa poderosa máquina de fabricar dinero que era la ONCE, empeñada, durante la etapa de Miguel Durán, en acaparar medios de comunicación.

El presidente del Gobierno se mostró partidario de que el despojo de Antena 3, perpetrado y ejecutado fríamente desde las áreas del poder, se distribuyera lo más equitativamente posible entre los miembros del «pacto de los editores», el mayor oligopolio privado que haya existido jamás en España en el mundo de la comunicación.

«El pacto cuajó —escribe Federico Jiménez Losantos— en aquellos días de julio de indescriptible agitación en torno al cadáver político de Antena 3 Televisión. De ahí salió el acuerdo para que Conde pusiera en manos de Polanco el dinero necesario para comprar la radio de Godó, lo mismo que había puesto en manos de Asensio el dinero para comprar la televisión.» [4]

Para el editor de *El País* el negocio había sido redondo. Sin poner un duro ni arriesgar su patrimonio, Felipe González le entregaba en bandeja de plata la cabeza de sus competidores, a quienes era incapaz de derrotar en la batalla del esfuerzo profesional y de la lucha periodística día a día para ganar audiencia. «Con ello la SER, por medio de malas artes, volvía a conquistar el liderazgo en el mundo de las ondas y Polanco se quitaba de en medio a unos periodistas que cada mañana denunciaban los tintes progubernamentales del diario *El País*», opina Luis Angel de la Viuda, uno de los hombres que crearon junto con Martín Ferrand la radio que les acababa de ser arrebatada[5].

La compra en secreto de Antena 3 Radio, la única empresa radiofónica española que cotizaba en bolsa, era además un acto ilegal. Polanco, para actuar dentro del marco de la legalidad, hubiera tenido que lanzar una OPA sobre la cadena de radio en el mercado de valores. De lo contrario, se vulneraba la Ley de Ofertas Públicas de Adquisición. Además, como el editor de *El País* era propietario del 25 por ciento de una cadena de televisión (Canal Plus) y Antena 3 Radio tenía acciones en Antena 3 Televisión, con esta actuación se violaba la Ley de Televisión Privada,

---

[4] Federico Jiménez Losantos, *La dictadura silenciosa*, Ediciones Temas de Hoy, Madrid, 1993.

[5] Entrevista con los autores del libro.

según la cual ninguna persona podía poseer más del 25 por ciento de las participaciones de una emisora de televisión.

Tres organismos públicos, el Ministerio de Transportes y Comunicaciones, encargado del cumplimiento de la Ley de Televisión Privada, la Comisión Nacional del Mercado de Valores, responsable de la aplicación de la normativa sobre OPAs, y el Tribunal de Defensa de la Competencia, debían haber intervenido en defensa de los oyentes, de los pequeños accionistas, que se sentían desamparados, y de algunos propietarios, que pretendían seguir ejerciendo una radio libre y sin cortapisas y, de pronto, se enteraron de que habían sido vendidos a sus competidores. Pero ni José Barrionuevo, ni Luis Carlos Croissier, ni Miguel Angel Fernández Ordóñez, representantes de las tres instituciones, movieron un solo dedo en defensa de la legalidad. Las acciones, que cotizaban al 1.700 por ciento poco antes de la irrupción de Jesús Polanco en la cadena, bajaron al 600 por ciento e incluso se pagaron a precios inferiores.

El presidente del Grupo Prisa había hecho un nuevo negocio con el dinero de centenares de accionistas y con la aquiescencia del Gobierno, que le entregó la red de emisoras para que hiciera la «limpieza étnica» que pretendía aquél en el sector de los medios de comunicación social.

«Las tropelías, los agravios comparativos y la vulneración de los derechos de los accionistas estuvieron a la orden del día sin que ninguna institución levantara la voz», afirma Manuel Martín Ferrand, que tuvo que vender el 4,33 por ciento de sus títulos a Polanco por debajo de los precios de mercado.

Sin embargo, algunos grupos empresariales, como *ABC*, lograron un mejor trato. El periódico de los Luca de Tena, propietario del 11,47 de la cadena, inició una dura campaña contra Javier Godó y Jesús Polanco.

En un editorial[6] firmado por el editor del rotativo, Guillermo Luca de Tena, *ABC* definió al editor de *La Vanguardia* como un personaje «huidizo, acostumbrado a no dar la cara». Su «conducta errática —continuaba— había contribuido a alentar la voracidad del PSOE por controlar la mejor cadena de radio de España». En páginas interiores, el diario anunciaba una querella, por «fraude

[6] Guillermo Luca de Tena, «Las traiciones de Javier Godó», *ABC*, 24 de julio de 1992.

de ley», contra Godó, al que se calificaba de «marioneta de Polanco y del Gobierno».

Planteada la batalla ante los tribunales, el asunto se resolvió de manera amistosa. El 17 de septiembre de 1992, Prisa adquirió ante el notario José Aristónico García las 13.199 acciones que constituían su 11,47 por ciento del capital social de Antena 3 Radio por 1.150 millones de pesetas, que fueron pagadas en parte con un talón del Banco del Progreso, perteneciente al Grupo March. En el mismo acto, Javier Godó indemnizaba a Prensa Española en 350 millones de pesetas por los perjuicios causados al privarle de su derecho al tanteo y retracto en la compra de las acciones de Antena 3.

De esta manera, de una u otra forma la editora de *ABC* recibió 11.364 pesetas por cada uno de los títulos de la red de emisoras. La cifra era muy inferior al precio de las acciones en la Bolsa de Madrid, donde llegaron a cotizar a 20.000 pesetas poco antes de la intervención de los hombres del Gobierno, pero superior a las 6.000 o 7.000 pesetas que percibieron los pequeños ahorradores que no tenían un medio de comunicación en sus manos para defenderse de la voracidad del Grupo Prisa, con la complicidad del Gobierno en el incumplimiento de la Ley.

Polanco, además, iba a resultar beneficiado por partida doble. En una entrevista anterior con Felipe González, el editor de *El País* consiguió que el Gobierno le vendiera aquel verano el 25 por ciento que el Estado tenía en la SER por 3.000 millones de pesetas, un precio calificado de ridículo por el diario *El Mundo*, ya que el Patrimonio del Estado podía haber obtenido esa cifra en siete años en función de los resultados de la cadena de emisoras de 1990[7].

De esta manera, el editor de *El País* se hacía con el control absoluto de las dos cadenas con mayor audiencia de la radio española y con 394 emisoras de radio, lo que suponía tener bajo su dominio casi el 100 por ciento de las frecuencias de radio privadas existentes en España[8]. Frente a él sólo existían las 140 emisoras de la Conferencia Episcopal Española (COPE) y las 163 de Onda Cero, de la ONCE (dos entidades que, aunque realizan

---

[7] Véase diario *El Mundo*, 5 de junio de 1992.

[8] El imperio radiofónico de Polanco está formado por las 143 emisoras de la Cadena SER; las 65 de Cuarenta Principales; las 33 emisoras de Radio Minuto y Radio 80; las 40 emisoras de la cadena Dial; 5 emisoras de Radio Olé y las 107 de Antena 3.

una radio comercial, están bajo el control indirecto del Estado, que puede tratar de mediatizar su independencia) y las 20 emisoras de la Cadena Ibérica.

Un poder tan absoluto en las ondas no se había dado nunca en España desde los tiempos del franquismo, en que la radio se consideraba un monopolio del Estado. Las cadenas estaban obligadas entonces a conectar con Radio Nacional de España y a transmitir sus «partes». Sólo muy al final de la dictadura lograron una cierta independencia para realizar sus propios informativos.

* * *

Polanco, el «zar» de la prensa española, se había iniciado en los negocios de la comunicación en 1954, recién egresado de la Universidad Complutense de Madrid, donde estudió Derecho y Ciencias Políticas.

En un piso alquilado de la calle Alcalá, a escasos metros de la Puerta del Sol, fundó Editorial Santillana y se dedicó a la impresión de libros de enseñanza.

Tras la publicación de la Ley General de Educación y Financiamiento de la Reforma Educativa de 1970, elaborada por José Luis Villar Palasí, ministro de Educación de uno de los últimos gobiernos de Franco, su empresa deja de ser el «chiringuito» familiar que dirigía con su socio Francisco Pérez González para convertirse en una de las primeras industrias del sector del libro en España.

Con el dinero obtenido por Santillana, Polanco comienza a adquirir editoriales en crisis. Compra Altea, Mangold, Taurus, Aguilar y Alfaguara y crea otras, como Asuri, o distribuidoras de libros y discos, como Itaca, Agata o Nuevas Ediciones Musicales. Su biografía es la de un hombre obsesionado por el poder y la influencia política y social. Consolidado su grupo editorial, al mismo tiempo que extiende su círculo de amistades al presidente francés Valèry Giscard d'Estaing o a Helmut Schmidt, a los que recibe en su casa, Polanco se lanza a la conquista del mercado latinoamericano de la cultura.

En toda Hispanoamérica, desde México al Cabo de Hornos, crea un conglomerado de empresas[9] en las que siempre hay un hombre relacionado con el poder (como Patricio Rojas, ex minis-

---

[9] Para más información véase José Díaz Herrera y Ramón Tijeras, *op. cit.*.

tro de Eduardo Frei en Chile, o un hijo de Belisario Betancur, en Colombia) como asesor o consejero.

Su salto al mundo de los medios de comunicación se produce a comienzos de 1976 con el nacimiento de *El País*. En esa época, dos empresarios de prensa, Jesús Polanco y Juan Tomás de Salas pugnan con el gobierno de Carlos Arias Navarro para sacar un periódico a la calle que represente el símbolo de la transición política.

Juan Tomás de Salas, editor de *Cambio 16*, un semanario de economía y finanzas que se había transformado en una revista poderosa, al estilo de *Time* o *Newsweek* y que tenía como presidente al socialdemócrata Luis González Seara y a otros «peligrosos rojos» como Carlos Zayas, Miguel Boyer o Juan Antonio García Díez, era demasiado para lo que podía digerir el primer y titubeante Gobierno de la Monarquía.

Polanco había arropado su proyecto periodístico de forma más hábil. Entre sus accionistas se encontraban algunos miembros del régimen, como Pío Cabanillas o Manuel Fraga, no demasiado sospechosos de querer socavar los cimientos de la dictadura, que se negaba a morir [10]. Además, su director, Juan Luis Cebrián, era un periodista formado en la televisión franquista con un cierto barniz de liberalismo tras su incorporación a *Informaciones*, un vespertino que no suponía ningún peligro para la clase dominante.

En estas circunstancias, Arias Navarro y su ministro de Información, Andrés Reguera Guajardo, se inclinaron por conceder primero la autorización administrativa preceptiva a Prisa. Ese adelanto permitió el arrollador éxito de *El País*, un periódico que en octubre de 1976 ya ganaba dinero, y del fracaso de *Diario 16*, que tardó siete años en hacerse un hueco en el mercado.

Asentado su poder en *El País* tras una guerra interna con Darío Valcárcel y José Ortega Spottorno, que le disputan el control del diario, «ciudadano Kane» Polanco quiere ejercer su poder en otros medios de comunicación, al estilo de los grandes multimedias norteamericanos Time-Warner Inc., Dow Jones & Co. o Gannett Newspapers.

---

[10] Según un estudio del profesor de la Facultad de Ciencias de la Información Enrique Bustamante, en 1981 el accionariado de Prisa estaba formado, entre otras personas, por dos ex ministros franquistas, cuatro de la UCD, treinta y dos parlamentarios de todas las tendencias y cinco altos cargos del Gobierno.

Tras un sonado fracaso con el lanzamiento de Radio El País, un grupo de emisoras que pierde 400 millones y no consigue conquistar ni un 0,5 por ciento de la audiencia, Polanco se lanza a la compra de una radio ya consolidada. Su objetivo es la cadena SER, una empresa que, con 480 millones de capital, dio 530 millones de beneficios en 1983, según la Dirección General del Patrimonio.

En abril de 1984, con la complicidad del Gobierno socialista, al que es necesario solicitar entonces autorización para la compra de determinados porcentajes de acciones de las empresas de radio, el editor de *El País* adquiere al Grupo Mira un 9,25 por ciento de la Sociedad Española de Radiodifusión (SER).

Los trabajadores, que temen una operación de «tiburoneo» por parte de Polanco, solicitan del Ejecutivo autorización para adquirir un porcentaje similar al del Banco Urquijo Unión [11]. El Gobierno del Partido Socialista Obrero Español niega el derecho al comité de empresa de la SER y se lo concede al editor de *El País*, lo que da origen a una querella contra el director general de Prisa, José María Baviano, por parte de los trabajadores, que impugnan sin éxito las reuniones del consejo de administración de la cadena [12].

Con gran parte de los periodistas de la SER en contra, Polanco continúa adquiriendo pequeños paquetes de títulos. En enero de 1985 controla el 25 por ciento de la sociedad. En junio de ese año, tras un acuerdo con Eugenio Fontán, se hace con otro 26 por ciento. La primera cadena de emisoras privadas, con 7,6 millones de oyentes, pasa a incrementar el patrimonio de «Jesús del Gran Poder».

El negocio que el Gobierno ha negado a los trabajadores y que ha puesto en manos del empresario del régimen es redondo. Cuatro años después, tras un periodo de saneamiento, la Sociedad Española de Radiodifusión obtiene unos beneficios brutos de 2.249 millones de pesetas, dos veces el precio pagado por el editor.

Pero no todas sus actividades son florecientes. En 1986, el editor de *El País* inscribe la sociedad Promotora General de Revistas, S. A. (Progresa). Es la cabecera de un nuevo *holding* con el que aspira a penetrar en un mercado todavía inexplorado por el presidente de Santillana: el mundo de la información semanal.

[11] Estas acciones estaban bajo el control de la sociedad Ediciones Bidasoa, S. A.

[12] *Actualidad Económica*, 7 de febrero de 1985, y *ABC*, 11 de abril del mismo año.

El 9 de octubre de 1987, Progresa lanza al mercado el primer número de una revista de información general, *El Globo*. La aventura dura poco más de seis meses. Dirigido a distancia por Juan Luis Cebrián, *El Globo* no es *Time*, *Newsweek* o *US News and World Report*, como aspiran los editores de *El País*.

El «pinchazo» de *El Globo* semanario deja a los ejecutivos de Polanco con unas pérdidas de 1.200 millones de pesetas y muy pocos deseos de continuar en el mundo de los semanarios, donde lanzan publicaciones sectoriales, como *El Gran Musical*.

A pesar de este nuevo fracaso, el presidente de Prisa no se detiene. Compra el 59,32 por ciento del Grupo Estructura, que edita el diario económico *Cinco Días* y el confidencial *Rapport Económico*. A través de este *holding* inicia su penetración en el mercado europeo y norteamericano de la prensa mediante la compra del 5 por ciento de Phonex (con participaciones en *Wall Street Journal* y *Handelsbalt*) y la adquisición de acciones del periódico italiano *La Repubblica*, el británico *The Independent* y el francés *Le Monde*, con los que ha tratado de editar un rotativo europeo, subvencionado por la Comunidad Europea, que no ha llegado a cuajar.

Entre tanto, el dinámico editor había ampliado sus negocios a otros campos. Crea el Grupo Timón como cabecera de su imperio editorial, y de la venta de libros pasa a la construcción de colegios y universidades llave en mano en América Latina, a través de la compañía Eductrade. Otra de sus sociedades, Sanitrade, le permite ofrecer hospitales y material sanitario, y una tercera, maquinaria agrícola.

Su iniciación en estos tres nuevos sectores, con una clara orientación a los mercados hispanoamericano y del norte de Africa, coincide en el tiempo con la llegada de Carlos Solchaga al Ministerio de Economía y Hacienda y de su mujer, Gloria Barba, a Fomento del Comercio Exterior (Focoex), una empresa estatal dedicada a estimular las exportaciones españolas en el exterior y a la conquista de nuevos mercados.

Con ayuda de los créditos FAD (Fondo de Ayuda al Desarrollo), Eductrade y Sanitrade venden hospitales y escuelas en Colombia, Venezuela, Argentina, Cuba y otros países hispanoamericanos donde Editorial Santillana tenía una tradición de casi treinta años. Incluso uno de los sobrinos del antiguo impresor, Javier Díez Polanco (hoy uno de los ejecutivos de Prisa), pasa unos años en Buenos Aires para incentivar el negocio.

El dinero obtenido de las exportaciones, asegurado por la sociedad estatal Compañía Española de Seguros y Crédito a la Exportación (Cesce), le permite comprar hoteles en Canarias por medio de la empresa Tropical y abrir la principal red de librerías del país, la cadena Crisol.

Sus conexiones con el aparato de Ferraz y sobre todo con el Gobierno socialista se hacen cada vez más patentes. El 29 de septiembre de 1991 la sociedad Expo'92 adjudicó al consorcio editorial formado por *El País*, *The Independent* y *La Repubblica* un concurso para la producción, edición y distribución de un suplemento sobre la Exposición Universal en diversos periódicos nacionales y extranjeros. El concurso permitió al grupo de periódicos liderado por Polanco incrementar ese año sus ingresos en 437.800.000 pesetas, según consta en los archivos de la Expo.

El Grupo Prisa, que hasta 1989 funcionaba como una empresa familiar, sin ninguna dependencia del poder financiero, va a cambiar pronto de rumbo. En un mundo que es cada vez más una aldea global y donde la revolución del *chip*, en la era de los satélites y de los ordenadores, deja obsoletas en pocos años las tradicionales tecnologías de la información y obliga a una constante renovación y a fuertes inversiones económicas, el editor de origen asturiano se da cuenta de que su futuro tiene que ir unido al de la banca.

* * *

En 1989, cuando se presenta públicamente Canal Plus España, Jesús Polanco aparece de la mano de Caja de Madrid, Banco Bilbao Vizcaya, Bankinter y el Grupo March, la banca del régimen casi al completo.

A partir de entonces aparece junto con Emilio Ibarra, del BBV, en Caralt España, una central dedicada a la contratación de publicidad, y en Gestión de Medios, S. A. (GDM). La primera de estas empresas y Media Planning S. A., del Grupo March, controla más de la mitad de la publicidad que se contrata en España mediante las centrales de compra, según revela la revista *Anuncios* [13].

Bankinter, con un 10 por ciento, y el Grupo March, con un 30 por ciento, figuran en la Sociedad General de Televisión (Soge-

[13] Caralt España y Media Planning facturaron el 48,3 por ciento de las inserciones publicitarias en periódicos, el 47,4 por ciento en revistas, el 57 por ciento de televisión y el 52,8 por ciento de la radio.

tel), una empresa constituida para la emisión de televisión por satélite, a la vista de la fulgurante expansión que en los últimos años ha tenido en el mundo esta fórmula televisiva [14].

La sociedad transmite cuatro canales codificados a través del satélite Astra-1C: Cinemanía, dedicado a la emisión de películas de estreno; Documanía, para la emisión de documentales, similar al norteamericano Discovery Channel; Mini Max, destinado al público infantil al estilo del Children Channel, y Cineclassics, cuyo objetivo es la difusión de las obras maestras del cine en blanco y negro. Estos programas constituyen el embrión de canales al estilo de los grandes monstruos norteamericanos de la televisión por cable, que emiten las veinticuatro horas del día entre diez y catorce canales de televisión codificados, con una amplia y variada oferta de programas para toda la familia, desde cursos de cocina y de idiomas a programas sobre ciencia, naturaleza, música, ecología, música, deportes, dibujos animados y cine.

Aunque su recepción en España se produce sólo, hasta ahora, por medio de una antena parabólica, el objetivo del Grupo Prisa es preparar el desembarco en la televisión por cable, el gran negocio de la comunicación del siglo XXI en España y que va a obligar a la realización de unas enormes inversiones en los próximos diez años [15].

Para ello, el editor de *El País* aparece de nuevo rodeado de los principales banqueros del régimen, con los que aspira a compartir los futuros monopolios en el mundo de la comunicación. Con el Banco Bilbao Vizcaya, Caja de Madrid y el Grupo March figura en la empresa Sogecable. Los mismos bancos y Abengoa, una de las primeras compañías de telefonía españolas, son los propietarios de Cablevisión, una segunda sociedad destinada a la distribución de las señales de audio y vídeo por cable.

La aparición de Prisa liderando dos de las principales empre-

---

[14] Sogetel participa a su vez, al 50 por ciento, Cinepaq y Sogepaq, dos empresas creadas por Enrique Sarasola y dedicadas a la producción de películas y programas de televisión y a la compra de derechos de emisión. Cinepaq, por su parte, es propietaria de un 21 por ciento de la sociedad Grantibidabo, S. A., la promotora del gran parque temático de atracciones de Cataluña, con dinero de la Generalitat, Javier de la Rosa y Manuel Prado y Colón de Carvajal.

[15] Según Javier Arenas, responsable del área de comunicación del PP, tender las redes de cable en las principales ciudades y núcleos de población para distribuir la señal recibida por satélite a los domicilios supondrá en una primera fase unos costes superiores a los 600.000 millones de pesetas.

sas que quieren monopolizar el mercado de la información por cable en España (un sector donde, según *El País*, se invertirán en conjunto 3,2 billones de pesetas en los próximos años[16]) y su penetración en el mundo de la radiodifusión privada ha llevado a varios directores de periódicos a pedir una ley antimonopolios al Gobierno.

Se trata de impedir que en España se repita la experiencia de Italia, donde un empresario agresivo y sin escrúpulos como Silvio Berlusconi se ha hecho con el control de todas las emisoras de televisión privadas, o donde dos grupos de presión, Fiat-Rizzoli y el empresario Carlo de Benedetti, son los dueños de los periódicos y revistas con influencia en la república.

El Grupo Prisa, por su parte, ha contraatacado ante la Comisión Europea. El 3 de noviembre de 1993, Juan Luis Cebrián, en nombre de *El País*, y otros veintiséis editores de periódicos y revistas europeos[17] pedían al máximo órgano político de la Comunidad la desregulación de las normas sobre concentración de medios de comunicación.

De todas maneras, mientras se encuentre Felipe González en el Gobierno y Enrique Sarasola pueda seguir moviendo los hilos entre bastidores, Jesús Polanco no va a tener ningún tipo de problemas para continuar incrementando su imperio. Con una facturación anual de su grupo de empresas que supera los 150.000 millones de pesetas[18], su poder económico es considerable.

Mucho mayor es, sin embargo, su poder político, ya que la influencia que detenta en el mundo de la comunicación hace prácticamente irresistible cualquier presión suya —o de los bancos que le apoyan desde antes de 1989— sobre el Gobierno socialista.

---

[16] La cifra se refiere al conjunto de las telecomunicaciones y comprende, entre otros sectores, la telefonía sin hilos, donde el Grupo Prisa opta a quedarse con una cuota de mercado por medio de la sociedad Cometa, con Caja de Madrid y Gas Natural y otras. Véase *El País* del 13 de marzo de 1994.

[17] Entre los asistentes se encontraban los grupos alemanes Burda, Axel Springer y Günter und Jahr; los italianos L'Expresso y Rizzoli-Corriere della Sera; los franceses Sud-Ouest y Hachette; los británicos Daily Telegraph, Pearson Group, Reed Elsevier y Daily Mail, y el español Prisa.

[18] Sólo las dos centrales de compra, Caralt España y Media Planning, facturaron en 1992 un total de 182.810 millones de pesetas, según el informe anual de 1993 de Fundesco sobre «Tendencias de la Comunicación Social». Polanco posee el 33 por ciento de Caralt España.

En el verano de 1992, cuando el Partido Popular hizo una propuesta al Gobierno para privatizar la Agencia EFE, Felipe González y la entonces ministra portavoz del Gobierno, Rosa Conde, diseñaron un plan para venderle el 51 por ciento de la sociedad al Grupo Prisa, que aspiraba a convertirse en el primer suministrador de noticias en todos los países de habla hispana.

De esta manera, el editor de origen asturiano, dueño del periódico de mayor tirada de España, de las dos centrales de compras de publicidad, de siete de las principales editoriales de libros, de la mayor red de distribución y venta de periódicos y libros, de una cadena de televisión y cuatro canales por satélite, de dos sociedades de cable y de la casi totalidad de las emisoras privadas de radio, añadía a su oligopolio —sin duda uno de los más influyentes de Europa— la posibilidad de incidir ideológicamente y orientar la opinión pública de todos los medios utilizando los poderosos recursos de EFE.

La agencia de noticias estatal presidida por Alfonso S. Palomares, uno de los amigos personales de Felipe González, arrojaba entonces un déficit de 3.000 millones de pesetas. Tras la dimisión de Miguel Angel Aguilar como director se había convertido en uno de los feudos del «felipismo». Su consejo de administración estaba formado por empresarios y políticos socialistas del sector renovador del PSOE, con la excepción de Guillermo Medina, y por jefes de prensa de los distintos ministerios [19].

EFE distribuía casi el 65 por ciento de las noticias que se publicaban en la prensa española y constituía un auténtico monopolio del Estado al que los socialistas no querían renunciar, pese a las excelentes relaciones del editor de la calle Miguel Yuste de

---

[19] Entre éstos se encontraban Ignacio Varela Díaz, subdirector del Gabinete de Presidencia del Gobierno; Carlos Luis Alvarez, asesor del presidente del Grupo Z, empresa que cuenta con una agencia de noticias que hace la competencia a EFE; José Luis Llorente, director general del Ministerio de Justicia; Juan Leña, director de la OID; José Félix de Rivera, empresario amigo de Felipe González; María Angeles Yáñez-Barnuevo, hermana del diputado Luis Yáñez; Francisco Virseda Barca, abogado del PSOE; María Teresa Conesa, jefa de prensa de Carlos Solchaga en el Ministerio de Hacienda; María Teresa Cuñillera, directora del Gabinete del Ministerio de Relaciones con las Cortes; Ramón Iribarren Udobro, director general de Relaciones Informativas del Ministerio del Portavoz del Gobierno; Guillermo Medina, director de Comunicación de Telefónica de España; Miguel del Val Alonso, secretario general de la Dirección General del Patrimonio del Estado; y Jesús Gutiérrez Morote, director general de Recursos Humanos del Ministerio de Sanidad y Consumo.

Madrid [20] con Felipe González, Carlos Solchaga y el equipo económico del Gobierno.

El veto gubernamental a la venta de EFE no es obstáculo para que Polanco renuncie a acaparar medios de comunicación de procedencia estatal. Tras las elecciones generales del 6 de junio de 1993, en las que el Partido Popular rebasó la barrera de los ocho millones de votos, el consejo de administración del Grupo Prisa realizó una encuesta para medir el grado de influencia que sus medios de comunicación habían tenido en la opinión pública y, en consecuencia, en el voto de los españoles.

El muestreo demostró que casi el 80 por ciento de los votantes había seguido a los líderes por medio de la televisión, un 50 por ciento por la radio y sólo un 20 por ciento se había guiado por la prensa escrita [21]. En las comunidades más deprimidas, como Andalucía, Extremadura y Castilla-La Mancha, con un índice de lectura muy inferior, la incidencia de los medios audiovisuales sobre el electorado había alcanzado al 92 por ciento de la población adulta.

Con estos datos en la mano, con Antena 3 Radio y la SER perdiendo audiencia y con el Canal Plus codificado, el consejo de administración de Prisa se planteó la necesidad de contar con una televisión abierta y dedicada a todos los sectores sociales de cara a los nuevos comicios.

El «zar» de la prensa española decidió entonces iniciar contactos con Televisión Española para la compra de la Segunda Cadena. La opción era atractiva para los gestores de la televisión pública. El Ente arrastraba un déficit acumulado de más de 400.000 millones de pesetas, un exceso de plantilla de 5.000 personas, unas pérdidas anuales que superaban los 120.000 millones de pesetas y un elevado índice de morosidad. La venta de una de las dos cadenas suponía no sólo la obtención de unos ingresos para equilibrar el presupuesto, sino la reducción definitiva de parte de los costes laborales y de los gastos de mantenimiento del conjunto de sociedades que integran el Ente RTVE. Sin embargo, separar no

---

[20] En Miguel Yuste se encuentra la sede de *El País* y de otros de los negocios de comunicación de Polanco.

[21] Las elecciones europeas y autonómicas andaluzas de junio de 1994 han modificado sustancialmente estos resultados. Los españoles de las grandes ciudades, fundamentalmente, han votado apoyándose sobre todo en las opiniones de la radio y la prensa.

sólo jurídica sino materialmente las dos cadenas estatales era un asunto muy complejo. La «primera» y La 2 comparten no sólo la misma red de radioenlaces, sino incluso pisos, estudios y plantillas en algunas ciudades[22].

Así y todo, los ejecutivos de Prisa siguen trabajando en la operación en secreto. Tras la compra de Banesto por el Santander y las dificultades económicas de Antena 3 Televisión, sus planes se centran también en la adquisición de uno de los paquetes accionariales en poder de Emilio Botín. A Jesús Polanco muy poco parece importarle que *El Mundo* denuncie continuamente el peligro que supone para la democracia y el pluralismo informativo la grave concentración de medios de comunicación que se está produciendo en manos de un solo editor. O que periódicos como *ABC* identifiquen *El País* como sinónimo de «diario gubernamental».

Los directivos del rotativo de la calle Miguel Yuste se defienden. Dicen que *El País* no es gubernamental. Es el Gobierno el que es «polanquista». Puede que tengan algo de razón. Los conversos casi siempre son mejores guardianes de las ideas que sus propios maestros. Si hay negocios de por medio, todavía mejor.

---

[22] El espectador más avezado habrá observado la estrategia montada en los últimos meses de 1993 para diferenciar una y otra cadena. TVE-1 y TVE-2 pasaron a llamarse de la noche a la mañana TVE-1 y La 2.

CAPITULO VEINTIDOS

LA BANCA AL ASALTO DEL CUARTO PODER

En 1989 Mario Conde concedió un crédito de 5.000 millones de pesetas al grupo francés Hersant para lanzar una OPA hostil contra el Grupo 16. Desde entonces, la banca se ha empeñado en una frenética carrera para neutralizar los medios de comunicación hostiles al Gobierno y ponerlos al servicio de sus intereses. Tres de los cuatro grandes bancos del país, Banesto, BBV y Central Hispano, han invertido fuertes sumas de dinero en comprar periódicos, emisoras de radio y cadenas de televisión. El hecho de que los medios fueran deficitarios, incluso ruinosos, parecía importarles poco a Mario Conde, José María Amusátegui y Emilio Ybarra, que obtenían de los mass media *unos* beneficios intangibles*: popularidad, influencia, control sobre la opinión pública y un arma para negociar con sus enemigos, además de los favores del Ejecutivo.*

En la primera quincena de agosto de 1992, la revista italiana *Oggi* y el periódico *Corriere della Sera*, ambos vinculados al grupo Rizzoli, y el semanario francés *Point de Vue* publicaban dos reportajes contando un supuesto *affaire* sentimental del rey Juan Carlos.

En España, el rotativo *El Mundo* reproduce el 19 de agosto la información, y la revista *Epoca*, que dirige Jaime Campmany, va más allá: dedica una *cover story* a airear los hipotéticos asuntos del Monarca.

El hecho de que en quince días cinco publicaciones, dos nacionales y tres extranjeras, dediquen amplio espacio a estos temas inquieta profundamente en La Zarzuela.

Recién clausurados los Juegos Olímpicos de Barcelona, donde la familia real alcanzó altas cotas de popularidad al haber sacrificado parte de sus vacaciones para animar a los deportistas españoles, la aparición de los reportajes fue calificado por varios medios informativos del país como una campaña para erosionar la imagen de los reyes de España.

Para algunos comentaristas, lo más preocupante era que en uno de los artículos se insinuaba que el Rey desatendía sus obligaciones constitucionales por esos asuntos, lo que «preocupa a la Reina, al presidente González y a todo el Gobierno».

Dos de los medios que se habían hecho eco de este tipo de «informaciones», *Corriere della Sera* y *Oggi*, estaban participados mayoritariamente por el grupo italiano Rizzoli, propiedad del hombre más rico de Italia, el presidente de la Fiat, Giovanni Agnelli. Un tercero, *El Mundo*, estaba vinculado también al Grupo Rizzoli, que poseía un 45 por ciento de las acciones, y al banquero Mario Conde, que oficialmente ostentaba el 4,5 por ciento de las acciones.

Indignado por el asunto, en medio del debate surgido en torno a la difusión de hipotéticos episodios de la vida íntima del Monarca, el jefe de la Casa Real, Sabino Fernández Campo, hace unas durísimas declaraciones a *Diario 16*. Califica los hechos de «complot» y acusa, sin dar ningún nombre en concreto, a «determinadas personas» de estar «moviendo los hilos».

Las manifestaciones de Fernández Campo crean una fuerte polémica al día siguiente en todas las emisoras de radio. Desde el palacio de Marivent, don Juan Carlos se siente obligado a intervenir. Uno de sus asesores descuelga el teléfono y llama a Giovanni Agnelli[1] y a Mario Conde. En nombre del Monarca, pide explicaciones a los «dueños» de *El Mundo*, *Oggi* y *Corriere della Sera* por las supuestas historias vertidas sobre el Rey durante varios días, que supuestamente atentan gravemente contra la imagen de la Corona[2].

Al día siguiente, Mario Conde se pone su mejor traje y se presenta en Palma de Mallorca. Va dispuesto a presentar sus respe-

---

[1] Tras esta llamada, el consejero delegado de Prisa, Juan Luis Cebrián, viajó a Milán y le ofreció al magnate italiano la compra del 45 por ciento de las acciones de *El Mundo*, en poder del Grupo Rizzoli. Polanco, siempre al quite, no desaprovechaba de esta manera ninguna oportunidad para acercarse a La Zarzuela y eliminar la competencia a *El País*.

[2] Pedro J. Ramírez ha reiterado hasta la saciedad que Banesto sólo posee un 4,5 por ciento en su periódico. Este hecho, mientras no se demuestre lo contrario, es cierto.

tos al Rey y a explicar las razones por las que *El Mundo* reprodujo el reportaje de *Oggi*:

—Fue una decisión poco afortunada, incluso bastante lamentable. Pero no hubo «complot» ni ninguna mala fe en ello. Pedro J. Ramírez se hallaba fuera de España[3].

El Rey estaba ese día verdaderamente disgustado y aceptó las excusas de mala manera. A don Juan Carlos, que vivía muy de cerca el divorcio del príncipe Carlos de Inglaterra y Diana de Gales a raíz de los escándalos de prensa, le inquietaba que los periódicos y revistas españoles siguieran por el mismo camino. El banquero de Tuy, cuyos intentos de acercamiento a La Zarzuela habían fracasado estrepitosamente hasta entonces, intenta sacar provecho de la situación:

—Majestad, si ésos son todos sus problemas, yo estoy dispuesto a solucionarlos.

El presidente de Banesto le da la vuelta al asunto. De supuesto detractor se convierte en defensor de la Corona. Empleando sus excelentes dotes de persuasión, hace gala de su influencia en los medios de comunicación españoles, de la capacidad financiera de su banco y de la necesidad de cortar de raíz cualquier especulación malintencionada sobre la familia real.

Mario Conde reitera, bajo su palabra de honor, que tras la publicación de la información de *El Mundo* no ha existido ninguna mano oculta «moviendo los hilos». Se necesita una cabeza de turco a la que echarle la culpa y al banquero de Tuy se le ocurre una idea.

—El responsable de todo este follón ha sido el secretario de la Casa Real, señor.

—¿Sabino?

—Sí, Sabino Fernández Campo. Sus declaraciones a la prensa son las que han creado esta tormenta en un vaso de agua.

Aquel verano, por recomendaciones de su cuñado Constantino de Grecia, el Rey había concedido una larga entrevista a la periodista británica Celina Scott, que se emitiría en formato reportaje el 3 de enero de 1993 por la cadena ITV bajo el título *El año de España*. Además, don Juan Carlos había concedido ocho entrevistas de cuatro horas al aristócrata José Luis de Vilallonga para la

[3] La existencia de esta conversación no presupone que Conde dominara *El Mundo*. Como se verá más adelante, el banquero de Tuy ha alardeado controlar medios de comunicación sobre los que tenía escasa o nula influencia.

elaboración de un libro sobre el papel de la Corona en la transición [4].

En ambos casos, el secretario de la Casa Real intervino directamente sobre los interlocutores para que la difusión del contenido de las entrevistas no erosionara la imagen de la familia real. En el libro de José Luis de Vilallonga se suprimieron una serie de expresiones y datos cuyo conocimiento hubiera podido escandalizar a algunos sectores del país.

Cuando se emite el vídeo en el Reino Unido, el jefe de la Casa Real se siente obligado a dar su opinión como lo había hecho en otras muchas ocasiones a lo largo de diecisiete años al servicio del Monarca.

—El reportaje es un gran éxito para la periodista Celina Scott, pero a mí me parece frívolo y ligero —declara.

—¿Ligero?

—Sí, lo he visto y me ha parecido mal —recalca.

Mario Conde había adquirido en los últimos meses una cierta ascendencia sobre el Monarca. Una de sus mayores aspiraciones secretas en su carrera hacia el poder era colocar a alguno de sus hombres de confianza en el entorno del Rey. El banquero de Tuy aprovecha el reportaje de Celina Scott y maniobra hábilmente [5].

—Majestad —le dice—, usted no puede tener a su servicio a una persona que critique públicamente sus actos. Eso es impropio de un servidor de la Corona. Necesita poner a su lado a una persona joven, que le entienda y no le cree problemas.

El 8 de enero el Consejo de Ministros cesa a Sabino Fernández Campo como secretario general de la Casa Real. Su sustituto es Fernando Almansa, vizconde del Castillo de Almansa, un diplomático egresado por la Universidad de Deusto. El nuevo hombre fuerte de La Zarzuela es compañero de correrías estudiantiles y hombre de confianza de Mario Conde, relación que el banquero se encarga de difundir en los círculos empresariales madrileños.

Acto seguido, el banquero de Tuy llama a su asesor personal José Antonio Segurado, ex vicepresidente del PP:

—José Antonio, tenemos que comprar la revista *Epoca*.

---

[4] *El Rey. Conversaciones con don Juan Carlos I de España*, Editorial Plaza & Janés, Barcelona, 1993.

[5] Mario Conde había tratado hasta entonces de acercarse al Rey sin ningún éxito. Años antes, aprovechando su onomástica, le había enviado un reloj de oro que Sabino Fernández Campo le devolvió personalmente en la sede central de Banesto.

Aprovechando que el semanario había acordado a finales de 1992 una ampliación de capital, Segurado entra en contacto con Banker Trust Company y adquiere un 50 por ciento de las sociedades Dinpe S. A. y Pcm S. A. por un importe de 526 millones de pesetas. La operación se sustancia el 17 de mayo de 1993 entre el consejero delegado de *Epoca,* Jesús Sancho Rof, y el secretario general de la Corporación Banesto, César Albiñana. El banco de Mario Conde paga en el acto por las acciones 151 millones de pesetas y se compromete a meter en los próximos tres años otros 375 por medio de publicidad. Entre tanto, *Epoca* pignora a favor del banco el 50 por ciento de sus acciones aparcadas en la sociedad Corinen S. L. De esta manera, Conde mata dos pájaros de un tiro. Trata de poner a los pies de La Zarzuela el único semanario español que había publicado en portada los supuestos asuntos del monarca y coloca bajo su influencia un medio de comunicación crítico hacia su gestión.

«Lo que no veo muy claro —escribía Campmany poco antes— es si [Conde] busca cañoncitos de papel u obuses televisivos para ponerse a la cabeza de los populares o para rendirlos a los socialistas.» [6] *Epoca* no perdió nunca su independencia.

El presidente de Banesto posee en esos momentos el control de Antena 3 Televisión y una cierta influencia en *El País* y *Cinco Días* por medio de diversas operaciones mercantiles y pactos con su editor, Jesús Polanco. Telemadrid, la cadena autonómica de la capital del Estado, y Televisión Española, a las que ha concedido créditos por 10.000 y 30.000 millones de pesetas, están a sus pies, lo mismo que la revista *Tribuna* [7], a cuyo editor Vicente Montiel,

---

[6] *Epoca,* 22 de junio de 1993.

[7] En el verano de 1992, la ministra portavoz del Gobierno, Rosa Conde, se quejó a Mario Conde de la línea editorial de *Tribuna,* «excesivamente crítica con el Gobierno», según la ministra. «No te preocupes que no os molestaran más. En *Tribuna* mando yo», le dijo el banquero de Tuy a la ministra. Cuando la conversación llegó a conocimiento de Julián Lago, éste arremetió contra el presidente de Banesto durante varios números consecutivos. Lago se negó a que el semanario fuera utilizado como moneda de cambio con el Gobierno en las espurias transacciones entre el banquero y el Ejecutivo. Los intentos sucesivos de Conde encaminados a cambiar la línea informativa de *Tribuna* —muy crítica con la «operación Antena 3»— chocaron frontalmente con Lago, que se negó sistemáticamente a escribir al dictado de La Moncloa. El director de *Tribuna* pagó en el verano de 1992 su independencia con el cargo. En el momento en que preparaba una portada sobre la «cultura del pelotazo», Vicente Montiel, accionista mayoritario del semanario, ordenó su cese. El nuevo director, Fernando García-Romanillos, ha logrado mantener su independencia.

propietario de *Semana*, ha prestado una suma importante de dinero para la reconversión tecnológica de su grupo. El pacto con Antonio Asensio para el control de Antena 3 Televisión le proporciona a su vez una capacidad de presión sobre las publicaciones del Grupo Zeta: *Interviú*, *Tiempo*, *Panorama*, *El Periódico de Catalunya* y *La Gaceta de los Negocios*. Además, a través de uno de sus hombres de confianza en el banco, el empresario judío Jacques Hatchuel, posee un 10 por ciento de las acciones de Tele 5. La presencia de Rafael Pérez Escolar en los consejos del diario *ABC*, dirigido por Luis María Ansón, y el contrato de asesoramiento firmado con el banco por su hermano, Rafael Ansón, le ofrecen una cierta capacidad de maniobra en el periódico monárquico.

A sus cuarenta y cinco años Mario Conde era desde la sombra el banquero que más poder reunió en la prensa española hasta su destitución, el 28 de diciembre de 1993. Controlaba todas las televisiones, las públicas y las privadas, poseía cierta capacidad de intervención en tres de los cuatro grandes periódicos que se editan en Madrid (*El Mundo*, *El País* y *ABC*), en dos de los diarios económicos (*Cinco Días* y *La Gaceta de los Negocios*) y en tres de los cuatro semanarios de información general (*Tiempo*, *Epoca* y *Tribuna*). Sólo *Cambio 16*, *Diario 16* y las cadenas de radio Onda Cero y la COPE estaban fuera de su alcance.

Su sueño de 1987 de unir a su poder financiero los medios de comunicación como un todo indivisible se había hecho realidad. Pero el banquero gallego no se conformaba sólo con que sus opiniones fueran tenidas en cuenta. Quería tomar la mayoría de los medios y mandar en ellos.

A mediados de 1993, sus asesores Rafael Pérez Escolar y José Antonio Segurado reciben el encargo de preparar abordaje al diario *ABC*, el segundo gran periódico nacional y uno de los veinticinco más importantes de Europa, con una tirada de más de 600.000 ejemplares los domingos y unos ingresos que superaban los 23.000 millones de pesetas en 1992 sumando publicidad y ventas.

La operación comprende varias etapas. En una primera se intenta minar la credibilidad de su director, Luis María Ansón, mediante la filtración de un supuesto *dossier* en el consejo de administración de Editorial Española S. A. sobre los presuntos negocios de su hermano, Rafael Ansón. En la segunda fase comienzan los tanteos al presidente de la empresa, Guillermo Luca de Tena.

Según publicaba *Diario 16* a finales de noviembre de 1993 en una columna editorial escrita por su director, José Luis Gutiérrez, la suma de dinero ofrecida por Mario Conde era de 55.000 millones de pesetas. Fuentes directas del Banco Español de Crédito informaron a los autores de estas páginas por las mismas fechas que Banesto había destinado a la compra de *ABC* una cantidad sustancialmente menor, 40.000 millones. En cualquier caso, se trataba de una cifra respetable de millones. El abordaje al periódico con mayor influencia en el electorado del Partido Popular puso en alerta a su presidente, José María Aznar.

El máximo responsable de la oposición, que lleva personalmente los asuntos de prensa, preocupado por la enorme concentración de medios de comunicación en manos de los banqueros, y especialmente de Mario Conde, llama al presidente de Prensa Española.

—Guillermo, conozco la oferta que os ha hecho Mario Conde por el periódico —le dice—. No me parece bueno que un medio de la categoría y el prestigio de *ABC* pierda su independencia.

El líder de la oposición ha hablado previamente con algunos banqueros y empresarios a los que ha puesto al corriente de la situación.

—Si estáis dispuestos a vender, algunos amigos míos pueden igualar la oferta de Banesto.

Transcurría el mes de diciembre de 1993. La Banca Morgan acababa de anunciar que no acudiría al tercer tramo de la ampliación de Banesto. Los días de Mario Conde estaban contados y el futuro de Luis María Ansón al frente de *ABC* no corría ya peligro alguno.

* * *

La afición de Mario Conde por el dominio de la prensa en España arranca de 1988. Recién incorporado a Banesto, el banquero gallego es partidario de colocar en las mismas manos poder financiero y medios de comunicación.

—Controlando un banco y un grupo multimedia no hay Gobierno que se me resista —le explica un día a uno de sus más estrechos colaboradores[8].

[8] En la entrevista que los autores del libro mantuvieron con el presidente de Banesto, éste sostuvo la misma idea. Para Conde, el auténtico poder no se adquiere al ganar libremente unas elecciones, sino influyendo en la opinión pública (la

El 6 de abril de 1989 tiene la posibilidad de llevar a la práctica sus ideas. Ese día visita su despacho uno de los ejecutivos de Robert Hersant, propietario de uno de los grupos de prensa más importantes de Francia.

Los franceses preparan una OPA hostil contra el Grupo 16, integrado por las revistas *Cambio 16*, *Motor 16*, *Marie Claire*, *Diario 16* y otras diez publicaciones más y necesitan un crédito de 5.000 millones de pesetas[9]. El plan le viene a Conde como anillo al dedo para demostrar su poder a uno de sus principales enemigos, el gobernador del Banco de España, Mariano Rubio, un hombre que, sin ninguna vinculación económica ni política con el Grupo 16, mantenía buenas relaciones de amistad con su editor, Juan Tomás de Salas.

De todas maneras, por si la maniobra fracasa, Conde decide curarse en salud y llama al presidente del Grupo 16:

—Me dicen que Hersant está en negociaciones contigo.

—Sí, es cierto. Pero aún no hemos llegado a ningún acuerdo. Tenemos un pacto sobre el grupo pero nos falta concretar su participación en *Diario 16*.

—Pero, ¿vienen en actitud hostil?

Juan Tomás de Salas, que desconocía los planes de sus rivales fraguados en las últimas cuarenta y ocho horas, responde:

—No, que yo sepa no.

El empresario periodístico y el banquero aplazan la charla para continuarla esa misma noche en casa de Juan Pedro Domecq, en Jerez, en donde ambos han sido convidados a cenar junto con un grupo de amigos. Entre tanto, Conde firma la autorización concediendo el crédito de 5.000 millones al Grupo Hersant.

Entre los socios del Grupo 16 se encuentran dos asesores de Banesto, Rafael Pérez Escolar y Matías Cortés. Les comenta:

—Vosotros no vendáis, que no parezca que estamos detrás de la operación.

Aquella noche, cuando acude a la cena de Jerez, pregunta:

—Y Juan Tomás de Salas, ¿no ha venido?

---

sociedad civil), lo cual sólo se consigue mediante el control en unas mismas manos de la prensa y el dinero. Una vez conseguidos esos objetivos se tiene el poder, aunque no se esté en La Moncloa o en el Parlamento.

[9] Mario Conde dijo a los autores del libro que las negociaciones se desarrollaron en el despacho del director general de Banca Comercial y que a él «le dieron el asunto hecho».

Los tres matrimonios invitados a la velada cruzan miradas de complicidad y sonríen. Nadie sabe qué decir hasta que Juan Pedro Domecq toma la palabra.

—¡Ah!, ¿pero no te has enterado de lo que le pasa?

Mario Conde finge no saber nada.

—Pues no lo sé. Vosotros diréis.

—¿No te has enterado de lo de la OPA hostil, con el dinero de tu banco?

El abogado del Estado no sabe por dónde salir. Hace una llamada urgente al banco y pide que le localicen al director general de Banca Comercial.

—Pues lo que me dicen desde Madrid es que todavía no han dispuesto del crédito —comenta a los reunidos.

Las cosas habían ocurrido de manera distinta. A las ocho de la tarde el abogado Jesús Santaella, como representante legal del Grupo Hersant en España, adquiere en el hotel Wellington de Madrid —convertido en su cuartel general— el 9,17 por ciento de las acciones de *Cambio 16* y *Diario 16* al vicepresidente de la sociedad, César Pontvianne.

De origen vallisoletano, Pontvianne tiene la deferencia de telefonear un momento antes a Juan Tomás de Salas para ponerle al corriente de su decisión.

—Además quiero advertirte que no soy el primero en vender. En realidad me vienen presionado desde el 27 de marzo y sé que algunos de tus mejores amigos, entre los que se encuentran Xavier Domingo, Matías Cortés, Jaime García Añoveros y Esperanza de Toledo, han llegado también a un acuerdo para vender sus títulos.

Es la primera alarma de que una OPA hostil se ha puesto en marcha. El presidente del Grupo 16, con el libro de accionistas sobre la mesa de su despacho, comienza a llamarlos uno a uno. Advierte que una buena parte de ellos se encuentran de viaje, han salido a hacer una gestión o están ilocalizables. Es el segundo síntoma de que está pasando algo bastante extraño.

—Todos éstos nos han traicionado —le dice a su abogado Gregorio Arroyo.

Al día siguiente todo el aparato del Grupo 16 se moviliza para parar el golpe. Juan Tomás de Salas llama varias veces a Mario Conde. Como éste no se pone al teléfono acaba enviándole un fax.

—Mario, tú puedes impedirlo. Sólo con que bloquees el crédito a Hersant el grupo está salvado.

El banquero de Tuy no contesta[10]. Sus asesores tampoco. El presidente del Grupo 16 llega a la conclusión de que Mario Conde forma parte de la conspiración para arrebatarle de las manos su conglomerado de periódicos y revistas.

Una maniobra nada difícil para cualquier «tiburón» financiero. Con las acciones valoradas casi al nominal en las transmisiones entre socios, con poco más de 1.000 millones de pesetas un buen «rastreador» de los títulos podía hacerse con la mayoría de un grupo que facturaba 25.000 millones al año y vendía 200.000 ejemplares al día y 300.000 a la semana.

La reacción de Juan Tomás de Salas es fulgurante. Aquella misma mañana crea una sociedad *holding*, Altaya S. A., y se lanza a la compra de acciones. Como no tiene dinero, recurre a su amigo Manuel de la Concha, ex síndico de la Bolsa de Madrid y enemigo de Mario Conde, que le entrega un talonario de cheques en blanco.

En veinticuatro horas el presidente del Grupo 16 recorre España de norte a sur en un avión privado y en los mismos aeropuertos adquiere las acciones. Es una carrera contra reloj en la que los minutos cuentan, ya que sus adversarios también se han puesto en movimiento y hacen contraofertas sobre la marcha.

El 28 de marzo por la mañana De Salas está a punto de obtener el 51 por ciento de los títulos. Sobre las once, César Ramírez, presidente de la Fabrica Nacional de Moneda y Timbre, acude al notario y sindica sus acciones con los socios del Grupo Altaya. La OPA ha fracasado.

La operación hostil del propietario de los diarios franceses *Le Figaro* y *France Soir* y uno de los primeros accionistas de Canal 5 marca el comienzo del declive del que fuera uno de los grupos periodísticos más dinámicos y progresistas de la transición política. Poco tiempo después el editor español llega a un acuerdo con el grupo francés por el que éste se queda con el 30 por ciento de las acciones de Altaya y aporta 2.000 millones de pesetas al *holding*.

El dinero es insuficiente para tapar los agujeros de un grupo que ha quedado descapitalizado por la maniobra de Hersant

[10] Mario Conde reconoció haber recibido este fax, pero declaró a los autores del libro que él no podía hacer nada. Esto no es cierto, ya que la compra de acciones se hizo con talones conformados.

y Conde. Para comprar lo que veinticuatro horas antes de la OPA era suyo y capitalizar el *holding*, Salas tiene que acudir al BBV y al BCH y pedir un crédito de 3.000 millones de pesetas. Tras esta ampliación de capital, el porcentaje de Hersant en el Grupo 16 queda diluido al no poder acudir los franceses a ella. Sin embargo, el dinero no llega a *Cambio 16* y *Diario 16*. Se lo quedan, en gran parte, los bancos para cobrarse viejas deudas. De Salas tiene que acudir a una emisión de obligaciones de 1.000 millones de pesetas, que son garantizadas por el BBV y el BCH, pero su grupo continúa con problemas financieros.

Juan Tomás de Salas recurre a sus amigos. El subsecretario de Interior, José Luis Martín Palacín, colaborador de *Diario 16*, se ofrece a hacer gestiones ante el Gobierno para buscar una solución. Martín Palacín habla con el vicepresidente del Gobierno, Narcís Serra, y con el ministro de Hacienda, Carlos Solchaga. Estos no parecen dispuestos a aportar fórmulas de salvamento. Los «Albertos», a los que les pide colaboración, no quieren saber nada de la prensa. Dos revistas, *Interviú* y *Tiempo*, son causantes, según ellos, de la separación de sus respectivas mujeres y de la pérdida de su imperio de cemento y ladrillos.

En ese contexto, Mario Conde se ofrece como el redentor del periódico dentro de un plan que prevé la fusión de *Diario 16* y *El Mundo* en un solo rotativo. El presidente de Banesto pone solamente una condición: la venta de *Diario 16* al grupo francés Hersant.

Así, en abril de 1992 el vicepresidente del Gobierno, Narcís Serra, recibe en su despacho oficial de La Moncloa la visita de Chaisse Martin, el segundo hombre de a bordo de uno de los más poderosos empresarios de prensa franceses, Robert Hersant.

—Como ya te ha comentado por teléfono nuestro común amigo —abre el fuego Chaisse Martin—, tenemos intenciones de comprar la mayoría de las acciones de *Diario 16*.

—¿Y en qué condiciones vais a adquirir el periódico? —pregunta el vicepresidente.

—Pretendemos tener la mayoría, por lo menos el 80 por ciento del diario. Queremos, además, que la financiación se haga con dinero español y por bancos españoles.

—Pues muy bien. El Gobierno no va a poner ninguna objeción, salvo dos pequeñas cuestiones de detalle.

Chaisse Martin, hijo de padre francés y madre española, es un tipo alto y muy listo. Auténtico cerebro en la sombra de Hersant, en Francia se le atribuye el éxito del diario conservador *Le Figaro* y la fuerte penetración del editor, eurodiputado y diputado en la Asamblea francesa en la prensa regional del país vecino, donde es el auténtico dueño.

—¿A qué cuestiones se refiere el señor vicepresidente? —pregunta en un español sin acento.

—En primer lugar, la fuente de financiación no debe ser exclusivamente Mario Conde ni Banesto...

—... Nos parece muy bien.

—... Y , en segundo lugar, el grupo Hersant debe comprometerse a no adquirir más medios de comunicación en España en los próximos cinco años.

La fusión de los dos periódicos se quedó en proyecto. Pero Mario Conde volvió a la carga con el diario de De Salas en mayo de 1993. Luis Salama, que acababa de incorporarse al periódico en calidad de consejero delegado, recibió la visita de Jacques Hatchuel.

—Vengo a verte —le dijo— en nombre de un grupo de empresarios que estamos dispuestos a poner nuestro dinero para comprar *Diario 16* y relanzarlo.

Economista y ex directivo de Dinver, una empresa de bolsa en la que había ganado mucho dinero en la década de los ochenta, Luis Salama tenía gran olfato para los negocios.

—¿Y cuánto estáis dispuestos a pagar? —preguntó.

—Teniendo en cuenta que el periódico debe entre 7.000 y 8.000 millones, os compramos las acciones por una peseta y a asumimos el pasivo.

El hombre de Mario Conde traía consigo un estudio según el cual el reflotamiento del rotativo pasaba por una traumática suspensión de pagos, el depósito de los libros en un juzgado y la elaboración de un plan de choque para sacar de nuevo el medio a flote.

—Tú estás loco. ¿Cómo puedes pensar que te vamos a regalar nuestras acciones?

Mario Conde, sin embargo, continuó coleccionando medios de comunicación hasta la intervención de Banesto, el 28 de diciembre de 1993. Pocos días antes, el 5 de noviembre, el diario *El Mundo* informaba de la decisión del banquero de adquirir junto con el Banco Central Hispano el 50 por ciento de las acciones que el magnate de la prensa británica Rupert Murdoch poseía en el Grupo Zeta [11].

Cuando el equipo de Alfredo Sáenz se hizo con el control del banco, a comienzos de 1994, la suma de riesgos crediticios e inversiones directas de Banesto en medios de comunicación superaba los 100.000 millones, sin contar los créditos a Telemadrid y RTVE.

Para el presidente del Banco Español de Crédito, unas inversiones tan cuantiosas se justificaban no por los beneficios a alcanzar a corto o medio plazo, sino por los «rendimientos intangibles» que proporciona ser el dueño de gran parte del mundo de la comunicación de un país.

Claro que no siempre los beneficios eran tan imperceptibles como aseguraba el banquero de Tuy. Poco antes del verano de 1991, el presidente del Grupo Zeta, Antonio Asensio, ordenaba de madrugada levantar la información sobre la reunión de la junta general de Banesto que el lunes siguiente iba a publicar la revista *Tiempo.*

La información, elaborada por el redactor jefe de la sección de Economía del semanario y especialista en banca Eulogio López, no era del agrado del presidente de Banesto. Cuando se llevaban impresos 70.000 ejemplares del semanario, Asensio ordenó detener la rotativa y cambiar el contenido de la información por otra más favorable [12]. Al día siguiente el banco de Mario Conde envió al Grupo Zeta un talón de 7 millones para amortizar las pérdidas.

En octubre de 1993, a raíz del lanzamiento de una operación destinada a preparar el terreno para un eventual aterrizaje del banquero de Tuy en la política, *Diario 16* publicó un reportaje denunciando sus maniobras ocultas[13]. Mario Conde y Arturo Romaní, presidente de la Corporación Industrial de Banesto, llamaron al día siguiente al propietario del periódico para quejarse.

Como no se les hizo ni caso, el banquero se puso en contacto

---

[11] *El Mundo,* 5 de noviembre de 1993: «Inversores financieros sustituirán a Murdoch. Adquirirán el 25 por ciento del Grupo Z.»

[12] La nueva información fue elaborada por Jesús Rivasés, uno de los periodistas de confianza de la casa. Este, con las prisas, hizo mal su «trabajo». Se olvidó de cambiar los sumarios, lo que originó nuevos conflictos con el futuro co-patrón de Antena 3 Televisión.

[13] *Diario 16,* 27 de octubre de 1993: «Mario Conde frena la creación del "tercer partido". Medios afines al banquero lanzan una ofensiva para erosionar al líder del PP.»

con el presidente del Banco Central Hispano, entidad que pilotaba junto con el BBV una operación de relanzamiento del matutino.

—José María, te llamo para decirte que no me ha gustado lo que publica hoy *Diario 16* sobre mí.

—¿A qué información te refieres? —preguntó José María Amusátegui.

—A la del «tercer partido». Es un ataque contra Banesto.

—Pues ya sabes lo que tienes que hacer. Si no estás de acuerdo con algo llama a José Luis Gutiérrez. El es el director.

Las banqueros, que en el periodo 1985-1992 se habían convertido en los amos de las autopistas, las compañías eléctricas, las empresas de gas, etc. y controlaban la economía real del país, aspiraban a ejercer su dominio sobre algo tan etéreo como el pensamiento humano. No concebían el funcionamiento libre de un sector con tanta capacidad de influencia sobre la opinión pública como el de los medios de comunicación.

José María Amusátegui en esa época, continuando los pasos de Mario Conde, al que años antes había ayudado a preparar sus oposiciones a la abogacía del Estado, formaba parte del club de los banqueros con fuertes intereses en los medios de comunicación.

* * *

En mayo de 1993, poco antes de las fiestas de San Isidro, el patrón de Madrid, el presidente del Banco Central Hispano recibe la visita del empresario Gustavo Cisneros[14].

—Necesito un crédito de 7.000 millones —le dice.

De padres cubanos y con grandes intereses en Venezuela, donde controla desde la Pepsi-Cola hasta la mostaza para las hamburguesas, Cisneros es el dueño de un vasto imperio económico que traspasa las fronteras de los países andinos, con conexiones en Luxemburgo, Suiza, Estados Unidos y España.

---

[14] Los hermanos Cisneros, Gustavo y Ricardo, poseen fuera de su país (Venezuela) más de 5.000 millones de dólares, depositados en diversos bancos de Suiza, Luxemburgo, España y Estados Unidos. La información procede del Gobierno de Venezuela, que ordenó una investigación secreta a una empresa neoyorquina sobre el patrimonio del clan tras la quiebra en enero de 1994 del Banco Latino, el segundo del país. La familia Cisneros era uno de los mayores accionistas. Con un patrimonio de esta índole, acudir al crédito para adquirir Antena 3 Televisión sólo se explica en el caso de que los Cisneros fueran testaferros del PSOE.

También es accionista de periódicos y propietario de cadenas de radio y de televisión: Radiovisión, Venevisión y Televisión Latina, ligadas todas ellas a Acción Democrática (AD), el partido de Carlos Andrés Pérez. Financiero de las campañas electorales de Felipe González en los comienzos de la transición, el empresario venezolano se cobró con creces el dinero «prestado» al PSOE.

Como se ha dicho anteriormente [15], el 4 de diciembre de 1984 compra al Patrimonio del Estado, por 750 millones de pesetas, Galerías Preciados, unos grandes almacenes procedentes de la expropiación de Rumasa, y tres años y medio después los vende al grupo británico Mountleigh por 30.600 millones. Un negocio que le permitió embolsarse casi 30.000 millones y que provocó un fuerte escándalo en la opinión pública. Por supuesto, el Gobierno jamás se excusó ni dio explicación alguna sobre la venta de los bienes expropiados.

En su entrevista con José María Amusátegui, Cisneros le pone en antecedentes de lo que va a hacer con el dinero:

—Tengo una oferta para adquirir un paquete de acciones de Antena 3 Televisión y creo que es una buena inversión.

—¿Qué acciones son ésas?

—El vendedor es Javier Godó, el dueño de *La Vanguardia.*

El magnate venezolano le explica que se trata de un paquete de poco más del 10 por ciento de los títulos que, tras la compra de Antena 3 por Mario Conde y Antonio Asensio, se encuentran depositadas a nombre de la sociedad Talleres de Imprenta S. A. (Tisa), la editora del rotativo catalán.

Amusátegui y Cisneros hablan de las distintas posibilidades de garantizar la operación para que el Banco de España no ponga ningún tipo de objeciones.

—Por eso no hay problema. Tú me das el crédito y yo pignoro las acciones a nombre del banco —asegura el amigo de Felipe González, a quien ha invitado a pasar largas temporadas de descanso en su yate *Paraíso* en aguas del Caribe [16].

—Hombre, el banco necesitaría algún otro tipo de garantías.

—Más garantías, ¿para qué? Lo único que quiero es que me tratéis como a Antonio Asensio.

---

[15] Véase capítulo 11.

[16] Para más detalles consúltese José Díaz Herrera y Ramón Tijeras *El dinero del poder*, Cambio 16-Plaza y Janés, 1990.

El editor del Grupo Zeta había comprado Antena 3 Televisión —donde Banesto y Banco Central Hispano tenían un riesgo conjunto entre inversiones directas y préstamos de más de 63.000 millones de pesetas— sin poner un duro, debido a las presiones del Gobierno para acabar con las pocas ínsulas de libertad (Antena 3 Televisión y Antena 3 Radio) que había en España.

El empresario venezolano viene recomendado por el editor de *El País*, Jesús Polanco. El presidente del Banco Central Hispano sabe también que es íntimo amigo de Enrique Sarasola y del ex ministro de Economía y Hacienda Miguel Boyer, con el que ha pasado algunos veranos en Marbella (Málaga) navegando en otro de sus barcos de recreo.

Sin embargo, la situación de Cisneros es distinta. El Gobierno ha acallado a los medios de comunicación críticos y las presiones sobre el poder financiero para que «regale» su dinero a los «tiburones financieros de La Moncloa» son menores. José María Amusátegui no quiere buscarse complicaciones. En plena campaña para las elecciones generales del 6 de junio de 1993, la publicación de la noticia hubiera hecho correr ríos de tinta denunciando el «favoritismo» del BCH hacia un amigo de Felipe González.

El presidente del banco de la plaza de Canalejas de Madrid decide esperar. Hasta que, un día, las negociaciones entre Cisneros y el BCH aparecen publicadas en los periódicos [17]. Amusátegui decide cortar por lo sano.

Llama a Jesús Polanco y le explica que a la vista de la situación no puede conceder el crédito a Gustavo Cisneros y poner en entredicho la independencia del banco. El editor de *El País*, según la versión del máximo responsable del BCH [18], entendió su punto de vista y el asunto quedó zanjado.

Quedaba por resolver la cuestión más importante: la compra de las acciones a Javier Godó, compromiso al que había llegado el Gobierno con el editor catalán para forzar la venta de Antena 3 Radio a Jesús Polanco en julio de 1992.

José María Amusátegui tomó una rápida decisión. Se puso en contacto con Javier Godó y compró el 10,22 por ciento de Antena

---

[17] Diario 16, 7 de mayo de 1.993.

[18] Los autores del libro mantuvieron una entrevista con José María Amusátegui en noviembre de 1993.

3 Televisión. De esta manera, el Central Hispano era el segundo banco en tomar posiciones en la cadena de televisión privada, situada en el último año bajo la órbita del Gobierno [19].

—Si tengo que poner el dinero y asumir el riesgo prefiero estar directamente y mandar —había comentado poco antes a sus colaboradores.

La «alianza fraternal» entre Amusátegui y Conde para repartirse el poder en Antena 3 Televisión había tenido un precio para el presidente del Banco Central Hispano. En julio de 1993 Amusátegui se vio obligado a prestarle a Mario Conde 7.000 millones de pesetas para acudir a la ampliación de capital de Banesto. El presidente del BCH tomó la decisión tras consultar con el gobernador del Banco de España, Luis Angel Rojo, con los vicepresidentes y con la comisión de riesgos de su entidad.

José María Amusátegui, además, concedió dos años de carencia a Conde. Las únicas garantías exigidas para la devolución del préstamo fueron las «universales» [20] y la pignoración de las acciones en favor del BCH.

Este crédito, para el que se buscaron avales el 29 de diciembre de 1993, al día siguiente de la intervención de Banesto, agravó aún más la morosidad del Central Hispano, un banco en el que los créditos de difícil cobro sobre las inversiones crediticias superaban en varios puntos la media de la banca española [21].

De todas maneras, la penetración del Banco Central Hispano en Antena 3 Televisión había comenzado un año antes. En julio de 1992 José María Amusátegui había concedido un crédito de 13.111 millones de pesetas a Prensa Regional, una de las filiales del Grupo Zeta, para comprar el 24,39 por ciento de los títulos de la cadena de televisión. Para ello se hizo una valoración del Gru-

---

[19] Antonio Asensio, por presiones de La Moncloa, se había visto obligado a nombrar como su hombre fuerte en la cadena a Guillermo Virsedo, hasta entonces el hombre de confianza del Gobierno en Televisión Española.

[20] Mario Conde respondía del pago con su patrimonio, salvo que lo tuviera pignorado, hipotecado, registrado a nombre de testaferros o decidiera venderlo mediante cualquier «artificio jurídico» que le permitiera eludir la responsabilidad criminal por alzamiento de bienes para no hacer frente a los pagos del crédito, en la fecha de su vencimiento.

[21] En una entrevista concedida a *El País* el 9 de enero de 1994, José María Amusátegui salía al paso de estas informaciones y cifraba los créditos morosos en 80.000 millones de pesetas.

po Zeta en 64.000 millones de pesetas[22] y Antonio Asensio pignoró las acciones de su conglomerado de periódicos y revistas y de la cadena de televisión en favor del banco de la plaza de Canalejas. De esta manera el editor de prensa que había sido excluido en la adjudicación de las televisiones privadas se convertía ahora en dueño de una cadena televisiva, pero de forma más «afortunada», gracias al dinero de los accionistas de Banesto y el BCH[23].

Meses después, los bancos Central Hispano y Banesto acudían de nuevo en auxilio del editor catalán y compraban el 25 por ciento del Grupo Zeta en poder del magnate británico Rupert Murdoch por algo más de 10.000 millones de pesetas. Las relaciones entre los dos empresarios periodísticos, que había adquirido a finales de 1989 el 25 por ciento del consorcio liderado por Asensio por 6.700 millones de pesetas, se habían deteriorado en los últimos años.

El 28 de mayo de 1990, los ejecutivos de Murdoch en Nueva York habían lanzado un ultimátum a Antonio Asensio para que les vendiera sus acciones, tal y como habían quedado meses antes, y les devolviera su dinero.

Pero Asensio había tardado casi cuatro años en encontrar comprador, pese a las continuas presiones del gabinete jurídico Gómez Acebo y Pombo, que representaba los intereses de News Corporation en España y del propio Murdoch, que amenazó con organizar un escándalo internacional sobre la insolvencia de los grupos de prensa españoles.

Las maniobras de salvamento por parte de la gran banca hacia uno de los empresarios del «pacto de los editores» no había acabado todavía. El 4 de noviembre de 1993, Central Hispano y Banesto pilotaban una operación de crédito sindicado de 8.350 millones de pesetas[24] para que Antonio Asensio pudiera seguir

---

[22] La tasación es altamente exagerada. El Grupo Zeta sólo posee en propiedad dos edificios, uno en Madrid y otro en Barcelona, y un piso en Sevilla. El resto del patrimonio (cabeceras de periódicos y revistas) son intangibles. Algunos de los periódicos, como *La Gaceta de los Negocios,* arrojaban pérdidas anuales superiores a los 1.200 millones.

[23] Los riesgos de Banesto en Antena 3 Televisión bien directamente o por medio de Antonio Asensio serían en enero de 1994 de 36.727 millones de pesetas.

[24] En esta línea de crédito participan también Caja Galicia, Caja Canarias, Ibercaja, Caja Burgos, Caixa Ontinyent y Caja de Extremadura. Véase *Cinco Días,* 5 de noviembre de 1993.

pagando cifras astronómicas por programas como *El juego de la Oca* de Emilio Aragón y otros.

De esta manera, los riesgos del banco de la plaza de Canalejas con el Grupo Zeta y Antena 3 Televisión superan en la actualidad los 30.000 millones de pesetas, lo que, unido a los 36.725 millones inyectados por Banesto, hace que el conglomerado del empresario de prensa catalán posea unas «hipotecas periodísticas» de casi 70.000 millones de pesetas sólo con dos bancos[25].

Estas cifras convierten a muchos periodistas —principalmente a los encargados de las áreas sensibles para los bancos— en simples funcionarios de las entidades financieras. La libertad de información y la independencia periodística se ponen así al servicio de intereses mercantilistas, muchas veces espurios e inconfesables.

«Los banqueros son los dueños de los periódicos, de las televisiones, de todas las empresas —escribiría a finales de 1993 Pablo Sebastián—. Después de Felipe, quien manda en España son los banqueros.»

El problema es grave. La alianza Gobierno-banca ha funcionado en los últimos años, salvo contadísimos casos[26], como un potente rodillo destinado a anestesiar con dinero las conciencias de empresarios de prensa y periodistas[27] en el sector de los medios de la comunicación en España.

Los grandes flujos de dinero canalizados por los poderosos grupos financieros hacia los periódicos han permitido elevar los sueldos a gran número de profesionales. Casi al mismo tiempo, los temas tabú se han impuesto de tal manera que la crisis de Banesto sólo fue detectada por un periódico hasta la intervención del Banco de España[28].

La alianza banca-PSOE actúa como un rodillo sobre los periodistas, silenciando sus voces. Los que se revelan, como Eulogio

---

[25] El Banco Hispano, en la etapa de Claudio Boada, había adoptado la sabia decisión de retirarse de los medios de comunicación y había vendido una imprenta que poseía, así como otros activos en dichos medios, hasta sanear completamente el balance en este sector.

[26] *El Mundo*, *Diario 16* y *ABC*, José María García, Antonio y Luis Herrero y Encarna Sánchez en la COPE o Luis del Olmo en Onda Cero.

[27] Algunos libros sobre banqueros encargados por los editores del Grupo Zeta a sus periodistas de confianza, como el de Jesús Rivasés, fueron comprados y no vieron nunca la luz.

[28] Alberto Valverde y Aurelio Medel habían publicado en *Diario 16* seis meses antes que el banco de Mario Conde tenía un «agujero» de 100.000 millones.

López, sienten la guillotina de la censura sobre sus artículos o, lo que es más grave, sobre sus cabezas, como ha ocurrido en los casos de Antonio Herrero, Luis Herrero, José María García, Federico Jiménez Losantos, Manuel Martín Ferrand, Luis Angel de la Viuda o el propio Eulogio López[29].

La cuestión más sangrante es, sin embargo, que los medios que no se pliegan, no se dejan corromper ni sucumben a los dictados del poder socialista mueren por asfixia económica. Los bancos les cierran el grifo de los créditos, la alianza poder político-poder financiero actúa como una tenaza que estrangula cualquier otra iniciativa que no pase bajo su control y mina su capacidad de resistencia, como ocurrió con *El Independiente* y se intentó en el invierno de 1993 con *Diario 16*.

* * *

En noviembre de 1993 el periódico de la calle Albasanz publicó la reseña de una rueda de prensa ofrecida por el diputado popular por Cáceres Felipe Camisón. Según las palabras del parlamentario extremeño, una librería de los padres del ministro Pérez Rubalcaba había vendido en los últimos años centenares de millones de pesetas a Renfe en papel, bolígrafos y gomas de borrar.

El hecho, escandaloso en sí, era más grave todavía si se tenía en cuenta que hasta la llegada de Mercé Sala a la presidencia de la compañía estatal las relaciones comerciales entre la papelería de los familiares del ministro portavoz del Gobierno y Renfe no eran significativas.

A pesar de haberse divulgado a bombo y platillo en el Congreso de los Diputados, la noticia no salió prácticamente en ningún periódico, salvo *Diario 16*. El Ministerio del Portavoz, que controla las agencias estatales y algunas de las privadas, se encargó de que no figurara en el servicio de la jornada.

Al día siguiente, tras leer *Diario 16*, el ministro Alfredo Pérez Rubalcaba despertó casi de madrugada al director del periódico, José Luis Gutiérrez, hecho un basilisco:

[29] Eulogio López fue finalmente expulsado de *Tiempo* por un comentario contra Mario Conde en Onda Cero. La excusa fue que no podía colaborar en otro medio, cuando compartía la colaboración junto a uno de los hombres fuertes del grupo, Carlos E. Rodríguez, y el 70 por ciento de los profesionales de la casa intervenían en otras tertulias radiofónicas.

—¿Cómo os atrevéis a publicar esa información sin haberme consultado antes?[30] ¿Es que estáis locos?

José Luis Gutiérrez aguantó el chaparrón como pudo, con la profesionalidad que le caracteriza. El ministro, entre tanto, no paraba de sermonearle:

—No lo entiendo. ¡Vosotros, que estáis en una situación muy difícil, y encima dando crédito a todo lo que dice la oposición y publicando estas historias!

Alfredo Pérez Rubalcaba, y con él gran parte del Gabinete de Felipe González, no han podido entender nunca que la libertad de información está por encima de las demás libertades y que, pese a la situación económica interna, un periódico tiene la obligación de seguir criticando al Gobierno y ejerciendo la libertad y el pluralismo informativo con la cabeza muy alta.

Con unas deudas de 7.000 millones de pesetas, la situación del Grupo 16 era, en el verano de 1993, angustiosa. El problema esencial no residía, sin embargo, en las deudas a bancos, papeleras, Estado y Seguridad Social, sino el veto impuesto por Felipe González a su presidente, Juan Tomás de Salas. El presidente del Gobierno había pedido su cabeza. Una consigna que los bancos cumplían a rajatabla y sin rechistar, cerrando el grifo del dinero para ahogar financieramente al grupo.

El «error» de De Salas, que le había enemistado con Felipe González, no era otro que la publicación de un informe secreto de la Policía, elaborado años antes, según el cual varios miembros del cártel de Medellín, encabezados por Pablo Escobar[31], habían asistido como invitados al XXXI Congreso del PSOE. De la visita había incluso una foto en los archivos de la Comisaría General de Información en la que supuestamente aparecían Enrique Sarasola, Pablo Escobar y otros *narcos* departiendo amablemente.

Felipe González no perdonó nunca que se relacionara al PSOE con el narcotráfico, aunque sólo fuera durante uno de los actos

[30] La información no necesitaba consulta, ya que Camisón aportó un informe de Renfe con las facturas y la propia compañía ferroviaria confirmó los datos, pero los líderes socialistas insisten siempre en que hay que hablar con la otra parte para movilizarse e impedir la difusión de contenidos que les afectan negativamente.

[31] Pablo Escobar en esa época combinaba los «negocios» de la cocaína con la política. Financiaba un partido y había llevado al Parlamento de su país a varios diputados.

sociales del XXXI Congreso, y su orden de echar a Juan Tomás de Salas de la presidencia del Grupo 16 se cumplió, a finales de 1993, con una precisión cronométrica.

El Central Hispano, que tan generosamente había puesto el dinero para el asalto a Antena 3 Televisión, había convertido en una carrera de obstáculos los distintos planes de relanzamiento de *Diario 16*. Luis Salama, consejero delegado del periódico, se pasaba los días negociando con Santiago Foncillas, consejero ejecutivo del banco, la renegociación de la deuda y la estrategia de relanzamiento.

—Santiago, relanzar el periódico le sale más barato al banco que financiar *El juego de la Oca* de Milikito.

—Sí, así es —reconoció Foncillas.

—Entonces, ¿por qué dejáis que se hunda un periódico que vende 170.000 ejemplares y ponéis 3.000 millones de pesetas para pagar un programa de un payasadas?

El argumento siempre era el mismo. Juan Tomás de Salas debía dejar el control del grupo. De lo contrario, no había dinero. Amusátegui y Foncillas no reconocieron nunca que actuaban como correas de transmisión de La Moncloa. El poder encarnado en el vicepresidente Narcís Serra decidía, a la postre, a quién se le prestaba y a quién no el dinero de los bancos.

Así las cosas, tras el verano de 1993 la situación económica había llegado a tal grado de deterioro que el mes de septiembre los redactores de *Diario 16* estaban, por primera vez en dieciséis años de encuentro del periódico con sus lectores, a punto de no cobrar sus nóminas.

En un ambiente dramático, su director, José Luis Gutiérrez, se ofrece a hipotecar su casa de la calle Espalter para pagar a los trabajadores. El jefe de la oposición no piensa que esas cosas puedan ocurrir. José María Aznar descuelga el teléfono y habla con el presidente del BCH.

—José María, los bancos no podéis dejar caer un periódico.

Amusátegui le hace un resumen de la situación. No va a seguir prestando dinero sin las garantías de que se aplique drásticamente el proyecto de viabilidad. Este pasa por la dimisión de Tomás de Salas.

—Sí, pero si los redactores no cobran la nómina de septiembre el periódico se cierra. Y entonces no hay manera de aplicar ningún plan de reflotamiento.

El BCH adelantó el pago de la nómina de septiembre, pero las soluciones definitivas dependían más bien de la voluntad del Gobierno. Se había hecho una cuestión de Gabinete la aniquilación profesional de De Salas y no había alternativa posible.

La prueba del algodón iba a venir de la mano de Manuel Martín Ferrand. A la vista de que los bancos Central Hispano y Bilbao Vizcaya, con los que *Diario 16* poseía una deuda acumulada de 3.000 millones, no tomaban ninguna iniciativa para salvar el periódico, en el cuarto trimestre de 1993 el ex director general de Antena 3 ofreció una fórmula.

Martín Ferrand reunió a veinte amigos, les pidió 50 millones a cada uno y presentó al Central Hispano un proyecto para poner en rentabilidad el diario. José María Amusátegui no aceptó.

Entre el presidente del BCH y el ex director general de Antena 3 no había cuestiones personales ni profesionales. El 6 de noviembre se casaban en la capilla de Icade, en Madrid, Luis Amusátegui, uno de los hijos del presidente del BCH, y Cristina García-Perí, hija del doctor García-Perí y prohijada de Martín Ferrand, que la adoptó tras la muerte prematura de su padre, director de *Tribuna Médica*.

Los problemas, por lo tanto, eran de índole política. Los Guerra, los Calviño y compañía se habían conjurado para que Manuel Martín Ferrand no tuviera la menor influencia directa en un medio de comunicación e iniciara una nueva línea crítica contra el poder, de la naturaleza que fuera. «A mí me han dicho que quien vetó aquella operación fue Narcís Serra en persona», asegura Martín Ferrand a los autores de este libro.

Tras el cierre de *El Sol*, *El Independiente*, *Claro*, *Economía 16* y la lenta agonía del diario *Ya*, entregado a los sindicatos y abandonado a su suerte por Mario Conde y Antonio Asensio, el Gobierno no podía tolerar la liquidación de un sexto periódico en un plazo de dos años. Pero sí podía someterlo a un serio desgaste que le hiciera perder influencia en la sociedad. Y eso fue lo que trató de hacer con la complicidad de los bancos en los últimos meses de 1993. En esas fechas, mientras *Diario 16* encontraba en Jesús de Ramón-Laca[32] al ejecutivo ágil y dinámico capaz de buscar fórmu-

[32] Un «salvador de empresas» nada sospechoso de estar al servicio del PSOE. De Ramón-Laca fue director general del Patrimonio, antiguo ejecutivo de Tabacalera y vicepresidente de RJ Reynolds Nabisco, entre otros cargos. Es accionista del Parque de Atracciones de Madrid.

las imaginativas que contribuyeran a su salvación, una oleada de huelgas inexplicables, con quemas de furgonetas de reparto incluidas, estuvieron a punto de convertir al rotativo en un segundo *Ya*. Una situación cuyo único beneficiario era el Gobierno. Los socialistas prefieren una prensa tercermundista al estilo de Angola a permitir el surgimiento de un sector de comunicación fuerte e independiente de los poderes político y financiero del país, que ponga en peligro sus intereses de clan.

Así, mientras los «tiburones» de Mario Conde (Hatchuel y compañía) merodeaban por las aguas de *Diario 16* con las fauces listas para devorar los últimos vestigios de prensa libre e independiente, el BCH seguía invirtiendo en otros medios. A los periodistas de *El Mundo* les concedía un crédito de 1.500 millones para que pudieran acudir a una ampliación de capital, y con Banesto, Sevillana de Electricidad y el Instituto de Fomento de Andalucía formaba parte de la sociedad Sevillana de Cable. De la mano de Iberdrola, Banesto y el BBV, controlaba la empresa Cableeuropa. Estas dos sociedades, junto a otras seis, se disputarán próximamente el mercado de la televisión por cable en España, y todos los bancos (Santander, March, Caja de Madrid, La Caixa, Banesto, BCH y BBV) y las grandes empresas del país (El Corte Inglés, Telefónica, Iberdrola, Endesa, Abengoa y Prisa) han comenzado ya a tomar posiciones en un mercado del futuro que va a mover centenares de millones de pesetas.

Pero no son sólo Banesto y el Banco Central Hispano las únicas entidades financieras que han invertido el dinero de sus accionistas en negocios de la comunicación, muchas veces ruinosos, para protegerse unos de otros y para ponerlos al servicio del Gobierno socialista[33].

* * *

En 1989 irrumpía en el mundo de la comunicación española uno de los consorcios más dinámicos y fuertes del país, el Grupo

[33] El 10 de marzo de 1994 el Gobierno, por medio del ministro de Economía y Hacienda, Pedro Solbes, recomendaba a los bancos que trataran de vender sus participaciones en los medios de comunicación como una de las vías para sanear el sistema financiero. En 1989 el Ejecutivo había obligado a los grupos que optaron a las televisiones privadas a vender una parte de sus acciones a un banco o caja de ahorros.

de Comunicación El Correo. Presidido por Santiago Ybarra Ybarra y con Alejandro Echevarría Busquets como consejero delegado, el *holding* se encuentra bajo la órbita del Banco Bilbao Vizcaya, que preside otro empresario del numeroso clan de los Ybarra, Emilio Ybarra Churruca.

El conglomerado tiene como cabecera más importante el periódico *El Correo Español-El Pueblo Vasco,* un diario que, con un total de 136.000 ejemplares de venta, constituye el rotativo de mayor tirada en el País Vasco. Editado por Bilbao Editorial y Vascongada de Publicaciones, *El Correo Español* es la punta de lanza para acercarse a otros grupos periodísticos y adquirir sus cabeceras.

Aunque los Ybarra comienzan a tomar posiciones en el mercado de la comunicación hace treinta y cinco años, cuando adquieren la Sociedad Vascongada de Publicaciones, propietaria de la cabecera de *El Diario Vasco,* de San Sebastián, su penetración en el mundo editorial como grupo dispuesto a situarse a la cabeza de los consorcios de la comunicación en España se produce a finales de la década de los ochenta, con el PSOE situado en el poder y con la aparición de «tiburones» financieros al estilo de Mario Conde en el mundo de la prensa como nuevo fenómeno.

En 1988 compran la sociedad Editorial Cantabria, que edita *El Diario Montañés,* líder en ventas en la región cántabra. Es el primer paso para crear un gran *holding* de prensa regional y nacional. Tras controlar los principales periódicos de la cornisa cantábrica, Bilbao Editorial se lanza a la conquista del mercado nacional.

A través de una de sus sociedades instrumentales, Comecosa (Corporación de Medios de Comunicación S. A.), entran en contacto con el Grupo Recoletos, propietario del diario deportivo *Marca,* el periódico económico *Expansión,* las revistas *Actualidad Económica, Telva* y *Diario Médico,* y adquieren un 17 por ciento de estos medios, relacionados inicialmente con el Opus Dei.

Sus relaciones con el Grupo Recoletos les permite tener cierta influencia en otras sociedades, como Poolmedios (dedicada a la edición de prensa de distribución gratuita), Novomedia o el grupo británico Pearson, que edita *Financial Times* y posee la productora de cine Thames TV.

Otra de sus sociedades instrumentales, Corporación de Medios Regionales S. A. (Comeresa), les permite adquirir *El Ideal* de Granada. *La Verdad* de Murcia, *Hoy* de Extremadura, *Sur* de Málaga y el diario *La Rioja,* donde poseen una participación minoritaria.

La mayoría de estos medios pertenecía tiempo atrás a Edica, la editora de los medios de comunicación social de la Iglesia, que tuvo que desprenderse de ellos debido a la desastrosa gestión de la cadena. Tras el acuerdo con Comecosa han pasado a manos de las más poderosas familias de Neguri, la cuna de la aristocracia empresarial de Bilbao.

Por otra parte, según el informe de Fundesco sobre los medios de comunicación social de 1993, Comecosa posee un 1 por ciento de Antena 3 Televisión y un 45 por ciento de Antena 3 Radio por medio de la sociedad Radio-televasconia S. A.

El grupo de *El Correo* participa también junto a Caja de Madrid en la productora de cine Estigma y posee un 21 por ciento del accionariado de la agencia de prensa Colpisa y un 16 por ciento de Taller de Editores, dedicada a la producción de suplementos semanales y de televisión para diversos periódicos.

El Grupo Bilbao Editorial, constituido oficialmente en octubre de 1988, no pierde el tiempo. Por medio de un intercambio de acciones, posee el 6 por ciento de Atlant Presse, la sociedad editora del diario francés *Soud-Ouest*, el de mayor influencia en el departamento vasco-francés de los Pirineos Atlánticos. A su vez, una de sus subsidiarias, Comecosa, posee una empresa de distribución de prensa, Baralan S. A., y participación en otras dos, Gelesa y Norcopa.

Tras el cese de Carlos Solchaga como portavoz del grupo parlamentario socialista en el Congreso de los Diputados, en mayo de 1994, el Grupo Recoletos lo «ficha» como presidente del Consejo Editorial, mientras Comecosa adquiere la mayoría del diario *El Norte de Castilla* de Valladolid, y realiza un intercambio de acciones con el periódico madrileño *ABC*, de cara a preparar el lanzamiento de un futuro multimedia de la comunicación con financiación del BBV.

Por último, Bilbao Editorial posee el 40 por ciento de Caralt España, la primera central de compras de publicidad en el país, con una facturación de más de 107.000 millones de pesetas en 1992, lo que en tiempos de crisis le permite tener asegurada una cierta cobertura publicitaria para sus medios.

El consorcio de prensa vasco, ligado al hoy presidente del Banco Bilbao Vizcaya, Emilio Ybarra Churruca, se coloca así a la cabeza de la prensa escrita española, con un volumen de negocios estimado por encima de los 36.000 millones de pesetas, una difusión de 756.552 ejemplares diarios y un 19,42 por ciento de cuota de mercado, contando sus participaciones en el Grupo Recoletos, propietario de *Marca* y *Expansión* [34].

Este volumen de negocio sitúa al grupo vasco por encima de *La Repubblica* y *Corriere della Sera,* italianos; de *Le Figaro* y *Le Monde,* franceses, y del británico *The Times,* en el contexto europeo. El grupo empresarial vasco supera, de esta manera, en ventas y perspectivas de crecimiento al que hasta ahora había sido el primer grupo de prensa en España, el consorcio Promotora de Informaciones S. A. (Prisa), propiedad del empresario madrileño Jesús Polanco Gutiérrez.

Considerado uno de los bancos más afines al Gobierno, el BBV —en cuya órbita se encuentra el grupo de prensa vasco— se caracterizó en los últimos años por mantener una política de apoyo al equipo económico del Ejecutivo. No en vano el ex ministro de Economía y Hacienda, Carlos Solchaga, y gran parte de sus colaboradores procedían del grupo de estudios del Banco de Vizcaya en la etapa en que estaba presidido por Pedro Toledo. Con la llegada de Emilio Ybarra a la presidencia, el rumbo político del banco parece orientarse ahora tibiamente hacia el Partido Popular.

De esta manera, los banqueros a quienes el Partido Socialista consideraba sus principales enemigos antes de llegar al poder se han convertido en sus grandes aliados en la defensa de los intereses de ambos colectivos. Amordazando y maniatando periódicos, comprando emisoras de radio y canales de televisión, la banca contribuyó a que el PSOE se mantuviera en el poder como consecuencia del resultado de las elecciones generales del 6 de junio de 1993. El Gobierno, a cambio, ha puesto en sus manos un poder del que nunca han disfrutado en el conjunto de la economía nacional.

Algo que levantaría de sus tumbas a los grandes defensores de la libertad de información anglosajones como Thomas Jefferson, James Madison, Alexander Hamilton o al propio Joseph Pulitzer, cuya dedicación al fortalecimiento de una prensa libre e independiente en Estados Unidos dio lugar a que se instituyera un premio que lleva su nombre, el Pulitzer.

En 1904, cuando era el propietario del *New York World,* Pulitzer

---

[34] Los datos proceden de la Oficina del Portavoz del Gobierno, de la Oficina para la Justificación de la Difusión (OJD) y del *Informe Fundesco sobre medios de comunicación* de 1992.

le preguntó a un juez de la Corte Suprema del Estado de Nueva York su opinión sobre el periódico que dirigía.

—Es un gran periódico, pero tiene un defecto —le respondió el juez.

—¿Qué defecto?

—Nunca defiende a sus amigos.

—Un periódico no debe tener amigos —replicó certeramente Joseph Pulitzer.

En la actualidad, en España ocurre todo lo contrario. Los medios de comunicación, un sector donde ningún banquero o empresario serio habría metido su dinero hace diez años, tienen ahora demasiados «amigos».

INDICE ONOMASTICO

Abásolo, Javier: 438
Abelló, Juan: 261, 310, 314-320, 354-356, 360, 361, 357, 593, 595
Abribat, Regis «Lamothe»: 483, 484, 487-490, 494, 495
Abril Martorell, Fernando: 181, 262, 388, 410
Acín Gallego, Francisco: 390
Agnelli, Giovanni: 29, 632
Aguado, Fernando: 76
Aguilar, Miguel Angel: 195
Aguiló, Miguel: 300
Aguirre de Retes, José Luis: 310
Aguirre Gonzalo, José María: 255
Ala, Abu: 351
Alavedra, Macià: 427
Albero Silla, Vicente: 329, 345
Albert, Alejandro: 253
Albiñana, César: 578, 587, 635
Alcaide, Luis: 322, 327
Alcocer Torra, Alberto: 262-266, 303, 310, 438-441, 549
Alfaro Arregui, Ignacio: 187, 213
Alfonso XIII: 75
Al Kassar, Munzer: 429
Almansa, Fernando de: 353-369, 634
Almunia, Joaquín: 14, 15, 243, 250, 406
Alonso Manglano, Emilio: 228, 235, 335, 420, 424, 425, 443
Alonso Riveiro, Luis: 150
Alonso Zaldívar, Carlos: 247, 315, 392
Al-Sadat, Anwar: 229
Alvarez, Carlos Luis, «Cándido»: 541, 546
Alvarez, Encarnación: 148
Alvarez, Francisco: 441, 444, 506
Alvarez, José Luis: 144, 171, 353, 445
Alvarez Alonso, Alvaro: 550
Alvarez Arenas, Félix: 190, 191
Alvarez Cascos, Francisco: 375, 376-378, 430
Alvarez de Miranda, Fernando: 201
Alvarez Dorronsoro, Javier: 60
Alvarez Rendueles, José Ramón: 245
Alvarez Santacristina, José Luis, «Txelis»: 468, 471-473, 476, 479, 485, 488, 490, 492, 495
Alvarez Vara, Javier: 300

Alzaga, Oscar: 201
Amedo, José: 338
Amusátegui, José María: 258, 269-273, 287, 296, 352, 367, 548, 631, 643, 645, 646, 648, 653
Ansón, Luis María: 350, 637
Ansón, Rafael: 636
Apalategui, Miguel Angel, «Apala»: 507
Aracama Mendía, Ignacio, «Macario»: 507, 515, 518, 521, 527, 531, 533
Aramburu Topete, José: 212
Arango, Plácido: 299
Aranzadi, Claudio: 249, 257, 286-300, 377
Areilza, José María de: 50, 55
Arenas, Javier: 554, 626
Arias, Enrique: 541-552
Arias Navarro, Carlos: 49, 50, 53, 59-63, 85
Arias Salgado, Rafael: 184, 185, 388
Armada, Alfonso: 51, 53, 165, 166, 170-172, 176-182, 185, 186, 190, 196, 198-202, 206, 210-217
Armero, José Mario: 56, 189, 430
Arnedo, Elena: 244
Aroch, Josef: 446
Arozamena, Gerónimo: 429
Arredonda, Miguel Angel: 70
Arregui Erostarbe, José María, «Fitipaldi»: 198, 468, 490-493
Arreito, Pedro: 404
Arroyo, Alejandro: 317, 359
Arroyo, José María: 570
Arroyo, Lourdes: 317, 353, 444
Arzallus, Xavier: 505
Asensio, Antonio: 350, 365, 379, 388, 417, 425, 427, 442, 542-544, 546, 547, 549, 552, 557, 562, 569, 593, 594, 595, 597, 599-602, 606, 614, 617, 643, 645-649, 653
Asís Pastor, Francisco de: 106, 107
Assiego Verdugo, José Antonio: 219, 225, 226, 230-237
Asúa, Fernando de: 300
Asunción, Antoni: 329, 335, 345
Atarés Peña, Juan: 194
Aznar, Eduardo: 51
Aznar, José María: 46, 278, 326, 368, 370, 378, 430, 637, 652
Azulai, Avner: 445

Badosa, Juan: 290
Balaguer, Jesús: 560, 563
Balaguer, Joaquín: 41
Balladé López, Roberto: 95, 96, 98-101
Ballester, Enrique: 38, 555
Ballesteros, Jaime: 103, 168
Ballesteros, Manuel: 198, 497, 508, 511-513, 525
Bandrés, Juan María: 434, 436
Baniandrés, Mariano: 444
Banús, Juan: 357
Baratech, Feliciano: 248
Barba, Gloria: 34, 38
Barbería, José Luis: 166
Barbero Santos, Marino: 23, 24, 26, 429
Bardulet, Ramón: 431, 432
Barón, Enrique: 15, 16, 243
Barrabés, Paulino: 402, 403, 408, 565

Barrionuevo Peña, José: 219, 220, 235, 332, 334, 406, 500, 506, 547, 551, 552, 555
Bastos Noreña, Santiago: 199, 228
Baviano, Javier: 543, 623
Beato, Paulina: 357
Belkheir, Larbi: 514, 534
Belloch, Juan Alberto: 335, 338
Belloso, Juan: 357, 366
Ben Ami, Shlomo: 351
Bendjedid, Chadli: 514, 529, 533, 534
Benedetti, Carlo de: 310, 312
Benegas, José María, «Txiqui»: 304, 321, 361, 368, 370, 403, 500, 514, 521, 549, 559, 564, 565, 566, 569, 596
Benito, Enrique de: 261, 355
Benjumea, Felipe: 258, 272
Benjumea, Javier: 300
Berbel, Carlos: 447
Berlini, Giuseppe: 321, 322
Berlusconi, Silvio: 310, 370, 549, 552, 569, 593
Bernaola, Carmelo: 594, 595
Berrocal, Martín: 178
Betancur, Belisario: 505, 622
Betchine, Ahmed: 534
Bilbao, Iñaki: 525
Blanco, José Manuel: 198
Blázquez, Antonio: 347
Boada, Claudio: 245, 253, 254, 258, 259, 271, 274, 300, 649
Bofill, Pedro: 156, 157
Bongo, Omar: 506
Bono, José: 281, 282
Borbón, Alfonso de: 61
Borbón, Hugo de: 60
Borbón Dos Sicilias, Carlos de: 357
Borghese, Valerio: 97
Borrell, José: 281, 300, 403
Boslé, Roger: 453, 462, 470, 480-484, 495
Botifoll, Gabriel: 114
Botín, Emilio: 270, 271, 279, 352, 357, 372, 389, 630
Botín, Jaime: 550
Boumedienne, Huari: 127, 132, 141, 143, 147,152
Boyer Salvador, Miguel: 15, 29, 30, 243-246, 250-254, 256-258, 264, 266, 271, 274, 276, 304, 311, 314, 340, 342, 345-347, 545, 546, 550, 577, 586, 622, 646
Brabo, Diego, «Mic»: 456-458, 462, 467-469, 475, 485-488, 491, 492
Brabo, Pilar: 103
Brabo Laguna, Miguel: 168
Britain, Léon: 362
Brotons Beneyto, Francisco: 135, 148
Brouard, Santiago: 503
Bruna, José Luis: 387
Bueno, Eduardo: 381
Bueren, Carlos: 429
Burón Barba, Luis Antonio: 248
Bustamante, Enrique: 622
Bustelo, Carlos: 343, 346, 347, 382

Cabana, Francesc: 248
Cabanillas, Pío: 171, 184, 622
Cabezas Calahorra, Manuel: 193
Caetano, Marcelo: 84
Calatayud, Juan: 411
Caldera, Rafael: 42
Calvillo, Germán: 38, 347

Calviño, José María: 315, 431, 548, 549, 552, 556, 596, 602, 614
Calvo Ortega, Rafael: 184, 185, 370
Calvo Serer, Rafael: 60
Calvo Sotelo, Leopoldo: 161, 168, 171, 172, 178-180, 184, 185, 199-205, 217, 226-228, 245
Calleja, Antonio: 382
Callejón, Juan: 68-70, 166
Camacho, Marcelino: 60
Camisón, Felipe: 650
Campano López, Angel: 199, 208
Campmany, Jaime: 631, 635
Campo, Julián: 15
Campo Vidal, Manuel: 556, 595, 602
Camuñas, Ignacio: 201
Canalejo, Miguel Angel: 300
Cantarero del Castillo, Manuel: 57
Carabias, Ignacio: 394
Carande, Ramón: 257
Carazo, Rodrigo: 41
Cardenal, Ernesto: 41
Carlos de Inglaterra: 633
Caro, Ignacio: 206
Carrascal, José María: 574, 589
Carrero Blanco, Luis: 67, 69, 78, 81, 85, 86, 105, 221, 229, 429, 460
Carrillo, Emilio C.: 281
Carrillo, Santiago: 49, 53, 54, 56, 69, 72, 76, 79, 80, 93, 100, 102-107, 135, 168, 169, 189, 192, 609
Carter, James, «Jimmy»: 189
Carvajal, José Federico de: 157, 159
Carvajal y Urquijo, Jaime de: 50, 51, 52, 55
Casas, Enrique: 70
Casinello Pérez, Andrés: 67, 71, 72, 85, 86, 103, 104, 503, 504
Caso, José Ramón: 430
Castellano, Pablo: 169, 430
Castellano Ramos, Sergio: 117, 137
Castells, Manuel: 247, 315, 392, 547
Castillo, Aydée: 43
Castresana, Juan: 90
Castrillo, Alonso: 201
Ceaucescu, Nicolae: 53, 54
Cebada, Manuel: 426, 427, 447
Cebrián, Juan Luis: 543, 546, 558, 614, 615, 622, 627, 632
Cela, Camilo José: 350
Celada, Juan: 195
Cepria Gajate, Agapito: 421
Cerdán Calixto, Enrique: 149
Cerdán Tato, Manuel: 543
Cerón Ayuso, José Luis: 293, 300
Ciampi, Carlo: 370
Cid, Rafael: 116
Cisneros, Gustavo: 29, 39-42, 310, 314, 644, 645
Cisneros, Ricardo: 41, 644, 645
Ciurana, Antoni: 165, 171
Ciuro Gabarro, Joaquín: 306
Clegg, Anthony: 314
Cohen, Victor: 446
Colimodio, Esther: 38
Colimodio, Gonzalo: 38, 39
Colmenares, Enrique: 43
Colom, Angel: 428
Coloma Gallegos, Francisco: 162, 163, 188, 190, 204
Collazo Araujo, Enrique: 148

Compagny, Rafael: 502
Companys, Lluís: 71
Concha, Manuel de la: 253, 258, 310, 329, 339-347, 356, 378, 448, 449, 640
Conde, Mario: 261, 266, 267, 276, 278, 289, 294, 310, 314, 316-320, 324, 325, 336, 349, 352-358, 360-367, 371-374, 381, 382, 415, 417-419, 421, 425, 427, 450, 441-448, 548, 560-563, 567, 568, 570, 571, 573-575, 577-581, 583, 584, 586, 589-603, 606, 607, 614, 631-634, 636, 638, 639
Conde, Rosa: 28, 447, 559, 588, 593, 596, 598, 599, 609, 628, 635
Conesa, Roberto: 81, 118, 122-124, 126, 128, 130, 131, 133, 135-140, 142, 148-153
Constantino de Grecia: 633
Conthe, Manuel: 377
Corcuera, José Luis: 329, 334, 336, 345, 405, 418, 495, 509, 558
Coronado, José Emilio: 347
Corral, Ramón del: 434, 435
Cortés, Javier: 523, 535-537
Cortés, José Luis: 144-147
Cortés, Julián: 468, 469, 492
Cortés, Matías: 366, 367, 638, 639
Cortina Prieto, José Luis: 169, 174, 198, 200, 228, 337
Cotoner, Iñigo: 311
Cotoner y Cotoner, Nicolás: 51, 182, 210
Craxi, Bettino: 36, 321, 346, 378
Crespo Cuspinera, Jesús: 228
Crespo Cuspinera, José Enrique: 228
Crispín de Vicente, José Luis: 566
Croissier, Luis Carlos: 243, 320, 324, 325, 377, 389, 619
Cubillo Ferreira, Antonio León: 122, 125-127, 132-134, 136-144, 146, 153
Cuevas, José María: 35, 42, 293, 310
Cuevas Casado, José: 110, 111
Cullell, Josep María: 397
Cunhal, Alvaro: 227
Cuñillera, María Teresa: 628

Chaisse, Martin: 641
Chamorro, Violeta: 36
Chávarri, Marta: 440, 442
Chaves, Manuel: 21, 27, 282
Cherid, Jean Pierre: 139, 152
Chiaie, Stefano della: 97
Chislett, William: 313

Darder, Bárbara: 311
Daroqui, Salvador: 422
Davidovich Bronstein, Liev, «Trotsky»: 142
De la Dehesa, Guillermo: 308
Delgado, Aurelio: 78, 81, 85-87, 161, 162, 181, 199, 207-209, 387, 441
Delgado, Manuel: 440
Delgado, Rafael: 556
Delgado Peña, Nelson: 40, 41
Delkader, Augusto: 547
Delors, Jacques: 21
Deniau, Jean François: 55
De Santiago y Díaz de Mendívil, Fernando: 83, 202
Diana de Gales: 633

Díaz, Jesús: 40, 41
Díaz Herrera, José: 334, 557, 621, 645
Díaz Moreno, Joaquín: 96, 101
Díez Molist, Juan Antonio: 441
Díez Polanco, Javier: 624
Díez de Rivera, Carmen: 192
Divar Blanco, José Carlos: 240
Domecq, Juan Pedro: 638-639
Domingo, Xavier: 639
Domínguez, Michel: 338
Ducasse, Luis: 357
Duque, José Carlos: 342
Durán, Alberto: 425, 426
Durán, Miguel: 265, 310, 546, 549, 552, 559, 567-571, 581, 618
Durán i Lleida, Josep Antonio: 427
Dusmets, Francisco: 220

Echenique, Rodrigo: 269, 270
Echevarría Busquets, Alejandro: 655
Echevarría Lete, Pedro: 524
Echeverría Garaicoechea, José María, «Goyerri»: 455
Echeveste Arizcuren, Eugenio, «Antxón»: 498, 501, 508-511, 513, 515-521, 525, 529, 531, 532, 533, 535, 540
Egea Tineo, Emilio: 95, 96, 98-101
Eguiagaray, Juan Manuel: 290, 513-515, 517-519, 521, 522, 532
Eguidazu, Fernando: 309, 377
Eizaguirre, Martín: 148
Eizmendi, Jon Andoni: 443
Elías, Alberto: 219-222, 226, 228-232, 235, 447
Elicegui, Antonio: 199, 208
Elorriaga, Julen: 499, 508-512
Elosúa, Andrés: 310, 322
Elosúa, José Manuel: 322
Entrecanales, José María: 299
Entrecanales, Juan: 300, 395
Erviti, José Luis: 541, 546
Escámez, Alfonso: 258, 262, 264-268, 273, 274, 289, 294, 382, 438, 577
Escobar, Pablo: 651
Escondrillas, José María: 310, 312, 389
Escudero Tejada, José María: 108, 109, 111-116, 140
Escuredo, Rafael: 70, 71
Esnaola, Iñaki: 497, 505, 525, 526
Espartaco: 358
Espelosín, Jesús: 20
Espinosa de los Monteros, Carlos: 300
Espinosa Pardo, José Luis: 118, 122-125, 129-133, 135-137, 140, 142-145, 147-149, 153
Esquivias González, Enrique: 333
Esteban, Jorge de: 52
Estevill, Pascual: 429
Esthet, Amir: 445, 446
Evren, Kenan: 178

Fabius, Laurent: 505
Fagalde, Andrés: 611
Fajardo Ricomá, Carlos: 422, 423
Fandó, Christian: 505, 526
Fayad, Alvaro: 505
Federica de Grecia: 196

Feito Hernández, Miguel Angel: 377
Feo, Julio: 255, 269, 335, 385, 505
Fernández, Justo: 14, 251, 252, 253, 269, 407, 609
Fernández, Matilde: 265, 316, 320, 549
Fernández Campo, Sabino: 172-175, 185, 187-190, 196, 197, 206, 210, 211, 215, 369, 433, 632-634
Fernández Dopico, José Luis: 198, 435, 436, 437
Fernández Dopico, Sebastián: 443, 444
Fernández Marugán, Francisco: 257
Fernández Méndez de Andrés, Javier: 377
Fernández Miranda, Jesús: 612, 616
Fernández Miranda, Torcuato: 62, 65, 67
Fernández Montreal, Juan: 30
Fernández Ordás, Aniceto: 16-19
Fernández-Ordás, Julián: 16
Fernández-Ordás, Luis: 16, 20
Fernández-Ordás, María del Carmen: 16
Fernández-Ordás, María Cristina: 16
Fernández Ordóñez, Francisco: 164, 167, 184, 245, 258
Fernández Ordóñez, José Antonio: 407
Fernández Ordóñez, Miguel Angel: 377, 619
Fernández Suárez, Angel: 70
Fernández-Tapias, Fernando: 293, 350
Ferrer Salat, Carlos: 248
Ferrusola, Marta: 248
Fierro, Alfonso: 555
Figueras, José María: 381
Fiorini, Fioro: 261, 311
Flores, Alfredo: 25
Folch, Juan: 586, 589, 595, 596, 597
Folchi, Inma: 397
Folchi, Juan José: 392, 394
Fominaya, José Luis: 381
Foncillas, Santiago: 272, 273, 299, 652
Fontán, Antonio: 201
Fontán, Eugenio: 623
Fonticiella, María Jesús: 224
Forn, Joaquín: 580, 611
Fraga Iribarne, Manuel: 60, 69, 159, 166, 183, 221, 282, 378, 547
Fraile, Alfredo: 385, 394, 398
Francia, Salvatore: 97
Franco, Carmen: 61
Franco, Jesús: 310
Franco, Joaquín: 310
Franco Bahamonde, Francisco: 54, 55, 59, 63, 65, 66, 82, 84, 96, 103, 169, 170, 196, 204, 221, 223, 228, 259
Franco Bahamonde, Nicolás: 55
Franco Iribarnegaray, Carlos: 188
Franco y Pascual de Pobil, Nicolás: 55-58, 63, 64

Gabaldón López, José: 101
Gabeiras Montero, José: 172, 180, 182, 199, 211
Gaddafi, Muammar el: 70, 219, 230, 232, 236-239, 241, 261

Gala, Antonio: 345
Galeote, Guillermo: 24, 26, 27, 304, 554, 556
Gallego Abella, Vicente: 421
Gallestegui Pagoaga, José Manuel, «Peixoto»: 502
Gamazo, Juan Claudio: 355
Gamazo Hohenlohe, Ana: 355
Gambín Hernández, Joaquín: 107, 111, 116
Garalde, Isidro María, «Mamarru»: 520
Garayalde, Javier, «Erreka»: 502
García, Bernard: 502, 505
García, José María: 594, 606, 607, 608, 612, 615, 616, 649, 650
García, Orlando: 43
García, Prudencio: 411
García, Tomás: 194
García-Abadillo, Casimiro: 276
García Alonso, José María: 282
García Ambrosio, Romualdo: 265, 439
García Andoaín, Genaro: 506
García Añoveros, Jaime: 639
García Bloise, Carmen: 304
García Candau, Jordi: 556
García Carrés, Juan: 82, 88, 89, 204
García Cereceda, Luis: 310
García Díez, Juan Antonio: 181, 182, 300, 304, 346, 382, 410, 622
García Escudero, José María: 217
García Hernández, Rafael: 18
García López, Antonio: 168
García López, Prudencio: 17
García López Brea, Eugenio: 23
García Mauriños, Luis: 68, 105, 200
García Pardo, Carlos: 310, 373, 562
García-Romanillos, Fernando: 365
García Trevijano, Antonio: 60, 69, 103
García Valverde, Julián: 30, 32, 428
García Vargas, Julián: 279, 281
Garchitorena Zalba, Ricardo: 227
Garnacho, Manuel: 415
Garnica Gutiérrez, Pablo: 357
Garnica Mansi, Pablo: 259, 356, 380
Garrido, José: 394
Garrido Cerdá, Emilio: 17
Garrigues, José Miguel: 18
Garrigues Walker, Antonio: 168
Garro, Fernando: 353, 358, 445
Garro, Virginia: 353
Garrofé, Javier: 584
Garrofé Pardo, Alberto: 422, 423
Garzón, Baltasar: 428
Gaston Defferre, Pierre: 502, 505
Gaulle, Charles de: 131
Gensfleisch Gutenberg, Johannes: 10
Ghussin, Jawid: 351
Gil Alberdi, Rafael: 366
Gil Albert, José María: 208
Gil Pérez-Andújar, Arturo: 293
Gil Robles, José María: 94
Girón de Velasco, José Antonio: 63, 64, 88, 203, 204, 225
Giscard d'Estaing, Valèry: 49, 59, 621
Godó, Javier de: 299, 310, 417-420, 422, 425, 447, 544-547, 549, 552, 553, 573, 574, 575,

576, 575, 578, 580, 582, 583, 584, 585, 587, 590, 591, 592, 595, 598, 602, 606, 607, 646
Gómez Acebo, Ricardo: 356, 357, 366, 446
Gómez de Liaño Botella, Javier: 122
Gómez de Salazar, Federico: 193
Gómez de Sandoval, Manuel: 115, 117
Gómez Hall, John: 393
Gómez Llorente, Luis: 157, 168
Gonçalves, Vasco: 227
González, Antonio: 431
González, Enric: 248
González, José Luis: 143, 144-147
González Bernabé, Miguel Angel: 303
González Cataraín, María Dolores, «Yoyes»: 507
González del Yerro, Jesús: 181, 191, 196
González González, José: 332
González Márquez, Felipe: 9, 13, 16-21, 26-29, 37-41, 44, 46, 47, 51, 52, 57, 67-69, 71, 93, 116, 118, 121, 141, 156-160, 164, 166, 175, 220, 229, 243, 245-247, 250, 251, 255, 256, 259, 260, 263-268, 275, 277, 280-284, 289, 292, 298- 300, 304, 309, 314, 316, 329, 334, 343, 345, 350, 361, 399, 402, 405, 406, 409, 413-415, 420, 422, 432, 482, 500-508, 510, 514, 531, 543, 544, 547, 548, 551, 555, 557, 559, 561, 567, 568, 571, 574, 576, 596, 603, 605, 606, 609, 613, 617, 627, 628, 629, 649, 651
González Márquez, Lola: 16
González Pacheco, Antonio, «Billy el Niño»: 140, 148, 441
González Peñalba, Belén, «Carmen»: 515, 517, 518, 521, 527, 530, 533, 535
González Seara, Luis: 622
González Urbaneja, Fernando: 259, 296
Gorbachov, Mijaíl: 292
Goria, Giovanni: 378
Gramsci, Antonio: 283, 553
Granados, David: 26
Grandes, Luis: 201
Graullera, José Luis: 90
Grebler, André David: 381
Greco, Francesco: 321
Guasch, Manuel: 395, 396, 449
Guerra, Alfonso: 14, 30, 52, 156, 157, 164, 167, 243, 250, 262, 280, 283, 304, 355, 368, 370, 371, 399, 431, 444, 548, 549, 551, 552, 553, 556, 557, 559, 567, 568, 592, 596, 609
Guerrero, Manuel: 502
Guevara, Ernesto, «Che»: 126
Guillén, Gemma: 422
Guimón, Julen: 167
Gurpide, Javier: 300
Gut, Herberto: 593, 595
Gutiérrez, Antonio: 413, 414
Gutiérrez, José Luis: 176, 304, 350, 442, 644, 651, 652
Gutiérrez Mellado, Manuel: 76, 77, 79, 87, 160, 161, 179, 189-194, 215, 216, 433
Gutiérrez Morote, Jesús: 628

Haddad, Jesús: 145
Hamilton, Alexander: 657

Harispe, Antoine: 479
Harispe, Daisy: 479
Harper, Violy de: 366
Hassan II: 127
Hatchuel, Jacques: 310, 373, 444-447, 562, 571, 636, 642, 654
Hermosín, Manuel: 281
Hernández, Eligio: 345, 375, 378
Hernández, Margarita: 439
Hernández Mancha, Antonio: 368
Hernández Moltó, Juan Pedro: 344
Hernando, Félix: 497, 498, 499, 534
Hernando, Rafael: 34
Herrera, Francisco: 20, 263
Herrera Campíns, Luis: 40, 181
Herrera Hernández, José: 194
Herrero, Antonio: 276, 277, 594, 608, 613, 615-617, 649, 650
Herrero, Blas: 556
Herrero, Juan: 193
Herrero, Luis: 359, 441, 589, 600, 603, 613, 617, 649, 650
Herrero Losada, Antonio: 609
Herrero y Rodríguez de Miñón, Miguel: 167, 182-184, 201, 609
Hersant, Robert: 638, 641, 642
Hierro, Liborio: 502
Horcajo, Xavier: 396, 441
Huguet Huguet, Juan: 421

Ibáñez Freire, Antonio: 193
Ibárruri, Dolores: 69
Iglesias, Pedro: 226
Illana, Amparo: 61, 207
Infante, Blas: 70
Iniesta Cano, Carlos: 18, 81, 83, 85, 88, 89, 176, 193
Iribarren Udobro, Ramón: 628
Irujo, José María: 331
Ismail, Saad: 231, 233-235, 239
Iturbe Abasolo, Domingo, «Txomin»: 197, 458, 498, 503, 505-508, 533
Izquierdo, Antonio: 202

Jaffar, Fouad: 264
Jaffar, Jaled: 385, 386
Jambrina, Emilio: 227, 228, 421
Jareño Ramos, Jesús: 421
Jáuregui, Ramón: 500, 514
Jefferson, Thomas: 657
Jiménez, V.: 25
Jiménez Blanco, Antonio: 168
Jiménez de Parga, Manuel: 610, 616
Jiménez de Parga, Rafael: 424, 544, 545, 553, 578, 586, 597, 610, 612, 616
Jiménez Losantos, Federico: 574, 600, 603, 609, 614, 615, 618, 650
Jiménez Villarejo, Carlos: 428
Jimeno de Priede, Javier: 425, 427, 610-612, 615
Jomeini: 228
Juan Carlos, Rey de España: 49-54, 57, 58, 61, 67, 71, 73, 75, 76, 79, 82, 87, 93, 96, 118, 119, 121, 134, 135, 155, 160-163, 165, 170-180, 182, 185, 187, 192-197, 199, 202, 205-207, 210-216, 223, 226, 229,

333, 350, 351, 358, 369, 372, 433, 631-635
Juste Fernández, José: 196, 208-210

Kamel, Salem: 381
Kashogui, Adnan: 33, 306
Kissinger, Henry: 49, 55, 59
Klaus, Václav: 21
Kohl, Helmut: 21
Koplowitz, Alicia: 262, 267, 438, 440
Koplowitz, Esther: 262, 267, 438, 439

Lacaci, Carmelo: 442, 443
Lago, Julián: 22, 541, 543, 546, 635
Lagunero, Teodulfo: 56
Laína García, Francisco: 201, 207, 213-216, 497, 503, 526
Lalanda, Marcial: 357
Langome, Pierre: 489
Lao, Manuel: 310
Laot, Françoise: 196
Lasa Michelena, Juan Lorenzo, «Txiquierdi»: 520
Lasalle Astiz, Philippe: 474, 475, 478, 485, 490, 492
Lasarte, Enrique: 318, 357, 366, 446, 579
Latasa, Juan José: 457
Lavilla Alsina, Landelino: 164, 167, 183, 184, 201, 203
Lazarov, Valerio: 426, 427
Leal, José Luis: 350, 382
Leal, Julio: 421, 424, 428
Lecea, Ignacio: 248
Leguina, Joaquín: 281, 350
Lejarza Egía, Miquel: 419, 425
Lenin: 142
Leña, Juan: 628
León Blanco, Amalia: 272
Lerma, Joan: 281, 282
Linares, Agustín: 417, 418
Liniers Pidal, Tomás: 194
Littin, Miguel: 250
Lobato, Luis Lucio: 192
Lobo, Félix: 320
Lombardía, José Miguel: 442, 443
López, Antonio: 315
López, Domingo: 157
López, José Eulogio: 258, 281, 643, 650
López Cortijo, Cristóbal: 208, 209
López de Letona, José María: 258, 259
López González, Manuel: 539
López Huerta, Arsenio: 281
López Martos, Juan José: 27
López Rodó, Laureano: 171
López Rodríguez, Iñaki: 406, 407
López Salinas, Armando: 192
López y Alonso de Ojeda, Manuel: 100
Lorenzo, Francesco de: 378
Lubbers, Ruud: 21
Luca de Tena, Guillermo: 619, 636
Lumbreras, César: 309
Luzón, Francisco: 258, 272, 275, 276, 278, 412

Llach, Lluís: 227
Llach, Pedro: 27
Lladó, José: 300

Lladó, Juan: 276
Lladró, José: 299
Llopis, Rodolfo: 69
Llorens, José Ignacio: 35
Lluch, Ernest: 15, 258, 320

Macaya, Javier: 366
Mach di Palmstein, Ferdinando: 321
Madison, James: 657
Magalov, Nikita: 445
Maragall, Pascual: 428, 603
Maravall, José María: 304
Marco, Raúl: 130
March, Carlos: 347, 549
March, Juan: 347
Marchand, Pierre: 482, 495
Marín, Manuel: 14
Marín Benítez, Antonio: 602
Márquez, Angel: 276, 346
Márquez Reviriego, Víctor: 10, 16, 609
Martín, Emilio: 555
Martín, Miguel: 365, 372
Martín Barrios, Alberto: 504
Martín Eizaguirre, Francisco Javier: 133, 134, 136, 151-153
Martín Ferrand, Manuel: 420, 424, 546, 574, 576-578, 580, 583, 584, 587-591, 594-598, 600, 601, 603, 606, 607, 609, 610, 613-619, 650, 653
Martín Lucas, Fernando: 77
Martín Palacín, José Luis: 546, 555
Martín Villa, Rodolfo: 78, 80, 83, 84, 87, 103, 104, 107, 129, 139, 141, 151, 153, 171, 184, 189, 280
Martínez, Gardenia: 43
Martínez de Santiago, Encarnación: 149
Martínez Escribano, Alfonso: 26, 27
Martínez Noval, Luis: 300
Martínez Torres, Jesús: 235, 511, 512
Mas, Virgilio: 475
Más Montañés, Enrique: 255
Matos, Cecilia: 38, 39
Matutes, Abel: 311
Medel, Aurelio: 364, 393, 649
Medel, Braulio: 258, 279, 280, 282, 554
Medina, Enrique: 354
Medina, Guillermo: 628
Meer Rivera, Carlos de: 195, 219-225, 229, 232-241
Mendoza, Jesús: 331
Mendoza, Ramón: 570
Mendoza, Roberto: 366, 367
Menéndez, Víctor: 278
Menéndez Vives, Camilo: 193
Mercader, Ramón: 142
Merced, Abu: 429
Merino, Antonio: 440
Merry Gordon, Pedro: 199, 208
Mestre, Carmen: 32
Michelis, Gianni de: 378
Miguel, Amando de: 176, 304
Milans del Bosch, Jaime: 160-162, 172-174, 176, 177, 179, 185, 187, 193, 196, 198-201, 204-209, 212, 224, 227, 228
Mir, Narciso de: 394
Miralles, Melchor: 507
Misol, Mercedes: 379
Mitterrand, François: 245, 346, 505, 507

Mohedano Fuertes, José María: 100, 101, 168
Mola, Emilio: 220
Monge, Luis Alberto: 41
Montiel, Vicente: 635
Monzón Altolaguirre, Manuel: 200
Morales, José Luis: 195, 543
Morales, Mónica: 258
Morán, Fernando: 49, 58
Morata, José: 102, 103, 105
Moreiras, Miguel: 398, 414, 415, 429
Moreno Bergareche, Eduardo, «Pertur»: 507
Moreno Gómez, Enrique: 231, 235, 237
Moro, Aldo: 97, 109
Morodo, Raúl: 60, 90, 94
Moya, Arturo: 168
Moya, Enrique: 300
Múgica, Enrique: 52, 53, 68, 165-168, 171, 172, 279, 281
Múgica Garmendia, Francisco, «Pakito»: 462, 468, 472, 473, 477, 484, 487-489, 491-493, 507, 525, 528
Múgica Huici, José Antonio: 524, 527, 536, 537, 538, 539
Muñiz, Miguel: 257, 412
Muñoa, José María: 502
Muñoz Alonso, Alejandro: 188
Muñoz Gutiérrez, Luis: 228
Muñoz Machado, Santiago: 567
Murdoch, Rupert: 550, 592, 593, 597, 610, 643, 648
Mussolini, Benito: 283

Naim, Moisés: 38
Nakaa, Ahmed Mohamed: 230
Navalón, Antonio: 361, 561
Navarro, Eduardo: 107, 418
Navarro, Piluca: 561
Navarro del Barrio, Alvaro: 129
Nicolás, Mariano: 107, 142, 201
Nieto, Miguel Angel: 359, 364, 598
Niño Jesús García, Josefina del: 424
Noriega, Manuel Antonio: 40
Nouri, Mahmoud el: 376, 392
Noy, Francesc: 545
Núñez, Jorge: 392, 394
Núñez, Ramiro: 353, 357
Núñez Encabo, Manuel: 31, 206
Núñez García, Manuel: 400, 401

Obrador, Francisco: 400
Odena, Elena: 130
Olano Arbeliz, Anselmo: 454, 457
Olarra, Luis: 72, 310
Oliveira y Salazar, Antonio de: 84
Olmo, Luis del: 555, 556, 571, 649
Oller, Vicenç: 397
Ollero Marín, Manuel: 27
Oms, Jorge: 431, 432
Onaindía, Mario: 434, 436
Ordiki, Pello: 503
Orihuela, Rafael: 43
Oriol, José María: 193
Oriol Ybarra, Iñigo: 287
Oriol y Urquijo, Antonio María de: 75, 76, 79-81, 118, 148
Ornia Alvarez, Florencio: 23
Ortega Spottorno, José: 622

Ortí Bordás, José Miguel: 83
Ortí Giner, Amado: 359
Ortíñez, Manuel: 71, 72
Ortiz, Eduardo: 39-41
Orwell, George: 417, 432
Osinalde, José: 403, 564-567
Osorio, Alfonso: 51, 87, 167, 168, 171, 190, 217
Ospina, Juan María: 505
Otero, Julia: 571
Oyarbide, Juan María, «Chirivita»: 539

Paes Camargo, Pedro: 43
Palme, Olof: 52, 221
Palomares, Alfonso S.: 628
Palomares, Baldomero: 303
Palomino, Francisco: 16, 21, 22, 280, 281
Pardo Zancada, Ricardo: 200, 209
Parretti, Giancarlo: 261, 310, 311, 312
Pascua, Manuel de la: 68, 127, 128, 450
Pascual, Tomás: 299
Pascual Galmes, Antonio: 193, 211
Pastor Bodmer, Alfredo: 298
Pastor Ridruejo, Félix: 169, 319
Pastora, Eden: 98, 176
Pastrana Griñón, Manuel: 458, 459, 461
Peces-Barba, Gregorio: 157, 159, 166, 167
Pellón, Francisco: 21, 22
Penzini Fleury, Luis: 43
Peña Gómez, Juan Francisco: 621
Peñafiel, Jaime: 541
Perea Capulino, Juan: 129
Pereira, Carmen: 178
Pérez, Carlos Andrés: 33, 34, 36, 44
Pérez, Pedro: 274, 275, 300, 301, 376
Pérez Escolar, Rafael: 361, 370, 382, 636, 638
Pérez González, Francisco: 621
Pérez-Llorca, José Pedro: 49, 51, 58, 184
Pérez Orive, José Félix: 319
Pérez-Pla, Enrique: 258
Pérez Rubalcaba, Alfredo: 651
Perón, Isabel: 97
Perot, Ross: 349, 365, 369
Perote, Alberto: 438
Perret, Clement: 115
Perret, Gilbert: 115
Pétain, Philippe: 71
Pietro, Antonio di: 321, 378, 429
Pinedo, Manuel: 33
Pino, Rafael del: 27, 258, 272, 299, 300, 395
Piñar, Blas: 57, 221, 228
Piqué Vidal, Joan: 427, 439, 440
Piqueras, Pedro: 553
Pita da Veiga, Gabriel: 188, 191
Pittaluga Jiménez, Carlos: 342
Plana Plana, José: 131
Pogorelich, Igor: 445
Polanco, Jesús: 299, 350, 365, 425, 544, 546-552, 558, 562, 569, 570, 581, 582, 605, 614, 616-623, 627-630, 635, 646
Pontvianne, César: 639
Porcioles, José María: 383
Porter, Michael E.: 46, 326
Prada Canillas, Mateo: 188, 191, 193
Prado y Colón de Carvajal, Ma-

nuel: 50, 53, 54, 396, 626
Preciado, Nativel: 310
Prenafeta, Lluís: 427
Preysler, Isabel: 244, 345
Prieto, Jesús: 303, 322
Prieto, Joaquín: 166, 257, 300
Primo de Rivera, José Antonio: 63
Primo de Rivera y Urquijo, Miguel: 65, 66
Puerta, Diego: 358
Pueyo, Pedro: 359, 373
Puig, Mariano: 299
Puig de la Bellacasa, José Joaquín: 58, 59
Pujol, Jordi: 49, 58, 163, 166, 248, 249, 289, 379, 396, 397
Pujol Ferrusola, Oleguer: 428
Pulitzer, Joseph: 657
Punset, Eduardo: 370

Quadra Salcedo, Tomás de la: 519
Querol, Juan Antonio: 475
Quilate, Enrique: 318
Quintana Lacaci, Guillermo: 196, 210
Quintero, Jesús: 555
Quintero Morente, Federico: 96, 99, 101, 178

Rabin, Isaac: 352
Ramallo, Luis: 331, 375
Ramírez, César: 640
Ramírez, Pedro J.: 350, 559, 632, 633
Ramón-Laca, Jesús de: 653
Ramos Allup, Henry: 43, 44
Ramos Armero, Manuel: 303
Ramos Aspiroz, Carlos: 438
Rato, Ramón: 555, 557, 559
Rato, Rodrigo: 560
Reagan, Ronald: 219, 230, 292, 409
Recio, José Aureliano: 249, 269
Reguera Guajardo, Andrés: 189
Reixach, Jaume: 248
Retolaza, José María: 506
Revell, Jack: 275
Revilla, Emiliano: 310, 497, 513
Reyes, Roberto: 100
Reyna, Sebastián: 402
Ribó, Rafael: 428
Rich, Marc: 310
Ridruejo, Dionisio: 57, 60
Rivasés, Jesús: 365, 643
Rivera, José Félix de: 628
Rivera Urruti, José Manuel: 139
Roa Baltar, Jesús: 27, 310
Robles Piquer, Carlos: 547
Roca, Elena: 397
Roca Junyent, Miquel: 166, 427
Rodes, Leopoldo: 299
Rodríguez, Apolinar: 411
Rodríguez, Carlos E.: 541, 650
Rodríguez, Julio: 257, 258, 279
Rodríguez Colorado, José María: 25, 49, 50, 334, 353, 500
Rodríguez Galindo, Enrique: 453, 454, 465, 466, 468-470, 474-476, 480, 481, 483, 485-487, 491-493, 495, 503, 522-524, 527, 532, 536-539
Rodríguez González, Fernando: 420-422, 424, 428
Rodríguez Ibarra, Juan Carlos: 281
Rodríguez Román, Emilio: 103, 104

Rodríguez Sahagún, Agustín: 161, 172, 195, 199, 216, 402
Rojo, Luis Angel: 257, 278, 350, 365, 369, 373
Roldán, Luis: 26, 329-331, 335-337, 345, 371, 469, 480, 485, 500, 527
Rollán Rodríguez, Francisco José, «Patxi»: 454-457, 463-467, 476-478
Romaní, Arturo: 318, 325, 354, 357, 366, 446, 578, 579, 585, 587, 594, 643
Romero, Carlos: 15, 322
Romero, Carmen: 16, 18
Romero, Emilio: 202
Romero Marín, Francisco: 151, 191, 192
Ronnen, David: 446
Rosa Martí, Javier de la: 261, 263, 267, 270, 276, 346, 357, 375, 376, 379-397, 417, 427, 438-440, 448, 449, 558, 626
Rosa Vázquez, Antonio de la: 386, 387
Rosón, Juan José: 183, 216, 226, 434-437, 444, 503
Rousselet, André: 550, 552
Rubio, Luis: 156, 157
Rubio, Mariano: 26, 245, 253, 254, 259, 271, 304, 329, 330, 338-344, 346, 347, 355, 361, 362, 364, 365, 367, 378, 385, 386, 395, 396, 441, 448, 449, 550, 561, 638
Rueda, Fernando: 240, 420
Ruiz de Alda, José Antonio: 339, 385
Ruiz Gallardón, Alberto: 430
Ruiz Ligero, Apolonio: 377
Ruiz Mateos, José María: 15, 29, 30, 250, 251, 313, 396
Ruiz Seco, Joaquín: 532
Ryan, José María: 198

Sábato, Ernesto: 97
Sáenz, Alfredo: 258, 278
Sáenz Abad, Alfredo: 278
Sáenz de Azcúnaga, José Antonio: 278
Sáenz de Montagut, Antonio: 357, 360
Sáenz de Santamaría, José: 212
Sáenz de Tejada, José: 199
Sáenz de Vicuña, José María: 356
Sáenz de Ynestrillas, Ricardo: 91, 165, 194, 227
Sagasta, Práxedes Mateo: 244
Sala, José María: 24, 304
Sala, Mercé: 300, 650
Salama, Luis: 642, 652
Salas, Javier: 300
Salas, Juan Tomás de: 55, 622, 639-642, 651, 652
Salat Gusils, Luis: 358
Salinas, José Miguel: 382
Sancristóbal, Julián: 314, 336, 444
Sánchez, Emilio: 122, 149
Sánchez, Manuel María: 421
Sánchez, Victoriano: 411
Sánchez Albornoz, Claudio: 93, 94
Sánchez Asiaín, José Angel: 255, 258, 260, 261, 268, 288, 350, 355, 449-451, 550
Sánchez Bella, Alfredo: 221
Sánchez López-Melero, Manuel: 455, 456

Sánchez Montero, Simón: 103
Sánchez Rof, Jesús: 635
Sánchez Rupérez, Germán: 549
Sánchez Terán, Enrique: 171
Sanchís, José Luis: 387
Sanfeliú, Isidre: 424
Santaella, Jesús: 639
Santiago, Fernando de: 191
Santín, Marta: 32
Santos, Eduardo: 310, 334
Santos Bobo, Angel: 205
San Martín, José Ignacio: 105, 200, 209
San Segundo, Gonzalo: 314, 396
Saracíbar, Antón: 412
Sarasola, Enrique: 33, 34, 38-41, 103, 263, 266, 304, 306, 322, 345, 347, 393, 409, 410, 447, 546, 549, 550, 627, 651
Saud, Nawaf Ben Abdelaziz al: 381
Scott, Celina: 633-634
Scheel, Walter: 59
Schimberni, Mario: 320
Schmidt, Helmut: 621
Schouwen, Carlos van: 23
Sebastián, Pablo: 371, 541-543, 558-568, 570
Segrelles, Francisco: 567
Segurado, José Antonio: 370, 372, 592, 598, 634-636
Sempere, Luis: 322
Semprún, Jorge: 552
Sentís, Carlos: 72
Serra, Narcís: 220, 221, 235, 241, 292, 299, 329, 334-336, 338, 346, 371, 377, 386-389, 397, 412-414, 417-420, 422, 451, 571, 588-593, 596, 600, 641, 652, 653
Serratosa Ridaura, Emilio: 326
Serratosa Ridaura, José: 326
Sicre Canut, Luis: 227
Soares, Mario: 227
Soares Gamboa, José Manuel: 533, 535
Sofía, Reina de España: 196, 206, 215, 351, 456, 632
Solana, Cuca: 50
Solana, Javier: 15, 60, 156, 168, 243, 260, 546, 547, 555
Solana, Luis: 49-52, 68, 241, 300
Solbes, Pedro: 46, 298, 322, 654
Solchaga Catalán, Carlos: 30, 31, 33, 34, 38, 243, 249, 250, 253, 254, 257, 259, 260, 263, 266, 270, 272-276, 278, 279, 286, 288-300, 304, 317, 320, 322, 343, 355, 356, 361, 368, 377, 386, 389, 391, 395, 402, 405, 408, 413, 417, 448, 546, 548, 550, 551, 561, 600, 603, 628, 629, 641, 656
Solé Tura, Jordi: 171
Soler, Miguel: 393, 394
Sopena, Enric: 431
Sordo Obeso, Cosme: 18
Sotelo, Ignacio: 169
Sotillos, Eduardo: 29, 250, 557
Soto, Jaime: 339, 341, 342, 378
Sotos Pulido, Carlos: 399-404, 407-410, 413, 416, 565, 566
Spínola: 227
Stalin: 142
Stampa Braun, José María: 382
Suanzes, Juan Antonio: 305
Suárez, Adolfo: 51, 61, 62, 65, 67, 70, 72, 73, 75-79, 82, 84-87, 90, 91, 103, 104, 106, 109, 119, 123, 129, 134, 137, 141, 155-166, 169, 171, 172, 174-

177, 179-188, 190-192, 196, 198-202, 207, 211, 215, 217, 226, 243, 255, 262, 350, 387, 393, 430, 433, 436, 441, 501, 516
Suárez, Tenor: 407
Suqué, Arturo: 427

Tamames, Ramón: 94, 102, 103, 169, 192, 609
Tapia, Juan: 545, 584-586, 589-591
Tarradellas, Josep: 50, 162, 163, 171-174, 178, 202, 204, 387
Teijeiro, Balbino: 224
Tejero, Alfredo: 282
Tejero Molina, Antonio: 91, 165, 176, 178, 194, 197, 201-205, 207, 210, 213-216, 532
Terceiro, Jaime: 258, 281
Termes, Rafael: 246, 338
Tessier, Marc: 550
Thatcher, Margaret: 231
Thomas, Hugh: 49, 58, 59
Tierno Galván, Enrique: 57, 93-96, 100, 102
Tierno Galván, Enrique (hijo): 282
Tijeras Cozar, Ramón: 30, 334, 557, 621, 645
Tinoco, Pedro: 43
Tizón, Alvaro: 323, 324
Toffolo, Albert: 471
Toledo, Esperanza de: 639
Toledo, Pedro: 255, 263, 267, 268, 275, 278, 286, 288, 385, 449-451, 550, 657
Torre Pascual, Manuel de la: 199
Torrero, Antonio: 357
Torres Rojas, Luis: 195, 209
Torrijos, Omar: 40
Trincado, Julián: 300
Trinidad, Mario: 555
Trujillo, José Manuel: 421
Turbay Ayala, Julio César: 41
Tuyas, Alfonso: 553

Ubach, Antonio: 384
Ubeda, Teodoro: 222
Ugarte, Angel: 69, 70, 502
Ullastres, Alberto: 130
Urbano, Pilar: 168, 171
Urdiaín Ciriza, Fermín: 522, 528
Urgoiti, Gonzalo: 319
Urquijo, Estanislao: 435, 436, 437
Uruñuela, Luis: 70
Urriobarrenecha, Manuel: 539
Urruti Azpitarte, Juan Carlos: 539
Urruticoechea Bengoechea, José Antonio: 462, 520
Usera, Luis: 252, 253, 258

Val Alonso, Miguel del: 628
Valcárcel, Darío: 622
Valderas, Diego: 21, 22
Valencia Remón, Joaquín: 210
Valenciano, Jesús: 238, 239
Valenzuela, Joaquín: 206
Valverde, Alberto: 393, 649
Valverde Díaz, Juan: 69
Valladolid, Agustín: 483
Valle, Manuel del: 18, 166, 214, 554
Valls Taberner, Luis: 246, 254, 352, 613
Vance, Cyrus: 55, 189
Vega Rodríguez, José: 190, 193, 194

Velardi Iturralde, Juan Carlos: 522-528
Velázquez, Cándido: 300
Vera, Rafael: 91, 219, 229, 332, 334, 335, 338, 469, 480, 482, 500, 502, 508, 511-522, 525-527, 529-534
Verstrynge, Jorge: 370
Vicente, Ciriaco de: 131
Vidal, José Antonio: 26
Videla, Jorge Rafael: 97, 194
Vilallonga, José Luis de: 633-634
Vilarasau, Josep: 253, 258
Vilarrubí, Carles: 427
Villaescusa Quilis, Emilio: 118, 148, 193
Villalobos, Celia: 16, 609
Villar Palasí, José Luis: 621
Villarejo, José Manuel: 445
Vinader, Xavier: 543
Virseda, Francisco: 628
Virsedo, Guillermo: 647
Viuda, Luis Angel de la: 90, 590, 610, 614, 618

Walraff, Günther: 227
Weitzman, Ezer: 352

Yallud, Hamed: 233
Yanza, Alvaro: 258
Yáñez, Luis: 156, 628
Yáñez Barnebo, Angeles: 628
Yarnoz, Carlos: 239
Ybarra Churruca, Emilio: 278, 294, 296, 352, 372, 548, 631, 655, 656
Ybarra Laso de la Vega, Blanca: 358
Ybarra Ybarra, Santiago: 655
Ysasi Ysasmendi, José Joaquín de: 299

Zabala, José Luis: 51, 52
Zabaleta, Patxi: 522
Zabarte, Jesús María: 504
Zambrana, Francisco: 282
Zapata Martínez, Miguel: 135, 139
Zapatero, Virgilio: 546, 555, 556
Zapatero Antolín, Angel: 504, 533
Zayas, Carlos: 243, 622
Zigarda Sarratea, Jesús María: 524, 528, 532